德意志人民史 卷1

[德] 威廉·齐默尔曼 著　马明宇 译

吉林出版集团股份有限公司

图书在版编目（CIP）数据

德意志人民史. 卷1 / (德) 威廉·齐默尔曼著；马明宇译. —长春：吉林出版集团股份有限公司，2020.12

（汉阅史学经典）

ISBN 978-7-5581-9478-8

Ⅰ. ①德… Ⅱ. ①威… ②马… Ⅲ. ①德意志人－民族历史 Ⅳ. ①K516.8

中国版本图书馆CIP数据核字（2020）第249209号

德意志人民史　卷1

著　　者　[德]威廉·齐默尔曼
译　　者　马明宇
创　　意　吉林出版集团·北京汉阅传播
策划编辑　齐　琳
责任编辑　齐　琳
责任校对　叶　心　郭亚维
封面设计　观止堂_未　氓
开　　本　710mm×1000mm　1/16
字　　数　525千
印　　张　34
版　　次　2021年1月第1版
印　　次　2021年1月第1次印刷

出　　版　吉林出版集团股份有限公司
发　　行　北京吉版图书有限责任公司
地　　址　北京市西城区椿树园15-18号底商A222
　　　　　邮编：100052
电　　话　总编办：010-63109269
　　　　　发行部：010-63104979
官方微信　Han-read
邮　　箱　beijingjiban@126.com
印　　刷　三河市元兴印务有限公司

ISBN 978-7-5581-9478-8　　　　定价：128.00元

目　录

EMPEROR WILLIAM

第一章

日耳曼种族的首次亮相——辛布里人和条顿人

旧世界衰亡之际，日耳曼民族自信地迈入历史的舞台，并且很快就将那旧世界摧毁殆尽。东方的统治民族，从希腊到罗马，一个接一个地生存、劳作、统治。东方以及亚洲各民族的宗教和生活经历了许多显著的变化。真正的文明和高等的精神文化随着希腊城邦以及它们自由的市民生活来到这个世界。在人类理智领域，希腊人有着空前的成就和创造，无数的艺术品展现了完美的形式。科学得到了巨大的发展，他们的文学作品也是纯粹的艺术，每一页都充满了美感，超越了所有的时代。然而，由于道德士气上的虚弱，这些富有创造力的先祖们的子孙被罗马人征服了，即便他们在公民政治生活上取得了重大的进步。通过勇猛和严苛的道德纪律，罗马最终征服了世界，成为世界的中心，将主宰这个世界的所有力量都召集起来为自己

服务。罗马人也进一步发展了市民政治生活。尽管在艺术和科学上缺乏创造力，罗马民族却构成了古代富裕世界和一个新世纪间的转折点。罗马将东西方文化都纳入它的世界帝国中（即便只是表面上的），并且独立地发展了政治学、法学、战争艺术以及市民社会的各种制度，从而也就发展了政治生活，这些都将让它注定成为一个新文化的基石。

当罗马赖以统治世界的基础变得衰弱和腐坏的时候，当道德的涣散、自私自利和堕落变得极其严重的时候，年老的罗马及其所有的遗产都在走向灭亡。古代世界已经自生自灭了。在罗马共和国的最后日子里，它已经在宗教和道德上变得非常的虚弱，一切都破败不堪。它的衰亡和分解过程已经被同时代一些敏锐的人们所察觉，罗马人预示着整个罗马世界的迅速瓦解。世界需要新的创造。为了挽救病态的人性、为了让世界重生，一个新的精神和容器已经准备好了。一方面是作为普世宗教的基督教。正如耶稣基督所宣扬的，这个宗教的目的是为了让所有人实现自由，承认每个个体人性的尊严，并且有能力让生命、道德和国家得到重生。另一方面就是日耳曼民族，他年轻、蓬勃，为新的世界宗教提供了容器。他是罗马人害怕的“蛮夷”，他的到来终将摧毁罗马帝国和旧有的生活方式。

对日耳曼人第一次清晰且真实的谈论出现在公元前340年。从北海和波罗的海沿岸，希腊人皮西亚斯将对哥特人（朱特人）和条顿人的第一次记述带到了南部欧洲。他自己则是高卢地区马西利亚殖民地的公民，也就是现在的马赛地区。琥珀是古代世界贸易中的昂贵物品。皮西亚斯在波罗的海沿岸从住在那里的日耳曼人手中得到了琥珀，并向人们讲述了这个琥珀的故乡及其沿岸居住者们的奇异故事。同时，在希腊和罗马人中也流传着关于日耳曼民族以及贯穿这个民族中部的伟大的海西森林的信息。希罗多德历史中所提到的盖塔人有可能就是哥特人。果真如此的话，希腊人提前一个世纪就知道了一支日耳曼种族以及他们在多瑙河和巴尔干山脉之间的居住地，即现在的保加利亚地区。

然而，罗马历史学家塔西佗却认为辛布里人和条顿人的入侵才是日耳曼民族的第一次亮相。

公元前104年，罗马元老院极其恐慌于来自北方的威胁，迫不得已将其最大的敌对者盖乌斯·马略选举为执政官。马略是当时最勇敢、最成功的将军，但由于是“农民的儿子”，且作为人民政党的领袖，他遭到贵族的排挤。这股势力将“辛布里恐怖”置于传统罗马贵族的家族势力之上。这次恐慌之严重使得元老院不顾当时的法律连续五次将执政权交给了马略。

受大海侵扰，两个伟大的部落从北海和波罗的海沿岸南下。一个是辛布里人，来自北高卢的凯尔特人部落；另一个则称自己为条顿人，一个日耳曼人部落。他们一起朝莱茵河上游进发。在施蒂利亚阿尔卑斯山的南斜坡，他们遇上了一支罗马军队，将其击败后，进一步穿越上莱茵地区进入高卢，同时又击败了一些罗马军队。罗马已经占领了高卢南岸的一块地方。金里人，也就是辛布里人，对罗马没有任何要求，只希望能够居住在高卢，并成为罗马的盟友。罗马人拒绝给他们土地。之前生活在莱茵地区和缅因地区之间、缅因地区和多瑙河地区之间的高卢居民也已经加入了这股大迁徙的队伍，他们和金里人一起与罗马交战，就在离马赛不远的边境地区（公元前109年），并最终打败了罗马人，夺得了高卢。同时，条顿人正与贝尔格人进行着战争。后者是一个凯尔特人部落，骁勇善战，驻扎在马恩河、塞纳河、阿登高地、海洋及部分莱茵地区。根据罗马人的统计，这些联合起来的民族有30万人，包括15000人的骑兵，还不包括女人和小孩。金里人和条顿人联合，在公元前107年、106年和105年打败了一个接一个的罗马军队。公元前105年的战争对于罗马来说更是具有摧毁性的，80000人的军团加上40000人辅助军队，最终只有两个军官带着十个士兵回到了罗马。这就是在南高卢地区的罗纳河战役，正值这个危机时期，罗马贵族被迫将马略选举为执政官。他组织了一支新的部队，士兵构成主要来自奴隶和外来人，并进行了两年艰苦的训练。金里人和条顿人给了马略组织新

军的时间，他们并没有攻击意大利和罗马，他们知道如何保住自己获得的荣誉。金里人进入了西班牙，而条顿人则留在了高卢。直到公元前102年，从西班牙满载战利品而归的金里人和条顿人才又联合在一起，集结于罗马帝国的边境，准备攻打意大利。

也许是为了易于互相支持或者出于其他什么原因，他们并没有合并军力进行推进，而是分头挺进意大利。条顿人试图从普罗旺斯穿过滨海阿尔卑斯山地区进入意大利；金里人则从蒂罗尔阿尔卑斯山进入意大利。

马略和他的部队已经驻扎在罗纳河北的坚固阵营里。他避免了一上来就与他们对阵激战，而是先让自己的士兵熟悉一下这些恐怖的敌人。条顿人和他们的盟友阿姆布昂人则不停地向马略下战书。阿姆布昂人不是日耳曼人，而是一支凯尔特人部族。马略还是固守着营地不应战。于是，条顿人和阿姆布昂人带着嘲讽和轻蔑，绕开了罗马军队，直接朝意大利挺进。整个部队，及其妻儿、货车、包裹、战利品，一直行进了六天。在普罗旺斯埃克斯（六水河）附近，马略从侧面赶上了他们。他手下最勇敢的官员塞多留对他们的位置进行了查探。阿姆布昂人一部分在挺进，另一部分则驻扎在穿过河谷的小河旁边。塞多留懂得高卢人的语言。他装扮成高卢人，进入了阿姆布昂人的阵营。他们中许多人还无忧无虑地在河中洗澡。他们得知了条顿人的后方盟友，一部分在阵营中一部分在行进的队伍中，而那些在阵营中的人们对危险还毫无察觉，并且和他们的主力部队相距甚远。马略在傍晚时分，袭击了分裂开来的阿姆布昂人，击败并彻底摧毁了他们。夜晚到来，马略派出3000名经验丰富的士兵追向条顿人。他希望第二天早上通过伏击能成功击败条顿人的主力部队，塞多留已经对他们被分裂开来的部队进行了查探。他占据着控制河谷低地的高处地势。条顿人终于到了埋伏区域，气喘吁吁，乱作一团。他们后方伏击的3000名士兵一下冲出来将他们击溃了。到处是混乱和绝望的挣扎。许多人被屠杀。妇女们在看到自己的亲人逃亡后也在营中自尽。他们的领袖条托波赫被俘。其余的人则逃散在罗马人还没占领的那些高卢地区。

与此同时，金里人则穿过布伦纳山口进入特伦特河谷。在许多地方，他们都是用盾牌当滑板滑过冰川的。在阿迪杰河，他们遇上了执政官卡图卢斯带领下的一支罗马军队，他们驻扎在一个坚固的阵营中，并分成两个部分，通过一座桥连接在一起。金里人用树木制成筏子，上面捆上大石，让它们顺着阿迪杰河的湍流冲击连接罗马阵营的小桥。桥最终被冲垮了。在极端的恐惧中，不费一刀一剑，远处罗马阵营的士兵全都逃亡了，连卡图卢斯也紧随其后。而在河岸这头防御工事中的罗马士兵由于无路可逃，只能进行英勇抵抗，金里人也只能看着他们全身而退。沉浸于占领罗马阵营及其丰腴战利品的欢乐中，金里人并没有马上去追赶那些被击败的敌人。他们朝着上意大利美丽的领土奔去，投入美丽富饶的土地所提供的无穷无尽的欢乐海洋中。

卡图卢斯有了时间寻求马略的帮助，马略也为他提供了帮助。他们在波河相遇。金里人向罗马阵营派去了使者，为他们和他们的兄弟条顿人要求土地。马略对他们说："你们的兄弟，已经拥有足够大的地方了，并在那儿活得自在着呢！"如此说罢，马略向使者展示了处于枷锁中的条托波赫以及监狱中的其他条顿俘虏，以此作为对他那句话的生动解释。使者带回这些消息之后，金里人非常愤怒。为了表达对罗马人的轻蔑，金里人同盟的首领，波伊人波伊欧力奇让骄傲的罗马人确定一个时间双方再战。马略指定维罗纳和维切利之间的劳迪安平原作为战地。至于时间，则是此协定后的第三天。金里人这些自然之子们本性单纯，他们轻易地就相信并接受了狡猾的罗马人的提案。那两个坚固庞大堡垒之间的地势能够确保罗马人一旦失利也能得到可靠支援或者安全逃亡。另外，在战争前和战争中，这个地势也能够为罗马军队提供充分的补给。战争的结果显示，马略甚至考虑到了天气的变化，以及尘土飞扬的平原上的风象。

当雾霭还未笼罩平原时，金里人的重装骑兵就发起了进攻。他们的步伐排列为紧密的正方形。金里人的骑兵攻击指向了罗马人的左右两翼，各有16000人的强力攻势。金里人的骑手在冲击结束之后，来回盘旋；他们假装撤退，吸引了罗马左右两翼的士兵，而金里人的步兵则在他们后方进行截击。战争似乎获得了胜利。然后起雾了，太阳亮晃晃地照射着金里人的眼睛，风卷着沙尘遮蔽着金里人的视线。这时，马略带着他的中间部队朝他们攻来。烈日的光线，厚重的沙尘，都帮着罗马士兵打击金里人，使得他们根本无法展现其勇猛。金里人的前列兵将更容易被整体击垮，因为他们都串联在了一起，使得每个人都无法逃生。在首列的波伊欧力奇的倒下最终导致了灾难性的溃败。金里人拼命撤退回营地。在主体部队成功地撤退到蒂罗尔山区之前，营地得到了坚守。金里人明智地用自己的人牢牢控制着出入蒂罗尔的阿尔卑斯通道，这对他们是非常有利的。

在这次战役中，罗马的军力达到了55000名战斗士兵。而金里人则有15万步兵，其中90000人被杀，60000人被俘。这种统计当然带着罗马人的虚构和夸张。他们自己的损失却未被提及。对乐于看到这60000俘虏的罗马人来说，第二个谎言掩盖了第一个。他们在上意大利被卖了或被遣散了。然而可以肯定的是，金里人对意大利的入侵失败了，他们撤回阿尔卑斯地区。在那里，他们安居、繁盛于蒂罗尔河谷。根据蒂罗尔学者的观点，金里人的后裔仍然居住在意大利蒂罗尔的弗兰瑟塔尔。这个河谷主要城镇的名字叫作辛步拉，就表明了这个事实。

那个河谷居民的神态、体格都更像北方人，罗马人认为他们比之前的敌人对罗马城邦来说都更具危险性。蒂罗尔人贝达韦伯说："无论谁看到了他们，都会承认这种意见具有良好的理由。他们当然说着意大利语，但语调和言辞都更野蛮粗俗。他们的马车、身材、容貌都肯定是日耳曼的。日耳曼人经常流露某种严肃的态度，这种态度像极了那些流亡者的表情态度。"河谷的居民作为自由人统治着自己，最初则是由希腊人支配，后来则是由日耳曼帝国支配。直到12世纪，他们才归顺于特伦特主教辖区，但是他们的自由通过规定得到了严肃的保障。蒂罗尔统治者需要确保这些自由和权利。他们需要保障他们自由地拥有森林和阿尔卑斯山；自由地打猎捕鱼；在整个特伦特公国都免除贡赋和杂税，以及由社区选举司法人员进行司法自治。这些特权一直维持到了法国大革命时期。

有些作者认为，他们在这些条顿人和金里人中发现的并不是日耳曼人，而只是高卢人。他们这是受了那些参加了这场战争迁徙的高卢土著人的欺骗。最大的可能性是，在金里人部落中，日耳曼人血统占据着主导地位，包含着下莱茵地区高卢人和日耳曼人的混合血统。根据尤利乌斯·恺撒的说法，这些高卢人、贝尔格人，常常带着自豪谈到他们的日耳曼后裔，同时鄙视那些罗马高卢人。此罗马人比他同时代的任何人都更清楚日耳曼的情况。伟大历史学家塔西佗更是清楚地称金里人和条顿人为日耳曼人。

公元前101年，日耳曼人对罗马帝国的第一次进攻就这么被击退了。

第二章

高卢地区阿里奥维斯图的征服——与恺撒的战斗——某些日耳曼部落的不爱国精神

很长时间以来，日耳曼部族都处于历史舞台的后台。罗马人在意大利陷入了惨烈的公民党派冲突，无暇顾及阿尔卑斯山以外的情况，以及如今被称作德国的那块土地上所发生的变化。直到公元前72年，日耳曼人才又一次出现在历史舞台上，也就是在恺撒、庞贝、克拉苏三个执政官共同掌握罗马共和国最高权力的时候。

那时候，一个叫作绥威的伟大日耳曼部落的首领阿里奥维斯图带着15000名士兵越过了上莱茵。驻扎在索恩河以西一直到侏罗山脉和孚日山脉间的塞广尼人、高卢人呼唤阿里奥维斯图的帮助，以抵抗埃杜伊人，后者聚居于北方，从索恩河到卢瓦尔河。阿里奥维斯图解决这些部落纠纷的办法是这样的：他征服了埃杜伊人，夺取了高卢地区一个稳定的区域。更多的绥威人越过莱茵河投靠了阿里奥维斯图。长期以来，他们的日耳曼属性和强大实力成为塞广尼人的巨大负担。他们与其他高卢部落结盟，共同抵制阿里奥维斯图和聚集在他身边的绥威人。当时，阿里奥维斯图已经收纳了12万人。然而，在与阿里奥维斯图的斗争中，他们失败了。他从他这些昔日盟友手中，夺得了三分之一的上好领土，之后又为自己和他的部队夺取了勃艮第。在另外24000名绥威人投靠他之后，他又马上为他们要求另外三分之一的领土。高卢人充满了恐惧，生怕最后所有的日耳曼人都越过莱茵河，将所有高卢人驱逐出去并占领他们所拥有的一切。高卢部落联盟的领袖们转而求助于恺撒。后者在三个执政官的权力分配中掌管着上意大利和罗马高卢地区。他们恳求恺撒的援助，以对抗阿里奥维斯图和他的日耳曼人，摆脱他们对其所施加的傲慢无礼。

这些高卢人首先是在自己内部冲突的时候招来了日耳曼人，然后为了对抗这些自己招来的强大的和平缔造者，他们又招来了其他陌生人，即罗马人。而正是这些罗马人，原本就已经肢解并占领了一部分肥美的高卢土地，他们的目的没有别的，就是要最终将整个高卢地区都纳入罗马帝国的版图。一个民族内部各部分的自私自利削弱了他们对整体利益的关注，削弱了他们的民族情结和对故土的热爱，从而导致了内部的冲突和斗争。一个民族或国家成员间缺乏统一，从而削弱了他们的力量，导致他们对外孱弱，易于招惹外族入侵，最终导致民族独立性的丧失。这是公共生活中所有自私行为所犯下的诅咒，无论是在个人身上还是在国家层面上都一样得到了体现。自私自利带来的诅咒最终必定会导致整体的毁灭。然而，首要的责任在于那些为了自我利益而忘记整体的部分。他们为了扩大自己的影响力和制度，忘记了自己的故土，也忘记了自己的神。在高卢部落很快隶属于罗马帝国之后，他们所招来的这种诅咒转移到了日耳曼人身上。

事态的发展以及罗马的状况注定使得恺撒能够行使罗马帝国唯一的权力，从而能够领导或者至少可以影响当时人们所知道的整个世界范围。恺撒从神那里接受了权力和心中的野心，从而使他成为罗马帝国唯一的统治者。恺撒并不像通常所认为的那样，是“一个摧毁自由的僭主”，他只是命里获得并履行了一个天赋的任务。从那以后，没有任何一小撮罗马的旧贵族势力被允许发展得过于富有、过于奢侈以及道德败坏，从而避免了因此而牺牲整个罗马、意大利居民，以致全世界公民的利益。狭义地说，他是“人民之子”。这个人民之子反对罗马的贵族，终结了他们的混乱无序、对人性和神的玷污。

恺撒知道如何重视那些外出征战的日耳曼部落的军事品质。如果能够利用他们的力量，他将更有希望能够成为世界的统治者。他并没有攻击日耳曼领袖，而是希望能够面谈。然而，那边的回话是“如果恺撒找我有什么事，请他来我这儿。在我的高卢，他有何贵干？”恺撒因此传话要求对方停止引入跨莱茵河而来的日耳曼人，同时释放埃杜伊人质，因为后者是罗马的盟友。“埃杜伊人无论如何不能再受到日耳曼人的压迫，否则恺撒将被迫保卫他们，为他们复仇。”阿里奥维斯图提醒恺撒注意人们所遵守的战争准则，也拒绝释放被俘的埃杜伊人，但保证不会发起非正义的战争。“他不会听命于罗马人，也不会被罗马人迫使着听从他们。每个攻击他的敌人都是不遗余力地想要摧毁他。如果罗马三个执政者想要战争，那就来吧。他们会知道什么叫作英勇。这些训练有素、未被征服过的日耳曼人14年来从未在屋子里睡过觉。”

恺撒得知，绥威的100多个村落中又有一波新的应征士兵，他们将分部入侵高卢，都隶属于战无不胜的征服者阿里奥维斯图。他们的领袖是一对兄弟，名叫纳苏阿、辛贝里。在他俩的带领下，他们已经准备从下莱茵的右岸渡过河水与处于上莱茵的阿里奥维斯图联合。对这样一个几乎意味着战争的合并，恺撒不敢坐视不理。他赶紧抢先占领了贝桑松，阿里奥维斯图正朝着那儿行进。恺撒成功地抢在他之前控制了这个伟大的、坚固守卫着的城市，里面的军事补给应有尽有。之后通过7天不间断地行进，走过艰难的路途，穿越深深的丛林，恺撒终于逼近了阿里奥维斯图。

阿里奥维斯图想要推迟战争的到来，直到他那些来自莱茵河的盟友的加入再与恺撒交战。为了赢得时间，他提出与恺撒面谈。罗马和日耳曼的将军们在两军阵营间的一块高地上碰头了，这块高地位于一片广阔的平原上，双方都未下马。为了这个会面，双方各带了十名见证人。恺撒身后200步远有一支罗马军团，而在阿里奥维斯图身后，同样的距离，则是一支日耳曼骑兵。阿里奥维斯图对恺撒说了很多，其中一点是：“他在恺撒到来之前就已经占领了这块高卢地区。罗马从来不曾放弃扩大疆土。罗马在这里想要什么？罗马为什么要入侵他的领土？这块土地是他和日耳曼人的一个行省，就像另一个区域是罗马的一个行省一样。他并不是什么野蛮人，也非不熟悉政治史，埃杜伊人与罗马之间并不总是处于友好关系中。他不得不怀疑恺撒部队的目的只是为了摧毁并驱逐日耳曼人。恺撒最好离开这片区域，否则他将以敌人视之。他阿里奥维斯图非常清楚地知道，如果他杀了恺撒，罗马的许多贵族将非常高兴和感激。从他收到的消息可以判断，他可以通过恺撒的死来获得最高的感恩和友谊。恺撒最好把他的部队带走，把这块本来就属于他的领土让他自由地支配。他将因此重重答谢他，再也不会阻止他其他任何军事上的企图。”

日耳曼领袖这番言谈所展现的不可撼动的勇气、所揭示的冰冷的事实、所表现的审慎和丰富的政治知识，都让罗马人印象深刻。恺撒的述说就能体现这一点。当看到自己将要面对的是什么样的人后，恺撒中止了面谈，快速回到了军营。阿里奥维斯图进军罗马人的后方，切断了他们的补给。连续五天，他打乱了恺撒想要把他引向阵地激战的企图。然而，每天他都用骑兵从各个方向攻打和骚扰罗马人。恺撒遂将部队挺进到距日耳曼人只有600步远的范围内，并竖起了营地。阿里奥维斯图仍然避免最后的交战。他只是不停地用骑兵骚扰罗马人。从一些囚犯那里，恺撒听说，阿里奥维斯图之所以避免最终交战的原因其实只是在于“智慧的女人”，或者说女预言家向他预言说，如果战争在月满之前爆发，他将失败。恺撒决定进攻，不再拖延。他将军队划分为三条战线，紧贴日耳曼人的营地。阿里奥维斯图终于将他的部队带出了营地，这支部队以部落来划分。一队由货车构成的路障护卫着他的战线后方。在这些货车上站着日耳曼人的妻子和子女们。当前进到自己阵地时，她们向日耳曼士兵喊道：“我们不能沦为罗马人的奴隶。”

战争非常激烈。日耳曼人的指挥是大胆勇猛的。阿里奥维斯图将他的右翼排成楔形进攻态势，罗马人的左翼被击退。罗马骑兵部队的年轻指挥官克拉苏看到了他的手足们所面临的巨大压力，只好将后翼部队调来支援。战争形势发生了转变。罗马人的右侧，恺撒亲自领军攻打日耳曼人的右侧。他意识到这一侧是敌人的软肋，也正是在这一侧，他击退了敌人。克拉苏领导的骑兵，在第三战线部队的支援下，攻打日耳曼人的右侧。在这一侧，日耳曼人之前虽取得了胜利，但在胜利中，他们并没有紧紧团结在一起。这一进攻决定了当日的战斗，阿里奥维斯图下令撤退。罗马步兵并没有追赶日耳曼人，他们也很虚弱，损失也很惨重。日耳曼骑兵保卫着他们的后方，与罗马骑兵激烈战斗，后者仅仅由恺撒领导着。阿里奥维斯图与他的骑兵坚守阵地，直到他撤退的部队并非如恺撒所说越过了莱茵河，而是穿过了阿尔巴尼和大杜河。他们的这次穿越，有的靠游，有的靠各种各样的小船。阿里奥维斯图最后一个凭借小船越过了河水。显然，他与骑兵一起掩护这次撤退，甘愿牺牲自己，也要与罗马人英勇抗争到底。恺撒明确地告诉我们，这些日耳曼骑兵，每一个都战斗到了最后，直到还剩最后一口气才罢休。他从未提及任何一个日耳曼男性俘虏。

对这场战争，我们没有什么独立的记载，只有敌人和征服者的记载——罗马人显然撒谎了，他们部分隐瞒、部分扭曲、部分夸大了某些相应的事实，以至于只要稍稍看看地图、位置和距离，就能够发现这张谎言之网。

根据恺撒的记述，这场战争发生于距莱茵河40英里之外。地点似乎是在今天的孟佩嘉德，上阿尔萨斯地区。在恺撒的叙述中，他率领骑兵不停地追逐高速奔跑的日耳曼人，直到莱茵河附近。日耳曼人撤退之地应该高山纵横，使得他们的骑兵和步兵能够容易摆脱罗马骑兵的追逐。通过这些山谷，阿里奥维斯图的撤退不需要那么仓促。恺撒也只字未提周边的高卢战斗力量的合作。而正是因为他们加入并一起对抗阿里奥维斯图，才使得恺撒这边在人数上占有明显的优势。我们已经看到，高卢人对日耳曼人的反抗是多么的艰辛。然而，阿里奥维斯图撤到莱茵河后，并没有遇见任何高卢人，而只遇见了其他日耳曼兄弟民族。在中莱茵的西岸，孚日山脉当中和前方，住着罗拉奇人，他们向南沿着弯曲的莱茵河扩展到西阿尔卑斯山脚的赫尔维西亚的高卢人部落，向北到了科尔马附近。他们的都城奥格斯特则在巴塞尔附近。罗拉奇北边，孚日山脉山区附近的高地和山丘上则是特利波器人。在他们东边，莱茵河狭长平坦的区域，则住着美特斯人，从罗拉奇人所在地延展到内卡河河口。他们主要的城镇是今天的斯特拉斯堡和斯派亚。在内卡河河口附近的莱茵以东、以北，从当纳斯山开始，住着万吉奥内斯人。他们的主要城镇是沃姆斯。这些都是纯粹的日耳曼人，伟大的绥威族人。这些人早在这个时期以前就在莱茵河左岸的这些地区驻扎下来了。罗马人把这些国家叫作小日耳曼。正如赫尔维西亚地区住着高卢人，莱茵河左岸也住着这些日耳曼人。恺撒在那儿发现了12座城市和400多个村庄。因此，阿里奥维斯图在穿过大杜河后遇上的都是些与他非常友好的日耳曼族部落。

在孟佩嘉德战役后的货车路障风暴冲击中，阿里奥维斯图丧失了两位他深爱的女人和她们的女儿。一个是他的妻子，绥威人，追随他的征服历程，一直来到高卢；另一个则是高卢领袖沃奇奥的妹妹，一位来自诺里库姆或东阿尔卑斯的高卢人。一位女儿在战争中丧命，另一位女儿则沦为战俘。

这是日耳曼势力试图在高卢地区建立统治地位的首次尝试。其结果，则是恺撒在那里确立了罗马的统治。至于阿里奥维斯图的余生如何，以及他在绥威本土又有何作为，我们不得而知。罗马作者对此保持缄默，而日耳曼传统的记载至今还不为人知。

恺撒特别清楚地提到了那些参与了决定性战役的名字，他们包括：哈罗德斯人、马可曼尼人、特利波器人、万吉奥尼人、内密特斯人。他们都来自莱茵河左岸以及上中莱茵河右岸地区。从那里到多瑙地区的土地由马可曼尼人占领，他们是伟大的边界斗士，这个边界将日耳曼人和陶里斯奇人以及雷蒂娅人区隔开来。和哈罗德斯人一样，他们也是绥威人。“Hard”在古日耳曼语中，和今天斯瓦比亚语一样，都意指树木繁茂的高地地区。因此，恺撒的哈罗德斯人都是符腾堡黑森林东南地区的居民。内密特斯人同样也是绥威人。内密特斯这个名字，作为绥威的一个古老名字，一直保留至今，在斯拉夫人中间用来一般性地称呼那些日耳曼人的后裔。

那些沿着下莱茵右岸前进，满怀希望在阿里奥维斯图领导下通过战争获取荣誉和领土的日耳曼势力，在得知失败和撤退的消息后，都急于想要回到自己的家乡。于是日耳曼性格中的一个瑕疵展现了出来，这个瑕疵在以后的每个世纪都无可救药地一次次地展现出来。一个名为乌比的日耳曼部落，主要生活在莱茵河左岸，尽管在右岸也同样存在他们的生活痕迹。科隆是这个部落的首府。他们拥有一个特征和爱好，那就是喜欢异域风俗和对外联系，尤其偏好高卢人和罗马人。这个特征无疑为绥威人所憎恨，并且在当时的事件中发展到了离谱的程度。为了讨好恺撒和罗马人，他们向撤退中的日耳曼同胞发起了攻击，甚至屠杀了一些落后部队。这些乌比人与世界其他地区的异国君王保持着同盟和友好关系。恺撒的策略就是一个一个地赢得各日耳曼部落与罗马的友好，然后通过日耳曼人来与日耳曼人斗争，最终逐渐扩展罗马的统治势力以覆盖整个日耳曼地区。这个策略利用高卢人内部的党派斗争和仇恨，取得了巨大的成功。

第三章

日耳曼领土上的人口膨胀——跨越莱茵河的乌西皮特人和腾科特立人——恺撒背信弃义的鲜活案例——罗马人首次入侵莱茵河以外地区——效力于罗马的日耳曼部队——安比奥利克斯领导下的比利时人

很快，恺撒通过他背信弃义的政策实现了对所有高卢地区的征服，只有比利时人的领土幸免于难。他们成功地抵制了罗马对他们山林、河流、沼泽等领土控制的扩展，坚决忠于自己先祖的传统，拒不接纳任何罗马人的风俗。

由于这些古时的日耳曼人更多的是以捕猎和战争为生，而不是耕作农业，人口的过度膨胀在所难免，移民迁徙便成为必然。在这些日耳曼人心灵深处，埋藏着引领他们走向战争和荣耀的冲动，一次次驱使他们试图赢得外部土地，一次次地在各种英雄和领袖的领导下从事征服活动。

阿里奥维斯图失败撤退后三年，两个部落——乌西皮特人和腾科特立人——开始试图在高卢地区赢得新的住所。他们受到西绥威的卡迪人（黑森人）的驱逐。后者从陶努斯山脉扩展到威悉河流域，将前者从他们原有的位于缅因和拉恩之间的所有地驱逐出去，赶到了鲁尔、利珀和伊赛尔地区。乌西皮特人和腾科特立人联合起来，一起跨越了莱茵河，企图驻扎在今天的克利夫斯和古德司地区，这两地当时都属于高卢。恺撒赶紧前往北布拉班特，在马斯河和莱茵河交界处迎接他们。他们的使者告诉恺撒："只要不阻拦他们在高卢地区安顿，他们很愿意与罗马保持友好。他们并非自愿想要来到这里，而是被驱逐出了自己的家园。他们屈服于不可抵挡的绥威人。除此之外，他们谁也不怕。"恺撒回答说："只要他们留在高卢，他们就不可能成为朋友。高卢地区已经没有闲置的土地，尤其是对于这么庞大的两个部落（45万人）。他们必须退回莱茵河彼岸。他们或许可以安顿在乌比人的领土上，与乌比人一起，他们或许可以抵制绥威人的进攻。"使者请求恺撒的军队不要继续前进，他们这就回去将恺撒的提议回报部族领袖。三天之内，他们会带着领袖的答复前来汇报给恺撒。恺撒心怀鬼胎地答应了使者的请求。他得到消息，一大队日耳曼骑兵几天前已经跨过马斯河，为前方部队带来了补给。他怀疑，使者请求三天的时间，是为了给这支骑兵队的返回赢得时间。他首先派出了5000骑兵，同时将自己的主力部队推进到两个部落阵营之前。恺撒已经逼得如此之紧，以至于三天后准时向他反馈的使者只需要在十里之外就能见到他了。他们恳请恺撒不要进一步前进，并且命令自己的骑兵不要与日耳曼人展开斗争。同时他们请求恺撒的允许以处理与乌比人的关系，如果乌比人的领袖和元老院能够庄严发誓以遵守恺撒的提议，那么他们就将接受恺撒的建议。对此，恺撒应该接受他们之间相距三日的路程。在恺撒眼里，这些都只是日耳曼人的把戏，仍然是在为他们的骑兵赢得时间。狡猾的罗马人承诺，他们会停止不必要的继续前进，只要能够为他们的部队获得水源即可，不会超过4000步。并且当着使者的面，遵照他们的请求，恺撒下令给前方的骑兵。宽宏的日耳曼人彻底相信了恺撒。然而，恺撒预计到，根据他先前的指示，他的骑兵肯定已经赶上了日耳曼骑兵的分队。事实确实如此。恺撒的武装骑兵与800个日耳曼骑兵展开了战斗。后者并没有逃跑，而是驱散了过度自信的高卢和罗马年轻士兵，将余下的势力击退到他们的主力当中。因此，整个罗马骑兵部队，包括5000罗马人和他们的盟友，受到受挫先锋部队的影响，在羞愧和恐惧中一口气逃回了恺撒的营地。恺撒自己在其高卢战史中对此做出了记载并给出了具体数据。由于这些年轻的罗马士兵认为，他们只是将应对很小部分的日耳曼人，他们的进攻完全被过度的自信和自负所支配。然而，他们遇上的却是日耳曼骑兵中经验丰富的老兵。正如恺撒的生动描述，这些久经沙场的英雄老兵们，拿着巨大的兵器，驾驶着有力的战马，冲击罗马骑兵的队伍。他们在战马上挥洒自如，刺中罗马骑兵战马的腹部，或者令其受伤。这些马受惊高耸起来，甩掉背上的士兵仓皇逃跑。恺撒说，直到看到整个罗马军队，800日耳曼骑兵才停止追赶5000罗马骑兵。

尽管在许多其他场合，恺撒出于其虚假的罗马爱国精神和个人荣耀，经常明显地扭曲历史，他还是很伟大地亲自用笔记录下了这场战役，少数的日耳曼骑兵击败了大量的、高贵的罗马骑兵。他对日耳曼人的这一英勇行为感到非常震惊，这个事件给他留下的印象也非常深刻而持久。

恺撒拥有对于各种事件做出敏感快速反应的习惯，他迅速改变了作战序列，将受惊的骑兵置于整个部队的后方，命令他们只是紧紧跟随整个部队的前进。日耳曼人的领袖和长老们乐于接受恺撒先前的提议，于第二天早上来到他的营地，试图商讨各项事宜。他们完全没有带着任何诡计。当毫无诚信的罗马人看见他们处于自己势力控制之下时，他露出了狡黠的微笑。他斥责日耳曼人不守承诺，竟然在前一天便挑起了骑兵间的战争。恺撒并不打算听取他们的回答，径直将他们捕获并囚禁起来。然后，他立即解散了阵营，迫切地想要让日耳曼人大吃一惊。根据他自己的剖白，所有这一切在几天前他就已经准备好了，甚至在上一次小规模冲突之前就已经决定了。因为，按照他的说法“等着敌人巩固势力，也就是等着支援部队安全返回，是最为愚蠢的举动。骑兵冲突的结果也让高卢附属们留下了这样的印象，即他一定不会给他们时间以做出反应”。与此同时，在日耳曼人阵营中，一切都安静祥和。他们知道自己的领袖正在与恺撒进行斡旋。“在日耳曼人能够对我的进攻产生任何怀疑之前，对其阵营的攻击便开始了。丧失了领袖，又被攻击的突然性所惊愕，他们没有时间开会商议，甚至没有时间武装自己，日耳曼人全都不知所措。不知道应该聚集兵力捍卫营地，还是应该通过逃跑来确保安全。罗马人能够听到他们吵吵嚷嚷的讨论声，能够清楚地看到他们的困惑。然而，很快，罗马人就将其势力一直打入到他们营地的内部。在一段时间中，那些能够拿起武器的日耳曼人对罗马人展开了抵抗，在紧急的命令中，在车帐前与罗马人进行搏斗。同时，大量的妇女儿童们则选择了逃亡。恺撒命令罗马骑兵去追逐这些逃亡妇孺。当他们追赶上这些女人和小孩时，后者发出惊恐的尖叫声。战斗中的日耳曼人听见之后，纷纷扔掉手中的武器，从营地中飞奔向他们的女人和孩子。”真相或许是，这些带着武器的日耳曼人赶紧前往保护他们的女人和孩子。正如恺撒在别处所叙述的，他们掩护女人孩子的撤退，“一直到了马斯河和莱茵河交界处。”只是因为到了那里已经无处可逃，许多人才被杀死，也有很多人投河。然而，几乎所有的日耳曼人，尤其是那些生长于大河流域的部族，无论男女、成人小孩，从小就是熟练的游泳好手。因此，他们中有大量的人都最终安全地到达了彼岸。恺撒以征服者惯用的谎言总结了这次事件：“在我们这边，没有一个人阵亡，只有很少的人受伤。”

日耳曼骑兵被追逼到马斯河以外，得知自己同胞的悲惨遭遇后，未受攻击地跨越了莱茵河。鲁尔河两岸，尤其是上鲁尔南侧，驻扎着锡加布里人，他们友好地接待这些日耳曼骑兵，并与他们结成同盟。恺撒要求他们投降。“罗马的统治权止于莱茵。如果恺撒认为日耳曼人在未经得他同意的情况下进入高卢地区是错误的，那么他怎么能够指望干涉莱茵河以外的领土呢？”这就是锡加布里人对他的回应。

恺撒通过背信弃义而赢得的胜利，甚至在罗马，都为所有思想健全的人所不齿。元老院的大多数人由于满足于胜利带来的好处，对恺撒投出了感激之票。然而，高贵的卡托说出了以下令人难忘的话：“我们必须把恺撒留给那些野蛮人，以避免罗马受此等恶人的领导，他的行为违反了自然法。”

征服莱茵河以外的日耳曼领土如今不再是恺撒能力所及。他只希望能够通过恐惧或善意，通过承诺高额报酬，而赢得英勇的绥威人的支持。从而当他力图在罗马获取主导权时，他们能够成为助力而不是阻力。当他受乌比人之邀而越过莱茵河时，心里怀着的就是上述打算。乌比人认为，大量的乌西皮特人和腾科特立人出现在他们的领土上，对他们来说是一种伤害。而这种领土安排正是恺撒对后面两个部落的承诺。

这些科隆附近的日耳曼人，早就丧失了民族感情，他们承诺给胜利的外族人提供大量船舶以运送他们的武装过河。他们认为，尽管罗马人不可能永久地占领莱茵河以外的领土，但是单单过河这种行为就是对他们提供的一种依靠。此举能够让绥威人看到，乌比人拥有罗马的保护和支持。

恺撒决定在莱茵河外展开一次远征，目的在于震慑绥威人，从而避免他们进攻高卢。他希望，对于丧失自己领土和财产的恐惧能够阻止他们进攻高卢，因为他们能够亲眼看到罗马越过莱茵河的实力和决心。同时他也希望，跨过莱茵河，远征绥威，能够在所有罗马人眼里为自己赢得一个荣誉的光环。于是，他率领自己的部队越过了莱茵河，并没有使用日耳曼乌比人所提供的船舶。他认为，并不能将自己和他的军队托付于一支对自己本民族都背信弃义的部落。尽管面前的莱茵河湍流不息，但他的工程师们还是成功建造了一座桥梁。用了十天时间，他们就以高超的技艺建造了一座桥梁，桥梁低于波恩，位于西格河口。通过这座桥，恺撒跨过了莱茵河。他在河的两岸都留下了一支强大的部队以保护这座桥梁。因此，在基督诞生前55年，外族势力第一次以战争列队的形式踏上了莱茵河以外的日耳曼领土。恺撒从发誓友好的乌比人那里取得了人质。当他来到锡加布里人领土时，那儿荒无一人。没人、没物品、没供给。乌比人的探子向恺撒汇报说：“当绥威人听说恺撒建起了大桥，立马召开了议事会议，并向四面八方派遣了通信员，命令所有部族撤离自己的农场和领土，带着妻儿财产退到森林里去。所有有能力荷枪实弹的男人都被召集到内地一个聚集地。在那里，绥威人等待着与罗马人展开生死决斗。”

乌西皮特和腾科特立贵族向锡加布里人提议，让他们退到林木繁茂的威特劳山区地带，从那里展开战斗。在锡加布里荒原中，恺撒感到非常不安。莱茵河外的乌比人是不值得信赖的。处于如此危险的境遇中，还要跟着绥威人进入恐怖的原始丛林和威特劳山区，并在那里与锡加布里人抗衡；同时，在莱茵河与他之间的后方，还有大批的腾科特立和乌西皮特人骑兵；鉴于这种形势，恺撒完全没有作战的愿望。迟疑两日之后，恺撒退回到莱茵河沿岸。然而，他却是作为一个纵火犯而撤退的。他烧毁了每一个村庄和农场，摧毁了原野里每一块庄稼。然后，急忙率部队跨过河流，继而摧毁了身后的桥梁。乌西皮特人和腾科特立人中的一些贵族，曾经作为代表来到他的营地，却被他背信弃义地抓捕起来，如今被释放。恺撒记录说，他们不敢冒险穿过高卢地区回到自己家中，因为他们原先入侵高卢，后者必定会报复他们，因此这些贵族们宁愿留在罗马军队中。事实上，恺撒知道如何能够赢得这些侍臣为他服务，通过高薪和美好前景的诱惑，从而能够让他们留在罗马军中。利用他们，恺撒进一步引诱了一批热衷于战争和战利品的日耳曼人为其服务。很快，他便成功地使用了这支日耳曼护卫队，既用来抵抗他的反对者，也用来抵抗高卢人。

公元前54年，在安比奥利克斯领导下的比利时人，非常秘密地组织了一支反对罗马人的联盟。特里尔人，如今列日、林堡、于利希的厄博龙尼斯人，南布拉班特的内尔维人，几乎不约而同地袭击了他们附近的罗马营地，进而在恺撒缺席的情况下摧毁了一整支罗马军团，并从四面八方骚扰罗马人。比利时同盟邀请莱茵河右岸的日耳曼人加入他们一同与罗马人作战。为了防止这个同盟的形成，恺撒第二次跨过了莱茵河。他又造了座桥，比第一次的更高，接近诺伊韦德附近。乌比人为了急于向恺撒澄清他们与比利时人达成协议的嫌疑，回应恺撒因此对他们的谴责，他们做出了非常无耻的行为，即担任恺撒的间谍和向导，引领罗马人对抗绥威人。他们向恺撒汇报，绥威人退到了山毛榉林中，也就是罗马人所说的巴曾尼斯林，并且已经从他们的同盟中召集好了步兵和骑兵。这个所谓的巴曾尼斯林是一片非常巨大的森林，深入内陆，形成了一道天然的墙体将绥威人和切鲁西人区隔开来。在这片森林的郊外地区，绥威人严阵以待，等待着罗马军队的到来。恺撒命令乌比人将所有的牲畜和物资都从乡村移到城镇。他希望此举能够使这些野蛮人处于物资匮乏之中，从而让他们在战争中处于不利的处境。然而，在他的罗马军队前行的过程中，饥荒甚至威胁到了他自身。恺撒恐惧高大茂密的山毛榉林，因为他知道，在其中他不仅要与高卢人作战，而且要与绥威人作战。因而，恺撒最终撤退了。但他留下了自己修建的桥梁，从而留下了某种威慑，让敌人们害怕他会再次返回。此举在一定程度上遏制了他们加入比利时人同盟。他拆除了接近右岸一侧、长达200尺的部分，并在末尾处修建了一座四层楼的高塔。其中，他安置了一支部队。12支步兵大队用坚固有力的营地覆盖了整个桥梁及其出入口。一切安排妥当之后，恺撒转而进攻比利时人去了。通过他在阿尔卑斯山两侧收集来的钱财，恺撒成功地收买了许多高卢人，同时也引诱了许多比利时人放弃他们的同盟，转而投靠他以对抗安比奥利克斯。

安比奥利克斯和厄博龙尼斯人退到沼泽之后，他所放弃的荒芜领土遭到高卢人和日耳曼护卫队的掠夺。特里尔附近的高卢人于公元前53年投降并接受了罗马化。比利时同盟中其他派系的英勇抗争也于公元前51年最终消亡。比利时人，一直到莱茵地区，全体投降。这既是恺撒熟练的军事技巧和外交欺诈的后果，同时也是由于同盟内部高卢人间的内斗，他们服务于外族征服者以对抗本民族的同胞。不幸的是，日耳曼人对恺撒也帮了很大的忙。他陈述说，他是通过日耳曼雇佣军，尤其是日耳曼骑兵而完成对高卢的征服的。对这个现象的唯一解释只能在于，那些被他给予厚待和自由的乌西皮特、腾科特立年轻贵族们，通过自身的力量为恺撒赢得了很大部分的日耳曼部落的支持者。

罗马将军的黄金、军事荣誉、财富得到了日耳曼人的附议。后者展现出的这种倾向是所有野蛮民族的耻辱，并且在此后几个世纪的发展进程中仍然是一项耻辱。在那个时期，民族精神和民族责任还是各个日耳曼部落所不知道的概念。他们着迷于冒险的战争精神，并受其支配，他们渴望的仅仅是战争、荣耀和战利品。他们对战争本身充满激情，并不去考虑为谁、出于什么目的而开战。那个时期日耳曼民族所具有的这种特征，即典型的缺乏更高的行动目标，在一般自由平民和贵族中都可发现，只要有机会体现勇敢行为、出人头地、赢得黄金和其他战利品，他们就会对战争本身趋之若鹜。

因此，早期的日耳曼人，尤其是他们的王公贵族，协助自由的宿敌，即贪得无厌的罗马人以征服他们的邻居，那些高卢人和比利时人。而后者往往以自己所带有的日耳曼血统而自豪。这是对他们共同利益的背信弃义。这种共同利益本应该驱使所有的欧洲人达成一致以对抗罗马。这也是对日耳曼民族自己所声称的自由的不忠，这种自由原本是所有民族的自然权利。恺撒很快就知道，日耳曼民族并不是一个统一体。他们互相间争斗不止，互相倾轧。不可调和的世代仇恨将切鲁西人和绥威人分割开来，这种分裂远比森林的自然墙体更加坚固、深刻。这种缺乏民族感情的种族多样性很快也暴露了自身。每一个种族，甚至同一种族中的不同单个部落，都变得非常自私，只知道牟取私利。他们带着无可救药的分裂精神一直抵抗着避免成为一个整体民族的成员。恺撒非常清楚地意识到将如何利用日耳曼人的这种特征以计划他的未来策略，同时他也将利用他们对战争、荣耀的热爱，利用他们只要有机会就会轻率地为异族服务以发泄自己的英雄精神的轻浮特质。

第四章

恺撒的计划——罗马文化以及日耳曼地区的殖民——莱茵河左岸和多瑙河右岸的征服——阿尔卑斯山部落的征服

恺撒的计划是这样的：首先，利用为其服务的日耳曼人的帮助，摧毁他的政治对手，获取权力。这同时意味着需要战胜罗马贵族势力的领袖庞贝和他的部队。其次，征服阿尔卑斯地区的高卢种族。最后进攻日耳曼，罗马人的伟大日耳曼。从东南西北各个方向着手。利用日耳曼人以攻打日耳曼人，从而使其帝国势力全面覆盖整个日耳曼地区。

恺撒的宽宏心胸和个人魅力不仅使得罗马军队中的士兵为其着迷，同时也对高卢人施加了类似的影响，更重要的是对日耳曼士兵产生了深远的影响。凭借这支经验丰富、全身心忠诚于他的老兵部队，恺撒摧毁了对手庞贝的许多部队，推翻了旧有的各种罗马制度，将共和国转变成了君主国。在继续维持共和、民主形式的外表下，出于真正罗马人民的利益，帝国兴起了。在这场变动中，只有贵族才是失败者；大多数的人们则都是受益者。恺撒将人们从贵族阶层长期施加的无耻压迫中释放出来，给予一般的人民武装力量以扩张。罗马的见证者们清楚地证实了这一切都是通过恺撒军队中的日耳曼士兵得以实现的，尤其是经历了公元前48年7月份在法萨莉亚的决定性战役，光荣归属于他那“可怕的日耳曼军团”。

罗马人民被命运赋予了一项任务，那就是将旧世界从东方和希腊接受来的文化移交给新世界。具体来说，就是将它的理智产物、真正的文明——也就是作为公民社团的政治组织——传递到欧洲北部，被日耳曼野蛮人占领的区域。他们就将这个文明的种子埋在罗马军队的征服脚步所到之处的泥土中，并用刀剑和血对其进行耕种。他们不仅通过服务于罗马军队的贵族和自由民将战争的艺术引入了日耳曼人中间，更重要的是通过对日耳曼土地的殖民活动，向大小日耳曼地区的河流、森林带去了文明的基本要素。

我们很容易理解，为什么整个莱茵河左岸地区不得不最终附属于罗马。我们也能同样容易地理解，为什么多瑙河右岸地区不得不成为罗马的一个行省。公元前44年3月14日，恺撒被罗马贵族谋杀，但在过去的六年中，他已经将莱茵河左岸日耳曼边界的民族们带入了罗马文化的圈子。他们被罗马化了。他们接受了罗马法律和罗马的正义形式。然而，由于其他日耳曼人从野蛮到有组织政治生活的进展不可能以其他方式展开，随着罗马法律和正义，所有的市政组织都被带入了日耳曼领土，扩展到所有日耳曼种族。这些组织都是古罗马的标志性特征。在很短的时间内，罗马在莱茵河的常备军营发展成为城市。这些城市的名字暴露了它们所拥有的罗马起源。阿尔地区的温蒂施是罗马的温多尼萨。阿文其，古代的阿文迪孔。巴塞尔附近的奥格斯特，则是奥古斯塔·劳拉克隆。莱茵扎波恩，罗马的塔波恩。沃姆斯，波波托马古斯。科布伦茨，罗马的康福伦特斯。奥德那赫，安妥尼阿孔。波恩，波那。雷马根，里格玛古斯。辛西格，森提阿同。博帕特，伯德布里格。欧泊维塞尔，瓦萨莉亚。巴哈拉赫，巴哈拉孔。宾根，宾吉乌母。科隆，科隆尼亚，乌比人的殖民地，后来叫科隆尼亚·阿格里皮娜。

恺撒的侄儿和养子，也是他在帝国的继承人，在日耳曼领土继续着恺撒开启的事业。乌西皮特人、腾科特立人，那些日耳曼部落与锡加布里人一起，对乌比人仍然处于莱茵河右岸的那块地方施加了巨大压力，以至于奥古斯都的女婿阿格里帕将他们转移到了左岸。因此，那个高耸入云、倒映于莱茵河的科隆大教堂的所在地，不再被称为乌比人之城，而改名为阿格里帕之城。

如果说日耳曼乌比人成为高卢边界的防御者，抵制他们的同胞，那么，那些来自莱茵河之外的日耳曼部落之所以如此效忠于罗马人，只是因为他们能够拥有独立的外表，他们的制度也能够保持不变，只要这种状况与罗马的利益并不冲突。在这种情况下，罗马法和日耳曼法共存，一个作用于罗马人，一个作用于日耳曼人，因为两者也是杂居在一起的。然而，如果一个日耳曼人被控侵害了一个罗马人，或者罗马统治的利益受到了日耳曼人的伤害，那么罗马法将被用来解决这种情况。罗马的政治艺术，在未来几年中，成功地在这些罗马化的地区中不仅罗马化了土地，也罗马化了其中的人。这个政治艺术悄悄地为“罗马人民的盟友和朋友们”的逐渐转变准备好了道路，无论在风俗、法律、制度还是言谈上，这种转变都将产生。

其他从罗马军事基地兴起的城市，最初属于高卢人，后来被莱茵河左岸的日耳曼人所占领。它们的名字仍然回应着罗马的口音。比如，特里尔，特立尼奥伦；于利希，于力阿孔；亚琛，阿库阿；索伊松，索伊西奥农；坎布雷，坎马腊孔；以及其他许多城市。罗马殖民于日耳曼领土的这一部分的一个主要城镇就是美因茨，或者叫美恩丝，罗马叫法是摩根提亚孔。从美因茨到克桑滕，罗马的维特拉堡，在克里夫的直辖地，八个罗马军团驻扎在莱茵河，罗马帝国指向日耳曼的边界地带，在这些营地中提供并安置了各种各样的兵器和装备，这些对于如此大规模士兵的长期存在是不可或缺的。

乌比人一离开莱茵河右岸，日耳曼人便顺势挺进了该地区。他们是腾科特立人、乌西皮特人和锡加布里人。他们的势力增长迅速。在公元前16年，他们突然进攻了罗马人占领的那部分比利时领土。这次事件令人非常震惊，因为它几乎摧毁了罗马总督罗利乌斯的所有军队。罗马不得不承受这个事件带来的后果，并且着重确保自己边界的安全。奥古斯都继续征服高卢阿尔卑斯地区的民族。这些仍然保持着独立的民族成为罗马挺进多瑙地区的障碍。罗马政策所安排的领土扩张计划不仅仅着眼于未来几年、几十年，甚至是几个世纪。由恺撒开启而未完成的计划，不仅仅由他的直接继承者接替下来，而且为所有罗马政策的后继者所执行。他们将此视为帝国的首要责任，尤其是涉及日耳曼人的问题。恺撒自己计划了征服事业。奥古斯都尽管自己并不好战，却积极地与自己的将军和参谋们合作协商，在日耳曼领土的各个方位都埋下了征服这个国家的基础。罗马帝国几乎成为它领土界限外所有民族自由的世敌。这并不是因为它着眼于“扩张文明”，而只是出于自身安全的恐惧以及对统治权力的欲望。

从莱茵河起沿阿尔卑斯山北坡，跨过阿尔卑斯山一直到威尼西亚东部，这片地区驻扎着文德人，或许是南斯拉沃尼亚人。而从阿迪杰河到波河，在阿尔卑斯山与大海之间，居住着许多不同名字的自由高卢部落。雷蒂娅人占领着现在的格里松、提洛尔、福拉尔贝格、巴伐利亚高地以及北边湖泊群附近的阿尔卑斯山的意大利山坡。文德里西人居住在从莱西河到因河，以及从巴伐利亚地区的阿尔卑斯山到多瑙河之间的平坦乡村。诺里奇人从因河延展到多瑙河、穆尔、德拉夫以及萨夫。卡尔尼人则生活在萨夫源头到亚德里亚海之间。所有这些部落几乎都有亲缘关系，它们都具有凯尔特血统。它们的生活区域非常近，但各自在政治上都是独立的。它们之间并不存在民族联盟，并没有民族感情，甚至当它们的共同敌人，也就是践踏它们脚下领土的罗马人的威胁降临在它们自己或者邻居身上时，民族统一性的情感也没有萌生。

这些阿尔卑斯山地区的高卢人，与那些位于莱茵河岸高卢地区的高卢人一样，并没有形成任何共同一致进行防御的计划，因此他们的命运与高卢地区的高卢人最终是一样的。一个接一个的部落被罗马人征服，即便他们拥有高山、峭壁、森林，即便这些高卢人为了独立而抵抗外来压迫时同样也体现出了英雄般的气概和勇气。它们一个接一个地向罗马军队投降，屈从于不讲信义的罗马人的政治诡计、贿赂、诱惑和欺骗。多瑙、德拉夫、萨夫之间的高卢人首先投降。接着是提洛尔地区阿尔卑斯山地区的高卢人。最后是赫尔维西亚人，他们生活在侏罗山、罗纳河、莱茵河，以及康斯坦茨湖之间。许多之前都没有被征服过。

罗马人从高卢和意大利进入提洛尔，一方面，跨过了莱茵河和康斯坦茨湖；另一方面，沿着阿迪杰河前进，穿过了特伦特。这两支部队，一支由德鲁苏斯领导，一支由提比略领导。两者都是奥古斯都的继子。他们在莱西河地区会合。我们可以看到，雷蒂娅人通过向罗马人学习，已经表现出相当不错的军事技巧，尤其是防御技巧。他们修筑要塞，保卫者进入山谷地区的通道，并且在山谷地区修建了防御工事以控制各条道路。然而，这些英勇的大山之子们，尽管拥有顽强的意志、受过一定程度的军事训练，并且对罗马人展开了坚决、分散的抵抗，最终还是不抵罗马人高超的军事技巧和物质资源。在公元前15年的一个夏天，他们的通道就被攻破了，要塞也被摧毁、闯入了。许多人被屠杀，许多人被作为奴隶带回了意大利。只有一部分雷蒂娅人成功逃跑。然而，他们最终也只是与文德里西人，以及他们在莱西河低地的其他邻居们一起投降于罗马人。当两支罗马部队会合于那片流域时，这些部落纷纷出于恐慌而选择了投降。

接下来轮到的就是从因河到多瑙之间的阿尔卑斯山区人口，那些位于穆尔、萨夫、德拉夫的人们。这些部落曾经派出过军队，在布伦努斯的带领下挺进罗马，这些事迹并未被人遗忘。这个凯尔特胜利者，没有接受撤退能够换取的金银，让手中的宝剑发挥了决定性作用，高呼“为征服者而悲哀”。那时被凯尔特人烧毁的罗马城，在之后的三个半世纪中成为帝国大都会和世界的统治中心，因为它在文化上是进步的。现在，这座罗马城对高卢展开了报复。尽管来得有点晚，但却是不可避免的，因为这些高卢人在文化上并没有取得进步。即便他们不再是布伦努斯时期的野蛮部落，但在文化上也没什么进展。进展之缓慢没法和同一时期其他地区的人们所取得的进步相媲美。因此，这个区域的所有阿尔卑斯部落都被罗马先进的军事技术所征服。城市被掠夺，要塞被摧毁。

罗马人迁入了这些地区。利用他们高超的战争艺术知识，罗马人修建了要塞、城堡、带堑壕的营地，这一切牢牢地控制住了他们的臣民。战争和胜利之后，罗马士兵将劳力用来修建大道，将这些已经纳入帝国版图的偏远地区通过条条大路与帝国其他地区连接起来，也与罗马连接起来。在这方面，罗马人三年干的事情远远多于高卢人或者日耳曼人三个世纪所干的事情。高卢人和日耳曼人并没有形成内在的统一关系，种族之间处于彼此陌生和敌视的状态，即便他们愿意为了抵抗共同的外部敌人而相互协助，也很难成功地实现这种愿望。而这一切的原因，在很大程度上就是缺乏连接彼此的道路和其他通信手段。这种缺乏在日耳曼人中间的程度更甚于在高卢人中间的程度。尽管日耳曼人和高卢人一样，经过了一次次与罗马人的抗争，他们肯定意识到、也看到了，为了在与罗马边界一定距离之外能够联合各部落的势力，大道系统的建立是不可或缺的。然而，无论是在胜利，还是在失败之后，修建道路和通信系统的努力一点也没有被付诸实践。罗马人最终在日耳曼土地上建造了公路系统。没有这套系统，就不可能在任何一点上团结各部落或村落的军事力量以将罗马人赶出日耳曼领土。然而，这仍然是很久以后的事了。

当罗马人计划从后方进攻日耳曼时，不仅道路已经修好了，而且罗马人的各个定居点及必需的基础设施也都安顿妥当了。河上和湖上奇迹般地出现了大桥，它们所拥有的牢固的支柱和桥墩，即便是在两千年后的今天，我们也只能望洋兴叹。罗马人占据了被屠杀或驱逐的高卢人的地盘。奥古斯都按照自己的意愿奖赏他的士兵，从被占领地区分出大量土地赐予他们。官员和军团士兵在这些地方永久安顿下来。一部分留在了罗马殖民地，也就是带有完全的罗马公民身份的罗马城市。另一部分留在了自治区，也就是拥有混合人口和不平等权利的城镇。这两部分地区都很快繁荣起来，尤其是康斯坦茨湖周围地区以及多瑙河右岸地区。这些城市包括：布雷根茨、肯普滕、雷根斯堡、奥格斯堡、帕邵、萨尔茨堡、斯特劳宾、佩赫拉恩、毛特恩、土恩、林兹和维也纳。

因此，正如莱茵河左岸成为罗马的势力范围，多瑙河右岸也最终归属于罗马。两个地区都包括四个省份。莱茵地区有50个要塞，而在多瑙河沿岸则有一连串的防御工事。这些都将成为罗马对抗日耳曼的军事保证的根基。

第五章

罗马进攻日耳曼地区核心区域——六个日耳曼部落间的防御同盟和进击同盟

公元前12年，德鲁苏斯从莱茵河出发，开启了对日耳曼的进攻。罗马的政策已经在日耳曼人中间获取了同盟者。北海和莱茵河口之间的巴达维亚人，早在恺撒时期就已经是罗马的盟友。莱茵河东部支流所形成的湖泊周围驻扎着弗里西亚人，德鲁苏斯将他们也纳入了同盟阵营。也许这是武力威胁的产物，因为弗里西亚人证明了自身是真正的日耳曼部落。更有可能的原因是，弗里西亚人的贵族们，按照一贯的、典型的日耳曼人喜欢分离活动的精神，使自己易于受到罗马人空头承诺的蒙骗，相信只要加入罗马同盟，就能够保持独立和不受侵害。

通过日耳曼人来抵挡日耳曼人，德鲁苏斯首先进攻了乌西皮特人、腾科特立人、锡加布里人和马提亚契人的村落。后者这些人和巴达维亚人、卡蒂人一样，都属于西部绥威人。德鲁苏斯摧毁了第一批日耳曼人的村庄，但不得不在他们的联合势力面前撤退。这波联合势力得到布鲁克特利和考契人的大量支持和供给。前者位于利柏和埃姆之间。后者居住于威悉河两岸，从埃姆扩展到易北河，以及阿勒尔河口以南地区。在这次失败之后，德鲁苏斯又通过海路发动了一次进攻。

莱茵河下游那部分日耳曼地区对罗马抱有敌意，是片平坦低地，受到海洋洪水泛滥的影响。德鲁苏斯挖了条运河，现在仍以他为名。他于是将莱茵河和伊赛尔河连接了起来。通过运河，他用小舰艇将部队转移到弗雷沃海，在那里由于海水的冲击，在基督诞生后13世纪形成了须德海。穿过弗雷沃河，即弗雷沃海的一个出口，他进入了北海，从那里，他希望能够继续上行到埃姆地区，从而能够惩罚考契人，并让他们臣服于自己。他的船舶由于退潮的影响被搁浅在了浅水水域。布鲁克特利人和考契人之前都受到过罗马的威胁，如今一起向外族敌人发起进攻。然而，弗里西亚人却没有和他们的日耳曼邻居们站在一起，以典型的日耳曼方式将他们的入侵者从其困难中释放出来，德鲁苏斯从而逃回了他的盟友巴达维亚人的领土。他曾短暂尝试上行埃姆，却受到了布鲁克特利人的进攻。在他撤退之前，他成功地在埃姆左岸修建了艾米西亚要塞。

作为这次入侵的一个后果，锡加布里人、考契人和绥威人之间形成了一个同盟。在这种情况下，考契人和绥威人之间的夙愿被搁置在了一旁，他们当务之急是共同面对来自罗马的威胁。只有卡蒂人没有加入六个部落的联盟。锡加布里人带着武装进入他们的领土，以武力迫使他们加入反抗罗马的日耳曼同盟。这片领土从威悉河一直延伸到陶努斯山脉。这个内部冲突被德鲁苏斯加以利用。在公元前11年春天，德鲁苏斯急忙跨过莱茵河，逼退了乌西皮特人，修建了一座跨越利柏河的桥，进攻了锡加布里人。原本计划深入威悉河附近的考契乡村，但情报人员却将他迅速召回了莱茵。锡加布里人、考契人和绥威人决定切断他与莱茵河的联系。在布鲁克特利人的领土上，联合部队突然出现于德鲁苏斯面前，就在阿波罗附近狭窄的山洞深谷中让后者大吃一惊。如果日耳曼人能够恰当地运用他们的优势地位，完全可以就此摧毁德鲁苏斯及其部队。他手下士兵所拥有的英勇习性和作战技能，以及日耳曼人对胜利抱有的过分自信而展现的短视行为，使得德鲁苏斯能够从关口逃离出去，当然他也付出了沉重的代价。在埃尔泽和利柏河汇合处，布鲁克特利乡村地区，德鲁苏斯修建了一些要塞，其中包括阿利索大要塞。其目的在于确保他与莱茵地区的联系，并且能够作为他未来远征的基地。同时，他也在莱茵河沿岸新增加了许多防御工事，并加固了之前的防御设施。他在波恩和美因茨修了很多桥梁。为了保障在右岸地区的联系，他修建了许多堑壕和瞭望塔。尤其是在陶努斯山脉修了许多坚固的军事设施。最后，他也加固了莱茵舰队的大量船只。因此，他已经准备好了第三次日耳曼远征。

当亲眼看见所有这些准备工作后，卡蒂人终于醒悟了过来。他们离开了位于莱茵河边的住所。如今，这些住所也由于周围山上的各个堡垒而岌岌可危。他们最终加入了锡加布里人的军队，形成了联合势力。公元前十年，德鲁苏斯开始了他的第三次远征。他首先将矛头指向了这两个联盟的部落。然而，他们武装得非常之好，同时又处于非常牢固的位置，德鲁苏斯发现自己很难取得进展。远征没有任何结果。公元前九年，他将美因茨定为自己运筹帷幄的中心城市。从那里，他跨越莱茵河，强力挺进、烧杀掳掠，穿过卡蒂的南部乡村，与卡蒂人和锡加布里人展开了血腥的斗争，后者被逼退到他们的山区森林中。德鲁苏斯进而渡过威拉河，穿过黑西尼亚森林。因而来到了赫门杜里人的领地。这支西绥威部落与西绥威卡蒂人被威拉河隔离开来。它从威拉山谷向东延伸，其边界就是威拉、埃姆、哈茨山脉和苏台德山脉。到了黑西尼亚森林，意味着将碰见一系列山脉和高地，它们从埃姆开始，向东南方向延伸，指向奥得河的源头。它所包围的地区如今被称为威悉山区，包括图林根、萨克森、劳济慈的丘陵地带，利森山区和格拉茨高地。赫门杜里人领地以外，从哈茨山脉以北到易北河附近，居住着切鲁西人，紧贴着哈茨山脉的南坡和东坡。在易北河西岸，首府是巴德威克的巴登高地区以及吕纳堡地区，居住着伦巴第人。他们也属于西绥威族。他们的邻居，森诺内斯人，是绥威部落中最受尊敬的部落。因为他们的领土是图斯科神的圣地，是伟大的绥威联盟的中心，一年一次所有绥威部落参与的节日就在这里举行。森诺内斯人居住在黑埃尔斯特河、尼斯河附近，沿斯普雷河扩展到其河口地区。

所有这些部落想必之前就达成了一致的计划，他们带着所有的财产进行了撤退，企图将敌人引诱进入内地深处，从而使其处于饥荒状态，继而包围、进攻、摧毁他们。德鲁苏斯到了易北河，在马格德堡附近，伦巴第人和森诺内斯人互相接触。他止步于这支伟大的日耳曼河流之前，没有完成穿越。他对河对面等待着他的势力感到惊恐。那里几乎是日耳曼联盟的所有军力，除了那些留在自己森林中对他进行骚扰的兵力。当下的事件表明，这些日耳曼人正在等待着一年中对于罗马人而言最为致命的时节的到来，那就是雨水充盈的秋季和北方的初冬。在这之前，他们按兵不动，逐渐后退，试图利用自然的力量来摧毁罗马人。正如俄国人在1812年摧毁拿破仑一世的部队一样。罗马作家们试图通过诗的虚构来隐藏德鲁苏斯的恐惧。他们叙述说，当他准备穿越易北河时，他看见了一个女人，比凡人都要高大。她高呼："德鲁苏斯，你这是要去哪？你那永不被满足的贪欲在何处能够终止？看看你面前的一切，都不是命运的给予。赶紧回去吧。你已经到了生命尽头了。"他的视域中出现了这种异象，是对他的警告，于是他就撤退了。后来的日耳曼人认为这个故事是真的，将这个异象和灾难预言中的女人视为"智慧女人"和日耳曼人的女先知。其他人则认为，德鲁苏斯其实是将一个穿着女装的奥丁神父误认为是某种超自然的显现了。

然而，罗马人认可德鲁苏

斯的行为。他毫无迟疑地、尽可能快地离开了日耳曼山区和森林。处于无法言说的困难和威胁之中，与自然的障碍和愤怒的日耳曼人斗争，后者把握一切机会攻击他的所有部队、他的后方、他的车队，在这种情况下，德鲁苏斯只能决定返回莱茵地区，那里有要塞、带堑壕的营地以及强健的城市等待着他。然而，尽管他并没有在北方糟糕的要塞中等待着冬季的来临，德鲁苏斯最终并未能到达莱茵河流域。在距莱茵河30里开外的地方，他从马上摔了下来，断了大腿，并在30天内就去世了。去世时，年仅30岁。

最近的研究者哈斯认为，被苏埃托尼乌斯描述为德鲁苏斯夏日营地和死亡地的塞勒拉塔城堡就是“埃索莱尔，霍亨索伦城堡的古名”。如果这个观点是正确的，那么德鲁苏斯在撤退的时候有意避开了他当初前进时所经过的大路和通道，转上侧路而进入了今天的符腾堡地区，进而逃向亚克斯特和科契尔地区，也就是那些位于上多瑙和上莱茵地区的罗马化领土。对这个事件的整个罗马方面的叙述完全是一个巨大的谎言，因而它对于德鲁苏斯仓皇逃亡过程中的各个地点只字未提。因此，有一个假设或许也是非常合理和可能的，那就是当罗马军队逼近易北河时，日耳曼部落已经从后方用坚固的土堆和路障截断了他们之前前进的道路。在优特罗皮乌斯和斯特拉博的叙述中，亚克斯特和科契尔正是日耳曼人与撤退的罗马人碰上并交战的地方。罗马将军的尸体或许被运回到他位于温蒂施的冬季营地中，此地位于阿尔河和雷乌斯河交汇处附近，之后又穿过阿尔卑斯山被运回了罗马。在美因茨，人们为他立起了一座纪念碑，同时在上莱茵地区，或许在巴塞尔附近的奥格斯特也有一座纪念碑。罗马元老院赐予德鲁苏斯一个姓氏，即日尔曼尼库斯，似乎他真的是日耳曼的征服者一样。然而，德鲁苏斯确实准备好了他的征服。他通过一系列的安排和规划，使得政府计划变得更加容易。他的后继者能够充分利用他的遗产，利用他的各种计划方案、他的亲身示范以及他所修建的一连串要塞、堡垒和莱茵河舰队。

德鲁苏斯的兄弟，阴暗狡猾的提比略，作为总指挥官，成功地采纳了他的计划。在收到他兄弟遭受不幸的消息后，他赶忙在安托巴古斯的指引下，从帕维亚出发，穿过新近征服的雷蒂娅领土，越过阿尔卑斯山，来到了莱茵河地区，再经过一日的旅程，来到了位于多瑙艾辛根的多瑙河源头，从那里，他赶到了德鲁苏斯的军营。但他并没有在东南日耳曼地区继续进行战争。他致力于处理莱茵河中下游的乡村地带，给那些部落提供有利于它们的和平，正如当年奥古斯都所提议的那样。提比略狡猾的外交策略致使莱茵河与威悉河之间所有的部落都接受了他的提议。只有锡加布里人相信，罗马皇帝如此热情地表达出来的和平愿望恰恰表明，日耳曼人不应该接受这种和平，而应该继续作战。因此，他们拒绝接受提比略的建议。奥古斯都自己曾经来到高卢。他告知锡加布里人的领袖，他全身心致力于为全世界带来永久和平，没有任何例外。地球上必须出现和平。他进而邀请这些领袖们前往莱茵地区，与其会面。当年他们天真地去了。这些城市首领们遭到突然的袭击、逮捕，并被俘虏到了高卢内陆。

当年，当奥古斯都如此违反国际法时，正是他的继子提比略，凭借巨大的军事优势，向这个损失了首领的部落发动了进攻，击败、摧毁了部落的军队，押送了四万名部落成员来到莱茵河彼岸。那些被押入高卢内部的部落首领们纷纷选择了自杀，以此避免被进一步带到罗马。与此同时，提比略在小日耳曼地区的副官森提乌斯·撒图尼努斯在南部陷入了战争。他从斯特拉斯堡出发，越过莱茵河，沿着上莱茵的金奇希河来到了黑森林地区。在那儿，他大发雷霆，砍倒树木，放火烧毁了沿霍伦塔尔的茂密原始森林。从黑森林出发，他继续进军到多瑙河，惩罚了那些“半野蛮”的日耳曼人，后者即便已经被迫成为罗马的盟友，但被认为还不够忠诚。他们也是伦巴第人，以及附近的赫门杜里人和森诺内斯人。

日耳曼东南地区的伦巴第人、赫门杜里人和森诺内斯人，和位于北方的这些人一样，都是伟大的绥威族分支。斯特拉博将他们描述为倾向于移民的部落。他们经常带着自己的财物，驾驶车马到处迁徙，就像流浪的游牧部落一样。斯特拉博生活和写作的年代大概是基督诞生后的19年。他笔下的这些伦巴第人显然就是维雷乌斯·帕特库鲁斯笔下“半野蛮”的南部伦巴第人。根据后者的记载，撒图尼努斯进军攻打的就是这些伦巴第人。在这一时期，也就是斯特拉博的时代，绥威族的这些小分支，已经不再为了找到新鲜的场地而从一块牧地迁往另一块牧地，而是牢固地驻扎在阿尔卑斯山脉。他们住在阿根河沿岸的郎根阿根，这条河流往康斯坦茨湖。穿过巴尔和多瑙河，以及多瑙河沿岸，住着他们的邻居赫门杜里人。然而，正如同一个作者明确指出的，他们受到撒图尼努斯的追赶，被击败后返回了阿根河流域。因此，他们之前住在现今的斯瓦比亚丘陵地区，从克莱特根到巴尔。当马可曼尼人放弃这块地区后，他们或许与赫门杜里人一起进入了这片地区。

马可曼尼人，或称马克人，是绥威血统的一个强有力分支。阿里奥维斯图在入侵高卢时所招募的那些绥威志愿者，就是这些绥威人。他们生活于康斯坦茨湖附近，位于舒森塔尔、黑森林以及符腾堡的阿尔卑斯地区，最远达到了内卡河，著名的“绥威河流”。同时也生活在上多瑙河右岸，从乌尔姆和布劳波伊伦到里斯的各个独立的行政区中，从那儿又延伸到阿特缪尔河下游。在苏阿拉菲尔德，在阿尔巴格，现在的阿尔布赫地区，在雷姆斯和科契尔，最远达到了科契尔和亚克斯特之间，根据斯特拉博的记载，接壤着强大的日耳曼部落利奇人和他们的同盟。利奇人从科契尔延展到美因茨。

在奥古斯都时期，所有这些山区部落以及马可曼尼人分部都在马尔博的领导下联合起来，形成一个强大的同盟。利奇人同样也加入其中，成为马可曼尼人的盟友。

第六章

马尔博得以及绥威人在东南日耳曼地区的统治——他与罗马的分离和平——东部高卢人的起义

马尔博得作为绥威贵族，与从恺撒时期以来的许多老日耳曼贵族的子弟一样，年轻时期便生活于当时世界的大都会中。他拥有所有能够让罗马宫廷满意的品质。皇帝的日耳曼护卫队中的这位日耳曼官员，在罗马享有很高的地位。皇帝并不吝啬于赐予他各种各样的尊贵待遇。数十年来，通过这些手段，为了罗马的利益，罗马的这种政策为其在野蛮人土地上赢得了许多当地贵族的支持。马尔博得拥有军事和政治方面的双重天赋，有机会在罗马学习到这些知识。首先，他在那里仔细观察了独裁君主的至上主权，这个君主实际上是不受限制的一切人的王，但通过巧妙的政治技艺，他却能够使人们相信，自由和共和平等仍在持续中。其次，他观察到，通过什么方式和途径，从贵族共和制到君主专制的转变得以发生并最终完成。最后，他发现了一个奇特的政治面貌，那就是，即便处于君主专制之下，自由的形式仍然得到了保留，大众参与政府的表象也得到了保留，因此，人们整体而言反而感到更加幸福。事实上，比共和时期更高程度的平等得到了实现，血腥的内部冲突和战争不再发生。在他的家族中，家族利益和部落利益的各种争斗被呈现出来，这些都是日耳曼人的悲剧。当他在罗马的时候，心里就产生了这样的想法，希望能够将日耳曼人从这种内部冲突的诅咒中解放出来，把他们汇集到一个统一体中，处于一个统一的王国统治之下、一个拥有强大权力的君主统治之下。他也自然认为，自己就是那个承担这种使命的人。或许真是如此。这种高贵的行为动机在年轻的马尔博得灵魂中涌动，并不是不可能的。拿破仑一世在他年轻的时候，也是一位理想主义者，一位雅各宾派，尽管之后彻底变成了另一个人。

马尔博得在罗马习得了罗马文化。他从罗马人那里学习了很多他们的政策和战争技艺。然而，在内心深处，他完全考虑的都是日耳曼人的利益。在胸膛外面，他挂着象征罗马骑士身份的金链子。但在心灵深处，他却是罗马及其对日耳曼统治的敌人。德鲁苏斯在其最后一场战役中与马可曼尼人兵戎相见。马尔博得那时候正是他们的领袖。因此，他肯定早就从罗马回到了自己的家乡。罗马人的记录中说，德鲁苏斯为被征服的马可曼尼人的军队在山上立了一座纪念碑，但并没有指明具体的地点。我们知道，罗马人的虚荣心经常导致他们立纪念碑，即便是在他们被赶出乡村逃亡的时候。他的兄弟提比略的军团在文德里西人的领地，即便他更喜欢帕维亚。因此，马尔博得领导下的马可曼尼人发现自己的后侧遭到了这支罗马军队的进攻。这支军队显然是德鲁苏斯从多瑙地区招来的协助力量。如果马可曼尼人没有被击败，他们肯定很难将自己从罗马的强大军力中拯救出来。而未来的危险就在他们眼前。罗马人已经成为高卢阿尔卑斯土地以及上多瑙河右岸的主人，并且永久占领了那些地方的驻军营地；而在朝向莱茵河的另一侧面，罗马人已经攻破并进入了黑森林地区。因此，马可曼尼人的所在地已经丧失了之前所具有的安全和力量。这种安全一直到那个时期之前，正好来自上面两个方面。也就是自由、友好的阿尔卑斯高卢民族以及作为自然屏障的阿尔卑斯山和黑森林。这种危险促进了马尔博得的计划。他迫切地想要将东南部的日耳曼人整合为一个部落联盟，逐渐为自己赢得能够支配他们的君主权力，同时抑制罗马向日耳曼领土的扩张。

由于马可曼尼人驻扎守卫着马克，或者广阔的上莱茵和上多瑙的中间地带，从黑森林和康斯坦茨湖到美因茨——也就是现在的斯瓦比亚乡村、巴登以及巴伐利亚的部分地区——马尔博得肯定告诉他们，由于自然屏障已经丧失，在面对入侵时，有必要撤退到有新的自然屏障提供保护的地方。在波任海姆，马可曼尼人找到了这样的自然要塞，这片土地“充满着森林和高山”。在波任海姆，我们很容易发现今天的波希米亚。

马尔博得拥有阿里奥维斯图全部的能量和野心，却比后者拥有更多的从罗马宫廷学来的文化。事实上，与他同时代的宫廷作家维雷乌斯在谈到他时表示，马尔博得只是在血统上是野蛮人，但在其他方面他却拥有一个罗马人应当拥有的政治品格和一般特征。在如今的符腾堡、巴登、上巴伐利亚的土地上存在着众多规模不大的日耳曼部落，它们都已经暴露在罗马的征服之下，但都很快被马尔博得说服加入了同盟。尽管在他之前的家乡，马尔博得已经不可能成为当地绥威小部落或城镇的领袖，但是他的野心和对统治的欲望，驱使他鼓动了尽可能多的边界地带的东南部绥威人，加入了他的计划，在他的领导下远征至新的自然屏障波任海姆地区。作为此次远征的领袖，作为他的同胞部队的首领，由于大家心甘情愿地追随他的旗帜、服从他的战争命令，根据日耳曼人的观念和习俗，马尔博得便拥有了广泛的权威以做出命令、安排和指引，尤其是拥有权力并按照罗马的军事纪律训练众人，将他们在他的指令下分门别类地组织起来。

当他开始远征时，他确实与绥威部落达成了谅解和同盟，也就是与森诺内斯人和伦巴第人。随着前进的部队人数不断增加，不断增长的成功希望也进而吸引了更多的人加入他们的行列。他所要采取的路线被清楚地指了出来。他必须躲开多瑙地区的罗马人，靠近雷德尼茨河以及美因茨。在那里，他击败了哥特王子卡特瓦尔达，一位罗马人的追随者，并沿着埃格尔向波西米亚挺进。命运眷顾了他的事业。波任海姆的很大一部分地区很快就归他所有了。一部分波伊人撤到了东阿尔卑斯山脚。更大多数人则留在了乡村并臣服于马尔博得。和赫尔维蒂人一样，这些波伊人在那个时候已经不再是纯粹的凯尔特人，而是凯尔特与日耳曼人的混血。他们与马可曼尼人的联合因而也就更加容易。

马尔博得的审慎和英勇很快取得了成功。他成功地定居在了波西米亚山区。将这个地方打造成了马可曼尼帝国的基地。并进而使波西米亚成为一个对外征服的国家的大本营所在地。这个国家一步步地向外扩张，不仅扩张到了日耳曼或高卢日耳曼部落，同时也到了萨马提亚。将自己从今天的上巴列丁纳特地区延伸到了马尔奇、塔亚、易北河、奥得河、瓦尔特河，甚至到了维斯图拉河。生活于易北河中游的森诺内斯人和伦巴第人是联盟的成员，并不是马尔博得的臣民。生活于马尔奇和塔亚流域的夸地人，与生活于菲克特高原和法兰克尼亚山区的纳里斯琪人一样，都具有绥威血统。利奇人的居所从科契尔到美因茨和雷德尼茨河，最远达到了现今的上西里西亚。奥得河和瓦尔塔河流域的勃艮第人，以及维斯图拉河下游的哥特人，也处于同样的关系中。然而存在着大量的小部落，它们自愿充当马尔博得的追随者，将自己置于后者的领导之下。对于它们，马尔博得就像将军对待士兵。国王对待臣民一样。他获取了国王的名号。正如奥古斯都大帝曾以自己的名字命名城市，马尔博得也将自己在莫尔道河上建立的一个城镇命名为马尔博都姆，或者叫马尔博得城。在城市之上兴建了一座坚固的要塞。城市和要塞都位于今天著名的波西米亚城市百威，其古代防御工事位于贝希涅周边，布拉格以南64里。

这就是马尔博得的宝库和都城，他的新绥威帝国的中心，其核心成分则是马可曼尼部落。从马可曼尼人以及自愿加入马可曼尼人的那些战士中，同时也包括从他的附庸波伊人中，马尔博得很快组建了一支七万人的步兵和4000人的骑兵，并按照罗马的方式来训练他们。阿里奥维斯图曾经成功说服了那些与其一同跨过莱茵河，进入高卢地区的马可曼尼人。如今，马尔博得同样非常容易地就能说服那些处于他领导之下，已经将自己的征服之剑带入波任海姆地区的部落们。他告诫他们，必须时刻准备着战斗，因为通过刀剑而获得的财物只能通过刀剑才能得到保存。他因此获得了一支常备军，正如罗马世界的君主所拥有的那种军队一样。从这支常备军中，他挑选出了一支护卫队，这完全是在模仿奥古斯都·恺撒在其宫廷中的所作所为。这支卫队数量庞大，而且全身心效忠于他个人。这是成功领袖所得到的皇家权利。起初，马尔博得只是简单地作为远征时期的指挥官，然后，成为维护自由、抵抗罗马的联盟首领，最后，成为自己一手建立的对抗罗马帝国的绥威人帝国的国王。这就是马尔博得异常迅猛的上升之路。

成功证明了他的观念的正确性。也就是说，只有在他完成了之前计划的事业之后，将分散的绥威人及其亲缘部落的各个势力集结成为一个统一体，并按照罗马人的战争艺术方式来训练他们，才是可能的。在他面前有两条路：要么按照今天的话说，成为“东南联盟的军事代表”，或者一个联合的日耳曼同盟的代表；要么舍弃西北部落而成为马克人帝国的军事国王，因为这些部落热衷于个体自由，憎恨国王等名号。然后，在和平时期，以公爵的高贵名号维持至上权力，甚至是以国王的名号。因为邻近的非日耳曼民族或混血民族都赋予了他们的首领以皇家的头衔。

对此，我们或许会展开争论。但这种争论体现的只是我们今天的各种理论。根据马尔博得的处境，考虑到他所受的罗马教育背景，他的目标只能是他在罗马或日耳曼看到的东西。也就是说，他认为必须引入王权，要么以国王的名义来实现这一点，要么以某种长久的独裁者的方式来实现这一点。如果他想要确保民族独立性，就必须在这个问题上做出决断。这种独立性只有通过一人铁腕领导下的日耳曼联盟才能得到确保。由于绥威部落分支纵横，或者一般而言，日耳曼部落分支纵横，再加上他们并不习惯，甚至不愿意作为一个整体生活在一起，极度缺乏纪律，因此，要想把这些原本独立分散的部落们整合到一起，进而还能够维持这种联合，只有通过精神以及身体上的强制才能得以实现。那个时期的日耳曼人不仅仅处于半野蛮状态，而且他们中有大量的人完全处于野蛮状态。这些自然的野蛮之子极珍视的那种自由，愿意付出一切来捍卫的那种自由，与政治上有组织的共同体所享有的那种自由是截然不同的。他们是自由的，他们也希望自由，这就像丛林中的猛兽在自己的山头、谷地咆哮的那种自由。要将这些自然之子绑在一起，维持联盟，试图诉诸观念和友善的相互谅解，是永远无法实现此目标的。唯一的手段只能是通过足够长时间的军事独裁，利用一支常备军的长时间有力存在，来镇压反抗力量，迫使这些部落成员能够接受领袖的各种安排。即便是纯粹的爱国主义、最热烈的民族感情也必须采取同样的方式，因为所要实现的目标是民族的独立、繁荣和强大。就马尔博得来说，爱国主义并不如个人野心来得强烈，因此，他更不可能看到其他任何方式能够实现他的目标。

以皇家城堡为基地，马尔博得实施着对东南部区域的统治。他的权力日复一日地更加王权化。他积极投身于扩张王国的界线以及国王特权的界限。同时还积极维持着与罗马友好的虚假表象：马尔博得在罗马宫廷学会了那种背信弃义的政治技艺，且运用起来得心应手，仿佛自己就是一个罗马人。他向罗马宫廷指出：马可曼尼人从居住地向外迁徙，实际上符合罗马的利益；这项运动实际上协助了罗马势力对日耳曼土地的征服。凭借着典型的、真正罗马式的如簧巧舌，他向绝对至高皇帝寻求支持，希望他帮助自己在日耳曼地区建立绝对的王国，不仅仅成为罗马人的盟友，而且成为皇帝的封臣。对于群山环绕的波西米亚地区真正发生的变化和实际情况，罗马一直以来只获得了很少的信息。马尔博得做了一切能够进一步欺骗罗马宫廷的举动。狡猾的马尔博得能够找到方法让他的常备军一直处于军事活动之中，一方面是持续进行军事训练，另一方面也是为了不停夺取战利品，因为这是这支部队紧紧依靠于他的一项保障。他向斯拉夫尼亚部落发动战争，在战争中，他运用了罗马的作战战略。这既能进一步加深罗马对他的信任，同时也能用战利品充裕他的部队，使其得到更好的训练、更加忠诚于他。

当他为自己的权力奠定了如此深厚的基础后，马尔博得开始敞开大门，迎接罗马商人。马尔博得城成为罗马帝国和日耳曼北部商业贸易的中心。在马尔博得的保护下，每一支商队越是能够安全地穿越他的领土边界，罗马的商人和艺术家们越是成批地涌向他的宫廷。马尔博得甚至也主动邀请罗马的许多艺术家前来，许多人也就此在马尔博得城安下家来。因此，罗马文化进入了波任海姆，并且在当地得到高度重视和尊敬。

然而，通过这些商人和文化渠道，大量完整的信息也不远万里传到了罗马宫廷。罗马人开始知道了马尔博得势力的增长以及他的王国的不断扩张。皇帝的疑心终于被唤醒了。马可曼尼人的新国王所拥有的大规模常备军，及其所使用的罗马战术，让罗马皇帝惊讶不已。马尔博得不断从事的那些小战争，在奥古斯都和提比略看来，都只是在为某个庞大的军事事业做着准备。整个事情从宏观上来说，对于罗马皇帝而言似乎是更加危险的。马尔博得在波任海姆占据了一个中间位置，即罗马在莱茵的征服地以及多瑙的征服地之间的区域。因此，罗马宫廷决定粉碎、移除这样一个横亘于罗马帝国这两部分之间的势力。

马尔博得从罗马人那里学会的另一项政治技能就是通过金钱贿赂来获取国家情报机密。因此，很快，他就知道了帝国宫廷所做出的决策，以及为了镇压他而做出的各种准备。他尽可能地安抚罗马皇帝。对于到马尔博得城访问的罗马人，他给予极其热情的高规格款待。同时在短期内，连续不断地向奥古斯都派遣使者。第一位大使向罗马皇帝指出：他们的主人并无意要与罗马发生分歧，更是从来没有想要成为一个统一的日耳曼帝国的将军以与罗马为敌。相反，在波任海姆，他不断地受到内部以及临近敌人的骚扰。因此，他们的主人其实是希望能够得到奥古斯都的保护和协助。奥古斯都说，罗马的所有敌人都在马尔博得的宫廷和领土得到了接纳和保护。第一个大使的任务因此失败了，马尔博得赶紧又派出了第二位大使。根据他的指示，这些使者的首要目标就是防止罗马与马尔博得之间出现裂痕，从而为自己赢得更多的时间。而当使者们清楚看到了皇帝的坚定决心后，他们就应该向皇帝谈论他们的国王和君主，似乎是向奥古斯都表明，他应该承认马尔博得与他之间的平等地位，后者并不需要罗马帝国，也并不惧怕罗马帝国。完成了这些使命后，他们离开了奥古斯都。与马尔博得的开战一事已经被决定了。公元前3年春天，12个军团一齐向马尔博得进军，分别从两侧攻打后者，以期彻底摧毁他。这些军队于上年冬季召集完毕，并为外出作战做好了各方面的准备。森提乌斯·撒图尼努斯的任务是率领三个军团以及高卢和日耳曼人的附属部队，从日耳曼西北部出发，强行穿越卡蒂人的领土而挺进波任海姆，并且在黑西尼亚森林中开辟一条道路。在撒图尼努斯按计划于一侧面将马尔博得拖入忙碌战局之中且不得不分散兵力之时，提比略带着主力部队从南面向其发动了进攻。提比略率领其强大的军队从西匈牙利进发。这个地区被称为潘诺尼亚，于公元前34年起成为罗马的一个行省。它的总部位于卡农图姆，是罗马在下多瑙地区主要的军事中心。卡农图姆位于下奥地利，维也纳上行15里格外的地方。介于今天漂亮的城堡和集镇佩特罗内尔以及毗邻多瑙河的古镇海姆贝格之间。只需要五天时间，提比略本就应该能够到达马尔博得前哨阵地之前。在那里，他只需要等待，等着与达尔马提亚和潘诺尼亚的罗马总督的部队会合，它们都是罗马附属民族的军队。之后再过几天，马尔博得新建的东南日耳曼帝国与罗马帝国之间的决定性战役就将打响。然而，提比略收到消息，在他的后方，达尔马提亚人和潘诺尼亚人爆发了起义。起义由巴托领导，他本人正是达尔马提亚人和伊利里亚人这些附属部落的指挥官。

由于罗马政府在他们领土上所施加的难以忍受的压榨和粗暴对待，达尔马提亚和伊利里亚的这些高卢人与潘诺尼亚人一样，长期以来都处于绝望的边缘。因此，当罗马军团为了参加波西米亚战争而离开他们领土之后，达尔马提亚人和伊利里亚人长期压抑的仇恨立即就爆发了，最终选择了反叛和起义。然而，要说马尔博得作为罗马治国术的高徒，对于这些被压迫民族的起义，没有从中做出安排和斡旋，也是很难想象的。巴托和他的属下们是这次高卢起义的领导者和先锋。最初，这只是一个军事叛乱。巴托突然攻击他所附属的那支罗马军队分部，也是相对比较弱的一个分支。屠杀了所有未逃跑的罗马士兵，召集了所有被压迫的民族以置于其指挥之下，旨在摆脱罗马的束缚。这个时机对于他们来说也是非常有利的。因为强大的绥威王国，在其国王马尔博得的领导下，能够作为他们的联盟一起攻打罗马军队。伊利里亚人和潘诺尼亚人加入了这场叛乱。叛乱的召集令远远地扩展到了东部。在那边，所有觉得自己遭受着压迫的民族都集结起来。奥古斯都大帝对此感到惊恐万分。他说：“如果我们所有的敌人都联合起来，只需要几天时间，他们就能够到达罗马。”

由于友好对待和直接贿赂的关系，莱茵河和威悉河之间的许多日耳曼部落被引

诱到罗马联盟之中，实际上就是罗马统治之下。他们的首领被腐化，因而选择背离了日耳曼人的共同利益。即便是在当下那个时刻，罗马主要忙于准备进攻马尔博得，这种收买和贿赂仍在进行，而且在一些部落首领身上取得了成功。这时的提比略身处日耳曼东部地区，位于马尔博得和反叛的东部高卢部落之间。他几乎陷入双重的危险境地，不仅其罗马军队有可能在两股势力之间遭到摧毁，而且罗马的整个东部殖民地，一直远至黑海，都有可能丧失。提比略决定对马尔博得采用在西日耳曼经常取得成功的那种政策，即分化和孤立他的对手，以便于一个接一个地进攻他们。

摧毁罗马统治的时刻似乎就要来临了。对于马尔博得来说，只需要做以下这些事情就能顺水推舟取得成功：与提比略后方的反叛部落们协同合作；赶紧做出决定，向北进军；立即发出信息，召集莱茵河、威悉河、易北河之间的日耳曼同胞部落，在如此有利的时间点上联合一致地行动；迫使提比略的部队进入或者越过多瑙河流域，与此同时，伊利里亚人和达尔马提亚人的联盟正在挺进。最重要的是，在马尔博得身上，我们可以发现实现此番事业所必需的民族精神以及勇敢、大胆的决断力。

然而，无论以前的马尔博得多么具有民族精神，这个品质早就已经不复存在很久了。现在的马尔博得，早已不再是那个极具行动力的、坚定不移地带着自己的马可曼尼同胞来到波任海姆的领袖了。提比略赶紧向这位马可曼尼人的国王提出了有利于后者的和平条款。这些条款所体现的讨好和急切本应该让任何一个人相信，它们只是罗马不得已而必须提出的方案，因此，与其接受，不如用尽全力再次向这些罗马敌人开战。罗马方面同意让马尔博得保有王位和王国，这无疑冲昏了后者的头脑。不仅没有足够的魄力让刀剑来完成最后的使命，还决定与罗马达成和平，不再考虑那些反叛中的高卢人，也不再考虑西部的日耳曼同胞们。尽管他已经成功地鼓动了达尔马提亚人，如今他却要自私地放弃他们，从前线撤军，并向其他日耳曼人吹嘘说，他已经将日耳曼人从罗马入侵中释放了出来。

他仅仅击败了一支罗马军队，并向罗马皇帝担保了后者对下多瑙地区的占有。撒图尼努斯和提比略领导下的两支军队最终联合了起来。提比略于是能够直接调动

15个军团以镇压反叛中的高卢人。与此同时，莫西亚的罗马省长切齐纳赶紧攻打高卢人的后方。然而，这次起义是如此的强劲有力、组织良好，以至于这场战争足足持续了3年之久，其间双方的命运都不断发生着转变。第一年，起义军占据着优势。奥古斯都派出一支新军，由日尔曼尼库斯，也就是德鲁苏斯的儿子率领，前去支援提比略。他甚至将奴隶都武装了起来。面对这样一支罗马军队，广泛蔓延的反叛力量竟然足足抵抗了3年之久，最终提比略寻求和巴托谈判。对于为什么要起义反抗罗马，巴托回答说："因为你们派来的并不是狗和牧羊人，而是狼。"战争最终结束了，罗马应允了很好的和平条款。如果马尔博得能够抓住机遇，为了所有被压迫民族的利益奋战到底，而不是背信弃义地抛弃高卢人，让后者独自承受来自罗马的压力，整个事件将以怎样的方式而告终啊！马尔博得的行为更是对日耳曼人的背叛。这些事件于公元6到8年发生于日耳曼的东南部地区。在第六年上，马尔博得与提比略实现了和平；第八年，谈判结束了高卢人与罗马人之间的战争；第九年，切鲁西人阿米尼乌斯在条顿堡森林兴起战争，并征服了该地。

第七章

摧毁日耳曼民族性的强制措施

当撒图尼努斯——莱茵河左右岸地区的前总督——向波任海姆进军，并从那里应招加入下多瑙战争中时，皇帝并没有让西部日耳曼成为没有统治者、没有军团驻守的地方。他将前任叙利亚总督，昆提留斯·瓦鲁斯派去了那里，随之而去的是三个军团、六个步兵大队、三个骑兵中队以及上千人的罗马高卢行省的附庸士兵。

撒图尼努斯不仅是一位杰出的将军，同时也精通罗马政策的一切诡计。在他任职期间，对于莱茵河中下游地区的日耳曼居住者们，尽管他们已经被诱使加入了罗马的帝国网络，撒图尼努斯并不允许他们感觉到是处于罗马的权威和统治之下，而是作为罗马的盟友。他避免做出一切能够刺激他们民族独特性意识萌生的行为，避免一切会让他们感觉到在新的组织安排下损失颇多的行为。他首先致力于让他们感觉到加入罗马同盟的好处，也就是享受罗马文化以及商业上的各种便利。这只有通过保持与罗马的友好关系才能够实现。正是他，诱导了许多日耳曼部落中的贵族和自由民离开自己的家乡，进入了罗马的学校学习罗马文化，以及为辉煌的罗马军队效力。对于那些留在日耳曼部落继续担任领导者的贵族们，撒图尼努斯赐予他们罗马的骑士勋章以及各种帝国的荣誉奖章。直到那个时候，所有在高卢地区处于他统治下的部落们都被完美地以“盟友和朋友”身份加以对待。任何部落都不需要上缴任何供奉。只有弗里西亚人是个例外，那是因为根据旧时一个约定，他们需要对罗马提供少量的进贡。通过在总督宫廷举办宴会也赢得了许多日耳曼部落上层阶级的好感。同时，在罗马营地经常组织的市场买卖活动所带来的好处和便利赢得了日耳曼部落一般民众的支持。甚至对于他们中的很多人来说，即便正确地感受到了现今的政治安排和以前的安排的本质差异，他们也愿意认为，用之前的独立地位换取罗马帝国的成员国的身份是一项有利于他们的行为。所有这些人都没有能够经受住物质利益的诱惑。

在皇帝和行省总督的宫廷，部落领袖们的妻子也被赋予部落领袖们所拥有的那种荣誉奖章，从而得到格外重视。受到美好前景的诱惑而被吸引去为罗马服务的那些日耳曼贵族和自由民并没有被作为一个整体安置在一起，而是被分散在帝国的东部地区、罗马以及所有的行省。因此，罗马的政策同样也削弱了日耳曼势力。与此同时，在这些日耳曼领土上，罗马人的营地、要塞和军事大道所构建的网络日益得到完善。在切鲁西人领土上，已经有很多年轻人将自己投身于罗马的麾下。战利品、罗马身份、骑士链条，这些他们能够带回家的东西，对于日耳曼的自然之子们来说具有足够大的吸引力。他们看到了太多能让他们震惊、喜爱的东西，这些东西在其家乡都将得到最为夸张的赞美。罗马的统治开始让人们感到愉悦：只要罗马宫廷及其总督们能够持续以宽宏、友善的方式对待他们，日耳曼人的本性终将通过一个缓慢的过程被罗马化。因此，所有罗马计划的核心就在于放眼将来。

新的总督昆提留斯·瓦鲁斯破坏了这张政策之网。

瓦鲁斯是一个懦弱的人，因而非常自以为是，并且自豪于自己所拥有的政治家般的天赋才能。在道德上，他是腐化的：他在叙利亚统治了十年，罗马方面对此的证言说道：“当瓦鲁斯来到叙利亚时，那片土地是富裕的，而他是贫穷的；当他离开的时候，他是富裕的，而那片土地则成为贫穷的。”然而，瓦鲁斯是罗马皇室的远方亲戚。同时，奥古斯都老了，正好又需要他为莱茵行省任命一位总督。

在提比略和撒图尼努斯长期不在日耳曼地区的这段时间，奥古斯都似乎就什么是真实的事态受到了欺骗。这种欺骗或许来自之前的总督们，他们不停地向皇帝汇报称颂日耳曼人的柔弱性格；或许来自瓦鲁斯的不实汇报。瓦鲁斯刚来到莱茵河沿岸地区就确信，自己能够轻而易举地统治日耳曼人，就像他能够轻松地统治长期处于独裁下的柔弱的叙利亚人一样。他的同代人维雷乌斯·帕特库鲁斯写道：“当瓦鲁斯作为总督来到日耳曼地区这些莱茵行省时，在他想象中，日耳曼人似乎并不具有多少人应该具有的特征，只是能发出声音、拥有四肢罢了。”抱着这样的看法，他不可能给皇帝提供任何可靠的报道。于是奥古斯都受到了蒙骗，放弃了由撒图尼努斯和提比略开创的道路，而赋予瓦鲁斯以全权，任其按照自己的方式处理治理事务。同时也赋予他权力，以管理和处理西北日耳曼地区，确保这些地方与罗马结盟，视之为罗马的行省。于是，瓦鲁斯开始毫不犹豫地着手驯化那些未被征服的日耳曼人。他们并不接受刀剑的胁迫。瓦鲁斯从而采用了一个他认为屡试不爽的方法。这个方法之前被他运用于叙利亚。如今，既然他无视日耳曼人对自由和自身实力的自豪，将他们错误地与叙利亚人一视同仁，因此，同样的政策被认为对日耳曼人无疑也应当奏效。

他眼里所谓的有效方法就是鲜血和金银。他对朋友们说，通过让日耳曼人流血，夺走他们的财物，就能削弱他们，让他们罗马化。于是，他向日耳曼地区引入了罗马行省治理中的两大杰作，即罗马税收和罗马刑法。到那时为止，这些日耳曼地区拥有无限的自由，免除了各种苛捐杂税，并拥有自己世袭的司法体系。当然，所谓的自由仅仅限于贵族和自由民，而这两个阶层的人经常滥用自己所拥有的自由，损害那些非自由民的利益。瓦鲁斯攻击那些不默许接受罗马生活方式，不愿意受其制约的贵族们。在日耳曼土地上引进罗马的司法体系也在很大程度上破坏了日耳曼人所具有的独立精神。他宣告，在他所管理的行省中，所有日耳曼法律都要废除，所有日耳曼司法形式都要禁止，只有他一人才是唯一的最高法官。

旧的罗马政策是这样的：当他们通过军事手段进入一片领土后，他们作为一个军事力量安顿下来，不再继续进行战争，而是在军事统治的压力下，引入罗马风俗替换当地风俗；引入罗马制度替换当地制度；引入罗马法律替换当地法律；最后则是引入罗马语言。在基督教遍及整个罗马帝国，正在皈依基督教的罗马臣民拒绝规定的军事服务之前，这个政策并不适用于宗教领域。它始于从一个地区的高层中消除古代的民族习俗，而以罗马上层阶级的文化形式引入罗马的习俗，之后一级级往下扩展这种替换过程。接着就是废除一个民族的当地法律，甚至在这个民族还没有被征服的时候。瓦鲁斯听说了这样的理论，只要一个民族拥有自己的神圣法律，他们就将保留着抵抗外部、内部独裁的核心要素。因此，他毫不迟疑地开始进行替换法律的工作。

带着狭隘的、喜欢吹嘘自己高等血统的人们所拥有的那种鲁莽，瓦鲁斯开始像对待低等民族一样在日耳曼人中间开启了罗马政策的最后一个手段：他决定剥夺日耳曼人的法律系统，让他们彻底臣服于罗马法律，从而一举让其服服帖帖，按照罗马皇帝的命令生活下去。只要能够将所有形式的日耳曼旧有法律彻底清除，就能够很容易销毁日耳曼民族性本身。对这一点，瓦鲁斯深信不疑。那些已经臣服于罗马、接受了罗马化的大量日耳曼贵族们，肯定也向瓦鲁斯提供了很多便利，以让后者征服其余的日耳曼人，剥夺他们的民族性和独立性。绥威国王马尔博得已经在罗马面前背叛了日耳曼人的一般利益。瓦鲁斯在宫殿里日日看到的这些腐化贵族们越是强化了他的鲁莽，越是发现自己被那些未被罗马化人们所鄙视、侮辱和威胁。为了他们的利益，有必要实现“永久安静”，也就是通过新的罗马法律制度以及真正的日耳曼贵族来实现。于是，这些被罗马总督所提供的利益熏得心黑的贵族们，将不必害怕他们对异族的效忠会受到任何日耳曼精神的约束，也不用担心自己会陷入决斗和被杀害。任何挑战他和侮辱他的人，都将被召进罗马总督的法庭。瓦鲁斯所实施的惩罚总是非常残暴。而他的法院的裁判者和罗马律师们，总是能够在罗马法律中找到实施惩罚的依据。根据日耳曼法律，死刑和身体惩戒并不适用于贵族。对于那些带有叛意和不满的日耳曼领袖们，瓦鲁斯公开进行谴责并施以死刑。通过对法律做出特殊的解释，瓦鲁斯用罗马法令来抵制日耳曼人的独立精神，将其视为谋杀和叛国。根据日耳曼法律和习俗，只有在战争中，才能对自由民施以肉刑，并且只有通过祭祀遵照神的意志来完成。

所有这些，瓦鲁斯都在和平时期加以执行，并且不分贵族和自由民，似乎自由和不自由、贵族和奴隶之间的区分通通被消除了，所有的人都被当作奴隶加以对待。对于轻微的犯罪行为，自由的日耳曼人被公开施以棒打。这种惩戒方式在所有日耳曼人看来完全是对他们生命的侮辱。直到那个时期之前，私人法律诉讼总是通过仲裁得到解决。为了满足个人私欲，并壮大自己阵营的罗马法官，瓦鲁斯甚至要求这些私人诉讼也要通过罗马法律来听审和判决。罗马的司法过程非常冗长和复杂，这对于那些习惯于简单形式的日耳曼人来说是一个沉重的负担。在罗马律师制度中必须存在着竞争的双方。罗马法律、罗马演讲、罗马程序对于日耳曼人来说都非常陌生。在这个司法过程中，总是存在着一些他们无法理解和把握的方面。而通过一系列惨痛的经历，他们开始逐渐明白，这一切的目的就在于压榨他们、迫害他们以及制服他们。在这一切高压政策之下，我们还必须注意到瓦鲁斯本人的傲慢无礼。其程度与其前任总督对待日耳曼人的奉承友好程度可相互媲美。这位虚荣的罗马人，自豪于自己所体现的希腊文明，将这些日耳曼人视为“根本不具有什么人性，除了会发出声音和拥有四肢而已”。他要让这些丛林中的野蛮人清清楚楚地感觉到来自他的鄙视。那些追随他的可怜小人们，那些罗马的朝臣和作家们，都竞相放任自己的行为，引起了日耳曼人内心深处对他们深刻的仇恨。瓦鲁斯看到了这种仇恨，但一笑了之。他坚持对这些丛林自然和自由之子们施以重负，将罗马的军事规定、沉重的赋税、复杂的私人诉讼程序以及罗马式惩戒手段强加于他们身上。对此，瓦鲁斯感到非常得意，认为所有这一切终将折断日耳曼人坚硬的脖子，打碎这些野蛮人冥顽不灵的灵魂。当瓦鲁斯的对手被打倒之后，他的贪婪欲望获得了广阔的空间。这些地区的日耳曼人并没有遭受过军事远征。瓦鲁斯并不是军人，军团有假期，越来越放纵。而瓦鲁斯更加热衷于利用他的扈从、刽子手的斧子以及惩戒执行者的棍棒。所有日耳曼人都看见了罗马的斧子落在了部落里高贵的人的头上，他们的名字和家族自古就受到日耳曼人的代代尊敬，并且凭借着顽强的爱国主义精神一直在反抗着罗马的压迫和统治。处死这些人的理由在所有日耳曼人看来，都是不值得需要付出生命代价的。同时，他们也看到了，因为一些很小的事由，罗马人的棍棒就落在了日耳曼自由民的背上，鲜血直流。愤怒充满了日耳曼人的心胸。不仅包括那些仍然像一个日耳曼人一样思考问题的贵族领袖们，而且也包括每一个日耳曼自由民。仇恨越来越深，因为日耳曼人不仅已经看见了发生的悲剧，而且不得不面对这样的事实：在当下没有武装的情况下，瓦鲁斯政策的部分证明是完全正确的。突然一下子将如此多的罗马统治形式引入日耳曼地区，确实让日耳曼人慌乱震惊、不知所措，具有很强的摧毁性力量。当日耳曼人在他们的乡村、农场中回过神来，能够聚集起来进行协商、联合起来共同行动之前，所有反对的声音都不再听得见了，人头已经落地了，脊背已经被棍棒留下永久的伤疤了。在瓦鲁斯的军事统治下，在强大的罗马军队以及大量已经彻底罗马化并敌视日耳曼人的高卢人的持续存在下（这些高卢人来自莱茵河以及高卢南部），日耳曼西北地区有史以来第一次在没有任何抵抗力的情况下，处于罗马统治者的刽子手的斧头和棍棒之下。这位罗马统治者拥有绝对的生死权力，决定着每一个日耳曼人的荣誉和财产。仅仅凭借一个部落，根本不可能奋起反抗，而部落间的联盟又还没有存在。

从莱茵河开始，瓦鲁斯通过他的砍头和鞭打政策，逐渐地减少了日耳曼人中仍然保持本民族习俗的那些领导者和代言者，并在一般民众间制造了恐惧，这一系列举措一直延展到了切鲁西人的土地。一开始，他能够轻松地攻打某些单个部落，因为无论是临近的部落还是远方的部落都没有出于同情前来支援，他的进攻能够在未

遭受任何反抗的情况下就得以完成。这使得瓦鲁斯格外自信，用维雷乌斯的话说，他似乎觉得自己就是那些“享受着和平赐福的人”之一员，因此他完全忽视了军事谋划上应有的审慎。他将其夏季营地安置得太远，到处散落着军队的分支，完全按照和平时期的编制来布置一切。瓦鲁斯相信自己非常熟悉日耳曼人的习性。因为他发现，有一部分日耳曼人并不仇视罗马，而更多的日耳曼人则已经处于恐惧之中，已经被打垮了，根本无力还击。同时，他也发现，很多日耳曼贵族也都在积极钻营，躲在“审慎的爱国主义”面具之下，隐藏着自己的懦弱和私利。这种“审慎的爱国主义”建议日耳曼人“默许当下无人能变更的事实。反抗是不可能的。日耳曼的一切都沮丧地匍匐在地。抵抗罗马并不是爱国，而只是疯癫”。

正是这种来自日耳曼人口中的言谈，通过律师传到了总督耳中。这些律师与那些效忠于罗马的日耳曼人，正是主要的信息来源。在罗马，每一个法院都拥有一批这样的从事法律事务的公务员。城市总督拥有80人，而禁卫军长官则拥有150人。在这一大群人中，有的是被派给瓦鲁斯的，有的则是自愿追随他的，都随着他来到了莱茵河流域。用罗马讽刺作家朱文诺的话来说，高卢就像是非洲，是“律师的奶妈”。在这里，每个人都能够“通过舌头为自己获取利益”。带着这种贪婪和掠夺欲望，他们将在日耳曼安顿下来，这个地区的人在他们眼里只算得上是“半个人”，但这个地方对于他们的贪婪来说，则是一块大大的银矿。即便是在罗马，这些奉承者和律师也都拥有很坏的名声。随着整体道德水准的退化，司法人员以及各种法律公务员的道德情感也在更大的程度上受到了腐化。做伪证、造伪物，轻易地给出和接受贿赂，怂恿他人做伪证、曲解证据、夸夸其谈，这一系列描绘在当时堕落中的共和国中，都被放在了律师身上，被认为是他们的典型特征。西塞罗将这些人称为“贪婪的秃鹰”。然而，他自己就是一位著名的律师。没落的贵族家庭生产出很大一批社会恶棍。他们积极投身于各种获取财富的行当中，任何手段在他们看来都是合理的。即便是从最小的立法事务中，他们也能通过一系列手段和操控来攫取巨大的利益。

当罗马转变为君主制后，罗马人中的这一阶级的处境当然不可能变好。他们中混得最惨的人，自然而然地选择离开罗马和意大利，通过从事法律实践来寻求财富。他们越是无知，他们的行为就越是可耻，人也变得越来越狡诈、嗜血。他们通常都是“过早离开学校教育的人，往往通过厚颜无耻来掩盖自己的无知”。在奥古斯都时期，在那些诚实可靠、名声良好的人眼中，上述那些人就是当时的律师。在一切都按照秩序得到井然安排的社会中，法律的倡导者和专业人员们自然地就是人民的护卫者。他们捍卫正义，反对各种形式的不正义；捍卫自由，反对权力的滥用。他们是公民权利的神圣牧师。而当这些人不再成为这种捍卫者时，就意味着此社会已经开始在道德上腐化了。

即便是在皇帝奥古斯都眼皮底下，上面描述的法律职业的退化也已经开始了。那些稍微有一点自尊的法官们已经不再致力于在法庭上处理诉讼，而只是满足于从事建议和监管活动。由于律师们声称能够对法律问题给出答案，奥古斯都通过出台一项帝国法令，促使形成了一个特权阶级，他们的一致意见具有法律的效力。作为这项特权的赐予者，奥古斯都同时也是它的收回者，因此这个阶级的成员们做出的决定、给出的答案都只是为了取悦于掌权者。他们最终成为罗马绝对军事独裁下的皇冠法官。由于罗马政府几乎在公共事务的所有部门都使用律师，我们可以很容易地做出推断，明白为什么有那么多“贪婪的秃鹰”聚集在了日耳曼西北部瓦鲁斯的治理之下，尤其因为当时的法律教育完全是由这些特权法官的实践教导而给出的。在中世纪晚期，霍亨斯陶芬王朝的腓特烈一世统治下，博洛尼亚的唯利是图的法官们，通过将旧罗马帝国时期的决定运用于伦巴第和意大利，导致上意大利和日耳曼陷入无法摆脱的混乱、痛苦、绝望当中，因为他们将皇帝变化无常的想法当作法律，任凭古代神圣的律法遭受践踏，将贪婪的苛捐杂税塞进法律条文当中。昏庸的皇帝以他们的意见为基础，将这些措施通过其执政官在伦巴第城市中完全付诸实践。如果说在霍亨斯陶芬皇帝们统治的时期，在日耳曼帝国已经成为一个有组织的政治共同体的时期，上述行为下的罗马司法系统已经产生了不可救药的结果，那么可想而知，在瓦鲁斯的时代，在日耳曼人甚至没有建立城市，只存在着部落、部落残余的时代，类似的行为会导致何等糟糕的局面。想想看当时的情形：瓦鲁斯手下特权法官阶级的那些讼棍和法律学徒们都是些放纵、浮华的年轻人；奥古斯都的常备军充斥着世界的各个角落并且服役时间长达20年之久。如此状况下，导致的结果可想而知：杀人、腐化人格、侮辱女人、榨干领土上一切精华之物。瓦鲁斯的军事法庭中存在着这样一些裁判官，士兵们怎么可能不残忍地践踏和玷污日耳曼的神圣土地呢？更何况，当时的士兵和律师都明确收到罗马的命令，让他们破坏和消除日耳曼的习俗和法律，将他们从日耳曼人转变为罗马人。任何一个人只要注意到这些情况，就不会惊讶于将会出现在罗马法律和日耳曼领土上的罗马士兵面前的可怕结果。

带着自己的士兵和律师，瓦鲁斯的军队越过了这些已经臣服的、默默忍受一切的莱茵河地区的日耳曼人，最远已经过了威悉河，直奔切鲁西人领土。在东南部，提比略已经将马尔博得纳入了同盟之中，并征服了东部阿尔卑斯山一带的高卢人，瓦鲁斯同样也希望能够将西北部的日耳曼人纳入罗马帝国的版图，将他们交给提比略。因此，他积极地破坏日耳曼旧时的民族法律，侵害他们的民族独立，企图完全驯化和罗马化他们。带着这些希望，他开启了他的治理生涯的第四个年头。

第八章

阿米尼乌斯，日耳曼独立的维护者

在罗马军队中，事实上是，具体指在瓦鲁斯的军队中，人们将注意到一位年轻人。他是塞吉美尔的儿子，切鲁西部落的一个贵族，生活于威悉河东岸。他爸爸很早就将他送到了罗马，学习罗马的战争理论和实践艺术。罗马历史学家称他为阿米尼乌斯，而在日耳曼人的记忆中，他的名字叫赫尔曼。众所周知，罗马人喜欢按照自己的语言习惯歪曲异族人的姓名。在当下的案例中，改动还算是小的，因为“阿明”和“赫尔曼”在日耳曼人看来是同一个名字。“阿明”“厄明”“赫尔曼”几乎都是一样的名字，不同的形式来源于不同行省的方言，并不是整个日耳曼民族，而仅限于威悉河和易北河之间的西北日耳曼人。伊尔、阿尔、伊奥、厄尔、艾尔，在所有这些部落中都是战神的名字。在这个时期结束后不久，我们将看到，所有

这些部落都聚集在一起，联合为老撒克逊人的伟大的北日耳曼国家。这个叫作“阿尔”“艾尔”的神，是一位智慧的、指导战争的神。阿米尼乌斯或者说赫尔曼的行为，很快就对他的名字所具有的含义做出了充分的回应。他的外表、精神、性格都被罗马历史忠实地记录了下来，它们也都在他的行为中被忠实地体现了出来。他天生就是日耳曼人中那种高贵、英勇的人物。作为日耳曼贵族的子弟，他和他的兄弟以杰出的成绩得到了罗马宫廷的接受。他高大、灵活，拥有波浪般弯曲的金色头发，带着年轻人所拥有的那种饱满精神和力量，如此富有朝气、健康向上，似乎灵魂和身体都未受到任何的玷污。这种形象在罗马宫廷中并非特别常见。这种形象在时髦的罗马世界、在奥古斯都的宫廷看来，肯定就像是狮子。不仅对于宫廷中的女人们来说像是狮子，对于男人来说也像。这位日耳曼英雄的形象肯定给具有宫廷威严气派的维雷乌斯留下了不可磨灭的印象，尽管后者对于罗马充满热情，尽管他是阿米尼乌斯的尖刻敌人，尽管他是一位偏见深重的作家。在充满诱惑的罗马帝国宫廷，阿米尼乌斯的兄弟丧失了他的日耳曼心灵，丧失了他的道德信仰。关于他的记忆仅仅保留在他的罗马名字之下，即“弗拉菲乌斯”或“布隆德”。对于罗马女人们的魅力和诱惑，阿米尼乌斯不为所动。因为他心里保留着自己爱人的形象，她就是日耳曼贵族塞格斯特斯的女儿图斯奈尔达。在充斥于罗马的各种荣耀和快乐之中，阿米尼乌斯始终保持着自己日耳曼人的本性，忠实于自己家乡的爱人，忠实于自己的民族和故土。

维雷乌斯谈到他时说：“他是一个有着宽宏性格的年轻人，人非常勇敢，思维敏捷，带着超越于野蛮人的那种精神，能够在正确的时间抓住正确的事物。他的眼睛和整个外貌都展现着这种精神和性格的燃烧。在上一次的整个战争中，他都跟随着我们的军队，并与其一起进行了远征。皇帝赐予他罗马的公民身份和骑士的殊荣。在他身上，存在着某种聪明的先见之明。”

这就是在一个敌人描绘下的阿米尼乌斯。无论罗马王公贵族们给他以何等程度的尊敬，他都无法忘记自己的民族和自由。这是他始终保留下来的东西，无论是在战场还是在城市。即便他的同胞兄弟们有无数已经和罗马本地人一样变得虚浮不堪、奴性十足，为了帝国的恩惠和首都的享乐而放弃了自身，他也仍然紧紧守护着自己最初的信仰。日子一天天过去，确保他的民族自由的任务就在他的眼前。他肩负着恢复这种自由的使命，尽管后者如今已经深深地被剥夺了去。因此，在罗马军队服役中，他非常积极地研究战争的技艺。也因此，他努力地用罗马文化充实自己，掌握罗马的时尚、说话、写作和交易的方式以及罗马的政策和外交手腕。他将自己投身于这种学习中，因为他发现，罗马通过这种文化制度取得的胜利要远远多于通过刀剑而取得的胜利。在上一次战役中，他兼任了一支切鲁西附属部队的指挥官一职。他回到自己家乡所看到的一切更加促成了他在罗马和战场就已经做出的决断，那就是将自己的民族从压迫者手中释放出来。罗马的压迫艺术以及各种谋划曾经在罗马就清楚地展现在他面前。在东部地区战争中，他已经意识到，如果这些被压迫的人们能够联合他们的力量，同时利用当地自然所提供的天时地利优势，他们就能够做出有效的抵抗，免于遭受毁灭。要想秘密地将日耳曼西部的各个势力联合起来，组织为一个反罗马的同盟，是非常困难的。这需要足够的智慧、毅力，懂得什么时候该说话而什么时候该闭嘴，一边积极地活动却又做出什么也没干的假象。尤其困难之处在于，罗马人已经在这些地区安置了强大的军队，这一切长期的准备肯定将会在他们眼皮底下展开。而且就是在其同胞之中，他也必须警惕那些贵族们会将他的民族独立计划和事业暴露给罗马人，因为确立罗马的统治对他们来说才是符合其利益的。

五万经验丰富的士兵占据着这些领土。公开战争的危险是不应该冒的，因为要想从日耳曼人中聚集同样实力的军队公开与罗马军队作战是不可能的，况且日耳曼人中还存在着那么多懦夫以及审慎的爱国主义者和罗马的朋友。这个联盟中的那些已经丧失了日耳曼心灵的人将会是一颗定时炸弹。即便发过最为庄严的保密誓言，只要受到瓦鲁斯的一句警告，他们中的任何一个人都会将民族独立的事业破坏殆

尽。阿米尼乌斯只能通过罗马的手段来对付罗马。更高的天命在那方面教育、训练过他。

在那些他担心的有可能出卖民族利益的人中，就包括他的岳父——塞格斯特斯，后者本人也是切鲁西人中的贵族。

塞格斯特斯公开发表过以下言论："与罗马和平好过战争，抵抗世界的征服者是不可能的。"因此，塞格斯特斯完全是站在罗马一边的，同时，在塞格斯特斯和塞吉美尔家族之间，也存在着某种冲突。前者拒绝将其女儿图斯奈尔达之手交付于后者之子，而且在阿米尼乌斯不在场的情况下，将她许配给了别人。然而，塞格斯特斯的女儿深爱着阿米尼乌斯，允许后者将她夺走并结为夫妻。这样的举措在所有民族的英雄时代，与他们的道德原则并不相冲突，也与年轻男女所持有的荣誉观念不相冲突。甚至可以说，在一些好战的人眼中，阿米尼乌斯的行为英勇而富有骑士精神，是值得称赞的。

塞格斯特斯的仇恨现在更加深重了；私人的仇恨如今又添加了党派仇恨。在他本民族同胞中，要想用拐走女儿一事来指控阿米尼乌斯恐怕是不可能的。因此他将此事告上了瓦鲁斯的法庭，因为此类行为是罗马法律所明令禁止并会给予严重惩戒的。这个指控最终无济于事。在这个案子中，瓦鲁斯或许遵循了日耳曼的习俗，或许考虑到了阿米尼乌斯父子二人在日耳曼中的巨大影响力。同样或许也是因为，阿米尼乌斯在帝国宫廷中具有重要地位，瓦鲁斯本人也对他抱有好感。文化艺术和自然天性完美地结合于阿米尼乌斯身上，使得他能够赢得全人类的支持。实际上，瓦鲁斯对阿米尼乌斯做出了错误的判断。他相信，与其兄弟一样，阿米尼乌斯也已经被罗马拉拢过去并全心全意为罗马效力了。因此，在瓦鲁斯看来，阿米尼乌斯对于罗马化他的那些野蛮日耳曼同胞采取的是默许的态度。阿米尼乌斯父子经常造访瓦鲁斯的宫廷，并总是围在它的周围。为了能够解放日耳曼人，阿米尼乌斯就必须继续如此欺骗伪装下去。

在他秘密建立了一个联盟、摧毁了日耳曼领土上的异族统治时，他年仅25岁。起初，这个联盟只有少数的同情者支持。然而阿米尼乌斯很快就鼓动了更大一批人加入他的谋划之中。他非常具有说服力地向他们证明了摆脱罗马束缚是可能的。在他们面前，他展示了所有的细节、手段和方法。他建议采取在山区作战。他与他们一起确定了与罗马人开战的时间和地点。他试图欺骗罗马总督带领军队进入充满沼泽的切鲁西领土内陆丛林地区，进入条顿堡森林，其中狭窄的沟壑有利于他们对罗马军队发起总的攻击。秘密联盟在许多部落间扩张开去，最终成为一个从威悉河到易北河和萨勒河之间的民族大联盟体。

整个民众起义的计划都是阿米尼乌斯一人的杰作。用他天生的将军慧眼，阿米尼乌斯选择了作战的场所。他是罗马狡诈政策的高徒，亲眼看见过这些政策被罗马在和平与战争时期熟练运用于对付欧洲的各个民族。罗马军队拥有庞大的人数，非常强大，还有无数同情罗马的日耳曼贵族的支持。他们都处在瓦鲁斯的领导之下，而阿米尼乌斯可以通过选择作战地点来弥补自己方面的不足。阿米尼乌斯所构建的联盟，从一开始直到战争爆发之时，都不只是少数贵族、领导者的联盟，也不是少数依赖于他、服务于他的部落的联盟，而是整个日耳曼民族的联盟，其中没有变节者，没有懦夫，每一个人都热切关注自己故土的安危和命运。即便如此，对于阿米尼乌斯来说，在莱茵河附近，甚至在威悉河附近，公开与罗马僭主兵戎相见，仍然是一件颇为疯狂的举动。因为这个地区被一系列罗马要塞和营地所包围。如果他这么做的话，他就只是将自己、他的追随者以及他的祖国作为牺牲者，拱手让给罗马的超强实力和技艺，任其屠杀。

罗马人通过技艺和狡诈征服了日耳曼人；同样，阿米尼乌斯也必须通过掩藏和欺骗来重新为日耳曼人夺回自由和旧时的自然权利。

为了将罗马人从他们的要塞中引开，并进而进入一个他们未知的区域，进入丛林、关口、深壑，阿米尼乌斯给远方的一个南部部落发出了秘密信号。他们选择反叛的时间是一年当中大自然最为有利于他们的季节。那个季节将充斥着秋季的狂风暴雨，根据我们的计算，差不多就是公元九年夏季的后半阶段。当起义爆发的消息传到瓦鲁斯耳中时，他正在威悉河西岸，或许在雷蒙附近，也就是韦尔内河流入了威悉河的地方，威斯特伐利亚的拉文斯贝格乡村。起义者是锡加布里人，地点就在鲁尔河两侧。他们以马尔西人为名，占领了东边的丛林高地。

为了在罗马人的保护下为自己获取权力，塞格斯特斯一直在为本民族的压迫者效力。他早就警告过瓦鲁斯，一场切鲁西人的反叛已经在组织当中，而阿米尼乌斯就是这一切的谋划者。瓦鲁斯要求遍布于整个领土上的随从们向他汇报情况。根据这些汇报，切鲁西地区一切都处于平和状态中；于是在瓦鲁斯看来，塞格斯特斯的信息完全出自于后者对阿米尼乌斯私人的仇恨。阿米尼乌斯父子正和他一起在营地中。瓦鲁斯准备调动军团粉碎锡加布里人的起义。在进军前的一个晚上，他款待了所有罗马附属军队的高级官员以及所有日耳曼盟友和雇佣军的高级官员。这个夜晚对于阿米尼乌斯以及所有参与秘密策划的人来说，都是非常可怕的。在这最后的时刻，所有通过聪明才智和艰苦努力而准备的一切都面临着塞格斯特斯背叛的危险，很可能所有付出毁于一旦。

在宴会中，塞格斯特斯又一次向瓦鲁斯透露情报。前者对后者发出警告，揭发了密谋，给出了密谋者的名字，并指出能够为这些信息提供证据。他甚至建议瓦鲁斯，在宴会当下，将所有的日耳曼贵族和领导者，包括他自己和阿米尼乌斯一并抓起来关进大牢。没有了领袖，人民就不可能起义。通过这种方式，总督就有充分的时间来辨别无辜者和有罪者，从而彻底调查清楚整个密谋事件。瓦鲁斯继续坐在他的宴席位上。在他两侧，坐着阿米尼乌斯和其他日耳曼贵族。他们快乐地喝酒玩乐。阿米尼乌斯父子看上去也非常无忧无虑、清白无辜。瓦鲁斯观察他们的举止，从中得到了自信。他嘲笑塞格斯特斯。一方面是拥有英雄形象，带着日耳曼人高贵本性，并且在罗马宫廷取得优异成就的阿米尼乌斯；另一方面则是恶毒的阿谀奉承者，鬼鬼祟祟想要谋害自己女儿女婿的阴谋家以及本民族的叛徒塞格斯特斯。可以说，瓦鲁斯接受和喜爱前者的程度正好相当于憎恨后者的程度。由于他鄙视塞格斯特斯，并且熟悉他那种行为模式，瓦鲁斯并没有听取他的建议。正如伟大的历史学家维雷乌斯所说：“命运比好的建议拥有更大的力量。”

第九章

与阿米尼乌斯的战斗——赫尔曼之战

第二天早上，阿米尼乌斯和其他日耳曼贵族在瓦鲁斯的营地中爆发了起义。到鲁尔最近的路就是穿过奥斯宁地区。伟大的奥斯宁山脉的那个部分，从霍恩向北延伸，沿着埃姆斯河上游蜿蜒，没有任何特别高的隆起——事实上没有任何高耸部分——一直绵延了4000多英尺。这片区域被历史学家称为条顿堡森林。这片区域拥有一些大同小异的名字，如条顿堡、条顿贝尔格、条志堡。它从施达特贝尔格附近的狄马尔向外扩展，从利柏河源头向北延伸，又进而向西北方向进入贝费龙根。在这里等待着罗马人的，是阴郁的森林和无法通行的峡谷、沼泽。阿米尼乌斯和其他日耳曼贵族带着罗马军队来到了森林范围的附近，然后与他们分道扬镳了。在行军过程中感觉一切良好的瓦鲁斯解散了他们，让每一个领袖能够在自己的区域召集势力，然后从最近的路与大军会合。

瓦鲁斯处于过分自信的状态中，对于发生在眼前的一切都深信不疑，认为四处都是一片和平安宁，因此，他允许军队在行进过程中不必遵循严格的指令。与其同行的是很大一批成分复杂的所谓营地跟随者，他们的任务在于为行军中的士兵提供服务。他们的存在增加了行军的困难，尤其是当他们进入条顿堡的森林中之后。他决定行军穿越奥斯宁地区，因为根据他得到的信息，这是通往莱茵河和鲁尔地区的最近道路。当逐渐深入森林之后，瓦鲁斯遇上了原始森林中的参天大树，它们被砍倒作为了路障。同时，也遇上了河流、沼泽、峡谷和陡坡。为了移除这些障碍，为了搭桥，为了铺路通过这片密集的原始丛林，罗马军队必须被分割开来。在阿米尼乌斯的算计中预料发生的情况终于发生了：北方秋季习惯性的风暴降临了。雨水不间断地倾盆而下，狂风怒号，折断并扬起了各种树干树枝。行军被自然状况延缓了下来，被货车和驮着大量物品的动物延缓了下来，也被小孩、女人以及大批营地跟随者延缓了下来。路面浸满了雨水，非常湿滑。巨大的树根在路面上盘根错节，越是前进，越是碰上无数的大树堵住了狭窄的道路。巨大的树枝被暴风刮断，落下来狠狠砸在混乱的行军队伍头上。

在这样的情形下，罗马人终于意识到，他们要对付的不仅仅是人，还有整个大自然。那些被暴风刮下来的巨大树枝，其实在此之前就已经被人为地锯开了。所有这一切都使得清理、开辟道路的任务异常困难。劳力和行军耗尽了罗马军队的力量。他们继续往前走，却非常缓慢。更重要的是，每走一步都只是将他们带入更加蛮荒的境地。突然，一个罗马士兵倒下了，紧接着又有别的罗马士兵倒下，他们被看不见的敌人的飞镖射中。这使得本来就已经混乱的大部队陷入了更加慌乱的状况。然而，由于瓦鲁斯并没有在视野范围内发现敌人，眼前看到的只是从茂密的丛林中零零星星射出的飞镖，他认为，这些只是那些临近的未接受罗马化的日耳曼人在发泄对罗马的仇恨，为罗马军队制造些麻烦。他进一步走进森林的灌木林中。军队中的动荡正在增加。罗马人已经非常疲惫了，拖着双腿，带着货车和动物在混乱中缓慢前进。到处都是狭窄的沟壑，他们只能打破阵形，以一条狭长的纵队前行。与此同时，他们发现受到来自更多方向的攻击，更多的飞镖朝他们投射出来。在黑暗的灌木林中，他们常常能看见稍纵即逝的眼睛的光闪。许多罗马人受伤倒地。他们没法保护自己。导致伤害的敌人还是不可能被发现，他们没法进行反击。然而，有一件事情是清楚的，那就是敌人将他们包围了，前后左右，整个森林里都是日耳曼人。

直到这时，瓦鲁斯还是抓住这样的信念不放，那就是，他所要处理的，只是反叛的锡加布里部落以及一些冲突的党派，并没有其他人。他还并不相信，他后方的部落已经起义。他的这种不相信，并不来源于他还保持着荣誉和忠诚，当时已经没有罗马人保留着这两样东西了。而是因为，他始终坚信，没有人能够像他一样了解阿米尼乌斯和其他日耳曼贵族；同时，日耳曼人根本不可能联合起来，他们没有联合的本性，只具有野蛮人的本性。

在这个方面，他是正确的。锡加布里人和卡蒂人已经到了那里，布鲁克特利人也已经到了那里。锡加布里人之前就被阿米尼乌斯接受加入了民族起义的密谋中。后者指导前者，在某天突然袭击了罗马官员和税收官，夺取罗马阵地，移兵条顿堡森林。他们完成了他们的任务，并且在瓦鲁斯进入森林时，他们已经在其中准备就绪了。

关于他身后的部落，瓦鲁斯做出了错误的判断。在他后方的日耳曼人也来到了这里。从罗马总督进入奥斯宁地区开始，也就是在代特莫尔德附近，他就陷入类似于某个野兽的情形中。日耳曼人包围了他，将他困在其中。阿米尼乌斯以及其他切鲁西部落的贵族们在那里并不是要帮助罗马人，而是要解救他们的民族。瓦鲁斯给他们每人分配了一些罗马士兵，以完成征集任务，或者只是作为他们的保镖。日耳曼征兵们来到那里，他们的长官们发现他们已经武装起来了，并且人数非常之多。然而，那些罗马护卫兵消失了。切鲁西人征兵的第一个任务就是杀掉这些分散的小部队，然后再进攻罗马的主力，在其左右进行骚扰。他们熟悉自己家园森林里的每一条道路和小径。他们已经习惯于暴风骤雨、泥泞沼泽。他们能够滑行于灌木和树林中，能够爬上树根树干，就像猎人们在追逐自己的猎物。他们眼睛的光闪穿过各种植物落在恐惧的罗马人身上：他们眼里闪烁的是复仇的火焰。他们的手臂投掷着坚硬的长矛，密集地落在慌乱于丛林中的罗马军队身上。这并不是攻击的序曲，而就是攻击本身，越来越逼近罗马人的攻击。伴随着沉重而不简单的损失，瓦鲁斯在傍晚时分终于找到了一块高地，有着比较开阔的面积。在深深切入森林的峡谷沟壑中，他们不可能避免被攻击，因为，在那些狭窄区域，他们不可能形成某种作战阵形。在这块高地，瓦鲁斯相信，他们终于可以齐心协力保卫自己了。尽管面临着包围他们的日耳曼人的骚扰和攻击，而且这种包围越来越逼近罗马军队，瓦鲁斯还是成功地建造了一片夜间营地。就这样结束了第一天。

所有那些不是绝对不可舍弃的行李在夜间都被付之一炬。他们于第二天早上出发的时候，有更多的东西被扔在了后面。他较好地组织了自己的军队，于黎明时开始了行军。行进了一小段距离之后，他找到了一块更加开阔的地带。那是在威拉河附近的平原，这条小河流入黑尔福德下方的易北河。在这里，罗马人终于知道了究竟是谁在领导着他们的敌人。正是阿米尼乌斯在指挥着这些进攻，导致他们付出了沉重的伤亡代价。第一天，瓦鲁斯是从威悉河向南进军。今天，他决定沿西前进，打出一条路来进入阿利索要塞。这个要塞位于格莱恩和利柏河的交汇处，离今天的哈姆小镇一里格之远。带着持续的伤亡损失，瓦鲁斯到达了日耳曼要塞条顿堡附近的贝勒贝尔格山谷。这是一个树木茂盛、布满沼泽泥泞的山谷。在这里，日耳曼人早已等待着罗马人的到来，从四面八方向其发起攻击。抵抗是没用的。如果他们能够不顾损失，赶紧向前突围，而不是摆开阵形迎战，他们的命运会好很多。然而，他们停下来进行抵抗。在此处接受日耳曼人的战争邀请对他们来说无疑将会是一场厄运。步兵和骑兵乱七八糟混在一起，共同在一条由日耳曼人封堵的关口向前冲击。结果只是人仰马翻，互相踩踏，造成严重伤亡。在第一天就已经非常致命的天气状况下，第二天没有丝毫的改善。他们的弓弦被雨水泡湿。重装铠甲在湿滑的路面根本迈不开半步，因此完全不可能对日耳曼人造成任何伤害，只能默默承受后者对他们制造的伤害。通过欢欣鼓舞的呐

喊，日耳曼人告诉罗马人他们正在逐渐减少的数量。每一个罗马人在看到自己的同伴纷纷阵亡时，也都对自己低语着同样的话。他们都渴望着夜晚的来临。夜幕最终降临，挣扎的第二天就此结束。

然而，这是一个令人恐惧的夜晚。企图筑壕固守的尝试都成为徒劳。疲倦、彻底的无力、天气的状况、地面的状况都在嘲笑这种企图。没有壕沟和壁垒，罗马军队陷落在潮湿地面。日耳曼人胜利的歌声回荡在夜晚的空气中。罗马人时时刻刻都害怕遭到进攻。呼啸的狂风，倾盆的大雨也仍在不停地折磨着被围困的他们。最终，灰白的黎明即将到来。恐惧的第三天也将开启。

让他们感到惊讶的是，他们并没有受到任何袭击。除了脚下和头顶的大自然外，并没有发现任何敌人。狂风在年老的橡木大树枝间咆哮；雨水喷流而下。罗马人仅存的希望在于，暴风雨或许会将日耳曼人驱赶离去，而森林或许不会再那么不友好。军队很难前进，很难站稳脚跟。弓箭已经坏了，甚至连盾牌都湿得透透的。暴风雨的狂暴没有丝毫退减，但森林的密集程度逐渐降低。在经历了一系列恐怖的麻烦之后，他们终于看到了开阔的乡野。他们来到了条顿堡森林的西南坡。在这里，当他们准备向下行进的时候，最坏的情况正等待着他们。

从森林边界处开始，在埃姆斯河和利柏河源头之间的平原上，日耳曼人已经列队等待着罗马人了。通往阿利索的道路已经被封。阿米尼乌斯站在一个稍高的山区上，所有日耳曼人和罗马人都可以看到他。他骑在自己的战马上，准备发号施令。罗马人被四周围的日耳曼人牢牢地包围。阿米尼乌斯早就准备好了一次总攻。从各个方向，日耳曼人摆列成密集的阵形逼近罗马人。罗马人已经被暴风雨、恐惧、缺乏休息和过度的劳作弄得筋疲力尽。他们面对的是一个令人恐惧的曾经被虐待的民族的仇恨。罗马人无处可逃，只能做出草率地抵抗。他们有的在战斗中倒下，有的因为疲倦而倒下。有的则盲目地冲向日耳曼人的矛和剑。在胜利者可怕的战歌和暴风雨的咆哮中，整个军团被日耳曼人大大削弱，最终被彻底摧毁了。当罗马官员中最勇敢的人已经倒下，当军队的绝大部分已经阵亡，当所有一切都丧失之后，瓦鲁斯用自己的剑结束了自己的生命。其他许多官员也都效仿他的做法，以致不用活生生地落入日耳曼人手中。有少部分人英勇地杀出一条血路逃到了阿利索，进入了能够保护他们的地方。有一部分人被俘，其中大多是税收官和律师。甚至是骑兵，也未能得以逃跑而拯救自己。当他们挤进日耳曼人中时，人和马都被刺杀和砍倒。

五万具尸体，其中罗马士兵占了四万，覆盖了整个战场。躺在那里的，有三支自豪的军团、豪华的骑兵以及无数从高卢地区招募的附属和雇佣兵。这不是一次战败，而是彻底毁灭。当消息传到罗马后，奥古斯都扯开衣服，将其灰白头发的头不停地朝着墙壁猛撞，重复着这样的绝望哀号："瓦鲁斯，把我的军团还回来。"

这就是阿米尼乌斯发起的战斗，在条顿堡森林中为了自由的战争。它持续了三天，位于今天的利柏一代特莫尔德、霍恩和利普施普林格之间。在公元九年，阿米尼乌斯通过这场战争，为日耳曼人保留了民族的存在、独立、语言和习俗。如果他没有获胜，那么，那个民族、那块土地，将不再是和属于日耳曼，也不是和属于今天的德国，而将被完全罗马化。战争发生在九月份的第9、10、11天上。

军团的鹰旗落入布鲁克特利人和马尔西人之手。战争之后，日耳曼人奉上了死祭。俘虏中那些罪行深重的人接受了审判，遭到了处决。这些人中尤其包括罗马的律师，他们曾经造访过每一个日耳曼的自由民和贵族，打着罗马法律的旗帜，用斧子、鞭子对他们施以暴行，如今都得到了应有的报应。在胜利之火的光照下，在胜利之歌的声响下，他们的头在夜间被砍下来，钉在了树上。一个受伤的日耳曼人，扯下了一名律师的舌头，并高呼："终于有了今天，毒蛇不再能够嘶嘶作响了。"

第十章

阿米尼乌斯—塞格斯特斯—图斯奈尔达进一步的计划

通过他在军事上取得的巨大成功，阿米尼乌斯很快就将那些仍然处于游离状态中的日耳曼民族通通纳入了联盟之中。进而，它公开地成立一个西北日耳曼同盟，涵盖了莱茵河和威悉河之间所有的日耳曼部落。在杀死了那些主要的罗马罪犯、被俘的官员和法官之后，阿米尼乌斯开始着手于实现日耳曼领土的净化事业。在他的指导下，莱茵河与威悉河之间所有坚固的罗马要塞都被迅速地进攻而拿下了，只有阿利索坚持了一段时间。那里的卫戍部队最终成功地骗过了日耳曼士兵，带着巨大的损失逃离了要塞，越过了莱茵河。

条顿堡森林战役胜利后不久，阿米尼乌斯就已经制订了一个计划，那就是将所有的日耳曼部落都联合起来，组建一个普遍的民族统一体，并最终通过这个联合势力推翻罗马帝国的统治。他想要率领一支大部队跨过莱茵河，将高卢民族招募进来，摧毁阿尔卑斯山西面所有罗马的东西，打破罗马对意大利的统治。他将瓦鲁斯的头颅送到马尔博得手上，作为一个象征，告诉马尔博得应该在东南部地区做出他在西北部地区那样类似的举动。然而，马尔博得拒绝了阿米尼乌斯，将瓦鲁斯的头颅送回了罗马，并附上一封书信以表同情。他宁愿追随罗马，而不愿意附属于阿米尼乌斯，后者过于伟大，是他无法望其项背的。

在罗马，奥古斯都处于一系列的恐慌之中，他害怕所有西北、西南的日耳曼民族联合起来对抗罗马，害怕绥威王国和切鲁西联盟所有战士的融合，害怕阿米尼乌斯越过莱茵河，害怕西部高卢人起义。这些高卢人早就处于不满之中，奥古斯都担心罗马甚至会丢掉对这一地区的统治地位。正在那段时间，一场长期准备的胜利在罗马得到了隆重的庆祝，这是为了纪念与东部高卢战争的结束。庆典持续了五天，就在那时，条顿堡森林的噩耗传到了罗马。如果马尔博得与阿米尼乌斯同步行动的话，东部所发生的一切或许都会被逆转。与东部三年战争所导致的惨痛损失还未能得到修复，瓦鲁斯及其军队又被摧毁。这意味着罗马很难再组织一支新的军队了，因为日耳曼人所造成的恐惧还压在人们头上，必然会阻碍志愿军和雇佣军的招募。所有这些情况都使得奥古斯都内心充满恐惧和不安。正如苏维托尼乌斯所说，他任由自己的胡子和头发连续好几个月地生长而不修剪，就像一个发了疯的人，不停地重复着：“瓦鲁斯，瓦鲁斯，把我的军团还给我。”

然而，阿米尼乌斯的愿望与奥古斯都的恐惧最终都没有实现。阿米尼乌斯没有能够说服日耳曼人立刻越过莱茵河，抓住眼前的机会。一些人认为，他们已经做得够多的了，已经摧毁了瓦鲁斯的军团，是时候应该回家了。另一些人则选择留在了阿利索。因此，奥古斯都赢得了重新招募一支新军的时间。然而，他必须采取强迫的手段，甚至常常以死相威胁来迫使那些不愿意加入军队的人们。提比略带着这支部队，以最快的速度赶到了莱茵河地区，支援了在当地的两支高卢军团。到那之后，提比略惊讶而高兴地发现，没有一个高卢人发动起义，也没有一个日耳曼人越过莱茵河。莱茵河对岸的日耳曼人所展开的行动，仅仅局限于拆除罗马在那边修建的各种壁垒和要塞。当危险过去之后，日耳曼人和往常一样，变得松散和漠然，他们中的绝大多数人都只想着能够安静地自己生活下去。然而，在公元10年，提比略也并没有贸然对日耳曼人采取什么进攻，只是展开了一些粗略的袭击。

他越过莱茵河，来到布鲁克特利人领土附近，或许接近威悉河，但很快就撤了回去，并没有挑起任何战斗。第二年，他又越过莱茵河，烧毁了几座村庄，又赶紧退回了左岸。在公元12、13、14年，罗马并没有对日耳曼人采取任何举动。日耳曼人自由地享受着一段修养时期。狡猾的提比略试图通过技巧而非军队来赢得胜利。他开始在日耳曼人中间挑拨离间，鼓动背叛，试图将阿米尼乌斯付出的努力白白废掉。这些行为确实在一些时候取得了成功。只要切鲁西部落的伟大领袖被推倒，罗马军队就能够进入北日耳曼地区，征服这些丧失领袖和统一性的部落。这就是提比略的计划。为了能够开展此计划，他决定利用塞格斯特斯。

条顿堡森林胜利之后，由于图斯奈尔达的关系，阿米尼乌斯和其他领导者们放过了塞格斯特斯。他的儿子，西格蒙德，早年被他送到罗马，在莱茵河左岸被授予某种罗马祭祀之职。战争爆发后，他放弃了自己的职务，赶紧回到了家乡，在其姐夫阿米尼乌斯的领导下，加入了反对民族敌人的斗争。塞格斯特斯心中长期存在着对阿米尼乌斯的仇恨。如今，后者成为民族英雄，前者不仅憎恨而且嫉妒起来。甚至在日耳曼民族中其他一些不错的同胞心中，阿米尼乌斯也引起了嫉妒之情。正是这种嫉妒，在很大程度上导致切鲁西军队不能够在胜利后马上跨过莱茵河。这一要素与大众在胜利后的倦怠，以及他们不能够理解阿米尼乌斯的宏伟目标，三者共同决定了切鲁西部队的止步不前。

塞格斯特斯积极投身于提比略设计的反对阿米尼乌斯的背叛阴谋。在条顿堡战斗之后，所有部落都爆发了起义，纷纷冲击、摧毁罗马人的各种坚固要塞。甚至在塞格斯特斯自己作为贵族所属的那个部落，也加入了反抗罗马的行动中，他的同胞们迫使他也加入其中。因此，他必须向罗马宫廷澄清自己。因此，他非常愿意为了罗马继续从事自己的那些背叛行为和无赖举动。突然，在不声不响之中，塞格斯特斯令阿米尼乌斯大惊失色。当时后者住在前者家中，没有产生任何怀疑。结果，塞格斯特斯绑走了阿米尼乌斯和图斯奈尔达，将他们作为囚犯带回了自己在狄马尔的城堡。这一事件发生在公元14年。在那一年，奥古斯都去世，提比略继位成为皇帝。提比略和塞格斯特斯的计划在于，抓住阿米尼乌斯之后，将他运回罗马，罗马军队则赶紧进入日耳曼领土。然而，皇帝的变更激发了下莱茵地区四个军团发生了兵变，从而使得关于阿米尼乌斯的计划受到了阻碍。平息兵变花费了一定的时间。德鲁苏斯的儿子，提比略的侄子日尔曼尼库斯，被新皇帝任命为军队的总指挥官。在公元14年年底，他才最终得以越过莱茵河，但也仅仅只是越过，并未能继续挺进。

临近的部落，在未收到任何警告的情况下，对此大吃一惊，并被掠夺和逼退。日尔曼尼库斯拥有一个有利之处，那就是随着阿米尼乌斯被俘，西北日耳曼人的胆量被大大削减。但他并未能成功地与塞格斯特斯及其追随者们取得联系，从而未能掌控阿米尼乌斯。之后，随着布鲁克特利人、图斑特斯人以及乌西皮特人发动武装起义，他又赶紧退回到了莱茵河左岸的冬季营地。公元15年春天，日尔曼尼库斯准备了一场针对北日耳曼人的大型远征。在那一季节之初，他带着两支部队越过了莱茵河，每支五万人。一支由日尔曼尼库斯自己领导，进入了卡蒂人领土；另一支由凯基纳领导，进入了切鲁西人和马尔西人的领土。由于卡蒂人中大部分能够上战场之人，已经接受了阿米尼乌斯的号召，出发包围了塞格斯特斯的城堡。日尔曼尼库斯及其军队因而能够轻松地在卡蒂领土上，屠杀那些没有防御能力的妇女老人，进行烧杀抢掠。

对于阿米尼乌斯来说，切鲁西联盟的军力不再受到塞格斯特斯的束缚。在朋友的帮助下，他成功地逃离了后者的城堡。凭借那些加入他的卡蒂士兵，也就是那些自由的平民，再加上一部分他自己的切鲁西人士兵，在狄马尔城堡，他包围了卡蒂王子塞格斯特斯以及他的那些同党贵族们。由于她父亲的恶毒和仇恨，图斯奈尔达被作为囚犯关在那里。在收到凯基纳入侵切鲁西和马尔西领土的消息后，阿米尼乌斯赶紧朝那个方向奔去。卡蒂自由民们继续留在那里进行围攻，丝毫不知道家乡老婆、孩子们正在遭受不幸。塞格斯特斯成功地向日尔曼尼库斯传达了信息，希望后者能够迅速前来支援，缓解他日益增加的紧张局面。卡蒂的主要城镇是马提乌姆（并非今天的威斯巴登，而显然是古登斯贝尔格附近的马登，离埃德尔河流域的弗里茨拉尔不远）。日尔曼尼库斯烧毁了这个城镇，让其成为一片荒芜。卡蒂人游过埃德尔河并试图阻止在河上建桥。然而罗马军队太强大了。卡蒂人边打边退，撤到了森林当中，位于赛格斯特斯城堡附近。罗马军队的到来，围困随之得到解除，塞格斯特斯因此没有动用一刀一剑，便得到了罗马将军的支援。除了图斯奈尔达，其他贵族妇女也被作为囚犯关了起来。日尔曼尼库斯并不是释放被俘妇女的骑士。他将她们作为战争俘虏囚禁起来。如果日尔曼尼库斯身上还留有一丝高贵和宽宏的情感，他就应该放掉他的敌人阿米尼乌斯的妻子。然而，在过去的150年中，堕落的罗马人中恐怕只有为数不多的几个还保留着这种宽宏的品质。

日尔曼尼库斯将这些贵族太太，包括图斯奈尔达带到了自己的营地。完全就是对待战争俘虏的做法。通过简单而有力的笔触，高贵的历史学家塔西佗向后世描述了图斯奈尔达和她卑鄙的父亲塞格斯特斯："她未流一滴泪；她鄙视说出任何恳求的话语；她将双臂交叉折叠于胸下，注视着自己的身体。此身体表明，她很快就将成为一位母亲了。"身处罗马的囚禁中，她担忧着即将出世的孩子将会面临的命运。同时，也为拥有那样命运的父亲感到羞愧，其所作所为令其瞠目结舌。

根据塔西佗的记载，当日尔曼尼库斯进入他的城堡后，塞格斯特斯说："我女儿并不是自愿来到这里的。日尔曼尼库斯，我把情形交由你来考虑，并做出决定，是让她生下阿米尼乌斯的孩子呢，还是需要考虑她作为我女儿的身份。我儿子少不更事，我要为他的错误恳请您的原谅。这已经不是第一天我向罗马人民证明我坚定的忠心了。很早以前，自从我被奥古斯都大帝赐予罗马公民身份之时起，我选择朋友和敌人的标准就完全是参考罗马的利益。并不是说，我对自己的故土怀有仇恨，而是因为我坚信，罗马和日耳曼的利益是一致的；我希望和平而不是战争。因此，我才在瓦鲁斯的法庭上指控阿米尼乌斯，也就是我女儿的绑架者，我们两家结盟的破坏者。也是出于同样的原因，我急切地建议瓦鲁斯将阿米尼乌斯及其阴谋同党关进监狱。如果说我还有什么最后的证人的话，那个夜晚就是我的见证！对我意见的忽视而导致的灾难，现在只能哀叹而无法更改了。我将阿米尼乌斯囚禁起来，他的追随者们企图对我做出同样的恶行。由于你的援助，我获得了自由，我将永远尽忠服务于你。与其让我的人民将他们的意志强加于我，我宁愿与罗马保持旧有的那种关系。我偏爱和平的关系而非战争关系。这一切并不是为了获得什么奖赏，而是为了弥补当年我被迫、不情愿而做出的叛离罗马的行为。因此，我或许可以作为日耳曼人的解释者或中间人。当然，前提是他们愿意做出悔改，而不是一味抵抗。”

像塞格斯特斯那一类的日耳曼贵族非常具有代表性。从那个时期起，他们就将自己对本民族人民和领土的背叛和自己的无耻描述为某种政治策略和政治家智慧。日尔曼尼库斯对塞格斯特斯做出了仁慈有礼的回应。他将位于莱茵河另一侧的罗马驻地克桑滕赐予塞格斯特斯及其党羽，作为他们的安全住所，即距威悉河大概八英里的距离。因为这些叛国者若是继续生存于自己的故土，恐怕找不到任何地方能免除复仇威胁。他的儿子西格蒙德被恢复了罗马祭祀之职。图斯奈尔达被送回罗马继续囚禁。在那里，她生下了阿米尼乌斯的儿子。我们今天只知道他罗马化了的名字，叫作图美里库斯。

对于自己的岳父和罗马人的这种行为，阿米尼乌斯非常悲痛和愤怒。他“像一个疯子”，奔跑于各个村落之间，穿过了整个切鲁西人领地，刺激着他的同盟中每个人的灵魂。对每一个北日耳曼部落，他都传递出去了自己的召唤。塔西佗为我们将此保留了下来。他高呼：“多么高贵的父亲啊！这个日尔曼尼库斯，多么伟大的将军啊！这支罗马人士兵，多么勇敢啊！一个由如此多男人组成的军队，竟然掳走了一个虚弱的女人！三个军团，就像许多使节一样，屈服于我。我并没有通过背叛变节来发动战争，更不会欺负怀孕的女人，而只是光明正大地与全副武装的男人进行搏斗。你们仍然能够在我们敬献给本地神灵的林园中看到，从罗马人手中夺来的军旗。塞格斯特斯将会耕种莱茵河被奴役的那一岸领土，他或许会恢复儿子罗马祭祀之职。日耳曼人绝对不能忘记，在莱茵河和易北河之间，我们看见了罗马法庭和它们的斧子、鞭子。对于那些罗马统治未覆盖的部落，处决和压榨这样的事情或许还不为人知。你们已经将自己从罗马人那里解放出来了。上一任皇帝奥古斯都，无论多么不情愿，最终还是做出了撤退。如今的这位提比略，也不得不撤退。你们现在难道会害怕一个没有经验的年轻人和一支暴动的军队吗？如果自己的亲族和故土，比新上任的异族僭主的统治对你们来说更加宝贵，那么就请你们决定吧，是跟随我走向名望和自由，还是跟随塞格斯特斯走向可耻的奴役。”这就是阿米尼乌斯对他本族人民的请愿书。

被他的这番言辞所激励，更重要的是被他这个人的存在本身所鼓舞，凡是阿米尼乌斯亲自拜访过的村庄，人们都武装起来聚集在他周围。于是，以切鲁西人为中心，邻近的部落们又一次组织在一起形成了一个新的联盟。条顿堡胜利后很长时间处于休眠状态的日耳曼人联盟终于复活了，这个为了本民族自由、荣誉、习俗的大众联盟又一次挥舞起了他们的武器。罗马诡计在日耳曼人中间所种下的不和种子、贵族们的自私自利、对自己故土的遗忘、对自己同胞的仇视，曾经给这些日耳曼人注入了一剂很强的安眠药。阿米尼乌斯的叔叔，英吉欧玛是一位在罗马“拥有上好地位”的人。也就是说，这位贵族带着他曾经作为自愿者从恺撒和奥古斯都那里接受的罗马教育，对于罗马抱有一定的友好态度，尽管在程度上不如其他大多数西北部落的高级贵族。他并没有参加条顿堡战役，或许他离战场太远，正在罗马工作；或许他属于主张不对罗马采取任何不友好行动的党派。然而，这一次，他看到了罗马人对其侄子所施的暴行，看到了日尔曼

尼库斯和罗马法庭对于他的家族所做出的可耻行径。在阿米尼乌斯父亲死后，英吉欧玛事实上已经成为一家之长。面对这些情形，这位切鲁西贵族终于站了出来，支持阿米尼乌斯。在他内心深处，他所秉承的基本原则和世界观仍然是典型的老贵族式的。尽管由于受伤害的家族荣誉感驱使他站出来与阿米尼乌斯合作，但在这两人之间，还是存在着一道深深的鸿沟，将他们彻底地区隔开来。这一点从他后来的行为和不光彩结局中得到了鲜明的体现。他体现了对本民族和同胞的敌视。

就目前来说，英吉欧玛的到来大大加强了整个民族联盟。因为他是一个经验丰富的将军，其才华和天分既为罗马人所珍惜，也为其本民族的同胞所宝贵。

第十一章

日尔曼尼库斯在北日耳曼不成功的远征——凯基纳的撤退

日尔曼尼库斯决定从三方面攻打日耳曼联盟的核心，即切鲁西人：通过摧毁他们来实现瓦解联盟的可能，最后再一个个分别征服剩余的部落。他派遣副官凯基纳，率领40支步兵大队，穿过森林前往埃姆斯河；骑兵则在佩多领导下，穿过友好的弗里西亚人的土地，前往同一条河流；他自己则带着4个军团，乘船于须德海上，驶往埃姆斯河河口，然后再沿河流向上行驶。在路上，他的部队得到了考契人的增援，他们早就想要加入罗马的联盟。在埃姆斯河中游，梅彭和莱茵河之间，距今天的林根不远之处，凯基纳和佩多与日尔曼尼库斯会合，这支毁灭的远征势力，在今天的明斯特地区，也就是埃姆斯河和利柏河之间，朝着日耳曼人挺进。然而，日耳曼人从布鲁克特利人领土前行，亲手烧毁了他们的农庄和乡村，让整片土地处于荒芜状态。他们允许日尔曼尼库斯向前进军，并不对其做出正面对抗。然而，在罗马军队的左右两侧，日耳曼人则展开了不时的骚扰和偷袭。阿米尼乌斯是一个计划性非常强的人。他的目的在于诱导日尔曼尼库斯深入内地，就像当年他诱导瓦鲁斯一样，然后突然攻其不备，将罗马军队彻底瓦解。日尔曼尼库斯正受了这种引诱，已经深入布鲁克特利人的领土边界。这一路上，他一直认为自己正在从事一场胜利的挺进。只要是日耳曼人留下未烧毁的地方，他都将其破坏殆尽，留下一片荒芜。就这样，他来到了条顿堡森林边缘。也就是六年前的战场，瓦鲁斯及其军团遭遇厄运的地方。

尸体的残骨仍然散落在地上，未被掩埋。被钉在树上的律师和官员的头颅已经被日晒雨淋漂白，空空的眼睛注视着路面。日耳曼人曾经在胜利之后向他们的神贡献了祭祀，所用的石头、神坛仍然立在空旷的地方，被巨大的橡树所包围。正如英雄时代的希腊人，或者如《士师记》甚至是扫罗、撒母耳、大卫时代的犹太人，古老的日耳曼人拥有这样的信念，相信人类的血能够抚慰神灵。因此，用战争中的囚犯来献祭，尽管少见，并非没有先例。瓦鲁斯的无头尸体被发现已经烧了一半，其他的骨头看起来都已经被烧掉了。从这些场景中，我们似乎可以得出这样的结论：

在条顿堡胜利之后，日耳曼人举行了活人祭祀，以此来表达庆祝。残忍的税收官和律师的死，并不是简单地被处决，而是作为祭祀献给了神。然而，在这个结论中，有一点被忽视了。那就是，在切鲁西人中，根据古老的法律和习俗，死刑是通过祭司来执行，施加在罪犯身上的。因为，惩罚源于赎罪的观念，每一个惩罚都是一次赎罪性质的祭祀。被忽略的还有一点，那就是，在胜利日当天，成千上万的篝火和营火被点亮了，许多都接近被杀的尸体，或者就在尸体之上。日尔曼尼库斯捡起那些在“伟大的死亡之野”被屠杀者的骸骨，准备庄重地、以罗马的方式将其埋葬。军队为此搭建了一座公共的坟堆，这些残骸最终得以下土。

葬礼仪式结束了。一直处于阿米尼乌斯轨道上的日尔曼尼库斯，似乎在逃生方面很有技能，能够追赶着前者来到更加深入的地方。他几乎已经遇上他了。日耳曼将军留下的地点被罗马骑兵占领。紧接着，阿米尼乌斯突然出现了。他的战斗呼叫响彻四方。一队日耳曼人从埋伏的地方冲了出来；阿米尼乌斯则率领主力部队，包括骑兵和步兵，猛烈地向罗马骑兵冲去。这些骑兵的后侧和两侧本已受到埋伏部队的袭击，如今又遭到阿米尼乌斯的猛烈冲击，很快就溃散逃跑了。在混乱无序中四处逃亡的骑兵，撞上了罗马自己的步兵，将前排步兵纷纷踩倒在地，整支军队都处于一片混乱当中。传染病在队伍之间扩散。他们已经进入了危险的区域，两侧全是沼泽、泥潭，他们很多人都落入沼泽之中，一部分人下沉，一部分人在纠缠的挤压中受伤。日耳曼人则将他们围得更紧，而且人数越来越多，对其展开了可怕的屠杀。罗马将军除了撤退，什么也不能做。他把所有没有介入战斗中的军团派去包围那些被击败和逃亡中的部队的后方。如今，日尔曼尼库斯算是开了眼了。他终于明白了，和瓦鲁斯一样，他也被骗了、被引诱了，一切都令他瞠目结舌。

以尽其所能的速度，日尔曼尼库斯亲自赶紧前往夺取逃离森林的出口，将军队中被击败的部分聚拢在一起，带领他们回到了埃姆斯河。为了掩护自己的撤退，他为凯基纳留下了四个军团，同时也命令后者尽可能快地完成撤退，撤到“多米提乌斯堤道”，再从那里杀出路来返回莱茵河。这条堤防和道路是多年以前罗马将军多米提乌斯·阿赫诺巴布斯修建的。它被称为“长桥”。它穿越了一大片沼泽湿地。这是一条在湿滑、坚硬的泥土上修建的木板道，多处被水流覆盖和切断，周围环绕着浓密的丛林高地。这个区域位于利柏河以北，威斯特伐利亚地区。

日尔曼尼库斯已经见识了阿米尼乌斯的深谋远虑，并且充分体会到了后者在思想上、精神上所拥有的杰出能力。他预见到后者肯定会试图赶在凯基纳到达多米提乌斯堤道前率先占领那里。凯基纳丝毫不敢迟疑，赶紧完成了撤退，最终到达了长桥。长桥没有一处被日耳曼人所占领，阿米尼乌斯也并没有将路封死。然而由于时间久远，它已经腐坏，很多地方已经坍陷：凯基纳要想带领军队从此通过，必须首先修补它。他不得不停下来，建了一座营地。罗马人排出一条长队，开始艰苦地修理长长的通道。其他的人则忙着修建带有堑壕的营地，以免遭遇任何意外。在他们工作过程中，矛和镖朝他们射来；抬头一看，左右整个树林似乎都活了过来。阿米尼乌斯已经在这里了。通过只有他自己知道的捷径，阿米尼乌斯和他的轻装部队赶在罗马人之前就已经来到了这里，并占领了长桥周围树木繁茂的高地，埋伏等待着敌军的到来。

无论作为士兵还是将军，凯基纳一共参与过40次远征。他并不是瓦鲁斯，无论处于多么危险的境地，他都不会丧失自己的思考能力。他知道很快这些日耳曼人就会从高地上大量地冲杀下来。他用紧密编制的木桩护卫着正在营地工作以及正在修建堤道的士兵们。日耳曼人的进攻打响了。木桩围栏被冲垮，那些正在工作中的罗马人在惊慌失措中遭到屠杀。就罗马这边而言，他们完全是在进行绝望的战斗。地面在他们的脚下移走。如此湿滑的沼泽地上，罗马人根本无法站立、行走，更无法投掷他们的矛。穿越湿地对于罗马人来说是一件完全不适应的事情，而对每一个日耳曼人来说，从他们还是小孩时起，就已经习惯了在这样的路面站立、行走和战斗了。日耳曼人是轻装，罗马人是重装；日耳曼人体格健壮，高大而充满活力，罗马人则矮小虚弱；罗马人躲在树林中，从高地向下投掷武器，可谓百发百中，而罗马人则完全暴露在开阔的谷地，很难进行自卫。这场战斗在所有方面都是极其不平等的。因此，双方的伤亡也完全不成比例。然而，凯基纳还是坚持到了夜晚。日耳曼人停止了攻击，让罗马人暂时处于和平状态。凯基纳看见日耳曼军队后撤了，越来越高地撤向山丘。

日耳曼人在山丘上庆祝的欢呼声传到了罗马营地。日耳曼人围着营火吃、喝、唱歌。胜利的歌声回荡在下面的山谷。营火的光亮也传到了罗马人所在的黑暗谷底。罗马营地一片沉静，只是时而听到某处发出哭泣的声音。火光零零星星，只能提供微弱的亮度。哨兵已经筋疲力尽地靠在壁垒上。帐篷中，更多的人无法入睡。然而，罗马人还是很高兴能够得到这短暂的宁静。这些野蛮人没有足够的意识趁热打铁，没有进一步推进他们的胜利，也正因此，才赐给了罗马人这样的休息时间。然而，突然间传来了急促的噪声，就像是汹涌咆哮的河流，罗马人的营地和道路工事都已经被大水淹没了。所有从山丘上发源的河流都被日耳曼人引进了一条渠道，汇聚在一起迅猛地冲向罗马人所在的谷地，冲向他们的营地和一切工事。山上来的洪流将罗马人冲得七零八落，他们在寒冷中瑟瑟发抖，围着帐篷直转，一直熬到天亮。恐怖的一夜过去了，天一亮，凯基纳就下达了命令。然而，他发现自己只得到了少数人的服从。恐惧完全控制了谷底的罗马人。他们纷纷在完全混乱中冲向谷底上方开阔的区域，以获得在沼泽地另一边的有防御工事的营地，并与其他军团成员在营地中等待着自己命运的变化。日耳曼人并没有发起攻击。当罗马人再一次陷入无序和沼泽之中；当行李车深深嵌进泥土之中；当混乱和噪声达到了最高点；当无人再听取凯基纳的命令，而都只想着自保时，森林中传来了可怕的战争呼号："冲啊，又一个瓦鲁斯在前面。这些军团将见证他的命运。失败又将成为罗马人的命运。"

这是阿米尼乌斯的声音。尽管塔西佗没有直说，但他在说到"罗马人"三个字时，又用拉丁文重复了一遍。这个呼号所产生的效果几乎是具有摧毁性的。因为，罗马人现在听见了，也知道了，著名的、可怕的日耳曼将军本人就在前面。阿米尼乌斯的存在本身就对他们施加了巨大的影响。这种影响，就像在本世纪法国领土上试图对抗拿破仑一世的军队在得知拿破仑的存在后所受到的影响，几乎强大到无可争辩、具有超自然的神力。

阿米尼乌斯在昨晚已经安排好了这次总攻。他亲自率领军队。带着一支精心挑选的部队，运用从罗马学来的战略技巧，阿米尼乌斯向凯基纳阵形的中心冲去，穿破了罗马的战线，并将其切为两半。他命令日耳曼人将他们的武器，尤其是有力的长矛刺向罗马骑兵的马匹。战马在剧烈疼痛中倒地、后翻，将背上的骑手狠狠地抛了出去。凯基纳自己也坠马了。他几乎被俘。但第一军团的士兵在他们的领导者四周围了起来，充当壁垒。凯基纳因此被从切鲁西人手上解救了出来。

残余的罗马军队坚持不懈地进行抵抗，终于在傍晚时分来到了更加开阔的地方。对战利品的热爱向来都是日耳曼人的本性，他们冲向深陷泥泞中的行李车，抢夺起罗马的物资来，这也给了罗马军队时间以撤退到更加牢固的地段。在凯基纳的指令下，一座壁垒修建了起来，按照罗马的方式建造了防御工事，尽管在这里，要想搭建一个正规的营地是完全不可能的。这支罗马军队的营地，最有可能位于贝伦附近，科斯菲尔德西南方向，也就是威斯特伐利亚的明斯特上部地区。经过无法形容的劳苦和困难，堑壕终于修好了。然而，营地没有帐篷，没有任何地方可以收容病人和伤员，所有人的基本必需品都已经丧失。帐篷在逃亡中被留在了身后，现在恐怕已落入日耳曼人之手。受伤的人得不到绑带。饥饿的人也只有很少的东西可吃，上面还浸满了鲜血和泥土。军队的士气已经涣散，没有任何获救的前景，就这样他们进入了第二个晚上。深夜当中，一声恐惧的惊呼响彻整个营地："日耳曼人来了！"惊慌、逃亡，罗马人纷纷无序地挤向营地的大门。大门位于进攻方向的反面，承受着面前所有的冲击。没人再听凯基纳的命令，无奈之下他躺在了大门门槛前。这一举动终止了一切恐慌。没人忍心踩踏一位灰白头发的将军。在那个时期，将军在罗马士兵眼里仍然是神圣的、不可侵犯的。他们终于头脑清醒了过来。结果发现，刚才的警报其实是虚假的。只是一匹无主之马挣脱了缰绳在营地中狂奔而已。

在日耳曼人营地中，战争委员会在夜间召开了商讨。阿米尼乌斯了解日耳曼人，也了解罗马人。他知道这一带所有的道路和地形分布。知道罗马营地所在之地，也知道他们将行进的道路。基于这些知识，他建议允许罗马残余部队在不受到进攻的情况下先行进一段距离。日耳曼人没必要在坚固的地面上、在罗马人的壁垒后面与他们开战，也没必要在这一时刻将罗马人的士气激发到奋死一战的境地。他们可以继续之前的作战方式，任由罗马残余军队继续前进，让他们在劳苦的行军中、在缺乏休息的情况下进一步地虚弱。与此同时，日耳曼人也不会损失一兵一卒。这样的话，等到他们又一次陷入新的关口和沼泽时，我们再一举将其歼灭。

这一清晰简单的提议遭到了他的叔叔英吉欧玛的反对。这位老人和阿米尼乌斯一样，凭借着丰富经验，非常熟悉罗马的战术战略。他受到自己野心的驱使，未能赞同阿米尼乌斯的提议，也不允许在战争委员会中处于附属地位。他的军事野心提出了不同的计划。他要求在天刚亮的时候就对罗马堑壕发起冲击。这种决断更加敏捷，获得的战利品也会更多。这些话完全说中了委员会中其他成员的想法，他们已经被胜利和庆祝冲昏了头脑；这种说法同时也完全迎合了日耳曼人的脾性。年轻的阿米尼乌斯所提出的更加明智的计划就这样在委员会中输给了年老的叔叔所提出的计划。这位老人的嫉妒之心，日耳曼军队和领导者们的鲁莽和缺乏耐心，这一切加在一起阻碍了阿米尼乌斯的大计。阿米尼乌斯体现了足够的伟大和审慎，服从了大多数人的意见。

第三天上午，日耳曼人冲击了罗马营地。凯基纳知道日耳曼人的自信、鲁莽和缺乏耐心，尽其可能地为迎接这次冲击做好了准备。他的命令是，死死守在壁垒之后，等待着日耳曼人发动进攻，然后出其不意地切断跨过壁垒的日耳曼前排部队。与此同时，从所有方面出击，先是骑兵，再是步兵，一旦日耳曼人被击退，就赶紧撤退，退回莱茵河流域。

两位对抗中的将军，年轻的阿米尼乌斯和头发灰白的凯基纳，都是罗马战争教育下的学生，都非常熟悉各自的军队和当前的形势。凯基纳拥有的是罗马军队毫不犹豫的服从，而阿米尼乌斯并没有这个优势。他的计划在委员会里败给了英吉欧玛及其党派。正确的计划败给了貌似宏大的计划。日耳曼人很轻松地就爬上了壁垒，这使得他们更加坚信，英吉欧玛比阿米尼乌斯更加具有远见。他们跳下壁垒，进入罗马营地。这下，罗马战争号角声终于传来了。“这里没有树林、没有沼泽。这里是一块条件不错的战场。”伴随着这句呼号，罗马步兵大队冲向了进攻中的日耳曼人，杀掉了其中的绝大多数，并击退了剩下的部分。日耳曼人做出的其他几次冲击尝试都被挫败了。他们面对的是坚固的罗马营地防御工事，在这方面，罗马人是登峰造极的大师，日耳曼人则只是后起之秀。同时，他们还面临着罗马人被逼入绝境而激发起来的勇气和斗志。在日耳曼人的一次进攻中，凯基纳亲自出击了，冲击的一方不仅仅被击退了出去，而且日耳曼人在看到自己以如此严重的损失被击退，被打乱阵脚之后，在那一天放弃了任何进攻。夜晚最终降临了。尽管他的一部分部队仍然在追赶日耳曼人，凯基纳赶紧安排另一部分撤离。在那个夜晚，他带领着所有的人悄悄撤退了。由于日耳曼人在夜晚并没有追赶他们，到第二天时，他们已经与日耳曼人拉开了好几小时的距离了。他的撤退并没有受到任何骚扰，就这样安全地带着剩余部队来到了莱茵河。当时，消息已经到处传开了，认为日耳曼人正专注于入侵高卢。莱茵河左岸的罗马人和罗马的同情者们在恐惧中提出建议：摧毁位于克桑滕的大桥。然而，日尔曼尼库斯的妻子阿格里皮娜坚决反对这个提议。也正是因此，凯基纳及其部队才得到了拯救。

因此，阿米尼乌斯又一次清除了日耳曼人土地上的罗马人。凯基纳之所以没有重演瓦鲁斯的命运完全是他的叔叔，英吉欧玛的错误。在凯基纳忙于从陆路进行危险而悲惨的撤退时，日尔曼尼库斯带着他的主要军队，佩多带着骑兵也逃离了日耳曼的天空和土地。后者沿着海岸线撤退，前者则通过水路，乘船而逃。两者都因为日耳曼人的追击和大海蒙受了巨大的损失。当日尔曼尼库斯沿着弗里斯海岸航行，企图撤回莱茵河时，由于暴风雨而受到了重创。在日耳曼内陆，自然，无论是天上还是地下，也与阿米尼乌斯联合起来，一起抵御入侵者。在日尔曼尼库斯撤退过程中，自然又通过海浪对其发动了袭击。日耳曼的大海无情地将罗马人裹卷而去。好像大自然的各个要素比起很多日耳曼贵族、民众来说，在精神上更像是日耳曼的。因为，按照罗马历史学家的叙述，当时莱茵河西岸的许多日耳曼人都参加了罗马军队于公元15年的远征。他们的行为将成为不可磨灭的可耻行径。其中一些人为了获得高收入而自愿参军，有的则是被征召入伍，效力于罗马军队。为了日耳曼的敌人去攻打日耳曼人。

第十二章

莱茵地区第一个日耳曼同盟——阿米尼乌斯和他兄弟弗拉菲乌斯——伊迪斯塔维索平原之战

阴郁的皇帝提比略被他的侄子日尔曼尼库斯的失败弄得毫无心情。他决定将他从莱茵河召回，遣送到远东，并将两个意图都在私下与日尔曼尼库斯进行了沟通。因为这个原因，也因为完全不满于迄今为止他所处理的日耳曼地区的状况，日尔曼尼库斯决定尽一切努力，通过第三次远征，试图征服北日耳曼。他使用了最为卑鄙的手段。通过罗马金币，贿赂了一大帮日耳曼贵族的支持，也通过罗马的高薪，吸引了很多日耳曼自由民，他们被那些腐化的贵族们引上了歧途。同时，日尔曼尼库斯也因此得到了大批日耳曼人的臣属、家属以及奴隶，因为根据日耳曼习俗，他们必须跟随其主人。公元16年，罗马的金币诱使海岸的三支日耳曼部落与罗马签订了条约。诱因一方面是金钱，另一方面是为其领土和人民许诺的巨大前景。条约的条款是这样的：首先，将1000支船舰置于罗马军队的支配之下；其次，以一支庞大的日耳曼附庸军支援罗马军队，既包括骑兵也包括步兵，用以反对他们自己的日耳曼同胞，尤其是切鲁西人。

这就是所谓的第一个“莱茵同盟”，于公元16年冬形成，由日耳曼人、高卢人以及高卢人的统治者罗马人组成，目的在于对抗日耳曼人。其中的异族压迫者为了洗刷耻辱，日耳曼贵族们则为了私人利益，对于后者来说，罗马的金钱和歧视链要比自己的故土和自由更加宝贵。日耳曼贵族及其智囊们所体现的那种分裂精神以及对民族性的遗忘，为了私人利益不惜出卖公共利益，这些一直以来都是日耳曼面临的最大的恶。

变节的日耳曼人包括三支部落，他们之前都曾吹嘘自己的自由，如今却被本族贵族引上了歧路。他们是：莱茵河巴达维亚岛上的巴达维亚人，穿越瓦尔和高卢领地的弗里西亚人以及考契人。对于切鲁西人来说，这个联盟更加具有威胁性。因为根据它的条款，那些自然之子，因爱国主义成为北海日耳曼保卫者的日耳曼人，将会开放他们的领土，让罗马军队进入日耳曼的核心。弗里西亚人生活于莱茵河河口及其附近的湖泊；考契人生活于威悉河下游两岸，从埃姆斯河到易北河，向南延伸到哈瑟及阿勒尔河河口。

这三个部落都具有这样一个特征：自由平民在社会政治生活中只处于背景地位，没有什么发言权，而贵族则掌握着巨大的权力。这些部落的贵族们将阿米尼乌斯视为敌人，因为后者依靠的主要是自由平民，并主张抗衡贵族的势力，后者总是由于特权而让民族蒙羞。这些北海日耳曼人贵族党派的领袖就是巴达维亚王子，卡里奥瓦尔达。这个王子及其巴达维亚人，为了罗马的金银，为日尔曼尼库斯建造了一支拥有1000只船的船队，使后者能够通过湖泊和河流将整个武装势力投入对日耳曼内陆的战斗中。因此，他拥有两方面的优势。首先，海上航行将使他那些经验丰富的士兵免去骑马的劳累，使得长途跋涉不至于让他们筋疲力尽或倒在半途中。其次，更快地到达陆地使其能够在年初就发起远征。

卡里奥瓦尔达以及其他的变节贵族为他们的民族敌人提供了大规模的武装部队，都是为了收获罗马的巨额报酬。日尔曼尼库斯的军队达到了10万人之多，其中有一万人是日耳曼人，包括一支骑兵；因为日耳曼人被视为欧洲最好的骑手。在舰队于莱茵河上的岛上被聚集起来之时，为了蒙蔽阿米尼乌斯和切鲁西人，日尔曼尼库斯将他的副官，西里乌斯派去了卡蒂人领地。当后者进入这一地区时，日尔曼尼库斯本人则带着六个军团前去阿利索要塞提供支援。这座要塞已经得到罗马人的重建，但又一次被日耳曼人所包围。包围者在他赶来后就撤退了。他加固了道路，用一系列的防御工事和通道将阿利索要塞和莱茵河连接了起来。

完成这些安排布置之后，他才出发。穿过他父亲德鲁苏斯修建的运河，进入了须德海和北海，接着又来到了埃姆斯河。他在埃姆斯河左岸的阿米西亚放下了他的武装部队，将绝大多数的船只都留在了身后。一部分船队沿埃姆斯河上行，建了座桥，而军队则在岸上行走。日尔曼尼库斯带领着军队毫无阻碍地通过此桥，到了埃姆斯河右岸。他左右都是日耳曼的土地，其上的贵族们都已经将自己出卖给了罗马人。这块地区就是今天的东西弗里西亚，位于埃姆斯河和莱茵河河口。安格里瓦里人生活在威悉河下游两岸，切鲁西人西面。当时他们已经被分裂，大多数贵族支持罗马，平民则反对罗马。当日尔曼尼库斯沿东北方向朝着威悉河进军时，安格里瓦里人在他的后方爆发了起义。面对这样的威胁，他派遣了骑兵和轻装部队前往他们的领土，摧毁了他们的家园，用刀和火粉碎了原本就比较虚弱的起义势力。毫无疑问，这些反叛的安格里瓦里人加入了阿米尼乌斯领导下的伟大的日耳曼军队。阿米尼乌斯并没有被骗。西里乌斯远征卡蒂人领地一事并没有转移和误导他的注意力。他早就在威悉河外等着罗马人了。

行军几日之后，日尔曼尼库斯的军队终于逼近日耳曼军队了。阿米尼乌斯和其他领导者站在军队之前，他们位于威悉河右岸。他派了位使者前往面见罗马将军，要求与他兄弟弗拉菲乌斯进行交谈。日尔曼尼库斯同意了。弗拉菲乌斯是阿米尼乌斯唯一的兄弟，长期在罗马服役，如今正在日尔曼尼库斯的阵营中，准备进攻自己的故土和兄弟。

弗拉菲乌斯来了。他只有一只眼睛，穿着闪闪发光的罗马护胸甲，带着罗马的荣誉锁链。阿米尼乌斯向他问好。示意身边的随从们退下，围在弗拉菲乌斯身边的罗马弓箭手也就此退下。兄弟俩独自站在彼此跟前。从外观上，很难看出他们之间有什么区别。将他们区隔开的，是他们的母亲河。然而，比威悉河更深、更广地将他们区隔开来的，是他们内心的情感。塔西佗向我们描述了这个难得的场景，以及整个对话。他也许使用的是自己的语言，也许加入了自己的修辞手法。然而完全不碍事。塔西佗是一位伟大的历史学家，非常忠诚于事实。带着批判的精神，将整个对话的真实精神传达给了我们，将整个场景的真实情况描绘给了我们。

阿米尼乌斯说："你是怎么导致现在的身体缺陷的啊？"弗拉菲乌斯给他讲了导致他丧失单眼的战役名称，那是在提比略领导下的一场战争。阿米尼乌斯追问道："为了此等损失，你得到了怎样的弥补呢？"弗拉菲乌斯说，其中包括：大大增加的收入、荣誉链条、勇气头冠，它们闪闪发着金光装饰着他的胸膛和头盔。除此而外，皇帝还赐予了他其他很多奖励。阿米尼乌斯则对此付之一笑，向弗拉菲乌斯指出，为了这点微不足道的回报效力于罗马是一件多么不值得的事。弗拉菲乌斯接着滔滔不绝地谈论起罗马的伟大、自由以及强大，凡是反对它的势力都必将遭受严重的惩罚，但对于尽忠于它的人们则表现得非常的友好。他赞颂了罗马是如何善待阿米尼乌斯的妻子和孩子的，他们完全没有被视为敌人加以对待。阿米尼乌斯再也无法忍受这些了。以他故土的神圣权利为名，以他们祖先的自由为名，以日耳曼诸神为名，以生养他们并一直为他们祈祷的母亲为名，阿米尼乌斯恳请弗拉菲乌斯不要再做自己国土和人民的敌人，而应成为他们的英雄和领袖。

阿米尼乌斯的话深深激怒了弗拉菲乌斯，他高呼："我的马呢，我的兵器呢！"全靠深深的河流才避免了兄弟间的殊死决斗。阿米尼乌斯退去了，留下的只是即将爆发的战争。夜幕降临了，营火的数量反映着日耳曼人的数量，他们就在附近。天亮了，威悉河西岸，一队切鲁西人已经列好了战阵。日尔曼尼库斯命令骑兵在斯德提尼乌斯的领导下，通过浅滩穿越河流。已经投靠罗马的日耳曼贵族，卡里奥瓦尔达驱使战马进入河流之中，正面对着切鲁西人，就在河流最为湍急之处，嘲笑着罗马人需要绕远路才能过河。他来到了右岸地区。为他们的领袖、贵族和士兵们的这一壮举高声欢呼，向罗马人表明，他们作为欧洲最好的骑手和游泳健将并不是浪得虚名。他们已经冲上了切鲁西人列队的附近。看见切鲁西人逃跑，巴达维亚人高声欢呼。卡里奥瓦尔达追着敌人进入了一片树木环绕之地。切鲁西人回到树林中；巴达维亚人匆忙前行。突然，切鲁西人冲了出来，因为他们已经把敌人引入了他们希望作战的地方。他们从各个方向冲击罗马人松散的骑兵队伍，将他们彻底驱散了。卡里奥瓦尔达冲进了敌人所在丛林的最深处。他中箭坠马，马也因为被矛刺中而踉踉跄跄。许多巴达维亚贵族也纷纷受伤倒地。

这就是这些日耳曼共同利益的背叛者首先面临的惩罚性命运，通过日耳曼的忠诚之子之手，他们在威悉河西岸第一次接受了严厉的惩罚。斯德提尼乌斯领导下的骑兵的来到，拯救了这支叛徒部队剩下的势力。面对斯德提尼乌斯，切鲁西分队回归到了主力军队之中。在这一岸，日尔曼尼库斯再也没见到任何敌人。由于他拥有先进的军队、强大的骑兵，而这片地区看起来又是那么的安全，他决定将所有的部队都从左岸移至右岸。一位日耳曼逃兵出卖了日耳曼的利益。他显然在日耳曼军队中担任重要职务，因此，仅凭这一点就可以获取绝密的军事情报，他背叛了罗马，向后者暴露了阿米尼乌斯所选择的战争地点。

塔西佗将这位日耳曼将军所选择的战场称为伊迪斯塔维索。

这个地方或许就是位于林特尔恩和哈斯贝尔格之间的平原，就在威斯特伐利亚地区，威悉河右岸，离普鲁士一明登不远之处。

这个名字得到了许多解释。最有可能的意义是由格罗特芬所提供的，这个意义肯定比雅各布·格林所给出的意义要自然得多。格林在他的日耳曼神话研究中指出，这个词的意思是“某位日耳曼女神的草场和小树林。弗雷娅的圣地”。格罗特芬则说：“伊迪斯塔维索之地的意思是同盟起誓之地。”甚至到了中世纪，eid staven一词还被继续使用着。根据塔西佗的记载，这块地方是一个谷地的平坦地段，一部分狭窄，一部分宽阔，向西扩展到威悉河，东面则环绕着丛林高地。阿米尼乌斯如此安排的目的是要用地势上的优势来弥补日耳曼军队相比于罗马军队来说在数量上具有的劣势。后者是一支非常强大的军队。切鲁西人控制着高地。平坦地段和森林边缘则由其他同盟成员所占据。切鲁西人得到明确指示，没有阿米尼乌斯的信号，绝不可以进攻罗马军队。

在另一侧，罗马军队是这么排列的：前排是他们的日耳曼、高卢附庸军。罗马对待它的莱茵河同盟的方式，就像拿破仑一世对待其同盟的方式一样。在附属军队之后，是步兵弓箭手，然后是四个罗马军团，两个卫队兵团以及在日尔曼尼库斯指挥下的一支精英骑兵。接下来又是四个军团，轻装部队，马上弓箭手。最后则是剩下的其他同盟军队。

战争于早上五点打响。一方面是接受了严格的罗马军事训练的军队，一方面是各个分遣队的不那么严格的集合部队，两者的差别很快就体现了出来。在罗马方面，军队就好比一个身体，将军则是灵魂，身体受灵魂的支配。每一个士兵的动和静都完全在将军的掌控之下。而在日耳曼人一边，这种罗马化军事训练几乎还没有开始。各支部队像一个统一体一样行动的观念，在他们头脑中都还没有生根。各个领导人有自己的想法，每一个军队也都有自己的主张，这些分散的意见和士兵们的激情压过了将军对他们的统一指导。阿米尼乌斯精心安排的计划就被这些切鲁西人无处安置的澎湃激情破坏殆尽。

当切鲁西人看见罗马军队中的那些日耳曼叛徒弗里西亚人以及考契人时，愤怒充满了他们的心胸。他们不再顾及阿米尼乌斯的命令，受到仇恨和战争怒火的驱使，从高地向下冲向这些日耳曼叛徒，试图寻求复仇。于是，整个日耳曼的战斗阵线都被打乱了。森林边界的日耳曼军队随着切鲁西人的挺进冲进了开阔区域；在开阔平原上的日耳曼人则被罗马人逼近了森林。经验丰富的日尔曼尼库斯敏锐地发现了日耳曼军队中的这道裂缝，抓住了由切鲁西人的擅离职守而导致的混乱局面。他将自己的精锐骑兵派去攻打切鲁西人，同时又命令斯德提尼乌斯率军攻打他们的后方。

斯德提尼乌斯成功地完成了进军。在骑兵攻打切鲁西人后侧的决定性时刻，日尔曼尼库斯按照对斯德提尼乌斯的承诺，亲自率领步兵精英前往攻打切鲁西人的前方。八只鹰出现在右方天空，在罗马军队头上飞舞，引领他们前进，进入森林。这一情况并非事先能够安排的，鹰也并非断了线的风筝，因此，在日尔曼尼库斯看来，这是大吉大利的征兆。他向前行中的罗马军队大声呼号："振作起来吧，跟随它们，它们是军团的保护神！"这种吉兆对于罗马人的迷信来说可谓起到了巨大的作用，不仅对于那些未受过教育的大众来说如此，就是那些受过教育的人，即便已经不再信仰旧神，而且已经完全放弃宗教信仰，也会被大大激励。因为，在历史上任何一个时期，一个无信仰的、过度复杂、过度文明的非道德政治体就是通过迷信来得到统一的。

尤其伴随着罗马政治精神和道德品行的败坏，上层贵族，一方面蔑视古代信仰和神祇，另一方面则展现出对各种吉凶征兆的积极迷信。甚至是那些不仅否认存在着诸神，而且也否认存在着单一神的人们，也会去寻求神谕，也会想要从掌纹中看到自己未来的命运。同样离谱的是那些蔑视灵魂死后不朽、继续存在的人们，也会花费高额报酬，让巫师或法师通过其咒语，为他们召唤死去之人的鬼魂，从而能够让他们从鬼魂身上得到自己将来命运的信息。

受到天空中飞舞雄鹰的激励，军团战士们冲向日耳曼森林，同时从前方和后方一起攻打切鲁西人。他们自己的急躁行为，导致阵脚大乱。阿米尼乌斯首先试图在军营中恢复军队秩序，然而没什么成果。于是他站到精锐部队前方，试图向敌人阵线发动一次冲击。通过反复进攻，他终于取得了成功，击退了日尔曼尼库斯的军团，将战争拖入了持久状态。然而，尽管他自己做出了好几次进攻，罗马军队中心的密集战线根本无法被打破。阿米尼乌斯唯一能做的，就是通过切鲁西骑兵和步兵，保护那些尽管严重受伤，但仍在积极撤退中的其他日耳曼部队。他的脸上流着血，他继续战斗着。罗马人就在他面前，从四方将其包围。他几乎就要被俘获了，成为最后一名撤退的人。只见他那强健的战马猛地一跃，从包围的敌人中冲出一条路来，最终回到了自己的战队中。他叔叔，英吉欧玛，率领另一支部队，也是最后一个撤离的人。

阿米尼乌斯之所以未能冲破罗马战线的核心，从而未能将其切割为两半，原因不应该被日尔曼尼库斯归结于罗马军团的不可抗拒，而应该归结于他花重金收买的日耳曼、高卢混血们，也就是那些来自阿尔卑斯山区的战士们。阿米尼乌斯已经击败并驱散了罗马的弓箭手队列，就在这时，雷蒂娅人、文德里西人、高卢人的军团冲到了处于混乱状态中罗马弓箭队前面。罗马方面的记录清楚地写明了这一情况。争斗持续到夜晚。无数的尸体遍布战场，切鲁西人和罗马人的尸体混在一起，其中还包括具有日耳曼血统的罗马同盟者的尸体，后者早就誓死为了罗马而对抗自己的同胞。

日耳曼同盟的许多成员淹没在了水底。当他们试图游到对岸时，罗马的飞镖将他们一一射死在了威悉河里。

自豪的罗马人在战场立起了一座土堆，用以作为胜利的纪念，并饰之以从“被征服日耳曼的部落”中捕获的武装和名字。

第十三章

日耳曼人新的成功战役——罗马政策的改变——提比略之信——叛徒马洛文德——在罗马的图斯奈尔达和图美里库斯

几天来，罗马人都沉浸在胜利的喜悦中，现在，他们正沿着威悉河向下行军。切鲁西人的突袭让他们大惊失色，慌了阵脚，伤亡惨重。然而，这只是日耳曼一支分遣部队的闪电攻击，在罗马人回过神来之前，他们就已经结束进攻，消失得无影无踪。直到切鲁西和安格里瓦里边界地带，大河及施泰因胡德湖之间，日尔曼尼库斯都没有在威悉河附近碰上任何日耳曼人。他原以为他们已经退回到易北河外，并因此而感到骄傲。没想到在此，日耳曼人已经严阵以待了，而且显得自信与强大。阿米尼乌斯在一个被河流、森林包围的平原等待着日尔曼尼库斯，此地非常狭小、湿滑。树林的一端是一个深深的沼泽，另一端则已经由安格里瓦里人竖起了高高的壁垒。壁垒高墙之后安置着日耳曼步兵，森林中埋伏着骑兵。骑兵的任务在于，如

果罗马人攻击壁垒和占领森林边界地带的话，他们就将攻击罗马军队的后侧。

日尔曼尼库斯的第一次进攻同时对准了森林和壁垒。他的先头部队逼迫紧急且可怕，罗马方面这样记载：“日尔曼尼库斯本人都觉得此战役非常不平等，从而收回了自己的军团。”一位日耳曼逃兵向日尔曼尼库斯暴露了阿米尼乌斯军队的位置和附近路面的状况。日尔曼尼库斯命令其投石队和标枪兵向前挺进，同时令其弩炮队攻打壁垒的守卫者。壁垒被攻陷了，于是他命令其护卫队攻打森林边界被敞开的一侧。这是一场人对人的战争。非常稠密地聚集在这个狭长地带的日耳曼人只能用力推挡，没法运用他们长而有力的矛。他们挤在一起，就像一块墙壁。日耳曼人通常的那种诉诸快速进攻、快速撤退的作战方式，完全无法施展。而在平原地带和沼泽地带，那样的战争方式对于罗马来说才是具有巨大威胁的。另外，罗马却具有两方面优势，首先，他们有盾，能够保护胸膛；其次，他们的兵器比较短，因而能够灵活运用。当罗马弩炮的石头和镖在长枪兵前砸出一块空隙时，罗马士兵迅速冲进这个间隙，用他们的短剑和矛刺杀那些暴露在外的高大日耳曼人。就这样一步一步地，罗马人在倒下的尸体上为自己开辟出了一条道路。日尔曼尼库斯看到了日尔曼防线所产生的缺口，这个缺口让他相信，日尔曼的战线已经被打破了。他摘下头盔，让所有士兵都能认出他来，接着骑上战马，大声喊道：“不要任何俘虏，彻底清除这个民族才是本次战争的结局！”

在这天，也只是在这天，阿米尼乌斯只能凭借着自己的精神和眼睛来指导战役。他的伤口还没有愈合，没法拿起武器继续作战，没法将自己置于军队前线。英吉欧玛取代了他在战场上的位置。罗马的所有先进武器和勇气，实际上都比不上一个日耳曼叛徒所提供的信息那样更有价值。夜晚降临在整个平原，但争斗仍在继续。日尔曼尼库斯终于下令撤军。他被击败了。通过其命令，他证明了自己无法控制这块土地。日耳曼人控制着整个战场。在最后的几个小时，他之所以继续着战斗，目的只在于为那些已经撤离的部队赢得时间，让他们能够在后方建起一座营地，从而为接下来撤退的部队提供庇护。

日耳曼人在此役中损失惨重，以至于当晚完全没有能力再去骚扰退回营地的罗马军队。日尔曼尼库斯分两部分，分别于那天夜晚和第二天清晨，继续将他的军团和步兵大队撤了回来。他不仅不再敢于冒险第二天继续发动战役，实际上，他决定不再继续在日耳曼土地上发生任何战役。尽管当时夏季还只是过了一半，但罗马的撤军速度却非常之快，直到退至对他们友好的领地上，罗马人才安心。一些军队急忙从陆路回到自己位于莱茵河流域的冬季营地；日尔曼尼库斯领导的主力部队则急忙赶回他们的船舰。只有斯德提尼乌斯在其撤退中还不忘屠杀。他屠杀了安格里瓦里人领地边界地带的一些日耳曼人，驱使他们对罗马做出了投降。日尔曼尼库斯和他的军队，包括所有的分遣部队，试图乘船从埃姆斯河以及北海完成撤退。战争结束后那晚罗马人所住的营地被遗弃在身后，赶来的日耳曼人在其中发现了一个战争纪念碑。这是日尔曼尼库斯在那天夜晚所立的。上面有这样的铭文：“在征服了莱茵河和易北河之间的民族后，提比略皇帝的军队将这个胜利纪念碑献给马尔斯、朱庇特和奥古斯都。”然而，似乎大自然本身对这样的谎言感到非常不满，可怕的暴风雨降临到日尔曼尼库斯的舰队上，将它们冲散到各个方向。余下的船只在付出了惨重的损失和时间代价之后才得以聚集在一起。

就这样，日尔曼尼库斯对日耳曼人发动的第三次也是最后一次远征，在公元16年结束了。这场战争开始时，日尔曼尼库斯拥有一支10万人的军队，1000只船的舰队。严格来说，这就是他的最后一次远征。因为，同年秋天的那一行动，我们很难将其描述为一次远征，那只是一次简单的火与剑的突袭，从莱茵河到卡蒂边界，依赖于日耳曼人的背叛和腐化。

坐在罗马王位上的提比略也是一位眼光敏锐的士兵。他看穿了自己的侄子在日耳曼战争中的骄傲和膨胀，写信给后者说："回罗马吧。你做得已经够多了，战争也打得非常漂亮。别忘了暴风雨和洪水的可怕。尽管不应该为它们而责怪将军，但它们毕竟导致了严重的损失。我被九次派遣到日耳曼。每一次我都发现，通过政治策略，要比通过武力能更好地处理与日耳曼人的关系。通过这种方式，我使得锡加布里人和绥威人与我们保持和平状态，并将他们的国王马尔博得平复下来。同样的方式也应该对切鲁西人以及其他仍然仇视罗马人的部落有效。我们必须让他们自己内讧，只有这样，我们才能获得罗马希望得到的复仇机会。"

通过提比略的这些措辞，我们可以发现，这位皇帝并不认为日尔曼尼库斯的远征是成功的。他也并不赞同以这种方式来处理与日耳曼人的关系，因为这导致罗马丧失了太多的金银、流下了太多的鲜血。提比略和凯基纳都认为，日耳曼将军阿米尼乌斯非常伟大，不可能通过武力使其屈服。无论如何，直到那个时期，阿米尼乌斯通过自己的聪明才智和道德力量，驱逐了所有的外来入侵者，也压制了所有的内部反对者。

日尔曼尼库斯一度听取了他那狡猾的叔叔的建议。因为，他希望在那一年，至少在罗马展现一次自己的成功。秘密协商、通信，罗马的金银，诱人的承诺开始发挥作用。日尔曼尼库斯能够理解提比略所说的话。"我们必须让日耳曼人内讧。"他知道叔叔的想法，也熟悉他的说话方式。因此，他从叔叔的话中得到了暗示，试图为了罗马的利益煽动并利用本已存在于西北日耳曼人中的党派和家族冲突。他在和平的地方种下不和的种子；在已经存在冲突的地方，激化这种冲突，促使内战的爆发。这种内战或许能够实现罗马人迄今为止通过发动外部战争而未能实现的目的。住在莱茵河东部丛林地区的卡蒂和马尔西贵族，长期以来被灌输了很多罗马的习俗，因此最先被罗马人的诱饵所捕获。在这些上层叛国者中，只有一人被历史记录下了名字，那就是马洛文德，马尔西人的塞格斯特斯。

在罗马第一次于公元14年入侵马尔西领土时，此人无疑就已经扮演了叛徒的角色。现在，他以十分确凿、明白的方式成为人民的背叛者。在马尔西人和卡蒂人通过歌舞宴会庆祝某个民族节日时，马洛文德把消息传给了日尔曼尼库斯。日尔曼尼库斯利用这个情报，派西里乌斯突袭了卡蒂，而他自己则率军突袭了马尔西。马洛文德带领日尔曼尼库斯及其军队，在深夜的宁静中不知不觉地穿越丛林来到庆典地附近，进而来到了日耳曼人通常以狂欢的方式向其神灵献祭的宴会现场，一个被称为“圣坦恩”的地方。是马洛文德亲自充当向导，还是他的一个部下，这个问题是毫无重要性的。马尔西人正在宴会中，有的人在美酒和狂欢中忘乎所以、晕晕乎乎，有的人则享受着歌舞。没有一个人处于武装之中。在没有危险征兆，全身心沉浸在宴会中的情况下，他们并没有设置哨兵。这些粗心大意的狂欢者很快就被四面包围起来。罗马人开始疯狂屠杀，无论男女老少。马尔西人很少能够拿起武器进行反抗，无法进行战斗，无法为他们被屠杀的亲属们报仇。西里乌斯和日尔曼尼库斯并没有征服卡蒂和马尔西。日尔曼尼库斯将周围的住宅烧毁，将这些部落的圣坛夷为平地。从这次对卡蒂和切鲁西领土的进攻中，罗马人只将一面鹰旗带回了他们的冬季营地。这面旗是在条顿堡战役中作为战利品落入马尔西人之手的，被保留在了圣坦恩。这当然也是日耳曼贵族马洛文德提供的信息，让罗马人能够找到这面旗帜。

日尔曼尼库斯向提比略请求一年的时间，准备于其间继续开展腐化日耳曼贵族的活动，并在他们的腐化、背叛基础上发动一次征服日耳曼人的远征。然而，这种请求属于徒劳。提比略坚持执行他的召回令的内容。公元17年，日尔曼尼库斯回到了罗马，庆祝提比略赐予他的胜利。皇帝早就想为其人民策划一次这样的庆祝了。公元17年5月，日尔曼尼库斯向堕落的罗马人呈现了一个别开生面的场景，其中他扮演了"切鲁西、卡蒂、安格里瓦里以及远至易北河流域的其他日耳曼部落的征服者"的角色，在他的胜利之车中穿越着罗马的大街小巷。几个月过去了，罗马的人们一直在忙于将他们"获胜的战役"以及所占领的日耳曼山河付之于绘画。整个罗马城都充斥着这种战争画和风景画，用来赞美他们胜利的将军。一些真的日耳曼人以及一些假装的日耳曼人被拖到日尔曼尼库斯的胜利之车前。其中就包括阿米尼乌斯的妻子图斯奈尔达以及她在罗马狱中诞下的孩子图美里库斯。图斯奈尔达被铁链锁着，与其他囚徒一起被带到大街上。由于图斯奈尔达和她儿子并不是在战争中被俘虏的，而是被她爸爸出卖的，因此这种行为对于日尔曼尼库斯来说是非常不地道和可耻的。然而，更加卑鄙无耻的，就是塞格斯特斯。他巨大的身躯就坐在荣誉之位上，作为罗马的朋友眼睁睁看着处于枷锁中的自己的女儿和外孙。胜利庆祝后不久，提比略就将日尔曼尼库斯派到了叙利亚。他再也看不见莱茵河了。他在远东死于中毒。

第十四章

日耳曼的独立——莱西河和内卡河流域的罗马殖民地——东南日耳曼和西北日耳曼之间的战争——马尔博得的失败和陨落

在日尔曼尼库斯的胜利在罗马得到隆重庆祝的时候，在完全征服了北日耳曼的信息被公告于世界的时候，日耳曼北海沿岸要塞的疏散工作开始了。总的来说，它们都被罗马人抛弃或者夷平了。罗马的卫戍部队一个接一个地从那些地方撤离，回到了莱茵河地区。罗马放弃了征服日耳曼的想法。阿米尼乌斯和他的同盟永久性地确保了莱茵河右岸日耳曼的独立。罗马将其活动限制于维持、增强和确保日耳曼、高卢民族混合的那块领地，它们位于莱茵河西边、多瑙河南边，是罗马脚跟站得很稳的地区。莱茵河和多瑙河，这两条伟大的日耳曼河流，从此成为罗马帝国和日耳曼的交界。

在日耳曼的那个西南角，在马可曼尼人撤离到波任海姆后，没有留下任何支配者。来自莱茵河的高卢人和日耳曼人安顿了下来，并与剩下的少数绥威人混在一起。但是在罗马远征波任海姆和东高卢后，整个土地，从上莱茵至多瑙河、莱西河、内卡河，不费吹灰之力地落入罗马的势力范围。许多罗马老兵都得以分封到一部分土地，作为他们服役的奖赏。当这些之前服役的老兵在此地落地生根之后，意大利派来了许多移民，他们并不是军人，而是到此从事各种和平时期的工作。这些殖民定居者，无论是高卢人、日耳曼人，还是罗马人，都需要向罗马支付什一税。这个地区也因而很快被称为“什一税区”。而阿尔卑斯山北缘的整个这一块土地开始被称为“上日耳曼”。

罗马定居者的居住地通过考古已经被发现了。它们向我们显示了，即使在今天看来，这些温暖气候养育下的儿女们在日耳曼的土地上过着非常舒适的生活。无论是出于偶然，还是刻意的科学研究，这些罗马人的建筑得以从历史的灰烬中重见天日。它们装备了暖炉，以抵抗阴冷潮湿，并且开展许多便利的安排和装修。墙上有装饰性的绘画，镶嵌的大理石以及具有艺术性的马赛克通道。土地的耕耘按照罗马的方式开展。制造业被引入，尤其是陶瓷业。因为在这个地区，各处都发现了与其相关的工作坊。在工业的繁荣中产生了商贸。之前的罗马军队集合地，如今成为贸易往来之地。军队驻地成为城镇，从而使得一切有利于生活便利的物资都进入了日耳曼人的生活。在日耳曼，很多世纪以来，由于缺乏进步，大家只是勉强、粗糙地维持着基本的生活需要。罗马人的定居点，从上莱茵到莱西，沿着内卡河的中下游，成为日耳曼地区的市场。这个地区保持着和平，然而在多瑙河和莱茵河上，甚至在日耳曼内地，却蔓延着冲突。如今斯瓦比亚的大部分地区都覆盖着这一时期的许多纪念性遗物。罗马人的地下墓穴和矿井被发现于今天的巴登公国。许多城堡和城镇都是在罗马堡垒和营地的基础上建立起来的。内伦堡老城堡的城墙屹立于罗马废墟之上。今天的巴登—巴登、内卡河上的罗腾堡，临近的苏尔成，以其微缩的形式再现着罗马的索立新纽姆、卢普芬、坎岑贝尔格、肯根、坎施塔特、马巴赫以及其他一些内卡河沿岸地区。莱西河岸的奥格斯堡，伊勒河岸的肯普滕、布雷根茨、阿尔邦，湖边的康斯坦茨，都是罗马文化进入日耳曼的源头。除了罗马人自己的工作外，那些与高卢人、罗马人杂糅在一起的日耳曼人，因其浸润在罗马文化中，也对整个文化引进工作做出了贡献。

将这些文化的传教士驱逐到阿尔卑斯山外，这并非阿米尼乌斯的愿望，因为这些人对渴望文明的日耳曼人来说价值匪浅，这样做的恰恰是罗马军团而已。通过冲击堡垒、城镇，通过征服之前由自由高卢人所占有的城市，通过臣服当地居民，罗马人在阿尔卑斯的那一侧获得了牢靠的立足点。而只有通过冲击罗马人的堡垒，征服他们的驻地，征服他们在上日耳曼的居民，将他们的军队赶到阿尔卑斯山外，日耳曼的完全独立和自由发展才能得到保障。阿米尼乌斯的这项计划要能够顺利展开，必须依靠马尔博得重新回到服务于日耳曼利益的轨道上，或者就得指望他的陨落。到目前为止，在日耳曼对抗罗马的伟大斗争中，马尔博得还是一位未介入的旁观者：仅这一个对其祖国的背叛行为，就足以让罗马人将所有力量对准北日耳曼。他越发依附于罗马，努力想要为自己在日耳曼获得提比略在罗马所拥有的不受限制的君主制。他越来越依赖于那些吝啬小气的国王、贵族，他们及其追随者与马尔博得、他们的公爵一起来到波任海姆。马尔博得极大地奖赏了他们，每个人都享受着丰厚的报酬。罗马的王室与马尔博得达成一致，对自由平民的征服只有通过加强贵族和王子们的利益才能实现。在与赛格斯特斯、马尔博得、马洛文德以及许许多多贵族阶层的交往过程中，罗马人意识到了他们是多么容易被征服。只需让他们憧憬能够当上罗马国内各种小型国王，只需帮助他们镇压治下民众的一般自由，他们就能轻松地成为良好的罗马人。罗马朝廷看到了，并且也乐意帮助马尔博得的欲望，让他能够在日耳曼为自己实现一份不限制的皇权。提比略在交易中给了他国王的名号，马尔博得被罗马人的诡计迷惑得晕头转向。然而，提比略的意图只在于在第一时间粉碎马尔博得绥威帝国建立的希望，通过内耗削弱贵族派系的力量，最终由于冲突而将他们通通纳入罗马政府的统治之下。

要想确保日耳曼的民众能够反抗贵族统治，要想实现日耳曼对于罗马统治的独立，不仅仅是罗马的军团，包括马尔博得本人，他这一派的贵族们，罗马的支持者们，都必须被扫出日耳曼的土地。因此，阿米尼乌斯的斗争对象不仅仅是罗马，也包括马尔博得及其追随者。事实上，他首要的抗争对象就是后者。

出于上述原因而不可避免的冲突的爆发其实是由马尔博得引发的。他获得了国王的称号，以及王冠和权杖。他想成为、也想被称为绥威联盟的王，而不仅仅是一个领袖。他组建了一个类似于外来国王和王子的朝廷，拥有各式达官贵人。所有这一切举动都在其自己的领土上损害着马尔博得的利益。塔西佗明确说道：“国王的称号为马尔博得带去了人民的仇恨。阿米尼乌斯，作为自由的捍卫者，则被所有自由民所爱戴。”王权与自由相互对抗。塔西佗将这对概念和语词非常鲜明地置于君主制和共和国的对抗之下。他旨在表明，马尔博得由于建立了绝对君主制而遭到人们的憎恨；而阿米尼乌斯则因为保护自由大众，抵抗日耳曼贵族的压榨、抵抗将绝对君主制引入日耳曼的土地而深受爱戴。

在征伐和掠夺的日子结束之后，支撑王国的开支只能被压在波任海姆的民众身上，并进而扩展到一般自由民身上。马尔博得进而通过他的贵族特权，旨在将原本仅仅处于同盟关系中的绥威民众划归为他波任海姆王国的臣民，并将自由民与贵族的关系转变为某种封建依附关系。

加入伟大的南日耳曼绥威联盟中的伦巴第人和森诺内斯人难以忍受这种情形。生活于黑埃尔斯特河、奈塞河、施普雷河沿岸的绥威人支脉繁杂，他们的核心就是森诺内斯人。他们在马尔博得的计划和行为中看到了日耳曼正面临着的奴役危险。用塔西佗的话来说，他们与其邻人，伦巴第人中的绥威部落一起，“抛弃了马尔博得，加入了阿米尼乌斯”。森诺内斯人作为图伊斯科神殿的守护者，只承认和忍受与自由相容的宗教。他们拒绝接受与日耳曼精神气质相左的绝对王权。当马尔博得试图获得国王权力之后，他们宣布退出其同盟。

如果在此之前，这两大部落内部没有发生斗争，他们从马尔博得和绥威联盟中的脱离是不可能发生的。只有在他们将那些从属于马尔博得派系的贵族们驱逐出去之后，森诺内斯人和伦巴第人才能够加入阿米尼乌斯领导的西北日耳曼联盟。事件的进展表明，马尔博得的朝廷正在酝酿着某个阴谋。它正向整个日耳曼扩散，从北到南，从西到东，并且已经被付诸实际行动了，其目的就是按照罗马的方式，按照贵族制的方式，将绝对君主制引入日耳曼的土地。甚至阿米尼乌斯的叔叔英吉欧玛，以及其他一些贵族制的同情者们，也都支持这项阴谋计划。但他们都被阿米尼乌斯及其人民打败了，就在他们切鲁西的家里，并都逃向了马尔博得。

马尔博得决心恢复流亡贵族，通过进攻易北河中游的森诺内斯人和伦巴第人居地，他挑起了内战。阿米尼乌斯及其切鲁西同胞赶紧前往救助他们的盟友。在一次对日耳曼各族的公共动员中，阿米尼乌斯将马尔博得描述为“祖国的叛徒”。马尔博得宣称，他从波任海姆进军的目的没有别的，就是为了惩罚森诺内斯人和伦巴第人，因为他们是绥威人联盟的叛徒。塔西佗保留了两位日耳曼领袖的演说。马尔博得将英吉欧玛置于军队的头阵。“无论切鲁西人实现了何种伟大，它都来源于此人所具有的精神。他是他们所有人中的荣耀，是所有成功事业的支柱和灵魂。相反，阿米尼乌斯则是一个软弱、无知之徒。在一个不值得怎么称颂的行动中，他是幸运的。但他的行为只是给日耳曼人带来了悲剧，给他的家人带来了不幸，给他自己带来了耻辱。”紧接着，马尔博得将阿米尼乌斯的家庭悲剧，将他妻儿的丧失描述为他的耻辱。最后以对自己的赞颂作为结语：“提比略领导12支军团攻击我。而我却完美保护好了日耳曼民族的声誉和光荣。最终，我与提比略缔结和平，对双方来说都是一个荣耀。”

阿米尼乌斯以前车之鉴提醒他的军队：“我们又一次赢得了独立。我们摧毁了试图剥夺我们独立的异族军团。我发现你们中的很多人仍然保留着从罗马人那里得来的武器。然而，马尔博得仍旧不遗余力地在罗马人面前蝇营狗苟。他躲在海西森林后面，不断地向罗马送去礼物和大使。卑顺地乞求与罗马缔结同盟，背叛自己的国家，甘愿沦为罗马皇帝的奴仆。我英勇的同伴们，你们将摧毁这个不值一文的敌人，就像你们摧毁昆提留斯·瓦鲁斯一样。因为每个日耳曼人对他的仇恨都应该像对瓦鲁斯一样。”在行进于整个军队队列中时，阿米尼乌斯对他分遣队的同伴就是这么说的。之后，战斗爆发了。根据塔西佗的描述，“切鲁西人和伦巴第人是为了他们旧有的光荣而战，为了他们恢复的自由而战。而马尔博得及其同党则是为了扩张一个人的国王专制权力而战。”日耳曼人之间的战争在易北河中游展开。斗争的地点并没有被保留下来，因而至今无人知道。马尔博得的军队完全按照罗马的方式装备。在阿米尼乌斯的部队中，也有很多人拥有罗马装备，那是他们之前所得到的一部分战利品。在与罗马军团长达八年的战争中，切鲁西人也学会了不少罗马人的作战技巧。罗马方面的记述中指出了双方军队的编排布置都体现了罗马式教育的痕迹。双方的冲突非常激烈勇猛，越发难分胜负。直到夜晚，两方的右翼部队都被摧毁。马尔博得和阿米尼乌斯因而重新召集了筋疲力尽的部队。

第二天早上，当阿米尼乌斯准备重启战斗的时候，他发现对手已经撤离了战场。马尔博得后退到了后方的高地。无论是在马尔博得的阵营中，还是在阿米尼乌斯的阵营中，这一后退举动都被视为某种失败。马尔博得表明了自己的战败处境。在他的阵营中，士兵间广泛持有这种观点，以至于很多人纷纷投降了阿米尼乌斯。尤其是那些向来心向阿米尼乌斯、仅仅被迫服役于马尔博得部队中的士兵们。由于大量士兵的叛变，马尔博得放弃了他的新驻地，进一步后退。塔西佗写道："由于在撤退中不断有士兵叛变，马尔博得逃到了他的马可曼尼人王国，派大使向提比略请求支援。"整个的部落都抛弃了他，加入阿米尼乌斯的阵营。

正如过去的赛格斯特斯一样，马尔博得开始召集异族人，试图以民族的敌人来对抗自己的国家。罗马皇帝乐于看到马尔博得的这种处境。期待已久的机会终于到了，对提比略来说，是时候报复马尔博得，并将其打倒了。作为回应，提比略说："马尔博得没有任何权利要求罗马出兵援助，以对抗切鲁西人。因为在他们对抗共同的敌人时，马尔博得并没有向罗马提供任何援助。"

罗马皇帝并不愿等着阿米尼乌斯在马可曼尼部落的变节帮助下来摧毁马尔博得。提比略自己准备完成马尔博得的毁灭。他亲自派出自己的儿子德鲁苏斯，下令欺骗、迷惑马尔博得，令后者误认为得到了罗马人的援助。而同时暗中在波任海姆腹地鼓动叛变。德鲁苏斯向马尔博得带去了他父亲的保证，承诺将为他实现与各派和切鲁西人的和平。同时，德鲁苏斯又向卡图阿达赠以重礼，贿赂马可曼尼贵族和军队领袖，鼓动他们发起叛变以反抗国王马尔博得的统治。

卡图阿达是一位马可曼尼贵族，之前做过马尔博得军队的军官。由于和国王产生了冲突，他逃到了哥特人那里，驻地位于波任海姆领土北端，多瑙河的左岸。卡图阿达利用罗马的黄金赢得了马尔博得宫廷许多贵族和军队人士的支持。后者开始为其效劳。他们通过雇佣军向波任海姆发起了进攻。卡图阿达与马尔博得之间存在着旧怨。这些人尽管曾经得到了马尔博得大量的黄金，如今还是为了黄金背叛了他们祖国的背叛者。卡图阿达挺进马尔博得的都城。后者召集了一支部队前往抵抗。然而，马尔博得中了德鲁苏斯的诡计，满心期待罗马的援助，并越过了多瑙河准备前去迎接罗马军队。同时，马尔博得也与其军队隔离开来。这是由于他的军队将领在其中捣鬼。他们被罗马黄金收买，抛弃了马尔博得，加入卡图阿达的阵营。就这样，卡图阿达轻而易举地占领了马尔博得的都城，占领了他的皇宫剥夺了所有财宝。都城或许在埃尔格，而宝库或许位于“寇都伊的土地”上。

被各方背叛，并且早就被其马可曼尼人抛弃，在远离其王国的这些具有决定性的日子里，马尔博得“没有任何其他避难所，唯有指望罗马皇帝的同情”。事实上，马尔博得确实给皇帝写信了：“许多民族都邀请他，而他却偏爱罗马的友谊。”马尔博得依然幻想着自己在帝国宫廷和他的影响力，希望借助罗马的援助恢复他的王国。然而，罗马皇帝却告诉他，他并不能接受他成为绥威人的国王。如果马尔博得希望继续留在罗马领土上，皇帝将给他在意大利分配一块安全可靠的居地，但他的身份将只是罗马的一般公民。如果马尔博得不愿意留在罗马，皇帝将安全地护送他回到波任海姆。由于马尔博得不可能得到罗马军队的护送，回到波任海姆实际上是不可能的。罗马皇帝最终将拉文纳分封给他作为居地。在之后的18年里，马尔博得都将吃着罗马皇帝施舍的面包，承受着罗马人和日耳曼人的鄙视。

马可曼尼贵族将卡图阿达捧上亲王的位置，他按照惯常的贵族制方式实施着统治，因而也无法统治得长久。自由民在西南自由部落的帮助下，在赫门杜里人首领维比利乌斯的领导下驱逐了这位贵族国王和他的军事贵族制。在马尔博得逃亡罗马的第二年，也就是公元21年，卡图阿达也逃到了罗马。皇帝将他的军队安置在多瑙河右岸，位于马奇河和瓦格河之间，与夸地人混居在一起。而卡图阿达本人则被送到费雷瑞斯居住。

在马可曼尼人移居波任海姆之前，夸地人曾经与马尔博得处于同盟关系中。那时，他们已经从上多瑙河地区迁移到了马奇河地区。他们的名字依然保留在郎夸登的名字中，这是位于斯瓦比亚上霍恩堡的一个地方。他们一直在犹豫要不要加入森诺内斯人，以证明也是绥威人的一个分支。赫门杜里人向来以憎恨贵族制、热爱自由著称。对于马可曼尼军事贵族的追随者们，在他们被安置在多瑙河右岸之后，罗马皇帝为他们安排了一个新的国王：瓦尼乌斯。正如他罗马化的名字所显示的，这是一位夸地人亲王，政治态度上亲近罗马。同时，罗马皇帝也在他们中组建了一支先锋部队，接受罗马供养以抵抗日耳曼人。在多瑙河这边，正如在莱茵河那边一样，日耳曼人甘愿受罗马人雇用以对抗自己的祖国。30年后，即公元51年，赫门杜里人及其邻人李吉伊人一起，将这些罗马供养的马可曼尼贵族驱赶了出去，而夸地人却留了下来，他们的贵族继续为罗马人服务。

第十五章

阿米尼乌斯的终结

建立贵族制的野心违背爱国精神。平民与之展开了斗争，日耳曼各部落也继续着这场斗争。其间，卡图阿达及其同党很快就被挫败。而这场战斗的中心和主要领袖，就是阿米尼乌斯。

阿米尼乌斯努力要为日耳曼人带来统一。通过彻底改变各部落，尤其是切鲁西人之间的相互关系，确保日耳曼人能够真正独立于外部民族。在大胜罗马军队之后，由于外部威胁的丧失，构成西北日耳曼联盟的部落开始出现派系意识和斗争。这在一开始就损害着整个联盟，并最终摧毁了整个同盟。阿米尼乌斯也因此而丧失了领导地位。现在，由于贵族企图实现特权，平民和他们展开了斗争，阿米尼乌斯又借此恢复了自己丧失的影响力，成为统帅。

在平民与王公贵族的派系冲突中重新占据新的位置的阿米尼乌斯开始成功地追求将日耳曼建立为联邦国家的理想。他想要限制和移除那些导致日耳曼分裂的要素，正是这些要素使得日耳曼容易被罗马鼓动。它们不是别的，正是王公和军事贵族，而阿米尼乌斯本人也是其中之一。这些人因其具有的阶级私心及不爱国的精神品质，成为人民毁灭的祸根。他们要么背叛自己的国家，比如赛格斯特斯和马洛文德；要么为了罗马的利益公开拿起武器对抗日耳曼人，比如卡里奥瓦尔达、巴塔维安、阿米尼乌斯的兄弟弗拉菲乌斯以及其他领袖们。他们中也有人并不介入任何战争，比如，马尔博得，但却与罗马维持着派系和平，抵制平民和民族力量的增长，比如，阿米尼乌斯的叔叔英吉欧玛。这些恶的来源必须被砍断。王公大臣和军事贵族与罗马朝廷保持着背叛日耳曼人的关系。罗马人在这当中发挥着重要作用。罗马的阴谋和贿赂直接破坏着切鲁西联盟，正如他们在推翻马尔博得一事中所发挥的作用一样。

在日耳曼人的内部派系斗争中，阿米尼乌斯已经取得了有利地位，以至于仇恨他的反对派也不敢贸然对他发起攻击。卡蒂王子甘德斯特利乌斯向罗马元老院提议对阿米尼乌斯下毒。皇帝提比略故意将这个提议公之于众，并答复说“罗马人从不偷偷摸摸地对其敌人进行报复，而总是公开进行斗争”。

阿米尼乌斯如今所处的地位以及当下的情形，都要求他保持一支强大的随从势力，使他能够随时对抗贵族势力，并且长时间不间断地维持他的首领地位。他的贵族敌人们开始在平民中散布流言，旨在推翻阿米尼乌斯的统治地位。他们造谣说，阿米尼乌斯所做的一切都是为了满足自己的统治欲望。阿米尼乌斯的私欲就是要在旧贵族和平民的废墟上建立自己的绝对王权。然而，中伤阴谋失败了。阿米尼乌斯并没有丧失日耳曼人的信任，也没有丧失他的影响力。进而，他成功地开始了反对贵族的斗争。突然，消息传遍了整个罗马和日耳曼世界：阿米尼乌斯被杀害了，被他那些属于军事贵族的亲戚们暗杀了。这是阿米尼乌斯的终结，在他生命的第37年，在我们时代的第23年。毫无疑问，他死于中毒。这完全符合提比略的行事作风。他总是私下做着他公开反对的事情。很有可能，毒药就是他亲自提供给日耳曼贵族的。

他为日耳曼而活，为日耳曼的统一和自由而死。他将一切都奉献给了他的祖国，无论是生命还是让生命充满魅力的一切，包括家庭欢愉、妻子和孩子。他不再能够挽救他的图斯奈尔达。

在与罗马的协商过程中，为此所要付出的代价太大，已经接近于牺牲整个日耳曼。他不再能够看到年轻时深爱的妻子，以及他们的儿子。赛格斯特斯女儿和孙子的命运如何，我们不得而知。然而，对于阿米尼乌斯而言，作为日耳曼的解放者，历史学家塔西佗通过简单而有力的语言为他立起了永恒的丰碑，和其他伟大的历史人物一样，屹立于历史的长河。日耳曼人继续在歌声中悼念被谋杀的阿米尼乌斯，悼念这位担任了十年之久的北日耳曼联盟的领袖，以及两年之久的平民联盟的领袖。塔西佗说："阿米尼乌斯不仅光荣地经受住了罗马势力的增长，如同其他异族国王和领袖一样，而且在罗马势力发展到顶峰之时，从根基上削弱了它。在战争中，阿米尼乌斯遭遇了各种各样的命运。可以说，在整个战争中，他是不败的。"

他将日耳曼从外部敌人的势力中解放出来，使得日耳曼的语言、风俗、法律免于毁灭而保存下来。如果没有阿米尼乌斯的努力，日耳曼的特性将会被同化于罗马的民族性中。没有他，人民和国家都将被罗马化，就像许许多多其他的民族和国家一样。然而，内部敌人的阴谋导致了阿米尼乌斯过早离世，这使得他无法将日耳曼从内部敌人的势力中解放出来。

阿米尼乌斯死了，但日耳曼各族人民对他的思念却带着更强的热望。因为随着他的离世，那些没有爱国之心的贵族们获得了权力，成为北日耳曼的领导者，这些派别继续贯彻着同情罗马的政策。尤其是切鲁西人，他们在想到阿米尼乌斯时，更是带着强烈的热望。由于贵族掌权，切鲁西人丧失了他们在日耳曼同胞中的影响力。在阿米尼乌斯领导下曾经获得胜利荣耀的自由民们，找不到第二位领袖，能够将他们再次紧密地联合起来以对抗贵族制。

在一个自由共同体的民主基础上建立日耳曼统一性的伟大想法，随着阿米尼乌斯的消失而消失了，而且消失了好几个世纪。只有阿米尼乌斯具有那样的远见。只有他怀抱着那样的想法，并为实现日耳曼各族的统一而做出了初步的尝试。然而，一旦他不再存在于这个世界，他的整个事业也立马随之坍塌了。

第十六章

日耳曼内战——日耳曼部落对罗马帝国的袭击

阿米尼乌斯被暗杀之后，切鲁西人之间的派系冲突并未削减，而是继续越演越烈。首先是同情日耳曼的自由民与同情罗马的贵族间的冲突。之后，正如往常一样，当前者被打败之后，贵族领袖间的冲突则取而代之。显然，每一个领袖都想占据之前阿米尼乌斯的地位，充当切鲁西联盟的盟主。贵族们无法就此达成共识。这里所说的“领袖”，指的是那些亲王。塔西佗写道：“在这场残酷的内战中，切鲁西人失掉了他们所有的贵族。他们只好向罗马派去一位大使，想要召回阿米尼乌斯的兄弟，弗拉菲乌斯的儿子。”在这段话中，塔西佗所说的“所有”，其实仅限于那些拥有王室血统的贵族。由于在内部冲突中，大量贵族被杀，日耳曼国内王室家族的所有成员都遭到了摧毁。贵族阶层的幸存者从罗马将那最后一位子孙伊塔利库斯招了回来。根据塔西佗的记载，“伊塔利库斯最初得到其国人的支持；很快，权力斗争就兴起了。一个派系鼓动人民反抗他”。也许伊塔利库斯和马尔博得想的一样，试图借助罗马的影响，以国王的名义实现自己的绝对统治；或许，他只是想摆脱贵族势力的欺压。后者将其召回，只是图其年幼易于操控。事实证明了这一假设。在他被驱逐出国后，他寻求了伦巴第人的庇护。后者正是反抗马尔博得专政的那支绥威部落。而正是在他们的支持下，伊塔利库斯得以恢复其在切鲁西人中的地位。

尽管切鲁西人就这样处于混乱和冲突之中，浪费着自己的力量，但正是这支切鲁西人，在阿米尼乌斯的领导下，使得其部落以及整个日耳曼闻名于所有民族，阿米尼乌斯的观念和行为赋予一些日耳曼部落以独立，也赋予另一些日耳曼部落反抗罗马、争取自己独立的勇气。阿米尼乌斯的榜样力量和罗马的压迫是相辅相成的。到了那个时刻，曾经长时间出于自身狭隘利益而投靠罗马的日耳曼部落，如弗里西亚人和巴塔维安人，都已经深深感到了罗马压榨的强大压力。有着同样沉重体验的还包括莱茵河左岸的日耳曼人，尤其是特雷维斯人（特里尔人）。

因此，就在切鲁西贵族谋害阿米尼乌斯的同时，莱茵河左岸的日耳曼人正经历着一场民族运动，其中的核心就是特雷维斯人，即特里尔人。

由于他们长期不间断地服从于民族的敌人，并对抗自己的同胞，这种压迫感沉重地压在前线的西北日耳曼部落身上，不仅唤起了他们对早先独立的渴望、对与日耳曼同胞和解的渴望，而且还加深了这种渴望，也让他们更加理解了阿米尼乌斯的警告和目标。巴塔维安人、特里尔人已经采用了罗马的习俗、语言和名字。在罗马统治下的这些日耳曼战士的名字中，我们已经察觉不到日耳曼血统的痕迹了。那位被称为尤利乌斯·弗洛鲁斯的特里尔人贵族，在其罗马名字下保留着一颗日耳曼人的心。他将他的国人武装起来，准备争取独立。他争取到了一些被压迫的高卢部落，其中包括埃杜伊人，也与比利时人进行了斡旋。

他在特里尔一组日耳曼骑兵的先锋部队中提升了反叛的标准，并在阿登高地丛林中聚集部队。然而，响应他的起义号召，入伍参战的日耳曼国人并不是非常普遍。一个叫作尤利乌斯·因杜斯的贵族与弗洛鲁斯来自同一个地区，却是后者的私敌。他充当着罗马军团的向导，将弗洛鲁斯和他的部队封锁在了两支罗马军队之间，并进而驱散了阿登高地还未成型的反叛民众。弗洛鲁斯在撤退中继续抵抗了一阵。最终不得不投降。面对罗马军人，他知道无法逃脱，英勇地选择了自杀。最初的反抗尝试也随之告一段落。

几年后，弗里西亚人起义了。罗马以最可耻的处理方式回敬了这些曾经服从于他而背叛自己祖国的人们。莱茵同盟的这一分支，由于隶属于罗马，必须向罗马供奉一定数量的兽皮，以供军需。兽皮的大小和重量并没有明确的规定。公元28年，贪婪的奥勒尼乌斯是这一地区的罗马总督。他想要限制这一地区人民的独立精神，将其罗马化。他们的贵族已经由于外出参加罗马的战争而损失殆尽，而留下来的平民们还未被彻底罗马化。他引诱弗里西亚人起义，从而能够有机会惩治他们。他展示了一张欧洲野牛皮作为样品。比它品质低的任何兽皮贡品都将不被接受。弗里西亚人拒绝背离之前的朝贡标准。

奥勒尼乌斯的做法是典型的罗马官员作风，为的是中饱私囊。弗里西亚人非常富裕，尤其是在牧场和牲畜方面。一旦使他们顺从，就能够对其展开剥夺，而填充公家和私人的财库。对于所有反抗者，奥勒尼乌斯通过武力进行镇压。他抢夺他们的牛羊牲畜，占领他们的土地，将他们的孩子、妻子掳去充当奴隶。弗里西亚人忍无可忍，爆发起义。他们抓住前来征税的罗马军人，将他们钉死。奥勒尼乌斯仓皇逃离，躲开了这些愤怒的民众，自己撤到了弗拉门堡垒。一支庞大的弗里西亚军队包围了那个地方，占领了海岸。下日耳曼地区的罗马总督阿普洛尼乌斯向外求援。上日耳曼地区的罗马军队被召唤前来支援。这支军队和阿普洛尼乌斯的军队一同沿着莱茵河挺进，准备攻打弗里西亚人。他们解除了堡垒的围困，撤回去保护自己沼泽和草皮覆盖的荒野外的领地。

罗马军队中有很多日耳曼人。光卡宁斐特人，一支巴塔维安部落就贡献了一队骑兵。其他还有很多日耳曼人作为步兵为罗马军队效力。他们随时准备着帮助罗马，让他们的日耳曼同胞弗里西亚人重新回到罗马的支配下。罗马将军在沼泽地中发现了一块浅滩。他派出日耳曼人组成的军队偷袭弗里西亚人的后方。弗里西亚人将他们击退了，同时也将前来支援的骑兵击退了。

阿普洛尼乌斯进而下令三支轻装部队投入战斗，接着又加入了两支，最后又将其自己一翼的部队也投入了战斗。如果这些部队同时进攻弗里西亚人的话，其数量将具有压倒性优势。然而，他们并非同时，而是间断地发起攻击。第一次进攻的部队被完全击溃，最后一波进攻的部队陷入恐惧和慌乱之中。阿普洛尼乌斯最终派出了他的最后一支老兵军团以响应使节西迪古斯·拉贝奥的求援。后者带领剩下的军队杀到了前线，却被弗里西亚人捍卫，面临着毁灭的危险。被击败的军团士兵们衰弱到奄奄一息，阿普洛尼乌斯的军队只能撤退。罗马军队在这次战斗中彻底失败了。在他们的撤退中，阿普洛尼乌斯甚至没法带走所有倒下的兵士，尽管其中不乏显贵的步兵、骑兵、护民官以及执政大臣。逃跑的幸存者很快就给阿普洛尼乌斯带去了令人悲伤的情报。一支600人的军队在一个叫作巴督黑那的森林被剿灭，战斗延续到了第二天。另一支400人的军队，正避难于克里普托利科斯的乡村住宅。此人曾经是领取罗马薪金、为罗马军队效力的一位酋长。这支军队由于害怕背叛而选择了自杀。

在对这场惨痛失败的记述中，塔西佗另外写道："从此以后，弗里西亚人在整个日耳曼人中受到称颂。"他们通过胜利赎清了自己往日所犯之罪。凭借罗马人之血，也凭借自己的血，他们清除了过去其贵族们服从于罗马、敌对于日耳曼的耻辱。皇帝提比略对这场损失轻描淡写：暴君恐惧一场大战，因为他将屈从于由一人领导的庞大军队和巨大权力。罗马的元老院对帝国前线的这场失败带给罗马军队的耻辱也无所谓。恐怖统治所产生的恐惧在罗马内部的大人物中间蔓延，他们无暇顾及帝国以外所发生的事件。

弗里西亚人因此将罗马人赶出了自己的领土，赢得了独立。这个例子再次表明，在反抗罗马的斗争中，不仅仅应该联合所有的日耳曼人，还应该将所有与伟大的日耳曼人一样同处于罗马统治下的民族团结到一股整合的力量中。我们刚才已经讲述过切鲁西人的内部冲突和派系斗争，这种内斗导致民族性的削弱和丧失。在日耳曼内部的其他地方，冲突和战争也在如火如荼地进行着。不仅仅是一族对抗另一族，在同一族内部，一个部落也在对抗另一个部落。日耳曼人中未受罗马远征影响的部族们，并不关心他们那些正在边界上反抗罗马的日耳曼兄弟们。甚至在他们起义反抗的时候，也没有与他们站在一起，而是使后者处于孤立状态中。他们也没有援助处于危难中的弗里西亚人，既没有利用他们的胜利，也没有跟进他们的胜利，从而没有能够进而赢得莱茵河两岸的自由，摆脱罗马专政的统治。

弗里西亚人赢得自由的十年之后，皇帝提比略被他的一个奴隶用枕头闷死在病床上。一个25岁的疯狂青年能够继灰白头发的浪荡暴君提比略登上王座，对于日耳曼民族来说，无疑是个好运，是上天的恩赐。日耳曼人是那么的分裂，那么的被纷争所削弱，那么的缺乏爱国精神，对于自己的日耳曼民族既无善意又无善心，如果一个政治家，或者曾经的政治家和军人能够指导管理罗马帝国的话，日耳曼人将丧失国家、沦为隶属。

事实上，卡里古拉确实发动了一支庞大的军队进攻日耳曼人，但并未进入他们的领土。在他远征不列颠时，卡里古拉命令士兵在海峡岸边收集贝壳，并称自己为"不列颠征服者"；类似的情况也发生在其进军日耳曼时，他白天越过莱茵河，傍晚便回来了，并称自己为"日耳曼征服者"。他在罗马庆祝对日耳曼人的胜利，展示了许多虚构的战争画作，将禁卫军骑兵中的日耳曼雇佣军打扮成囚犯模样示众，为了让日耳曼囚犯的数量显示得更加庞大，他甚至将高卢人染了头发混杂在其中。公元41年，疯子卡里古拉自己的禁卫军将其杀害。他的继任者克劳狄一世是个白痴。公元54年，他妻子用毒蘑菇了结了他的性命。

在他统治期间，切鲁西人选择了伊塔利库斯作为他们的君王。同样在这段时间，迫近罗马帝国边境的日耳曼部落也发起了斗争运动。考契人居住在威悉河下游两岸，从埃姆斯河一直延伸到易北河。他们又一次摆脱了罗马人的统治，通过入侵罗马人称为低地日耳曼的行省，成为第一个入侵罗马帝国的部落。考契人内部没有党派分裂，没有内部纷争，他们人数众多，力量强大，因而拥有足够的自信占领高卢—日耳曼沿岸的莱茵河左岸地区。他们的领袖叫作甘纳斯克，曾经服役于罗马军队，之后离开了罗马军队并被考契人奉为领袖。他和考契人乘着轻舟、沿着海岸，进入莱茵河上游，在左岸登陆，强迫富有而不好战的高卢罗马人缴税。当时的罗马总督科尔布罗召集了一支庞大的军队和舰队以抵抗考契人，罗马人耗费了大量的时间和精力，击沉了一部分考契人的小型舰艇，才将这些入侵者驱逐出行省，从而使得高卢海岸免遭甘纳斯克的进一步掠夺。

科尔布罗利用这个机会迫使弗里西亚人退到了一定的界线之外。在阿普洛尼乌斯战败之后，弗里西亚人扩展了他们的侵占范围。科尔布罗借机和他们达成和平协定，并划定了一条界线，要求弗里西亚人从此不再越界。科尔布罗也强迫弗里西亚人采取某种贵族政体，也就是恢复旧贵族的统治地位。这些被放逐的弗里西亚贵族一直留在罗马和罗马军队中，如今他们说服了罗马将军，想要借此机会重新获得统治地位。科尔布罗带走了人质，并在前线的要塞驻扎了一支强大的卫戍部队。同时，科尔布罗与那些怀有投降念头的考契人领袖们展开了秘密协商，并暗中付给使者佣金，让他们清除甘纳斯克这个障碍。暗杀活动开始了。然而，塔西佗在叙述这件事时却认为“暗杀并非不正义的行为，因为它所实施的对象是其信仰的背弃者和破坏者”。可见，当时的罗马世界已经陷落得如此之深，就连塔西佗这样具有非凡道德感的作家也会去捍卫一场谋杀，并不认为有什么不正义之处。对于甘纳斯克这样一个日耳曼人，曾经服役于自己的敌人，后来回归自己的祖国，与同胞并肩作战，借此洗刷了先前的耻辱。而在塔西佗眼里，看到的只是叛国行为，只是对信仰的背弃，因而值得以暗杀对其进行惩罚。

在友好协商中派遣使者进行谋杀，是一件侵犯公共权利的暴行。这一事件导致那些原本愿意接受科尔布罗和平条款的考契领袖们带着鄙视的态度终止了谈判。所有考契人都充满了愤怒，纷纷拿起了武器。科尔布罗接到了来自罗马朝廷的命令，要求他将所有军队撤回到莱茵河的另一边，因为这样的举动或许会刺激整个日耳曼人武装起来。于是，弗里西亚省和考契人的领土又一次摆脱了罗马的统治。

公元50年，卡蒂人的一支军队跨过莱茵河，进入了高卢地区，也就是罗马的高地日耳曼行省。这次事件仅仅发生于考契人入侵低地日耳曼行省后的第三年。一部分入侵者满载战利品，与其主力部队分割开来。

罗马将军庞波尼乌斯将这一分支包围，对其正面和侧面展开了攻击，使其于饱醉的沉睡中惊醒。这一分支就此被俘。在俘虏中，罗马人发现了许多原本从罗马出生的士兵，他们自从条顿堡战争之后沦为日耳曼人的奴隶，至此已经40多年了。他们的重获自由让罗马人欢欣鼓舞。来自斯特拉斯堡、斯派尔、沃姆斯、多纳斯堡附近的范吉昂内斯人、内美特斯人所组成的日耳曼人附属军和雇佣军，参与了这次行动。入侵的卡蒂人的另一支部队在与另一支罗马军队的战斗中表现得非常英勇，迫使后者退到了陶努斯山脉，寻求庞波尼乌斯军团的护卫。庞波尼乌斯做好了所有卡蒂人都拿起武器进行战争的准备。然而，卡蒂人却拒绝了进一步的战争。根据塔西佗的说法，他们认为“在与罗马人作战的同时，很有可能会遭到切鲁西人的攻击。他们之间一直存在着冲突”。切鲁西人在阿米尼乌斯领导下，曾经是日耳曼的盾与剑，而此时已经非常堕落，以至于各个日耳曼部落都害怕他们会与罗马人联合转而压制日耳曼人。

几年后，罗马和弗里西亚人的冲突再次爆发。在这些冲突中，驱使部落展开军事行动的动力并非军事上的不安定，并非出于对战利品、掠夺的狂热，而是缺乏。随着人口的增长，支持这些人口继续生活在本地的资源却在减少，这导致他们积极向外扩张，寻求领土，谋求在国外居住。弗里西亚人再次扩张到莱茵河口东岸的那些未被占领的土地。罗马人对此表示抗议。弗里西亚人派出了两名贵族——维利图斯和马洛里克斯前往罗马，请求得到某种协调安排。在庞贝的剧场中，这两名弗里西亚使者看到一些穿着外邦服饰的外邦人坐在高贵的贵宾席上。使者对这种荣耀的归属表示疑问，罗马人回答说，这份荣耀是给那些英勇并对罗马友好的杰出使者的。弗里西亚使者当场站了起来，反驳道："世上没有任何人能比日耳曼人更加英勇和忠诚。"说着，不等进一步商谈，他们便坐到了荣誉席。

弗里西亚使者的言行得到了肯定。尼禄赐予他们以公民权，但罗马政府却坚持要求弗里西亚人撤出那些本不属于他们的地区。弗里西亚人拒绝了罗马人的要求。

战争是唯一的结果。然而，在孤立和震惊中，经过勇敢的抵抗，弗里西亚人最终投降，撤出了那些争议土地。他们抵挡不住罗马强大的骑兵力量，尤其是这些骑兵正是由英勇的日耳曼人所组成。罗马人就此结束了边界战争，并没有进一步闯入弗里西亚。

由于罗马并没有将利柏河北边的争议土地分配给那些完成了服役年限的老兵，而这些地区之前是沙马维人、土班特人，后来是乌溪鄙夷人的驻地，日耳曼人于公元58年，尼禄做皇帝期间又一次占领了它们。安西瓦里人是居住在埃姆斯河畔的一支小部落，他们大部分都被赶出了原驻地。由于日耳曼人口的急剧增长，随之而来的是人口过剩所产生的压力。弱小的部落因而被赶出了家园，不得不寻求新的土地。被驱逐的安西瓦里人的领袖叫作波伊欧卡。通常来说，已经人数众多的小部落在无法找到栖居地时，它们会得到邻近部落的同情。然而，由于波伊欧卡以及他所领导的安西瓦里人与罗马站在一起，卡蒂人或许并不信任他们。头发斑白的波伊欧卡曾在阿米尼乌斯的命令下被投入大牢，理由就在于他对罗马所持有的态度、对民族敌人所持有的理解。之后，波伊欧卡成为罗马豢养的一名军人。

他向罗马总督请求下莱茵地区。波伊欧卡指出，他与其追随者已经为罗马效力了近50年。他也承诺将会促进日耳曼人对罗马人的臣服，除非罗马更加偏爱孤立、荒凉而非其他民族的友好。而且，这块地区长期以来就是日耳曼人的财产。正如天空属于诸神，大地则属于人类。而未被居住的地方就是共有财产。他抬头看着太阳，问道："太阳和其他天体会愿意看看下界这些未被占有的土地吗？不会的，它们宁愿翻滚大海覆盖它们以对抗那些土地强盗。"

这个请求给罗马将军阿维图斯留下了深刻印象。他对那些作为使者，跟随波伊欧卡一同前来的安西瓦里人说："最强者的规则必须得到遵守。他们向神祈祷，神感到愉悦，许给罗马人这个世上最具决定性的声音。他们有权利、也有权力去占有和施与。根据神的意愿，罗马人在这个世界上并不承认除了他们之外的任何裁判者。”

这个回答是说给安西瓦里人听的。对于波伊欧卡私人，他承诺给他一些土地，以纪念他们之间昔日的友好。

那时的波伊欧卡，在自己的同胞以及其他日耳曼部落中享有盛名。他懂得如何将自己在本民族内部的声名与遵循罗马标准而提供的忠诚服务结合起来。根据塔西佗对这个事件的描述，罗马人将此作为“背叛的代价”赐予波伊欧卡的同胞，这对他来说是个深深的伤害。带着受伤的荣誉感，他鄙视地拒绝了罗马人的提议，留下了一句话就离开了：“如果我们不能得到生存的土地，我们就要得到死于其上的土地。”

于是，安西瓦里人召集了布鲁克特利、腾科特立以及其他几个日耳曼部落，一起展开了对罗马的战争。罗马人派出了两支军队以对抗这些日耳曼部落。其中一支大部分由莱茵同盟的部队组成，他们主要负责威胁日耳曼部落的后方。与此同时，阿维图斯亲自率领其军团杀入腾科特立人的领地，威胁说：“如果他们不脱离与安西瓦里人的结盟关系，就要将他们根除。”腾科特立人与布鲁克特利人就此解除了武装，其他日耳曼部落也纷纷拒绝再与安西瓦里人共同承担来自罗马的危险。陷入孤立无援中的安西瓦里军队只好退到了乌溪鄙夷和土班特。这些人迫使他们放弃领地继续前行。随后，他们在卡蒂人和切鲁西人之间寻求驻地，漫长的流亡之后，大多数安西瓦里人都已经消亡了。他们最初被视为客人，然后被视为乞丐，最后被视为敌人。凡是能够拿起武器的年轻人都被投放到了爆发于外邦领土上的战争之中。那些年纪更小而不能作战的人则被当作战利品分发了出去。只有很小一部分人最终在卡蒂人中寻求到了庇护。

在那同一个夏天，就在安西瓦里人由于贫乏而战，最终被摧毁于日耳曼土地上时，他们的日耳曼兄弟，赫门杜里人和卡蒂人之间爆发了战争，并被塔西佗描述为一场大的战斗。我们因此可以推断，安西瓦里人在他们流亡的岁月中到达了雅克斯特河和科赫尔河，并服侍于那一部分的卡蒂人。他们与赫门杜里人的那一部分接壤，后者所占领的东部区域是当初马可曼尼人移民到波任海姆后留下的土地，从维尔尼兹延伸到科赫尔河，也就是在如今符腾堡的弗兰克尼省，远至斯瓦比亚的阿尔卑斯山。塔西佗所谈到的这些地区与赫门杜里之间的边界小河不可能是别的，而只能是雅克斯特河。这场战争所争夺的盐河，只能是科赫尔河上的施瓦比斯哈尔所完成的古代盐业工程。

在威拉河上寻找这条边界河流是不正确的。塔西佗将马可曼尼人留下的土地归属于一部分赫门杜里人，无疑是基于某个权威的资料来源。每一个分支都声称完全占有盐河，并通过武力来支持他们的主张。塔西佗认为，他们的行为是“出于对通过武力决断一切的天生的爱；出于宗教原则；出于他们独特的信仰”。尽管并非历史事实，史学家的话依然是引人注目的。

“日耳曼人相信，这些地方非常接近天堂。在所有的凡人世界中，诸神也更加愿意听取他们的祷告。正是神的宠爱，才在那河水中、那树林中揭露了盐的存在。它们的形成不同于在其他民族中所发生的情景，并非来自海水的退潮，而是产生于两个对立元素的相互作用，即火和水。这里的盐是后者在一堆燃烧的木头上沸腾的产物”。冲突非常激烈。卡蒂人向他们的全能神父沃坦和他的儿子战神蒂乌发誓，如果赢得了战争，他们将向其献祭，奉上他们拥有的一切，包括所有的人、马和战利品。然而，无论是在战斗中还是战斗后，战争的胜负势头却偏向于赫门杜里人，不利于卡蒂人。他们威胁赫门杜里人，说是要将俘虏和任何战利品都屠杀殆尽以献祭给神。

这种威胁却最终反过来应验于其自身。在赫门杜里人手下，他们体验到了原计划施诸前者的那种死亡的厄运。男人、女人、小孩、战马都被作为胜利者的牺牲奉献给了神明，他们在祭祀的刀下流淌着鲜血。与此同时，在与罗马紧密相连的一块日耳曼领土上，爆发了大火。地点或许就在今天的斯瓦比亚、巴尔镇，或者康斯坦茨湖。牧场、原野、村庄、农场都被大火焚烧殆尽。火势甚至蔓延到了新近建立的殖民地的围墙之中。没有任何雨水、湖水能够将大火浇灭。只是因为再也无物可烧，火焰才终归熄灭。

即便是赫门杜里人发生了这样激烈的战争，卡蒂人的势力也并没有被削弱。他们从富尔达河与威拉河的交汇处进一步前进到了上缅因、雅克斯特河以及科赫尔河。损失只是落在了与符腾堡东弗兰克尼行政区接壤的那一个部分。因此，在所有的地方，日耳曼人都存在着分裂，忙着进行相互毁灭。一个更大的日耳曼联盟要想出现，沉睡的日耳曼民族精神要想再次搅动起来，或许需要他们天然的敌人从外部施加更大的力量、更重的压迫以及更恶劣的对待。

第十七章

克劳迪乌斯·西菲利斯领导下的日耳曼低地联盟——公元69年，他们自由之战的爆发

在所有这些事件发生以前，伟大的卡蒂人的一个分支，巴达维亚人，被赶出了他们原来的驻地。他们定居在北海和莱茵河支流所形成的岛屿上。后来，他们延伸在高卢的海岸地区，莱茵河的侧面。在他们的远征事业中，很可能是由他们的旧贵族扮演着领导角色。因此，他们的政体保留了军队国家的形式，军事贵族处于统治地位。在罗马的指挥下，巴达维亚贵族率领他们的军队抵制自己的日耳曼兄弟，破坏日耳曼部落的自由，最后还向不列颠人发起了攻击。正是巴达维亚军队在罗马的雇佣下，凭借其贵族官员的领导，最终完成了不列颠对罗马的臣服。巴达维亚贵族为自己赢得了来自罗马的荣誉和金钱，并参与了战利品的瓜分。然而，一般士兵的下场却很悲惨。他们为其贵族在战场上挥洒热血，赢得的却是在自己国内所遭遇的

来自罗马的严酷压迫，被罗马总督榨干了一切。罗马通过买通巴达维亚贵族，并在后者的帮助下，成功地将两者的同盟关系转变成了臣服关系。

然而此时，在罗马帝国内部爆发了内战。随着皇帝尼禄的去世，公元68年，伟大的尤利乌斯的家业、奥古斯都家族，在犯下了所有罪行之后终于灭亡了。在莱茵地区，一支罗马军队将他们的将军维特利乌斯拥立为皇帝。另一支在罗马的军队则将拥立加尔巴。在加尔巴死后，奥托继任为皇帝，却又在一场战役中被维特利乌斯杀死。与此同时，在被围攻的耶路撒冷城墙下，维斯帕先被一支军队在巴勒斯坦立为皇帝。从罗马帝国的一端到另一端都充满了可怕的混乱，这些士兵所拥立的皇帝们为了世界和罗马本身的皇冠展开了激烈的斗争。罗马帝国内部的冲突对于那些被压迫的民族来说无疑是一次难得的机会。对这些由于罗马专制而被剥夺了自由的欧洲民族来说，这个时机必须被把握住以重新获得独立的生存权利。

在服役于罗马军队的巴达维亚附庸军的指挥官中，并不完全是那些一心惦记着罗马的金钱荣誉，对自己的同胞和自由所怀有的情感消失殆尽的人，也存在着很多心系祖国、知道什么是真正荣誉的人。他们等待的只是一个有利的时机，从而能够摆脱其民族所承受的可耻的奴役地位。他们当中就存在着一对兄弟：克劳迪乌斯·西菲利斯和尤利乌斯·保罗。尽管他们名字的发音是彻底罗马化的，两者却拥有纯粹的日耳曼血统，而且是最古老的贵族血统。尽管塔西佗经常将日耳曼民族中贵族血统阶层的本性与其他民族

中类似阶层的本性相混淆，就这兄弟俩所拥有的血统而言，他却准确地将其称为“皇家血统”。

尽管他们的先祖在贵族与自由民的内部冲突中被驱逐出卡蒂人的领地而驻扎在北海海岸；尽管他们见证了自己的贵族共和国作为罗马的附庸，“向罗马帝国贡献了人力和军队”（塔西佗语）；尽管他们自己也曾在罗马的指挥下为了荣誉而战，西菲利斯甚至在战争中丢掉了一只眼睛，兄弟俩依然充满感情地思考着自己同胞和民族的未来命运。或许是在罗马总督冯特乌斯·卡皮托非法对待日耳曼人的一些特殊案例中，他们所怀抱的自由日耳曼灵魂展现得异常清晰明显，卡皮托以“造反”罪判处保罗以死刑，并将西菲利斯戴上镣铐，遣送给了身处罗马的皇帝尼禄。尼禄之死打断了这件事的进程，加尔巴释放了西菲利斯。然而，之后不久，加尔巴就被杀害，而刚刚重获自由的西菲利斯再一次陷入被处决的危险之中。在莱茵河将维特利乌斯立为皇帝的那支军队在西菲利斯回到自己营地后，强烈渴求着这位巴达维亚指挥官的鲜血。然而，西菲利斯最终得以维持着自己的自由，继续领导着巴达维亚分遣队。这一切都发生在公元68年夏天到公元69年秋天之间这段日子。

塔西佗评论道：“反叛的指控一定是没有任何根据的。”然而，就后来所发生的事件来看，就这兄弟俩的整个性格来看，他们非常有可能早就从事某种计划了。他们很可能一直忙于某种秘密的协商，希望在某个合适的时机发动一场叛乱，而叛乱的主体则同时包括日耳曼和高卢土地上所有被压迫的民族。甚至在尼禄统治时期，对于高卢地区的集会和民族运动来说，他们也绝不是陌生人。

作为囚犯，西菲利斯经历了进出于罗马的旅程，在这过程中，他清楚地看到了罗马帝国的衰弱状态，以及日耳曼人和高卢人趁此时机以重获自由的容易程度。

根据来自罗马方面的证据判断，西菲利斯和保罗兄弟在当时整个日耳曼人中享有最高的声誉，而这不仅仅是由于他们的出身，也是因为他们的整体人格品质。西菲利斯所拥有的品质尤其“高于通常在蛮族身上所发现的那些特征。他有着机敏的、政客般的头脑。他的感受和行为就像第二个塞多留或第二个汉尼拔；甚至在外貌上也像汉尼拔，和后者一样，他的面部也因失掉了眼睛而显得扭曲”。

塔西佗作为西菲利斯的敌人，他的证词却是对后者高度的赞扬。塞多留是罗马共和国和苏拉时期最英勇的将军。作为西班牙人的领袖，他顽强抵抗着罗马人，通过七年的战争来争取西班牙部落的自由，直到自己被暗杀而身亡。而迦太基人汉尼拔，在罗马人的记忆中，更是名声显赫到不需要再提及了。

西菲利斯和他的朋友们非常清楚维斯帕先被立为皇帝时反对维特利乌斯的一场叛乱。为了在公开摆脱对罗马人民的忠诚后不至于遭到来自罗马方面的打击，西菲利斯仍然戴着作为维斯帕先朋友的面具，假装支持后者的派别。欺诈是更加易行的策略。因为维斯帕先的朋友，当时正在罗马的领事安东尼乌斯·普里默斯已经给他下达了书面指令，让他滞留住维特利乌斯召唤去意大利的附属军队，甚至以日耳曼民众起义为借口阻止罗马军团与其会合。另一个身居高位的罗马人，也是维斯帕先的党羽亲自前往西菲利斯处，向其传达了类似的指令。

西菲利斯将其大计埋藏起来，决心要进一步推进他的成功。因此，他开始准备一场民族暴动。有利于其目的的时机终于到来了。维特利乌斯传来了征兵令，所有能够持枪作战的巴达维亚男人都不可逃避。征兵本身就是一项沉重的负担，而罗马官员的贪欲使其更加难以承受。征兵原本是为了满足军事需要，他们却想要在这个过程中谋求私利。因此，他们将许多不具有作战能力的老人也囊括其中，然后再通过收取费用来免除服役责任。远远不足服役年纪的小男孩也被征入其中。根据塔西佗的证词，绝大多数日耳曼人，即便在他们童年时期，其容貌之美、身材之高挑也是非常突出的。许多罗马官员因此对他们做出了侵犯举动，而另一些则被出于可耻的目的卖到了罗马。在之前的征兵中就已经发生过类似的情形，痛苦的仇恨蔓延在这片土地上。西菲利斯及其亲信已经为了摆脱罗马统治准备好了民族起义。这时他们便鼓动其同胞们拒绝眼下的征兵。

西菲利斯邀请最显赫的贵族和最勇敢的平民到神圣果园赴宴，那正是其同胞们集会之地。当他看到这些人的热情逐渐高涨起来时，西菲利斯开始向他们展开动员。他对他们谈论本民族的荣耀和光荣，例数在当下被压迫状况下他们不得不承受的恶劣待遇、劫掠和所有的恶。西菲利斯高喊："他们不再视我们如盟友，而是奴隶。罗马派总督和将军到我们这里，剥夺我们的财物，我们用这些财物、用我们的鲜血刚刚喂饱了他们，这些人就又被替换掉了。新来的官员寻求新的剥削方式以及新的抢夺手段。征兵的厄运迫在眉睫，小孩被剥离了父母，兄弟被拆散，而且似乎都是永久的。如今的罗马前所未有地虚弱。在他们的冬季营地中，除了成堆的战利品和老人外，什么也没有。抬起你们的眼睛吧，不要被他们军团所具有的虚名恐吓。反观我们自身，我们拥有强大的步兵和骑兵。日耳曼人是我们的同胞。高卢人也与我们站在一起，因为他们和我们拥有同样的目标和愿望。如果我们现在与维特利乌斯开战，将有足够多的罗马人支持我们的行动。如果战争的命运最终不利于我们，那么我们就是在为维斯帕先作战。而如果我们实现了征服的事业，那一切都会变得更好，胜利无须申辩。"

风暴般的掌声伴随着西菲利斯的讲演，并持续了很久。所有在场的人都宣誓加入秘密同盟，郑重地起誓，并对潜在的叛徒施以严厉的诅咒，这些背叛在日耳曼民族中屡见不鲜。他们曾经派出使者，希望将卡宁斐特人拉入他们的联盟。信息也传到了不列颠的辅助部队，传到了巴达维亚人的军营，他们当时正按照罗马的标准服役于美因茨。这些人很快也都被说服了。在当时的卡宁斐特人中，最著名的一位叫作布林诺。他的声名不仅来自自己的无畏勇气，也来自其家族的辉煌和荣誉。他父亲对罗马表现了相当多的仇恨情绪，并且将卡里古拉在莱茵河流域的军事行动视为闹剧而加以嘲笑，没有人敢惩罚他。按塔西佗的话来说，"作为一个反叛家庭的儿子，布林诺早已在他的同胞中获得了肯定"。卡宁斐特人将他放在一块盾牌上，高举在空中，围绕着集会，这是古老的日耳曼人选择将军的仪式。在这样被奉为将军之后，布林诺收到了来自西菲利斯的消息，他将已经加入联盟的弗里西亚人召唤过来，偷袭了附近罗马冬季营地中两个沉睡中的罗马兵团，冲击并洗劫了他们的营地。在那些坚固的地方，凡是布林诺没有焚烧的东西，四处逃跑的罗马将军们都将它们扔进了火焰中，因为他们根本无法保住这些物品。维特利乌斯将最好的罗马军队带去了意大利。留下的空隙由附近行政区的比利时高卢人和日耳曼人所填充。这些人本就没什么本事，服役于罗马对他们来说也是沉重的负担。

西菲利斯仍然决定将他的诡计继续进行下去。他谴责罗马指挥官带着自己的剩余部队从要塞退到了莱茵岛屿上地处较高的部分，这意味着他们放弃了更加坚固的地理位置。他向罗马人表示，凭借他的士兵，卡宁斐特人的反叛能够得到遏制，而罗马人应该回到他们的冬季营地。西菲利斯以一名罗马委任官员的身份在表明立场，而罗马人则怀疑他的动机，担心这个提案背后潜在着背叛。他们猜疑西菲利斯，认为他或许是希望看到罗马军队被分割，从而更易于被他摧毁。在罗马人中，已经存在着这样的预感，那就是当下战争背后的头目并非布林诺，而是西菲利斯。慢慢地，证据越来越多，秘密的日耳曼联盟及其计划已经被暴露在光天化日之下。与维特利乌斯部队的决裂已经无法避免，欺骗的轨迹也已经不再能够维持，西菲利斯终于在自己的最高指挥下聚集了卡宁斐特人、弗里西亚人和巴达维亚人所有的战斗力量。就在莱茵河地区不远的地方，战斗爆发了。根据民族身份列为三支纵队，低地日耳曼的联合军队在西菲利斯的领导下对罗马军营和它的由24艘船组成的小型舰队展开了攻击。战斗持续的时间并不长。莱茵河左岸，今天的列日地区，一支高卢、日耳曼的混合部落佟古里人投奔了西菲利斯。这些佟古里人是第一批越过莱茵河定居在高卢的日耳曼人。他们与高卢人杂居一处，已经高度罗马化了。对于罗马人来说，这件始料未及的背弃行为既让人沮丧又令人惊奇。他们感觉自己既被敌人、又被盟友撕得粉碎。罗马舰队最好的水手都是巴达维亚人。这股叛逃精神也扩展到了罗马的舰船。海军的舰长们、船上的海军陆战队的军官们，凡是没有投靠的，都被屠杀了。这支拥有24艘船只的舰队，除了一些小艇得以逃脱之外，全都落入了西菲利斯和他的低地日耳曼联盟之手。

胜利在当下只是微光一束，但对未来则具有重要意义。他们现在拥有了过去所缺乏的东西。他们获得了船只、武装。巴达维亚人在整个日耳曼和高卢被赞颂为缔造自由之父。莱茵河右岸的日耳曼部落也派出使者并提供援助。正是在这里，体现着这次胜利的真正重要性。尽管胜利本身只是相对于罗马力量的一个很小的部分，但如果西菲利斯能够将右岸的日耳曼人和左岸的高卢人全部团结起来，他们对作为共同敌人的整个罗马的最终胜利也就有了保障。西菲利斯将高卢人所分裂出的无数小城邦通通纳入了自己的武装联盟。他还释放了那些沦为俘虏的高卢指挥官们，将他们遣返回自己的国家。对于一般士兵，他将去留的决定交给他们自己。对于那些愿意留下的人，他以荣誉和高薪来任用他们；而对于那些选择离开的人，他则分给他们一部分罗马战利品。在对众领袖的秘密演说中，西菲利斯激情描述了他们多年来所承受的苦难。他说："不要将这种悲惨的奴役状态错误地称为和平状态。和你们一样，巴达维亚人并不必然就得承受苛捐杂税，所以他们已经拿起武器起来反抗共同的压迫者了。在初次的交锋中，罗马人就被驱散和打败了。你们意下如何？如果高卢人能够首先起来反抗，罗马人在意大利还能留有些什么呢？他们只是凭借一个行省的鲜血才能征服另一个。巴达维亚骑兵征服了埃杜伊人和阿维尔尼人（奥弗涅的人民）。比利时人加入了维吉尼乌斯的附属部队。所有具有反思能力的人都清楚地看到，高卢只是由于高卢人自身而走向毁灭的，是其自己子嗣的力量被错误滥用的后果。如今，高卢已经免除了所有的派系冲突，只剩下了一个派别，一个共同的利益。我们在罗马的阵营中学习了如何作战。那些习惯于胜利的老兵们都与我们站在一起。让叙利亚人、让整个奴性十足的东方继续充当罗马的奴仆吧。在高卢，仍然存在着活着的男人女人们，他们出生的时候，自己的祖国还没有成为附庸。瓦鲁斯被彻底击败后，日耳曼人将奴役身份驱逐出了他们的边境。他们那时候需要对付的并非我们面前的维特利乌斯，而是奥古斯都皇帝和他的整个罗马势力。自然甚至将自由赋予了野兽，而只有英雄精神才是人类的恰当礼物。神明与那些最英勇的人们同在。那么，就让我们这些手头清闲的人们去袭击那些手忙脚乱的人吧。我们正处在力量的新兴时期，而他们已经消耗殆尽了。在那边，有些人为了维斯帕先而战，有些人为了维特利乌斯而战。这为我们提供了一个自由的空间，我们可以同时打击这两股势力。"

之前一直被西菲利斯蒙在鼓里的罗马总督霍迪欧尼乌斯终于醒悟过来，他派出自己的副官卢波库斯，率领两支罗马军团和强大的高卢、日耳曼附属部队，向西菲利斯进军。在这支匆忙召集起来的军队中，包含着一支由巴达维亚人组成的骑兵分队。总督信任它的忠诚，因为其领袖克劳迪乌斯·拉贝奥正是西菲利斯的死对头。西菲利斯在罗马将军面前召集起自己的武装力量。围绕在他四周的，是被俘获的罗马步兵的军旗。这在其手下的士兵眼里是光荣的象征，提醒着他们所取得的胜利；而在敌人眼里，这则是一种恐吓，提醒着他们最近所遭受的失败。他自己的母亲和姐妹们，他的同志们的妻儿们，凡是在营地里的亲属们都被置于军队的后方，目的在于"激励作战的男人们争取胜利。如果他们能够容忍自己被打败的话，在这些亲人面前无疑是值得感到羞愧的"。就这样，在男人们的军歌中，在女人们充满热情的请愿中，日耳曼士兵们摆好了作战的姿态。对于可怕而远扬的日耳曼战歌，罗马人所做出的抵抗只是深深的沉默。冲突开始了。巴达维亚分队冲了出去，却加入了自己同胞的阵营，并且带上了他们的主帅拉贝奥。这支分队立即掉转枪头杀向了罗马人。罗马的侧翼暴露出来，面临巨大的压力。而真正的罗马军团的老兵们则得以在一切笼罩在附属部队的无序和混乱中稳稳地拿住了自己的武器、维持着良好的秩序。巴达维亚人和他们的日耳曼同志们对那些变节的同胞们表现了特别的怨恨。这些乌比人和特雷维利人仍然与罗马人站在一边。在慌乱的逃亡中，他们被远远地驱散开来，遍布整个战场。就在巴达维亚骑士们怀着日耳曼人的愤怒追逐这些变节者时，根据塔西佗的记载，"罗马军团的剩余势力则退回到了他们旧有的军队集合地，克桑滕。"征服者将他们的同胞拉贝奥安置到船上，准备送到弗里西亚人的领土上。西菲利斯不愿意杀掉罗马人的朋友。他的同胞们或许不喜欢这种做法。他也不希望将其留在身边，以免其在自己的营地中挑拨离间。

与此同时，西菲利斯的使者已经前往巴达维亚人和卡宁斐特人的兵团。后者正遵从维特利乌斯的指令进军罗马。他们大胆地向罗马总督霍迪欧尼乌斯提出要求，榨取加倍的行军费用、战利品和大量的马匹。所有这一切都是维特利乌斯所承诺的。对这些要求的拒绝将成为兵变的信号。他们知道，总督不可能、也不会同时满足他们所有的要求。在他只允诺一部分后，这些人转向低地日耳曼，加入了西菲利斯的军事势力。霍迪欧尼乌斯和他的军事委员会并不敢阻拦他们的离去。但他很快就后悔了。他写信给波恩的罗马指挥官，让其封锁一条通向巴达维亚的通道。他将亲率大军紧追这些叛变者。就在这封信发出不久，他又写了封信给这位波恩指挥官，让其不要去拦截这些离去的部队。在罗马总部，大家都非常恐慌，并不敢挑衅这些老兵。在美因茨和波恩间，也就是在两支罗马军队间的巴达维亚军队本应非常容易被中途拦截，却在波恩要塞面前派出了他们的副官，前往那里的罗马总督处。这些代表们宣称他们并不与罗马作战，尽管双方经常剑拔弩张。他们已经厌倦于在野外长期无意义的劳役生活，渴求回家、渴求安定。如果没人反对他们，他们也不会制造任何伤害；而如果有人要以刀剑来拦住他们回家的道路，他们也将以刀剑回敬对方。

波恩的罗马总督犹豫了。然而，卫戍军团却强烈要求与这些想要过路的叛逃者展开战斗。其中不仅包括在他旗帜下的3000名生于罗马的公民，也包括总是好战的比利时兵团、耕地的农民、军中的小贩以及各式各样的商人，他们在罗马营地和要塞中人数众多，成千上万。塔西佗将他们描述为“无用的，但仍然是很危险的、聒噪的、冒失的乌合之众”。他们毫不迟疑地从每一道门冲了出来，围住了数量相对稀少的巴达维亚人。然而，这些经验丰富的老兵很快形成了方阵，彼此紧紧挨在一起，互相保卫着自己的首尾和两侧。他们突破了单薄的罗马阵线，还不是比利时人所占据的位置，而是罗马军团自身的中心。在可怕的慌乱中，罗马人充满警觉地向波恩的各个城门、各道城墙逃去。还没有到达这些地方，这些战败者就已经被剿灭了。战壕中满是尸体，不仅仅包括由日耳曼人的杀戮所产生的伤亡，还包括在逃亡中自己人之间所造成的踩踏伤亡。罗马方面的记载就是这样来

描述这场战斗的。胜利者以日耳曼人的方式穿过了波恩、穿过了科隆。在他们行军过程中，没有任何敌意的行为，所到之处都对在波恩的冲突进行了开脱和辩解。他们说曾经先是请求得到自由通行，只是当这种合理要求被拒绝后，才按照自己的方式解决了问题。最终，没有再遭遇任何风险，他们成功地与西菲利斯的势力会合到了一起。

在这些老兵到来之后，西菲利斯发现自己已经处在一支常规军队首领的位置上了。为了进一步争取时间，吸收日耳曼人所承诺以及他自己所期待得到的援军，西菲利斯继续假装服侍于维斯帕先，而非自己民族的独立。为了演一场更好的戏，他和他的士兵们向维斯帕先宣誓，并且还派出了两名亲信使者带着同样的誓言前往已经逃亡克桑滕的军团。两支军团回应说，他们不会采纳背叛者或敌人的建议。他们将继续忠诚于维特利乌斯，并勒令西菲利斯停止扮演罗马帝国仲裁人的身份，自己准备好接受应得的对背叛者的惩罚。

西菲利斯将其巴达维亚士兵调入麾下，同时前来的还有布鲁克特利和腾科特立人组成的附属部队，他们将克桑滕团团围住。强大的卫戍部队抵挡着西菲利斯率领下各部的冲击。只要是罗马人都投入战斗中，保卫着要塞。他击溃了试图提供援助的辅助部队，并且在要塞包围中，他劫掠了乌比人和特雷维利人的领土，同时还派出了另一支分遣部队越过摩泽尔河，让那边罗马化了的高卢人能够感受到他的力量。从这两个远征中回来的日耳曼人全都满载战利品。乌比人所遭受的西菲利斯的惩罚最为沉重。根据塔西佗的记载，这是“因为他们原本是日耳曼人，却抛弃了自己的祖国，为自己改了一个罗马名字阿格里皮内西人”。因此，这些居住在科隆的人受到了更加严厉的对待，程度远远高于住在摩泽尔河外弗兰德斯和布拉班特的高卢人。他们的军团在马可杜戎镇被屠杀。

第十八章

西菲利斯领导下的自由之战的第二部分——图多尔，克拉西库斯和维蕾德

维特利乌斯败给维斯帕先这一事件改变了当时的情势。对于放下武器的召唤，对于效力于维斯帕先的宣誓，西菲利斯都只是在演戏和打幌子。他开始闪烁其词。派出由巴达维亚老兵部队及莱茵河右岸暴烈的日耳曼人组成的军队，攻打罗马指挥沃库拉。此人掌管着罗马的救援部队，并没有攻击西菲利斯，而是停留在格尔杜巴，就在如今的诺伊斯镇下方，科隆和克桑滕之间。西菲利斯将进攻任务委托给经验丰富的官员尤利乌斯马克西姆斯以及自己妹妹的儿子克劳迪乌斯维克多。他们在阿施博基姆，也就是阿斯伯格附近遭遇了敌人。罗马将军几乎完全没有料想到他们的到来，以至于来不及动员、召集、部署自己的军队。他所能做的，只是将自己的护卫队调过来增强其核心力量。沃库拉的骑兵冲了出去。而密集的日耳曼军队几乎

是将他们直接扔了回去。这已经不再是一场战斗，而被转变成了一场屠杀。甚至连内尔维人步兵也开始逃亡，他们要么出于恐惧，要么已经完全失去信心。这些比利时高卢人是亨内高和图尔内地区之间的一个部落，他们的逃亡让罗马的侧翼暴露在外。鹰标和旗帜被到处抛弃，部队在营垒中被四处追赶。然而，就在这时，战斗发生了转变。一些正在行军中的巴斯克附属部队在远离营地之处听到了战斗的声音，他们随之攻击了日耳曼人的后翼。他们所造成的慌乱远远大于其实际人数。一些人认为，到来的是整个诺伊斯的罗马军团；另一些人则认为，到来的是整个美因茨的罗马军团。罗马人的勇气再次被鼓舞起来。巴达维亚人被驱逐出了营地，许多步兵遭到屠杀。然而巴达维亚骑兵则带着俘获的罗马旗帜和战俘，完成了胜利的撤退。罗马方面损失惨重，大量人员伤亡。沃库拉只能等待了好几天，才得以能够前往支援克桑滕。如果西菲利斯当初能够召集更多、更强的军队，沃库拉的军队或许就将被完全歼灭于营地之中。

同时，西菲利斯以一种胜利者的姿态将劫掠来的罗马旗帜、鹰标以及被俘获的囚犯围绕着克桑滕要塞进行展示。目的在于让其中的被包围者相信，救援部队已经被摧毁了。然而，一名俘虏向坚守城墙的人们高声喊话，告诉他们事情的真相。此人当场被日耳曼人用矛刺死。但他的死却向要塞中的人表明，他所说的话是真实的。不久后，从燃烧的村庄、农场所发出的火光来看，罗马的救援部队终于赶来了。沃库拉决心在要塞附近建一座营地，用沟壑、壁垒将其重重围住。这个命令冒犯了很多人。那些想要立马开战的人们当即起义反抗沃库拉的决定。威胁恐吓已经成为家常便饭。这导致沃库拉没有时间筹划作战计划，没有时间整编好自己的部队。就在这种无序中，在由于远行而导致的疲惫中，他被迫参与了战争。而西菲利斯就在那里等着。

西菲利斯非常清楚地知道自己手下的将士们是何等英勇。他也清楚地知道罗马军队所处的无序状态以及他的敌人在那边所犯的种种错误。他决定在他们意识到自己的错误前开展进攻。西菲利斯成功地击退了救援军队的攻击。在兵变中吵得最凶、最渴望战争的那些人，结果都是最为懦弱的人，不堪一击。然而，一部分罗马人保住了他们的阵地，抵抗住了日耳曼敌人的进攻，这些人的成功坚守和英勇让战争出现了一些转机。他们得以将援手伸到了要塞的城墙，恳请其中的被围士兵抓住时机冲杀出来。从城墙上，这些被围困的人能够看见发生的一切事情。他们从所有的城门发起了一次总的大突围。

就在罗马人这一次协同进攻的同时，西菲利斯所骑的战马意外摔倒。消息马上在罗马军队的上上下下传了开来，他们相信西菲利斯要么严重受伤，要么已经丧命。这一信息在日耳曼人中间制造了恐慌，而在罗马人中却产生了勇气。日耳曼人撤退了。根据罗马方面的记载，罗马人也没有再去“追击”。显然，西菲利斯的盟友们也都停止了战斗。他们并不愿意在没有统帅、士兵军心不定的情况下继续挣扎下去。日耳曼人也希望能够赶紧让他们的领袖重获安全，因为这一坠马事件让西菲利斯已经失去了知觉。

沃库拉将自己的任务局限于修补和完善克桑滕的工事，重新加固那些壁垒、战壕，期待着应对下一次到来的围城进攻。在从诺伊斯带来了他自己的部队以及克桑滕要塞所共同需要的补给之后，沃库拉退回到了格尔杜巴。这些补给必须通过陆路才能送达，因为水路已经被巴达维亚人封死。第一批补给车安全到达并返回。这时的西菲利斯还没有完全恢复。当西菲利斯得知第二批补给车在一支分遣部队的护送下已经前往诺伊斯之后，他对这支护送部队展开了突然袭击。这些护送士兵大都不成队列，蜂拥在行李车的周围和后方，连武器装备也放在这些车上。西菲利斯预先就已经派出了足够的人马守住了通道和隘口。沿着长长的补给车，日耳曼人和罗马人展开了激烈的战斗，直到夜晚才结束。在这次阻击之后，沃库拉退回到了格尔杜巴。他们在那里留下了坚固的营地要塞，留下了强大的卫戍部队。这一切都在等待着沃库拉军团的到来。从组成克桑滕卫戍军的士兵中，沃库拉进行了挑选，带走了上千名表现最为狂暴的人。然而，更多的人也都追随他而去，这些人表示自己不愿意再承受饥饿和劳役之苦。那些被留下的人抱怨自己被遗弃了，就像一支被遣散的军团。因此，当时沃库拉实际上陷入两场兵变之中。一方面要求他回去，另一方面则阻止他返回要塞。同时，西菲利斯又一次包围了克桑滕。从塔西佗对此事所持的沉默态度来看，西菲利斯这一次应该是拿下了它。

历史学家塔西佗的记载总是完美地不偏不倚，然而在帝国时期的约束下，他通过以下几句话总结了西菲利斯所取得的非凡成就：“沃库拉退到了格尔杜巴，进而从那里又到了诺伊斯。西菲利斯拿下了格尔杜巴。不久后，在离诺伊斯不远处爆发的日耳曼人与罗马人的战斗中，他又赢得了胜利。战争恶果导致罗马军队中产生了暴乱。在两支增援军团到来之后，这些罗马士兵要求得到馈赠，因为他们听说维特利乌斯送来了金钱。霍迪欧尼乌斯以维斯帕先之名准备将其送给他们。他们拒绝了，并且在一场酒后的暴乱中将霍迪欧尼乌斯毙命于自己的床上。沃库拉将自己装扮成一名奴隶，隐藏在黑夜中，从而得以在不被认出的情况下成功逃亡，避免了与霍迪欧尼乌斯相同的命运。叛乱的军团在清醒之后，对其所作所为充满了惊慌。他们派出百人团长前往高卢部落，请求他们援助并收留他们。”

在这种状态下，他们看到了前来的西菲利斯。这些士兵胆战心惊地拿起武器，又扔掉武器，竭尽全力地进行着无意义的逃亡。灾难导致了混乱。上莱茵的士兵们将自己与其余的武装力量分离开来。在后者中，三支军团找到了沃库拉。沃库拉宣誓忠诚于维斯帕先，带着这些军团前往美因茨进行解围。由卡蒂人、乌溪鄙夷人、马提亚契人组成的日耳曼人围攻势力已经解散，他们各自想着重返家园。尽管得到了足够多的战利品，他们在返回的路上同样也损失惨重。一路上，他们散漫懈怠，罗马人趁机对他们发起了进攻。甚至特里尔人也在他们的领土上竖起了壁垒和路障，在莱茵河右岸与日耳曼人相互展开了激烈的杀戮。直到日耳曼势力在那边取得了多数地位后，这支彻底罗马化的部落决定反抗罗马。

皇帝维特利乌斯死后，在高卢原住民看来，罗马帝国似乎已经走到了崩溃的边缘。维特利乌斯的军团宁愿附属于异邦，也不愿服役于皇帝维斯帕先。在各高卢行省中，消息已经传开了：由于巴达维亚人和卡蒂人正在骚扰莱茵流域的卫戍部队，在默西亚和潘诺尼亚冬季营地中的军团则受到了来自达西亚人和萨尔马特人的侵扰；甚至在不列颠，被压迫的部落也都纷纷起义反抗罗马。罗马都城的大火极大地塑造了他们的想象。高卢人的信念在大火所造成的毁灭中看到了帝国正在逼近终结的命运。他们的德鲁伊预言说：“高卢曾经拿下了罗马。然而，由于朱庇特神庙逃过了烈火，世界的帝国就还在罗马。这次神庙的火焰充满了命运的暗示，展现了神对罗马人的愤怒。火焰预示了世界帝国将由罗马转移到阿尔卑斯以北的民族。”

所有这一切都赋予高卢人以勇气。在罗马人中，流传着这样的故事：“在高卢部落中长久以来一直存在着要为自由而战的决心，他们等待的只是漫长的内战和其他不幸从内部削弱罗马的那个时机。”这指向西菲利斯的活动。他先是向高卢领导者派出了秘密使者。后来在对罗马军队赢得巨大的成功后，在莱茵军队中发生了那一系列事件后，西菲利斯更加积极地与莱茵以外附属军队最为显赫的领袖们进行了协商，尤其是克拉西库斯、图多尔和尤利乌斯萨比努斯。

克拉西库斯是老贵族，拥有高贵的日耳曼皇室血统，特里尔人中最富有的人。他领导着特里尔地区的骑兵，效力于罗马军队。根据罗马方面的记载，他来自一个显赫的家族。这个家族给世界贡献了许多政治家和军事家。克拉西库斯曾经这样谈论自己：“凭借着自己血管中所流淌着的祖先的血，我应该是罗马人的敌人而非盟友。”图多尔同样来自特里尔。维特利乌斯曾委托他保卫莱茵河河岸地带。尤利乌斯萨比努斯是一名高卢人，来自林贡斯部落，位处如今的朗格热地区。他天性充满野心，虚荣，爱幻想，并且怀有深深的信念，认为自己拥有帝国血统。据说，他认为，自己的曾祖母在伟大的尤利乌斯恺撒远征高卢时期，深深吸引了后者。尽管当时自己的曾祖母已经嫁为人妇，但依然献身给了恺撒。

这三人在秘密会议中商定了他们所认为的反抗罗马的民族大业所应具备的必要条件。绝大多数人都与罗马站在一起。科隆作为乌比人的主要城镇，被罗马宫廷赐予大量的特权和利益，这些深深影响着这里的人们。来自如今的列日和通赫仑地区的一些乌比人和佟古里人也经常参加科隆爱国团体的秘密会议。然而，集会的大多数成员还是朗格热和特里尔人。纯种的高卢人派系最终占了上风，并急于先发制人。“我们只需要封锁通往阿尔卑斯的要道，那些聚集起来想要赢得独立的人们就只能重新考虑在何处划定他们权力的边界。”

对于维特利乌斯军队的提议究竟应该采取怎样的举动，秘密联盟的首领们并没有达成一致的意见。大多数人认为，应该将这些部队付诸刀剑。他们忘记了纪律和忠诚，以其领袖们的鲜血玷污了自身。最终，免除他们被杀戮的提案得以实施。他们被允许加入联盟服役，只有军团中的护民官们未能幸免。他们说，一般士兵将会非常愿意云集到联盟的旗帜下，为联盟服务，因为他们回到罗马将要面对的是严厉的惩罚。

于是，盟员们向整个高卢的所有行省派出了使者，准备开始武装起义。他们自己作为罗马军队中的宣誓官员，继续假装迷恋于罗马的利益以蒙骗沃库拉，试图在其毫无防备的情况下将其摧毁。然而，沃库拉还是收到了一些警告。只不过仅凭那些虚弱、冒失的军团，他并没有能够实施惩罚的力量。他继续假装什么也不知道，默默退到了科隆。克劳迪乌斯·拉贝奥出现在那里。在沦为西菲利斯的俘虏后，他被送出了巴达维亚前线，来到了弗里西亚。在那边，通过贿赂监狱长，拉贝奥成功实现了逃脱。在科隆，他向罗马将军做出承诺：如果能够得到武装保护，他将回到自己的巴达维亚故土，让那边的大多数人重新成为罗马的盟友。拉贝奥得到了一支骑兵和步兵分队。然而，在巴达维亚土地上，他并不敢冒险做出任何举动。只有很少一部分来自亨内高的高卢人加入了他的武装。凭借这样的武装力量，他只是对卡宁斐特人和马西人的领土展开了几次徒劳的袭击。与其说是军事征讨，还不如说只是小打小闹的劫掠活动。然而，由于受到阴谋者们的蒙蔽，沃库拉决心进攻西菲利斯。对于克拉西库斯、图多尔与西菲利斯秘密勾结这种可能性，沃库拉几乎认为是不存在的。在图多尔和克拉西库斯以侦查为名，秘密前往会见日耳曼人领袖之时，沃库拉就在离克桑滕不远之处。之前的秘密提案如今得到了批准，双方做出了新的安排。在回程路上，他们与罗马军队分道扬镳，将自己的部队驻扎别处，并用城墙保卫起来。沃库拉对他们表达了强烈的谴责，警告他们终止这种不服从的行为。沃库拉希望他们不要与罗马为敌，因为到目前为止，后者的从属身份并没有给他们带来多少难以忍受的残酷后果。等到他们被攻击、抢夺、打垮的时候，他们将乞求与罗马为友。然而，这些谴责和威胁都是徒劳无益的。

他的话对图多尔和克拉西库斯没有产生任何影响。当他自己也意识到这一点后，沃库拉撤到了诺伊斯。高卢人在2000步以外的旷野扎营。圣图里奥斯和士兵们从诺伊斯赶来，投靠了他们。整个罗马军队都表明支持高卢人。面对这一切，沃库拉决定自杀。他手下的自由民和奴隶阻止了他。然而，首先叛变的军团首领朗吉努斯从克拉西库斯那边回来了结了沃库拉的生命。罗马副将厄利尼乌斯和努米西乌斯被克拉西库斯抛入监牢。克拉西库斯得到了一枚罗马指挥官的勋章，起身前往诺伊斯的罗马营地。在那里，克拉西库斯反复起誓，在场的每一个人也都宣誓：“为了高卢帝国。”已将沃库拉处死的朗吉努斯以及所有协助这场革命的杰出将士都得到了提拔和金钱奖励。

此后，起义大业由图多尔和克拉西库斯分工执行。图多尔带着强大的武装力量来到科隆，迫使当地居民和所有莱茵流域的卫戍军队宣誓效忠高卢帝国。在美因茨，要塞的护民官被处以死刑。当地指挥官们被迫逃亡，因为他们不愿意宣誓效忠“高卢帝国”。克拉西库斯派出一部分罗马的变节者前往被围的克桑滕，希望通过他们能够说服其中的被围者转而效忠高卢帝国。在这座要塞中，饥荒早已达到顶峰。人们挣扎着以树皮、岩缝间的野草维持生存。他们试图派出代表前往西菲利斯处，渴求得到生存之机。然而，包围他们的人们拒绝让代表出城，除非他们能够发誓效忠高卢。西菲利斯承诺给罗马卫戍部队一条自由安全的通道，前提是他们必须将军队金库、马匹、行李运输车和行李通通留下。这些罗马卫戍部队的残余势力走出要塞还不到几里，就遭到了突袭。根据罗马方面的记载，我们并不清楚偷袭来自引领他们走出要塞的军队，抑或来自其他日耳曼、高卢军队。罗马士兵很多遭到屠杀，一部分就地被驱散，剩下的一部分则逃回到废弃的要塞，身后则是紧紧追赶他们的敌人。后者劫掠堡垒，烧毁住房。那些从突袭中逃出的士兵就这样又葬身火海。然而，即便是身为罗马人的塔西佗，也没有将这一惨剧的责任加在西菲利斯身上。塔西佗明确证实了“西菲利斯对这一行为深表哀痛，并诅咒这一事件的实施者，他们令人震惊地破坏了大家的信念”。塔西佗还补充道：“西菲利斯的举动究竟是出于形式上的考虑，还是他根本不可能遏制那些狂暴的部队，则是无法确定的。”

在不带偏见的人看来，很明显，这些实施包围的军队承受了很大程度和很长时间的痛苦经历，他们不满于西菲利斯对罗马卫戍部队所允许的投降。最痛苦的人爆发了兵变，杀死了西菲利斯想要留下活口的那些人。之前的事件已经表明，之后的事件还将表明，这些部落是多么的任性、专断，多么的容易受暴乱精神所鼓舞。赞同这样的违约，摧毁要塞及其所有的物资、店铺，无论这些东西对于日耳曼人来说是多么的富有价值，这种行为与明智审慎的西菲利斯所持有的观念是不相容的。然而，联盟军队中一部分日耳曼人或许受到了女先知维蕾德的影响。

在莱茵河右岸布鲁克特利人的乡间，利柏河上抬高的塔楼中，住着那个部落的一位日耳曼少女，名叫维蕾德。她的声望和影响都非常大。在罗马人看来，日耳曼人尊敬女性，因此他们愿意听取“智慧女人”的言语。在维蕾德这里，几乎形成了某种崇拜。她已经成为日耳曼北方大部分地区的神谕。人们各种重要的公私事务都找她咨询，就像是在咨询神的知己。她的忠告、话语都被当作启示。她常被选为仲裁者。作为女先知，她的判断被认为是不可错的。她的亲属，与她协同一致，禁止任何人来到她面前，看见她的脸，直接与她说话。她挑选一位亲属将提出的问题交给她，并将答案反馈回去。她的住所具有的神秘隐蔽性使她更加神秘，她的不可见性，显然都是精心安排好的，就像德尔菲的希腊神谕，而她的神谕正是前者的微缩复刻。她希望将自己表现出神的密友形象。而那位传递问询者话语，反馈女预言家答语的人，则试图将自己塑造成问询者和更高存在者之间的解释者。女先知隐藏自身于其中的那份神秘，她所获得的荣誉，都让人们更加确定地相信她所具有的力量。根据塔西佗的记载，大大小小的人们，无论是罗马化的日耳曼人还是真正的日耳曼人，都向利柏河上塔楼里的神谕送来了各种“礼物”。这提醒我们，这里的情况和之前德尔菲神谕的状况是类似的，人们都会向先知赠送很多礼物，不管是作为咨询费还是贿赂。

当初，雅典、斯巴达以及其他希腊城邦的政治家们都与德尔菲神谕维持着信任亲密的关系，通过皮提亚女祭司之口，他们把自己的想法灌入其中，打扮成神的想法。类似的，按照塔西佗的说法，西菲利斯也与“命运的预言者”维蕾德保持着紧密友好的关系。在需要任何仲裁的时候，小城邦们都会选择西菲利斯和维蕾德作为仲裁者。

作为对同盟者询问的回答，维蕾德说出了下面的话：“成功属于日耳曼；毁灭属于罗马。”

西菲利斯朋友的这一回答，在他领导下的西北联盟的大多数人看来就是神的指令，是每个人必须遵守的。这或许成为克桑滕的卫戍部队被屠杀的直接动因。审慎的西菲利斯所做出的一切精心部署，都因大众的愤怒而化为乌有。

西菲利斯在拿起武器之初曾发下誓言，仅当自己的故土免除罗马统治之时，他才能允许自己蓄起那黄色的头发和胡须。如今，他的誓言已经走到了终点。不仅仅是在巴达维亚的土地上，高卢的大部分以及整个莱茵河左岸的日耳曼领土都已经排除了外来侵略者，起义甚至延伸到了阿尔卑斯山区。他剪下头发，按照北海地区自由日耳曼人的风俗绑在头顶。塔西佗记载道：“传说西菲利斯允许自己的小孩用玩具弓箭模拟地射杀一些囚犯。”如果这样的事确实发生过的话，责任显然不能归在西菲利斯头上：这是在他不知情的状况下而被错误地加在他身上的传闻。尽管罗马贵族视西菲利斯为蛮族人，但他们在赐予他“西菲利斯”这一名字时，显然考虑到了他是受过教化的城市人。如此野蛮地对待战俘的残忍行为并不是他能容忍的事情。

这时的西菲利斯，在内外政策上都已经能够处理得得心应手。从一开始，他就反对将莱茵河左岸北方联盟中的日耳曼人与属于“高卢帝国”中联合起来的高卢人统一起来的方案。空想家尤利乌斯萨比努斯暗中渴望成为这一新帝国的皇帝。在他的观念中，日耳曼人和高卢人可以并肩生活于一个领袖的领导下，同时还能保持各自民族的独立性。这是一种新的政治存在方式，仅仅依靠唯一的领袖就能将他们结合在一起。这种想法在西菲利斯看来是不可能的、非理性的，也是危险的。根据萨比努斯的方案，不仅日耳曼人，上莱茵河左右岸高卢行省中所有的罗马定居者也可以被整合进这样一个崭新的、混合的高卢帝国中。那些能够正确理解世界局势的日耳曼人和罗马人早就达成了一致的意见：如果世界领导权从罗马人手中滑落的话，它只能落入日耳曼人手中，尤其不能落入那些半罗马化的高卢人手中。也就是说，它只能落入新出现的原生日耳曼民族，而不能是像高卢那样的多元部落混合体。后者早已失去了它原初的鲜活性以及所有构成一个民族的那些要素——不仅仅是自由，也包括语言、习俗和原初性格的独特性。在他们的血管里，罗马的血液已经占据着主导地位很长时间了。

西菲利斯与高卢联合只是为了驱逐罗马，并没有进一步的打算。他并没有宣誓效忠“高卢帝国”，也不允许任何巴达维亚人做出这样的宣誓。他依靠日耳曼的力量，相信如果要争夺领导权的话，凭借他的名声和智力优越性，他能够战胜高卢人。他将从克桑滕得来的战利品送往维蕾德，其中包括被俘获的卫戍军指挥官。后者在路途中也被暴怒的部队杀害。一些在高卢出生的百夫长和护民官的性命得以保留。所有的罗马冬季阵营，无论大小，都被夷平和烧毁。只有美因茨和文多尼萨被留给了罗马人。

在诺伊斯投降的罗马分遣队被征服者命令进军特里尔。想到在克桑滕被杀害的那些同胞兄弟，他们的仪态举止都表现出悲痛和耻辱。在闪闪发光的高卢旗帜下，他们沉默地前行，仿佛一次漫长的葬礼行进。在波恩，另一支分遣队，即那里的卫戍部队，也被迫加入了行军行列。在他们经过的所有地区和村庄，这些专横的外来者不得不忍受来自曾被他们踩在脚下的人们的嘲讽。一支意大利骑兵队不能忍受人们的这种狂喜。他们摆脱了行军行列，突围出去，逃到了美因茨。在路上，他们遇到了沃库拉的谋杀者朗吉努斯，并向他扔出长矛。然而，起义的罗马军队最终在特里尔城墙外扎营。

克拉西库斯准备放弃科隆，任由同盟者们劫掠。西菲利斯对此表示反对。他还记得，在民族战争爆发之初，他们曾确保他那被俘虏的儿子能得到一个有尊严的囚禁。然而，在莱茵河右岸的日耳曼附属军队，尤其是那些腾科特立人眼中，乌比人是堕落腐化的。因此，在他们的日耳曼情感中，包含着对后者长时间积淀下来的愤恨。他们认为，乌比人的首富，“富有而伟大”的科隆城必须要么彻底向每一个日耳曼人开放，允许每个人定居其中，要么就应该被彻底摧毁，而将所有的乌比人驱散殆尽。仅被莱茵河隔开的腾科特立人开始着手处理科隆。使馆的发言人向公民集会发表演说：“我们感谢神明，尤其是我们的战神托尔。因为你们终于回到了日耳曼民族，恢复了你们的日耳曼名字。我们祝愿你们得到好运，希望你们能够在自由民族中再一次获得自由。罗马人已经封锁了河流、陆地，甚至是天空，为的就是阻止我们集会、阻止我们联合起来。更严重的是，对于我们这些生来就是战士的人而言，罗马人却不允许我们进行武装会晤，而且只能被置于严格的管理和监视下。这让人感到屈辱，似乎是裸露着身体。既然我们的友谊或许是永恒的，我们要求你们推翻科隆的城墙，那象征着外族奴役的壁垒。即便是野兽，被困的下场也将是力量和勇气的丧失。我们要求你们能够将所有的罗马人通通杀掉。自由和专制不能共存。被杀者的财产必须为了国家而被充公。你们和我们都可以自由地定居在莱茵河两岸，就像我们的先祖们一样。恢复你们的民族制度和法律吧，恢复你们祖先的生活方式吧。与那些快乐和享乐决裂吧，正是更多地通过这些东西，而不是刀剑，罗马得以征服其他民族。再次成为一个民族吧，不再被任何外来的东西所污染。将奴役身份抛在背后，要么与邻近的自由民族在同等的地位上生存下去，要么就将自己的法律拱手让给他人。”

在紧张的思考之后，科隆人民作出了回应：“我们以更大的热情而非更大的谨慎抓住了首次实现自由的机会。我们利用这种自由与你们和我们的近亲日耳曼民族联合起来。我们的城墙应该被加固，而不是被推倒。这是出于安全的需要，因为罗马军队已经集合起来了。从意大利或其他罗马行省而来并居住在我们国家的外邦省人，要么已经在战争中丧生，要么回到了自己的家乡。

然而，对于意大利人来说，20多年前他们在我们中间建立了定居点，并通过婚姻与我们保持着紧密的联系，他们的子女出生在这片领土，这里就是他们的祖国。我们认为你们也是很公正的人，不至于要让我们杀害自己的父母、兄弟和子女。我们将免除贸易上的所有税和负担。所有人都可以自由地进入我们的城市，但只能在白天而且不携带任何武器。我们邀请西菲利斯和维蕾德进行仲裁。他们所达成的一致意见将得到我们的认可。”

这一通演说平息了腾科特立人。双方都向西菲利斯派出了使者，向维蕾德送去了礼物。他们两人的决定是有利于科隆的。

第十九章

西菲利斯领导下的自由之战的第三部分——华伦提努——特里尔和科隆人民

科隆的加入在西菲利斯看来是他为民族事业拉拢盟友而获得的一次胜利。此后，西菲利斯的势力更加壮大。凭借着善意和实力，他开始着手赢取比利时部落以加入北方同盟。拉贝奥拿着罗马的钱，从亨内高和列日召集了自己的强盗队伍，已经动身去与其亲戚西菲利斯会面了。地点就在马斯河的桥上，完全是拉贝奥可以依赖的有利位置，因为当时他已经掌控了那个地方。巴达维亚和比利时人之间的战斗是充满悬念的，因为在狭窄的空间，西菲利斯并不能发挥其人数上的优越性。一队日耳曼士兵潜入水中，到达拉贝奥的后方。指挥这场战斗的西菲利斯本人则直面列日人，紧逼上去。他大声向对方喊话：“我们开战，并非为了让巴达维亚人和特雷维利人成为其他部落的主人。我们绝不至于如此放肆。我们的战争是为了共同自由。加入我们的联盟以实现自由吧。只要能够与你们并肩作战，我会加入你们，或者扮演指挥者的角色，或者作为你们阵线中的一名私人身份的普通士兵。”这位自由和祖国的热爱者所具有的非凡勇气深深感染了他的敌人。他们收起了手上的刀剑。列日部落的领袖坎帕努斯和尤文尼斯属于当地最高的贵族阶层。拉贝奥曾向他们诽谤巴达维亚人，造谣说他们的目的只是为了将邻近部落完全隶属于其统治之下。然而，这时的坎帕努斯和尤文尼斯已经被西菲利斯说服，他们带着整个部落向后者敞开了怀抱。拉贝奥只能通过逃亡来避免沦为阶下囚的命运。他的整个武装力量都归入了西菲利斯的部队，宣誓效忠北方联盟。西菲利斯手上已经拥有了一切。他的成功是巨大的。一切都在支持着西菲利斯，或者在他的实力面前，一切都放弃了抵抗。

同时，高卢领袖尤利乌斯萨比努斯成功扮演了他短暂而闪光的角色。他竭尽全力地清除了罗马及其同盟者的残余痕迹，自封为高卢帝国的皇帝，加冕了自己和他的妻子。与林贡斯人毗邻的部落、塞夸尼人的高卢部落，以及南方罗纳河，东方莱茵河流域、侏罗山区，北方孚日山之间，也就是现在的弗朗什孔泰和勃艮第地区的大多数部落，依然与罗马站在一边，拒绝加入高卢联盟。新的高卢皇帝处于狂喜之中，满足于其崭新的帝国尊严。他气势汹汹地派出了一支庞大而毫无纪律的军队进入塞夸尼人的领土，为了迫使他们加入联盟、承认其帝国。萨比努斯在一个并不成熟的时机就开启了战斗。他的士兵们由于行军，依然气喘吁吁。在没有做好准备的情况下，他们还未交战就已经害怕被俘，进而在战争中轻易地就抛弃了战场。萨比努斯是一个充满幻想和冒险精神的人，并不是一个英雄，更够不上是个将军。他的家族回忆、他对于自己身体里流淌着尤利乌斯恺撒血液的信念、对于自己命运的信念、妻子艾珀尼娜的野心和远胜于他性格上的强势，这些都迫使他走上了一条并不符合其天性的道路，很快又将他从这条路上抛出。命运决定了战争胜负的天平倒向了塞夸尼人，萨比努斯被迫逃亡。在一阵顽强的挣扎后，林贡斯人被击败。流亡皇帝先是跑进了一间农舍，亲手将其焚毁，造成自己葬身火海的假象，再借机继续逃亡。人们非常坚定地相信，萨比努斯在那间农舍了结了自己的生命，尸体则被火烧毁。整整九年的时间，他将自己隐藏在森林和山区的隐蔽地带，但最终还是被发现、抓住和处决。他的朋友和奴隶的忠诚和坚定，他妻子艾珀尼娜的高贵行为，激起了罗马人的崇敬。

塞夸尼人对林贡斯人的胜利，以及高卢皇帝从历史舞台上的消失，让邻近的高卢部落灰心丧气。这种感受不断蔓延。他们对高卢帝国的热情就像一团燃得快去得也快的火焰。兰斯人率先勇敢地指出："独立真的比与罗马保持和平好吗？"这个问题值得重新考虑。就高卢人而言，林贡斯人此战的失利导致整个战争局势陷入僵局。七支罗马军团正挺进高卢以镇压起义的消息传遍了高卢各地。兰斯人向高卢所有地区都发出了召集令，希望每区都派出代表，前往兰斯举行一场公共集会。

高卢领袖既非西菲利斯，高卢人也非日耳曼人。高卢人的轻浮远胜于他们的勇气，各城各邦间的嫉妒也远胜于他们的民族情怀。就在高卢帝国发展之初，所有的城镇都想要争当它的首府。它们间的敌意和嫉妒已经蔓延到了那些需要全体一致才能取得成功的事业上。

维斯帕先的罗马副官从意大利派出了四支军团，从西班牙派出了两支，从不列颠派出了一支。高卢部落的代表们聚集在兰斯，共同商议如何对付眼前的危险局面。实际上，意大利的军团还在阿尔卑斯山以外，西班牙的军团更是远不可及。他们的到来还只是个消息。然而，这个"消息"对于高卢人来说是非常恐怖的。他们长期处在罗马的奴役之下，早就习惯于与和平为友，不喜欢惹是生非。

当时的客观情势依旧有利于高卢人。凭借与日耳曼人北方联盟的结盟，他们仍然可能赢得一场光荣的胜利，只要他们继续与日耳曼人并肩作战，公举西菲利斯为共同领袖。考虑到他们人数众多，尤其是在本土作战，他们依然可能支配一支拥有无穷实力的军队，没有任何军队能够与之抗衡。日耳曼人也出席了兰斯的集会，试图强化高卢人虚弱的精神。其中的一支代表团来自特里尔，他们在那里等待着高卢领事的到来。为首的是著名日耳曼爱国将领图利乌斯·华伦提努，从战争一开始，他就是最为英勇的战士。华伦提努向大家陈述了罗马统治和罗马法令给日耳曼人和高卢人带来的压迫和耻辱。在罗马人眼中，华伦提努拥有火一般的舌头，能够点燃身边一切反叛火苗。因而，他们特别憎恨、害怕华伦提努。雄辩的塔西佗承认他是最伟大的公共演说家，能够打动每一个听众，能够激发每一颗心灵。

这位伟大的演说家"精心准备"的说辞，捍卫着民族性和自由，在罗马人和亲罗马派系看来简直就是“疯狂辩才”的倾泻。华伦提努一直在罗马的学校接受良好的教育和训练，但他的心却一直是日耳曼的。我们不可能假设说，华伦提努这篇精心为高卢人和日耳曼人准备的演说并未以书面的形式，作为两个民族的宣言在各个部落流传开来。从塔西佗的话看来，在他面前很有可能有一份演讲的稿子。在其历史著述中，塔西佗向我们呈现了许多演说词，有完整的也有节略的，有日耳曼人的也有罗马人的。它们都发生于许多历史的重要时刻，并不是即兴随意之作。按照当时的习惯，这些演讲要么是写下来的，要么是由演讲者本人口授他人写下来的，绝非历史学家的发明。作为一名罗马爱国主义者、作家和政治家，李维的眼前总是存在着某个确定的目标。他确实常常将自己的话放在其笔下历史人物的嘴里。然而，作为修昔底德的学生，赛勒斯特和塔西佗并不这么做。他们的首要原则是仅仅记录下最简单、未经任何修饰的真理。这不允许他们自行发明任何一个词，更不用说一篇演讲了。我们或许可以假设，塔西佗看到过华伦提努的演讲词，但并没有将其放进自己的作品中。他只是说，华伦提努凭借着“疯狂的雄辩”，将嘲讽和谴责通通泼向罗马人。他所说的任何一句话，都能够激发最为尖锐的、反抗罗马的民族仇恨。这或许也正是塔西佗没有记录下这篇演讲的原因。看着一名日耳曼人将罗马的罪恶彻底暴露在光天化日之下，甚至是塔西佗也不能忍受，更不用说他那些同时代的罗马人了。

为了冲淡这名伟大的演说家所制造的影响，和平派的领袖们将讨论转向了别的问题，开始追问：如果战争取得了胜利，新帝国的首府应该安放在哪里？谁将成为总司令？所有军事、民事的行政权力将从何处产生？这些问题引起不同部落间的相互嫉恨。讨论变得混乱、激动。在这些重要问题上，各部落没法达成一致的结论，时间一点点被浪费掉。兰斯人中的一名身份显赫者，尤利乌斯·奥斯佩科斯主张和平。在整个集会中，以及集会结束、日耳曼人离开后，他都在积极热心地致力于动员自己的同胞。他谈论罗马的强大实力以及屈服的好处。“懦夫只会决定战争。而真正作战的却是勇敢者，他们将自己暴露在危险之中。罗马的强大军团已经悬在我们头顶了。”部分地出于对奥斯佩科斯的尊重，部分地也是因为害怕新的战争，大多数人倾向于投降。只有林贡斯人希望继续战斗。奥斯佩科斯试图制造出人们对林贡斯人和特雷维利人的怀疑。他提醒听众们，他们在之前的一次起义中并没有保持忠诚。这产生了想要的结果。由于嫉妒、恐惧而产生的摇摆导致高卢部落向特雷维利人发出书函，告诉后者“放下武器，他们将对其既往不咎。调解员已经准备就绪。”然而，华伦提努的雄辩正如在许多演讲中所产生的效果一样，面对这样的可耻提议，它堵住了人们的耳朵。

对于逼人的形势，无论是特雷维利人、林贡斯人，还是其他依旧忠于民族联盟的人，都没有做出任何准备。将军们没有采取任何统一的行动或策略。西菲利斯在人迹罕至的比利时荒野追逐拉贝奥，希望要么俘获他，要么驱逐他。克拉西库斯已经退隐，似乎民族事业已经成功。图多尔未能及时地在阿尔卑斯关口以及莱茵河上游部分设置好防御工事。因此，一支罗马军团得以从文多尼萨增援而来，另一支则得以率领日耳曼附庸军从莱蒂亚而来。帝国卫队的一支骑兵分队伴随着上述第二支军团。其领袖尤利乌斯·布里甘提库斯是西菲利斯的侄子，却带着最为尖锐的敌意与他的叔叔分道扬镳。

带着特雷维利人的势力，图多尔进军抵抗由阿尔卑斯山而来的赛克斯提里乌斯·菲利克斯领导下的罗马军队。凭借从斯派尔、阿尔萨斯、萨尔地区征得的税收，以及从反叛的罗马军团招来的骑兵和步兵，他的军队得到了极大的增强。这些罗马老兵最初摧毁了一部分罗马和高卢军队，他们是赛克斯提里乌斯的先锋卫队。后来随着罗马主力军团的到来，他们很快就背叛了图多尔，投靠了罗马。从斯派尔和阿尔萨斯征来的新兵也做出了同样的举动。图多尔与其手下来自特里尔的士兵们避开了美因茨，赶到了宾根。在此，他占据了一处地利，并通过摧毁附近的桥梁将其稳固下来。叛徒向罗马人指示了一条水路。图多尔大吃一惊，并被击败。这一失利导致特雷维利人灰心丧气，他们就地解散，奔走四方。一部分贵族逃到了那些并未参与起义活动的城邦，希望借助自己第一批脱离反叛运动的身份得以被接纳。从诺伊斯和波恩转移到特里尔的罗马军团宣誓效忠维斯帕先。所有这一切都是在华伦提努缺席的情况下发生的。当他赶回去时，罗马军队已经行进到了梅迪奥玛特里奇人的国土（如今的梅茨），那是个同情罗马人的部落。华伦提努和图多尔重新召集和武装特雷维利人。使节赫仁尼乌斯和努米西乌斯或许在大牢中指挥了罗马军团的起义。他们因此被判处死刑。特雷维利人越是无法希求原谅，越是需要坚强地战斗下去。

就这样，在反抗罗马的战场上，特雷维利人和巴达维亚人的联盟陷入了孤军奋战中。“高卢帝国”可以说几乎还未出生就已经被埋葬了。罗马军团并未遵守许下的诺言。他们加强了自己敌人的力量，旨在对付那本可能摧毁他们却又豁免了他们的人。

罗马使节赛克斯提里乌斯在高卢各省发起了征兵运动。在这个过程中，那些曾经发誓效忠联盟，却又背叛誓言，自愿服从罗马的高卢多数派们丑态毕露。在罗马总指挥官凯列阿雷斯到达美因茨后，高卢青年被召集在罗马的旗帜下。他将从高卢征来的士兵遣散回各自的家乡。目的或许在于不想让任何靠不住的成分留在自己的军队中，又或许只是出于鄙视。当这些青年人回到家乡后，他们的高卢母亲们、新娘们、父亲们都已经彻底罗马化了。对此，塔西佗带着深深的鄙夷评论道：“他们终于等到了这些青壮年的归来。从此，他们将更加轻松地忍受各种苛捐杂税。他们心甘情愿提供服务的热情更加高涨，因为他们是受到鄙视的。”

西菲利斯身处不幸，一方面是遗弃和背叛，另一方面则是忠诚将领的失误。然而，他却显示出了如同汉尼拔所具有的品质：种种不幸所导致的，只是抵抗手段上更加突出的创造力。在许多方面，西菲利斯所领导的巴达维亚人反抗罗马的斗争以及他的个人命运都类似于那位迦太基将领的斗争和命运。区别在于，西菲利斯尽管在血统上是“蛮族人”，却受过教育，因而在民族斗争中他并没有展现汉尼拔和罗马人所展现的那种残暴。在得知图多尔和特雷维利人的失利之后，西菲利斯与克拉西库斯将他们的兵力集中在了一起。他们不断派出使者，向华伦提努传达建议，希望后者不要过早地陷入不成熟的争斗中，以免提高战争风险、危及整个事业的成功。华伦提努已经在摩泽尔河流域占据了一个牢固的阵地，就在里格杜伦，即今天的里奥尔地区，位于特里尔上方，掌控着一支庞大的特雷维利人武装力量。该地被山河、石墙、沟壑所保护。然而，西菲利斯的计划和方案被泄露给了凯列阿雷斯，后者突袭了华伦提努。骑兵通过在山区的迂回绕行攻击了华伦提努的前方和后方。华伦提努被打败，大量的比利时士兵沦为俘虏。

胜利者在接下来的一天进军特里尔。罗马军团要求摧毁该地。“这个日耳曼前线的反叛据点不应该被允许继续欢愉地存在下去，尤其鉴于他们对一支罗马军队的劫掠以及罗马将领的屠杀。罗马人的许多坚固阵地遭到他们的摧毁，这一切只有通过焚毁此地才能够得到弥补。”然而，理智告诉凯列阿雷斯，对于这样一个富庶的殖民地，这样一支强大的武装力量，保证它的完好性是符合罗马的利益的。他成功地打消了军团的要求。他将主要的信赖放在从梅莰带回到特里尔的军团上。这支军团曾被西菲利斯豁免，从而宣誓效忠后者，而后又在争斗爆发之初就又改变主张，转而站在罗马一边。凯列阿雷斯原谅了他们。“将士间的不合与敌人的欺骗里应外和，这样的事件是命运的安排。皇帝和将军都不会再记得这样的事情，与你们为难了。”

不仅特里尔城，特雷维利人和朗格热公民都不得不因他的仁慈感到欢欣。在一场特雷维利人和林贡斯人的大型集会上，凯列阿雷斯说：“我并没有高超的雄辩口才，但凭借手上的军队，我证明了罗马人民的威力和实力。然而，由于对你们而言，语言比行为更加有力；善恶的权衡并不是依据它们的本质，而是依据煽动性的华丽言辞，因此，我也就将尝试着简要地向你们演讲。我们罗马人并没有侵略你们的领土。是你们的先人，被内部冲突折磨得精疲力竭，从而向我们求助。被召集来支援你们的日耳曼人，将奴役的负担通通加在盟友和敌人身上。因此，我们占领了莱茵流域。目的并非保护意大利，而是为了防止第二个阿里奥维斯图的出现，将自己打造为高卢的国王和君主。你们居然相信西菲利斯和他的巴达维亚人以及来自莱茵河右岸的日耳曼人会对你们抱有更多的感情，多于他们的先祖对你们的先祖和父辈所抱有的感情！日耳曼人进入高卢的原因永远都是一样的——无法无天、贪婪以及对于移民的狂热爱好。他们希望能够离开沼泽湿地，占有你们这块富饶多产的土地。自由以及其他好听的词语只是为了掩盖他们的真实计划。所有想要着手征服他者，成为他者主人的人，无一例外地总是将这样的言辞挂在嘴边。高卢的土地上向来充满了冲突和动荡，直到你们将自己置于罗马法律和正义的保护之下。除非为了确保和平，我们并不做出任何命令。要想安定，就必须有军队；要有军队，就必须有经费；而要想有经费，就必须有税收。至于其他的权利，你们和我们是共同享有的。我们军团的指挥官，在很多时候是从你们的人中挑选的。很多行省的总督也委派给你们的同胞来担任。你们可以通达任何官职和阶层。在整个帝国范围内，你们可以自由贸易、自由通行。只要是人，就总会犯错。自然本性也有它出错的时候。坏总督时不时总会冒出一两个来。在政府中，如同在人性中一样，总是善恶并存的。你们真的认为，如果图多尔和克拉西库斯成为你们的统治者，你们会活得更好吗？你们认为，到那时候，你们所交的税会比现在上交来帮助那些保护你们抵抗日耳曼人和不列颠人的军队的税更少吗？如果罗马人被驱逐出你们的领土，被赶到阿尔卑斯山的另一侧，在你们这里肯定会爆发普遍的部落间战争。罗马的全面统治象征着全面和平。八个世纪的财富、命运、规训造就了罗马帝国强大的纤维结构。那些想要破坏这个结构的人，一定会随着它的撕裂而毁灭。尤其是你们，将会损失惨重。你们很富裕，你们的山河都孕育着黄金，这些也正是你们招人觊觎的原因所在。因此，你们应该继续爱和平、爱罗马。罗马同时是征服者和被征服者的首府。从他人的命运中吸取教训吧。你们应该偏爱顺从和安全，而不是持续对抗和注定毁灭。”

这段演讲，无论在思想上还是言辞上都令人印象深刻。凯列阿雷斯成功地让其听众的心情平静了下来，后者一直担心着会遭到严厉的处置。

第二十章

日耳曼总部的军事会议——科隆公民的背叛——华伦提努的英雄行为——西菲利斯及其同盟所取得的新胜利

当胜利之师依旧驻扎在特里尔城镇和其他地区时，西菲利斯和克拉西库斯发来了一封信。信上说，维斯帕先已经死了，罗马和意大利陷入了内战。“如果凯列阿雷斯满足于占有高卢，他们将满足于自己的领土，如果他想要战争，他们也都做好了准备。”凯列阿雷斯没有回应。西菲利斯和克拉西库斯赶紧在罗马将军能够阻挠之前采取了行动，统一了力量。在日耳曼总部，领袖们意见分歧。西菲利斯希望按兵不动，等待莱茵河右岸军队的加入；而图多尔则希望赶紧开战，以免罗马增兵从意大利、西班牙、不列颠成功赶到。“我们所期待的那些日耳曼人是不可能被领导的。他们不服从任何指挥，无论何时何地都我行我素，只接受金钱和贿赂的影响，而罗马人则比我们富有得多。他们无论天性多么倾向于战争，如果开战和维持现状

所获得的利益是一样的，他们就将维持、安于现状，而不会选择走上战场。在腐蚀莱茵河右岸的那些日耳曼亲王方面，罗马是绝不会失败的。凯列阿雷斯只有一支军队的某些不完整的势力。他上一次对华伦提努意料外的胜利，只会刺激将军和士兵们展开鲁莽的冒险举动。”

华伦提努这位高贵的爱国青年深受众人爱戴，他的不幸使其形象在同胞们心中更加神圣。传言说，图多尔嫉妒华伦提努，与他意见不合。在其演讲的尾声，前者对后者展开了尖锐的攻击，这也证实了上述传言。图多尔最后是这么说的：“如果罗马人胆敢与我们再次战场相见，他们面对的将不再是一名毫无经验的年轻人，不再是一种言辞和长篇大论型的英雄主义，而是真正的刀剑型的英雄主义，是西菲利斯和克拉西库斯。这些军团哪怕只是看到这些英雄，这些胜利者们，他们就将充满恐惧，回忆起曾经如何逃亡，如何忍受饥荒，如何在俘获中乞求面包的。特雷维利人和林贡斯人也将再次拿起武器，只要我们的武器能够将他们从罗马的恐惧中解救出来。”

冲突的诅咒贯穿着整个日耳曼的历史。在最具决定性的时刻，最重要的时期，怀抱着同样目标的人们彼此竞争、相互冲突。与其说是因为他们都确信自己观点的正确性，不如说是因为嫉妒和任性。从过去到现在，既在那些生而身居高位的人中，也在后天争取到高位的人中，自我利益总是显现得比对国家的爱、对自由的爱更加强而有力。他们对私利的考虑已经卑鄙到不惜一切手段地来进行诋毁、诽谤，用最恶毒的舌头将最高贵的爱国者置于死地，就像图多尔中伤年轻热情的华伦提努一样。

然而，活在历史中的华伦提努却比他的诽谤者们享有更纯洁的名声和更伟大的声望。

图多尔的观点在军事会议上压倒了西菲利斯的观点。克拉西库斯也支持前者。这种现象在大众起义的历史实践中也是非常普遍的，即理性计算总是被狂热者的幻念所压倒。谨慎的老兵不得不听从于连一场战斗都没见过的人的意见，清醒的判断不得不屈从于机会主义。

他们决定开战。科隆人和林贡斯人处在中间；巴达维亚人处在右翼；布鲁克特利人、腾科特立人则处在左翼。他们选择了一个夜晚开始进攻，从高地，沿着摩泽尔河岸攻击了城市前的罗马营地。这次突击经过了非常巧妙的组织安排。凯列阿雷斯当时并不在营地，听到战争的喧嚣时，他正躺在床上，而且很快就收到了其士兵们战败的消息。他谴责前来报信者的恐慌，好像觉得是恐惧欺骗了他们。直到他亲眼看到了战斗的溃败，他才相信所发生的一切。营地被攻破，骑兵被遣散，日耳曼人已经占据了联结上城和下城的摩泽尔河上的大桥。凯列阿雷斯赶紧冲到逃亡士兵的纷乱之中，驱使他们跟自己回去。同时凭借身边一支核心的罗马士兵重新掌控了大桥，继而火速前往营地。在那里，他发现，罗马的鹰旗只有一支虚弱的卫队守护着，这时早已连同军队总部一起被敌人占据了。他冲着四处逃亡的士兵高喊：“跑吧！去告诉维斯帕先，或者直接去告诉西菲利斯和克拉西库斯。告诉他们你们在战斗中抛弃了自己的将军。其他罗马军团不会不为我的死而复仇，更不会不惩罚你们所犯下的罪。”

罗马方面对战斗做出了如下记载：“凭借神的保佑，胜利的敌人们撤退了。只有一支军团继续斗争着。联合的高卢人和日耳曼人之所以撤退，是因为他们察觉到了周围山区的军队，他们警觉起来，以为是期待中的罗马援军。然而，这些山区的部队其实是被驱散开来的罗马步兵。他们在攻击一开始就逃向了山区，在高地集结起来。即便如此，这些胜利者之所以没有彻底摧毁罗马人的主要原因实际上是由于他们之间的相互嫉恨，以及在抢夺战利品时的相互争斗。”

罗马方面的记载旨在掩盖凯列阿雷斯在特里尔的败绩，因而附加了这样的说明：“罗马将军凭借着自己的沉稳坚毅，弥补了由自己的疏忽大意所导致的不幸局面。他紧紧抓住好运，占领和焚烧了敌人的营地。”罗马作家没有提及由这些撤退的日耳曼人所导致的罗马士兵的任何损失，既没有杀戮也没有俘获。然而，日耳曼

营地事实上是不可能被焚烧的，因为他们压根儿没有建造任何营地，最多只是搭建了一些临时营房。

针对凯列阿雷斯在事件记载中所给出的虚假陈述，塔西佗呈现了西菲利斯在特里尔战胜罗马军队后没有乘胜追击而是选择撤退的真实原因。在那天晚上的战斗和胜利中，西菲利斯听说结盟的科隆城抛弃了联盟。科隆的士兵当时正在他手下战斗。他听说，自己的妻子、妹妹以及克拉西库斯的女儿将会被科隆的公民送往罗马。而城中的高卢罗马派系已经选择背叛，他们偷袭并谋杀了那些正在自己家中的日耳曼人。

西菲利斯和克拉西库斯将自己所有的至亲，包括妻子、孩子和妹妹都留在了科隆，作为“新的友好联盟的信任抵押品”。而如今，这些女人将会被送往罗马，作为“科隆表达忏悔和重新效忠的抵押品”。这解释了为什么西菲利斯和克拉西库斯在战争的胜利中突然停止，急急忙忙赶往科隆的原因。该城的背叛和变节不仅将危及两位领袖亲人们的自由、荣誉和生命，也将危及整个军队的命运。如果科隆城叛变，军队将陷在罗马军队和这些变节盟军之间，到时候撤退将成为不可能，剩下的只是毁灭。正如当年阿米尼乌斯的遭遇，罗马的卑鄙政策指向的是西菲利斯和克拉西库斯这两位日耳曼爱国领袖的妻子和女性亲属。罗马的手段是攻心，因为他们的勇气是不会被武力所折服的。众所周知，日耳曼人温柔地爱着自己的妻子和儿女。

这在当时精致、发达的罗马社会已经成为某种迂腐、荒谬的情感，却仍然是“野蛮人”的“软肋”。西菲利斯曾应科隆公民召唤，两次挽救了该城及其城墙，使其免遭盟军，尤其是日耳曼人所要求的毁灭处置。没想到，作为回报，这些科隆人却要将他委托给他们的亲人们送往罗马。他们背叛联盟，在夜晚偷袭屠杀城中待在家中的日耳曼人。更让人吃惊的是，他们放火焚烧了一整支日耳曼分遣部队，这种破坏友善待客原则的行为人们闻所未闻。

这支分遣队是西菲利斯刻意留在科隆的。目的在于支援他的这个新盟友，以免在他回到特里尔之前罗马的不列颠援军就已经先行到达科隆。这支留在曲尔皮希的武装部队，受邀参加了纪念联盟的宴会，得到科隆人热情、奢侈的款待。罗马方面的记载清楚地表明，这支部队被邀请到城墙前专门搭建的木屋中，以一种典型的贯穿整个中世纪的方式接受了款待。

按照塔西佗的说法，西菲利斯留下的这些保卫科隆忠诚、预防罗马援军的部队，是整个军队中最值得信赖、最充满热情的一队人马。他们由考契人和弗里西亚人组成，在战斗中还未遭受过损失。在这些科隆城的客人陷入其第一场沉睡中时，用塔西佗的话来说，科隆人“关上了木屋的门，放火，让他们沉睡的客人们葬身于火海”。

在回科隆的路上，西菲利斯收到消息，得知他的考契、弗里西亚同胞就这样被变节的科隆公民卑鄙杀害。后者不断派出使者前往凯列阿雷斯，乞求得到援助，以免西菲利斯回来后进行报复。就在凯列阿雷斯被迫进军时，西菲利斯得知，从不列颠运载罗马军队的舰队已经出现在海岸沿线。因此，他不得不将注意力转向保卫巴达维亚海岸线。他自己的同胞们请求支援，并首先得到了他的援助。然而，尽管西菲利斯急忙赶回自己的故土，从不列颠来的罗马军团却未在巴达维亚海岸登陆，而是前往东边，进军亨内高以及列日地界，希望在那边重修与罗马旧日盟友部落的友谊。卡宁斐特人对罗马舰队发起了进攻，俘获、击沉了其中的绝大部分势力。他们继而进军攻打亨内高人，惩罚他们自愿回归罗马同盟，屠杀了很多人。同时，在一场小规模骑兵战役中，克拉西库斯在诺伊斯打败了凯列阿雷斯的先锋队。

这边的局势就是这样。而在阿尔卑斯山的另一面，离里昂不远的地方，年轻的爱国者华伦提努则遭受着死亡的临近。作为俘虏，他被送到皇帝维斯帕先的儿子图密善跟前。在图密善看来，民族起义的领导者如今身披枷锁，正是罗马胜利的光荣证明。即便如此，华伦提努依然展现出高傲的自由精神，其光辉闪烁在他面容上的每一条纹路里。在简短的审讯中，华伦提努的言谈正如他的行为，完全忠实于自身。之后即被判处了死刑。罗马人自己叙述了这位祖国和自由之友的高贵举止。在刑场，罗马人侮辱、轻蔑地告诉他："你的故土已经被我们占领"；华伦提努却说："如果家乡已经陷落，这对我的死来说是一种慰藉。"这成为英雄口中最后说出的话。

与此同时，西菲利斯顺利接收到了来自日耳曼的增援，并在克桑滕附近占领了重要、强大的据点。在那里，每一个地方都能唤起对胜利的回忆。凯列阿雷斯同样也获得了所有的增援：三支罗马老兵组成的军团以及从盟友那里得来的许多步兵和骑兵附属部队，后者在实力上几乎是他自己军队的两倍。凭借这支军队，凯列阿雷斯做好了迎战西菲利斯的准备。日耳曼将军则人工加固了据点的自然屏障。在西菲利斯面前的平面是一块潮湿地面，正如在巴达维亚岛屿上广为分布的地貌一样。西菲利斯通过在莱茵河上立起一座坚固的大坝，将这块平面置于水下，迫使回流的水漫过低地。

原野分割了两个阵营。日耳曼人日常性地对罗马军队展开骚扰。那些最为渴求战争的罗马人被怂恿起来应战。罗马人的武装、车马陷入沼泽，他们并不知道沼泽的深浅，对之掉以轻心。相反，日耳曼人非常熟悉地貌。他们选择干燥的地方活动，越过池沼、沟壑攻击他们的敌人。日耳曼人有时也会进攻罗马人的正面，而更多的时候他们则选择侧面和后方。双方的冲突并非传统意义上的交锋，不是那种一对一的斗争，而是类似于海战中的情况，是一群对一群的斗争。要不是日耳曼人适时撤回到营地，放弃冒险跨越各种沼泽将败寇穷追到底，屠杀将会更加惨烈。日耳曼人的胜利，罗马的败逃，促使两名将军决定在接下来的日子展开具有决定性的战斗。一方是想要巩固和扩大胜利，另一方则是想要洗雪耻辱。决战前的那个夜晚，日耳曼人为之前的胜利欢呼高歌，罗马人则在耻辱和愤怒中煎熬。第二天黎明时分，凯列阿雷斯用附属部队的骑兵和步兵填充了在前面的战斗中遭受重创的前线部队。又进而将保留下来应对各种危急时刻的那些最勇敢的士兵们所组成的军团安置在第二阵线上。西菲利斯并未按照横排的方式部署部队，而是以纵列的方式来组织阵形。巴达维亚人以及他们从如今克利夫斯公国而来的盟军们构成了军队的右翼；莱茵河右岸的军队则占据了军队的左翼以及河流上的各个据点。两位将军骑着战马，面对各自的军队展开动员。凯列阿雷斯提醒那些刚加入的、见证了罗马过去的胜利荣耀的军团，鼓励这些来自莱茵河的士兵们以毫不留情地屠杀敌人夺回原本属于罗马的东西：莱茵河沿岸地区原本属于罗马，克桑滕原本是罗马的堡垒。西菲利斯的军队保持着沉默。他对士兵们说："你们所在的地方，是你们的荣誉留下足印的地方。你们的脚踩着尘土和罗马军团的骨头。莱茵河就在你们面前流淌着。日耳曼诸神看着你们。想想自己的妻子、父母和祖国吧。鼓起勇气进行战斗吧。"兵器的碰撞、原始的战舞回应了演讲者的动员。随着石头、铅球和其他投掷物如雨般的四处降落，战斗正式开始。由于日耳曼人未能引诱罗马人下到沼泽地带，他们只能选择自己挺进。在沼泽泛滥满溢的地段上，日耳曼人凭借自己魁梧的身躯和硕大的长矛，摇摇晃晃地将罗马人逼退。同时，布鲁克特利人的纵队从水坝上猛然一跃，跳入了莱茵河，游过河流攻击并驱散了布置在那里的罗马附属部队。罗马人的失败是完全的。前线已经被攻破。尽管军团和老兵所在的第二阵线还比较牢靠，整个罗马军队所承受的压力是非常大的。然而，背叛挽救了罗马军队，来自日耳曼人的背叛。一名巴达维亚逃兵向凯列阿雷斯泄露了重要信息，告知后者，在西菲利斯的后方是没有沼泽的坚固地面。守卫后方的是来自克利夫斯古戈尔尼人，他们的戒备松散，易于偷袭。罗马只须派出骑兵，沿着沼泽边缘穿越过去就能直达日耳曼人的后方。叛徒进而担当了两支强大的罗马骑兵分队的向导。毫无戒备的日耳曼后方遭到了突袭。高声的喊叫向罗马人传达了成功的信号。带着重新鼓起的勇气，他们在前线奋力抵抗回去。战争一直激烈地打到夜晚来临。西菲利斯最终选择后撤。根据罗马方面的记载，日耳曼人在撤退时，没有受到任何“追击。甚至罗马骑兵也没有向前追去。因为夜幕降临时，突然下起了暴雨。如果我们的舰队当时在场的话，日耳曼人的失败将会是彻底的，战争将就此结束。”

在接下来的一天，凯列阿雷斯向后方，朝上莱茵方向派去了第14军团。这支部队之前或许损失最为惨重，这时则吸收了从西班牙而来的第10军团的新鲜血液。然而凯列阿雷斯并没有冒险进攻重启战斗。另一方面，尽管西菲利斯也得到考契人的增援，他也没有再发起攻击。或许他认为自己还不够强大到能保卫四周开阔的乡村地带。西菲利斯下令将所有的可动资产转移到了莱茵河上的岛屿。村庄的居民亲手将自己的住处放火烧毁。在所有房屋焚毁殆尽后，他们跟着西菲利斯撤退到了岛

上。他知道罗马军队并没有充足的船只能够让他们搭建一座船桥。他也知道，除了这种方法之外，罗马人不再拥有其他渡河的本领。他甚至砍开了莱茵河上坚固的水坝，那还是德鲁苏斯修建来预防洪水的。河水泛滥到了高卢沿岸。巴达维亚岛和日耳曼之间的莱茵河变得如此狭窄，以至于它几乎停止下来开始形成了一座岛屿。从那一天开始，莱茵河左边的支流就此淤塞。

图多尔、克拉西库斯以及113名特里尔元老院成员同样也跨过莱茵河寻求援助。为了实现其目的，他们既提供报酬，又激发同情。西菲利斯的军队重新恢复了活力。他也因而重启战斗。通过将自己的军队分为4个部分，西菲利斯在一天之中同时攻击了分散的罗马附庸军营地、罗马骑兵以及凯列阿雷斯的军团。第10军团驻扎在阿勒那库母（阿勒河或阿尔特河上的堡垒，在18世纪被莱茵河冲毁）。第二军团在巴达沃杜伦，即今天的杜尔斯特德。附属部队和骑兵阵营在格林内斯和巴达，后者离今天的德鲁腾不远，或许在瓦蒙格，蒂尔附近。前者则地点不详。西菲利斯、他的侄子弗拉克斯、图多尔和克拉西库斯各自带领一支部队展开了行动。西菲利斯的计划是同时在四个不同地点展开四次进攻，希望至少在其中1处取得成功。他还得知，凯列阿雷斯对他的计划毫无所知，因而没有做出任何能够保卫自身的准备，只是骑着战马四处游荡着。因此，他希望能够捕获其营地间的罗马人。进攻第十军团的日耳曼分队突袭了正在营地外伐木的罗马士兵，将他们驱散开来，杀死了他们的指挥官、五个护民官和许多二等兵。其他人则在防御工事后躲起来。第二支日耳曼军队突袭了杜尔斯特德的卫戍部队，并开始摧毁罗马人正在修建的莱茵河上的大桥。战斗持续到夜晚也未分出胜负。西菲利斯本人则率军攻打巴达。克拉西库斯攻打格林内斯。进攻摧枯拉朽，不可阻挡。在令人措手不及的进攻下，最勇敢的罗马士兵也被击垮。罗马骑兵的统帅是西菲利斯的侄子布里甘提库斯。

他对其叔叔恨之入骨。这时也陨落在日耳曼人的刀剑之下。到处都是混乱，没有任何指令，无人出来指挥。然而，凯列阿雷斯带着自己的精锐骑兵向前猛冲，凭借其数量上的绝对优势，将日耳曼骑兵击退到了瓦尔河流域。日耳曼人则带着自己的战马游了过去。西菲利斯为了召集这些逃亡士兵，在罗马人前暴露了身份。所有矛头都指向了他。西菲利斯从马上一跃，跳进了瓦尔河，也游了过去。他的侄子弗拉克斯的行为如出一辙。所有日耳曼人都逃跑了。图多尔和克拉西库斯在成功完成了他们的任务后，开始着手登上早已在岸边等待的日耳曼船舶。他们放眼望去，看不见一艘罗马舰艇。日耳曼水军的力量是如此强大，以至于罗马人“不敢”将一艘舰船放在水中。

在遭到日耳曼人袭击后的几日，凯列阿雷斯动身前往诺伊斯和波恩，去寻找他在当地为了让军团过冬而建造的营地。凯列阿雷斯坐船出走。士兵分散四周。哨兵放松警惕。西菲利斯在得知这件事后，立马有了计划，并且当机立断地就将此计划付诸实践。夜空没有一颗星星，伸手不见五指。日耳曼人飞速渡过河流，对罗马营地发起了攻击。他们砍断了帐篷绳索，屠杀了包裹在垮掉的帐篷中的罗马人。另一支日耳曼军队则抢夺了舰船，扬帆驾走了它们。所有这一切都发生在沉寂之中。为了让罗马人明白眼前的事态，日耳曼人提高了他们战斗的吼叫声。

罗马人从突击中惊醒过来，很多人半裸着在营地中慌乱奔跑。凯列阿雷斯本人也处在半睡半醒和半裸的状态。日耳曼士兵确信，他就在他们已经夺取的舰队的旗舰上，因而肯定已经被牢牢掌控。没想到这是个错误，凯列阿雷斯也因此得以逃走。事实上，那一晚后者正睡在别处，睡在克劳迪亚·萨克拉塔的怀抱中。这是一位来自科隆的美人。究竟是凯列阿雷斯掳走了她，还是她自愿陪伴，我们不得而知。只知道，哨兵们当时得到命令，不用再汇报平日那些一般性事务以等待将军回答，以免打扰他的春宵时光。结果，哨兵们全都睡着了。当日耳曼人开走那些被俘船只时，天已经亮了。拥有三排桨的旗舰被西菲利斯当作礼物送给了维蕾德。

在这些胜利之后，西菲利斯展现出后来低地人所具有的那种精神，想要通过水路继续作战。在马斯河口，他聚集一切可以聚集的水战力量，将沿海航行的船舶、商船、渡轮等凡是能装载三四十人的船只通通召集起来。不够的帆则由罗马人杂色的袍子来充当。这些战利品发挥了实用，给日耳曼人的小船们赋予了色彩斑斓的外表。凭借这支临时拼凑的舰队，西菲利斯切断了从高卢而来的罗马补给，直到罗马舰队最终到来。西菲利斯并不与罗马那些大得多的舰艇正面作战，而是让自己的小舰快速驶过罗马舰队，船员则向罗马人投掷飞镖。这样，在毫发无损的状态下，日耳曼舰船驶向了大海。

第二十一章

维蕾德的背叛——被人民抛弃的西菲利斯与罗马缔结和平

此后，西菲利斯避免与罗马在陆上或水上的一切交锋，并且将自己的军队解散，让士兵们回到各自的家乡。他自己则渡过莱茵河，来到河对岸的日耳曼领土上。他的计划是让天气和季节成为自己的盟友，凭借自然之力来摧毁他的敌人。因为秋季即将结束，严冬即将来临。他将自己的方案呈现给巴达维亚人和莱茵河右岸的日耳曼人，并得到了他们的认可。之后，他放弃了巴达维亚岛，将其让与凯列阿雷斯。确信在不久之后，这座岛屿就将对罗马人施以最恶劣的对待。

秋雨如注，下个不停。莱茵河的泛滥将沼泽地带彻底转变成了湖泊。罗马人的舰队，包括提供补给的舰队都被阻隔在很远之外。平原上的罗马军队也被吞噬的莱茵河互相割裂开来。

这正是突击和摧毁罗马军团的时机，正是西菲利斯盘算等待并与右岸日耳曼人做好了安排的时机。然而，他发现罗马人的狡诈也正在同时发挥作用。他们赢得了日耳曼人民和盟友的心，让他的所有计划化为泡影。

罗马人狡猾地一方面摧毁了巴达维亚岛上的一切物资，另一方面却将所有属于西菲利斯本人的财产完好无损地保留了下来。可以想象得到，西菲利斯在向巴达维亚人阐述他的计划时，并没有面对所有平民，而只是其中的上层领导者。罗马人的行为让这些民众怀疑，西菲利斯或许与罗马人达成了某种秘密谅解。他的安然撤退就是为了将巴达维亚岛出卖给罗马。眼下罗马人的作为就是明证。毕竟大众是非常容易受到内外敌人影响的。

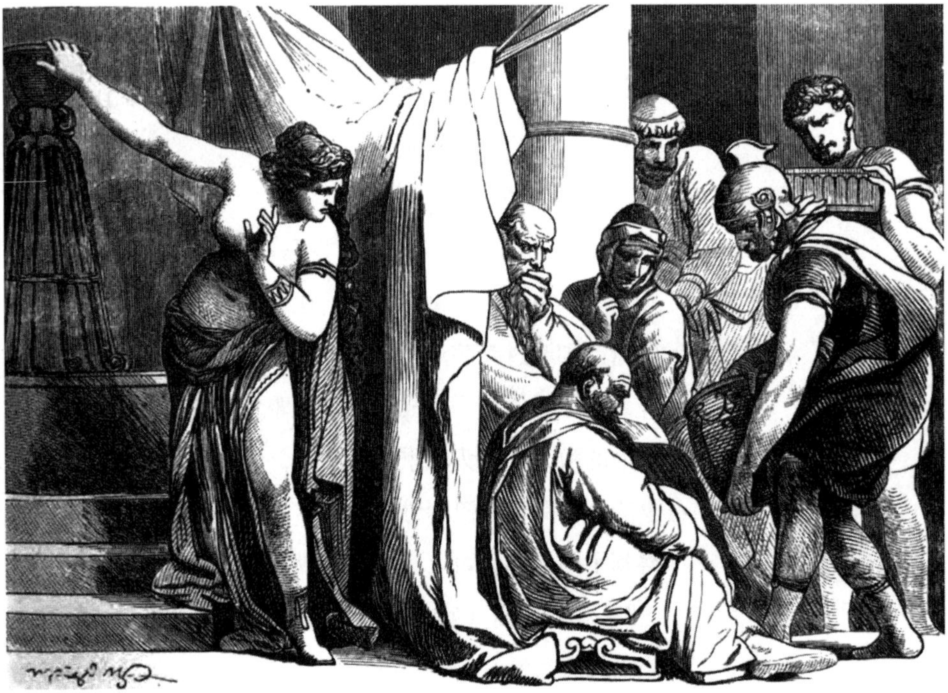

同时，罗马指挥官也忙于将西菲利斯同胞们的信任从他身上转移开来。他故意发出某个所谓的秘密情报给西菲利斯，其实早已确保其能公之于众。在这份情报中，罗马人提到将会原谅西菲利斯的过去，并为其将来承诺了很多好处。在西菲利斯毫无疑心且毫不知情的状态下，罗马人秘密地派出了大量使节前往巴达维亚人中。他们提出了最为诱人的和平条款，指出西菲利斯如何将噩运带给了特里尔，而与罗马重修旧好的科隆如今是多么的幸福。使节们还告知巴达维亚人，他们的岛屿和故土如今已经处于罗马势力的掌控下，西菲利斯带着军队已经远走高飞了。他们与西菲利斯的友谊没有产生任何积极后果，只是为他们的家庭带去了伤痛、损失和悲哀。凯列阿雷斯还派出密使，渡过莱茵河前往维蕾德的亲属处。这些亲属一直以来都在利用这位“预言少女”来满足自己的贪婪私欲。密使们以同样的方式企图说服他们。诱导他们放弃动荡的战争命运，加入罗马的有利联盟中去。他们以罗马军队的复仇相威胁，表明只要军团再次跨越莱茵河，这个复仇就会实现。另外，若是与罗马达成和平谅解，他们将收获颇丰。与这些承诺和威胁一同而来的，是罗马人带给维蕾德亲人们的各种礼物，包括罗马人惯用的腐化人心的黄金。于是，在维蕾德这方面，忠诚也动摇了。

凯列阿雷斯在日耳曼将军身上制造疑点的策略并未失效。日耳曼人长期以来信赖的将军开始被他们带着疑心所审视。他的私人财产幸免于难，秘密使者来回往复，这些在很多人眼里都是他的罪过的明证。一些人争辩说：“持续的战争意味着国家的毁灭。既然整个世界都臣服于一个帝国，单个民族是不足以摆脱对这个帝国的臣服的。一支军团确实葬身于火海和刀剑，然而结果只是另一支军团，一支更强大的敌人势力涌入我们的国家。如果他们为维斯帕先拿起武装，维斯帕先现在就是皇帝了。他们居然想要挑战罗马人民！巴达维亚人实在太不自量力了。在整个人类中，有几个是巴达维亚人啊？让他们看看莱蒂亚、诺里库姆和其他地区的东高卢人吧，他们被许为罗马的盟友。再比较一下提供给巴达维亚人的和平条款吧。罗马并不要求巴达维亚人缴税，没有任何形式的贡赋，只需要最勇敢的人们在罗马的旗帜下接受罗马的报酬为罗马效力。这几乎就是独立和自由了。如果必须选择一个主人的话，让他们选择更加强大的罗马皇帝吧，而不是那个来自日耳曼的女人。”

就在巴达维亚平民听到上述那些言论的同时，贵族中也形成了一股反对西菲利斯的力量。他们部分被罗马的黄金所贿赂，部分嫉恨着西菲利斯，对战争已经厌倦，对最终的成功不再抱有信念。在紧张的局势下，信念薄弱的人远远多于叛徒，然而后者总是能够将前者拉入自己的阵营，最终形成一股力量。叛徒们说："我们并没有拿起武器反抗罗马，是西菲利斯的疯狂，将武器硬塞进我们的手里。为了对其家庭的不幸实施复仇，他赌上了我们国家的幸福和悲痛，即便毁灭是唯一的结果，他也在所不惜。对他来说，战争是必要的，而对我们来说，则是致命的。彻底的毁灭近在眼前，除非我们能够赶紧清醒过来，用他们的人头为他们的行为付出可耻的代价。"

因此，凯列阿雷斯已经从所有方面开始挖掘西菲利斯所站立的地基。就在西菲利斯远离故土，在莱茵河外等待的时候，他脚下的土地就已经破裂了。甚至在那边，在布鲁克特利人的灶台边，情况也是如此，即便他与他们维持着友善的关系，也曾在那里寻求庇护。西菲利斯原本希望能够借助女先知维蕾德激励人心的话语对罗马压迫者实施最终的、决定性的打击。然而，当他发现了一切以及自己所处的境况后，西菲利斯哀叹道："我本可以摧毁罗马军团，我的日耳曼盟友也曾与我达成一致。而如今他们的心却被罗马的诡计偷走了。"

西菲利斯深陷于所有不幸产生的重负之下。他发现自己已经被王子和平民，贵族和先知以及所有人抛弃、背叛、孤立。西菲利斯曾为这些人奔波劳苦、牺牲自我、承受痛苦。如今，他们的忘恩负义让他看到了将来流亡异邦、乞食而活的前景。按塔西佗的话说，"这一前景能够击碎最伟大的精神"。身为北日耳曼联盟的总指挥，西菲利斯决定与罗马展开和平协商。否则，他将为贵族中的和平派对罗马的投降而感到恐惧。

在公元71年刚入冬的头几日里，两名分别来自日耳曼和罗马的将军在跨越伊赛尔河的桥上举行了会晤。为了这次会晤，桥的中间部分被移除。西菲利斯诉诸他与维斯帕先旧有的私人关系："只要他拥有一个私人住所，我们就是，而且也称呼彼此为朋友。维斯帕先的一位朋友，他的副官安东尼乌斯·普里默斯通过书信向我发出召唤，让我拿起武器反对维特利乌斯的党羽，目的在于防止驻扎在日耳曼的兵团和高卢势力进军罗马。我在日耳曼为维斯帕先所做的一切，类似于木提阿努斯在叙利亚、阿波尼乌斯在默西亚、弗拉维阿努斯在潘诺尼亚为他所做的。"

西菲利斯演讲的余下部分以及他的将来命运，我们不得而知。对此，我们唯一能够得到的证据就是塔西佗的历史，而在相关的段落中，这一部分被中断了。然而，可以肯定的是，在巴达维亚人和罗马人之间达成了一项协议。这项协议确保了前者能够继续维持其旧有的人员构成，并且免于所有贡奉。他们只需提供附属军队为罗马效力，且这些部队不能被反用于打击日耳曼人。从这一日开始，我们再也看不到巴达维亚人像以前一样，在罗马旗帜的指挥下对抗日耳曼人了。直到三世纪，巴达维亚人一直维持着与罗马的同盟关系。后者也小心谨慎，不再给这些北方英勇部落以新的兴起反抗的刺激。

西菲利斯领导下的巴达维亚自由之战就此结束。

罗马作家将西菲利斯称为日耳曼的汉尼拔。在某种程度上，他们确实很相似。他们都精明机敏、办事严密，拥有高超的欺诈技艺，勇敢并在逆境和不幸中保持坚毅，足智多谋，能为自己不断创造出新的资源，都对自己的国家抱有无私、自我牺牲的爱。甚至他的个人际遇也与那位伟大的迦太基人有着某种相似，也许他们的结局也是这样的。西菲利斯未能将所有日耳曼民族的军事力量整合起来，因而也就未能将其原始的“低地自由之战”发展成为全日耳曼的民族之战，未能将莱茵左岸的独立斗争发展为对全日耳曼人利益相关的民族事件。日耳曼人明显表现出了缺乏共情，只关心自己的利益，同时又懒惰散漫，爱好闲适，这些都无情地摧毁了西菲利斯的伟大构想。然而，他为自己的国家所赢得的东西还是远远超过了预期。他使日耳曼得到了与罗马将近百年的和平，罗马放弃了对日耳曼的任何进攻以及对日耳曼领土的任何侵略。进而，对于罗马人来说，尤其是那些具有远见的罗马人，与西菲利斯两年的战争增长了他们对这些北方战斗儿女的恐惧感。同时代的作家塔西佗用语言将这种感受表达了出来，他一直对威胁罗马帝国存续的危险抱有忧郁的不祥预感。塔西佗说：“罗马的厄运正在降临，就在前方，它最好的命数只能依赖于敌人间的冲突。愿日耳曼人间的相互仇恨和毁灭长存吧！”

西菲利斯在历史中所占据的位置几乎与阿米尼乌斯齐平，尽管在荣耀上不完全对等；维蕾德的背叛将永远铭刻在案。

前面的段落根据罗马方面的资料对日耳曼人历史的前几个世纪给出了一个说明。这个说明比我们对以后事件将要给出的说明更加翔实，而且往往不厌其烦地涉及很多细节。之所以如此，是因为即使早在这一时期，历史就已经反射出日耳曼人的整个性格特征，生动鲜活地带着其特有的光影，以及由此而必然导致的此后的历史进程。我们读最早时期的历史，似乎就像在读当下的历史，有性格、有动机、有行为。2000多年的历史都建立在民族性格这一模糊的根基上。日耳曼民族史的光和影，其中事件所诞生的根源以及整个进程所遵循的轨迹都展现出惊人的相似性。

第二十二章

日耳曼的和平——卡蒂人——图密善和切鲁西王子卡里欧莫——作为引入罗马文明手段的什一税区

维蕾德的那些贵族亲属们以及维蕾德自己都是自愿选择接受罗马贿赂的。在女先知的影响下，布鲁克特利人基于对自身有利的条款，与罗马达成了和平协议。这些背叛行为折断了西菲利斯已经举起的胳膊，它本应该在这场雄伟的民族斗争中对罗马施以决定性的打击。然而，这些叛变很快就尝到了复仇的滋味，报应落在那些头号叛徒、人民以及同谋身上。天罚贯穿于所有的历史，尤其在日耳曼人的历史中表现得特别明显。在塔西佗的《日耳曼尼亚志》中，这位同时期的作家评论说："布鲁克特利人之前居住在腾科特立人附近。如今，沙马维人和安格里瓦里人占据了这一地区。基于临近部落协议，布鲁克特利人遭到驱逐，甚至被彻底根除。无论如何，他们因其专横傲慢而被仇恨，或者其他部落想要在他们那里抢夺战利品，又或者上天就是这样偏袒罗马。众神在日耳曼土地上呈现了一场战争表演，我们都只是其观赏者。六万多日耳曼人丧生，并不是因为罗马的军队，而是由于他们的相互屠杀，似乎是为了让我们满意、让我们快乐。”

布鲁克特利人的强大部落并没有被根除，而是再次出现于历史舞台。然而，就在他们犯下罪过不久，其邻人们就对之执行了惩罚，这却是神的判决。罗马作家的话暗示了这不是简单意义上的内战，而是民族审判的死刑判决，甚至在那些日子里，自私的贵族及其祭司帮凶们，还是在向罗马牺牲着日耳曼人的民族利益。历史掩盖先知女祭司维蕾德的形式的面纱依然变得更加黑暗。

罗马政治家们再一次达成协议，怂恿日耳曼部落在贵族制统治下互相摧毁、屠杀。他们决定不再继续在罗马教育、培养像西菲利斯这样的政治家，对于在军队中服役的主要蛮族领袖则采取放逐远东的政策。

对金钱的爱、对冒险的爱，正在日耳曼人中日益增长。这两方面的激情给罗马提供了大量的志愿者。有了钱，贵族就能够买到更多精致的享乐设施，买到更多的地产，得到支配人民的更大的权力。有了钱，他们就能确保自己小儿子们的利益，因为家族财产必须毫无分割地传给长子。在东边，金钱只有在罗马人中或者通过罗马人才能获得。当图多尔说，日耳曼腹地的日耳曼人只能通过金钱才能取胜时，他表达的并不仅是个人观点，而是那个时代的共识。依靠金钱，罗马在日耳曼人中制造不和。依靠金钱，罗马可以买到日耳曼的武装力量，在其自身的盛衰中总是能够得到日耳曼的支持。

这是绝大多数尊重日耳曼人的皇帝所持有的看法。然而，提图斯的继任者图密善却受到虚荣的引诱，向卡蒂人发起了远征。他想要加速在罗马的胜利，将自己打造为日耳曼的征服者。结果他被可耻地击退了，但却伪造了一场征服，举行了一场虚假的胜利游行。由于实际上他并没有获得任何日耳曼战俘，提图斯只能将自己所购买的奴隶假扮成日耳曼人，穿上日耳曼服饰，染成黄色头发，在罗马游街示众。当时的切鲁西国王卡里欧莫选择与罗马站在一边。为此，他遭到卡蒂人的谴责、攻击，并被驱逐出自己的领土。卡里欧莫寻求图密善的支持。然而，狡猾的后者只是为他提供了来自罗马的金钱，并没有派出一兵一卒以对抗卡蒂人。多瑙河下游居住着日耳曼部落夸地人和马可曼尼人。当图密善由于拒绝支援对抗达西亚人而试图惩罚他们时，他们击败了一支又一支的军队。他不得不通过每年提供礼品的方式从达西亚人那里买来和平。后来，皇帝图拉真占领了达西亚，希望在那里建立一座堡垒以抵抗东方日耳曼人的入侵。然而，图拉真的继任者哈德良重新更新了对这些东部日耳曼部落每年所要支付的金额。后者开始日益结合成更强大、更持久的联盟，并通过他们的联合力量破坏着罗马的势力。甚至在多瑙河下游的马可曼尼人和边界地区的部落之间，类似的情况也在发生，一个强大的东部日耳曼联盟已经兴起。

这些部落已经达成共识，即如果想要对罗马保持永久的征服状态，就必须依赖于广泛的日耳曼民族间的攻防联盟，这个联盟的范围将覆盖多瑙河中游到下游。在一个世纪的和平时期，日耳曼人在文明上取得了长足进步，他们既与真正的罗马人交流，也与上日耳曼的更早地屈从于罗马的同盟部落交流，在这个过程中，上述共识慢慢地获得了力量并传播开来。事实上，在皇帝图密善统治时期，上日耳曼地区的一个部分，即现在的符腾堡和上巴登州，除了符腾堡的几个西北行政区，都隶属于罗马，作为后者的行省。西边的卡蒂人和东边的赫门杜里人正是罗马文明输入日耳曼地区的接触点。

他们就在自家门边看到了罗马的什一税区。后者部分属于上日耳曼地区，部分属于莱蒂亚，以施瓦比亚阿尔卑斯山的北坡为界。这个地区与日耳曼腹地形成了鲜明对比，无论是在繁荣程度、文化，还是各种有利的享乐设施上，在许多人看来都是值得嫉妒的。不到一个世纪的时间，和平就给这个区域带来了彻底的转变。罗马人、高卢人和日耳曼人居住在相同的村庄和小镇上，并不是相互隔离式地并行居住，而是杂居、通婚。他们从罗马租种农地，生产相似种类的作物，作为租金支付给罗马，而这些土地正是马可曼尼人曾经所抛弃的。这些罗马管理下的上日耳曼地区是日益繁荣的定居点。各种手艺、产业、商贸不断推进到日耳曼腹地，它们不仅符合当地居民的利益，也非常符合罗马的利益。什一税区所呈现的风貌，所展示的财富和舒适，非常适合我们所说的风化征服。如今，人们更热情地推进商贸通道的畅通，而不是军事通道。这些康斯坦茨湖边的城邦和市场中心城镇微笑地看待来自腹地的日耳曼人，赤裸裸地嘲笑着来自北方的日耳曼人。我们或许可以提及阿尔高贝格山脚的布雷根茨、阿尔邦、康斯坦茨和肯普滕。它们沿着内卡河，直到今天仍然是内卡山谷的迷人地区。另外还有罗腾堡、空根、坎施达特、马尔巴赫、木格塔尔的温普芬以及巴登-巴登，后者的疗养温泉和迷人景区当时就为罗马人所爱，直到如今也是全球上层社会所中意的地方。尽管这里没有城市像特里尔，像斯特拉斯堡、斯派尔、沃尔姆斯、美因茨或科隆这样的莱茵河流域城市，但它们仍然是日益繁荣的聚居地。也因此，多瑙河沿岸的军事基地很快就变成了强大的城市。在莱西河流入多瑙河不远处，奥格斯堡显赫崛起。即便在那时就已经是罗马帝国的一颗明珠。不仅是莱蒂亚行省的中心，而且是它最“璀璨的殖民地”。进一步沿多瑙河下行，坐落着雷根斯堡、帕绍、林兹和维也纳。在阿尔卑斯地区则有特伦特、萨尔斯堡、韦斯、诺伊马克特以及许多其他城市。它们不仅仅是要塞堡垒，而且在百年的和平时期已经发展为著名的商业城市、贸易中心，是各国和意大利制造商的货物存储中心。由于罗马不再对日耳曼内部进行任何敌对入侵，也不再采取任何军事行动，这些定居点开始优雅地利用和平发展自身。每一个殖民地都发展为一个微缩版的罗马，混杂着各种民族和宗教。这些定居点的遗迹表明，来自罗马帝国所有地区的人们都和平地生活在一起。罗马、高卢、日耳曼、波斯、埃及神灵的崇拜者们都在遵守罗马法的前提下共处于同一座城墙底下。在这些地方，我们发掘出大量的钱币，表明金钱是从来不存在匮乏的。罗马人一方面努力向这些地方引入一种复合的文明，无论是精神上的还是物质上的，另一方面也在努力确保这些地方能够成为源源不断的收入来源。为了保证这些税收源泉，罗马人在所有方面都在推动着进步，包括土地、工作间以及教育机构。从南部气候区移民而来的老兵们，在他们所分得的日耳曼土地上种植着所有能够丰收的家乡种植物。从康斯坦茨湖到现在符腾堡的弗兰康尼亚地区，各种类型的面包原料生长于土地上，根据耕种的规则得到培育。

在提洛尔山谷的山坡上，在莱茵河上游沿岸，内卡河下游地区，爬满了各式各样顶级的水果和葡萄藤。这些移居者不仅促进了农业的发展，矿业也由他们首先引入了日耳曼地区。上日耳曼土地上隐藏的铁、盐、各种稀缺金属，正是罗马的采矿者首先挖掘出来的，甚至到了今天，斯瓦比亚的许多仍在工作的矿山依然可以证明是起源于罗马的。尽管在腹地的日耳曼人心灵向罗马的艺术杰作、奢华建筑、宫殿、浴室、庙宇敞开之前，好几个世纪已经过去了，然而，在很早之前，这些日耳曼人就已经开始借用建筑中任何有用的元素。罗马的防御工事，他们那坚固的墙和门，高塔和堡垒，拱桥、导水渠和高架路，在日耳曼人看来，不仅印象深刻，而且值得模仿，尽管这种模仿的难度非常之大。对于罗马在日耳曼土地上所建立起来的一切，只需两个世纪，日耳曼人就成了它们的继承者。在他们所获得的一切遗产中，罗马人所规划的公路网同样也价值不菲。至今，它们仍然四通八达地贯穿于斯瓦比亚。

这些公路仍然被称为罗马公路。它们有一些仍然处于使用中。这些坚不可摧的罗马制造成为后来建造的公路表面的强大基础。其他一些不再使用的公路也能够很容易被人们认出来是罗马的遗迹。在斯瓦比亚的许多山坡上，大量耕种良好的肥沃原野下都掩盖着一条罗马公路的诸多部分。在许多地区，高架路如今延伸于山谷中、河流旁，它们过去则蔓延在山坡上，不仅在中世纪如此，直到晚近也依然如此，正如当年罗马人所铺设的方式，未经任何改变。罗马人发现低地林木覆盖，水资源和矿资源丰富。斯瓦比亚山谷的这一状况使得罗马人在军事考虑之外决定将他们的公路铺得尽可能远，遍布山脉、山脊和分水岭，进而迂回地绕开谷底和峡谷。出于同样的原因，最古老的罗马和日耳曼聚居地都建立在粗糙、多石的山脉和斜坡地区。世界上所有地方的农业都开始于山坡，慢慢地向下延伸到河水滋润的谷底，最终让沼泽干涸。山脉不需要排水，山坡能够排干自身。在阿尔布赫和哈特菲尔德山谷，尽管土壤极其肥沃，然而却非常潮湿、不稳定，需要排水，过度地生长着杂草，不利于健康和生活，所有这些障碍都非常难以克服。因此，上日耳曼地区最早的定居者，高卢人和凯尔特人，就聚居在山脉和山脉斜坡地区。继之出现的日耳曼人将他们驱逐出去后，大部分仍然居住在山脉地区。因为就之前的两个民族而言，农业仍然处于襁褓之中，各种设施都还很简陋。然而，对于罗马人而言，在他们到来并攫取了这些土地后，这些困难不再是不可克服的，他们拥有足够先进的技艺和科学，也拥有这些技艺和科学为他们提供的所有必要的设施和工具。然而即便如此，罗马的公路网、军事殖民地、工农业兴旺的民事聚居地仍然继续存在于山脉地区。也正是这些罗马移民，开始首先耕种培育那些次等土地。因为正如最初的罗马公路都是为军事目的服务的一样，最初的移民定居点也是出于战略考虑而被设置的。

这些公路建造得很像堤防。它们被铺砌而成，覆盖着一层小石头和沙土。而在上斯瓦比亚地区，由于缺乏铺砌所需的材料，那里的路是由经灰泥黏固在一起的瓦砾而形成的。这些公路的主要目的是为了维持对被占日耳曼领土的持续占有，便于进一步向西、向东对日耳曼腹地展开扩张，并且在危急关头能够为罗马军队的撤退确保一条通道。然而，与军事殖民地的情况一样，这些古老的、纯粹民用性质的村镇开始变得人口众多，新的村镇被建立起来，大量新的公路系统被铺设开来连通这些村镇以及军事基地。这些公路也因而不再主要履行军事功能，而是出于商业目的。除了大量附属的军事和商业公路，12条主要的公路贯穿于什一税区（今天的巴登和符腾堡）。另外还有一条漫长的边境公路，部分紧邻边境地带的罗马城墙，部分则与之保持了不同的距离。这条公路从霍亨斯陶芬至美因河上的弗雷登贝格，并进而延伸向前。

罗马人在很早以前就建立了高大的边境墙以包裹这一地区。这道墙，或者说是壁垒，连接着莱茵河和多瑙河流域的古老要塞，保护着边境。它向西北、东南延伸。在一个方向上抵挡着日耳曼人；在另一个方向上抵挡着还未屈服的东萨尔马特人和高卢日耳曼部落。这道边境壁垒在二世纪初就已完成，而直至今日，这一古老的罗马工事依然在很远之外就清晰可见。它的桩结构还能够在今天流行的人名中追溯出来。普法尔、普法尔格拉本、普法尔海客以及恶魔之墙。巨大的墙连接着塔楼和要塞，保卫着土地和人民。在已经拥抱基督教的日耳曼人眼里，这堵墙巨大到非人手所能树立，它只能是恶魔、异教王子的杰作。根据中世纪传说，恶魔恳请上帝赐给他尽量多的土地，他能够在鸡群前用沟渠或墙圈出来多少就给他多少。他的请求得到了应允。于是他便圈出了莱茵河和多瑙河之间的这一块上佳的日耳曼土地。

这堵墙起始于多瑙河上的克尔海姆，离雷根斯堡不远的地方，直到艾尔旺根辖区的艾克，就在符腾堡的边境上。从那儿延伸至哈尔海姆、普法尔海姆以及霍灵根，再到达尔金根南部。从那起，以“高街”为名，它绕过多尔戈霍夫，达至施托卡赫，布拉克旺的森林地区。从那起，在海姆斯和雷恩之间的台地上，它越过克劳森霍夫和沙夫豪斯勒，来到布莱恩科森。从那里又延伸到了沙夫豪斯，越过普费尔巴赫、阿德尔斯特腾和阿尔特多夫，再到魏尔茨海姆的普法尔布霍恩。在那里，这堵墙的东半部分与西半部分相交接。

西半部分开始于霍亨斯陶芬山脉的山脚。在那之上，即阿尔布山的西北坡，蔓延着一道罗马防御工事。也就是从这里开始，边境墙向北延伸至洛尔西，再从那里到达普法尔布霍恩。从普法尔布霍恩起，墙突然向西转去，朝西北方向行进，越过穆尔哈特，来到梅因哈特、厄林根、雅克斯特河豪森、奥斯特布尔肯以及瓦尔杜恩。在弗洛依登贝格下方，它到达了美因河，穿过美因河，来到了阿莎芬堡。从美因河沿岸的米滕贝格开始，更为古老的防御工事与边境墙相连，作为它的延续。这些更加古老的工事从施佩尔萨特一直延伸到陶纳斯山脉，再到莱茵河，一直向下延伸到科隆，但它们并没有与边境墙组成同一个工事。这个名字和传说只是指向从阿尔特穆尔河口附近的多瑙河出发，经过凯尔海姆地区的希恩海姆，直到阿沙芬堡的那堵墙。从希恩海姆到普法尔布霍恩，在洛尔西附近，即海姆斯山谷里古老的斯瓦比亚修道院，它被称为跨多瑙墙。从霍亨斯陶芬到美因河，因为它沿着莱茵河的路线，从而被称为跨莱茵墙。

值得注意的是，在霍亨斯陶芬西边，从雷根斯堡到洛尔西，跨多瑙部分从中世纪开始至今，就一直享有“恶魔之墙”的名字。而在内卡河、美因河，下至莱茵河的居民中，另一半则保留着更古老的称谓，即普法尔格拉本或帕利塞兹。时至今日，莱茵河流域的居民也要比多瑙河流域的居民怀有更加公正的观点。

这项似乎超越了人类力量的工事从其开始已经过去了1500多年；然而，到了今天，不仅可以看见它的大部分，而且还可以穿越过去；今天的世界穿越了这堵边境墙的很长一个部分，仿佛它是一条路。通向多瑙河的地方，它由一段堤防构成，根据地势的不同，有二到四英尺高，还有一条12英尺宽的道路。路面是用水泥铺的。

在墙的后面，不同的距离之外，坐落着一些人造土丘，四周环绕着沟渠、城堡和带防御设施的居民点，从那里可以保持对道路的监视；从霍亨斯陶芬到美因河，是一堵土墙，带有沟渠，其外部有20英尺宽。即使是现在，在它保存得最好的地方，也有13英尺高；地基的宽度在25到30英尺之间；顶部宽度在四到五英尺之间。紧靠墙后是一排房子，间隔大约五六百步。在舒特许格尔，我们至今还能看到其中一间哨所的遗迹，方形，墙有两英尺半厚；这些房子离边境墙大约有20步远。隔着两个半或三个半里格的距离，是强大的边防要塞：洛尔西、普法尔布霍恩、穆尔哈特、美因哈特、厄林根、雅克斯特河豪森等。这些要塞被公路相连，部分不在墙内，部分位于墙内，是许多高架路的交接点，维持着与更大城市和什一税区设防区域的连接关系。

这条防御线以一条直线的形式爬山越谷，只有因地面状况迫不得已的时候，哨所、塔楼、小城堡之间的距离模式才会发生变化或被打破。

这堵墙是罗马帝国的第一道防御线。第二道防御线是斯瓦比亚阿尔卑斯山，大自然自身所形成的一道防线，在诺德林根之上，从依普夫贝格到斯帕青根附近的三一山。然而，根据罗马的战争科学，在许多地方，这道天然屏障都得到了人工沟壕的强化。多瑙河右岸，同样得到了强大的防御增效，从而形成了第三道防线。

在跨莱茵墙之后，内卡河形成了第二道防线，黑森林形成了第三道，莱茵河形成了第四道。

这堵墙及其防御工事以及公路网，肯定是整整两个世纪的产物。这件工事从奥古斯都统治时开始，贯穿于其后的绝大多数继任者时期。尽管每个皇帝并没有对整个工事作出一个计划，然而它的最初部分一旦建立起来，就自然而然地接受着后来扩张的加入。在罗马繁盛的很长时间，无论她尝试什么、着手于什么，从一开始在她的计划中，她都保持着宽阔的空间以使其能够逐渐前进，她不仅着眼于数十年后，而是数百年后。尤其是在长期的和平时期，为了确保士兵们的训练和身体状况不至于在安闲中退化，他们便受雇于建立防御工事以及整顿道路系统。

在边境墙内，有军团保护着，有发达的交通网络，具有极高审美价值和多样化的文明得到了长足发展。由于这些地区的人口并没有受到罗马权力结构的压制，文明的发展也就更加容易。在公元后的前两个世纪，对于多瑙河及莱茵河之间的这些日耳曼地区，罗马持有并实践着与后来奥地利王室所奉行的同样的原则。这些行省所须交的税很少，它们在很多方面都得到了恩惠和帮助，非常突出地受到帝国朝廷的偏爱。帝国朝廷经常就在巴登-巴登，康斯坦茨湖边，也就是特里尔的墙内。

斯瓦比亚的罗马人定居点，曾经将罗马文明带向了北方，如今它们的遗迹都埋藏于泥土之下。它们要么被森林覆盖，要么已经经受了几个世纪的耕耘。在第二世纪，防护墙后的平民定居点日益增加。这些定居点和国家南方和中心的其他定居点一样，也为自身寻求富饶的土地和地区，寻求那些“阳光明媚四季如春的区域”；通常都是两条河流或山谷投射出来的地方。然而，这些公民定居点，以森林为背景而闪耀着的别墅，罗马、日耳曼、高卢以及各种混合种族中的富裕公民住宅，远离高架路、位于乡村的农庄，它们提供日用补给、车马更换、邮政服务，所有这一切都从地表消失了。它们的遗迹和残存都埋葬在泥土里，既在内卡河的谷底，也在多瑙河的谷底。仅在符腾堡，就发现了498个罗马人定居点，全都在地下。类似的情况也出现在巴登，除了主要的城市，也都在地下，康斯坦茨湖沿岸也是如此。依据最新的研究，地面上的那些被声称为罗马的工事其实都是中世纪日耳曼人的产物。几个世纪以来被视为罗马的教堂，如图宾根和赫辛根之间贝尔森的小教堂，纳格塔尔上黑森林边界处库平根的废弃教堂，扎博尔高的圣米歇尔斯堡上的教堂以及其他许多教堂，它们并不属于异教国家。无论它们的雕塑多么神秘，它们还是属于基督教建筑的早期罗马阶段。罗马帝国中曾经在上日耳曼闪耀的那些异教神庙、茨维法藤的太阳神神庙、穆尔哈特的密特拉神庙、罗腾堡附近苏尔成的神庙和剧院，所有这些都已不在地面上了。从地下发掘出的一些遗迹表明了这些建筑工事曾经就站在那里。代表大大小小罗马神明的石像被从地底下挖掘出来，我们可以从中找到朱庇特、朱诺、马尔斯、阿波罗、戴安娜、密涅瓦、赫拉克勒斯以及缪斯和各种山林水泽的仙女。最常见的是墨丘利雕像，他是贸易和商业之神。在莱姆斯山谷发现了波斯的密特拉神庙，它就在菲尔巴赫附近，离罗马的魏布林根殖民地不远。在中世纪，由于萨利安和霍亨斯陶芬皇帝，这处变得格外有名。在图宾根上方，内卡河流域的罗腾堡，一具伊西丝像重见天日。这些石像表明，在上日耳曼地区，尽管接受了罗马统治，雕塑技艺并没有得到长足发展。罗马和希腊的凿子并没有被用来塑造这些神像，它们的生产也不是为了当地的罗马人或意大利人。后者的眼睛长期浸润在覆盖意大利的罗马艺术中，是不会允许这种水准的神像出现在他们家里或地区的神庙中的。尽管难以置信，它们也证明了，尽管罗马的贸易和工业人口持续保持着与意大利的联系，他们的艺术观念却被“野蛮化”了。或者说，这些制造粗糙的神像是由高卢和日耳曼人为那些通过婚姻罗马化的高卢和日耳曼人制造的。又或者说，它们的制造是为了那些易于异化的日耳曼人，他们处于异族的统治下，就倾向于接受异族的习俗和神，既出于自我利益，又出于倾向于接受所有外来事物的习性。这种习性即便在今天，也还是依附、寻求、热爱着所有外来事物，更胜于日耳曼人特有的民族性事物。

在这些石头神像和金属的动物和神像间存在着突出的区别。前者尽管在构思上具有艺术性，但在制造上却是非艺术的，后者数量众多，却拥有较高的艺术价值。

比如，在波布林根发现的丘比特铜像，罗腾堡发现的阿里阿德涅像，在坎施达特附近的扎岑豪森发现的赫拉克勒斯像，图宾根附近的瓦森朵夫发现的墨丘利，以及在内卡河附近的孔根挖掘出来的丘比特和密涅瓦。

在上日耳曼地区和莱茵河流域罗马文化和文明的存在，100多年来对于之后日耳曼人民的发展尤其重要。因为正是在这里，日耳曼人用自己的眼睛看见了市政组织，看见了有序的公民生活和公民产业所能带来的优点和益处。一个民族只有在公民德行和产业的基础上才能上升到拥有真正的自由。日耳曼人所说的自由完全是或至少部分是那种蛮荒式的自由。位于日耳曼地区的罗马城市分为两类，要么是“殖民地”，要么是“自治市”。“殖民地”拥有罗马公民的所有权利。从外观上来看，它们就是罗马的微缩版本，其社会和政治机构都是对罗马相应机构的复制。“自治市”并不是罗马公民的共同体。它们或许出自一个别的民族，后来实现了罗马化；或许由一个罗马与其他民族的混合社会而构成。因此，一个自治市并不拥有罗马法和罗马公民权，而是保有自身的机构和习俗。自治市尽管只是一个小城镇，其行政长官却与模仿罗马而建的大城镇殖民地是一样的。两类城镇都是罗马帝国不可分割的部分，却各自拥有自己自由的市民组织机构。这些罗马城镇不仅仅是日耳曼帝国内贵族制统治下的自由城市的模范，而是在许多情况下，它们自身首先发展成了自由日耳曼城镇，继而发展为“直接的”帝国城市。每一个罗马城镇都有一个元老院，即市政议会。其中，参议员家族的阶位是继承性的。元老院由殖民地和自治市的地方行政官组成。没有人能够出让他的阶层而不提供相应的补偿，因为由此而来的收入使其成为用益权使用者。拥有世袭的市政议员资格完全取决于他自己的议员阶层。放弃他的阶层就是放弃他的所有物。无人能够出让他的整个或者任何部分的所有物，除非是给那些同样拥有世袭参议员阶层资格的家族成员之一。这个特权阶层管理着公共基金，他们是城镇和国家，殖民地和罗马城市，以及被委派的行省行政管理官员间的连接纽带。从他们自己的群体中，元老们选择城镇的官员，一部分任期一年，一部分任期更长。也就是说，首先选择出最高行政官，在所有民事法律和地方关系事务中代表着整个城镇；接下来，在他身边并隶属于他的是财政官员；进而是负责提供日常补给、监督价格、度量的官员；最后则是负责公共建筑的督导员。

就这样，靠罗马得到建立，靠罗马文明实现繁荣，上日耳曼、莱茵河流域、美因河流域、摩泽尔河流域，以及多瑙河流域（如今的巴伐利亚王国和奥地利首府）的罗马城市过渡进入了日耳曼的历史中。这个后起的国家在400年后，将永久性地将罗马的统治逼退到阿尔卑斯山的另一面。

达到高度繁荣程度的城镇包括下面这些最为重要的地方：斯特拉斯堡、特里尔、施佩尔、美因茨、巴塞尔、康斯坦茨、布雷根茨、奥格斯堡、雷根斯堡、帕绍、维也纳。不止几百个，而是几千个较小规模的殖民地带着市政机构、民法、罗马文明及其所有的果实从古老的罗马帝国进入了崭新的、挣扎中的日耳曼帝国。

多瑙河南部、莱茵河右岸的这些地区，在2世纪展现了一副崭新的面容。这副面容是那么合适于带领当地的人民走出蛮荒，走向更高的文明。在每个人的眼中，这些地区都具有非凡的吸引力，不仅能够在保护贸易方面非常实用，也能够促进普遍的文明。

罗马人杰出的强项体现在农业、采矿业（这一技艺当时还为日耳曼人所不知）、建筑、修路、航海。然而，人们不太注意的是，他们在组织教育方面同样值得学习。

在这些罗马城市中，存在着组织良好的教育机构。不仅有私立学校，也存在着很多公立学校，它们被国家管理着，既得到国家的资助，也得到当地城市的资助。修辞学、哲学、语法学、医学、数学老师都加入了这些学校。他们从国家和城市获得很高的工资待遇，享受着很多优待，并不需要承担一些公共义务。他们作为个体，享有很高的荣誉和尊敬，既在其私生活，也在其教学中。教育以及由教育产生的整个文化都得到了最大范围和最高价值的展现。在公元3世纪，特里尔的公共学校在全日耳曼是最为著名的，著名到它们能够与罗马和米兰的学校相媲美，不仅在教学质量上，也体现在知名学者的数量上。在每个大城镇，都有很多藏书。不仅有钱的罗马人，富裕的罗马化的高卢人和日耳曼人也有私人藏书和艺术藏品。这些因贸易和在罗马帝国享受的特权而发家致富的高卢人和日耳曼人，接受了罗马文明的洗礼，他们并非拥有真正的品位去欣赏这些书籍和艺术品，而是仅仅把这种收藏当作一种潮流，用来装饰他们豪华的宅邸。

这些教育安排所产生的效果波及范围之广，能够在巴达维亚战争中得到证明，也体现在西菲利斯和华伦提努这些崇高贵族人物的身上。我们不能指望，一般日耳曼大众也能够被这些科学文化所渗透，然而，这样一种文化宝藏还是被埋在了日耳曼土地上的罗马城市中，一座沟通的桥梁也得到了搭建，通过它，科学文化能够从南方传播到北方。人民迁徙也并没有摧毁这些文化。认为这些事件导致了文明的毁灭或衰退，只是到了很久之后才又从头复兴，是不正确的。当民族大潮的波澜退却之后，罗马式生活和制度又重新出现了。民族运动的洪水冲刷过去，暂时将它们掩盖，却并没有杀死或埋葬它们。住在那里400多年的灵魂，被整个古代文明浸润的灵魂，本身就是不朽的。

当我们读到那么多流传下来、密集地居住在上日耳曼地区的部落名字时，我们的感受只能是惊讶。有些名字在日耳曼地区的中部、北部和西北部也能看到，如绥威人和汪达尔人，以及其他一些要么属于绥威要么属于汪达尔联盟的部落。原因在于，“汪达尔”并非一个民族的名字，而是意指“移民”，那些在家乡以外寻求定居点的人们。在那股移民潮中，所有种族和部落的分支都涌入其中。而伟大的日耳曼人种绥威人，它的名字并不指称这一移民潮流，而是指到处迁徙的人，就像游牧民一样。这些部落名字的出现并不证明他们已经定居在了上日耳曼，而是说这些北部和西北日耳曼地区的人们经常向南迁徙，居住在后来罗马墙所圈起来的那些空地上。正如，在马尔博得离开之后，赫门杜里人、利基人、纳里斯齐人来到了被遗弃的地区，与罗马形成了联盟关系。他们所追随的榜样是特里波齐人、内美特斯人、范吉昂内斯人。后者的名字，万根，仍然出现在南部德国的一些地区，或者是类似常见名字的一个组成部分。

在罗马的保护下，无论是作为盟友还是作为皇帝的臣民，繁荣程度越大，这些地区所展现的吸引力就越大。由于在这些上日耳曼国家中，原初的日耳曼人所要承受的贡赋非常之轻，远远轻于之后的殖民地，他们与罗马公民一起享受着罗马文明，因此这些地区吸引着各处的移民者前来定居。当罗马帝国处于瓦解状态中时，他们直到3世纪才开始受到来自罗马的压迫。在日耳曼大众中，无论对无限制的自由的向往冲动是多么的强烈，到目前为止，我们也已经看到了，对金钱，对增长的财物、权力的热爱，对异域习俗和精美生活的偏好，也都在北部和中部日耳曼地区向外扩展。正如有些人在罗马旗帜的号召下，在罗马金钱的收买下，去到了远东和非洲，也有许多人将自己对独立和民族自由的原初之爱隶属于对财富和快乐的获取，而这些获取是在罗马边境内实现的。

在几个世纪的文化被赐予北部和南部日耳曼土壤之后，如果我们今天将莱茵河、内卡河、多瑙河源头的上日耳曼地区与北德进行比较的话，可以很公正地说，南部省份更加美丽。任何拥有能够欣赏自然美的眼睛的人，当他们到访南部德国之后，毫无疑问都会被巴登和符腾堡所展现的美所惊讶。

自然原始装潢这些山区的美，固然得到了教化培育巩固和提升。然而，即便没有文化，这些省份的原始美也远远胜过美因河以外的土地，更加可爱、更加和蔼。在罗马人到来之前，日耳曼人就已经在这些土地上耕作了不止2000年了；而在他们到来之前，又被凯尔特人耕作着。不仅那些环境更加温和的地区如此，今天符腾堡的阿尔卑斯地区、阿尔-布格、黑森林、阿尔高，即巴伐利亚和符腾堡的整个上斯瓦比亚地区都是如此。即便其中环境最为恶劣的地区，相对今天来说，土地也依然很肥沃，气候在1000年来也比现在更加温和。如今的许多地区，葡萄树结不出任何果实，只有绿叶，抵挡着夏日的酷热，而在那时，却在几个世纪里都果实累累。北方的儿女们对大山、高地感到惊讶，它们时而缓缓下倾，时而陡峭耸立。在自己的家乡，他们或许已经见过宏伟的森林，而这些森林所包围的美丽树木、高山却是新奇的。尤其是在森林开始的高地上，到处都充满着玉米、葡萄藤。草地碧绿明亮，从布满上千个幽谷的山坡上一直蔓延到山脚的联排浓密树林，遮阴着灌溉牧场的泉水，为工业劳作提供了水源便利。一直延伸到美因河流域的乡间所覆盖的圆形山脉的形状并不因光影的变化而在视觉上有任何变化，这个形状是由大自然本身深深印在这些山脉之上的。

山顶上的城堡遗址并不能被追溯到中世纪以前。无疑，这些高地是在罗马时期被罗马雇佣下的日耳曼军队的领袖们所占领的，或者是被罗马保护下的日耳曼同盟部落所占领的。这一古老的占领行为的遗迹在斯瓦比亚地区以“林堡”之名被保留下来。这个名字意味着“林姆斯”上的城堡，该词正是边境墙的罗马词。

从一开始，这些上日耳曼地区、上巴伐利亚、北部瑞士、巴登、符腾堡就比其余大部分日耳曼地区更加具有吸引力。在2000年的进程中，无论有多少改进被加在这些土地上，自然所印在其上的原初样貌并没有比中部和北部日耳曼领土发生更多的变化。也正是由于这些自然条件上的优越性，这些地区从一开始就更加吸引移民者的到来。这些自然优势在每一个到访者心中产生了鲜明的印象，即他们所处的自然位置永久保持着不变状态。尽管在长长的山坡上，如今葡萄藤蔓延着碧绿，而在曾经却只有森林，正如内卡河谷及陶博格伦德地区所展现的风貌。斯瓦比亚山脉的顶峰还在上升，高如蓝天。它们头顶上戴着巨石皇冠，树木像绿色斗篷，一直蔓延到山脚。今天，正如昔日一样，福拉尔贝格、阿尔高、巴伐利亚的奥勃兰的冷杉树依旧高耸，俯视着下面光亮透明的湖面。莱茵河、多瑙河、伊勒河、内卡河、莱西河，如今也同过去一样，水波翻滚着穿越人口众多的省份。山脉中的各条小溪小河，从所有方向上带着潺潺作响的涟漪都积极地汇入并壮大着它们的水流。今天，也正如2000年前一样，穆尔格河翻滚奔流，穿过其河床上的巨石暗礁，以一种胜利的喜悦精神奔腾于左右两岸的巨大森林中，从巴登、符腾堡的黑森林，一直涌入莱茵河。

巴登的黑森林在景色的优美与崇高方面更甚于符腾堡的黑森林。然而，整体风景的特点是一样的。“深沉的庄严笼罩在广袤、幽暗的松林顶端。巨大的树干从红色的沙土里拔地而起。在这片土壤上，人们清理、开辟出了许多空地，建造了房屋，实践着农耕。河滩洼地深藏于碧绿之中，像绿色的绸带穿过森林。清澈的河流小溪里住满了鳟鱼。两边更小的水流涌入其中，一起飞快地穿越晴朗的平原，为人类产业增添着力量。甚至在最为与世隔离的谷地，在人类居住看似最不可能出现的地方，一些大型锯机还是开了过去，将生命带到了最为幽闭的森林之中。从村舍升起的烟柱常常就足以揭示出人类的存在。伐木、撑筏者的住所别致地散落在山坡底部的水平面上。随着山谷从山的中心退去，平地变得更宽，河流更大，城市和村庄取代了孤独的住所。随着时间的推移，森林的面貌变得不那么崎岖不平，并显示出许多迷人的风景，如纳戈尔德、维尔德贝格、卡尔夫、希尔绍、利本泽尔、纽恩布尔格、维尔德巴以及泰恩纳赫。黑森林的东部的环境没有西部那么粗野，西部的环境比较具有多样性，在这里是荒野，在那里则是宜人的山谷和峡谷，一直这样延伸到符腾堡。山湖在这里的风景中构成了一种忧郁的特征。但是，向西、向西北、向西南，就可以看到巴登黑森林伸展开来，狭窄而轮廓分明的山脊和数不清的突起，就像一张凸凹的地图，映衬着那宽阔而迷人的峡谷，支流蜿蜒而过，像一根银线。在黑森林的北部和东部边缘，一个肥沃的地区一直延伸到霍恩洛厄平原。茂密的松树林和落叶树与肥沃的葡萄园、果园、肥沃的玉米地和草地相互交错。”

虽然这些地区经过十个多世纪的开垦教化形成了迷人的风景，但是罗马人实际上并没有做很多工作，自然已经在那里了。当教化耕耘和自然同时发挥作用时，北方的子女们爱上了在这片土地定居，尤其因为他们自己的家乡环境并不十分友好。这一生机勃勃的种族，迅速增长的人口很快就导致人口过剩。无论是森林的野味，还是河里的水产，抑或是田野的耕作和牲畜的饲养，在当时德国北部低水平的农业状况下，都不再能够提供充足的生活物资。人和兽都缺少食物，而这从一开始就是这一“森林和大山的民族”（在西方高卢人的言语中，这是“日耳曼尼”的意义所在）开始其游荡的主要原因。在和平时期，尽管日耳曼人部落之间和派别之间存在冲突，然而他们与罗马之间并没有战争爆发，只有一些很小的边境矛盾，因此人口必定过量增长。在这个趋势中，对于那些更加倾向于做一名士兵而非庄稼汉的阶层来说，有很大部分加入了罗马的军队，为罗马效劳。然而，他们人口中的大部分定居在了美因河和阿尔卑斯山脚之间的土地上。事实上，最富有能量和事业心的年轻人，也就是那些西绥威族的年轻人，他们带着自己强壮的身体移民到了上日耳曼地区。在那里，他们变得非常可怕和强势，以至于排除了该地区所有古老的绥威和斯瓦比亚名字，而将自己的名字加在这些新的定居点上以至于数百年之久，被世人知晓为阿勒曼尼人的土地。

我们已经讲述了战争和纠纷是如何在日耳曼腹地爆发的，布鲁克特利人的强大部落是如何被驱散的，以及一个地区较弱的居民是如何被更强大的邻居暴力欺压的，他们将自己的家园让与霸权，要么是被暴力驱逐，要么是自愿放弃，因为他们如果希望在国外寻找新的定居点，与其让自己的家乡落入其他日耳曼部落之手，不如将其交与罗马。

德国南部有很多景点名胜。在与西菲利斯及其同盟者的战争结束后，一群移民从西部、北部低地日耳曼的各个省份涌入那里。令人遗憾的是，我们没有能够从同时代罗马人的叙述中进一步了解日耳曼的情况。维蕾德的贵族亲戚们从帝国朝廷不仅因他们对民族利益的背叛而接受了金钱贿赂，罗马也承诺为他们建立一个小王国，让周边的自由部落隶属于一个布鲁克特利国王。罗马已经在切鲁西人中执行过这一计划，正如在东日耳曼的马尔博得。在共和制生活存在的地方建立小王国，哪怕只是某种粗糙的形式，总是罗马政策的目标。因为这样的制度首先使日耳曼人的力量因各部落之间的持续纷争而减弱，其次能使那些被罗马授予光荣称号的日耳曼人的小君主们对罗马产生绝对的依赖性。

为了给布鲁克特利人提供便利，也为了孤立英雄西菲利斯，罗马政治家们对腾科特立人、乌溪鄙夷人提供报酬、军事服务以及帝国北部疆域内的土地，因此引诱了他们中大量的人离开其过度拥挤的家乡，前往南部日耳曼，并在那边定居下来。他们的贵族领袖们很容易就被罗马的黄金以及新地方下舒适的生活所收买。也许这就是罗马的策略。这些地区曾经被称为阿勒曼尼人的土地，现在却大大充斥着腾科特立人、乌溪鄙夷人、卡蒂人的军队，或许还有巴达维亚人，后者在巴达维亚战争中被调教得非常善于作战。阿勒曼尼这个名字最初出现的地区是在莱茵河、黑森林、金奇希河、内卡河中游之间，一边是从温普芬到它与莱茵河在曼海姆相交的地方，另一边则是到恩兹与内卡河在贝西希海姆附近交汇的地方。

认为阿勒曼尼人和绥威人的区别是一个当代的区别，这是错误的。“《阿勒曼尼语诗歌》的作者赫贝尔，是阿勒曼尼这个名字被用于巴登奥伯兰的居民的一个主要原因；他最初是为他所属的斯瓦比亚人的一个支系起了这个名字，他的诗也正是用斯瓦比亚人的方言写的。”

3世纪末的波伊廷格·塔布尔将绥威亚或斯瓦比亚描述为阿勒曼尼人之后的一个国家。奥罗修斯、普罗科匹厄斯、保罗·沃恩弗里德明确地把绥威人描述为阿勒曼尼人的邻居。图尔的格列高利、弗雷德加留斯和保罗·沃恩弗里德在第6世纪末和第7世纪初，将绥威人定位为沃登的崇拜者，而康斯坦茨湖东部一直到布雷根茨的阿勒曼尼人则不是。在457年，绥威人奥多亚塞和法兰克国王齐尔德里希结成联盟，对抗阿勒曼尼人。约南德斯明确地说，在472年，绥威人和阿勒曼尼人，一个在楚内蒙德领导下，另一个在阿拉里奇领导下，联合起来对抗上潘诺尼亚的东哥特人国王西奥多米尔。后者穿过冰冻的多瑙河，进入现在的斯瓦比亚州的苻腾堡地区，击败了他们。约南德斯明确地将楚内蒙德称为绥威公爵。当法兰克人查尔斯·马特尔在725年渡过莱茵河时，同时代的历史学家弗雷德加留斯说，他“首先进入阿勒曼尼人的土地，然后进入绥威人的土地，然后穿过多瑙河进入巴伐利亚”。根据约南德斯的说法，在第四世纪，绥威人“生活在阿尔卑斯山脉和温德利西亚的莱蒂亚的阿尔卑斯地区”，在布雷根茨和肯普滕附近，远至莱西河及其源头。

约南德斯的描述表明，他很熟悉上日耳曼的情况。南绥威人最古老的贵族家庭，维尔夫斯或居尔福斯的家就在这一省份。在整个中世纪，该家族拥有其所有的绝大部分，也就是在符腾堡的上斯瓦比亚、在巴伐利亚以及在霍恩施万高。在八世纪，住在莱西河到康斯坦茨湖之间的巴伐利亚人的邻居被称为斯瓦比亚人，明显地区别于阿勒曼尼人以及所居住的领土。

根据哈斯的说法，萨尔茨和克拉奇之间的阿尔曼斯瓦德，海德斯海姆的东部，戈池海姆的南部，位于霍赫贝格的马克格拉威亚特的阿尔曼斯贝格，康斯坦茨湖沿岸的阿尔曼斯多夫，奥特瑙的阿尔曼斯维勒，这片地区相当准确地标示出了阿勒曼尼人的领土朝向斯瓦比亚的边界。

阿勒曼尼人在三世纪后半叶甚至被佛比斯库斯命名区别于绥威人。同样，奥勒利乌斯·维克多，大约在四世纪中叶，在他的罗马皇帝历史中，提到了卡拉卡拉对美因河附近的阿勒曼尼人的征服。阿勒曼尼人已经是“一个人口众多的部落，擅长马上作战”。很明显，他说的不是著名的绥威人，而是一个刚刚出现在历史舞台上的新民族，一个由骑兵组成的民族。当罗马皇帝卡拉卡拉与阿勒曼尼人发生冲突时，在公元214年，阿勒曼尼人已经将他们的定居点从巴登奥伯兰扩展到内卡河与美因河之间的乡间；在这里，他们沿着向北的方向，而在另一边则朝南和西扩张。甚至萨尔河、莱茵河、孚日山脉、侏罗山脉，即西北部瑞士、阿尔萨斯、瓦斯高、松高地区，也很快被莱茵河外的阿勒曼尼人占据。在侏罗山、阿尔、纽沙特尔湖，阿勒曼尼人与“高卢的勃艮第人”交接，后者区别于东北部日耳曼的勃艮第人。然而，在这些勃艮第人中，日耳曼的成分依然占据着主导。很有可能的是，“勃艮第”并非他们的名字，而是意指“保护边界的雇佣军”。这一点在某些罗马作家笔下得到了确证，他们甚至将汪达尔人也

称为高卢勃艮第人。

因此，阿勒曼尼人土地原来的中心是在阿里奥维斯图时代乌比人居住的地区，即巴登奥伯兰的美丽地区，尤其是布雷斯高。从那里，他们散布在先前所描绘的地区，即巴登黑森林的山坡。在这片山脉中较为平坦的那些部分，他们定居下来，一直到内卡河，其原始所在地位于巴塞尔和弗莱堡之间。这些可爱的森林斜坡，巴登韦勒的“阿尔曼”，就是阿勒曼尼人名字的来源。

对于这个名字，有各种不同的解释，今天的学者们一致认为，“阿勒曼尼”一词的意思是“在所有人之前的，最勇敢的人”。如果这些来自德国北部和南部的研究者们能够离开他们书房的舒适环境，去到大自然和真实的世界中，他们就不至于提出这种不合实情的猜想。在不离开书房的前提下，他们也可以从佛比斯库斯的一段话中得到观点。这段历史的作者庆幸自己是第一个向古代文明爱好者指出这一点的人。佛比斯库斯写道:“阿勒曼尼人直到那时，被叫作日耳曼人。”

条顿族从来没有把“日耳曼”这个名字用在自己身上；他们之所以被罗马人这样称呼，是因为罗马化的高卢人把离他们最近、也是罗马人最先接触到的那批人称为“日耳曼尼”，或“大山森林的居民”。源自高卢语单词Ger，指山里的森林，或山脉的林地范围。比利时人、西班牙人和葡萄牙人至今还把日耳曼这个名字用在森林地带的居民身上。

因此，高卢语名字日耳曼和条顿语名字阿勒曼的意思是完全一样的——“林地山坡的子女，阿尔门的子女”。阿尔姆这个词被用来意指长满绿草的山坡、深入山谷的柔软的绿色牧场。这一用法并不仅仅出现在赫贝尔诗歌所用的严格的阿勒曼尼方言中，而是出现于所有上符腾堡、上巴伐利亚、提洛尔和瑞士的方言中。最初，是莱茵河外的高卢人这样称呼日耳曼人，而现在，则是莱茵河外的高卢日耳曼混血族人将这些住在巴登黑森林山坡上的人，或者这些可爱的阿尔门人称为“阿尔曼人”。

来自西绥威和低地地区的骑兵组成了人口的核心，然而，移民很快就在数量上超越了原初的居民，而他们则是高卢人或部分罗马人。后者的婚姻可以说是贫瘠的，而阿勒曼尼人则是多产的。一位罗马历史学家这样评论阿勒曼尼人：“这是一个令人惊讶的民族，在其成长历程中无论遭受了多么深重的苦难，他们依然在数量和力量上实现着快速增长，以至于人们觉得在几个世纪以来，他们都没有遭受任何损失。”这一好战的骑士民族很快成为一个同盟的核心。这个同盟从莱茵河上游一直扩展到美因河。从作为这个同盟的核心开始，这个民族很快将自己的名字加在了整个同盟之上，加在了所有主动加入这个同盟的部落之上，也加在了被迫加入同盟与阿勒曼尼人联合的部落之上。今天，仅仅在一些城市和村庄的名字中，我们才能找到这些小部落名的回响和残余。

第二十三章

伟大的日耳曼同盟反抗罗马的开始，由东部马可曼尼人、夸地人及东高卢人领导的第一联盟

在长期的和平时期里，日耳曼东部和北部以及南部都爆发了人口的大量增长；他们原来的边界太狭窄了。除此之外，东北部的日耳曼部落受到了伟大的斯拉夫民族大家族的逼迫，后者在那一历史时期终于从亚洲来到了欧洲。

斯拉夫人是一个有天赋的、好战的、对文明持有开放态度的种族，他们在日耳曼人之后定居在了黑海、喀尔巴阡山脉北部和波罗的海。即使对于现在最好的斯拉夫人来说，那个时代的斯拉夫人也是一个非常不同的种族。在他们的原始时代，自由的精神存在于他们身上，如同存在于日耳曼人身上一样。对于这两个民族来说，共同体的决定是他们公共生活的基础。他们是一个纯洁、未被腐化的民族，生儿育女，生生不息。他们最初定居在波斯和亚美尼亚山区，这一点可以通过他们的语言和宗教与古代波斯

人的语言和宗教所具有的关联得到证明。他们的宗教，和波斯人的宗教一样，是对光的崇拜。斯旺特韦特，或者叫贝尔博格，是他们最初崇拜的神明之名。斯旺特韦特是光明、仁慈之神。贝尔博格是光之神。车尔尼伯格或策内伯格是黑暗之神，是后起的神灵，如同其他那些象征着各种自然力的次生神灵一样。在斯拉夫人中，如同在其他民族中一样，最初的一神在后来分化成了复数，产生了多个战功不同的神灵。在吕根岛的阿科纳神殿，发现了一具巨大的斯旺特韦特像，有4个头，是典型的统宰万物的先知神的象征。像上一侧是一把剑，有一只丰饶之角，象征着胜利和他所散布的庇佑。

人口日益膨胀的斯拉夫人逼迫着住在多瑙河、奥得河、维斯瓦河流域的日耳曼人。一方面生存空间受到斯拉夫人的挤压，另一方面深深地被罗马帝国内的地区所吸引，日耳曼人抓住了第一个时机对后者展开了进攻。这一时机就是在皇帝马可·奥勒留时，罗马同时与东部的帕提亚人以及不列颠加里东人发生了战争，后者是苏格兰北部的一支野蛮民族。与此同时，在西班牙，罗马帝国忙于处理当地人的暴动和摩尔人的进攻，而在罗马内部，则爆发着饥荒。在这个紧张关头，原本在莱茵河、多瑙河沿岸镇守边境的罗马军团被召回，并被派遣到动乱地区。从东北到西部的所有日耳曼族人则对时机达成了一致的看法和默契。

这场运动从多瑙河下游蔓延开去，经过绥威马可曼尼地区和日耳曼中部地区，到达了莱茵河。日耳曼人决定了在罗马的各个边境上展开联合进攻。然而，被接受加入行动的莱茵河沿岸的部落提前在162年就开启了攻势。他们正是卡蒂人和考契人。卡蒂人越过边境墙进入什一税区，继续穿过上日耳曼的罗马行省逼近莱蒂亚。考契人则侵略了比利时。这些提前爆发的进攻行动并没有产生什么深远的后果，只是使得这些日耳曼人获得了许多战利品并摧毁了部分罗马的防御工事。卡蒂人和考契人各自的军队独立作战，没有导致决定性的结果，他们的对手则是罗马边境的守卫军，后者除了包括罗马人外，还由高卢人和日耳曼人组成。小规模的边境战争持续了两年。直到164年，东部边界上的冲突并没有演变成罗马历史学家笔下的伟大的马可曼尼之战。

马可曼尼人和夸地人首先彼此结成联盟，然后把所有那些部分属于伟大的东北绥威王国的部落集合起来，他们一部分是绥威人，一部分是被绥威马可曼尼人所征服的部落。就连根源于绥威族，却一直独立于马可曼尼人的分支部落，即伦巴族人和赫门杜里人，也加入了联盟；事实上，不仅是那些住在墙外、逼近墙的分界线的赫门杜里人，还有那些作为罗马的封臣进入上日耳曼各省的赫门杜里人，他们现在也切断了与罗马的关系。居住在菲克特高原和弗兰科尼亚山脉的纳里斯齐人，已经隶属于马可曼尼王国，现在自然也被纳入马可曼尼联盟的成员。此外，属于北哥特血统的部落，从北方迁移到了南方，以汪达尔人的名字出现在联盟中。强大的萨尔马提亚部落，雅兹格斯族和罗克索拉尼族也加入了联盟。最后两个部落居住在多瑙河下游、格兰、泰斯和喀尔巴阡山之间。不对，还有当时定居在高加索的日耳曼阿兰人部落，还有那年轻的由东高卢、日耳曼血统混杂在一起的巴斯塔尼人，也加入了这一伟大的事业。

马可曼尼人国王马克马，作为联盟的领袖，对战争拥有最高的指挥权。不幸的是，对这一伟大的反抗罗马的斗争，我们所拥有的记述全都来自日耳曼人的敌人。

马克马宣布对罗马发动了民族战争。一大群部落向南挺进潘诺尼亚，打败了所有对手，大肆掠夺，满目疮痍。之后，入侵的方向，一部分向南和东南，通过伊利里亚进入希腊，一部分向西通过朱利安阿尔卑斯山进入意大利。所有的进攻罗马帝国的部落都由在罗马的军事学校里受过教育的士兵组成，都曾在罗马的旗帜下效力。他们联合起来，在所有战场上都击败了更加弱小的罗马军队。

在这场“日耳曼战争”中，正如马可·奥勒留传记的作者尤利乌斯·卡比托利努斯所描述的那样，日耳曼人在经历了一段漫长的岁月后，第一次实现了高度一致性，这简直是个奇迹。阿米安·马塞林曾说：“这些部落，尽管在其他方面不和谐，但在思想上却是一致的。”罗马的政治家们对这一状况大为震惊，因为一个世纪以来，他们所看到的只是日耳曼人的不和，只是日耳曼人反对日耳曼人的内战。

皇帝马可·奥勒留重新采取了提比略皇帝的政策；他区别性地单独对待联盟中最有权势的成员；他贿赂了最有影响力的贵族；他对一些部落做出了慷慨的承诺，直到帕提亚战争的结束。日耳曼人，按照他们的典型方式，享受着被征服的罗马地区所带来的欢乐。他们没有继续这项斗争运动，因为在这些地区有大量的快乐等着他们享受，也因为他们没有能够看穿罗马人的轨迹，后者一直在周旋着为自己赢得时间，直到罗马能够将军团从亚洲召集回来，并且在日耳曼腹地征集了新的武装力量。土地是东、西日耳曼人所需的头等要素。罗马的政策顺应了这一要求，将他们占领的领土让与了他们，并提供了进一步转让土地的前景。

日耳曼人对于自己滞留不前的状态保持纵容的态度。罗马的政策因而在几年之中挫败了其敌人的斗志和精力。罗马高超的政治技艺依然成功地将这些野蛮人拴在可被支配的绳子之上，防止他们大量涌入意大利。在四年甚至更长的时间中，罗马朝廷都成功地执行了此种政策。这是罗马外交的杰作之一。世界的首府长期以来都没有处于这样的危险之中。如此众多的善战部落从东到西联合起来，逼近边界，如果他们毫无滞留地就涌入了意大利，他们将发现帝国的伟大城市并不如他们所想象的那样强大。饥荒在罗马停止之后，与帕提亚人的和平将忙碌于东部的罗马军队带回了意大利。然而，回城的军队随之带来了可怕、肆虐的瘟疫。罗马掩盖着瘟疫产生的恶果，不仅不让远处日耳曼人、高卢人、萨尔马特人联盟得知此事，甚至让西南部的日耳曼人也蒙在鼓里。按照尤利乌斯·卡比托利努斯的说法，罗马的行为方式依赖的都是技巧和诡诈。

马可曼尼人和夸地人军队的掠夺和毁灭已经威胁到了阿奎莱亚。这座位于意大利北部的城镇早在公元前200年就由罗马人建立了，它被用来看守生活在亚得里亚海和提马福斯地区的那些被征服的北意大利部落。此处的防御设施不断被强化，成为抵抗北部蛮族入侵的重要堡垒。阿奎莱亚不仅是罗马最强大的武装基地，也是最具规模的商业和工业城镇之一。由于它的财富，它被命名为第二罗马。

根据哈德良的安排，考虑到帝国的继承性，马可·奥勒留的身边有一位兄弟皇帝卢修斯·维鲁斯，他俩分享着对帝国的统治。维鲁斯领导了对帕提亚人的战争，花钱从后者那里买来了和平。公元166年，两位皇帝都赶往阿奎莱亚。当罗马军队在多个地方向前挺进，越过阿尔卑斯山时，马可曼尼人和夸地人撤退了。

奥勒留成功地与马可曼尼人达成了和平协议。夸地人则拒绝了和平。他们一直战斗到国王陨落战场，这才与罗马实现和平，开始为亡故的国王选择一名受罗马欢迎的继承者。因此，马可·奥勒留又一次带领自己的帝国经历了分化敌人的惯常策略。他将一些罗马行省作为居住地赠予马可曼尼人。这些地区主要集中在多瑙河中下游，甚至也包括了意大利和多瑙河上游的一些土地。几千马可曼尼人和夸地人被吸收进罗马的军队，被给以高额薪水。这就是马可曼尼之战的第一部分，一共持续了14年。

日耳曼人和他们的斯拉夫同盟者仿效了罗马政策的一个原则，即在情况需要时媾和，而又在情况允许时破坏他们所建立的和平。日耳曼人将这种做法发挥到了相当深的程度。当他们分立地受到罗马军队的压制时，日耳曼人决定与罗马媾和，但随时准备着在第一时机打破和平条约，并将那些没有加入和平条约的盟友们武装起来进行战斗。从罗马学校毕业的日耳曼人已经学会了蛮族人的这种腐化和不道德的政策，古老的罗马最终也因此灭亡。

从阿奎莱亚回来后，马可·奥勒留毫不停歇地努力将这把通往意大利的钥匙打造得坚不可摧，并成为帝国的第一个要塞。在去罗马的路上，卢修斯·维鲁斯死于公元169年。鼠疫第二次暴发，更加肆虐。这次还是由军队带回去的，他们之前留在亚洲，现在从东方回到了罗马。马可曼尼人和夸地人一收到瘟疫暴发的消息，就不顾他们所达成的和平和停战协议，再次涌进罗马的边境各省。多瑙河沿线的防线并没有能够阻止他们。维也纳的防御工事，佩特罗内和海姆堡之间更强大的武装基地卡努腾的防御工事，也没能抵挡马可曼尼人和夸地人的入侵。他们第二次越过潘诺尼亚和伊利里亚涌入罗马。恐惧在意大利无限扩张。

在罗马军团做出压制之前，最前方的东日耳曼军队就已经退却了；不是屈服于他们的武器，而是屈服于在罗马军队中肆虐并蔓延至伊利里亚的瘟疫。从一个安全的距离之外，日耳曼人见识了这个毁灭天使是如何削减军团的队伍，如何在其所到之处收割大量人口的。从罗马历史学家们的记载中，我们并没有发现这个瘟疫到达了马可曼尼人的队伍。但在整个意大利，它又重新肆虐起来。当死亡如此盛行的时候，任何征税活动都无法展开，罗马的国库就这样日益虚空。与此同时，音信再次传来，不仅东部的马可曼尼人，而且西部莱茵河附近的日耳曼人，又一次入侵罗马帝国。在这种紧急关头，马可·奥勒留开始通过拍卖的形式变卖帝国皇室的各种昂贵物品：黄金杯、水晶瓶、家具以及艺术作品。而皇后则开始出售她的丝绸、镶金长袍和各种珠宝，这些珠宝的大部分都是在已故皇帝哈德良的柜子里被找到的。

拍卖持续了两个月。目的是为了筹集资金，不是将军队派往前线，而是如卡比

托利努斯所生动表达的“收买日耳曼人”。收买日耳曼人是罗马获得解救的惯用方法。这种收买不仅面向那些出卖人民的王室贵族，也面向愿意出卖民族的日耳曼平民，他们都允许自己在战争中掉转枪口对抗自己的同族兄弟。

为了填补军队的空缺，皇帝招募了角斗士、各种奴隶，甚至从出没于达尔马提亚和塞尔维亚山区的强盗团伙中进行招募；不仅如此，罗马朝廷深深感到自己的软弱和混乱，以致开始寻求神谕的答复，并采纳了一位埃及先知的建议。他建议罗马人赶两只狮子过多瑙河去吓吓那些野蛮人。他们照那占卜者的劝告去做了。狮子们游过多瑙河，但“当它们刚刚爬到敌人站立的岸边时，这些野蛮人就用棍棒把它们打死了，就好像它们只是狗或某种奇怪的狼一样。紧接着，一场战斗开始了，我们的士兵遭受了巨大的失败，以至于12000人被永久留在了战场上。”罗马方面的这个叙述进一步确证了马可曼尼人和夸地人在这一胜利后进攻了阿奎莱亚，并几乎“占领了它”。

那些强盗、角斗士和奴隶都是乌合之众，皇帝只是因为战争和瘟疫给军队带来的空缺才招募了他们，加上那些心力交瘁的老兵，很轻易就被击退了。罗马需要利

用金银来购买日耳曼人作为自己的辅助军。

日耳曼军队是由罗马通过拍卖得来的钱买下的，他们是对国家和人民的叛国者，他们在日耳曼人已经翻越阿尔卑斯山，并打算永远摧毁罗马的势力的时候，掉转枪口与这些同胞日耳曼人作战。日耳曼的哪些部落（不仅仅是同伴，而是部落）被这样购买了——被这种缺乏荣誉的行为玷污了？对他们来说幸运的是，我们并不知道。无论是在西方还是在东方，罗马的金子都是被伸出的手充满感激地接下的，就像在后来的日耳曼宫廷中，外国人的金子经常能找到入口一样。

这些日耳曼人为他们的民族敌人服务，不仅保卫了罗马帝国的边境，而且给自己的日耳曼民族造成了严重的创伤。这一叛国嫌疑沉重地折磨着后来为人所知的阿勒曼尼人，他们在这个名字下报复了罗马人、腾科特立人、乌溪鄙夷人和土班特斯人。上、下日耳曼的繁荣吸引了新的分遣队。在这些地方，日耳曼的爱国主义在罗马的影响下变得迟钝，如同这一地区在19世纪法国的影响下变得迟钝一样。

罗马皇帝和他的日耳曼雇佣兵首先打击了斯拉夫人，他们是日耳曼大联盟的成员。雅兹格斯人被日耳曼骑兵打败了。雅兹格斯人是由“骑兵组成的野蛮种族”；从莱茵河而来的日耳曼人则是“马背上作战的奇迹”。还有谁能够在战场上击溃雅兹格斯人，并在追逐中将这些被击败的人砍杀在多瑙河的冰面上呢？罗马皇帝和他的日耳曼人不断地攻击雅兹格斯人和马可曼尼人；皇帝率领大军分别向他们扑去，竭尽全力地攻打他们。当他们被赶过多瑙河后，皇帝进一步将其逼退到他们自己的领地。对这支日耳曼军队，罗马皇帝总是给予最高级别的荣誉。在174年夏天，凭借这同一支军队，他击退了夸地人，将他们赶到现在的匈牙利地区，多瑙河的两条支流马奇河与格兰河之间。

然而，他的好运使他变得粗心大意；突然，他发现自己和他的军队被夸地人包围在一个狭窄的山谷里。匈牙利的太阳猛烈地照耀着，山谷里没有一点水。日耳曼人不断地发起进攻，即使能逃过饥饿带来的死亡，维鲁斯的命运仍不可避免地等待着这位皇帝。然而，五天之后，暴风雨来了，在可怕的电闪雷鸣中，暴雨倾泻而下。这使罗马人苏醒过来，他们迫不及待地用盾牌和头盔接雨。就在暴风雨暴发的时候，夸地人正准备发动总攻。大雨毁坏了他们的弓弦，上天的狂暴吓坏了他们，他们变得混乱无序，在慌乱拥挤中互相伤害。恐慌控制了他们，撤退变成了逃亡，很多人都自暴自弃，投降了罗马人。罗马皇帝和他的军队不需要奋战就获得了解脱。在夸地人能够再一次集结起来发起新一轮进攻前，匆忙的撤退让罗马人免除了山区峡谷隘路的危险。

皇帝退隐到了维也纳。他喜欢这个地方，在多瑙河沿岸逗留期间，他最经常和长久地待在了维也纳，即使在和平达成之后也是如此。他突然和夸地人和马可曼尼人讲和了。从维也纳，他发号施令，指导如何加强防御工事，保护最易受攻击的省份，以抵御野蛮人的入侵。这条沿多瑙河的防线是从哈德良开始修建的。如今，旧的工程得到修复，新的防线得到建立。在此期间，他收到消息称，在罗马，人们认为他已经死了，而他的一个副官已经擅自当上了皇帝。他从维也纳远程施展着政治诡计，旨在分裂敌对联盟的成员。通过免除之前必须向罗马缴纳的贡品，他引诱一些部落单独与罗马媾和，而对那些长期居住在罗马征服地或附近，处在皇帝的统治下的部落，则通过给予罗马公民身份的方式进行收买。至于雅兹格斯人和布里人，他将每年支付一笔津贴。

布里人是日耳曼的一个部落，居住在罗马的边境墙内。在塔西佗的时代，他们生活在波西米亚马可曼尼的北部边界以及多瑙河左岸。和利基人一样，他们早在马可·奥勒留之前就已经在收罗马的钱，为罗马服务了。这时，他们仍然住在多瑙河北岸。不管这位罗马的老盟友是自愿还是被迫参加了马可曼尼战争，他们都得到了最有利的和平条件。一部分布里人原先居住在现在的上普法尔茨和波西米亚边界附近，很早就被罗马宫廷招募来守卫边界墙。日耳曼布里人和斯拉夫雅兹格斯人是第一批叛徒。在马可曼尼战争中，从奥勒留明确承诺不会与他们的邻人夸地人缔结和平，并将与他们继续作战之日起，布里人和雅兹格斯人就同意了派遣军队与他们之前的盟友为敌。背叛的布里人和雅兹格斯人有正当的理由担心自己会因背叛而受到夸地人和马可曼尼人的攻击和惩罚。正如罗马皇帝根据经验而得知的，就西部部落阿勒曼尼人而言，日耳曼人在战场上提供了什么有用的服务，他就从萨尔马提亚和雅兹格斯骑兵那里为自己承诺什么服务。遵循东部日耳曼联盟的这些例子，他很快赢得了联盟的其他日耳曼和斯拉夫成员。方法就是在他们以前居住地的附近赠予他们更多的土地，或把他们安置在罗马那些因瘟疫和其他灾难而人口锐减的省份。

罗马皇帝成功地把东日耳曼联盟之网扯成了碎片，以至于马可曼尼人和夸地人只能孤军奋战。我们没有关于罗马皇帝与马可曼尼人缔结和平的细节，但我们知道，皇帝成功地把他们与夸地人分割开来，分别独立地处理每一个民族。夸地人离边境最近，处在马尔奇和塔亚地区，与马可曼尼人之间被摩拉维亚森林隔开。这时的他们不得不独自承担整个罗马实力的重量，此重量如今还得到了日耳曼军队的加强。夸地人在苛刻的和平条件前感觉到了深重的孤立感。他们不得不放弃与马可曼尼人的所有联盟，必须向罗马提供马和牛，必须允许在他们的领土上建立坚固强大的营地和要塞，以及在原有的防线附近建立起新的防御工事。同时，他们还要维持一支20000人的罗马卫戍部队，释放所有罗马囚犯和逃兵，撤离多瑙河，禁止驻扎在距多瑙河岸一英里的地方。

堡垒和塔楼建立了起来，马可·奥勒留离开了战争现场，回到罗马庆祝他对野蛮人的胜利；他在176年铸造了一枚奖章，其所印刻的文字向世界宣告了“永久和平”的确立。

夸地人被罗马的防御工事压垮了，他们集体决定放弃拥有了几个世纪的家园，移居外地。

命运的必然性是那么的令人恐惧。那些曾经抛弃了国家的利益，把自己置于罗马统治之下的人们，他们最近的后代却铭记着自己的起源和血脉中的绥威血统，决心移居到北部森诺内斯。然而马可·奥勒留使这成为不可能，他堵住了通往那里的道路。联合起来的日耳曼部落曾取得了胜利，给罗马带去了恐怖，如今又再次分裂，互相背叛，帮助异国压迫者对抗联盟成员，协助外人征服自己的同胞。

一方面被武力制止迁移，另一方面是两万名傲慢无礼的罗马卫戍部队令人筋疲力尽的存在，夸地人再次起义反抗异族，马可曼尼人也决定支持被恶劣对待的人民起来反抗他们的压迫者。“永久和平”仅仅持续了两年。东绥威人像复仇者一样爆发了起义，惊吓、冲击、摧毁着不止一处的罗马卫戍部队。所有的抵抗都停止了。

皇帝带着他的军队向多瑙河进发，但他只走到维也纳和普雷斯堡之间的卡努腾，离后者更近，就不再继续向前。这座堡垒由罗马人在公元6年建造，其大量工事现在被海姆堡、德意志-阿尔滕堡和佩特罗内拉的土地覆盖着。这也使人们对这座位于多瑙河上的坚固罗马堡垒的规模有了初步的感受。以这里作为他的司令部，皇帝指挥了两年半的战争，没有冒险越过要塞，也没有穿越至多瑙河的对岸。这一未被否认的事实，摧毁了后来罗马历史学家关于皇帝胜利的所有吹嘘。受伤民族的愤怒确实没有能够摧毁卡努腾的城墙，但是皇帝在这一次对夸地人和马可曼尼人也没有产生任何影响；他没有通过分裂敌人而成功地使这些可怕的战士对罗马人无害。他满足于进行几次突袭和入侵，仅仅把离多瑙河最近的夸地人房屋夷为平地。

罗马人的记述清楚地表明，在与马可曼尼人战争的15年中，这场最后的战役是最为激烈的，对罗马人来说也是最不幸的。没有一个字提到了罗马军队进入了这些部落的领地或领地外围。根据记载，多瑙河上的防线似乎已经被日耳曼人占领，而卡努腾即使没有被占领，也处于危险之中。因为在188年，马可·奥勒留又到了维也纳，这一定是撤退；同年3月17日，他在这里去世。他的儿子和继任者康茂德的将军、顾问们曾建议他尽快结束这场战争，与对手缔结和平并结盟。马克·奥勒留带着固执和年老的辛酸痛苦，把这场战争维持了两年半，毫无胜利果实。一个喜欢哲学思考、崇尚“永恒和平”的皇帝，却完全无法对其帝国确保永久和平。

在这两年半的时间里，罗马军队一定遭受了极大的损失，因为皇帝没有获得任何进展。可以肯定的是，尽管马可曼尼人相对还好，夸地人也由于严重稀缺状态而损失惨重。长期的斗争和之前长期地支持那20000人的卫戍部队，使夸地人口锐减。正如戴奥·卡西乌斯所言，已经没有足够的人能够携带武器作战了，尤其是在贵族之中。然而，卡比托利努斯对此所下的断言依然是非常荒谬的。他说，马可·奥勒留如果再多活一年，就能把“夸地人和马可曼尼人的领土划入罗马行省”。可惜的是，当下的一些德国作家却相信这些话的历史正确性，原因不是别的，只是因为它们出现在罗马历史中。

这场伟大的日耳曼战争，在马可·奥勒留死后不久，取得了以下成功：布里人也再一次加入了马可曼尼人和夸地人。和平条约明确称他们为“已经与罗马媾和的布里人”。因此夸地人和马可曼尼人的起义再次联合起了对抗罗马的所有最初的联盟成员。

康茂德皇帝停止了战争，这并不是因为罗马的欢愉吸引他回到首都，或者战争本也可以不需要他来领导，而是因为罗马军队的数量在最近的一次战役中遭受了严重的削减；同时也因为罗马的殖民者，那些在战场上和防御工事中长期服役的护城边防老兵，已经无力再耕种自己的土地，并不断地见证着耕种过的土地一次次地被日耳曼人毁坏的惨剧；再次，边界的殖民地都比较贫穷，军队中饥荒盛行，邻近地区都已荒芜，而夸地人也不再提供补给；最后，在如此遥远的地方，即使是通过源源不断地供应车队，如此庞大的军队也是无法被维持下去的。夸地人和马可曼尼人并没有遭受短缺，因为在他们那里，农业耕种是由奴隶开展的，而不是自由民。因此，如同日耳曼腹地那些没有遭受近期战争的地方一样，他们有可能更容易地进行战争，更容易比罗马人承受持久战。基于这些原因，康茂德和他的将军、大臣们决定从夸地人、马可曼尼人以及那些“因为这些部落的成功而与他们结盟”的人们那里购买和平。就这样，马可曼尼人和夸地人在这场伟大的民族战争的最后战役中光荣地战胜了罗马的专制和它的武力。

为了实现这一和平，皇帝向盟军的指挥官们支付了大量金钱。罗马作家朗普里迪乌斯在他为康茂德皇帝撰写的传记中写道：“敌人的国王们判处他支付。”这是罗马法对支付行为的司法命令所用的表述。希腊作家希罗迪安同样清楚而简单地写道:“皇帝成功地与马可曼尼人达成和平，这只是通过其大臣们与一部分日耳曼人结下了友谊，并用一大笔钱从他们那里买到了这种和平。”这位作家的附加评论值得注意：“日耳曼人无论何时何地都对金钱表现出了贪婪；用金钱总是可以从他们那里买到和平。康茂德并不吝惜钱财，通过这种方式他获得了安全。”从最后一句话我们可以得出结论，罗马军队当时被包围了，如果不是完全被困，也是从后方受到了威胁，它向阿尔卑斯山的撤退被打断了。然而，皇帝不仅要给出大笔的钱，还得承诺更多的东西；他必须摧毁多瑙河另一边的所有堡垒，给予马可曼尼人及其盟友更多的居住地，一部分就在罗马的边境行省中，一部分则位于帝国腹地。尤其是那些伊利里亚行省，被塞满了定居其中的日耳曼人。成千上万的人借助缔结和平之机，以雇佣军的身份加入罗马军队，到国外服务，继续他们的战争事业；他们在长期的战争中失去了所有的家庭生活习惯，宁愿留在军队里也不愿从事和平工作。

和平缔结于公元180年，也就是奥勒留死的那一年，就在他死后不久。

东绥威人和他们的盟友们终于凭借着坚持不懈，从罗马那里赢得了如此的胜利。不仅康茂德是孱弱的，罗马帝国也是孱弱的。罗马巨人无组织的四肢是如此的混乱；道德的败坏，从上到下，是那么的彻底，那么的无边无际；罗马帝国的古老地区的教育是如此僵化，而新地区的教育却又如此无法令人满意。这些新地区尽管更加富有生机，但在罗马化的过程中变得混杂不堪，缺乏统一性，因此罗马帝国的政治解体在每一次大战中都被感觉到是不可避免的，就近在眼前。在给康茂德皇帝下达和平指令的那些蛮族的敌人的国王中，并没有像西菲利斯和阿米尼乌斯那样的政治家，而后者那样的政治家事实上却不是国王。如果在马可曼尼人和夸地人的国王中存在着那么一位政治家，他们就不会与罗马实现和平，无论这种和平对他们自己、他们的部落和他们的军队将是多么有利，相反，他们会利用罗马那明显的弱点，致力于给整个罗马统治带去最后致命的打击。

这些东绥威人国王从罗马那里得到了他们最为喜爱的东西：钱以及更多的钱。他们的军事联盟的首领们，那些高贵的军人们，也得到了对他们最有吸引力的东西：永久从事战争事业的机会，荣誉的象征，也为他们自己和他们的追随者赢得了高额的报酬；同盟国日益增长的大量人口从皇帝那里得到了肥沃的土地和富裕的住所；平民们有了自己的家和安逸的生活。一直以来，日耳曼人都对这样的状态感到满意，甚至非常快乐。因此，整整一代的日耳曼人都安定了下来，如果没有遭到罗马人恶意骚扰的话，他们还会安定得更久。

第二十四章

种族间的日耳曼部落联盟——四支伟大种族：哥特人、法兰克人、撒克逊人、阿勒曼尼人

15年之久的马可曼尼战争无疑是上莱茵地区的阿勒曼尼人利用来壮大发展自身的最有利时机。因为在罗马人和马可曼尼人缔结和平后的一代人时间后，卡拉卡拉在日耳曼发动战争的对象就是他们。在213年，他们似乎已经占领了巴登的丘陵地区、符腾堡、上巴伐利亚、提洛尔和瑞士的一些部分，远至内卡河与莱茵河的交汇处以及美因河附近的弗兰科尼亚山区。

从180年到192年，康茂德统治着整个罗马世界。其间只有个别多瑙河下游的部落偶尔打破和平，制造麻烦。在他死后，罗马出现党派内斗，争夺帝国王座。快速的皇帝更迭让帝国内外的日耳曼人多多少少开始萌生了一些民族性的观念，也让他们有了联合行动的念头，即便不是以一个民族统一体的方式，至少也可以形成一个种族

间的统一体。

在200年来发生的许多变化中，最重要的变化是从仅仅依靠日耳曼语而统一起来的日耳曼人部落、种族和人民的混杂状态，转变为政治上统一起来的伟大而持久的部落联盟。这一变化发生在公元200年左右；部落联盟以能够引领联盟步调的部落的名字为名；其中主要有四个，被称为哥特联盟、法兰克联盟、撒克逊联盟和阿勒曼尼联盟。

这些名字绝不是新的。唯一的新奇之处在于，它们被用来描述一个民族的联合，而不仅仅是一个包含了几个行政区的民族。日耳曼东部各族人民的联盟所取得的巨大成功在日耳曼各地都产生了影响。对战胜像罗马那样的帝国的憧憬，大量金钱的诱惑，在位于他们眼前的南部和西部的美丽富饶的罗马边境地区建立新的殖民

地的希望，大大激起了其他日耳曼人的渴望。然而，他们意识到，只有联盟才能使东日耳曼人承担起长期战争的负担，而只有统一和服从于一个最高的领导，才能使他们处于这样一个幸运的状况。尽管古老的日耳曼精神是分裂而不是统一，是各自为自己独立的小部落利益各行其是，甚至在宗教上也保持独特性，然而对获得与东日耳曼人民相同命运的渴望，以及如何实现这种命运的认知，在一定程度上将这种老日耳曼精神抛到了九天之外。然而我们提到的这种渴望和认知对大型联盟的形成所起到的作用要远远小于强力和对权力的欲望。觉得自己更加强大的政区或部落开始迫使其他较小的部落服从它的命令和领导。

在马尔博得国王的历史上，已经出现了一位哥特王子卡图尔达。卡图尔达统治的哥特人居住在菲克特高原，在美因河上游及其两个源头，红、白美因河上。斯堪的纳维亚半岛的哥特人与欧洲大陆的哥特人是有区别的。前者是半岛西南部的居民，这个地区仍然被称为哥特兰岛，东边与瑞典人是邻居，西岸则与挪威人是邻居。这些斯堪的纳维亚的哥特人有他们自己的历史，有他们自己的文化。然而，与瑞典人和挪威人一样，他们也流淌着纯粹的日耳曼血液，与内陆的哥特人具有相同的血统。

根据在斯堪的纳维亚半岛最新的调查和博学的古文物学家蒙克的研究，在北冰洋上的楚迪人和现在俄罗斯南部的萨尔马提亚人所生活的区域之间，可以找到被罗马人称为日耳曼人的原始家园；他们越过北海来到北部半岛，从那里向南向北扩张。最后的来者乘船沿着北冰洋海岸向更北走去，在那个原始时期，气候和现在的气候都完全不同；他们一定是通过乘船到达北部海岸的，因为瑞典的浓密森林是无法穿越的。斯堪的纳维亚北部的居民是最后一批离开日耳曼最古老家园的日耳曼人。那片家园位于俄罗斯中部，“嘉德利卡”地区，从芬兰湾到伏尔加河和第聂伯河地区。最后一批移民穿越北海到达北部半岛，从俄罗斯中部而来的日耳曼人则越过波罗的海去往了西方。这波移民开始于公元前三四百年。

与卡尔大帝同时代的赫拉巴努斯·毛鲁斯说：“所有说日耳曼语的人都来自现在诺曼人居住的地方。”诺曼人是当时日耳曼北部民族挪威人、瑞典人和丹麦人的总称。直到六世纪，丹麦人才作为独立的民族出现于历史的舞台。他们起源于斯堪的纳维亚，来自波罗的海的东部岛屿，到达日耳曼大陆，并进而扩张到金布里半岛。从那个地方波及欧洲大陆海岸，由于其对西部水域的掠夺性征伐，他们被世人铭记，也被恐惧。赫拉巴努斯·毛鲁斯所说的诺曼人在他那个时代是北方的主人，而哥特人的影响在他们中间又占据着主导地位。

传说也指向了这样一个事实：伟大的日耳曼北方血统的各个分支来自斯堪的纳维亚半岛，而且在很早的时期，他们就占领了高卢人（凯尔特人）和文德人（斯拉夫人）之间的地区。

历史与传说相符。在九世纪，罗斯人——拜占庭作家这样称呼俄国人——说着和瑞典人和挪威人一样的语言：一位来到罗马皇帝虔诚者路德维希宫廷的俄国大使证明了这一点。公元950年，希腊皇帝康斯坦丁·普菲洛杰尼图斯明确区分了俄国人和斯拉夫人；路易布兰德于774年去世，是克雷莫纳的主教，也曾是君士坦丁堡大使，他说过，在他那个时代的历史中，“希腊人所说的俄国人，西欧人称为诺曼人”。从公元912年到950年，俄国首领和希腊皇帝之间的条约中，所有这些首领的名字都是纯正的挪威人或日耳曼人的名字。蒙克已经证明，直到11世纪以后，斯拉夫民族和语言才吞并了古斯堪的纳维亚语；直到那时，俄国才变成了斯拉夫国家。然而，在芬兰和爱沙尼亚，楚迪人和瑞典人的家园仍然被称为罗斯兰德，而真正的俄国人的家园则被称为维恩兰德。

海洋上的七个部落，包括盎格鲁人，都有共同的民族崇拜。在最古老的时期，民族圣殿和国王宝座都在西兰岛，而石勒苏益格—荷尔斯泰因和梅克伦堡的人民，和更北方的部落一样，属于哥特文化圈。哥特人在北方的主导影响力并不像一般部落联盟中的核心部落所具有的影响，他们不仅仅依赖人口数量和优势，虽然哥特人确实人口众多，他们依赖的是更高的文明。哥特人是某种古老的纯粹日耳曼文明的承载者，我们在其他地方看不到这种文明的展现。因为生活在罗马边境墙内的城市、村庄或小村庄的日耳曼人事实上是罗马人，他们的文明并不是纯粹的日耳曼文明，这里不予考虑。早在基督教传入内陆东南地区的哥特人中之前，南部和北部的日耳曼民族就拥有了他们自己的字母和符号，即卢恩符文，也就是秘密的意思。如今仍然存在着许多古代的卢恩文字遗迹。进一步的研究表明，卢恩文字有两种书写类型：一种是简单的，只属于日耳曼人，还有一种比较复杂，比较神秘的，叫作哥特式。在1734年的石勒苏益格，人们发现了一支金角，上面刻有符文，后来证明这与四世纪乌菲拉斯翻译《圣经》所用的语言相同。在公元三、四、五世纪，在那些非日耳曼民族的眼里，也根据其自身行为模式来判断的话，黑海地区的哥特人是日耳曼各族中文明程度最高的。

甚至在阿米尼乌斯和马尔博得时代以前，哥特军队和哥特移民，尽管只是从过剩的人口中偶尔出现的几批，也已经渗透到现在的图林根地区，一直到波西米亚边界，来到了上美因地区；哥特移民，在很大程度上，发生在二世纪后半叶。尽管早期的移民在不断增加，并从美因河源头向多瑙河中部推进，更大规模的哥特人则是离开了他们在诺曼人土地上的北方家园，从斯堪的纳维亚和日耳曼海岸，向南迁移。他们突然作为一支可怕的力量出现在历史的前景和罗马帝国历史学家的叙述中。他们的联盟由许多分支构成，共同享有哥特人这一名字，同时又分成两个主要根系：东哥特人和西哥特人。其生活区域分别在多瑙河下游以及第涅斯特河和第聂伯河地区，即黑海北部地区。这里，在南部，我们发现部落名再次出现。这些部落在塔西佗和早期罗马作家的时代，居住在波美拉尼亚和波罗的海沿岸，一直追溯到易北河的发源地。

编年史没有告诉我们，是什么导致了这些同时迁移的北日耳曼部落都采用了哥特人这一名字。然而，在他们的原始乡村中，没有必要将此指为“革命”，因为富有成效的婚姻在哥特人中导致人口极速增长，在罗马人看来，他们的人数超过了绥威和阿勒曼尼人。人口的迅速增加，再加上日耳曼人血液中对移民的热爱，必然在没有任何内部冲突的情况下迫使他们移居国外；他们从俄罗斯南部向北迁移，对他们最初在那里生活的回忆，仍然铭记在这个民族的心中。缺乏土地、缺乏食物，仅仅这一点就足以迫使北方的日耳曼部落回到他们原始的家园，而不是来自波罗的海沿岸斯拉夫民族的压力。因为迁徙的北方部落的行进路线一定是左边有斯拉夫人，右边有日耳曼人，直到他们再次遇到留在俄罗斯南部的同胞，他们才能再次融入那古老的血统。黑暗笼罩着从德国北部到俄罗斯南部这一伟大历程，及其所有的冒险，但却遮盖不住形成哥特联盟的所有机缘和力量。在二世纪下半叶，从维斯瓦河下游到多瑙河下游，当伟大的哥特迁徙中，汪达尔人，格庇德人，施里人，拉吉依人和其他部落，都被招募、纳入这个联盟之中。

在这个迁移中，非哥特部落或自愿或被迫地加入其中；欧洲大陆的哥特部落并没有全部加入到前往多瑙河地区的远征队中来，尽管毫无疑问的是，日耳曼中部哥特分支的好战部落肯定加入了其中。然而，居住在哈茨山南部上美因右岸，罗恩和萨勒之间的哥特后裔，如图林根人，在迁移中仍然留在了原有的驻地。图林根人被明确地称为“哥特人的一支”。然而，在其他种族加入大迁移后，图林根人只能与日耳曼中部剩下的哥特人分支联合起来，或被迫进入法兰克人同盟。因此，哥特同盟在其向东南部行进的过程中，接纳吸收了曾占统治地位的绥威人、马可曼尼人、夸地人、伦巴第人的后裔和分支。

法兰克人在三世纪中期作为一个新名字出现在历史中。法兰克的意思是“自由民”。我们仍然使用“坦率和自由”这个表达，这个词在日耳曼语中用来指一种不受限制、不受任何束缚的自由。法兰克人联盟的起源是黑暗的，正如整个低地民族的历史一直笼罩着黑暗一样，这段历史一直追溯到从克劳迪乌斯·西菲利斯（荷兰传说中的克拉斯）领导下的大战时期。在这些传说中，他仍然以人民之子、自由之子的身份存活着，被他的同胞们所珍视。然而，我们关于低地人的信息也就仅限于此。到后来，就有了许多部落，每个部落原本都有自己的名字，最终才出现在法兰克人的总称之下。在这个共同的名称中，居住在现在荷兰地区的那些部落的特殊名称逐渐丧失，这些部落以法兰克人的名义联合了起来。

法兰克联盟的核心是锡加布里人，这个民族在早期与罗马的战争中发挥了重要的作用，组织、领导，并为整个行动提供了基调。他们从最初的居住地鲁尔出发，向东到了山区，在那里待了很长一段时间后，他们到达莱茵河东岸，一直延伸到伊赛（伊萨拉，萨拉），在那里他们得到了萨利安法兰克人这个名字。尽管在日耳曼的东部和西部，各种罗马意义上的王国，按照马尔博得的方式兴起，锡加布里人和他们的盟友们却排斥任何类似于国王权力的东西。直到五世纪末期，国王才出现在他们中间，而且是个选举出来的国王，拥有有限的权力。或许正因此，他们被称为法兰克人或自由民，“不愿意忍受一个在上领主的人”。然而，我们绝不能把这种自由理解为一种有组织的政治自由共同体，也不是共和国，而是只有很少、很简单的法律施行于其中的某种不受限制的状态。

巴达维亚人自由之战后，人们长期摆脱了军事武装，自由感得到发展，并向每个人确认了这样一个信念，即任何同胞都不允许成为这片土地的领主。因为先前的贵族和军队领袖们，已经不再待在无事可做、无利可得的地方；他们在罗马的旗帜下，和跟随他们的冒险家们前往远方，大多数人要么死于战争，要么死于罗马和帝国其他大城市的衰败进程中。

这种对自由的热爱也同样被其他部落所分享，这些部落来自共同的血缘、语言，有共同利益，他们坚定地与锡加布里人站在一起，并与他们组成了“法兰克人联盟”；他们是：沙马维人、土班特斯人、布鲁克特利人、腾科特立人、安西瓦里人、卡蒂人和乌溪鄙夷人。这些部落最初从莱茵河河口出发，沿着一条漫长的路途，向上到达利柏河，后来一直延伸到陶努斯山。陶努斯山脉和威悉河地区之间的卡蒂人属于法兰克联盟，尽管从种族上说，他们属于西绥威人。联赛，尽管按种族划分他们是西苏维。巴达维亚人也是其中的成员；他们是早期移民的卡蒂人。种族间昔日的仇恨所导致的分裂，被时间整合了起来。切鲁西族也成为法兰克同盟的成员。切鲁西人和西绥威人不再是敌人。法兰克人名字中的自由含义的一些成分或许来自切鲁西人，但最初被命名为法兰克的，则是锡加布里人。该名称进而从他们身上传给了联盟的其他伙伴，后者之前都拥有各自不同的名字。

第四个日耳曼联盟是撒克逊联盟。

三世纪末，撒克逊人以联盟的形式出现在历史舞台上。“萨克斯”意指“短剑”，“撒克逊”最初是指“持短剑之人”。第一次出现撒克逊这个名字的地方是易北河下游的右岸；盎格鲁—撒克逊人从易北河向北扩张，从易北河口跨越群岛，越过曾经的金布里日德兰半岛。日德兰半岛是日耳曼人居住的所有土地中最黑暗的原始森林。这个地区的中部被茂密的丛林覆盖着，一片荒凉和寂静。他们的人口都集中在河边和河汉上的平原上；但在这些地方，密度却很大。在三世纪之后，石勒苏益格的撒克逊人与北方人或斯特朗—弗里西亚人为邻，这是安格瑞里人或安格里瓦里人的一个分支，被称为“水人”，或出现在任何“陆地和水的冲突”之地的人。

因此，弗里西亚人的一部分与他们作为其一个分支的安格瑞里人，组成了一个联盟。在三世纪，又与最初被叫作撒克逊的日耳曼部落组成了联盟，即“易北河外的北方人”。这一北部民族迫使所有逐渐进入撒克逊联盟的部落采取他们部落的专名来作为整个联盟的通名。

关于撒克逊人，也就是最原始的撒克逊人，我们所拥有的最古老的信息是，他们是勇敢的水手。这是切鲁西人从来不具备的品质，因此切鲁西人绝不是撒克逊联盟的创始人；然而，由于之后权力和影响力衰弱了的一部分切鲁西人加入了弗兰克联盟，其余的人，即没有加入弗兰克联盟的人，则加入了或被迫加入了日益壮大的撒克逊联盟。曾经那么骄傲自豪的切鲁西人放弃了自己的名字，采纳了过去被视为弱小、不重要的部落的名字。这个部落现在占据着主导地位，因为它一直保持着自由，拒绝采用罗马习俗，不让贵族王亲在罗马的意义上实行统治，所以，这个部落现在比那些那样做的部落更加强大。

于是，最初的撒克逊人将一些在血缘和语言上有亲缘关系的部落联合在了一起，组成了一个大联盟，这些部落曾经都更加强大；他们是考契人、安格瑞里人、切鲁西人和西弗里西亚人。

严格意义上的撒克逊人原本的所在地是现在的荷尔斯泰因、石勒苏益格和日德兰半岛；但到了三世纪末，日耳曼西北部更大部分地区，在法兰克人的后方，都被纳入到了萨克森这一名字之下。由于切鲁西人的地方也被包括在内，而且这些地方是最大和最富有的，切鲁西人似乎是撒克逊联邦的核心；但核心是土地，而不是人；易北河和艾德河上的“北方人”才是撒克逊联盟的核心和基础，尽管他们一部分也来自哈尔茨山脉，即切鲁西人诞生的摇篮。关于撒克逊人的这一部分，一个非常古老的流行说法一直传到后来的撒克逊人中，“他们诞生于哈尔茨山，在绿色的森林中，在甘甜流淌的泉水边。”在这里，组成撒克逊联盟中绝大多数人口的切鲁西人及其分支所具有的那种自豪得到了明显的体现。但是，介于易北河和艾德河之间的那些严格意义上的撒克逊被认为是“非常自豪的”，他们认为自己是“最土生土长的人”。他们以男、女之美而闻名；罗马人就特别地在盎格鲁—撒克逊人中发现了令人惊叹的美的体格。

在对圣阿诺的赞美歌和《萨克森法典》中，我们发现了这样一个传统："撒克逊人是奇妙的亚历山大的人，他们在12年里从世界的一端走到另一端。他们是亚历山大军队里的士兵，凭借他们的帮助，亚历山大征服了世界。当他死在巴比伦时，由于那里的人仇恨他们，他们就没法定居在那里。他们在漫游中驾驶着300只龙骨；他们都丧失了，只剩下54只。船也丧失了，因为撒克逊人当时对航海一无所知。在这54支龙骨中，有18只来到了普鲁士，占领了那里的一片荒野；12只在鲁根岛的波美拉尼亚沿岸登陆，从那里产生了风暴和迪特马什人、荷尔斯泰因人和哈德兰德人；24只龙骨又到了易北河，也就是图林根人居住的地方；不是现在的图林根人，而是诺图林根人。后者是文德人，诺图林根是撒克逊人给他们的名字。诺图林的意思相当于愚蠢，这些文德人好争吵、愚蠢。撒克逊人打败了文德军队，把他们赶走了；他们允许留下的那些农民得以免受伤害，并被授予了土地，像后来的拉森或封臣所拥有的权利。因此才有了后来的封臣，而在那些丧失权利的封臣中，又出现了日间的劳工。"那些从易北河下游的24只龙骨而来的人，根据对萨克森法典的注解，"仍然被称为石头。因为萨克松的意思就是一块石头，我们因此被称为石头，因为我们在战场上像一块石头"。

这段传奇呼应了之前所叙述的内容，即日耳曼人是在公元前好几个世纪时乘船从东南部来到日耳曼和斯堪的纳维亚地区的。萨克森法典是最具影响力的日耳曼法律文书。直到霍亨斯陶芬皇帝时期，也就是撒克逊同盟成立后九个世纪之后，才被还原为如今流行的习惯法或口头传统的形式。而在60年后，注解才被加入其中。彼时的日耳曼学者方才开始精通拉丁文，而不仅仅熟悉于对自身古老语言的研究。因此才最终导致了从萨克松一词不符合历史地派生出了萨克森一词。日耳曼早已经忘记了萨克松是某种短剑，撒克逊人擅长运用这一武器，并能制造出致命的后果。历史事实是，他们非常好斗，喜欢不受限制的自由，被斯拉夫人和南日耳曼人共同描述为"荒蛮"，并且"比石头还硬"。罗马人则认为，他们是所有日耳曼人中作战最为凶猛莽撞的。

这些影响鼓舞、振奋着同种族中其余更大部分的同类部落，尤其是切鲁西人。

来自海洋沿岸的北方人保留复兴着他们亲缘部落的能量，正如山区居住民总是保留复兴着他们那些居住在平原和城市的同源部落的能量一样，这几乎成为历史常情。

在日耳曼部落中，第一个恢复实力的是阿勒曼尼人，他们也成为第一个重新开始与罗马帝国进行抗争的部落。

第二十五章

四个日耳曼联盟对罗马帝国的进攻

公元213年，罗马皇帝卡拉卡拉翻越阿尔卑斯山，与阿勒曼尼人交战。

这是罗马人第一次提到阿勒曼尼人。他们冲破了边境的围墙，一边威胁着意大利，一边威胁着高卢。虽然皇帝拥有一支庞大的军队，而且似乎在前哨的一些事务上取得了成功，但主战的结果并没有对他十分有利。阿勒曼尼人已经扩张到了美因河，等待着罗马军队，决定在其自己的土地上，在内卡河和美因河之间，与其进行决战。结果是，皇帝很乐意用大量的金钱来购买和平。

当时，阿勒曼尼人在罗马人眼中是一个数量众多、好战善战的民族，有着卓越的骑兵，卓越到足以使罗马指挥官们大吃一惊。他们不是绥威人，正如罗马人在边境墙沿线所知道的那样；他们是西绥威人，是低地人、腾科特立人、土班特斯人、乌溪鄙夷人所组成的骑兵，他们已经迁移到了莱茵河上游；在南苏埃维人这个中心部落的周围，他们那些来自黑森林和内卡河下游的邻居们集结了起来，带有阿勒曼尼人的好战精神，并采用了阿勒曼尼人的作战方式。在罗马人眼中，正是这种好战精神和作战方式将阿勒曼尼人标示为一个新的民族，一个与罗马人所熟知的生活在康斯坦茨湖、巴尔河以及上多瑙河附近的绥威人不同的民族。上述地区的绥威人经常以阿勒曼尼人盟友的身份出现在历史中，但还尚未融合为一个民族。这一融合过程发生得很晚。然而，可以肯定的是，现在的斯瓦比亚人是他们的后裔。因为，即便经历了匈奴人入侵的狂潮、大移民的狂潮，原本有家可居的人也并没有被赶出故地。因此，在卡尔大帝时期，斯瓦比亚族人及其土地似乎成为日耳曼人中文明程度最高的人和地区，因为斯瓦比亚人正是从罗马化的绥威人和阿勒曼尼人的杂糅中发展而来的。斯瓦比亚地区拥有为数众多的强大城市、边防要塞，这也使该地区在可怕的移民大潮中能够较少地遭受冲击。

阿勒曼尼人的胜利让他们接纳了许多同伴军队领导者，这些新鲜血液渴求着战利品，这进而导致阿勒曼尼人战斗实力得以大大提升。他们不仅大量涌入罗马的什一税区，也涌入了莱蒂亚的一部分区域，成为罗马高卢人沉重的痛苦来源，因为阿勒曼尼人的军队领袖对高卢不断地发起了多次猛烈入侵。为了惩罚他们的突袭，皇帝西弗勒斯在235年从美因茨率军出发。然而，由于他被杀害，其远征也随之终止。他的继任者，马克西米安皇帝继续留在了莱茵河，并未选择造访罗马。其目的就在于保护高卢免遭阿勒曼尼人一次次的猛烈袭击，并召集所有力量进攻整个阿勒曼尼人联盟。他成功地抵挡住了游牧部落军队的冲击，然而在238年，他被自己军队的领袖谋杀。

阿勒曼尼人借机大规模扑向高卢，旨在摧毁罗马在该地的统治。单个的阿勒曼尼领袖（都是庞大的军事联盟成员的领袖）都各自在其军事行动中实施了掠夺性的入侵行动，然而，这些行动必须与马克西米安死后所爆发的阿勒曼尼总体战争区分开来。不仅是本能，而且是清晰的视野，促使他们向阿尔卑斯山以外的罗马发动了大规模的进攻；日耳曼人不仅预感到罗马的普遍统治即将结束，而且他们有那份自豪与骄傲，认为自己有能力和天命来代替罗马人统治世界。

根据罗马人的记载，冲击高卢的阿勒曼尼人对罗马的一切都怀有深深的仇恨；这也是另一个证明，表明了阿勒曼尼人得到了来自莱茵河的部落的加入，他们对自由的爱受到了罗马统治者的压制，转变成为恨。阿勒曼尼人也进一步从日耳曼腹地吸收了新鲜血液，这些地方并不了解罗马文化的优势，所有人的内心都充满激情地强烈反对着罗马的一切。如果罗马人的描述是真实的，那么，入侵的阿勒曼尼人，“由于对罗马的一切怀有仇恨，在他们身后留下了一片荒芜，并以最野蛮的喜悦摧毁了高卢最繁荣和人口最稠密的城市，因为在他们看来，这些城市比监狱好不到哪里去”。事实可能是，他们像罗马人一贯做的那样，对反抗的城市进行了猛攻和掠夺，并夷平了一切防御工事，目的是为了使莱茵河摆脱任何武装设施的束缚，使危险和压迫不再威胁到日尔曼居民。

罗马人报告了阿勒曼尼人在高卢和莱蒂亚的战败；但他们总能从失败中振作起来，变得更加强大。简单的事实是，恰当地说，阿勒曼尼人没有遭受失败；进行侵略的骑兵并不是阿勒曼尼人民，而是阿勒曼尼冒险者，他们在其领袖的领导下收集战利品，然后满载战利品，在每次罗马军队到来时以闪电般的速度撤退。不久，又以更大的兵力冒险进行新的入侵；因为从突袭中带回来的战利品，能够吸引更多的武装分子参加突袭。

因此，最初的一系列突袭，变成了强大的入侵，最后在加利诺斯皇帝时期演变成侵略。事实上，最初是由一个军事连队的领袖指导的一次突袭，他是阿勒曼尼的战争君王克罗克。当他胜利地横扫高卢土地时，莱茵河外纯正的高卢人和高卢—日耳曼的混血族人在每一步都加入了他的队伍，当他们越过阿尔卑斯山时，冒险者们已然变成了一支强大的军队，来到了意大利的土地上。在米兰附近，他们被击败并被逼退；由于没有任何书中提到他们所造成的任何破坏，罗马方面的记载明显开始带有夸耀色彩，指出入侵的蛮族多达30万人。不管怎样，他们也有三万人，或许还要多两倍。罗马人的真实性，在这个时期被严重破坏，以至于在向罗马的人民所做出的宣告中，入侵的军队由30万人组成，而且全是阿勒曼尼人。罗马王权和帝国变得越弱，官方的记载便越是夸张可笑。罗马帝国的朝廷再也无法将阿勒曼尼人从什一税区驱逐出去，他们已经侵入其中，而且还与定居在那里的同胞们结成了联盟，这些人虽然已经罗马化了，但仍是日耳曼人。

罗马帝国的实力在两个方面遭到削弱：首先，必须抵抗众多极其分散的蛮族进攻以及被迫纳入帝国版图的各部落的起义；其次，必须将成千上万来自不同族群的日耳曼人接纳进罗马军队。当时的日耳曼军队，无论是为了高薪而为罗马服务，还是依然保持处于自己领袖的指挥之下，在三世纪的历史舞台上都是具有主导性地位的。这不仅因为他们的战斗活力，也因为他们在罗马各行省中人数众多，他们掌握着决定谁是帝国皇帝的权力。

帝国朝廷感受到自己既面临来自东部哥特人的威胁，也面临来自北方的阿勒曼尼人的威胁。他们从多瑙河下游水道、从黑海，大规模涌入罗马帝国，占领了之前格塔人和斯基泰人所生活的地方，在每一任皇帝时期都不断地勒索更高的薪俸，并在222至240年间，将他们毁灭性的军事活动推进到了帝国腹地。罗马皇帝德西乌斯亲自率军攻打他们。然而，哥特将军柯尼瓦在251年的阿比尔图斯战役中给了他严重的挫败。逃跑的皇帝最终死于多瑙河流域的沼泽中。

经过这次成功之后，哥特联盟特别接纳了大量高卢、高卢—日耳曼以及萨马提亚人部落之人入盟，他们都是哥特人在行军过程中所接触上的。这些混杂的游牧部落后来成为摧毁性的风暴，仅仅有着短暂的歇息，他们持续猛烈地冲击着居所附近的帝国乡村。通过陆地和海洋，他们急忙渡过黑海，在258年攻下特拉比松，下一年又攻下卡尔西登、尼科米底亚、尼斯、普路撒、阿帕梅亚、塞乌斯等城。当这些航海征服和掠夺证明如此成功之后，他们进行了第三次航行，使用了500艘船，摧毁了塞其乌斯，航行到雅典港口，占领了该城，用火和剑摧毁了整个希腊。他们从南向北挺进，远至意大利边境，从那里，他们返回家乡，部分通过默西亚的土地，即现在的塞尔维亚和保加利亚，再跨越多瑙河；另一部分则经由海路，沿着亚细亚海岸返回。

东部的麻烦与西部的麻烦同时降临，后者已经描述过了，也就是阿勒曼尼人从高卢和莱蒂亚对意大利的入侵，最终终止于米兰战争。

269年，哥特人和他们的盟友进行了一次大远征，目的是为了掠夺和征服。这是一次海上远征，对抗罗马的东部省份。这次航行一开始就有2000艘船和一大群人，而根据罗马人的夸张记载，哥特士兵的数量则达到了32万；海上掠夺首先驶向托米，现在保加利亚的托米斯，还有马里亚诺波利斯。色雷斯海的风暴对他们的许多吼叫造成了致命的伤害。他们想在海岸登陆，却徒劳无功；遭受了严重的人员损失，他们分开行动，一部分前往克里特岛和塞浦路斯，一部分则前往卡珊德利亚和塞萨洛尼卡。269年，罗马皇帝克劳迪乌斯二世在奈苏斯遇到了后者，即现在塞尔维亚边境的尼萨。哥特军队损失惨重，被迫撤退回家。由于缺乏给养和疾病，他们在撤退时遭受了更大的损失，尽管他们成功地没有受到任何骚扰。

两年后，在奥勒良大帝（270—275年在位）的统治时期，哥特人又一次开始四处掠夺。他们的首要目的是为过度增长的人口赢得土地；进一步的目的，也是他们所有后期进攻的目的，则是通过掠夺帝国边境人口，向罗马施加惩罚，因为帝国的前几任皇帝都未能根据条约支付他们应该支付的薪俸。根据罗马方面的记述，在一场对抗哥特人的战争中，他们取得了巨大的胜利，三万名哥特人死于战场。然而，从总体上说，罗马人还是悲剧的那方，这从274年奥勒良皇帝与哥特人达成的和平条款上可以得到证明。

根据和平协议，罗马将其最富裕、最重要的一个行省让与了哥特人。这就是位于底比斯、多瑙河、普鲁特、第涅斯特河以及喀尔巴阡山之间的达奇亚。这一地区面积达4000平方英里，富裕、繁荣，因拥有金矿和其他金属矿藏而有利可图、地位重要。罗马政治家们意识到，他们已经不可能再抵挡住人数众多、战斗凶猛的哥特人，唯一能免遭他们劫掠和骚扰的办法就是将该地转让出去。果然，将近半个世纪，哥特人停止扰乱罗马的平和。

在对抗哥特人的过程中，罗马是虚弱的，因为他还要同时处理西部的法兰克人和阿勒曼尼人。罗马在莱茵河、高卢、西班牙、莱蒂亚，甚至在意大利的战斗，在绝大多数情况下都未能取得什么进展。

相比阿勒曼尼人，法兰克人居住在莱茵河更下游的地方，他们的联合使罗马人感到更加恐惧，因为他们不仅像阿勒曼尼人那样，通过陆地发起进攻，也像哥特人那样，在海上和陆上一起发起进攻。

在罗马皇帝普罗布斯（276—282年在位）的统治下，胜利又一次回到罗马雄鹰身上，因为他是一位伟大的古罗马风格的将军，重新为军队引入了纪律和坚韧；也因为他可以调用罗马的所有军事资源以对抗西部的这些蛮族势力，而这是由于此时的日耳曼人，以典型的日耳曼风格，开始了内斗，联盟内成员以及邻近的亲缘部落开始互相攻击。

既然已经与罗马缔结了和平，内部战争和冲突便开始了。在哥特人的联盟中，有与哥特人和格庇德人一起来到东方的汪达尔人，格庇德人也是哥特人的一支亲缘部落。在这些人与他们所属的西哥特人之间，发生了一场漫长的内战，前者被人数更多的后者打败。与此同时，东哥特人和勃艮第人之间也爆发了一场内部战争，后者被前者人数上的优势所征服。

有很多关于勃艮第人的记载。在有历史记载的时期，他们住在罗马的边境墙附近。他们很可能是一个混血种族，将其过剩的人口送到罗马麾下为其服务，而不是一个真正的、纯粹的种族，由纳里斯齐人、赫门杜里人以及利基人组成。根据我们手头所有的信息来源，可以得出这样的结论：在日耳曼人的斗争中，勃艮第人最常站在罗马一边，因为他们不断地把自己的士兵派到罗马的兵营去服役，因此在某种程度上，勃艮第人被罗马化了，他们被赠予了边境墙内的很多土地。根据一个罗马方面的记载，从五世纪起，莱茵河外的勃艮第人“安静，刻苦，却好战”。可以确定的是，勃艮第人早在三世纪就在高卢定居了。安静而勤劳的人待在家里，其他的人在这里赚钱，那里冒险。当普林尼称定居在罗马东部边境墙沿线的日耳曼人为汪达尔人时，他实际上指的就是勃艮第人：两个名字都不是部落的名字，而是指不同类的人。勃艮第人在这一时期总是作为阿勒曼尼人和哥特人的敌人而出现，他们是哥特人和绥威人的混合，不再能够感受到任何日耳曼人的民族性，和之后的“瑞士人”一样，谁给他们更高的待遇，他们就服务于谁。勃艮第人是罗马帝国的长矛兵。

“勃艮第”一名的词根是“勃（bur）”，“艮（gund）”的意思在哥特语中是“战争”。罗马人对布里人和利基人的命名都是考虑到他们是雇佣军的提供者。这一时期被称为“勃艮第”的土地位于维艮第或勃艮第森林，在雅克斯特河、科赫尔河、阿特缪尔，沿着边境墙。部分也在维尔尼兹的上中游，阿特缪尔、雷扎特、陶伯河、雷德尼茨的西北部。勃艮第，这一被解释为士兵的土地的地方，完全是一个没有一丝日耳曼民族情感的兵营，罗马从其中招募日耳曼军队，付钱给他们来攻打日耳曼人和其他非日耳曼部落。“这些花钱买来的士兵”就是勃艮第人，是之前描述过的布里人的后裔。他们是在漫长的战争中兴起的士兵，没有家乡，没有家庭。

罗马方面的记载叙述了东哥特人征服了勃艮第人，西哥特人征服了汪达尔人，同时也明确证明了当时所存在着的司法惩罚。这个惩罚由日耳曼那些具有民族精神的部落执行，施加于那些“为金钱而战的士兵”，以及汪达尔人，也就是那些“没有家庭和民族情感的流浪者”，他们过着自由的生活，出卖自己为外族服务。惩罚这些不爱国的勃艮第人和汪达尔人的哥特联盟在名字上是分裂的，但实际上它仍然是一个最为紧密的联合体。事实上，就在这个时期，哥特联盟比之前和之后都更团结、更强大。然而，它并不包括所有的哥特人。无论它在多大规模上吸收了来自斯堪的纳维亚和日耳曼地区的人民，这两块古老的地区并没有剥离它的居民，可以肯定的是，格庇德、特尔文人和阿梅龙人继续住在他们古老的家园，美因河的西部，尽管一批又一批的军队正在向多瑙河下游挺进。格庇德人被明确地命名为哥特人的一个分支，并与哥特联盟的其他成员一起定居在割让出来的达西亚地区。东哥特人和西哥特人的称呼被用在哥特人身上，是源于他们所定居的地点。最初是罗马人这么称呼他们，然后是非哥特日耳曼部落，最后才被哥特人自己用来进行自我区分。东哥特人中最高贵的种族是格鲁滕人，西哥特人中是阿梅龙人。那时，哥特人和他们的同盟部落居住在黑海沿岸，从多珥到多瑙河口，再到南部喀尔巴阡山，远至摩拉维亚和西里西亚。住在东部大草原上的人被称为格鲁滕人、东哥特人或东部哥特人，住在西部森林地带的人被称为特尔文人、西哥特人或西部哥特人。第聂伯河把哥特联盟分成了这两个部分。

当这些东部的日耳曼人忙于内部纷争时，普罗布斯皇帝得以指挥他的军队对抗法兰克人和阿勒曼尼人。早在260—268年之间，法兰克人就把他们的海上掠夺扩展到了西班牙海岸。在277年，他们进一步深入高卢。在将他们驱逐出高卢的同一年，皇帝就终止了他的远征。然而，他并没有"将他们中的一部分转移到色雷斯"，而是直接将法兰克人吸收来为自己服务，允诺在东部给他们土地，让其安居下来。然而，由于他们并不喜欢黑海，他们驾驶船只回到了自己的故居，也就是那些流往北海的河流附近地区，如马斯河以及莱茵河。莱茵河在马斯河与斯凯尔特河之间转向大海。在如今列日和西布拉班特附近的"无路可走的沼泽地区"，皇帝遇上了法兰克人。以上描述的地区如今仍然充满了沼泽和黏土，被运河切割得七零八落。

皇帝普罗布斯容许他那些身处罗马的奉承者将其称为"法兰克人的征服者"。他并不将阿勒曼尼人的征服者这一头衔加在自己身上，那么事实上他也不可能是法兰克人的征服者，因为方位实在过于接近而不允许他能毫无争议地这么去做。阿勒曼尼人又一次入侵高卢。根据罗马的记载，数十万阿勒曼尼人死在了罗马的土地上。然而，这种说法是荒谬的，正如之前他们吹嘘说普罗布斯"穿越内卡河与劳厄阿尔卑斯山，深入阿勒曼尼人领土"一样荒谬。然而，那实际上只是罗马的什一税区，而劳厄阿尔卑斯山与内卡河指向的则是罗特维尔和巴林根之间的地区。

从此可以清楚地看出，普罗布斯几乎没有到达阿勒曼尼人定居点的边缘。这片据点覆盖了整个什一税区。皇帝倾向于利用罗马的黄金和阴谋，使阿勒曼尼首领们彼此不和，从而能够继续对他们发动战争。七个阿勒曼尼的战争君王被收买，和他们的追随者一起转而为皇帝服务。普罗布斯将这16000人分在各省，作为守备部队。对于那些留在什一税区的人，他发现无法驱逐他们，便要求他们以实物进贡，以表明其从属地位；然而，这是一个从未从纸面落实到现实生活中的规定。尤其是因为普罗布斯于282年8月就被自己帝国军队内的叛乱分子所谋杀，这些人无法承受皇帝的严苛纪律，从而爆发了叛变。

戴克里先继位后，罗马帝国采取了一种新的形式。他把最高权力与其同事们进行了分割。他认为，如果拥有未经授权的"直接"权力的罗马皇帝被安置在西部、东部和南部，就可以更好地抵抗北方野蛮人对罗马帝国大范围领土的进攻。帝国权力的这一分割，非但没有增强，反而削弱了罗马的抵抗能力。每位联合皇帝都希望成为唯一的皇帝；帝国出现了内战、腐败的军队，以及使国家疲惫不堪的，像皇帝一样多的宫廷。在戴克里先之下，开始有三个皇帝，后来是四个，有时甚至是六个。当罗马只有一个皇帝的时候，罗马宫廷就因为道德腐化，凭借着自身的奢侈和挥霍损害着帝国的权力，而如今，罗马拥有着三个、四个，甚至六个皇帝，在帝国的许多城市随之也出现了众多宫廷，都拥有相同的腐化程度，带着一群数量庞大、道德败坏的官员。每个皇帝都毫无节制地购买雇佣军以壮大自己的实力和常备军，为此需要付出巨大的开销。皇帝们到处招纳可用的财政官员，施行沉重的苛捐杂税。钱被收集了上来，而人民却被这些吸血官员们榨得干干净净。资源、力量、臣民的爱国情感都逐渐消失殆尽。

阿勒曼尼联盟的力量既没有被皇帝普罗布斯削弱，更没有被打碎。以下事实可以证明这一点：在戴克里先时期，他们仍然拥有着所有他们曾经占领下的罗马土地，每一个农舍、庄园都不曾丧失。同时，他们还维持着一支武装力量，一直让罗马皇帝处于警觉之中。整个南部的什一税区，之前之后都还是归他们所有。从美因河和莱茵河的汇合处到多瑙河，从黑森林和康斯坦茨湖到雅克斯特河及科赫尔河，一直都是阿勒曼尼人的定居地。莱茵河在西部和南部形成了对抗罗马人的边界，这也一如从前。事实上，阿勒曼尼人失去的土地并不是落入了罗马人的口袋，而是给了他们的日耳曼兄弟、勃艮第人、格庇德人和汪达尔人，后者被哥特人所驱逐。汪达尔人和格庇德人在遭到哥特人的惩罚并被击退后，很自然地将那些留在老家的勃艮第人，以及那些从那里派出到军队服役的人逼退到了美因河的上游地区。

阿勒曼尼人自己也在美因河上游扩张。这些区域不得不在勃艮第人，也就是这些来自东方的战士面前被清空出来。这是不是与普罗布斯缔结和平的一个关键点，或者勃艮第人、汪达尔人和格庇德人是否在阿勒曼尼人的后方促成了这一和平，现在还不清楚。这些勃艮第人并不是阿勒曼尼人的好邻居；但从那时起，在将近200

年的时间里，他们都控制占领着美因河上游，陶伯河谷，科赫尔河和雅克斯特河地区的一部分，以及富贡迪欧能格伦德（维尔恩格伦德）。勃艮第人和阿勒曼尼人经常发生争执，就像200年前的卡蒂人和赫门杜里人，而且出于同样的原因，同样是因科赫尔河畔城市哈尔的岩泉产生了冲突。在后来的日子里，哈尔作为自由的帝国城市，仍然是勤劳、受过教育、思想自由的公民的所在地，现在又成了划分阿勒曼尼人和勃艮第人的分界线，就像当初划分卡蒂人和赫门杜里人一样，这两个伟大部落似乎已经被吸纳到勃艮第这个名字之下了。

于是，勃艮第人，也就是那些在罗马服役或在东方靠自己的双手战斗的战士们，现在回到了他们的老家，因为汪达尔人和格庇德人遭到哥特人的驱赶，他们转而对勃艮第人进行了压制。根据塔西佗的编年史，根据奥罗修斯、维列乌斯、希罗底亚和奥里利乌斯·维克多的记载，他们所占领的地区与科赫尔河接壤，在后来成为斯瓦比亚地区的东部，延伸过雅克斯特河、陶伯河、阿特缪尔河、艾施河，到达了雷德尼茨河和美因河的支流上。

在伟大的日耳曼联盟形成后，罗马人在意大利、高卢和日耳曼土地上，成功地取得了对这支或那支日耳曼部队的短暂优势，但他们没有能够成功地为了罗马的利益而在四个日耳曼联盟间制造出冲突。在共同体和四个联盟的领袖中，在那些王亲贵族、元老心中，已经存在着太多的民族感情，没有他们的集会和投票，什么事也不可能办成。罗马的政客们从来没有成功地赢得日耳曼人的议会，得到的只有那些个别的领袖，他们在罗马的旗帜下，带着从许多省份自愿前来的军队，寻求着战争冒险。根据日耳曼人对于自由概念所持有的古老理解，没有任何联盟的议事会有权利去禁止这种战争冒险，尽管他们握有阻止这种行为的权力。在最初几个世纪里，日耳曼人易于产生内部冲突的旧恶习是罗马人利用的宝藏，后者大规模地利用着这一点。而现在，罗马人不得不局限于在小范围开采这片宝藏。罗马人只能对日耳曼联盟采取各个击破的策略，在分立的联盟内部埋下不和的种子，寄希望于单个联盟内部成员之间能够产生冲突，并且在罗马试图与某个联盟开启战争的时候，其他联盟能够保持中立。因为在这四个日耳曼联盟间，并没有任何契约，也没有任何提议要去进一步促成一个单一的日耳曼人大联盟。在那些已经比其人民迈着更快的历史步伐的日耳曼领袖的头脑、心胸中，还压根儿不存在上述那种民族观念。

罗马的政治技艺腐蚀了格庇德王子法提达，手段当然是通过黄金以及对其皇家头衔的承认。当他从哥特联盟中脱离出来，决心建立一个附属于罗马的“格庇德人王国”时，就带有了这个头衔。罗马的治国术抓住了这位哥特指挥官对权力的热爱，而对于他手下的汪达尔人和格庇德人，罗马则抓住了他们对金钱的热爱。罗马人每年给日耳曼人的津贴不断增加了他们对金钱的热爱，也增加了受金钱影响而摇摆不定的人数。

康斯坦丁皇帝，他的朝臣们称他为大帝，清楚地看到，日耳曼人的军事力量并没有因与罗马的战争而被削弱，只是罗马被这些战争折磨得孱弱不堪。罗马人只有通过日耳曼雇佣军才能赢得对阿勒曼尼人、法兰克人的胜利；这些军事团伙来自从南到北、从东到西的日耳曼省份，其规模从一大群军事冒险者已经发展为庞大的军队。从一开始，古代日耳曼宗教的好战精神就滋养了对战争的热爱，对农业劳动和贸易的偏见；这一偏见为贵族和自由民共同持有，并在战争和移民年代得到了加强；在过去的半个世纪里，这种精神和偏见在边境外的日耳曼人心中催生了对劳动与生俱来的厌恶；现在，对金钱的热爱成为一种更强大的吸引力，每个从罗马军营中回家的人都随身带着对享乐的渴望，只有通过金钱才能买到的享乐。正是借助于这些罗马支付下的日耳曼雇佣军的领袖们，皇帝康斯坦丁·克洛如斯得以在301年驱逐了马恩河沿岸城市朗格勒的阿勒曼尼人。他从温迪施进军，在那里阿勒曼尼人与之进行抗争，结果在跨越巴塞尔的莱茵河的桥上，皇帝又一次击败了阿勒曼尼人，将他们逼退到自己的领土，并蹂躏了那些领土的南部，金奇希河与莱茵河之间的地区。尽管遭受了这些冲击，阿勒曼尼人总的来说还是留在了那些他们之前就已占领的地区。因为在整个康斯坦丁大帝的统治期内，即

306—337年，不仅整个罗马的什一税区依然风平浪静地归属于阿勒曼尼人，而且从巴塞尔到美因茨及拉恩河口的莱茵河道依然划分着阿勒曼尼人与罗马人的领土。因此，无论阿勒曼尼人的兼并活动扩展得有多么辽远，他们仍旧毫无缩减地拥有着自己已经占领下的土地，即便面临着罗马那些虚构的伟大胜利。

莱茵河的上游，瑞士阿尔卑斯山脚和美因河之间，是一片伟大的土地。阿勒曼尼人的到来，又为该地带来了新的要素，完全有别于之前定居在罗马墙内外的南绥威部落分支。之前，这里土地的绝大部分由执迷于农业、手工业、商贸的日耳曼、罗马混合人口所占据。而从那之后，我们开始发现军人出现于其中。阿勒曼尼人中最受敬仰的骑兵是伦策人，如今康斯坦茨湖沿岸的伦兹高依然保留着他们的名字。阿勒曼尼人战士中的核心成分是布莱施高的布莱施高人，他们深深扎根于莱茵河岸边。而一批高卢日耳曼人已经在那里和平地定居很长时间了。

第二个叫作克罗克的阿勒曼尼战争君王，作为日耳曼附属军队的领导者，在306年帮助康斯坦丁登上了王座。最初，皇帝充满感激地承认这一点，后来却以一种真实的帝国的姿态完全忘记了阿勒曼尼人的功劳。他认为，通过以法律的方式让出罗马的什一税区、美因茨的土地、拉恩河下游的河口，他便已经付清了一切。而实际上，这些地区早已为阿勒曼尼人所有，皇帝也清楚地知道自己不再可能以武力的方式夺回它们。几年后，一批接一批的军事冒险家，“为自己的双手”而战。他们离开阿勒曼尼人的这片家园，开始进攻上莱茵的左岸地区，也就是开始进攻罗马的财产。康斯坦丁原以为通过与阿勒曼尼人所缔结的和平能够确保上述地区的安全，而当他发现实情并非如此时，无论是基督精神，还是感恩精神都不能阻止这位基督教的保护者愤怒地将阿勒曼尼囚犯扔给马戏团的野兽；在这些囚犯中，很可能就存在着那些阿勒曼尼的战争君王，正是他们，在争夺帝国王冠的斗争中，给予了康斯坦丁相对于其竞争对手的决定性优势。康斯坦丁让自己成为罗马帝国的唯一统治者，但在他生命的最后时刻，帝国统一的正确理念被放弃了，他把帝国分给了三个儿子，他们在精力和洞察力上都不如这位父亲。三兄弟的纷争使得西哥特人很容易就进入了罗马高卢。340年，长子康斯坦丁在与弟弟康斯坦斯的战斗中牺牲。

胜利者康斯坦斯遭到法兰克人的攻击。通过金钱和土地出让，法兰克人成为他的盟友。但在350年，康斯坦斯被谋杀。马格南提乌斯，日耳曼人出身，晋升为罗马军队的将军，侵占了归属于康斯坦斯的一部分帝国领土，并在日耳曼军队的支持下，宣告自己为皇帝。然而，它们中的一部分转到了次子康斯坦提乌斯手上。他是兄弟纷争中的幸存者。351年，在潘诺尼亚的穆尔萨战争中，即在今天匈牙利的埃塞克，篡位者马格南提乌斯被打败。于是，康斯坦提乌斯二世成为整个帝国唯一的统治者。

罗马帝国内部的骚乱被西日耳曼人转变为绝佳的利用时机；马格南提乌斯和康斯坦提乌斯之间的战争，对他们来说是一片肥沃的土地，可以加以挖掘。在皇帝马克西米安统治下，法兰克人在三世纪晚期，拥有整个巴达维亚岛屿和斯凯尔特河外

的土地。然而，他们被康斯坦丁大帝驱赶逼退，将所有巴达维亚岛屿放弃给了罗马。康斯坦丁给一部分法兰克人分配了土地，但并不在这里，而是将他们转移到了罗马高卢。在马格南提乌斯和康斯坦提乌斯之间爆发战争后，他们在351年再次挺进，再次征服了巴达维亚岛屿和上、下比利时。这次成功后，他们立即涌入了马斯河和摩泽尔河上的岛屿。法兰克人如此轻易地抓住了这个有利时机，以至于在他们后方的撒克逊人也紧接着向前推进。

与法兰克人同时，阿勒曼尼人向西挺进，越过了莱茵河。正如在莱茵河下游，法兰克人定居在该河的左岸，而在莱茵河上游，阿勒曼尼人占领了上日耳曼地区的罗马行省，也居住在左岸。他们一直前进到孚日山脉，并在阿尔萨斯、洛林及附近地区定居下来。康斯坦提乌斯从东方进军，在康斯坦茨湖畔的伦兹高击败了留在莱茵河右岸的阿勒曼尼人。当罗马人在战斗结束后发现许多被杀的人仍然坐在他们的死马上时，他们感到非常震惊。然而，从战争的整体上来看，阿勒曼尼人并没有被征服，因为，皇帝在354年与他们达成和平，把莱茵河左岸，远至依然属于上日耳曼的地区让与了阿勒曼尼人。皇帝规定，定居在这个省的阿勒曼尼人应隶属于罗马主权，成为帝国皇冠的附庸国，在罗马的战争中应予以支持。

当时的阿勒曼尼人是一个彻头彻尾的军事民族，他们的家就是他们的营地。他们由一系列亲王统治，其中一部分名字被保留下来，尽管只是以罗马化的形式。在这个时期，一部分阿勒曼尼人处于独立状态，另一部分则隶属于罗马，他们的居住地往南一直到祖切尔海，往西一直到侏罗山脉和孚日山脉，北到拉恩河，东到莱西河。在现在的拿骚地区，当时的阿勒曼尼王子是马克里奥乌斯和他的兄弟哈里奥波。在当时的施达肯伯格，也就是现在伟大的黑森公国，达姆斯达特和布罗伊巴赫附近，是索玛；在施派尔和沃姆斯对面的莱茵普尔法茨，是霍尔塔；在后来叫作下斯瓦比亚的地区，即现在的符腾堡，是乌里乌斯、乌西齐努斯和韦斯特阿尔普；在现在的布莱施高，是龚多马和巴多马。在莱茵河左岸，最新获得的地区，有最杰出的战争君王泰奥多玛和他勇敢的侄子塞拉皮恩。

这些名字甚至在它们的异族名外表下，也部分地表现了它们的日耳曼语发音；

另一部分则完全是罗马式的重命名。因为这些战争君王不仅仅是带薪追求自己的事业，更是在帝国的各个省份中实现自己的事业。

对战争和征服的爱原本就是日耳曼人本性中所固有的，一直以来又不断地被他们宗教的好战精神所激发，而如今又被这些最新的成功所助长，这导致他们不能容许自己满足于当下的征服。他们打破了和平协议，向高卢地区进一步挺进。莱茵河畔的许多美丽城市，是罗马、高卢、日耳曼人口和文化融合之地。在几个世纪的历程中，这些地方是真正的文化实验场和工作室，持续繁荣之地。如今它们迎来了阿勒曼尼人，并产生了在罗马帝国统治下迄今为止的生活方式与新的阿勒曼尼征服者统治下的生活方式间的重大区别。356年，康斯坦提乌斯皇帝派他的亲戚尤利安去攻打阿勒曼尼人和法兰克人。尤利安在兰斯恢复统治后，转向进攻洛林的阿勒曼尼人。战争打了整整一年，没有结果。起初，阿勒曼尼人取得了胜利，但后来尤利安把他们逼退到下阿尔萨斯，并从他们手上夺取了哈格瑙和斯特拉斯堡之间的土地。在取得这一优势后，他扑向了法兰克人，在科隆附近击败了他们，占领了该地，与法兰克人达成和平。事实上，法兰克人在第一次战败后便倾向于讲和。他把他们的领土留给他们，让他们隶属于罗马的主权之下，并为帝国服务。成千上万的法兰克军事冒险者作为雇佣兵加入他的队伍。

通过与法兰克人单独缔结和平，罗马指挥官不仅有机会调集所有力量以对抗阿勒曼尼人，而且还从法兰克人那里得到了辅助部队。尤利安的计划是从两侧一起进攻阿勒曼尼联合军队，一边是由布拉巴提奥指挥下的一个分队，另一边则是他的主力部队。如果说莱茵河左岸的阿勒曼尼定居者能够代表所有阿勒曼尼人的话，泰奥多玛便可以说是所有阿勒曼尼人军队的指挥官，尽管右岸只是提供了辅助部队。因为事实上，左岸的这场战斗仅限于罗马和左岸的阿勒曼尼人。不管从右岸派来的增援部队有多少，阿勒曼尼的全体人民并没有都卷入这场战争，而只是一部分人。泰奥多玛是一位身强力壮的英雄，也是一位军事天才。他向罗马人展示了自己从他们那里学到的一些战争技巧。他没有坐等两侧同时发起进攻，而是首先猛力攻向布拉巴提奥的分遣队，将他们打败并驱散后便将整支军队撤回到斯特拉斯堡要塞。阿勒曼尼人控制着那里，正如法兰克人控制着科隆。在战场上，日耳曼的表现可以说和罗马人是持平的，甚至好于罗马人，但在修建防御工事以及保卫由罗马人修建起来的防御工事时，他们则明显逊色于罗马人。在斯特拉斯堡的城墙下，这位阿勒曼尼王子与尤利安展开了大战。后者是那个时期最伟大的罗马将军，并在两年后就将成为罗马皇帝。很长时期以来，罗马都缺乏人才，而尤利安则是传统罗马风格的将军，正如他的祖父康斯坦丁年轻时一样。

在阿勒曼尼人和罗马人之间、泰奥多玛和尤利安之间的这场决定性战争，不仅让我们想起了早期日耳曼人和罗马人之间的战争，也让我们想起了后来德国人和外国人之间的战争。泰奥多玛亲自率领左翼军队，他的侄子塞拉皮恩率领右翼军队；尤利安在右侧安置了骑兵。

泰奥多玛和他的阿勒曼尼骑兵们对这支部队发起了猛攻，他们的力量如此强大，以致这支罗马军队很快被击溃，幸存者陷入混乱的逃亡中。就在尤利安召集、部署逃亡者时，泰奥多玛则率领其强大的军队扑向罗马步兵，后者因而陷入混乱。尤利安目睹着失败；军团的痛苦和不安持续增加。然而，几乎就在一瞬间，一支又一支的队伍出现在他们面前；一支崭新的军队前来营救罗马人；破碎的罗马队伍得以重整，战斗重新开始，新队伍的加入终于击退了阿勒曼尼人。阿勒曼尼人被打败了，但他们并不认为自己是被罗马人征服的，而是被日耳曼人所征服的。在决定性时刻来到战场，为尤利安提供援助的不是别人，正是日耳曼的雇佣军。在战场上损失惨重后，泰奥多玛选择撤退；他无法再控制斯特拉斯堡，就像法兰克人无法再控制科隆一样。他率领阿勒曼尼人穿越莱茵河回撤，在渡河时也发生了损失。所有这些事件都发生在357年。

帮助罗马人战胜阿勒曼尼人的日耳曼人在罗马的记载中被称为巴达维亚人和赫鲁力人；这也证明了赫鲁力并不是一个部落名字，而是一批军事冒险者的名字。哪里有战利品，他们就被吸引到哪里，谁出价最高，他们就为谁而战。不然的话，为什么已经迁往东南部的赫鲁力人，会突然出现在西南部呢？我们不能忘记，阿勒曼尼人是来自低地的战士，在贵族或官员的领导下，一批批的军事团伙定居在了上莱茵地区；现在，在罗马的支持下，来自低地的冒险者们又把他们从洛林和阿尔萨斯赶了出来，显然是想在这些美丽的地区定居下来，直到别的地方出现更加具有吸引力的战利品。和勃艮第人一样，赫鲁力人或许也是阿勒曼尼人的老敌人。

在政治上精明能干、在战场上英勇无比的尤利安，从斯特拉斯堡望向莱茵河对岸的什一税区，这片土地曾是罗马的，但在他继位前已根据正式条约被割让给了阿勒曼尼人。他仅仅是攻打了一部分阿勒曼尼人；右岸的阿勒曼尼人并没有打破和平。他意识到，自己好不容易能够征服这部分的阿勒曼尼人，完全是依赖他们自己近邻的力量，所以他不敢把这些人留在身后，越过莱茵河去追击那些撤退到没有破坏和平的阿勒曼尼人的领地的人。所有的考量都反对这种做法，特别是因为在他的后方不仅仅是受雇的法兰克冒险者，还有整个法兰克人。

因此，尤利安对莱茵河彼岸的阿勒曼尼人大联盟示以友好而非敌意的外表。他和其中一些阿勒曼尼亲王达成了停战协议，然后突然向北朝萨利安法兰克人挺进。后者从伊赛尔河扩张到莱茵河左岸，再从那里扩张到马斯河和斯凯尔特河之间的土地，而后越过了比利时的低部。在过去几年里，他们进入了高卢人的领土。这些法兰克人发现自己突然遭到尤利安的袭击；利普利安法兰克人，或莱茵河下游的法兰克人，保持着中立。尤利安打败了萨利安人。

他突袭并击败了法兰克联盟中的另一个部落沙马吉人。然后，他又转向日耳曼内陆，带着他的军队来到了科赫尔沿岸的哈尔，阿勒曼尼人与勃艮第人之间的地区。358年，他忙于修复莱茵河上被阿勒曼尼人毁坏严重的罗马防御工事，以及修复边境的防御工事。六名阿勒曼尼王子前往哈尔，与尤利安会面，急于和他讲和。我们可以推测，尤利安是分别单独地同每一个人媾和的，因为最后达成和平仍被施加了苛刻的条件。他成功地分裂了法兰克人和阿勒曼尼人，成功地与所有人都达成了和平，并成功地规定了和平条件。这发生在358年和359年。

尤利安的成功和声名，以及他的军队对其充满的热情，使他的堂兄康斯坦提乌斯备感嫉妒。他召回了一部分军队。而在360年，这支军队叛变并宣布尤利安为皇帝。一场罗马帝国的内战迫在眉睫，因为尤利安篡夺了皇帝的尊严，放逐了康斯坦提乌斯，而他的地位和军队事实上都是前者所赋予的。两位皇帝决心发动战争。康斯坦提乌斯试图通过阿勒曼尼人的帮助摆脱他在帝国内的对手。皇帝的私人密使往来于阿勒曼尼人的领土，并最终赢得了布莱施高王子瓦多玛的支持，而在同时，尤利安却正忙着修理莱茵河左岸的工事。为了取悦和满足阿勒曼尼人，康斯坦提乌斯废除了尤利安与他们缔结的一切条约，而瓦多玛则承诺站在这位正义的皇帝身边，召集所有阿勒曼尼人的力量起来反抗尤利安这位已被合法皇帝宣布废除的人。尤利安发现了秘密谈判的踪迹；他把瓦多玛从布莱施高引诱到自己的宫廷，在前者毫无疑心的情况下抓住了他，将其送到了西班牙。

通过做出一切可能的让步，尤利安使自己与阿勒曼尼人处在了最为友好的关系之中。他每年都给他们一笔钱款，旨在把他们留在自己一边，并劝诱他们在其前往东方的旅途中保持安静。行动证明了这一点。他的军队正在挺进远东，迎接与康斯坦提乌斯为了帝国皇冠而即将展开的决定性战争。因为自从康斯坦丁时期，皇帝的宫廷就一直安在康斯坦丁堡。这支军队从施派尔穿越罗马殖民地来到了哈尔，控制下多瑙河并在那里上船。与此同时，尤利安自己却带着一小部分随从，造访了阿勒曼尼人的领土。三万阿勒曼尼人志愿加入尤利安的军队为其效劳。和他们一起，尤

利安顺着罗马的“大道”，从温迪施穿越罗伊特林根和乌尔姆，进入布伦茨，来到了绥威人的领土。

上述两个地点之间似乎就是军队碰头的地方。毫无疑问，有许多阿勒曼尼人和绥威人都加入了他的军队。他懂得如何通过自己亲切和蔼的人格魅力以及实用的宗教宽容态度赢得各族人民的心。他带着自己的军队向多瑙河下游行进，前往匈牙利，迎战康斯坦提乌斯。然而，还没有任何交战，康斯坦提乌斯就死了，剩下尤利安成为唯一的皇帝。他被普遍承认为皇帝的时间只有两年。363年，尤利安与波斯人开战，在这次战争中，他的生命也过早地结束了。

当他离开日耳曼时，他将日耳曼留在了和平的状态。日耳曼的一切都是那么的平和，以至于在那整个时期，罗马人和日耳曼人之间都没有发生任何冲突。在波斯战争中，有几千日耳曼人与他并肩作战。他们部分是信仰基督教的日耳曼人，部分是皈依了的高卢人。尤利安对他们的勇气表示赞扬，却讨厌他们的祷告。他更喜欢的是那些依然信奉异教的阿勒曼尼人、法兰克人和勃艮第人。尤利安皇帝本人被称为叛教者，他无法忍受拜占庭朝廷的基督教，更偏爱哲学家们和古代世界的异教精神。

尤利安的王位继承者是约维安，只统治了八个月。其间，阿勒曼尼人爆发叛乱，越过莱茵河进入高卢，因为正如他们明确声称的，“规定的年费到那时还没支付”。在约维安短暂的任期内，他并没有与阿勒曼尼人有任何交流。应付的费用并不是从他那里开始的，而是尤利安所许诺的，后者为了买到和平而承诺支付年费。

约维安的继任者瓦伦提尼安一世枉费心机地想要制止阿勒曼尼人挺进罗马高卢地区。尽管取得了一些成功，在374年，他被迫与阿勒曼尼人实现和平，将整个莱茵河左岸地区，一直到孚日山脉，通通让给了他们，比他们之前所占有的区域还要广大。早在366年，如今法国地区的南部，就已经遭到了阿勒曼尼人的洗劫。一波接一波的阿勒曼尼人越过莱茵河，势头和莱茵河一样迅猛而不可阻挡。新的罗马防御工事的灰泥都还未干透，就被阿勒曼尼人摧毁。来自特里尔的瓦伦提尼安与他来自温迪施的儿子格拉提安（更确切地说是与他的老师、基督教诗人和将军奥索尼乌斯），进军黑森林抵挡阿勒曼尼人。

他们的征服就是把一些漂亮的日耳曼姑娘掳走，尽管他们信奉基督教，却把她们当作奴隶对待。奥索尼乌斯就有这样一个从黑森林掳走的姑娘，把她留在身边一直到死；这位白发苍苍的罗马人被她的魅力迷住了，用诗歌颂她。即使并非所有黑森林的阿勒曼尼女孩都被赋予了维苏拉那样的美和优雅，正如奥索尼乌斯用其诗人之眼在保留至今的诗歌中所描述的那样，日耳曼女人的鲜活灵动依然必定会迷住罗马人，后者的眼睛在之前只能接触到那些已经褪了色的罗马美女。格拉提安是最后一个踏上日耳曼土地的罗马皇帝，那是在378年，当时大批的阿勒曼尼人涌入高卢。他也许成功地对阿勒曼尼人的分遣部队赢得了一些优势，最终却还是只能与他们缔结和平条约，以空洞的形式接受阿勒曼尼人为帝国的附庸，赠予土地，高薪支付其中一批人为其服务，带着他们向多瑙河下游进军，援助他在远东的叔叔瓦伦斯。在他看来，必须让西部平静下来；因为在东部，罗马帝国被日耳曼人，萨尔马提亚人和匈奴人所折磨。约维安死后，出现了两位皇帝，东边是瓦伦斯，西边是他的兄弟瓦伦提尼安，后者由他的儿子格拉提安继承。在西部，罗马人不得不对付法兰克人和阿勒曼尼人持续的运动战；在东部，瓦伦斯艰难地抵御着穿越多瑙河而来的夸地人以及不断推进并威胁到帝国首都君士坦丁堡的哥特人。他和哥特人终于达成了和平，因为这时，匈奴人从亚洲闯进了欧洲，在黑海附近的所有定居地掀起了一场极为不同寻常的运动。

当具有决定性的斗争地点转移到正在爆发欧洲民族革命的东方时，西方的阿勒曼尼人和法兰克人就有时间和机会扩张和壮大自己。在超过四分之一个世纪的时间里，阿勒曼尼人保持安静地待在黑森林地区，生活在内卡河流域的谷地和山脉以及符腾堡的台地区域，沿着陶努斯山脉的美丽山谷和泉水延伸出去，穿越了洪堡、爱泼斯坦、施拉根巴德，以及所有老日耳曼定居点。

然而，随着公元五世纪的到来，在这些阿勒曼尼人所有地中产生了变动。大约在373年，瓦伦提尼安召集勃艮第人来帮助他抵抗阿勒曼尼人，八万名长期在边境服役的护卫军随时准备着为罗马效力，此时也挺进莱茵河，那里定居着大量阿勒曼尼人。404年，其他的移民潮接踵而至。住在美因河上游、靠近哈尔的勃艮第人觉得这个地方太小，容不下他们日益增长的人口，于是就成群结队地挤向美因河下游，涌入法兰克人和阿勒曼尼人之间，一直到美因茨附近。阿勒曼尼人在这次入侵面前，或者更确切地说，在这些勇士们经过面前，选择了放弃，他们永久性地失去了在美因河流域的住所。因为当勃艮第人又一次离开这些地区，沿着莱茵河向高卢进军时，法兰克人就带着他们过剩的人口涌入了他们抛弃的土地。

然而，阿勒曼尼人通过在南部和西部的壮大弥补了对北部这片肥沃地区的丧失。他们又一次安定下来，这一次永久地居住在了莱茵河和孚日山脉之间的美丽地区。这个地区的名字按照罗马人的写法，叫作阿尔萨提亚，我们并不确定它是否意指“阿勒曼尼人的居所”；也不确定它的当代名字阿尔萨斯是否暗指“一个陌生的土地上的居所”；类似的，人们很怀疑“阿尔高”是否来自阿勒曼尼人，或者该地区的阿尔曼人。在这里，在南方，阿勒曼尼人也永远地定居下来；从巴塞尔到布雷根茨，一直到格里松斯，所有的土地都变成了阿勒曼尼人的土地。朱松斯人也开始与阿勒曼尼人融合。

这些朱松斯人可能是朱瑟斯人或朱特人，他们是那些曾入侵意大利的辛布里人和条顿人的后裔。如果我们在提洛尔还能找到辛布里人的踪迹，那么朱松斯人为什么就不能是来自辛布里半岛的朱特人的一个分支呢？特别是我们发现那些踪迹的地方正是入侵者安置防卫设施的地方，也就是在阿尔卑斯山地区的入口处。在上巴伐利亚定居的朱特人中，有一部分随阿里奥维斯图去了高卢；那之后，也来了其他一些战士和移民，占据了他们在东部的住处，就在多瑙河附近的夸地人旁边。但这些朱松斯人原初的血统（波伊廷格地图中的朱图基人）仍然留在了阿尔卑斯山，和那里的绥威人联合在一起，如果这些条顿人及其后代事实上确实不是绥威人的话。“维索布仑手稿”用“苏阿珀”（Suapo）或“斯瓦比亚”（Swabian）来解释齐乌瓦利一词；根据二世纪地理学家托勒密的说法，条顿人的一个分部就拥有齐乌瓦利这个名字，或被称作“齐乌或提乌之子”，即战神之子。

这些朱松斯人，要么过去就是绥威人，要么成为绥威人，在4世纪结束时成为阿勒曼尼人的盟友。不久之后，也开始以阿勒曼尼作为自己的名字。当西部的阿勒曼尼人进攻罗马高卢的时候，东部的朱松人则进攻莱蒂亚意大利地区。

413年，勃艮第人在国王贡第卡的领导下渡过了莱茵河；他们不是来自美因河上游的勃艮第人，而是莱茵河更早期定居者。边界和美因河流域的勃艮第人是罗马的雇佣兵，在美因河与莱茵河交汇处，将自己发展成为一个独立的“附属民族”。在这些原本就以“勃艮”（Burgunds）的身份出售服务，或者叫职业士兵的冒险家集体中，以及在具有类似特征的雇佣军赫鲁力人中，没有任何日耳曼民族情感可言；但是，为罗马人对抗日耳曼人提供援助却能够使一个临时的军队王子成为国王，因为罗马人持续地在以前由自由共同体做决定的地方制造出国王。国王的头衔对日耳曼的战争君王或士兵王子来说是非常值得接受的，他们拥有王子的身份仅仅只有一段时间，并得益于军队的授权；而他的野心和罗马的统治能使他暂时的权力变成永久的世袭王权。

只要勃艮第王国存在着，从它的开始到灭亡，它就彻底是非日耳曼的；日耳曼民族的叛国诅咒一直跟随着勃艮第人的脚步，直到他们衰颓，最后成为法国人。霍诺里乌斯皇帝把莱茵河旁的土地赐给了勃艮第人，并以沃姆斯作为其首都，让他们保护该地区免遭日耳曼人的袭击，以此作为对他们此前帮助打击自己的日耳曼兄弟的奖励。这就是强大的勃艮第王国的基础。霍诺里乌斯在11岁时就当上了皇帝，势力强大、为人精明的汪达尔人斯提里科甚至在霍诺里乌斯成年之后仍然掌管着帝国的事务。因为霍诺里乌斯身体虚弱，精神萎靡，在拉文纳的宫殿里过着享乐生活。这个城市，在那个时期还是一个潟湖城，像威尼斯一样。404年被建为西罗马帝国的帝国行宫。恐惧迫使他从罗马来到这个防御森严的城市。436年，勃艮第人从摩泽尔河一直扩张到马恩河。到了第五世纪下半叶，勃艮第人的领地翻过了孚日山脉，覆盖了阿尔河和罗纳河之间的地区，一直延伸到地中海。

另一方面，与莱茵河或里普利安法兰克人一样，萨利安法兰克人也利用西罗马帝国的这段衰弱时期，进一步扩张自己的疆域。412年，特里尔第二次被里普利安法兰克人占领，科隆成为其核心。他们永久性地定居下来，在莱茵河东岸，从阿登高地一直到鲁尔河；在西岸，则一直到马斯河。莱茵河、摩泽尔河和玛斯河之间的所有土地都属于他们。在五世纪，第三个法兰克人集团从萨利安和里普利安法兰克人中分离出来，在日耳曼东部建立了自己的家园。这些人被称为东法兰克人。以前的布鲁克特利人和一部分卡蒂人加入了东法兰克联盟。在五世纪最后三分之一的时间里，萨利安法兰克人，以及一般而言的法兰克人，扮演了历史舞台上的一个重要角色。他们使自己成为高卢地区的统治民族。

在事情发展到现在这般状况前的一个世纪，匈奴人出现在欧洲东部边境，并给世界的这一部分带来了巨大的革命推动力。

第二十六章

大迁徙——匈奴人、阿兰人和哥特人——赫曼里奇的东哥特王国——西哥特人

自公元前二世纪以来，在亚洲的辽远地带——中国，就一直发生着大规模的斗争和政治运动。部分原因在于人口过剩，部分原因在于族派斗争，中华帝国内种族云集簇拥、相互推攘。大迁徙就是从这里开始的；然而，多年之后，它的浪潮才翻滚过亚洲和欧洲的分水岭。在被驱使从旧居向外迁徙的亚洲部落中，就包括匈奴人，一支亚洲的游牧骑兵。从亚洲高地的内陆，从中国的边界地带，他们行进到了西伯利亚的西部大草原，并继续缓慢前进。一路上，他们要么吸收、要么驱赶某些部落的分支，以及某些部落的全体，最终在四世纪的最后三分之一的时期内，他们到达了亚洲的最西部。身为野蛮的征服者，他们穿越了乌拉尔山脉和里海间所有民族的关卡，往当时人们所认为的欧洲边界顿河走去。

关于匈奴人的民族性，科学研究者意见不一。这个民族在入侵欧洲前的情况是不为人所知的。一些人赋予他们芬兰—蒙古起源，其他人则赋予鞑靼起源。第三种观点认为他们属于伟大的游牧民族突厥，并认为他们是其中地位比较低的一个分支。他们从上亚细亚的西北山区推进到了里海和黑海附近的西徐亚草原地带。这种观点对他们颇多贬低。

无论如何，匈奴人是一个强盗民族。不管对他们外表的描绘是多么夸张，他们都和卡尔梅克人一样非常可怕。基督教僧侣和朝臣的描绘是很笼统的，并没有个别地告诉我们有关匈奴人的详细情况，当匈奴人入侵欧洲时，他们事实上是民族和游牧部落的混合体，比任何一个日耳曼联盟所包含的成员都更加多样化。因为这些所谓的匈奴主人从亚洲来到欧洲时，带来的不是几十个，而是几百个游牧部落，他们或自愿或被迫地加入了被称为匈奴主人的庞大群体。

可以肯定的是，当他们到达欧洲边境时，大多数匈奴人都还在游牧部落，野蛮，贪婪于掠夺和屠杀，无法产生文明，不熟悉农业、定居以及由于定居而产生的法律和习俗，没有宗教，对人没有信仰，没有道德或社会理念，欲望、行为都极其残酷。同时代的罗马人把他们叫作两腿行走的野兽。

当他们渡过伏尔加河时，有关他们的传闻而引起的恐惧和惊奇先于他们的军队而提前到来。但在他们真的出现时，人类的眼睛似乎从没见过那样的存在，因而依然感到更加可怕。他们身材矮胖，双肩宽阔，脑袋圆圆，脸庞黄而满布裂痕，颧骨凸出，深陷的小眼睛闪闪发光。对高加索的儿女们来说，特别是对希腊和罗马的艺术家的眼睛来说，这些都是可怕的。他们的衣着增加了欧洲人对他们的反感；他们戴的是皮头盔或蓬松破败的帽子，穿的是利纽上装，或者用貂皮和黑貂皮缝制的上衣，一块块地缝在一起，一切都是那么肮脏。这使他们天生的丑陋更加严重。他们从来不换衣服，直到完全破烂不堪；他们的脚上覆盖着山羊皮，没有加工，没有软化，也没有任何形状。这一切使他们的步态显得笨拙，像熊一样。然而，匈奴人很少走路，他们通常骑马。一旦上马，就像是另一种存在。他们与马融合无间，不仅像马一样活跃自如，而且像飞鸟一样敏捷。他们一生中大部分时间是在马背上度过的。他们在马背上做饭，把肉放在马鞍下，温柔地骑行。如果没有火来进一步烹饪，他们就吃生的，就着面包和在路上能够找到的一切野菜根。行军的时候，他们和战友们在马背上喝酒作乐；在马背上买卖东西；在野外，他们睡在马背上；在战斗和追逐中，他们更是骑在马背上；男人在马上生活，女人在马车里生活。这些习惯来自这个野蛮的游牧民族在俄罗斯和中国之间的无尽大草原上几个世纪的漫游，也来自他们对中国几个世纪的入侵。匈奴人的家庭事务和生活圈子，无论是在早期的入侵时期，还是在漫长而乏味的西迁时期，都是在游牧民族的四轮马车上展开的。在马车上，他的母亲生下了他，在马车上，他把孩子们养大，直到他们能骑上一匹马。在马车上，他的妻子给他做衣服，做家里所有必要的工作。

这就是在匈奴人的威名下渡过伏尔加河的凶残、野蛮民族的模样。他们在行进中被分为许多分部，各自处在级别或高或低的首领统治下。每一个首领在他的圈子里都是有权力和荣耀的人，但并不是君王和统治者；因为和所有亚洲专制一样，他们只有一个最高统治者，这就是大单于或大王。只有他是主人，其他人都是奴隶。他对人、对人的自由、对人的生命有无限的专断权。

带领移民穿越伏尔加河的国王是巴拉米尔。

他们在欧亚边境遇到的第一批人是阿兰人，住在顿河的另一边。

人口众多的阿兰人居住在伏尔加河和顿河之间，在高加索山脉的北坡上。这个地区一向适于饲养牛，尤其是马。阿兰人因为他们所拥有的马的数量和英勇的骑术而受到罗马人的称赞。在最后一次马可曼尼战争中，罗马人见识了阿兰骑兵的恐怖实力。由于喜爱掠夺，过剩的阿兰人被引往西部。他们可能比其他日耳曼民族或部落更晚地前往西方，因为在他们移民之时，其他日耳曼民族或部落已经再次从西部和北部向南迁徙了。这支阿兰人在马可曼尼战争中表现英勇。然而，阿兰人是最后一个迁移到西部的日耳曼民族，而且只是一部分，而不是全体。

阿兰人是日耳曼人，这一点在今天是毫无疑问的，因为我们已经拥有了到过高加索山谷并熟悉那里的居民的探险者的报告。

匈奴人突然入侵顿河流域的阿兰人，人数众多，势不可当，以至于尽管后者进行了顽强抵抗，也享有骑兵的盛名，但还是不得不由于孤军奋战，向匈奴骑兵投降。这些亚洲人的异乎寻常的丑恶和他们的战斗方式，在这个日耳曼民族中制造了无穷的恐怖。他们的战斗方式是新的。与鹰冲向猎物的速度一样飞快地扑向敌人，突然启动车轮。当对手向前追击时，他们再次以飞快的速度掉转马头向敌人放箭，紧接着突击上前，用刺刀杀死敌人。如果敌人躲避开了他们的箭，他们就会熟练地往敌人头上扔套索，把他拖走。甚至在他们到达之前，关于他们最后造访的地区的传说也增加了这种恐怖。这些故事讲述了他们如何仅仅出于对毁灭、仇恨和荒凉的恶魔般的热爱而掠夺一切，如何杀死那里的人，或把他们当作奴隶拖走并在残忍的欲望下虐待妇女。“在他们身上没有一点人性。他们并不拥有人类的起源，而是恶魔的顽童。他们要么诞生于大草原的邪恶精神，要么诞生于哥特国王赫曼里奇所放逐的巫婆。他们是可怕的杀人犯种族，居住在湿地和沼泽。”

顿河的阿兰人被击败之后，其中的大部分臣服于匈奴王巴拉米尔。另一部分向西北迁移，成功到达波罗的海。在那里，他们受到了热情接待，与定居在该地区的日耳曼部落联合起来。另一部分住在高加索山脉的北坡上，紧邻他们的顿河同胞的阿兰人，躲在了大山的堡垒中。在这里，黑海和里海之间，他们没有受到匈奴人的骚扰。匈奴大军已经远远地将高加索山脉的岩石抛在了身后，这部分退隐到其山峰后的阿兰人，在其阿尔卑斯山的家乡成长起来，成为一个统治民族，建立了一个在13世纪仍然很重要的帝国。根据20世纪一个旅人的报告记载，他在高加索山谷里发现了一些蓝眼睛、金头发的男男女女，从他们的生活习惯来看，他认为他们是老日耳曼人的后裔。这种观点早就成了笑话。但对于切尔克西亚战争以及当今高加索居民的描述清楚地表明，在高加索山谷中仍然存在着阿兰人的残余，显然属于老日耳曼血统。甚至在黑眼睛、黑头发的人种中，老日耳曼人的特征也依然可以找到。

匈奴人不可能在一个地方待上太久。他们的人和兽都是如此众多，像一群蝗虫，把所到之处吃得精光。如果匈奴人没有强迫阿兰人加入他们的迁徙大队，后者也将被迫放弃原来的居所，因为那里不再有任何生命得以存在的东西，他们的土地将被烧毁、践踏、耗尽。因此，他们陪同并壮大着匈奴人，穿过顿河，遇上了东哥特人。

自四世纪以来，东哥特人的生活发生了很大变化。

哥特人利用与罗马帝国长达近半个世纪的长期和平关系，壮大了自己相对于日耳曼和斯拉夫民族的势力。在此期间，哥特人之间仅仅发生了一些内部纷争。在康斯坦丁统治下，罗马帝国与哥特人再一次交战；在与哥特人的邻居斯拉夫人以及“职业军人”汪达尔人结盟后，罗马皇帝对哥特人取得了一些优势。但在381年，保加利亚的哥特人彻底击败了罗马军队，并没有停止向君士坦丁堡的前进步伐，直到达达尼尔海峡半岛的斯拉夫人部落意外地从后方对其发起了进攻。康斯坦丁与他们缔结和平，给了他们非常有利的和平条件；他们从此开始保持平静，一直到康斯坦丁的后裔继承帝国王位时都是这样。通过给哥特人以土地和每年的津贴，康斯坦丁使哥特人成为他的朋友，成为罗马边境的守卫者，抵御其他民族的攻击。

在西部，只有阿勒曼尼人和法兰克人还在进攻罗马，而哥特人则继续扩张他们的统治。康斯坦丁对他们的投降，使他们成为抵御斯拉夫部落入侵罗马帝国的堡垒，被哥特人明智地加以利用。他们征服了附近的斯拉夫种族，并逐渐征服了其他北方和南方的种族。他们也征服了其他的日耳曼民族种群。到了大约四世纪中期，哥特王国从黑海和亚速海延展到了波罗的海，人口既包括斯拉夫族，也包括日耳曼族。

把哥特人的势力提升到如此这般高度的是他们的王子赫曼里奇（厄曼里奇，厄门里奇)。哥特部落在其最初的居所时是由酋长领导，和平时期由选举产生的“法官”管理事务，战争时期则由战争国王管理事务。只有在战争中，才有一段时间存在着一位最高指挥官。在其他时候，每个部落都有自己独立的法官；王子们实际上是，也被希望是平等的。种族的统一性是维系哥特人所有部分的唯一纽带。然而，在他们胜利定居在多瑙河下游后不久，在这个地区的东南部，出现了哥特式的联邦国家。如果我们可以使用这样的一个表达的话，因为实际上并没有国家，只有一个非常松散的联盟，包括很多成员，许多部落和部落的分支，每个都有自己的财产和独立地位。赫曼里奇是第一个做出改变的人。他用君主制的统一代替了联邦制的联盟，代替了种族的统一，树立了一个拥有适度权力的国王。他之所以能够实现这种改变，依赖的是他非凡的个人影响力，长时间担任最高指挥官，既对抗过罗马帝国，也对抗过日耳曼人和斯拉夫人，并拥有异常长而活跃的寿命。在他110岁时，死神都还没有造访他。只是因他悲伤于被匈奴人击败，为哥特人感到难过时，他才亲手招来了死神。

这种君主制的统一并没有取悦所有的哥特人。据说，国王赫曼里奇诞生于一个最古老的贵族家庭，根据一个远古的故事，哥特人的祖先们从这个家庭中挑选了国王，这个家族是阿玛伦家族或阿玛尔家族。尽管这些传奇有助于赫曼里奇实现他的目标，但大多数哥特人还是不希望他们的临时军事国王变成一个永久的国王，一个无论在和平还是战争时期都将统治一切的国王；而且，赫曼里奇最最难应付的对手正是那些像他一样自称是阿玛伦人后裔的哥特人。阿玛尔或阿玛伦是那些声称自己是阿玛拉后裔的人所得到的称谓，而阿玛拉则是古代神话中的王子和英雄。

赫曼里奇成功地把大部分哥特人和附属的种族，包括阿兰人和一些斯拉夫民族，引入了他繁荣兴旺的王国，并在他的权杖下统治了这些民族四分之三个世纪。然而，正如我们所说的，一部分哥特人即使以一种温和形式，也不承认永久的君主政体。这部分是哥特人众多分支中的一个，很有势力，人数多和勇气足。在此之前，东哥特和西哥特仅表示地理位置上的差异，此后，这些名称则表示政治构成上的差异，几乎不再有地理意义。因为从此时开始，那些对东哥特人的权杖王国表示不满的人，便定居到了西哥特人中间；人数也许很少，因为地理上处于西部的许多行省或区都整个地把自己置于伟大的东哥特王国统治之下，开始接受伟大的国王赫曼里奇的权杖。他成为大陆上哥特君主制的创始人，即便在他还活着的时候，就成为民歌和传奇故事中的英雄。

在赫曼里奇的新东哥特王国中，各部落的王子们，即使拥有阿玛伦人的血统，也是国王的仆人，是新王冠的附庸。在那些没有承认国王权杖的地方，贵族继续占统治地位，伴随的是无政府主义，是破坏性的力量，所有的考虑都是为了贵族的自由，而非人民的自由，所有的目标都是为了贵族的利益，而不是平民的利益，一切都处于少部分人的特权领导下。东哥特赫曼里奇王国的有限君主制因而是政治文明史上的进步，并不是反对人民的自由，而是在支持人民的自由。

尽管西哥特人的王子们在和平时期享有一个共和制的名字“法官”，只是在战争时期的军队中才具有王子的身份，但他们实际上都是一个个小型的国王，每个部落并不具有实质上的共和制，而都是压迫人民的贵族专制。

这些西哥特自由王子们的野心有多大，在东西哥特分立之后很快就显现了出来。在这些自由平等的王子中，最有势力的那位叫阿塔纳里奇。他一直致力于让所有其他贵族都臣服于他。他夸耀自己来自一个古代神话中的皇家家族，名字叫巴尔茨。他既没有赫曼里奇那种崇高的天才，也没有后者在与罗马生活、科学、艺术的长期接触中所获得的文化水平。然而，他还是想模仿他，成为他那些平等的王子和所有西哥特人的国王。因此，在西哥特人内部发生了暴力斗争。这一政治原因导致西哥特人分裂为两个派别，而且，正如人们的判断，并没有消除宗教分歧。

在三世纪的后50年中，基督教通过小亚细亚的基督俘虏传进了哥特人群体。这支强大的日耳曼族分支在文化方面也比其他地方更加进步。哥特人拥有异常突出的文化敏感度，深受古代世界文化的影响，只要是能够培养灵魂和心灵的东西，他们都易于接受，这些正是我们称之为文明和教化的信息。在这方面，他们比其他日耳曼人都更胜一筹。最重要的是，在东南日耳曼的哥特人中宣扬基督教影响力最大的是主教乌菲拉斯，一个土生的哥特人。他的重要影响不仅来自他的个人性格，更来自他对福音书的翻译。他把它们翻译成哥特语，一部至今仍是圣经译本中的杰作。

虽然大部分的哥特人，在4世纪末时，都还是异教徒。但是，接受了基督教的个别的人和整个省份，无论在西部还是东部，都没有产生冲突或分裂。

这一非凡现象的主要原因在于日耳曼人的原始性格，他们不懂得什么是宗教狂热。日耳曼民族憎恶祭司等级制度和宗教狂热。从他们的言辞中可以证明，他们与希腊文化更加亲密。异教徒和基督教徒生活在一起，共同对抗民族的敌人。宗教敌意的第一次闪光是从外部扔进日耳曼世界的，那是由于一场宗教争论导致的，关于人们应该相信阿塔纳修还是阿里乌，基督与上帝是具有相同的本质还是相似的本质。

就在匈奴人穿越顿河的时候，使西哥特人分裂为两派的政治冲突达到了顶峰。

当匈奴国王巴拉米尔进攻东哥特王国时，如果后者联盟中的非日耳曼民族能够保持对赫曼里奇王国的忠诚，王国的联合势力本可以站稳脚跟。但是，大部分的斯拉夫人部落，尤其是那些最接近匈奴的部落，在匈奴的军队一靠近时就脱逃了。在赫曼里奇的权杖下生活，对他们来说，似乎是在一种异族的枷锁下生活，而他们尚未熄灭的民族感情，现在却对这种枷锁表示排斥。他们加入了敌人。他们的王子们骄傲地告诉年迈的国王，他们将不再是他的封臣，并幻想着利用匈奴人的入侵，让自己从强加的外国统治中获得自由。这一幻想使整个斯拉夫民族晕头转向。赫曼里奇亲自迎战了匈奴人的第一批军队；他击败了他们的先锋；然而，当众多斯拉夫王子向他宣布自己和手下人民变节时，他这个110岁白发老将，受伤倒了下去。他用自己的手撕下绷带，让自己流血而死。通过这种方式，这位被众多王子和人民抛弃的国王，就将免于看到自己王国和其自由的毁灭下场。

东哥特人和他们的老国王一样，并不怀疑自己能够抵抗住亚洲游牧骑兵的攻击，尽管他们已经被斯拉夫盟友抛弃。他们选阿玛尔族部落中勇敢的威斯马为王。他集结了王国中的所有力量攻打匈奴人。但他并未成功。他在最后一次战役中落马。在两名将军的指挥下，东哥特军队开始撤退。威斯马的当选引起了赫曼里奇皇室家族的不满。他的儿子楚尼蒙德及其追随者感觉自己由于这次选举而被打入了冷宫。这次分歧或许对这场战斗中最不幸的事件产生了一些影响；战斗结束后，威斯马的将军们让他年轻的儿子威斯里奇成为国王，并以他的名义行使王权；然而，楚尼蒙德及其追随者作为东哥特人的代表，承认了匈奴国王的主权；并以东哥特国王的身份加入了匈奴军队；巴拉米尔承认他是东哥特人的国王和自己的封臣。另一部分东哥特人在威斯里奇的带领下穿过第聂伯河，达到第涅斯特河边的波多里亚，在那里与西哥特人会合。西哥特人与东哥特人正是以第聂伯河为界的。

长期以来被称为欧亚边境东哥特人王国的大联盟就此瓦解了。

当上述这些东哥特战士加入西哥特人时，那些不从事战争事业的东哥特人则仍然居住在他们以前的住所。对于所有的平和与顺从，匈奴人也将毫发无损地越过它们，不损坏任何财产，也不危及臣民的生命，目的在于能够借此壮大其强大的军队。当这些亚洲人进入欧洲的耕地地区后，他们发现了与未开垦的亚洲地区或大草原截然不同的能够更好地养活自己的条件。

仅仅是东哥特王国南部的投降，并不足以满足这支亚洲游牧部落；他们向西哥特挺进。

西哥特人当时处在内部分裂的状态中，如果没有东哥特人的支持，没有他们那支强大军队的加入，他们将在匈奴军队的第一次进攻中就被彻底打倒。他们接受了战斗，以阿塔纳里奇作为军队的国王。然而，指挥的统一性只是个表象。这位王子在西部推行君主制，并力图使自己成为罗马意义上的“国王”。这种做法是如此新颖，以至于那些自认与其平起平坐的贵族们不能放任他，不能信任他，更不能毫无保留地臣服他。在具有决定性的376年，东哥特人是他的支持者。凭借着他们的帮助，在一段时间内，他得以与匈奴人继续保持对抗。自私的人生观所产生的诅咒，常常在事后出现，为有罪的人带去了惩罚，而现在，这种人生观却以闪电般的速度埋葬着阿塔纳里奇和他的人民，驱使他们走向毁灭。敌人就在面前，而哥特人中绝大多数部落的领袖却与总指挥官之间保有分歧，还有一部分则与其在宗教信仰上也有分歧。住在北方的阿塔纳里奇和西哥特人仍然是异教徒；从政治上来说，阿塔纳里奇王权伸张的主要反对者弗里迪热则已经成为基督徒，并掌控着西部哥特人的南部分支，他们或许已经皈依了基督教，或许倾向于基督教。直到他们当时所处的历史条件下，宗教信仰和政治观念上的不一致终于结合起来发挥作用，一起破坏着西哥特人对抗敌人的行动一致性。

经过几个星期的抵抗，西哥特人也被征服了。没有等待彻底的毁灭，阿塔纳里奇撤退到了喀尔巴阡山脉，在他们的山墙和超过8000英尺高的山峰后面躲了起来。弗里迪热和阿拉维夫带领西哥特人的另一部分穿越了多瑙河。他们在匈奴人面前被迫离开了以前的住所。当时，主教乌菲拉斯随同着弗里迪热公爵。他们在荒芜的色雷斯地区，也就是现在的保加利亚，寻找保护和新家。

罗马皇帝瓦伦斯被乌菲拉斯的调解所说服，决定和平地割让这个地区。当时瓦伦斯正在安条克准备与波斯人作战，他从那个城市发出指令，同意将弗里迪热和他的西哥特人接纳进入罗马帝国的领土。因为他实际上没有别的办法，西哥特人的这一分支本身就是可怕的力量，如果拒绝这个要求，他们不仅可以通过武力强行拿下要求获得的土地，还可以继续向君士坦丁堡进军。而作为朋友，他则可以利用他们来对抗匈奴人。

罗马官吏的道德败坏破坏了皇帝的计划。同时代的教会作家萨尔维安给我们留下了当时牧师以及基督教社会各个阶层贪婪而挥霍的画面。他是凭自己的经验说这番话的，因为他本人就是马赛的一名神父，但是他对真正的神职有一种崇高的理想，他是一个品德高尚的人。在他写下的众多句子中，我们看到了以下这些："不道德是我们所热爱的，却是哥特人所憎恶的；纯洁是我们所痛恨的，却是哥特人所热爱的；淫乱在他们那里是一种罪过，会导致被流放，而在我们这里却是荣耀。当罗马人以不洁的手、不洁的心犯下各种罪过，实践着各式各样的污秽之事，而野蛮人却对这些污秽之事施加惩罚的时候，我们还能够站在上帝面前吗？"当时，在外表上已经皈依基督教的罗马帝国，对享乐和显赫的无穷热爱却是朝廷和官方世界的普遍特征；为了满足它，贪婪更贪婪地伸出手来，以残忍的天才寻求着更多的金钱。加在帝国本土臣民身上的强制性税收成了无法忍受的折磨。税收的量被提高到前所未闻的程度，征税的压力更是被官员们执法的方式加剧到恶劣不堪。征收上来的成果首先尽可能多地满足了他们自己的钱包，其次才是满足宫廷和国家。每一个纳税人出于征税的目的都有权利对自己的财产进行估价，然而依靠诡计和强迫手段，官员们总是能够恐吓纳税人以远高于其财产或法律规定的方式做出评估。监狱、刑架、鞭子，官员们无所不用其极。法警们以虚假估价为由，拖拽着整个家庭前往审判席。为了敲诈奴隶主，官员们从奴隶那里套取虚假证据。所有自由民都被当作奴隶对待。酷刑不仅被加在奴隶身上以逼供出反对他们主人的证据，也被用在孩子身上以获取反对他们父母的证据：小孩被置于刑架之上，就他们父母的财产情况接受拷问。老人和病人也都无法避免酷刑。整个司法大厅回响着扈从的打骂声和受难者痛苦的尖叫声。为了从法律免除了人头税的人身上也敲诈出钱财，官员们伪造小孩和老人的年龄。在注册登记本上，老人变小，小孩变老，死人依然活着。高额的税收就这样落在每一个活着的人头上。

罗马作家们告诉我们，在5世纪初帝国的所有地方，都存在着两方面的现象：一方面是帝国官员圈子里这种可怕的道德腐化，贪婪放纵的官员团体所实施的这种不受限制的、处处得到军方支持的专制统治；另一方面，作为前者的后果，则是帝国各行省中暴露在官员残暴统治下的人民，以及他们所承受的压迫、奴役和悲惨境遇。而且，所有这一切都是基督徒在基督教的面具下所做出的行为。

基督徒逃出罗马帝国，来到日耳曼异教徒所占据的土地。为了躲避罗马人对罗马人如此恶劣的对待，在罗马文化下成长的人，带着他的家庭逃到了日耳曼野蛮人中。据罗马人的记载，这种向野蛮人地区的迁徙，这种逃离官僚主义的行为，在整个帝国内部是普遍存在的。他们带着所有的动产，带着妻子和孩子，在野蛮人的法律和惯例下寻求解脱，因为只有野蛮人还尊重人的尊严，尊重那些处于法律和他们保护下的个人财产。

这种情况解释了为什么对罗马帝国的逐渐征服，不是通过联合部队，而是单个日耳曼部落的独立入侵，会变得那么容易。日耳曼野蛮人的法律和习俗并没有吸干人的骨髓，而是允许每个人像人一样生活。因此，意大利人和高卢人只是被迫地、毫无热情地来保卫他们的国家，抵抗入侵的哥特人。因为实际上在他们眼中，哥特人是以“解放者”的身份出现的。

这就是当西哥特人在匈奴人面前退让并进入罗马领土时，帝国官场和臣民方面的情况。皇帝允许他们定居下来，条件是在战争中能够在适当的报酬下为帝国提供服务。同时，皇帝也代表西哥特人中的基督徒做出规定，容忍阿里乌派信徒的忏悔。此外，西哥特人在渡过多瑙河之前，必须放下武器，直到他们应召回到战场时，才能继续拿起武器。年轻贵族要成为人质，皇帝承诺以适当的价格，在他们新的居所，向他们提供支持。

利皮齐努斯和马克西姆斯是负责执行投降协定的帝国官员。西哥特人在渡过多瑙河前接受了清点，他们有20万名战士；加上女人、孩子、老人，共有100多万人。官员们的贪婪这一次作用在了哥特人身上，他们开始出卖保有武器的资格。因此，大部分的西哥特人得以保留了武器。

在他们越过多瑙河，进入荒凉的平原后，皇帝的那些无良基督官员破坏了西哥特人投降条约的关键点，也就是这些野蛮人眼中最主要的问题——补给供应。尽管这个地区的总督们拥有充足的囤货，在那一年里，各种各样的补给都多到过剩，他们却以极其昂贵的价格把最糟糕的食物送到了哥特人手上。他们在哥特人中间引起了一场人工饥荒，然后无情地利用了这一状况。他们甚至以高价出售狗肉。他们尽其所能买下所有的狗，然后按照条约中规定的适当价格，用这种肉来代替牛肉和羊肉运送给哥特人。当罗马总督们如此抢劫了哥特人所有的钱财后，他们就会卖一条狗来换一个奴隶，或者换一个自由人，后者为了拯救自己的家人免于被饿死而只能接受奴隶制度。甚至贵族的儿子们也被这样拖去当了奴隶。罗马方面的记述对这一切都供认不讳。

帝国总督们从一开始就不允许哥特人相处在一起，而是将他们分成许多小份驱散在全国各地。强大的罗马军队陪同这些哥特人分队进入分配给他们的不同地区。为了配备这支武装护送队，多瑙河上要塞的护卫军被征用了。因此，多瑙河边境处于无军队把守的状态。然而，无论被屈辱对待的西哥特人所怀抱的痛苦感受有多么的深，无论他们多么渴望复仇，在孤立的状态下，还是无法找到合适的机会。他们只能诉诸威胁。罗马总督们试图通过策略掌控西哥特人的领袖们，目的在于更容易地成为人民的主人。他们邀请弗里迪热和阿拉维夫公爵参加在马尔西阿波利斯举办的一场宴会和会议。两位王子都来了，但带着大量随从。卢奇皮努斯只允许他们的贴身侍卫进城，大部分人只能等在城门外面。

马尔西阿波利斯是一个拥有所有生活必需品的城市。城墙外的哥特人恳求罗马总督允许他们为自己在市场上购买一些物品，但遭到了拒绝。既被陷入与其领导者分立的状态，又被拒绝购买商品，导致这些哥特人开始怀疑。他们为身在宫殿里的领导者的自由和生命感到担忧，也不再能够忍饥挨饿，他们迫切的购物请求又一次被拒绝。

于是，他们开始冲击罗马城门的守卫。一场打斗爆发了；他们挤进城中，急于要饱足自己的饥饿，并解救他们的君王脱离被困的危险。与此同时，卢皮奇努斯突袭并屠杀了日耳曼王子们虚弱的守卫，后者被允许进入宫殿，并受到了热情款待。杀戮和斗争的声音，传入了日耳曼王子的耳中。他们从桌前跳起来、拔出刀，猛冲向宫殿里苍白、颤抖的侍从，这是令人恐惧的爆发，所有人都为其让位。他们推开人群，跃上马背，策马穿过拥挤的街道和堕落的罗马人，直达城门。在那里迎接他们的，是强行入城的留守部下的欢呼。会合后，他们赶紧离开了这个暗藏杀机的城市。

背叛的消息，复仇的呼声，响彻大地，激起了长期积蓄的怒火。西哥特人聚集起来，有武器的人，带着自己的战争武器；没有武器的人，拿起了任何能作为武器的东西。他们向马尔西安阿波利斯城进军。在城外，他们与罗马军队发生了冲突；后者带着自己邪恶的良心被打败了。卢奇皮努斯和他的残余力量逃进城里避难。西哥特人用被杀军团士兵的武器武装起自己。他们是所有开放地带的主人，罗马人不得不给予一切他们所要求的东西。帝国总督的恶行最终给帝国带来了恶劣的后果。

多瑙河的无设防状态被东哥特人发现并加以利用。瓦伦斯皇帝拒绝他们进入帝国；经过几次小规模的交战，东哥特人强行通过多瑙河，涌入了保加利亚。在与这些强大援军的联合下，西哥特人不仅穿越了保加利亚，还包括塞尔维亚、现在土耳其的大部分地区以及马其顿。派去攻打西哥特人的帝国军队被击败了，而且更加容易，因为他们大部分由野蛮人组成，这些为罗马服务的西哥特人现在加入了他们同胞的队伍。于是，眼下的斗争成为罗马人和哥特人这两个民族之间的生死斗争，威胁到整个罗马帝国的东部。瓦伦斯与波斯人讲和之后，被迫赶紧离开了亚洲；这个时期正是前面提到的他的侄子皇帝格拉提安急忙从阿勒曼尼人土地赶往东方支援瓦伦斯的时期。

瓦伦斯认为自己足够强大，无须等待格拉提安的支援就能打败蛮族。他与正在阿德里安堡附近向君士坦丁堡进军的西哥特军队主动交战。在这次伟大的战斗中，我们能够明显地看到罗马帝国是如何已经挖空了自己政治生命的根基的。在过去一个世纪中，他们允许成千上万的日耳曼人定居在其各个行省；招募日耳曼人进入罗马军团；花钱请异族雇佣军为其作战。本土罗马人已经丧失了所有的军事素质；在罗马人和日耳曼人的战斗中，那些身披罗马军旗的日耳曼士兵转而与他们的同胞西哥特人联合起来，参加到罗马人和日耳曼人之间的民族战争中。

整支罗马军队的三分之二，或死或伤，倒在了战场上。“自坎尼会战败于汉尼拔以来，罗马再也未曾遭受过如此重大的损失，如今却这样惨败于哥特人。整个战场吸满了鲜血，连个牢靠的立足点都找不到。”罗马方面的记载如是说。

阿德里安堡这一具有决定性意义的战争爆发于378年8月9日。

皇帝瓦伦斯在这天丧失了生命。他像一名古罗马英雄一般战斗。面对哥特人和阿兰人骑兵，罗马骑兵仓皇逃跑，步兵则遭到包围。皇帝急于支援步兵，踉踉跄跄地闯入骚乱中央。周围逐渐变黑。皇帝并没有能够成为领导和英雄，却被一支箭射穿倒下。他的卫士前去营救，将其拖进了一间小屋。整个军队则在战场上四处逃亡，或惨遭杀戮。

一群哥特征服者开始进攻小屋。皇帝忠诚的卫士奋死抵抗。哥特人向小屋投掷燃烧的木棍。没有任何悬念，皇帝最终因伤势严重而毙命。显然，在交战的双方中，日耳曼人并不懂拉丁语，而罗马人并不懂蛮族的方言。否则日耳曼人原本可以生擒皇帝，作为最高的战利品。就这样幸存到那一时刻，皇帝及其最好的卫士们最终彻底消散于燃烧的木屋火焰之中。

罗马皇帝的终结并不能归罪于西哥特人民。然而，朝廷的复仇却让后者付出了

可怕的代价。根据渡过多瑙河的协定，西哥特贵族的儿子们被作为人质扣押下来。如今，罗马朝廷将他们就地通通处死，以作为“皇帝灰烬”赎罪。

由于罗马人从前的不忠和残忍，每一个哥特人的心中都燃起了复仇之火，现在人们大声疾呼，要让君士坦丁堡流血。旷野地区的人民遭到了惩罚。他们有他们的罪，毫无信仰地破坏契约和最神圣的人权在这批拜占庭人民中是普遍存在的现象，不仅仅存在于朝臣和官员中。除了在城市的城墙和壁垒保护下的东西外，没有任何东西能逃过哥特人的复仇。

征服者们毫无延误地向前推进，在君士坦丁堡前扎营。但东哥特人和西哥特人并没有维持太久的合作关系，他们选择了分道扬镳。西哥特领导人之间也发生了冲突。他们没能占领帝国城市，仍然做着乡村的主人，漫游在尤克森至亚得里亚海之间。他们把整个地区看成自己的征服地。起初，没有人敢于反对他们，因为格拉提安皇帝在听到瓦伦斯战败的可怕消息后，吓得后退去保护西部。339年，他任命自己的一名将军，勇敢而有政治头脑的西班牙人狄奥多西为皇帝，并把东方政府交给了他。

不管狄奥多西多么谨慎——他总是避免与哥特人正面交锋——不管他对哥特人的进攻谋划得有多么高明，只要他们的弗里迪热公爵还活着，他就不能成功地战胜哥特人，无论是通过武力还是其他政治手段。阿兰人和哥特人都服从弗雷迪热的命令。然而，他的死导致了变动；这位受人尊敬的、有才能的领袖死后不久，哥特人之间又爆发了不和。王子们的野心和嫉妒助长了彼此的仇恨，造成了一种无政府状态。狄奥多西利用了这一点：他通过丰厚的报酬和承诺——如果哥特人加入他的军队，就会得到最好的土地——吸引了一些首领，并吸引了他们的追随者和整个哥特人的军队。这样，通过将哥特人置于他的麾下，狄奥多西打败了其他的哥特人。

英雄弗里迪热死于380年。只要弗里迪热与罗马对峙，老阿塔纳里奇就会与他手下那一部分西哥特人留在喀尔巴阡山脉，并与罗马保持友好关系。他现在突然从退休状态中走了出来。他带着服从于他的部落穿过了多瑙河。借助其他西哥特人领袖间的嫉妒和不和，他设法把西哥特人的所有分支都统一在了自己的手下，他们都承认他为最高统治者，狄奥多西皇帝授予他国王的头衔。

在新的冲突发生以前，狄奥多西为哥特人提供了更多的土地，而年迈的阿塔纳里奇也认为，与其延长战争，不如和平地享受他们的财产。在皇帝的邀请下，他带着许多哥特贵族和一大群随从来到了君士坦丁堡。皇帝和他的人民以特殊的荣誉接待了他们，与他和他的哥特人达成了和平。然而老英雄病死在了皇城。皇帝以盛大的皇家仪式将其埋葬。这个隆重的葬礼，他之前在罗马朝廷所受到的特别对待，皇帝对为其服务所许诺的辉煌前景，以及眼前其他日耳曼人在罗马宫廷和军队中所享有的突出地位，对哥特人产生了深远的影响，陪同阿塔纳里奇来到君士坦丁堡的绝大多数王子和贵族都选择留了下来，为罗马效力。皇帝给了他们丰厚的报酬。遵循着这些诱人的范例，其他西哥特人毫不延迟地与罗马达成了和平。根据条款，所有西哥特人都与罗马帝国建立了亲密的关系，作为罗马的盟友，或朋友；他们在小亚细亚，也就是现在的塞尔维亚、比萨拉比亚、摩尔达维亚和瓦拉基亚获得了土地；所有底比斯、多瑙河、普鲁特、第涅斯特河、喀尔巴阡山、保加利亚之间的土地都给了他们，并免除了贡赋。他们可以自由独立地生活在自己的法律和首领之下，只要接受皇帝的唯一主权，并且在一定的年薪下，为罗马军队服务，提供40000人的常规军人。

这一和平的结果是，罗马人和西哥特人的关系在狄奥多西统治下的帝国中发生了巨大的变化。所有方面对哥特人都更加有利。一方面，西哥特人是盟友，另一方面，他们又是帝国的一部分。他们在帝国军队中组成了独立的、不同的团体；与堕落的罗马人相比，这些日耳曼人的军事优势变得非常明显——他们是罗马军队的主心骨。因此，比起罗马人，皇帝对他们给出了更多的捐赠和更高的提拔。不仅在军队中，在宫廷和行政部门中也是如此。他们清晰的理解力，他们的诚实，他们的意志力，他们的指令能力，以及他们在各个方面所表现出来的一般能力，为他们赢得了皇帝的完全信任。他们对朝廷和整个帝国政府的影响不可避免地日益增加。罗马宫廷和官员的道德败坏越普遍、越明显，在这个黑暗的背景下，西哥特人在皇帝眼中就越突出、越明亮。他们被视为是有头脑有感情的人；而狄奥多西，作为一个比以往更优秀的皇帝，知道如何重视人的价值。

他们并没有被罗马化，所有人都继续温和、纯朴，保留了旧的习俗和民族习惯。虽然他们的贵族在帝国军队中以罗马将军的身份领导着哥特人，但是在首领和他的军队之间，仍然保持着和以前一样的自由关系，臣民们仍然简单地称他们为“法官”。其中盛行的只有哥特式的司法和法律，因为它们是被习俗传递下来的。在君士坦丁堡的教堂里，他们保留了哥特语的宗教仪式；哥特人的主教乌菲拉斯也占有一席之地。

这样，这个庞大的日耳曼分支就避免了异化为异邦人的危险，避免了在罗马人中失去自己的特色，避免了自己语言和道德的败坏。由于西哥特人的日耳曼属性是那样坚定、坚决和纯粹地维持了下来，这些在口头上承认罗马皇帝的主权的野蛮人，不久就成了自己的主权。因为根据伟大的自然法则，那些依然还是人的人，必然会上升起来压倒那些已经不再是人的人。

自此以后，哥特王子在罗马贵族中扮演了第一等的角色，无论是在宫廷、在军营还是在政府。西哥特人被罗马皇帝擢升到很高的地位，以至于他们降低了皇帝的地位，统治着东方的罗马人。他们的王子成为帝国的将军，“日耳曼忠诚”在新罗马，拜占庭的宫廷里得到了承认。只要人们还保持忠诚，这份忠诚就不允许他们推翻帝国，登上东方帝国的宝座。当他们签订条约时，他们宣誓忠诚于罗马帝国，并对在罗马党派斗争中崛起的皇帝坚守着忠诚。他们不顾帝国的政治斗争，坐等一方胜出，同时又保护着帝国不受外来敌人的侵犯。他们从罗马人那里学到了政治智慧；起初，他们对派系的王位之争置若罔闻。但多年来，在他们支配它的过程中，可以安全地说，“他们是在继续罗马之名，而不是毁坏它的过程中追求自己的名声的。”他们向罗马提供了狄奥多西所期望的保护；一开始是抵御东哥特人。

东哥特人一直对罗马帝国怀有敌意，既包括那些在进军君士坦丁堡后离开西哥特人，越过多瑙河向北而去的人，也包括那些在楚尼蒙德麾下承认匈奴王主权的人。第一部分人在与罗马人发生冲突后定居在潘诺里亚，罗马人雇佣西哥特人对抗东哥特人。这些东哥特人承认匈奴人的主权。公元380年，狄奥多西把构成了罗马潘诺尼亚行省的那块富饶美丽的土地让给了匈奴人，也就是多瑙河外的匈牙利部分、斯拉沃尼亚、波斯尼亚的一段地带、克罗地亚的东北部以及克雷恩和施梯利亚的东部地区。罗马人放弃了这块土地，因为它无法抵御匈奴人的势力。通过这种方式，他们从匈奴人和他们的盟友阿兰人那里获得了和平，后者对帝国的多次入侵已经被证明是令人痛苦的。同时，通过支付年薪，他们还获得了大量的辅助部队，以对抗从西方大举进攻的日耳曼民族。凭借着作为雇佣军在罗马军队中效力的东部蛮族，即匈奴、阿兰人骑兵，属于阿勒曼尼联盟的朱松斯人被赶出了莱蒂亚。在匈奴人的庞大帝国中，现在是从欧洲的东部边境一直到亚得里亚海，亚洲大草原之子和日耳曼阿兰人那焦躁好战的精神给了他们的众多首领以一个理想的机会，能够在为罗马提供服务的过程中赢得金钱和战利品。

当这些好斗的军队云集在罗马的旗帜下时，当匈奴人在罗马出让潘诺尼亚后，掉头离开了帝国，转而攻击位于东欧和中欧的西徐亚人和斯拉夫人民族时，其他匈奴大众和匈奴宫廷则选择安静、和平地留在了潘诺尼亚，与东哥特人生活在一起或与他们为邻，这些东哥特人中的一部分是原先就住在那里的，另一部分则是跟随匈奴人进入该地的。

东哥特人并没有把耕种引入潘诺尼亚的土地；他们在那里发现了罗马人的耕种。罗马人对这一地区的长期占有，给了他们足够的时间来扩展罗马的耕种。富裕的城市，坚固的堡垒，贸易场所，改良的土地，跟着罗马人来到这里。宏伟的遗迹甚至告诉我们罗马和希腊艺术的存在，它们可见于镶嵌的墙壁、人行道、剧院和浴室。在康斯坦丁大帝时期，潘诺尼亚仍被描述为“盛产各种水果和驮兽之地，对许多皇帝来说，非常适合旅居。”

这是一个被开垦富饶的乡村，居住着罗马人和罗马化的人口。东哥特人和西哥特人率先进入此地，然后是匈奴人和他们的国王。

东哥特人是原有居民和匈奴人之间的调解人。来自罗马时期的人口，东哥特人的耕作，以及这个地区的美丽，对那些有幸能够在潘诺尼亚居住的、粗犷的野蛮匈奴人来说，产生了驯服和人性化的效果。

在40年的时间里，楚尼蒙德都是东哥特人的国王。这个匈奴的附庸国王和他的东哥特人，在道德和智力上都超过了与之接触的匈奴首领和部落大众。哥特人古老日耳曼性格中的精神之美，加上罗马文明的熏陶，只会在双方的接触中改变着匈奴人。因为被征服的民族，如果在教养上更高一筹，便总是能在道德上转化他们的征服者，或多或少地消除后者的粗鲁。

在楚尼蒙德统治的第一个十年中，他遭到其同胞贵族中一部分人的反对。他们并不愿意让他成为他想成为的国王。在被楚尼蒙德打败后，他们和他们的追随者开始向别处进军；对战利品和战争的爱，使更多的东哥特人和其他部落加入了他们的行列，因此，东哥特的王子们率领整个军队入侵了罗马帝国。

其中一名东哥特王子，根据罗马的记载，叫作伊多提乌斯。386年，他出现在多瑙河下游，为自己和他的军队要求在河对岸建立新家。狄奥多西在他手下西哥特士兵的帮助下征服了他们，并将他们的俘虏发配到了小亚细亚。

在西部，西哥特人也竭尽全力地为帝国效劳。狄奥多西不得不感谢他的40000西哥特人打败了马克西姆斯，后者在打败了格拉提安后夺取了西方帝国的权力，而格拉提安则死在了逃亡中。狄奥多西和西哥特人在公元388年的萨福之战中摧毁了马克西姆斯的军队。格拉提安的兄弟，瓦伦提努斯二世短暂地成为西部的皇帝。他的骑兵统帅阿波加斯特将其谋杀，夺去了他的位置。阿波加斯特是法兰克人。因为在后期，拉文那的帝国宫廷中，即便是蛮族人也有可能被提升到最高的职位上去，无论是在军队中，还是在政府中。而在这些蛮族中，法兰克人得以晋升的机会尤其比较大。狄奥多西凭借其西哥特士兵以及匈奴、阿兰人组成的骑兵击败了阿波加斯特，战争就发生在阿奎莱亚的城墙前。该城当时是帝国的第一要塞，“意大利的钥匙”，现在则是拥有1400人的渔村。394年9月6日的这次胜利之后，狄奥多西将整个罗马帝国整合到一人统治之下。他或许要为此而感谢蛮族人，历史上又一次出现了一个皇帝统治下的一个帝国。他也确实这么做了。他用更高的待遇奖赏他们，让他们在政府和军队中担任更高的职位。狄奥多西大帝仅仅只有四个月的时间享受他的成功。395年1月17 日，他就离世了。狄奥多西是最后一位能够只凭自己的双手来控制庞大帝国的皇帝。这个帝国本身也越来越接近灭亡，因为它的主要支持者已经全是异族非罗马人了。

第二十七章

西南欧的西哥特人——斯提里科——阿拉里奇——拉达盖斯——罗马的沦陷

狄奥多西对来自亚洲大草原的游牧民族采取了明智的政策，幸运地让他们离开了罗马帝国。半个世纪以来，罗马帝国得以免除匈奴人的骚扰。然而，由匈奴人在日耳曼和斯拉夫部落中引起的运动却从东向西继续进行着，尽管匈奴人自己已在他们所占领的地区和平地生活下来。他们像大自然的某种可怕的灾难，突然闯进了欧洲，然后又像被新的土地和人民喂饱驯服的猛兽一样，变得安安静静。即使是最野蛮的部落也转向北方，远离了罗马帝国。狄奥多西平静地立了遗嘱，任命他18岁的儿子阿卡狄乌斯在东方行使权力，11岁的儿子霍诺里乌斯在西方行使权力。他并没有打算消除帝国的统一性，而他实际上却消除了它。在他看来，区分东方和西方帝国只不过是一种行政手段。他认为长子阿卡狄乌斯应该占据最重要的地方。但事态的实际发展比精明的狄奥多西的意志和计划来得更加有力。

他明智地为两个儿子都选择了监护人，因为在他看来，无论谁都没有足够的执政能力；然而，他儿子真正的、最值得信赖的监护人，帝国的副官，却不是罗马人，也不是希腊人，而是蛮族人。一个是高卢人，另一个是日耳曼人。日耳曼人叫斯提里科，高卢人叫鲁菲纳斯。

斯提里科为那位更小的皇帝掌管着西部政府。鲁菲纳斯则为年长的皇帝掌管着东部政府。斯提里科就出生而言是汪达尔人。由于他的英勇和政治家才能而升到很高的地位。皇帝狄奥多西器重他，甚至将自己的侄女赛丽娜嫁给了他。在罗马皇帝看来，西部罗马的处境更加危险，比东部更难以防卫，因此他将重任托付给自己侄女的丈夫斯提里科。坚信他在精力和能力上都强于鲁菲纳斯，因而也将其任命为儿子们的主要监护人。东帝国在皇帝眼中则似乎很稳固。狄奥多西的这个判断被证明是一个很大的错误，就像大多数政治家们的先入之见一样，他们总是根据自己的想法而不是时代的精神来做出判断。

狄奥多西最后几年取得巨大成功得益于英雄阿拉里奇，一位西哥特王子。

阿拉里奇吹嘘自己的皇家血统来自巴尔茨神话家族。这是一个与阿玛伦人并肩而立的最古老、最高贵的哥特人家族。如同身在罗马的阿米尼乌斯，这位勇敢、美丽的西哥特王子早就在君士坦丁堡皇宫中饱饮了罗马文化；和阿米尼乌斯一样，他也是一个具有超高天赋的人。他不仅从理论上和实践上学习了罗马人的军事科学，而且还学习了他们的行政管理科学。阿拉里奇并不像人们通常认为的那样，不仅仅是一个在军营中养育长大的战士，而且是帝国“盟国”王子的儿子；一个在宫廷和哲学学校里培养成才的年轻人；一个被罗马人和西哥特人所推崇尊敬的人。就像所有与主导的文明民族处于敌对状态的蛮族人一样，他们所有的感官都比文明人更加敏锐，特别是在某些方面：洞察力、狡诈、机敏，都超过了敌人；阿拉里奇的情况也是如此。根据罗马方面的证据，他把罗马教育的优点和自己人民的道德优点结合了起来。上天注定要让他做一名统治者。他在人品、才智和气质上都天赋异禀；教育进一步改进和提升了这些上天的礼物。因此，他在自己身上能够结合日耳曼和罗马两个民族的优越性。只要他能保持其日耳曼性格不被腐化，保持一个纯洁的日耳曼心灵和日耳曼习俗，他就能在最腐败的君士坦丁堡帝国宫廷中脱颖而出。

他越看到罗马宫廷和帝国的道德沦丧，他就越应该清楚地意识到：当死亡通过毁灭性拥抱抓住这个帝国时，在获得统治的过程中生命便是正当的；日耳曼的生命必将统治垂死的、即将被埋葬的罗马帝国。自然和历史召唤着阿拉里奇走上了更高贵的路途。

阿拉里奇并不是四万西哥特人联合军队的王子，不是他的同胞军队的国王。但是，作为一个部分的领袖，他的杰出表现使他的同胞们将其视为军队里真正的领袖。他在最后几场战役中所获得的荣耀，他非凡的个人品质及对人民心灵的巨大影响力，共同发挥作用，使他成为西哥特人实际上的国王。在战争中，他的军队无条件地服从；在和平中，他的人民无条件地服从；即使是桀骜不驯的贵族也向他屈服，西哥特的所有人都承认他为王。平民们很清楚地意识到，他们的贵族们先前的相互嫉恨，已经严重损害了西哥特人的声名和权威。他们只有在一个人的统治之下才会强大，尤其是在这个混乱和战乱的时代，必须有唯一的国王。

阿拉里奇本人一直拥有建立一个独立于罗马帝国的日耳曼王国的梦想。尽管鲁菲纳斯梦想着西哥特人能够成为罗马永远的朋友，阿拉里奇却为了日耳曼人的根本利益，决定在伟大的皇帝死后，尽可能利用罗马帝国的弱点。东部朝廷的愚蠢很快就给了他充分的理由来实施其计划。朝廷不再向西哥特人支付条约规定的年薪和赠品。愤怒之下，西哥特人奋起反抗。阿拉里奇抓住了他的民族的这个决心，率领一支强大的军队穿过了希腊开放的关口，突然在君士坦丁堡前扎营。他希望能够出其不意地使自己成为首都的主人。高卢人鲁菲纳斯从他的梦中惊醒，采取了上好的预防措施以保护城市。君士坦丁堡的军事政变最终失败了。阿拉里奇退了回去，鲁菲纳斯支付了一大笔薪俸和贡品，并承诺会进一步慷慨解囊。如果说君士坦丁堡就此摆脱了危险，整个希腊则完全向阿拉里奇的军队敞开大门了。正因为西哥特人一直是东部边界的守卫，腹地内部没有做好抵抗敌对进攻的任何准备。鲁菲纳斯没有占领任何通道，也没有加强任何防御；无论外面的情况如何，他只是在君士坦丁堡的城墙之内，寻找和担心敌人。

阿拉里奇率领他的军队进入肥沃的塞萨利平原，并在那里驻扎下来，等待鲁菲纳斯的全额支付。阿拉里奇的先锋在马其顿，当帝国副官斯提里科从西方赶来支援危难中的东部时，他们没有碰到任何抵抗。罗马帝国的东、西军队并未会合。在此前，阿拉里奇与鲁菲纳斯安排了会晤进行协商。

到那时为止，阿拉里奇国王都是帝国的盟友，他之所以武装起来，是因为与他的人民达成协议条款并没有得到执行。鲁菲纳斯与斯提里科不和，他嫉妒并担心斯提里科一旦获胜，可能会凭借他与帝国的关系，将他赶出东方政府。因此他竭力阻止两军会合。阿拉里奇很清楚与两支军队衡量力量的危险，因为那时他将主要与日耳曼人作战，由日耳曼人斯提里科所率领的来自东日耳曼和西日耳曼的罗马军队。阿拉里奇像他的希腊、罗马老师一样，使用了欺骗的艺术，所谓的外交手腕。于是，东方朝廷的希腊人和鲁菲纳斯与阿拉里奇达成了协议，从而使得他那可怕的对手斯提里科免于进军君士坦丁堡；阿拉里奇和鲁菲纳斯达成了协议。为了减轻他的同胞斯提里科和他的军队那样的负担，阿拉里奇一直以一种执行权利的盟友的态度进行这些谈判。无论斯提里科说些什么，由于阿卡狄乌斯仍然是年长的皇帝，尽管非常不适合登上王位，他还是在外交事务和帝国的其他事务上具有决定性的发言权。鲁菲纳斯坚决维护他监护下的皇帝对整个王国的最高权力。在与阿拉里奇谈判后，他召回了东部帝国的军队；于是就只剩下了斯提里科领导下的日耳曼人去对抗阿拉里奇领导下的日耳曼人。这迫使斯提里科谨慎地退回意大利。

阿拉里奇毫无阻碍地向底比斯进发；由于鲁菲诺斯对斯提里科的嫉妒，希腊的经典土地，马其顿、雅典、塞萨利都被作为战利品交给了西哥特人。鲁菲诺斯在君士坦丁堡宫廷里已经有了很多希腊反对者。如今对他们土地的割让使得那些想要毁灭他的人开始实施谋杀。395年11月27日，密谋谋杀的领导者，太监欧特罗皮乌斯接替鲁菲诺斯成为东部帝国的统治者。欧特罗皮乌斯的信使急切地要求从斯提里科那里得到援助，以对抗阿拉里奇。这位汪达尔人，如此紧密地与帝国皇室保持着联系，又如此羞愤地遭受过东部朝廷的侮辱。在其敌手鲁菲纳斯死后，赶紧率领大军前往那里，速度之快让阿拉里奇及其在伊利斯的佩纽乌斯河边、弗洛伊山旁的军队大吃一惊。在伊利斯和阿卡迪亚之间的边界上，斯提里科和他的日耳曼、高卢军队非常轻松地将西哥特王子紧紧地封锁在里面。在国王看来，除了投降或者饿死，没有什么别的东西在等待他和自己的军队了。

斯提里科的成功使欧特罗皮乌斯对自己的地位和影响力感到焦虑。一如鲁非诺斯曾经那样。在斯提里科这方面，他想成为帝国的唯一长官，让东方朝廷依附于西方朝廷。为此，他想利用西哥特人，因为他看到欧特罗皮乌斯是多么不愿意服从于他，对他的态度是多么的充满敌意。两名长官间这场争吵是把阿拉里奇从关在山口的囚禁中解救出来的契机。斯提里科允许他和他的军队逃跑。又与阿拉里奇进行了谈判，给了他非常优厚的条件，而迫使东方朝廷接受的条件则完全不利于后者。

到目前为止，罗马帝国只有一个行省还是老罗马和新罗马共同拥有的。那个省就是伊利里亚，现在的伊利里亚、达尔马提亚和阿尔巴尼亚。它由两个朝廷共同管理，收入的一半归君士坦丁堡，另一半归罗马。根据达成的和平条款，东部朝廷须将那一半的收入交给阿拉里奇，后者则必须撤离希腊、塞萨利、马其顿，领导其军队定居到重新割让给他的地区。在那里，东部朝廷将以伊利里亚公爵之名让他成为整个行省的指挥官和总督。

阿拉里奇已经到了可以完成他长期渴望的计划的时候了。与此同时，他的秘密思想和计划也更上了一个台阶。他以前只想到在东罗马建立一个西哥特帝国，独立于罗马和君士坦丁堡；但他现在开始构思一次更高的飞行，因为实现他的想法的那块踏脚地面如今变得更加牢固。在目前的情况下，像阿拉里奇这样的人，一定感到一种希望和欲望在驱使着他，驱使他去推翻某个罗马朝廷，或者如果运气足够好的话，两个一起推翻而让自己成为罗马皇帝。

欧特罗皮乌斯为阿拉里奇开辟了道路。为了捍卫自己在君士坦丁堡朝廷中的地位，免受斯提里科的攻击，也为了复仇，欧特罗皮乌斯决定让西哥特人成为斯提里科的敌手。他敦促阿拉里奇入侵意大利；他希望使哥特国王成为他仇恨的工具。但阿拉里奇不再是为别人服务的人了。自397年的和平以来，他一直在为自己的计划和目标不声不响地工作。两个罗马朝廷相互嫉恨，每个都想利用哥特人作为它反对另一个的工具，这让他们蒙蔽了双眼，并为阿拉里奇提供了机会。西哥特国王得以花五年时间来准备一次伟大的远征。他的准备工作没有引起罗马朝廷的任何怀疑，甚至斯提里科对即将来临的危险也毫无感知。同样地，在君士坦丁堡的朝廷上，在太监欧特罗皮乌斯心里，阿拉里奇仍然在为他们工作，在帮助他们对抗着斯提里科。和西菲利斯一样，阿拉里奇也是一位外交大师。他把新罗马保持在它的幻觉中。在幻觉中，它便允许阿拉里奇在伊利里亚自由地行动和发号施令，就像他是这个地区的绝对主人一样。拜占庭的朝臣们纷纷窃窃私语，都认为他正扮演着东帝国对抗西帝国的“将军和总督”的角色。

天赋和教育造就了阿拉里奇的精明睿智。他知道如何像罗马人一样利用他所管辖的富饶而伟大的地区的资源。他以罗马人的方式增加税收，从而为远征筹集了资金。他不仅武装、训练西哥特人，而且还为自己的军队储备了一切军事物资和补给。他证明了，一个蛮族人，一个东部朝廷的宠儿，如何能够充分地利用自己在罗马所接受的教育和训练。

经过五年时间的慢慢准备，阿拉里奇满怀勇气和希望，终于在401和402年冬天开始实施他的伟大计划，大概在401年11月。要想把那些好战的西哥特人留在伊利里亚反而是很困难的，因为这些人既不喜欢公民生活，也没有接受过公民生活的教育。意大利，这个美丽而著名的国度，展现在他们面前，向他们招手。西哥特人渴望冒险，渴望战利品；而意大利能够同时满足这两方面的渴望。现在，当他们的国王开始要在罗马的土地上建立日耳曼人的统治时，他们欣喜若狂地追随。阿拉里奇率领一支威武的西哥特军队，缓慢地穿过诺里库姆和莱蒂亚。他缓慢行进，以便能与从多瑙河下游赶来的增援部队会合。这些增援不只是哥特人，还包括所有的日耳曼部落，他们服从这位幸运的英雄和将军的召唤，正向意大利挺进。

汪达尔人斯提里科因而获得了时间，聚集了一支强大的军队，主要都是来自西日耳曼和高卢的日耳曼人雇佣军。这位带着日耳曼热血和罗马黄金的西罗马长官，等待着阿拉里奇，在这名哥特国王到达之前，已经吸收了数千名西南部日耳曼人加入了自己的军队。阿拉里奇似乎已经估计到了他们的加入。他在西南部日耳曼地区找不到所期望的支持。从东部来的增援还很遥远，西部的增援也还未来临，而长官斯提里科就已经在波伦提亚与其相遇了。那里就是现在的波伦扎，位于皮德蒙特山区。他曾到那里的阿尔卑斯地区去占领斯提里科为其提供的定居点。

402年4月6日，汪达尔人斯提里科和他的日耳曼雇佣兵成功保卫了意大利，抵挡住了西哥特人的进攻。可怕的战斗发生在复活节当天。在罗马一方，大多数是信基督教的日耳曼人，少数是异教徒；而在阿拉里奇一方，则大部分是异教徒，只有少数的信基督教的日耳曼人，两拨人激烈交战。关于这场战斗，我们没有哥特方面的记录；但从他们的敌人的记录来看，阿拉里奇显然是被出卖了。他和信奉基督教的哥特人正在庆祝复活节。他的妻子和孩子被抓了起来，成为俘虏。然而尽管遭到了意外袭击，哥特人还是打得很好，两部分人都取得了胜利，阿拉里奇在意大利北部保住了自己的位置。他在皮德蒙特一直待到秋天。斯提里科和哥特国王在那里签订了一项新的条约，目的是把罗马从恐怖中解放出来。我们没法知道，斯提里科在谈判中是否再次激怒了阿拉里奇；或者，西哥特人是否不同意条约缔结前所附的条件；或者，在条约缔结后，当阿拉里奇把他的军队从意大利撤出时，故意行军缓慢，分队行动，是否只是由于罗马宫廷在履行条约时的拖拖拉拉。唯一清楚的一点是：斯提里科以出其不意拯救了罗马，就像在波伦扎时一样；而这一次是通过背叛性的出其不意。事件发生的地点和阿拉里奇的处境证明了这次出其不意的背叛性。

和平条约规定，必须归还在波伦扎被俘的阿拉里奇的妻子和儿女，阿拉里奇则必须撤回他伊利里亚的公爵领地。然而，他的孩子仍然必须继续作为人质留在罗马，大概是为了确保最后一支哥特人分遣队撤离意大利。阿拉里奇已经从皮德蒙特出发，穿过伦巴第，来到了维罗纳附近，也就是意大利的对面，因而离伊利里亚的边界也不是很远，维罗纳紧靠从意大利到提洛尔的唯一通道的关口。根据条约，如果阿拉里奇要以最短的路径离开意大利的土地的话，他就不得不走这条路。当他撤退至此时，尾随哥特军队的汪达尔人斯提里科突然袭击了阿拉里奇。后者对此始料未及。当时他的一部分军队在阿迪杰河的狭窄谷底，另一部分则在维罗纳和关口间的平原上。攻击分为三线：前面的峡谷，侧翼的斯提里科军队，后面从坚固的维罗纳堡垒而来的罗马卫戍部队。

阿拉里奇的损失是惨重的。然而，斯提里科并没有继续追赶，要么是因为他自己也已经很虚弱了，要么是因为害怕一场绝望的奋战。阿拉里奇带着他的军队残部成功到达了伊利里亚。在数量上，军队很快就会被新的招募而填满；他最大的损失是丢失了行李和物资。他似乎失去了绝大部分储备，因为恢复这些必要的东西花费了五年的时间。

在阿拉里奇准备对意大利发动新的攻击的这段时间里，一支从北方而来的日耳曼移民在406年，对意大利发动了进攻。这不是一支正规军，不像阿拉里奇在401年从东部领导的那支军队。这是由日耳曼、斯拉夫冒险者组成的一支杂牌队伍。他们被排挤出原有的家园，带着妻子、儿女以及所有的世俗物资出发寻找新的居所。

匈奴人越是迫使东中欧的西徐亚人和萨尔马提亚人、日耳曼人和斯拉夫人臣服于他们的统治，从东北到西部移民的人就越多，其中一部分是自愿逃离，另一部分则是被武力驱赶。这些混杂的人群在多瑙河上游碰头。其中就有在王子拉达盖斯（拉迪格）领导下的东哥特人，他不再服从匈奴统治，成为远征的领袖。由于拉达盖斯的东哥特战士的数量差不多是20万，他们一定只构成了远征的一个核心。西南部的日耳曼人没有加入拉达盖斯，他们让其穿过他们的领土，向下进入意大利平原。阿拉里奇也站在一旁观看。因此，斯提里科可以更容易地从东方和西方引进训练有素的士兵。他的高薪特别地吸引了许多匈奴骑兵。然而他的军队还不够强大，不能在战场上公然对抗拉达盖斯的野蛮军队。斯提里科精通罗马的战争艺术，也精通罗马和拜占庭的外交艺术，他有效地避开了旷地上的每一次冲突，慢慢地跟着这些一致以眼前的罗马为目标的、混乱的乌合之众，时不时用侧翼行动骚扰他们。直到他们到达佛罗伦萨附近，处于菲耶索莱旁的山谷中时，他才下定决心发起进攻。在这之前，他已经占领了这些移民背后的城市和通道，逐渐切断了他们的补给。山区

的人群开始死于饥饿与疾病；当他们的队伍变得稀疏时，斯提里科扑向了拉达盖斯。要征服过去几个星期的痛苦所剩下的东西并不困难。拉达盖斯投降后被斯提里科处死。也存在着这样的怀疑，即斯提里科已经腐化了拉达盖斯军队的主要领导人们。因为一份罗马的记载说："一大批贵族，有12000人，都去为帝国朝廷服务了。"由于这些军队并没有受伤，他们肯定没有在菲耶索莱浴血奋战，或者就是在战争爆发前就已经加入了罗马军队。这一假设由他们国王的被捕得到了确证。

斯提里科第二次拯救了意大利。然而，我们不应忽视的事实是，他是通过购买匈奴部落所提供的帮助才做到这一点的。离哥特人最近的匈奴人，在与哥特人的交往中已经在某种程度上被前者同化了；现在，那些在斯提里科军队中服役的匈奴人在某种程度上也被罗马化了，至少是在军事方面。斯提里科就这样成为匈奴民族学习战争艺术的老师，而这很快导致他自食其果。

为了加强自身实力，更好地对抗拉达盖斯，斯提里科召回了不列颠和高卢的大部分军队。这两个省被掏空了。拉达盖斯率领的远征军在经过奋战闯出佛罗伦萨山区后，剩余人数依然众多，他们抓住这个机会入侵高卢。他们由好战的汪达尔人、绥威人和阿兰人组成，并由入侵高卢而调动起了莱茵河另一边的阿勒曼尼人和勃艮第人部落。这便是上文简要提到过的上日耳曼部落的运动。借此，勃艮第人占领了沃姆斯，以其作为他们王国的首都，并进而扩展进了高卢地区；阿勒曼尼人也因而获得了阿尔卑斯山、侏罗山和孚日河山之间的地区。从此，这些部落间的地位发生了持久的变化；勃艮第人和阿勒曼尼人永久性地居住在了他们现在占领的土地上。汪达尔人、绥威人、阿兰人，作为拉达盖斯军队的残余势力，无法在南高卢长期生存下去，但正是因为他们，罗马失去了她最美丽的省份，几个世纪以来她获得最大收入的地区，即现在的西班牙和葡萄牙王国。这一切都是由于斯提里科为了对抗拉达盖斯而将不列颠和高卢变成了毫无防备的地方。汪达尔长官刚把他的忠诚军队从不列颠召回不久，驻扎在岛的罗马军团就发动叛乱了，宣告他们的将军康斯坦丁为罗马皇帝。冒牌皇帝穿越海峡，来到高卢，希望将其培养成其帝国的根基。在高卢南部，这群汪达尔人、绥威人和阿兰人已经到处游荡了三年；在西部，阿勒曼尼人和勃艮第人挤了进去；在北部，法兰克人进行着统治而不是服务。北部海岸则受到撒克逊人的侵扰，他们在勇敢的酋长的带领下，四处寻找冒险的机会。

当对手皇帝康斯坦丁带着他的军团越过海峡后，他并没有与几乎占领了整块国土的日耳曼野蛮人展开斗争，因而也就没有消耗掉自己的力量；相反，他试图凭借他们而壮大自身，从而与他们立约。他们承认他为皇帝，并为他服务。在他们的帮助下，他开始对抗霍诺里乌斯和他的长官斯提里科，并驱散了斯提里科派来对付他的罗马军队。甚至驻扎在西班牙的一部分军团也承认康斯坦丁为皇帝。为了把高卢从这些汪达尔人、阿兰人和绥威人的占有中解放出来，也为了征服那些对其抱有敌意的大量西班牙人口和军队，康斯坦丁怂恿他们放弃高卢，穿过比利牛斯山脉，在富饶可爱的西班牙为自己征服新的家园。当康斯坦丁在高卢称帝时，日耳曼人在他的支持下入侵西班牙。经过激烈的斗争，日耳曼人成了西班牙和葡萄牙大部分领土的主人，而且身份不是作为自由冒险者，而是作为康斯坦丁大帝在西班牙强化其认同的拥护者。他们是作为他的士兵进入的；他们的奖赏是被授予在该地部分地区永久居住的权利。

西班牙最美丽的省份至今还在用它的名字提醒着我们这次汪达尔人的移民运动。西班牙美到令人惊讶的西南地区，从此改了它的罗马名字“贝蒂卡”，取了新的日耳曼名字“汪达兰”或“安达卢西亚”，以格拉纳达为首府。绥威人定居在西北部的加利西亚，以科伦纳为首府。6000英尺高的山脉穿过乡村，看起来就像是绥威人的故乡，就像他们在巴伐利亚奥伯兰的阿尔卑斯故乡。这片西班牙土地和他们的故乡一样，盛产河流、小溪。敏尼奥河和内卡河、多瑙河一样可以航行。内地气候阴晴不定，而在沿岸则温暖潮湿。葡萄、玉米、南方水果满布在梯田上，这些都让他们想到家乡。这部分西班牙人在道德士气、勤奋刻苦和生活积极性方面，仍然是卓越而突出的。他们每年都要向西班牙其他省份输送成千上万强壮、勤勉的劳动者；这种年度迁徙也是斯瓦比亚人的另一个特点，仍然普遍存在于上日耳曼那些不太受欢迎的地区。

阿兰人在卢西塔尼亚找到了住所，也就是现在的葡萄牙，杜罗河的南部。另外还包括萨拉曼卡、埃斯特雷马杜拉的大部分，以及托莱多省的最西部。

这些省份为他们所共同征服，在胜利后曾通过抽签的方式达成相互协议，决定了哪些被征服之地归属于哪些征服者。三个民族和平地接受了抽签所分配给他们的地方。

因此，这些原初定居在利森山区北坡的汪达尔人成为西班牙的居民。他们的祖先首先迁移到东部，底比斯以东、普鲁特以西的乡村地带，现在的布科维纳、摩尔达维亚和瓦拉几亚。然后到了匈牙利南部、斯拉沃尼亚和波斯尼亚。两个大陆的人民互相推挤；他们从欧洲中部推进到这块大陆的东部，然后随着时间的推移穿过整个欧洲又回到西部边境。我们已经发现绥威人从北方和波罗的海到了瑞士的阿尔卑斯山，现在的一部分又已经向西到达了大西洋沿岸。从高加索而来的阿兰人则跟随着他们的脚步。这是第一次日耳曼部落永久性地定居在了曾经多年以来都是罗马领土的地方。向西班牙的移民发生在408年和409年。

现在，西罗马帝国发现自己在高卢和西班牙都面临着日耳曼人的压制，同时还面临着存在两个敌对皇帝的压力。因为，莱茵河上的罗马军团的指挥官约温发动了起义，并自封为皇帝。为了解救霍诺里乌斯和意大利，斯提里科与阿拉里奇进行了谈判。在公元406年，斯提里科用金钱收买哥特国王不再支持拉达盖斯。在407年，形势依旧变得更加严峻，从不列颠和高卢所发生的事件可以做出判断；罗马宫廷每年向西哥特人支付一大笔钱，只是为了让他们保持。对阿拉里奇来说，越难以阻止他的西哥特人爆发，斯提里科要付的钱就越多；于是，斯提里科在通常的年费之外，又拿出了一笔更大数目的钱，支付给了西哥特雇佣军以帮助他对抗两个敌对竞争的皇帝和他们的日耳曼随从。

斯提里科倚仗的是一支由三万名日耳曼人组成的军队，其中大部分是东哥特人，他们是从拉达盖斯的军队投奔过去的。在这里，我们发现下述报道并非空穴来风：斯提里科曾与拉达盖斯的下属军官勾结，拉达盖斯是被出卖的，他的军队中只有一部分被打败，沦为俘虏，并在罗马被卖为奴隶，价格是一个金币一个人头。这些人肯定不是战斗人员。由于没有一支罗马军队去追击那些没有为斯提里科效力的拉达盖斯军队的残余势力，他很可能也和他们达成了协议，劝他们离开意大利，前往高卢。

斯提里科尽管为帝国效力，却遭到罗马元老院的憎恨。这种针对个人的仇恨由于东哥特雇佣军地位的晋升而变得更加强烈。他与西哥特人的和解给了他在霍诺里乌斯宫廷的敌人一些把柄来引起对他的猜疑，参议员奥林匹斯与哥特士兵萨鲁斯在这次阴谋中起了主导作用。他们悄悄对皇帝说，斯提里科想推翻他的王位，让他自己的儿子登上皇帝的宝座。霍诺里乌斯是一个无能的俘虏，他被囚禁在宫殿里，忙于饲养家禽，这是他的主要消遣。有这样一个皇帝，他们就可以很容易地证明，拯救帝国的那个最大的恩人其实就是一个叛徒，他和帝国的敌人勾结起来，企图夺取皇帝的性命和王位。帝国的敌人便是阿拉里奇，伊利里亚的大将军，西哥特人的国王。

他是帝国的天敌，并未放弃早期的计划。匈奴人帝国扩张得越来越广，一定会让阿拉里奇感到不安；从长远来看，他将无法在这样的邻居面前保护自己；而意大利就近在眼前；现在这个机会比以往任何时候都更诱人。阿拉里奇已经和斯提里科达成了谅解，至于具体的条件是什么，我们不得而知。但是，斯提里科为了救皇帝，在没有得到本国元老院同意的情况下，对阿拉里奇做出过分的让步，也不是不可能的。

斯提里科在元老院有许多敌人，不仅仅是因为他是个外国人，也是出于政治原因；敌意同样也有宗教动机，来自僧侣和教会的狂热。霍诺里乌斯皇帝，他的宫廷，元老院和罗马的人民，都强烈反对阿里乌派，而大部分东哥特人则属于后者。宗教仇恨比政治仇恨更尖锐、更恶毒，其目的是消灭敌人，而不是推翻敌人；而斯提里科至今还没有试图逃离，因为他在拯救和管理意大利方面为皇室所做的贡献得到了承认。只是在私下，在他的背后，宗教和政治的害虫才蚕食着感激和尊重的枷锁。这个枷锁捆绑着霍诺里乌斯与斯提里科。后者解除了前者管理和维护帝国的任务，他的精神、能量和权力使他成为一个可怕的政治家。

皇帝像所有心智孱弱的贵族王子一样，多疑而轻信，被主流意见和自己救星的这些政治反对者所愚弄。对西哥特国王，他不再支付斯提里科承诺给出的津贴。后者占领了阿尔卑斯山的隘口，他的军队穿过萨尔茨堡和提洛尔向意大利边境进军。阿拉里奇向位于拉文纳的帝国朝廷索要4000磅黄金，作为对其未履行条约的补偿。斯提里科敦促皇帝服从阿拉里奇的要求。但这却使斯提里科敌人的指责在皇帝的脑海中得到了确证。他们控诉斯提里科和阿拉里奇在玩同样的游戏；现在，在西哥特国王的帮助下，他要实施他的计划了，把霍诺里乌斯赶下王位，然后将自己的儿子扶上王位。与此同时，斯提里科的敌人还煽动了罗马人民，以及驻扎在帕维亚的军团。军民巧妙地准备了起义，这完全吓坏了霍诺里乌斯。在罗马和帕维亚，造反者袭击了斯提里科的朋友，而那些仍然忠诚的人大部分都被谋杀了。

斯提里科的日耳曼军队和他一起扎营于博洛尼亚。听到屠杀的消息后，他们愤慨地想要报复，敦促斯提里科率领军队回去对抗皇帝。然而，斯提里科拒绝起义造反，拒绝展开内战。当他的一个官员和其他不满者涌入其帐篷，逼他做出决定时，斯提里科带着儿子逃到了拉文那，在一所教堂祭坛的台阶上寻求避难。由于卑鄙的诡计，他被骗出了避难所。当他穿过教堂的门槛时，他就被抓了起来，成了囚犯；皇帝的口信被送到他面前；这是对他的死刑执行令和立即处决令。拉文那内外的大批日耳曼军人听到这个消息后，纷纷起义，准备解救他；他们发现他正前往行刑地。他们提出要救他，却遭到拒绝；斯提里科恳求他们，让他们放弃他们的目的，不要违背他们对皇帝的服从。408年8月23日，他顺从而坚定地死去。这位从意大利、从皇帝和他的亲戚那里得到了很多好处的政治家的最后日子，充分证明了他的清白。斯提里科的儿子也被处死，他和他父亲一样，绝对不是帝国的叛徒。

正统派在朝廷上的胜利很快就被异教徒们感觉到。一项帝国法令将异教徒和阿里乌派从教会和国家的所有职务中免去；只有正统基督徒才有资格在军队或行政部门任职。获胜的一方并不满足于这项法令：他们沐浴在屠杀中；他们的对手必须被消灭。在罗马爆发暴乱和帕维亚的叛变之后，斯提里科立即将他从暴民的火海中逃出来的朋友和他们的妻子、孩子置于安全地带。就在同一天，斯提里科的朋友们，他们的妻子和孩子，被“帝国命令”逮捕，他们的财产被没收，这样的命令很容易从可怜的霍诺里乌斯那里得到。哥特军队服役时的妻子或孩子也被谋杀；只有恰巧和她们的丈夫或父亲待在博洛尼亚及其附近的少数人才得以幸免于难。被谋杀者的人有数万之多。民族仇恨在很大程度上与这些行为有关。意大利人仇恨日耳曼人，尽管后者在为帝国效劳，仍然是罗马人的眼中钉，就是因为他们是外国人，因为他们是异教徒，因为无论如何，他们是统治阶级。

在这些事件之后，驻扎在博洛尼亚的三万东哥特人转向了阿拉里奇。他再次试图与朝廷谈判。他宣称，如果政府提供补贴，他将从意大利边境撤退到伊利里亚，并且双方的人质都需要得到归还。从这一点上看，阿拉里奇不仅把自己的孩子作为人质交给了罗马宫廷，而且还从罗马宫廷带走了人质。通过这次重新谈判，西哥特国王赢得了时间，让那些妻子和孩子惨遭杀害的三万东哥特人前来加入了他的军队。毫无疑问，在霍诺利乌斯屠杀斯提里科、剥夺了帝国的智慧和臂膀之后，阿拉里奇决定利用帝国宫廷的这种愚蠢，以及愚蠢和犯罪的后果来达到他的目的。拉文那的罗马朝廷认为，阿拉里奇的谈判计划仅仅表明了他在失去“同谋者，叛徒斯提里科”后的软弱和胆怯。皇帝和元老院傲慢地拒绝了他的提议，包括支付补贴和归还人质。

西哥特国王调动了他的全部力量，展开了行动；他们通过许多途径来到意大利边境，又突然从各个方向进入了意大利。阿拉里奇率领他的精锐部下，经过阿奎莱亚，来到克雷莫纳，在那里与其余的军队会合，越过波河，得到东哥特军队的增援，将拉文那抛在一边，直奔罗马。

他的军队规模大大增加。在他进入意大利时，他公开宣称自己是被压迫和被迫害者的朋友和解放者，是对朝廷中占统治地位的一方所犯下的罪行和流血行为的复仇者。所有忠诚于被谋杀的斯提里科的人都把阿拉里奇视为拯救者和复仇者；最重要的是，这些妻儿被杀的东哥特人更是这样看待阿拉里奇的。在各种不满者的支持下，阿拉里奇发现自己的队伍中加入了众多被卖为奴隶的日耳曼战俘。无论他走到哪里，他们都挣开锁链，成群结队地涌入他的军队中。有了这支强大的军队，阿拉里奇站在了罗马城墙前，市民们还以为他会去拉文那，因而没有做好任何准备。

元老院派出一支华丽的大使团，来到他的营地，请求他的撤退。当时，这座城市有120万居民，其中大部分是梦想着昔日辉煌的空想者，只有少数人身上带有古老勇敢的罗马市民的优秀品质。他们用夸耀的语言向阿拉里奇说话；他们指着那群市民，说他们都能够参战，想借此来吓唬他。西哥特人的国王当面嘲笑他们。“干草越厚，越容易收割，”是他对他们的回答。他同意撤回，不过条件是罗马付给他5000磅的黄金，30000磅的银，4000件丝绸长袍，3000件精美的朱红色布匹以及3000磅重的胡椒，同时还要恢复所有在罗马能发现的具有蛮族血统的人的人身自由（不仅仅是日耳曼人）。大使回答说：“这么多金子在罗马是找不到的。国王打算给他们留下什么呢？”“生命。”阿拉里奇回答。

大使返回城市。尽管阿拉里奇要求的赎金数目巨大，甚至对于那时的罗马来说，也难以承受，然而，无论是对宗教的狂热、对祖先的自豪，或者远多于阿拉里奇军队人数的人口数量，以他们坚固的防御工事，都不足以给元老院和罗马人以勇气拒绝超出他们支付能力的赔偿金。对城市的紧密封锁造成了城内的饥荒。但人们并没有被激起想要战斗的愤怒，他们只对斯提里科的遗孀感到愤怒。这位狄奥多西皇帝的侄女留在了罗马，凭借自己与皇室的密切关系，她认为自己在那里很安全。然而，像她的丈夫一样，塞丽娜被指控与敌人串通，被送上法庭，判了死刑，并被勒死。在塞丽娜这件事情上，和她丈夫的案件一样，谋杀者采取了法律程序。就连狄奥多西一世的高贵女儿、可怜的霍诺里乌斯的妹妹加拉·普拉西迪亚，也遭到疯狂的人民的攻击。在元老院和罗马人民的压力下，她同意对她父亲的外甥女执行死刑。

阿拉里奇坚持要求罗马接受他的条件。他妥协的唯一意义只能是金银必须被交付；因为，为了满足其他条件，必须给出人质。元老院和人民对此达成了一致意见。5000磅的金子和30000磅的银子被送到了阿拉里奇那里。由于在城市中的钱币或珠宝上找不到那么多的金银，艺术和古代宗教用来装饰它们异教神庙宇所用的那些金银雕塑，罗马皇帝和皇后及其宠臣的画像中所用的金银都被熔化了。许多神或女神的表象艺术都不仅仅是纯粹的形象，而是象征着神圣美德的观念，象征着更高的宇宙秩序和它的运转，是对所有时代而言都是最为重要的经典艺术创作。

这些艺术品的熔化被归责于“野蛮人”阿拉里奇。当时罗马有成千上万非常富有的私人，但城市的国库不再富有。不是由这些人对阿拉里奇支付赔偿金，而是将艺术品熔化，正统教徒们为自己的举动感到庆幸。通过这种方式，异教的残余将从罗马彻底清除，基督教的信仰和基督教生活将得到极大促进。基督教堂的宝物没有被触动。然而，熔化古罗马的美德雕塑，或男子气概、道德和身体的力量雕塑，对于一些基督徒来说也是一个邪恶的预兆。因为这个艺术品的价值更多的是其动机，而不仅仅是其艺术执行。希腊历史学家和君士坦丁堡最高法院的官员，基督徒左吉姆斯，几年之后记录下了这些事件。这座雕像的拉丁名字表达的就是希腊词“罗马”；这是一位伟大的艺术家用贵金属所表达的罗马的理想。

由于阿拉里奇的严密封锁，这个城市遭受了长时间的饥荒和疾病折磨，当看到敌人强大的军队逐渐撤退时，大家长长地松了口气。阿拉里奇回到了现在的托斯卡纳地区。

拉文那的狂热派由于宗教的狂热而导致了天然的无能。他们诱使霍诺里乌斯皇帝拒绝接受罗马元老院与阿拉里奇签订的条约。在阿拉里奇的军队已经壮大的情况下，朝廷这一派的这一愚蠢行为显得更加不合时宜。阿拉里奇的表兄阿萨尔夫正从故乡带领着一整支军队前来。哥特人、匈奴人以及各式各样的战士们都乐于云集到一位命运偏袒的领袖旗下。罗马的奴隶们来不及等待确保他们自由的条款得以执行，早已感觉到自己身体里流淌的日耳曼或其他蛮族血液，也早早地加入了阿拉里奇的部队。被饥荒折磨得半死不活的城市打开了大门，奴隶主也打开了家门，奴隶们立马追随阿拉里奇的撤退部队而去。有将近40000名拥有蛮族血统的奴隶摆脱了他们的主人，在阿拉里奇的军队中找到了自由。

被蒙蔽的拉文那朝廷从来没有想到这40000人能够携带武器。他们都已经或长或短地生活在了罗马。如今他们加入了阿拉里奇的军队，除了他们自己所拥有的力量不谈，这些人对于城市来说也是非常危险的。他们准确地知道每一条道路，知道这个城市哪里坚固、哪里虚弱，完全能够引导进攻。朝廷计算着高卢人的援助。萨鲁斯将军被派与一支罗马军队去迎接阿萨尔夫率领的援军。萨鲁斯出生为一个高卢人，但他的家族和国王的家族之间有世袭之仇；他对所有的巴尔茨人都怀有致命的仇恨。他成功地击败了阿萨尔夫军队的一个分支，在这紧急时刻，与对手皇帝康斯坦丁展开了斡旋。最终达成了妥协：霍诺里乌斯承认康斯坦丁为第二皇帝，而康斯坦丁则向罗马宫廷提供一支辅助军队。拉文那宫廷过多地依赖于这次成功；他们开始谈论对哥特人的报复和让他们毁灭，而不是接受并满足阿拉里奇的条件。

因此，阿拉里奇又一次向罗马进军。当他的大军再次封锁这座城市，饥荒再次出现在人们眼前时，那种恐惧是无以复加的。元老院与阿拉里奇开始谈判。在协商中，阿拉里奇又提出了其他许多条件。他不仅要求帝国割让一部分意大利土地，而且要求获得西帝国所有军事力量的最高指挥权，并任命他为帝国的总司令。元老院的使臣们向拉文那带去了这些条件。霍诺里乌斯不可能接受这样的要求；它们的满足将使哥特人成为意大利的真正主人，而霍诺里乌斯则成为附庸，成为一个影子皇帝，仅仅享有帝王的头衔和王冠。事实上，他一直是一个影子皇帝，但他只依附于手下的朝臣和意大利的人民，无论如何，还不至于依附任何外国势力。连同之前的要求，霍诺里乌斯和他的宫廷也拒绝了这些新的要求。

饥荒增加了。在和平条件被拒绝后，阿拉里奇要求元老院和罗马人民革除霍诺里乌斯，选城市长官阿塔罗斯为新皇帝。颤抖的元老院看着城内饥饿大众的表情和双手，是那么的令人感到恐惧，与城外的西哥特士兵一样。它只能同意废除霍诺里乌斯，选择了阿塔罗斯。新皇帝阿塔罗斯认可阿拉里奇作为帝国的总司令，阿拉里奇的表兄阿萨尔夫也当上了帝国卫队的司令。罗马的大门就此打开，既是为饥饿的大众提供补给，又是为了迎接哥特人。后者以谦逊的身份进入罗马：军队是帝国的附庸军，阿拉里奇是帝国的总司令。而在实质上，他们将成为意大利真正的主人。

阿拉里奇拥有实权，阿塔罗斯拥有皇帝名号，两者间的这种关系并没有维持多久。阿拉里奇创生的这位皇帝否定了总司令的一些措施，认为它们只是在为推翻罗马帝国做准备，而他自己只是为阿拉里奇的这些革命计划披上合法性外衣的工具。阿拉里奇与之决裂。无权的阿塔罗斯又放下了阿拉里奇令下的帝国王冠。

阿拉里奇已经从罗马出发，正忙于攻占邻近的城镇。与此同时，罗马人已为自己提供给养很长一段时间了。他们的骄傲又一次在内心升起；他们对哥特人关上了大门，并破坏了自己宣誓要履行的条约。阿拉里奇第三次出现在罗马的城墙前，不再像上次那样平静，而是极其严厉，带着受辱的征服者所爆发的愤怒。防守这个城市本来是很容易的，因为他们有20000多名训练有素的守备，并得到了长时间的补给。然而，由于长时间的阴柔，懦弱变成了他们的第二天性，他们变成了懦夫。怯懦和恶念总使所有的抵抗成为不可能。事情发生在410年8月23日。那天，阿拉里奇准备好了一切，向城墙发起猛攻。24日晚，城里爆发了火灾。火苗在萨拉里安大门附近的许多房屋中升起，大火蔓延开来，吞噬了两个方向上的许多房屋。当恐怖让人民手足无措时，阿拉里奇派出了强大的部队，对城市进行猛烈攻击。哥特人在燃烧的房屋所提供的照明下对萨拉里安大门发起猛烈冲击，并在没有任何抵抗的情况下涌进了街道。在夜晚的几小时内，整个庞大的城市就被占领了。

800年来，罗马人从未见过外来敌人在其城内实施破坏，并骄傲地夸耀自身处境的安全。罗马掠夺整个世界；在世界各地压迫着许多自由民族；它把许多辉煌的城市化为灰烬，把许多乡村变成废墟；而如今，日耳曼英雄阿拉里奇站在了世界的首都，将其踩在了脚下。300年前，具有先知能力的历史学家塔西佗预言的神圣判决已经实现了，并且是从他那具有远见的心灵所指示的地区得到实现的——从北方的儿女们，即日耳曼人那里得到实现的。如今，日耳曼人站在了罗马的土地上；作为伤害各民族，特别是日耳曼民族的罪魁祸首，罗马落入了蛮族人手中。但阿拉里奇的灵魂是高贵的，比罗马最优秀的将军们还要高贵。他没有像西庇阿烧毁迦太基、穆米乌斯烧毁科林斯和希腊的许多美丽城市那样烧毁罗马；他也没有用火和剑来发泄愤怒，不像罗马人在过去几个世纪里所做的那样，但凡他们作为征服者，或者只是日耳曼领土的入侵者，就一定会大肆烧杀掳掠。阿拉里奇赦免了他所攻陷的罗马，扑灭了大火，并凭借自身所具有的驾驭其追随者的超自然力量，凭借纪律和意志力，牢牢地约束着自己那由不同民族分遣队所组成的军队。于是，经历了那整整一夜的风暴，罗马竟然完好无损地进入了下一个白天。

阿拉里奇拒绝用火把来摧毁世界的女主人，后者也不希望自己沦为废墟。这体现了他卓越的政治家风范和怀有的高贵思想；谁想登上恺撒的宝座，想把意大利和罗马帝国置于日耳曼王的权杖之下，因此他不能摧毁这座迄今为止一直是世界中心的城市。然而，想想那些激愤的士兵，罗马曾经残暴地对待了他们的亲人；在冲击罗马前，他们也曾得到自己领袖的许诺，可以对罗马进行三天的劫掠；而且这是一支混杂的军队，里面有大量逃亡的奴隶和匈奴人。然而，即使是在突击的那天夜里，他们中竟也没有一个人向任何一所房子投出一支火把，或引起任何毁坏。这是阿拉里奇令人惊讶的荣誉，只有铁一般的纪律和命令才能克制住这样一支军队。

同时代的历史学家奥罗修斯，作为一个土著西班牙人，没有偏见；作为基督教牧师，他和圣奥古斯丁坚定地站在一起，后者是所有阿里乌主义者的敌人，因而也是哥特人的敌人。但他也承认阿拉里奇和他的军队的温和克制。军队里有成千上万被释放奴隶，他们的主人或许会在所到之处受尽侮辱；如果匈奴人依照其原有的野蛮行为行事，在突击罗马城的那天夜里，他们就会残暴地对待一切；这些可能性非常令人恐惧。然而，尽管阿拉里奇承诺给他的军队连续三天的掠夺时机，在突击结束之后，却没有发生任何杀戮和破坏。到了第三天，在罗马的大街上，人们看到的不是劫掠的继续，而是一个庄严的游行队伍。这支队伍由哥特人组成，他们手里拿着金银器皿，这些器皿是在一个寡妇家里发现的，是教堂用具，由罗马人藏在那里。哥特人，虔诚而顺从，按照阿拉里奇的命令，把它们带回它们所属的圣彼得教堂。哥特人没有从教堂把它们带走；根据罗马人的证词，无论是牧师还是教堂，都没有被阿拉里奇的军队染指。这种温和节制的心灵被许多人认为是基督教的影响；但是，即使在我们这个时代，基督教的征服者也并非如此仁慈。在阿拉里奇的胸中，有一颗属人的心；他进而被教育软化和启蒙，这种教育来自传授古典文化的学校。我们可以说是这种教育和文化影响了他，尽管毫不否认福音也已降临在善的土地上。

几天后，他率领军队离开罗马，为了给这座感谢他宽宏的城市减轻负担，也为

了执行他的宏伟计划。甚至在他推举阿塔罗斯为皇帝，正忙于征战下意大利各城的时候，他就已决定渡过大西洋到西西里去了。他打算征服这座岛，然后再把非洲的罗马行省通通置于自己的统治之下。攻占罗马给他增加了资源，对征服的确信使他开始执行自己的计划。他将哥特驻军留在罗马和下意大利城市，后者没有做出任何抵抗就向他敞开了大门。在他从罗马带走的显赫人质中，有霍诺里乌斯皇帝的妹妹加拉·普拉西迪亚，现年21岁，正美若天仙，是个女英雄，配得上有个伟大的父亲，尽管她的懦夫哥哥霍诺里乌斯是那么的渺小。她随同阿拉里奇一起行军。后者以符合她地位的所有荣誉对待她，高度敬重，尽显骑士风度。

西西里和非洲长期以来为意大利提供谷物和油。如果阿拉里奇能够拿下这两个地方，他就能供养自己在意大利的军队。那样的话，他就能够成为西部帝国的君主，成为拥有恺撒头衔和王冠的日耳曼人，“日耳曼人的罗马帝国”就将诞生在历史舞台上。离卡拉布里亚海岸八英里的地方，一座城堡傲然耸立在坐落于克拉蒂河和布森托河沿岸的科森扎城上方。两条河流在波利卡斯特罗附近汇合，并流入波利卡斯特罗海湾中。即使在罗马时代，科森扎的城堡也很坚固、宏伟。阿拉里奇在那里设立了指挥部，军队在城堡左右扎营，一直向下驻扎到海岸附近。在这座城堡里，他开始做准备工作，计划将军队以分遣队的形式送往西西里。

准备运送第一批哥特军队的船只被集结起来，阿拉里奇亲自看着船只起锚。然而，在墨西拿海峡，一场可怕的风暴袭击了船队和上面勇敢的哥特人。大多数船只和士兵沉入海底，其余则被海浪和暴风冲上了意大利海岸。看来，一名日耳曼人还不能如此轻易地成为罗马皇帝，日耳曼民族也还不能轻易地成为意大利永久的主人。

公元410年，在科森扎，死神过早地带走了西哥特国王阿拉里奇。

哥特人不像常人那样埋葬他。他们决定给他一个原始哥特风格的坟墓。这样，在他所占领的这片陌生土地上，复仇和贪婪都不会玷污这位伟大国王的坟墓。哥特人骄傲自豪的军队在科森扎附近的布森托河上筑坝，将河水引到一条新挖的河道中，并在老河床上挖出一个巨大而深的墓穴。在那里，他们把英王放下来，没有把他放在棺材里，而是放在一个直立的拱形坟墓里，穿着盔甲，骑在战马上。按照古老的北方习俗，他们用贵重的礼物陪葬。然后把拱顶合上，把挖出的泥土盖在上面，将河水引入专门的河床。被释放的河水泛起泡沫，在哥特军队的歌声和古诗中，冲刷过阿拉里奇的坟墓。战俘们被用来在河床上挖坟墓，然后被处死。从此以后，没有人知道阿拉里奇埋在哪里。至于这些战俘是为了不让人发现地点而被杀死的，还是按照古老的日耳曼异教徒为国王举行的葬礼的风俗被当作牺牲，现在还不能确定。但是，每一个目睹阿拉里奇被埋葬在布森托墓穴中的异邦人，死神都闭上了他们的眼，封上了他们的嘴。

第二十八章

在西班牙和高卢的西哥特人王国

西哥特人把自己置于阿拉里奇年轻的妹夫和血亲阿萨尔夫的领导之下，他被选为国王。他们把阿萨尔夫高举在盾牌上，宣布选举结果。所有哥特民族都欢呼阿萨尔夫为国王，并向他致敬。

普拉西迪亚第一次在阿拉里奇的营地露面时，就在阿萨尔夫的心中燃起了炽热的爱情。他现在向她哥哥，也就是罗马皇帝提出求婚请求。皇帝可以让他的妹妹重获自由，而通过婚姻阿萨尔夫也可以得到他的俘虏。霍诺里乌斯犹犹豫豫，没有爽快地同意，或许是出于骄傲虚荣，或许是出于恐惧，生怕哥特人会因为娶了皇帝的妹妹或女儿，而在罗马人眼中也表现得像一个危险的对手；又或者是出于政策上的算计，皇帝希望能够利用金发蛮族人的激情为罗马谋利。实际结果指向了最后一个原因。尽管普拉西迪亚很骄傲，但她并不反对和那个日耳曼英雄结婚。尽管她是日耳曼英雄军营中的人质，但显然是心甘情愿的一名人质。然而，她也是罗马人——一个有远见卓识和政治手腕的罗马人，她伟大父亲的真正女儿，她成功地让情人阿萨尔夫——阿拉里奇国王的继承者，西哥特人的国王——服从于自己家族和西罗马帝国的利益，而且这一切几乎都是出自她自己的主意，并非来自拉文那朝廷的任何指示。凭借个人的魅力和智力，她深深影响了西哥特人民的新领袖，从而使这些最危险的敌人、战场上的征服者、西哥特民族卸下了武装。她通过爱情的锁链，带着阿萨尔夫及其西哥特人离开了意大利平原，来到高卢，又从那里去了西班牙。

阿萨尔夫不再执行阿拉里奇的计划，不再试图占领西西里和非洲，而是带着他的军队和普拉西迪亚返回了罗马。帝国的将军萨鲁斯此时已经叛离了霍诺里乌斯，投奔了约维努斯。约维努斯在莱茵河上自命为敌对皇帝，并以美因茨为都城。约维努斯得到勃艮第人和阿兰人的支持，在高卢扩大了统治，并维持着与两个皇帝康斯坦丁和霍诺里乌斯的对抗。也许普拉西迪亚是作为她哥哥的外交代表，促使阿萨尔夫向高卢进军，对抗萨鲁斯和约维努斯。阿萨尔夫和他的军队撤出了意大利，征服并俘虏了巴尔茨家族的世仇萨鲁斯。他因叛国罪而被判处死刑，但阿萨尔夫对这名恶人的复仇，则是基于他对斯提里科和哥特人家庭所做出的恶劣行径。他很快就驱散了约维努斯手下的罗马和雇佣军队，并把这个敌对恺撒的头颅送去给拉文那的霍诺里乌斯。

在代表霍诺里乌斯在莱茵河畔做出如此成功的努力之后，阿萨尔夫重新向皇帝请求同意其与普拉西迪亚的婚事。但朝廷仍在拖延，霍诺里乌斯拒绝了，并希望阿萨尔夫能先帮他解决掉南高卢的竞争对手康斯坦丁。一年前，阿萨尔夫承认了康斯坦丁。

背信弃义的霍诺里乌斯又答应把美丽而有才的普拉西迪亚之手交给接替萨鲁斯的将军。日耳曼移民在西班牙分得的土地包括加泰罗尼亚、阿拉古和纳瓦拉，剩下的土地则留给了康斯坦丁。他依然掌控着这一部分。然而，411年，他的儿子奥古斯都康斯坦斯却被霍诺里乌斯的军队赶出了西班牙。朝廷现在进一步希望推翻康斯坦丁，手段则是以与帝国联姻的前景来激励阿萨尔夫和新的将军康斯坦提乌斯。当阿萨尔夫在高卢西南部进逼康斯坦丁的时候，康斯坦提乌斯率领的一支罗马军队正在东南部作战。阿萨尔夫为他未来的小叔征服了高卢南部和中部。另一方面，在阿萨尔夫面前撤退的皇帝康斯坦丁则被康斯坦提乌斯击败了，他答应让出王位。然而，霍诺里乌斯并没有遵守条约，他抓捕并处决了他。

同时，希腊东部的杰出女儿普拉西迪亚终于回报了那个金发的蛮族人的爱情；她答应他，如果他为她父亲的家族恢复起西部的王位，她就向他伸出手来。现在她已经献出了自己的芳心。她是这份爱中的女主人，是骑士发誓要效忠的对象。

对这样的骑士效忠，在拉文那的帝国养鸡者所做出的回应，则是要求他的妹妹返回皇宫。同时，霍诺里乌斯保证给哥特人提供的谷物和其他必需品，突然被帝国命令取消了。罗马将军康斯坦提乌斯则率军气势汹汹地向西哥特人挺进。

西哥特人从一开始就对阿萨尔夫的做法感到不满，认为他为了一个女人抛弃了他们伟大的国王阿拉里奇的计划和道路，在这一系列事件的发展过程中，反对罗马人的强硬派始终没有完全实现和解。他们之所以仍然追随他的旗帜，是因为他们怀念阿拉里奇以及阿萨尔夫本人所激发的情感，因为阿拉里奇的妻子是阿萨尔夫的妹妹。他们倍加珍视这位来自巴尔茨古老家族的年轻英雄。他因与阿拉里奇的关系以及后者对他所抱有的令人记忆犹新的爱而受到人们的重视。所有西哥特人对他们失去的阿拉里奇所感到的尊敬和怀念部分转移到了他最爱的人身上，而他的个人的魅力也深深影响着这些好战的人民，这是一种让人服从的领袖的魅力。他拥有阿拉里奇的美貌和成就，拥有英雄的身体和灵魂。反对派们很不愿意看到这样一位英雄一直在忙于为罗马效劳。

规定的供应物资的暂停以及由此而导致的饥荒，在哥特联军中引起了骚动。尽管阿萨尔夫本人并未感到痛彻心扉，也还没有因此而坐立不安，但他的军队的愤怒情绪还是非常明显地传达到了他那里。他恢复了在高卢的皇帝的权力，现在又开始与他斗争。他极速地夺取了纳尔博纳、托洛萨（图卢兹）和布尔迪加拉（波尔多），都是西南高卢的强大城市。普拉西迪亚和他完全达成了一致；她知道他对她和皇帝所宣示的话都是真的。他此前确实像他的前任阿拉里奇一样下定了决心，想要“消灭西部的罗马帝国，征服所有的罗马领土，建立一个日耳曼帝国以取代罗马帝国，将皇帝的王冠戴在自己的头上。然而，为了爱，他已经放弃这个决心，现在正为罗马帝国和皇帝而战”。

当西哥特人看到他坚定的目的是要在高卢和西班牙领土上为自己和他的人民建立一个哥特人王国后，他们再次成为他的人民，全身心地归属于他。他把自己的基地设在纳尔博纳，罗马外省的主要城镇，即现在的普罗旺斯，并宣布它为自由的哥特人独立王国的首都。他让普拉西迪亚成为这个王国的王后。他们两人现在都不理会皇帝，无论他同不同意。西哥特国王和狄奥多西的女儿在414年1月举行了盛大的婚礼，配得上帝国联姻的宏大。

结婚后，阿萨尔夫越过比利牛斯山脉，扩展新王国的疆域。除了绥威人、汪达尔人和阿兰人的领土之外，他占领了西班牙大部分仍由罗马人所有的土地。他越过比利牛斯山，并非因为我们有时读到的，“康斯坦提乌斯在纳尔博纳给他制造了麻烦”，也不是为了“给他的人民寻找一个新的家园”。他只带了一部分军队过去；西哥特人，他们的妻儿，以及军队的首领都被留下来保卫他在高卢所占领的地方。阿萨尔夫已经征服了巴塞罗那。在康斯坦提乌斯去纳尔博纳之前，就已经牢牢地控制了整个加泰罗尼亚。在忙于将加泰罗尼亚并入自己王国的过程中，阿萨尔夫有一次造访了自己在巴塞罗那的马厩，不料被刺客的匕首击中。刺客是一个前来报血仇的杀手，是萨洛斯将军的老朋友和伙伴。阿萨尔夫曾经擒获并处决了这位将军。

阿萨尔夫临终时，只想着自己的妻子和人民。尽管鲜血不停地流失，他仍然命令他的兄弟瓦利亚把普拉西迪亚还给她的哥哥，并与罗马保持和平，直到在比利牛斯山两岸新建立的哥特王国真正在高卢和西班牙站稳脚跟。哥特人只有在受到帝国宫廷对其领地进行骚扰时，才能武装起来对抗罗马；其余时刻，让他们成为罗马的盟友，直到他们在这个称号下完成了在西班牙的所有征服，并保证高卢的军队能够抵御所有的进攻。

阿萨尔夫相信，在他死后，只有他的兄弟瓦里亚会被选为国王。然而，他在415年9月的离世，释放了那个反对一切罗马事物的派系，这个派系在普拉西迪亚被宣布为王后之后曾得到宫廷中很多人的支持和加入，其中就有萨洛斯的一个兄弟，名叫齐格里奇。他对刺杀活动和国王阿萨尔夫的刺杀者并不陌生。在比利牛斯山外的这派人的支持下，齐格里奇在混乱中夺取了巴塞罗那的皇权。为了表明自己与罗马人势不两立，他公开地以无礼举动对待被害国王的遗孀。阴谋者一方和国王的忠实追随者之间发生了血腥的冲突。每个派别都有自己的俘虏。帝国公主普拉西迪亚便是齐格里奇的俘虏之一，后者现在自称为哥特人国王。她被迫在这个谋杀她丈夫的凶手的马前走了12英里，而这个凶手实际上也是他前妻为他所生的孩子的凶手。过了七天，杀人犯齐格里奇和他的追随者被其他西哥特人打败，瓦里亚当选为国王。

瓦里亚一直属于反对派，不满于阿萨尔夫与罗马的友谊，也不满于他对罗马风俗的热爱。现在，作为西哥特人的国王，他已不再考虑哥哥在垂死时对他做出的政策指示了。他没有立即把普拉西迪亚交还给皇帝，即她的哥哥，也不再与罗马朝廷保持友好关系。大多数西哥特人的决定并不允许这么做。作为巴尔茨家族的勇敢战士，他的当选要归功于他先前宣布的主张，归功于人们期望他不会再成为罗马的朋友，但会继续执行阿拉里奇的计划，走阿拉里奇的道路。

他决定征服西班牙，完成阿萨尔夫的计划，然后从西班牙南部进入罗马的非洲省，通过占领它们，以另一种方式完成阿拉里奇的计划。

他从巴塞罗那出发，推翻了反对他的罗马军队，占领了行军线上所有罗马驻军的城市，胜利地到达了直布罗陀海峡。另一边是非洲，富饶的省份，罗马帝国的粮仓。从西班牙到非洲需要的时间和准备比从罗马帝国的其他地方都要少。但自然环境则摆出了敌对的姿态：狂暴的风雨一天比一天强烈，汹涌的大海阻碍了航行；西班牙领土上的给养日益匮乏。西罗马朝廷的特使则带着和平建议而来。

皇帝决定割让高卢南部的七个省和西班牙的大片地区，并根据条约规定供应粮食。向西哥特军队提供了大量的谷物，以换取普拉西迪亚的归还以及与罗马的和平。拉文那宫廷因此拯救了它最重要的省份——非洲。

瓦里亚、他的顾问和将军们迫于当下局势，接受了这些提议。眼前的危机因为罗马谈判者送来的大量面粉和玉米得到缓解。就在普拉西迪亚和罗马船只离开西班牙的同一天，这些给养被送到哥特人的手中。普拉西迪亚的投降是主要条件之一，因为现在康斯坦提乌斯统治着宫廷，渴望娶她为妻。瓦里亚和西哥特人的首领们根据实际经验终于认识到阿萨尔夫在临终时的忠告是多么正确。西哥特人也是如此。他们已经漂泊了这么多年，经历了这么多的战争和旅行。他们从欧洲东部来到欧洲最西部，已经厌倦了继续寻找新的家园。他们愿意与罗马和平共处，尤其因为罗马在比利牛斯山脉两岸美丽的地方给他们提供了一个固定的住所。不久，条约就被同意了。哥特人在接下来的一段岁月中与拉文那宫廷保持了良好的密切关系。普拉西迪亚对这一结果做出了很大贡献。罗马帝国的和平与繁荣促使她在417年做出牺牲，把她的双手交给了她并不爱的康斯坦提乌斯。她给他生了两个孩子：霍诺丽亚和瓦伦提尼安。422年，康斯坦提乌斯死后，她又成了寡妇。她和哥哥之间的不和非常严重，以至于带着孩子们逃到了君士坦丁堡的宫廷。直到霍诺里乌斯死后、篡位者垮台后，她才回到拉文那，为她儿子瓦伦提尼安三世管理西罗马帝国政府。甚至当她的儿子成年后，她仍是实际上的皇帝，并掌控大权25年之久，直到自己去世。

作为帝国朝廷的盟友，哥特人利用这段时间建立和扩大他们独立的王国。这个哥特势力与罗马的关系与早期的“罗马盟国盟”所处的关系完全不同。哥特人是拥有真正的权力——一个完全独立的王国。与之相对的是罗马朝廷，当时沦为一个虚名和一场作秀。即使根据条约条款，为了保卫西班牙的那些仍然被罗马人控制的地区，西哥特人开始抵抗汪达尔人、绥威人、阿兰人，然而，这其实是在确保他们自己的王国对这些日耳曼盟国的统治，只是假装说是为了罗马的利益。实际上，这是在为西哥特王国的扩张而战。所有被西哥特人征服的地区和部落都臣服于他们的国王，并成为西哥特王国的一部分，而不是罗马帝国的一部分，尽管瓦里亚名义上是在为皇帝征服西班牙。

瓦里亚的计划是迫使那些分立的、拒绝自愿成为哥特联盟成员的日耳曼部落加入自己的王国，从而联合所有日耳曼力量，让日耳曼这个名字成为欧洲西部尽头一个强权的名字。

汪达尔人、阿兰人和绥威人以典型的日耳曼方式，在他们遥远的他乡生活中，早已扔掉了联合和统一的观念，这些观念使他们原初的生活是那么的富有生命力，以至于就是他们之所以能在西班牙取得胜利的原因。分裂的精神在民族精神中占据着一席之地；古老的恶魔不顾所有经验的教导，再次让分裂的种子生根。汪达尔人、绥威人和阿兰人在西哥特人到来之前都是分立的，否则在罗马帝国的困境下，他们早就可以征服西班牙并使其日耳曼化了。当西哥特人建立他们的王国时，没有一个日耳曼部落帮助他们。当阿萨尔夫向罗马帝国宣战时，他们非但没有支持他，反而见死不救。这种分裂精神在当时已经根深蒂固，就像在我们自己的时代一样，以至于即使西哥特国王已经在准备征服他们了，他们也还是不采取联合行动。无论是小汪达尔国，小绥威国，还是小阿兰国都不会想着组成一个联盟；虽然被强行并入西哥特王国的危险已经迫在眉睫，甚至瓦里亚已经在安达卢西亚攻打了属于汪达尔族的西林斯人，这三个小日耳曼国家也没有试图通过联合力量来抵挡这种吞并。

这个小部落完全被孤立了，尽管面对的是共同的危险，也没有得到任何支持，几乎被灭绝。而其他反对统一的日耳曼人也很容易被西哥特人征服。瓦里斯在419

年去世时，已经牢牢建立了西哥特王国，并将首都设在了图卢兹。

狄奥多里奇一世被选为西哥特人国王。他继续与西班牙的其他日耳曼部落进行斗争。葡萄牙和迦太基的阿兰人在一连串失败中被削弱，他们和汪达尔人混在了一起。汪达尔人和绥威人闹翻了。因此，绥威人被西哥特人毫不费力地赶到了加利西亚的山区。在那里他们得以维持生计，生活下来。直到西哥特人大部分重新回到比利牛斯山另一边，在经过漫长的流浪和斗争后，终于在东南西班牙的七个美丽省份中休息下来后，绥威人才又一次露面。在加伦河岸，在大洋海岸，在比利牛斯山脚，西哥特人非常快速地从军营生活过渡到了幸福的公民生活，从一种流浪状态转变到了定居状态。在这里，西哥特人从当地的高卢罗马人那里学习了所有的和平技艺，包括航海、农业、贸易，甚至艺术，而且很快就超过了高卢人和罗马人。哥特人最终无论在战争中还是和平中都胜过了那些土著人口。

快速发展的哥特文明，即伟大的哥特王国证明，在所有同时代的民族中，哥特人是最适合发展文明的。生机勃勃的哥特军队继续开疆辟土，扩展王国的疆域。在半个世纪的时间里，哥特人经历了四个国王的统治：狄奥多里奇一世、他的儿子索瑞斯蒙德、狄奥多里奇二世以及欧里西。西哥特王国向西延伸至葡萄牙，向东南延伸至罗纳河和卢瓦尔河。这些国王中最幸运、最勇敢、最聪慧的是欧里希，他从466年统治到484年。在他的领导下，王国实现的成就最大、最富裕繁盛。他将位于高卢的所有领土推进到“七省”的南部，即哥特领土的核心部分；向东延伸到普罗旺斯的边界和现在的皮德蒙特；向北到海；向西则覆盖了西班牙半岛更大的地区。

只是在西北部，在加利西亚和葡萄牙，绥威人维持着一个不值一提的小国。公元429年，汪达尔人从西班牙领土撤出，进入非洲，绥威人继承了汪达尔人的地盘。西哥特人于是也放弃了与绥威人继续斗争，让后者在那片区域自生自灭。他们开始攻打西班牙的罗马人。这是处于征服和增长状态中西哥特民族的本性；他们认为瓦里亚和罗马建立的和平关系并不能持续多长时间。帝国的各个部分已经分崩离析，很容易重新依附于一个牢固的核心。公元475年，罗马失去了西班牙半岛的最后残余领土；在此之前，整个高卢南部，现代法国最美丽的地区，已经一点一点地从崩溃的罗马巨人中脱离出来，并入了西哥特王国。

由于汪达尔人已经征服了位于非洲的罗马行省，他们就截断了一条主动脉，生命的血液不再能通过这条动脉流入这个破败、拥堵、衰弱、颓废的西帝国了。

第二十九章

盖瑟里奇（根瑟里克）领导下的汪达尔人非洲王国——西班牙的绥威王国——高卢的勃艮第王国——不列颠的撒克逊人征服

汪达尔人从西班牙半岛移民非洲，与拉文那宫廷中的两个人之间的嫉妒和阴谋有关。美丽的寡妇普拉西迪亚替她无能的儿子管理帝国，是凭借两位政治家来施行统治：埃提乌斯和博尼法斯。

希腊皇帝的女儿，拥有大自然赋予她的伟大灵魂，在逆境与西哥特王国和人民的纯粹空气中，比在成功和西罗马帝国的王座中，更加高贵和美丽。当时的西罗马帝国处在基督教文化的影响下。这个基督教文化让所有宗教、道德的根基都消失殆尽了。帝国的悲剧不仅见证了掌权女人的弱点，还见证了这些弱点给她带来的悲惨后果。和许多女性君主一样，她很幸运身边能有名副其实的政治家。

他们能让她把精力花费在对艺术的爱好上，在各种宏伟的建筑上忙得不可开交。他们管理着皇后和帝国。

埃提乌斯是一位意大利贵族夫人和一位在战斗中阵亡的西哥特首领的儿子。他的父亲有个罗马名字：高登提乌斯。然而，他并不是哥特人，而是西徐亚人。他青年时代的一段时间在阿拉里奇的营地中度过，是罗马为了履行第一个条约送过去的一名人质。他从阿拉里奇那里轻松而迅速地懂得了一个将军和政治家的职责，因为他天生就具有丰富的个性和智力天赋。从阿拉里奇学校回到拉文那的宫廷后，他很快成为摄政女皇最为喜爱的人。博尼法斯，女皇之前的宠臣，得到了非洲行省。然而，埃提乌斯并不满足于这样消除他的对手，而是希望摧毁他。埃提乌斯，这个野蛮人和意大利人的后代，在思想和性格上具有他的同胞人民的所有特征，但是他的心已经麻木了，他的道德也因为居住在罗马宫廷而败坏了。在与支持流亡在外的博尼法斯派系斗争中，他对后者提出了指控。博尼法斯被剥夺了行省，并被召回以证明自己的清白。博尼法斯知道在宫廷中等待他的命运将是什么，女皇强烈地偏爱着埃提乌斯。因此他没有服从召回令。埃提乌斯无耻地欺骗他，让他知道服从摄政王的命令，也就是“皇后”的命令，会毁了他。因此，博尼法斯选择了不服从。但与此同时，埃提乌斯向皇后出示了证据，证明博尼法斯是个叛徒，是帝国的敌人，他自己则是那个监护着她和帝国的人。

博尼法斯公开宣布与朝廷断绝关系；但他很快就发现，并不能完全依靠自己行省的人口。他确定地知道一支罗马军队会被派来对付他，为了维持自己的生存，他四处寻求紧急援助。博尼法斯派了一个使臣去会见西班牙南海岸的汪达尔人国王。他把非洲行省的第三部分提供给他，作为那些将加入他与罗马斗争的战士们的永久住所。

汪达尔人的国王盖瑟里奇，还很年轻，20出头，是一个拥有非凡天赋的王子，一个天生的将军和第一流的政治家，没受那么多经典教育，没阿拉里奇那么道德纯洁和高贵，也没有伟大的西哥特国王的温柔。这一点因得到伟大教父圣奥古斯丁的赞扬而被认可并成为不朽。

汪达尔人受到西哥特王国扩张的冲击，一边向南，一边向西，进入葡萄牙；在后方，他们受到了绥威人的压迫，后者也在寻求向南方扩张。绥威人和汪达尔人在他们所征服的土地上产生了分裂，双方都努力成为主导力量、领袖和对方的统治者。因此，西班牙的绥威人和汪达尔人之间萌生了仇恨，并在上一段时期内爆发了战争，以相互残杀而告终。

当盖瑟里奇国王收到非洲总督的提议后，他向所有的、远至西班牙北部的汪达尔人发出指令，号召他们到那里定居；因为，尽管他与汪达尔民族的核心部分已经进驻到西班牙的最南端，许多汪达尔人仍然留在他们第一次到达时定居的地方。盖瑟里奇认为，西哥特人比他们要强大无穷倍，必定会成为西班牙的主人，因此，博尼法斯的提议正好满足他一半的想法；他决定为他的全体人民，为西班牙所有的汪达尔人，在非洲寻找一个定居点，而不是仅仅作为一支附属军队。他也决心建立一个永久的汪达尔王国，就像西哥特人建立一个哥特王国一样。

在他的召唤下，居住在西班牙土地上的汪达尔人开始向南方行进。而绥威人则在世袭仇恨的刺激下，在他们身后发起了攻击，渴望对他们以前所遭受的一切进行报复。他们跟在后面，不断地对离开的汪达尔人和他们的家人进行骚扰，一直跟到离梅里达不远的瓜迪亚纳河，即现代的埃斯特雷马杜拉。

在梅里达附近的瓜迪亚纳河上，正在撤退的汪达尔人和绥威人之间发生了一场战斗。绥威国王赫米格淹死河中。绥威人被击退，汪达尔人加入了他们的国王。

国王盖瑟里奇率领55000名战士到非洲。20000人留作他的后卫军。盖瑟里奇谨慎地，像是一个非常有能力的政治家一样（这一点在以后的历史进程中得到了证实），只根据其军队在非洲所取得的进展和他能输送的关于这片领土的情报，来逐步安排其同胞和追随者的定居事宜；这已经足够吸引人了。

在他和他的战士眼前，是被称为帝国粮仓的肥沃土地。阿特拉斯山脉的一系列树木繁茂的分支山脉横亘其中。数不清的山洪只有很短的水道，在流向大海的过程中灌溉着土壤。他们在这里呼吸着西班牙南部的空气；这里仍然拥有他们离开的那片可爱土地上的气候。然而，这里的一切都比他们离开的地方更加丰富多彩，而且有无限的空间提供给未来以及多个日耳曼血统民族扩张。即使在海岸是沙的地方，农业仍然是富饶的，因为精心灌溉使土壤变得肥沃。植物王国在山谷和平原上最为繁茂。到处都是带着葱郁叶子的软木树、香柏树、杨树、花果、桃金娘、夹竹桃和月桂。毯子一般的草地从1月开始就一直绿着。花团锦簇，草药根丰富，后者特别为汪达尔人所珍视，因为他们的文明程度不及哥特人，这些草药因而被他们视为健康和生命的自然提供者。平原上尽是欧洲的产物，牛、羊、马、骡、驴、骆驼成群结队，这些动物都惊人地美丽。城镇、乡村都非常富裕，森林和田野中长满了各种野味，河海中住满了各种鱼类。这些对于蛮族人来说，具有不可抗拒的诱惑力，诱惑他们留下来，也诱惑更多的人跟随而来。盖瑟里奇立刻决定不再离开这片土地，支持博尼法斯反对罗马朝廷；博尼法斯保住了自己在行省政府中的职位和迦太基政府中的重要席位。然而，当勇敢的盟友们让其感受到明显的优势时，他简直大开眼界。一方面，由于不断有来自西班牙的新成员加入，他们的数量越来越大，很快就足以威胁到凌驾于其之上；另一方面，他请来援助的盖瑟里奇已经在他们的关系中扮演着主导角色。博尼法斯千方百计设法使他们回到西班牙，把他们打发走。这完全不是因为我们通常听说的，汪达尔人“展现出野蛮的残忍，摧毁城市和村庄，拆毁教堂和宫殿”——这是一个寓言、一个创造，是教会作家的诽谤。宗教狂热和迫害曾在非洲肆虐。在整个四世纪，甚至五世纪，城里的多纳图派以及浪人派，即“沙漠圣徒”，不得不拼命抵制可怕的迫害；现在，他们认为，盖瑟里奇与汪达尔人的到来，意味着报应的到来。汪达尔人中有一些是异教徒，更多的则是基督教阿里乌派信徒。那些已经被博尼法斯招来协助的异端分子，带着棍棒和火把，从他们在山中的隐居处冲了出来，向仍忠诚于罗马的城市和村庄进行报复，报复他们长期以来从正统基督教派那里接受的所有没收和处决。努米底亚和毛里塔尼亚那些被极端压迫的农民们，以博尼法斯盟友的身份，加入了入侵者的行列。博尼法斯的这些支持者都是土著居民，而非阿里乌派教徒。他们那些违背基督教精神的粗野、无人性的行为是在狂热和嗜血热情的驱使下完成的，却被正统派作家安在了信奉阿里乌主义的汪达尔人身上。然而，我们有最高贵的同时代人和目击者的证词，他不仅宣告所谓的非洲毁灭者无罪，而且高度赞扬了他们。

赛维安努斯，这位马赛虔诚而严厉的牧师，经历了这一切。他在《论天意》一书中说：汪达尔人在进入非洲时的行为就像基督徒一样。“他们不仅没有陷入正在那边盛行的罪恶池塘，而且在四周包围的奢侈、淫乱中，没有一个人被腐化；他们在淫乱的栖息地和工作坊看到不洁和放纵，对其震惊不已；汪达尔人净化城市和乡村的不洁，强迫所有未婚不洁的人，无论男女人，尽快通婚。”无论他们在哪里定居，他们都恪守道德的严肃性；汪达尔人，天生强大，因日耳曼习俗和阿里乌信仰而变得温和，对非洲的基督教正统派男人、女人们都施行着严格的管控。后者认为这种行为"残忍而野蛮"，他们在这种严厉中看到的是"疯狂和狡诈，是异端的残暴"。盖瑟里奇和他的汪达尔人身上还有更多的东西是非洲上层社会所憎恶的。他们的新盟友是日耳曼人，主导人口是罗马人；后者是天主教徒，前者不仅有阿里乌派异端，也有新的皈依者。如果这些异端的道德生活让正统派的放纵罗马人感到羞愧，那么对他来说，发现新来者是最近的皈依者，又是外族血液，而且被天主教会污名化为异端的人却要为本土的老天主教、正统派罗马人树立榜样、设定纪律，无疑是一件非常痛苦的事。这种纪律究竟有多么必要，可以从诚实的天主教会长老，也是同时代的目击者，为我们提供的关于在非洲的罗马政府所在地，正统的迦太基城的证据中得以表明。

在奥古斯都皇帝修复之后，迦太基在公元二世纪和三世纪，成为罗马帝国最繁荣的城市之一。尽管它很早就接受了基督教，并以作为一个极其正统的城市而闻名，但在那个时候，它却呈现出整个基督教世界最堕落城市的外表。

萨尔维安写道："就像所有的污秽都汇集到一艘船的底舱里一样，全世界的罪恶都集中在非洲。我不知道有什么邪恶是不在那里盛行的；那些异教的野蛮民族，虽然有他们的民族缺点，但也有值得称赞的品质。非洲城市的居民却除了堕落之外，什么也没有。政府所在地，迦太基，充满了所有城市的罪行，并服务于所有的邪恶。我看见有些人在作恶方面互相竞争，有些人在贪婪方面，有些人则在不洁和淫乱方面，有些人头上戴着花冠，有些人身上散发着香气，所有人都被所有种类的堕落折磨得焦躁不安。这些人似乎不是理性的存在物，不能完全掌控自己的理智，而是戴着枷锁的、不间断的感官陶醉的奴隶。然而，这还没有结束。谁没有想过掠夺孤儿，压迫寡妇和穷人？他们每天祈祷上帝结束他们的苦难，在内心痛苦中渴望敌人的到来。"

乡下的农民由于宗教迫害和不堪忍受的赋税而被赶到阿特拉斯山脉的深处，他们一直渴望着野蛮人的到来，现在，城里受压迫的居民同样也渴望着这些野蛮人的到来。城里人等待着他们的解放者和复仇者。这些野蛮人，天主教会的敌人，或者更确切地说，是堕落版本的天主教会的敌人，现在终于来了。盖瑟里希已经意识到，如果他愿意的话，博尼法斯的这些盟友随时都可能成为他的盟友，反过来对抗博尼法斯和每个罗马人。在他和他的汪达尔人刚到非洲的时候，他就已经见识了，那些长期受迫害的山林谷地的人是如何以极大的兴趣来回报天主教徒对他们的暴行的；他还意识到，一旦这些来自山林、谷地的人不再属于博尼法斯，而是属于他自己，那么，柔弱的城市和柔弱的罗马军队对他来说将是多么容易得到的猎物。

因此，如果博尼法斯不能遵守他的协议，没有把该省的三分之一分给汪达尔人，盖瑟里奇无疑会非常高兴。博尼法斯，女皇早期的宠臣，在希波主教圣奥古斯丁的支持下，很快就再次得到了普拉西迪亚的青睐。凭借来自意大利的和解援助，他开始与盖瑟里奇的汪达尔人进行斗争，希望能把他们赶出非洲。然而，当地的土著山民对盖瑟里奇很忠诚，整个毛里塔尼亚人都对汪达尔人很忠诚，因此在数次战斗中，盖瑟里奇打败了背信弃义的博尼法斯，并最终将他逐出了非洲。432年，博尼法斯作为逃亡者来到意大利，投奔女皇。与女皇重归于好的博尼法斯和他的对手埃提乌斯之间的争端开始公开化，先是在宫廷，最后是在战场。博尼法斯在战斗中获胜，但因受伤而死。埃提乌斯则投靠匈奴人，用他的财宝买得了一支匈奴军队，气势汹汹地进军返回意大利边境。曾经英勇的普拉西迪亚由于在西罗马的宫廷生活而退化。匈奴军队令她瑟瑟发抖，而她的宠臣埃提乌斯正领着他们前来对付她；她和他讲和了，让他再次成为所有罗马军队的将军，并恢复了他“贵胄”的地位，这是当时帝国仅次于皇室的最高地位。作为回报，他把他的匈奴军队移交给拉文那宫廷使用。

当这一切在意大利上演时，盖瑟里奇继续征服非洲。伟大的将军在每一个环节都棋先一步。他占领了沿海城市，这些城市是用罗马的方法建造的一系列堡垒，由罗马驻军保护。通过封锁或突击，他一个接一个地拿下它们。所有投降的人都受到了善待。对于他所突袭的城市，他赦免的对象远远多于以前罗马所赦免的对象。因为在盖瑟里奇的人格中，政治家的身份凌驾于将军身份之上；作为政治家，他不会在非洲的废墟上建立他的汪达尔王朝；将军对汪达尔人严加管束，施行铁一般的纪律。对于他想将自己的王国建于其上的那些被占城市，将军不允许它们沦为荒地。

在439年突袭迦太基的战役中，盖瑟里奇展示了他人格中宽容的政治家身份确实支配了将军的身份，否则后者或许会让他的士兵为所欲为。

迦太基是罗马政府在非洲的所在地，拥有十多万居民。盖瑟里奇选定迦太基为他的主要城镇和皇室所在地。因此，它未被毁坏。而在过去，罗马则从未让任何被突袭的城市完好无损。在罗马学校所培养的所有伟大日耳曼领袖中，存在着某种政治家性质的深思熟虑，因此，蛮族人在战争中往往比罗马人仁慈，异教徒比基督徒仁慈。

杰出的汪达尔人国王所到之处，只要有古希腊罗马的艺术品，他都热切地试图保存而不是摧毁。就古代的艺术品而言，将“汪达尔主义（毁坏）”加在盖瑟里奇头上是极其错误的。中伤、谣传就是从这儿来的。同样一批教会作家，以及非洲阶层中最为有罪的那批人，在书信和作品中高声谴责盖瑟里奇，似乎他攻击了神的处所，而实际上他只是攻击了人的行为；似乎他亵渎了神庙，而实际上他只是移除了他眼中令人憎恶的异教神职；又似乎他让某些不道德的牧师和主教付出了血的代价一样。对于这些人，像大巴西流和约翰·克里索斯托这样的教父的评价是“没有一个有资格在祭坛前供职”。而事实上，盖瑟里奇只是将他们赶走，并没有杀死他们。在天主教作家的笔下，他们的命运是那么值得哀叹，而事实上他们只是被撤销了富得流油的圣职，并被逐出了为他们所腐化和扰乱的城市和村庄而已。盖瑟里奇的军事行动打败了一支被派去保卫非洲，抵制阿里乌派日耳曼人的希腊军队和一支罗马军队，除此之外，就只是增加了上述那种被驱逐的人的数量。

439年，当盖瑟里奇最终拿下迦太基时，他将罪孽最为深重的那些人，即大多数神职人员撤职并赶出了教堂。进而，

他移除了教堂里所有的异教遗迹，尤其是许多异教神和女神的金银像。但他并没有破坏或熔化这些艺术品；正如我们将要看到的，他是一位古代艺术品的收藏家，也是艺术的真正朋友。他收集了来自被征服城市的各种艺术品，但只是为了用它们来装饰自己的皇家宫殿。迦太基被他改造了；阿里乌派占据了主导地位。该城成为新汪达尔王国的皇家首府。为了至少能够保住毛里塔尼亚和努米底亚，罗马的西部朝廷被迫正式将全部领土割让给了汪达尔人，几乎达到了汉尼拔统治时期的古迦太基人所拥有的全部领土。

可敬的天主教徒，如萨尔维安，在这里看到了正义的上帝审判，而在盖瑟里奇那里则看到了“从不纯洁的享乐恶臭中净化迦太基的净化者”。盖瑟里奇成为汪达尔人的国王，在位长达半个世纪，在非洲统治了48年。虽然罗马人的民族和宗教仇恨试图歪曲丑化他的特征，但他在战争中的功绩，以及在和平时期的功绩，都将他推到了高而荣耀的位置，这些都有实际行为做证，是不可篡改伪造的。真正的非洲人，城市里的工匠，乡村里的农民，在罗马的专制统治和教士的暴政下过着奴隶般的生活，在盖瑟里奇的统治下第一次开始自由地呼吸；赋税使人精疲力竭，土地大部分归贪得无厌的地主，财政收入被挥霍，在法律形式下的不公正压迫着老百姓，所有这些都随着盖瑟里奇政府的建立而消失了。繁荣回到了贫困所在地。汪达尔王国在内部实现着繁荣，在外部则为人尊敬和害怕，自从古迦太基人统治以来，非洲海岸还没有任何势力达到过这种状态。盖瑟里奇以富有创造性的精力构建了一支庞大的舰队。汪达尔人以前并不熟悉海洋，如今却被训练成为勇敢而技艺高超的水手。他并没有白读古罗马和古迦太基的历史，当时他和其他哥特君王的儿子们“按照父亲的命令”在罗马学校研究罗马历史和维吉尔诗歌。他希望把自己的国家提升到古迦太基的地位，很快，就像迦太基人一样，他成为地中海最强的势力。这不仅是凭借他的战船，还有他通往各城的商船。他像古迦太基一样，凭借自己的土地和军队，征服了西西里的一部分，然后又征服了撒丁岛和科西嘉岛。盖瑟里奇和他的汪达尔人似乎被分配到了欧洲大陆，而在他后半段的人生中却被罗马人和希腊人称为“海王”。意大利所有海岸以及东部帝国的天主教徒在听到“海王”这个名字时恐惧地画着十字，比他的战船出现在眼前时更加令人恐惧。他们的神职人员把他描绘成一个残忍、血腥的暴君。然而，无论他的权力延伸到哪里，他总是忙于改革教会和国家，废除各种形式的等级制度，提倡勤劳和美德的生活，保证穷人不受以前依靠压榨他而生活的少数人的欺压，使他们享受正义，有空气可以呼吸，有空间可以活动，还能得到基督徒的尊重。

他的敌人指责他报复心强，诡计多端，在对外政策上恣意妄为，因为他为了实现那野心勃勃的计划，竟不顾任何正当性，公然诉诸暴力，运用狡诈和诡计。这些指控来自他的罗马敌人，似乎所有基督教罗马的现世政策和精神政策不像异教罗马的政策一样，展示着我们所能见到的全世界最不道德的政策。伟大的汪达尔人国王身上确实具有的那些缺点，只有在很小的程度上属于他的“蛮族”本性，更主要的是来自他所接受的罗马教育；而且，尽管它们可恨，它们却是许多基督教统治者身上的一种特征，这种特征不是仅在基督教最初的几个世纪中存在，而是继续传递到中世纪和我们这个时代，并且存在于欧洲各地。

在盖瑟里奇已经将自己的新国家置于稳固的统治下后，他结束了所有人间的事业，给继任者留下了一个秩序井然，拥有一切战争与和平必需品的国家，包括艺术、工业、贸易和农业。在他之前，天主教会已经宣布所有持异议者为非法，已经更新了针对异教徒的法律，强行从教会中剔除了拒绝与正统教派联合的社团，没收了他们的财产；不仅驱逐了他们的神职人员，还驱逐了所有“顽固派”；宣布剥夺他们所有的公民权利，并对参与那些宗派的宗教集会的人员处以死刑。这些帝国法令束缚了在非洲的每一个人和每一个基督教徒的灵魂和身体。盖瑟里奇的一项不朽荣誉在于，他废除了所有这些长达一个世纪之久的迫害。他并不惩罚任何天主教徒，除非他们公开传教，宣扬罗马教会是唯一能拯救人类的教会。他也不强迫任何人接受他的阿里乌信仰和崇拜。他不剥夺天主教徒的公民权利；他允许每个人随心所欲地信仰；他没有关闭任何天主教教堂，除非它们将国王和皇室、汪达尔人和持不同政见者描述为注定要灭亡的异教徒。

从宗教的角度来看，盖瑟里奇有一个优点，那就是他是第一位倡导宗教自由的基督教君王，并向世界展示了宗教自由能够给国家和人民带来繁荣。而在现世和宗教专制的禁令下，国家和人民都会遭殃，正如基督教的罗马和君士坦丁堡已经表明的那样，而且在许多欧洲国家中依然可以得到证明。盖瑟里奇为真正的基督教精神开辟了空间，而不是它的虚假形式。后者只会使思想和知识、团结与和平枯竭，阻碍家庭和社会生活，工业和福祉的任何进步。基于这一点，盖瑟里奇更喜欢自己王国的阿里乌主义而不是天主教；但他从不强迫任何普通人改变他的宗教信仰或为此而受苦。他只是驱逐了那些经常密谋反对国家的心怀敌意的神职人员。

当汪达尔人王国正在非洲建立和扩张时，绥威人占领了他们抛弃的土地，并进一步对罗马人构成了包围。他们的国王雷齐拉非常幸运。他的父亲赫曼里奇已经把绥威势力扩展到西班牙南部。而他在其统治的438到448年之间，又将罗马人从最美丽的地区永远驱逐出去，并占领了梅里达、塞维利亚、安达卢西亚和卡塔赫纳。罗马人在一场大战中永远失去了他们的土地。雷齐拉的儿子雷齐尔与西哥特人结盟，在他们的帮助下，他的王国向北扩张，越过了埃布罗河。萨拉戈萨和伊勒达（莱里达）被绥威人征服、合并；也就是阿拉贡的首都和加泰罗尼亚的一部分，尽管这些城市都有强大的罗马驻军。

因此，在西北非洲、西班牙、高卢和地中海岛屿，日耳曼人都已取代罗马人而成为主人。此时，即使在遥远的不列颠，罗马人也不得不向新来的日耳曼血统屈服。当地居民已经打破了罗马势力，在内部冲突中互相残杀。该地区并没有因霍诺里乌斯宣告的独立而得到任何好处。不列颠人居住的岛屿南部受到北部的皮克特人和苏格兰人的骚扰和入侵。整个东南海岸都被罗马化了，因为引进了大量的罗马血统、语言和习俗；但对独立于罗马的感受如此强烈，一有机会，反抗就会卷土重来。在过去的半个世纪里，罗马人对英国海岸的统治经常被日耳曼海盗扰乱。他们一开始是乘坐小船，一种覆盖着皮革的小船，后来又乘坐更大的船，或称“龙骨船”，来入侵海岸。两种都是撒克逊人的船。

这些海盗式探险远征是由来自易北河口和特拉韦河口的撒克逊人，以及金布里半岛的朱特人和盎格鲁人发起的。因此，不列颠人一开始对这些部落的体验很糟糕。但当不列颠人由于罗马的制度和市民生活而被驯化得极其不善战时，他们便不再得到罗马军团的保护，并遭到不列颠高地的野蛮人，即独立纯粹的高卢血统部落的骚扰。这时候，岛上的许多小国王之一的沃提根召集一支撒克逊人雇佣兵，以帮助他对付自己的高卢近亲。第一批撒克逊军队到达了。就像大陆上的移民，它不是一个民族；而是两个冒险家为这次远征而征募的一支队伍，由日耳曼北海沿岸所有小部落的人组成。在更狭义的意义上，由盎格鲁人、朱特人和撒克逊人组成。

尽管存在着各种英文研究，但盎格鲁人和撒克逊人乘着他们的小船登陆不列颠海岸的事件，带着一种神秘的色彩，那是历史的黑暗而非光明。到目前为止，唯一可以肯定的是，与神话中通常的情形相反，登陆的虚构故事所预设的数字要比历史中的数字小得多。根据传奇故事，亨吉斯特和霍萨带着三只龙骨船登陆了萨尼特岛，并开始为沃提根效劳。事实是，在他们的帮助下，沃提根取得了胜利；而当如此胜利的时候，他又进一步收买新的盎格鲁撒克逊人以加入他的势力，目的在于取代罗马人而成为不列颠的国王。然而，这位不列颠首领并没有保住他岛屿国王的地位。当他的海外附庸军，即撒克逊人站稳脚跟后，他们逼退了不列颠人，正如皮克特人和苏格兰人之前所做的那样。一旦不列颠人想要将那些不再有用的撒克逊附庸军遣返回国，并且新的一批撒克逊冒险者乘着快艇从其家园赶来时，撒克逊人便成了敌人而非朋友。这些新来的日耳曼人，狡猾、诡诈，很快就占据了优势地位。南方日耳曼人曾这样评论这些撒克逊人：他“不值得信任，比其他敌人更暴烈，比石头更坚硬”，异常好斗，“总是沉溺于争斗”，并因为军事技能而觉得自己远高于当地罗马化了的不列颠人。

撒克逊人和不列颠人之间的斗争漫长、血腥，却又不可避免，而且由于既是两种宗教，又是两个民族之间的战争而更加痛苦。长期以来，不列颠人已经信仰了基督教；而来自日耳曼北海的撒克逊人则是异教徒，彻底的异教徒，坚定地信仰他们的奥丁宗教，享受着完全没有束缚的个人自由。这些撒克逊人面对着对他们古老的异教信仰的蔑视和对他们自由生活的嘲讽，降临到这片土地上和民族中。后者已经掌握了大量的罗马文化，而且已经做了两个世纪的基督徒。撒克逊人与当地居民之间的可怕斗争持续了130年，直到后者承认了前者的至高无上地位，才得以终结。

一个不列颠传说告诉我们，第一批登陆的撒克逊军队的王子亨吉斯特邀请了300名不列颠首领参加宴会，并盛大地款待了他们。他们沉浸在快乐之中。“拿起你们的剑，”亨吉斯特突然对他的撒克逊人喊道，不列颠客人的血从撒克逊人携带的长刀上流淌下来，他们知道如何达到这种致命效果。在这个传说中，高卢—罗马的原始人口在后期给苦涩的回忆加上了外衣，事实是，他们邀请并接受的撒克逊人违背了忠诚和承诺，反过来欺压召唤他们前来帮忙的人。

在五世纪的进程中，撒克逊人由日德兰半岛和邻近的岛屿发起过四五次对不列颠的远征。当地不列颠人部分被驱赶到威尔士和康沃尔的山区，在那里凭借武器和山脉的天然堡垒保持着独立，另一部分则跨过海峡到了高卢北岸，也就是被恺撒称为阿莫里凯的地区。由于这些不列颠人的到来，这个地区不再被称为阿莫里凯，而是布列塔尼，或小不列颠，包括今天的布列塔尼和部分诺曼底区域。

于是，这些英国人回到了他们的故土——高卢。几百年前，他们的祖先从那里移民到了阿尔比恩和爱恩。亚里士多德所知道的这两个岛屿名字构成了现在的不列颠和爱尔兰。罗马化的不列颠人回到了罗马化的高卢地区。

在不列颠东南部平原的乡村地带，都有高卢人和罗马人良好的耕种基础，盎格鲁-撒克逊人就在其上扩展了他们的定居点。从支脉繁多的撒克逊血统的大多数入侵战士那里，这个地区获得了安格利亚这个中世纪拉丁名字，英格兰则是对应的条顿语名。第一批移民生活得越繁荣，撒克逊人往不列颠的移民就越多。不列颠在人口上得到了改善，却除了虚弱、糟糕、衰败之外什么也没有损失。核心人口就此被引入，健全而强大。之前疲惫的混血种族消失了。形成的七个王国成为一个民族和国家的日耳曼基础。它以英格兰为名，仍然在思想和政治领域是一个大国。七个小撒克逊州是：肯特、苏塞克斯（南撒克逊人）、威塞克斯（西撒克逊人）、埃塞克斯（东撒克逊人）、诺森伯兰、东安格利亚和麦西亚（麦西亚人的土地）。这块领土延伸于特伦特河的两岸，从大海一直到威尔士山脉。它们被称为王国，但实际上只是伯爵国。我们一定不要把国王宫廷或国王权力这些概念与它们联系在一起，就程度而言，也不能把它们与名副其实的王国联系在一起。因为撒克逊人甚至在八世纪就憎恨一切罗马意义上的王国或具有国王性质的任何东西；即使它是一个有限的君主政体。他们坚守着过去没有国王的自由。在七国时代每一个所谓的王国的最顶端，他们选举产生一个首领，担任各区的法官和代表。他们必须从贵族中选出，但在战争中，每一个自由民都可以被选为战争期间的指挥官。撒克逊人没有祭司阶级。高卢人和不列颠人在他们的德鲁伊教团有一个特殊的祭司阶级，因此，即使在他们的异教时期，他们也不具有日耳曼人的自由。

在高卢人中，贵族，也就是军队和祭司阶级，才是自由的，其余人民则处于服从地位。早期传入不列颠的基督教在这方面没有做出改变，神职人员自身反而努力从事于强化特权阶级权力的事业。因此，真正的自由要素是通过弗里西亚人和盎格鲁人被引入那一地区的。在那里，最初的自由被限制在少数人的范围，而在后来的日子里自由则被罗马人完全废除。撒克逊征服者给住在这个地区更有教养但柔弱无力的人民带去了对自由的热爱和精神、肉体的活力。其余的罗马高卢人，既没有穿越英吉利海峡，也没有进入山区，而是保持和他们的撒克逊人生活在一起，像以前一样不自由，但比在他们自己的领主手下所处的生存条件要更好一些。

他们为所有被堕落退化的罗马军队统治了长达一个世纪的地方带去了罕见或根本不存在的东西——一个强大、美丽的人类种族。这个种族的儿女们秉承了古老、朴素的信仰，未被削弱的自然力量，以及撒克逊人所珍视的对自由的骄傲，他们必定使整个人口都变得高贵。即使在远征不列颠之前，这支日耳曼种族在罗马人眼中最著名的特征就是拥有漂亮的男男女女。而在之后的几个世纪中，盎格鲁-撒克逊人也还是因这一品质而出类拔萃，正如当年教皇的眼睛在待出售的奴隶中发现“令人惊讶的美丽的人物”时一样。

在撒克逊人引入的众多事物中，最重要的是大胆的航海技术和水手般的精神。早在三世纪，北部或施特兰德弗里西亚人就被称为“水人”，并以其在北海海岸的大胆海盗行径为世人所恐惧。这些波罗的海的子孙，从一开始就在陆地和海洋上同样行动自如，随意安家。现在，他们和留在陆地上的老不列颠人混居在了一起。通过这些日耳曼人的加入，后者逐渐成为水手。从日耳曼人和不列颠人的融合中，一个海岛民族产生了，并成为今天世界上的第一海洋强国。

在第一批北撒克逊人定居不列颠前，勃艮第人的王国已经在高卢土地上完成了扩张，沿孚日山脉到达了侏罗山脉，沿阿尔卑斯山的西坡，越过罗纳河，到达了地中海和塞弗纳河；他们的扩张更多依靠的是罗马朝廷割让土地以作为他们提供服务的报偿，而不是通过武力；然而，他们巧妙地利用局势，把自己的领土远远推进到了罗马人在条约中所割让的那些土地之外的部分。就在这样一种状态下，国王冈迪卡尔（尼伯龙根之歌中的君特尔）在他的宫廷和拉文那宫廷之间维持了20年的和平。直到435年，当冈迪卡尔入侵仍然属于罗马的比利时时，勃艮第和罗马间才出现了裂痕。拉文那宫廷愚蠢地召唤匈奴人来帮助他们对付现在危险的勃艮第人。根据另一种说法，正是在非洲的盖瑟里奇，或者瓦伦提尼安三世皇帝的妹妹霍诺丽亚，将匈奴人召唤而来的。“召唤”一词或许不是很恰当，“刺激参战”更准确，因为匈奴帝国的最西角当时已经伸进了日耳曼中部。

第三十章

阿提拉，他的王国及其支持者——他统治下的日耳曼部落——他的命运和终结

半个世纪以来，匈奴人一直待在伏尔加河和下多瑙河之间，向北部、西部、南部进行了几次掠夺，被两个罗马宫廷用作雇佣军来对抗日耳曼人，甚至在和平时期也向东部宫廷勒索钱财。他们的势力没有得到进一步发展，是因为匈奴游牧部落在完成征服后的和平时期，完全缺乏一个统一的政府，不像他们在战争式迁徙中愿意对此做出妥协。这些亚洲深处的土著人，就像阿里奥维斯图、阿米尼乌斯和西菲利斯时代的日耳曼人一样，只有在远征的行军中，才都能忍受有一个至高无上的大脑，即统一的政府来管理一切事务。在和平时期，他们不再有唯一的统治者。此前在一个大脑支配下的整体，分裂成了许多部分，通常是各自在其酋长领导下相互开战。

因为不存在这种统一性，在他们的第一任领袖死后，

各酋长安逸地生活着，并不致力于任何伟大的事业。与此同时，匈奴人中更上进、更好战的那部分人，在作为罗马雇佣军或哥特盟友而参加的战役中，从罗马人和他们的学生东哥特人那里学习了罗马的战争技艺。因此，当命中注定的那个人——阿提拉，通过一项伟大的军事任务，让匈奴部落恢复了拥有共同的领导并紧密团结在一起的状态时，匈奴大军中的很大一部分人已经学到了罗马军事科学中的所有长处了。

阿提拉的父亲蒙扎克为他更强大的儿子铺平了道路。他成功地在他之下联合了许多匈奴首领，特别是附属于匈奴的日耳曼部落的君王和首领，这些部落包括东哥特人、格庇德人、马可曼尼人、夸迪人，以及东绥威人、赫鲁力人和斯基里人（西里人）。后者从图尔奇林人家族中选择自己的君王。他们是波罗的海部落，从奥得河口、特拉维河及维斯瓦河出发，来到了南部。蒙扎克正是这些匈奴人的君王，他们最深入西方，比其他的匈奴人带有更多的欧洲文明的色彩。433年，他把权力传给了他的两个儿子：阿提拉和布莱达。

兄弟俩统治了十年；他们追求实现共同的计划，即除掉那些不服从统一政府的匈奴小王。谁不服从，就通过战争和其他方式将其杀害或驱逐。

从阿提拉的立场来看，这些显然的暴行都是政治必要；对于任何反对势力，都必须以暴力的方式将其打碎。因为匈奴的首领们所特别反对和憎恨的，恰恰是对于这个民族来说最必要的，即在和平与战争事务上学习西方文化。

结果证明，蒙扎克让他的儿子们由东哥特人抚养长大。他把罗马化的东哥特人聚集在自己周围，而且更偏爱这个部落在他的宫廷里任职，无论是文职还是军职。阿提拉从小就更喜欢东哥特语，胜于匈奴语。他对哥特人的歌谣非常熟悉，后来还让他们为他唱这些歌谣，以此来鼓舞和激励他。

阿提拉是弟弟；布莱达也许对欧洲的思想不太友好，倾向于支持老匈奴人的派别。在阿提拉强有力的管理下，匈奴人服从于兄弟俩，实践着欧洲的所有战术。他们率领远征军前往色雷斯和伊利里亚，回来时满载着名誉和战利品。最后，兄弟俩住进了古老的罗马行省潘诺尼亚，也就是现在叫作上匈牙利的那一部分。他们占领了潘诺尼亚，不是依靠匈奴人，而是更多地依靠了日耳曼和萨尔马提亚人部落，后者要么是匈奴的盟友，要么臣服于匈奴。阿提拉想要在欧洲建立匈奴帝国，就像罗马人建立他们的帝国一样，在他眼中，东西皇帝都是懦夫。他鄙视他们，认为轻而易举就能推翻他们。潘诺尼亚所在地是一个非常有利于他集结军队的地方。他可以最大限度地利用这个地理优势以指导对东西罗马帝国的进攻。为了实现自己的目的，阿提拉尤其依赖东哥特人以及其他接受过罗马纪律训练的日耳曼人。在他们的帮助下，阿提拉控制了所有反对他的新式战争策略和军队重建计划的人。他也臣服了那些反对接受蒙扎克家族统治的匈奴小王，而这些人的数量几乎就是所有的匈奴酋长。一些人在战争中被杀，一些在成为俘虏后被处死，还有一些则被放逐。清除顽固酋长这项事业发生于布莱达、阿提拉共同领导的头两年。

就皇室和人民而言，东罗马朝廷比西罗马朝廷更可怜。兄弟二人迫使东部朝廷增加每年对匈奴人的财政补贴，从350磅金币增加到700镑；并承诺不组建任何结盟以对抗匈奴，在他们向西部帝国和日耳曼腹地扩张时，与他们保持和平。君士坦丁堡的宫廷被阿提拉和他弟弟的威胁吓得魂不守舍，他们眼睁睁地看着匈奴人不顾和平，蚕食吞并了一片又一片的东罗马帝国领土。阿提拉的行为方式在他兄弟死后发生了巨大变化。他成了匈奴唯一的统治者。在匈奴人中，不再有任何对手。至于日耳曼人和萨尔马提亚人，他们的君王要么是其封臣，要么是其军队中的将军。

围绕布莱达之死的谜团并没有被任何专家澄清。同时代作家的记载大部分来自敌对阵营，他们报告说，布莱达被谋杀是由于阿提拉的煽动。根据到过阿提拉宫廷的同时代使臣的描述，当所有他周围的人，在他的日耳曼、匈奴将军们桌前的人，都在欢声笑语时，一种忧郁宿命的深深阴影总是将其黑暗的翅膀笼罩在匈奴王的灵魂和面孔上。这也许是他罪行的一个证明，但显然不是令人满意的一个证明。无论在公开场合还是在私下里，具有伟大激情和伟大能力的人都经常表现出忧郁，忧郁才是他们性格的基本特征；表现出没有任何罪过在压抑他们的良心。即使是那些指责阿提拉与其兄弟之死有关的人，也没有说明他这样做的原因，究竟是出于政治算计，还是因为感情的爆发，在匈奴统治者复杂的宫廷体系中，有太多的空间来容纳这两种假设。

阿提拉是否像他的匈奴人一样，有着鞑靼的芬兰—蒙古血统，这是无关紧要的；就像拿破仑·波拿巴是一个拜占庭的希腊家族的后裔，一个土生土长的意大利人，还是一个土生土长的法国人，也是无关紧要的一样。拿破仑是一个强大的幽灵，改变了世界的面貌，阿提拉也是这样。他不是土耳其人，就像他的任何一个匈奴人。阿提拉是亚细亚野蛮主义的先驱。这种野蛮主义从过去直到今天，还时常带着文明的装点，企图进入欧洲文化的领域。其目的如果说不是为了压制欧洲文化的话，至少也是为了主导它，尽管都因上帝的天意而未能成功。

亚洲人阿提拉长着扁平的蒙古鼻子，面色黝黑发黄。在他的军队中那些健壮的日耳曼人眼中，他一定是一个非常不同的人，不同于过去他们在东部和西部两个罗马帝国中所效力的对象，即那些被称为基督教世界的皇帝的人。阿提拉的小眼睛像火一样闪闪发光，深埋在一个大脑袋的眉毛下面；他中等身材，短而方。相对于身高，肩膀显得太宽。但他的整个外表给希腊帝国皇宫的大使所留下的印象则是有强大非凡的人格，带着有力的灵魂和钢铁般的意志，是一股天赋先见之明以统治世界的力量，是人类和命运的主人。一名东哥特历史学家写道，“他是被造出来恐吓人类的”。

东罗马帝国和西罗马帝国狡猾的外交家们在与阿提拉的谈判中发现，他们要对付的是一个比他们自己更有技巧、更圆滑、更狡诈的外交家。他在情感上是亚洲人，在生活方式上是匈奴人，而在政治上则是欧洲人，是一个天生的政治家。尽管他也是一个天生的将军，从小就在武装和战争中得到操练，蔑视死亡以及从战争中得到快乐，从一开始就是他们野蛮民族的标志，然而阿提拉在欧洲的空气中已经变得非常文明，他总是更喜欢和平而不是战争，从不轻易诉诸武力，除非已经确信不能再通过狡猾的算计、谈判、两面三刀或阴谋来实现目标了。他在政治上的精明和狡诈，在其扩张权力的14年中被发挥得尤为淋漓尽致；刀剑几乎没有发挥作用的空间。为了训练他的匈奴人，为了给他们一些教养，为了让他们团结起来、依靠他，对其伟大计划有用，他需要和平，尤其是与东帝国的和平。

他还凭借惊人的智慧，以别的方式利用了这段和平时期。如果对他做出任何要求，他总是能拿出借口；当他向外国朝廷或人民要求任何东西时，他知道怎样用威胁来恐吓他们；他遭到无数敌人的攻击，他进行谈判，在谈判中他知道如何挑拨离间。但在一种罕见的程度上，他具有赢取他人并使他们为其目的服务的艺术。他的父亲让粗野的匈奴民族成为可资利用的民族，但阿提拉赢得了最有教养的日耳曼人——东哥特人，而且他赢得的不只是他们的君王，而且是人民；他赢得了支配这些勇士和他们的君王的力量，以至于这些日耳曼人能够为了他拼死对抗其他日耳曼人。这是他超凡性格的魔力，也是他的统治方式。因为在他统治下，生活是愉快的。

阿提拉并不是压迫人民的怪物，不是渴望血腥、毁灭和破坏的非人类存在，并不像后来在经历他的毁灭性军队穿越西欧后的基督教僧侣所描述的那样。后者的记载是出于民族和宗教的仇恨。阿提拉在他的国家中是一名伟大的统治者，这不仅可以根据东哥特人的友好记载，还可以参考一名拜占庭大主教的敌对记载，而得到证明。当时，不仅大量的平民从东、西罗马帝国移居匈奴，为的是逃离罗马那压得人喘不过气的税收政策，而且大量的手艺人、艺术家、商人以及各种职业人士也都争相移居匈奴。如果后者得到了尊重和丰厚的报酬，那么前者则是他土地上的主人，无论是谁都要严格遵守正义的要求，这一点在罗马已经很长时间不见踪影了。阿提拉坚持要求他的政府始终施行正义。他不时地在他的王国里走来走去，经常出乎意料地突然出现，在法庭上坐下来，以极其公正的态度进行调查和审判。

他对罗马人和希腊人是宽容开放的。他们来到他的王国，教育他的匈奴人。他对日耳曼人也是宽容开放的，他们是军队的核心。他把民族和宗教的个性留给帝国中的各个民族，不要求他们改变风俗、法律和语言，更不要求改变宗教信仰。他，“战争中可怕的人”，非常愿意倾听各种恳求，总是善待那些将自己托付在他的保护之下的民族和个人，或者那些被他接纳为朋友的民族和个人，因此我们就可以理解，在中世纪的日耳曼诗歌中，从尼伯龙根之歌开始，国王埃策尔（即阿提拉）为何是一个如此受人欢迎、如此友好、如此辉煌的人物。他就是这样出现在中世纪的传奇和歌谣中的，因为多瑙河沿岸的日耳曼人在他身上发现了一个温和的统治者形象。

“阿提拉”这个名字并不是匈牙利语，而是东哥特语，也就是说是一个日耳曼语单词，意思是“小爸爸”。即使那些扭曲他性格特征的敌对记载，也不否认他拥有的许多特征，比如，宽宏大量和温柔，对盟友的忠诚，对敌人的公正和坦诚，以及胜于常人的大度。至于日耳曼人为什么对他抱以如此好感，原因自然也是很清楚的。

他的宫廷用语是哥特语，而不是匈奴语。所有的匈奴人不可能在十年左右的时间内就被转变成东哥特人，因为野蛮的异教已经将许多非人性的特征深深印入了他们的性格中。但在这短暂的时间里，他却在一定程度上使居住在他附近的许多匈奴酋长和部落变得文明起来，并引导他们接受哥特风俗和生活方式。他本人出于政治上的考虑，保持与旧匈奴派别待在一起，他们从外部看也还是匈奴人。他向他的宫廷呈现东哥特人的生活方式，在罗马文化和基督教道德影响下的那种生活方式。傍晚时分，他的日耳曼吟游诗人借着火把的光，和着竖琴唱着有关日耳曼英雄的歌谣；每当他从一次战役中回来，女仆就用竖琴和歌声来欢迎他，就像希腊人和东哥特人所喜欢的那种欢迎仪式一样。

他的主要住所在“多瑙河以外，在特利西亚河、提比西亚河以及得利卡河附近的乡村”，也就是说，靠近托卡伊。在那里博德罗格河流入底比斯，匈牙利的策姆林郡生产着最昂贵的葡萄酒。他住的地方不过是一个木结构的村庄，宫殿是一座小小的木头建筑，四周不是石墙，而是一圈栅栏。但在简朴的栅栏后面，这座小小的宫殿内部却有一种奢华的宏伟，只有希腊皇帝或波斯国王的宫廷才能与之媲美。

那里所有的东西都闪耀着金银的光芒；墙壁、灯、桌子、器皿、高脚杯，甚至他的朝臣和各级将领的衣服都闪着金光银光；贵宾席上，东哥特将军和王子们和匈奴最显赫的王子们坐在一起，穿着华丽的长袍和盔甲，从金杯银杯中喝着最贵的酒。然而，他这个最高领袖却单独坐在一边略微抬高的小木桌上，穿着朴素的衣服，端着最简单的盘子和木制杯子，吃着简朴的饭菜。而他的武士和客人们则享受着最精致和多样的美味佳肴。他喜欢招待一大群客人。在日耳曼、萨尔马提亚和匈奴王子中，还可以看到成群的外国使节、显赫的人质和地位显赫的外国人；最遥远的国家，不仅是波斯帝国，甚至中国都派出使节来寻求强大的阿提拉的友谊。客人中有来自希腊和意大利的艺术家和名流。出于对艺术的尊重，也为了教导他的匈奴人以尊重艺术，他喜欢邀请大量名人，也许也是由于他内心强烈的对声名的热爱。他充分认识到这些外国名人的手能大大地推广和建立他的名声。他的宫廷里有唱歌的男人和女人，有器乐来娱乐和鼓舞他的客人；也有滑稽的说书人。但是当大家都在笑这个滑稽故事的时候，阿提拉却保持着严肃的神态，愁眉苦脸从来没有离开过他。相比于君士坦丁堡和拉文那的皇帝，相比于狄奥多西二世，或瓦伦提尼安三世，他觉得自己才是伟大的，高高在上的，并嘲笑他们是懦夫，依靠太监和女人进行统治。他傲慢地接待他们的使臣；有位来自君士坦丁堡的大使，打着典型的拜占庭式官腔，将支付给阿提拉的津贴称为“军费”，并将阿提拉称为他“皇帝的将军”。对此，阿提拉回以尖刻的嘲讽：“皇帝的将军们都是奴隶，而阿提拉的将军们都是皇帝。”

阿提拉可以使用这样的语言，因为在许多承认他主权并在他军队中服役的国王中，每个人都感到自己对他的依赖性是如此之小，以至于觉得自己和人民比罗马皇帝们在自己的宫廷中，被太监和宫女们围着还要自由；英雄阿提拉，也是慷慨的领袖阿提拉，随时都能得到东方日耳曼民族的国王、王子们的服务。他总是能取得胜利，对那些和他一同赢取胜利的人总是非常慷慨大度；因此，我们就可以理解，为什么他得以支配一支70万战士的大军。他的统治在四世纪中叶，向东延伸到波斯，向西延伸到现在的图林根。在东南部，445年，他从希腊帝国手中夺取了多瑙河南岸地区，这样，阿提拉的帝国和东部的罗马帝国之间就只隔着赫姆斯山脉了，也就是现在的巴尔干山脉。

在他兄弟死后不久，也许是为了通过战争转移他的注意力，或者试图用丰厚的战利品慰劳兄弟的家眷，他进行了一次伟大的远征，途经东帝国各省，最远到达希腊。君士坦丁堡对他的行军充满惊慌。朝廷以一些伤害或不安作为说辞，阿提拉则利用它宣布了战争，因为他现在需要战争。在这次远征中，阿提拉所展现的形象被视为一个堕落世界的惩罚者，一个永恒正义的工具，惩罚背信弃义和罪孽深重的君主和人民，上帝的一根鞭子（歌德吉瑟尔）。究竟是他朝廷里的哥特人给了他这个哥特名字，还是罗马帝国那些有罪的基督徒在意识到自己罪过时给他的这个称呼，又或者是他自己这么称呼自己，我们不能确定；但他自己确实是这么称呼自己的，只不过是从别人的嘴里取得的这个词。

448年，面对当时的情形，君士坦丁堡宫廷和城市通过以可耻的条款换来的和平得以挽救。对匈奴国王的进贡增加到以前的三倍，每年2100磅黄金。此外，战争的开销，6000磅黄金，必须由君士坦丁堡来支付。最后，沿多瑙河走15天路程所覆盖的地区，也被割让给了阿提拉。

君士坦丁堡悲惨皇帝狄奥多西二世的宫廷曾试图通过暗杀，让自己摆脱这位异教邻居——“帝国的罗马将军”阿提拉。没想到，这位异教徒却把刺客完好无损地送回了皇帝的宫廷，并把多瑙河以南的一个地区作为礼物也送给了皇帝。这种宽宏大量的蔑视是他对希腊皇帝唯一的惩罚。

450年，狄奥多西二世去世。元老马尔西安成为皇帝。他虽然年已60岁，但仍是一位精力充沛的君王。尽管罗马宫廷充满了神学争执和顽固，尽是阴谋诡计和铺张浪费，却并没有破坏马尔西安所具有的古罗马本性；他的头发已经在战争和政府工作中变白。其首要任务是修复边境防御工事，并停止向阿提拉支付贡品。在拜占庭宫廷中，这种进贡行为被称为“给匈奴人付工资”。而马尔西安则说:“黄金是给朋友们的；给敌人的，我只有铁。”

这句话听起来不错，而且构思得很具有古罗马风格，但是时代和局势并不适合使用它们。阿提拉没有惩罚马尔西安；东罗马帝国并没有立刻被纳入匈奴帝国，本来这将是不可避免的。原因只在于阿提拉这时候正准备征服西部，他手上有一些更重要的任务，没空教导马尔西安：那句旧的罗马语言并不适合一张新罗马的嘴。当西罗马帝国被征服和打垮后，东罗马帝国就会像熟透的苹果一样自动掉在他的大腿上。

当希腊皇帝如此豪言壮语的时候，阿提拉开始了他的远征，率领着70万勇士向西进发。这些人并不是匈奴人全体，他们是从匈奴人、萨尔马提亚人和日耳曼人中挑选出来的，而日耳曼人构成了军队中的主要力量。

除了他自己的政策之外，同时还有许多阴谋所编织的线把他拉到西方，进入高卢，以征服西罗马帝国和意大利。

无论罗马的西部宫廷多么习惯于无视道德和宗教的法规，对霍诺丽亚公主的教育却达到了如此不光彩的地步，以至于埃提乌斯感到不得不向皇帝瓦伦提尼安三世提出要求，将其妹妹排除在朝廷之外，并将她置于审查之下。这样的监督让她难以忍受；接下来的故事则是，公主通过太监送给阿提拉一枚戒指，将自己的双手和西罗马帝国都许给了他。她恳求他，作为她的骑士，前来释放她；而作为他的新娘，她会以罗马帝国的王冠作为嫁妆。

也许，早些时候，在非洲的盖瑟里奇曾向阿提拉表示，征服欧洲是一件轻而易举的事情，目的是为了阻止西帝国和西哥特王国攻击他在非洲新建立的汪达尔王国。西哥特国王狄奥多里奇的一个女儿嫁给了盖瑟里奇的长子：她遭受了可怕的截肢，并被送回父亲那里，因为她被怀疑企图毒杀自己的公公。这种猜测也许是正确的，对她来说，盖瑟里奇统治的时间实在太长，以至于她总是无缘当上女王。狄奥多里奇为了报仇雪耻，与盖瑟里奇的敌人结盟，即西罗马帝国的皇帝和西班牙的绥威人。从他们共同入侵西班牙的那天开始，他们就成了汪达尔人的宿敌。盖瑟里奇现在将匈奴人的矛头指向了他们，阿提拉穿过日耳曼中部向高卢进军。

他之前曾要求拉文那的皇帝将其妹妹霍诺丽亚的双手托付于他，并要求以罗马帝国的一部分作为她的嫁妆，而这一部分实际上是半个帝国；瓦伦提尼安三世拒绝了阿提拉。在高卢，他可以依赖盟友，因为不仅在占领了法国大部分地区的利普利安法兰克人和萨利安法兰克人之间存在着敌意，而且就在萨利安法兰克人内部，也存在着两个相互竞争的派系。弗兰克人的君王克洛迪奥，死于448年。在他的儿子克洛多巴尔德和堂兄米尔威格之间发生了争夺首领的斗争；两者都有自己的党羽；两者都希望在萨利安法兰克人最新赢得的高卢土地上成为领导者。在这场以武力进行的内乱中，克洛多巴尔德一派转而寻求阿提拉的支持。阿提拉的统治范围已经扩展到日耳曼的心脏地带，因此，即使他不是一个直接的邻居，也不再是一个遥远的邻居。

与阿提拉和一支匈奴军队一起从潘诺尼亚大营出发的，还有好几支日耳曼人的军队，比如东哥特人军队以及人数最多的格庇德人和斯基里人军队，后者属于来自图尔西林人的高贵、英雄家族，同时还有马可曼尼人军队、夸地人军队、拉吉依人军队和一支赫鲁力人常备军。当这支强大的军队沿着平行线前进时，它所接触到的日耳曼部落被迫要为其提供新兵，其他一些部落则心甘情愿地跟随势不可当的军队前进，后者为它们的胜利和掠夺提供了可靠的和不远的前景。他们穿过或经过了上、下奥地利、施泰尔马克、卡林西亚、卡尔尼奥拉的一部分、因河和普斯特河谷、提洛尔的品兹高、萨尔茨堡和奥格斯堡的一些地区，以及莱西河和上多瑙河沿岸的土地。阿勒曼尼人的土地依然完好无损。阿勒曼尼人，曾经很爱打仗，现在却一动不动地旁观着；没有一个人自告奋勇地加入这支强大的军队。他们完全保持中立。阿勒曼尼人既不是勃艮第和法兰克一方的战士，也不是阿提拉一方的战士。从莱西河出发，大军挺进上美因和图林根地区。

这里正是匈奴帝国的边界。在437年，在他征服了摩拉维亚和波西米亚之后，仍然居住在这里的勃艮第人的残余也被打败了。他还命令邻近的图林根人向他表示服从。因此，现在来自上美因的日耳曼人和图林根人一起跟他向莱茵河和高卢进军。位于上美因河与中莱茵河之间的所有日耳曼部落都不得不提供分遣部队，或者自愿加入一支部队；在前方，他们看到了丰富的生活物资；但在家里，无论是左，是右，还是后方，全是饥荒。阿提拉的庞大军队在他们进军途中掠夺和吃光了这些土地，没有给留下的人留下任何粮食和牲畜。每一天，随着连绵不断的新军加入，声势浩大的军队向前奔涌，日耳曼、比利时和莱茵河中部的大片土地直到高卢的心脏地带都迅速地被淹没，一切维持生命的手段都被耗尽。

在莱茵河上，庞大的军队展开呈一个巨大的扇形，从现在的荷兰一直延伸到巴塞尔。至少在这里，他们接触到了阿勒曼尼人，但也只在这里；罗马古老的奥古斯塔·劳拉科伦堡垒（奥格斯特，巴塞尔附近）被阿提拉左翼势力的一支分遣队攻陷。这个罗马武装基地就此被摧毁。它享有盛名好几个世纪，此后一直是一个村庄。莱茵河中上游的许多其他城市都遭受了掠夺和破坏，但只是那些反对匈奴大军的城市。莱茵河仅由勃艮第人防守，尽管罗马宫廷和西哥特王国集结了一支强大的军队，他们却把自己盟友勃艮第人的土地和人民暴露在敌人面前，未给予任何支持。在庞大敌军的一支小分队的第一次进攻中，勃艮第人就被打败了，那是在沃姆斯附近的一场战斗。然而，匈奴人入侵的结果却给了他们在高卢扩张的空间。

两个罗马朝廷的基督教教会关于阿提拉所造成的毁灭的报道，显然是过分夸大的。他的军队有三分之二是日耳曼人，只有三分之一的匈奴人和萨尔马提亚人。没有证据表明，阿提拉比拿破仑一世，或查尔斯五世及其西班牙人是更大的毁灭者；假如确实发生了这种毁坏，更有罪的并不是他，而是他手下的日耳曼人；尤其是其中住在莱茵河两岸的那些人，法兰克人中相互斗争的各个派系。

由于不仅东法兰克人，还有布鲁克特利人、卡蒂人，以及所有从内卡河到莱茵河流域的日耳曼人，都跟着阿提拉一起前进。特里尔、梅茨和其他被驻守的城市都遭受了严重的损失，因为他不得不对这些城市发起猛攻。阿提拉在通过莱茵河后，分割了他的军队。一部分向北前往高卢，抵抗法兰克人中的敌对部分，一直到了列日；另一部分是阿提拉手下的主力部队，则朝西南方向挺进，直到卢瓦尔河，即现在的奥尔良，古老的罗马殖民地。在与定居高卢的阿兰人的君王桑吉班秘密达成谅解后，他希望能够迅速夺取控制卢瓦尔河通道的要塞。在四面被围的奥尔良就快要投降的时候，一支强大的基督教军队出现在城镇的视野中，并投入支援。面对这一情形，阿提拉突然向北转移。因为他的包围大军遭受了由城镇守军和救济军所导致的沉重损失。匈奴人第一次被击退了；即使只有一部分军队，但仍是亲自由匈奴王眼睛所看管的那一部分。根据流传于世的故事，这位亚洲人拥有战神馈赠的宝剑，之前从未有过败绩，如今却终于失去了战无不胜的光辉形象。他再次跨越塞纳河，匆匆穿过马恩河，来到尚帕涅平原。他选择卡塔劳能(卡隆斯)附近的广阔平原作为战场；在这里，他拉开了自己的军队，准备对抗来自西部的敌人；因为这里有充足的空间来发挥他最强大的骑兵优势。

阿提拉的宣战和行军导致西帝国宫廷和西哥特国王形成了最紧密的联盟。阿提拉试图分裂他们，却徒劳无功。在拉文那的宫廷里，他的密使向他们保证，他只是想要推翻西哥特人，并将他们驱逐出帝国。而在西哥特宫廷，在图卢兹，他的使节则宣称，他们的主人只是想报复拉文那宫廷，这是他唯一的目的。甚至在渡过莱茵河前对军队所做的安排中，他也意图欺骗双方。他可以从那里入侵意大利，或者在莱茵河中下游之间攻入高卢。但是守护西罗马帝国的政治家对阿提拉非常了解，并且看透了他的计划。那个政治家就是埃提乌斯。

在432年到434年间，在阿提拉的叔叔鲁阿掌握大权、施行统治的时期，流亡在外的埃提乌斯已经充分享受到了匈奴王朝的善待，并与当时年轻的王子阿提拉交往甚密。在鲁阿的帮助下，他恢复了自己在拉文那宫廷的权力，并拥有了比以前更高的权力。埃提乌斯让他的儿子卡皮利奥在阿提亚的宫廷中成长。对这一事件，可以有各种各样的解释。然而无论如何，这证明了阿提拉和埃提乌斯之间存在着友好关系。也许这种友好来自想要为一旦失势而留有一块避难之地的欲望，或者简单地就是想拥有一位强大的朋友，可以帮助他震慑自己宫廷中的敌对势力。

在阿提拉开始进军之后，埃提乌斯非常小心地确保了他的使臣们在图卢兹和拉文那都无法得到什么成功；他的睿智和精力同时还成功地促成了莱茵河以西所有日耳曼人、高卢人与罗马人的联合；他甚至利用罗马人的黄金，从遥远的日耳曼人—撒克逊人和他们的邻居那里获得了一些辅助军队。在定居于马斯河、索姆河之间的高卢地区的萨利安法兰克人中，只有克洛多巴尔德和他的派系接受了阿提拉的召唤，并选择支持后者。阿提拉之所以能够轻松渗透到奥尔良，完全是因为西哥特人的延迟。单单是危险本身的逼近，就加速了西哥特人与罗马军队及其盟友的联合。在解救了奥尔良之后，罗马和日耳曼人的联合军队跟随阿提拉来到了尚帕涅平原。

那是在451年初秋，战争打响，并在之后很长一段时间内决定了欧洲的发展。在阿提拉撤退的过程中，最初的冲突就已爆发，发生在他的后卫军与罗马、日耳曼人的先锋车之间。这些小冲突预示了决战的规模；因为在其中一场结束时，15000人死在了战场上。

带着匈奴人的精锐势力，阿提拉处于军队的正中央；在右翼，他安排了拉吉依人、赫鲁力人、图林根人、法兰克人和其他日耳曼辅助军，每个部落都有自己的君主；他的左翼有格庇德人的众多分遣部队，由他们的国王，享誉战场的阿尔达瑞克率领；另外还有东哥特人的分遣部队，由阿玛尔皇族的三兄弟沃拉米尔、提乌多米尔和维德米尔指挥。在罗马方面，埃提乌斯和罗马军队在左翼；右边是西哥特人，处于他们的白发君主狄奥多里奇一世和他的儿子索利斯蒙德和狄奥多里奇的领导之下；中部是国王桑吉班和他的阿兰人。埃提乌斯和狄奥多里奇把他放在他们中间，因为他们不信任他。

这些令人不快的序曲使阿提拉心情糟糕不堪。他的占卜者们说，战斗的幸运时刻还没有到来。匈奴人和阿提拉相信征兆和时机。就像古代中世纪时期甚至现代的基督教将军和皇帝一样。他犹豫了；他没有以他惯有的自信和果敢参加战斗。因此，西哥特王子索利斯蒙德抢在他前面，在战场上占据了一个高地。阿提拉立刻看到了这一举动给他带来的不利。他原本还想推迟战斗。他甚至还想撤退。然而，既然索利斯蒙德和他的哥特人已经占领了高地和高地上的制高点，任何进一步撤退都是不明智的，这场战斗是无法避免的。然而，他还是推迟了战争开始的时间。他把交战推迟到午后三小时，这样，如果结果对他不利，他就可以在夜幕降临时趁着黑暗中止战斗。对那些打过仗的人来说，这是一场在世界别的地方上从未打过的仗；这是一场各民族之间的战争，其中不仅包括亚洲人和欧洲人，从伏尔加河到大西洋的一系列民族，都带着他们最优秀的战士出现在这里，为争夺世界的统治权而战。欧洲是否会成为匈奴人的欧洲，是否会被置于亚洲人的权杖下，就要看战争的结果了。这场战斗的惨烈肯定也因下面这种状况而被加剧：同一日耳曼民族的人们，西哥特人和东哥特人，大量聚集在一起，在争斗中释放自己的民族仇恨。

阿提拉命令他的部队尽全力攻打阿兰人和西哥特人，他们是骨架，没有他们，罗马身体无法站立。他说："如果不得不死，哪怕你会飞，也逃不开死神。把你们的双眼锁定在我身上。我在你们前面，谁不跟上，就注定会死。我自己会首先将标枪投向敌人。"他纵身一跃，战争开始。

广袤的平原上是一群可怕的人。战争欲望、民族仇恨正在血腥地爆发。平原上血流成河，伤员们在发热状态下饮血止渴。到处都有战斗，人贴人地肉搏。罗马的核心被打破，阿兰人逃亡，左翼的罗马人也开始逃亡。西哥特人通过巨大的努力和挣扎才抵挡住了人数占优势的敌人的冲击。白发的狄奥多里奇身中东哥特人安达哥射出之剑，倒地后在火热的战争中不幸被自己的骑兵踩踏。然而，国王的倒地刺激了已经疲倦不堪的西哥特人，他们被激发出最后一股超人般的能量，要为国王报仇。留待决定性一战的索利斯蒙德率军从高地猛冲而下。他冲破阿提拉阵线的核心，与死去的父亲留下的西哥特军队一起统一到哥哥狄奥多里奇的指挥下。阿提拉自己就站在最拥挤的人群中，其核心几乎被切成两半。他意识到了命运的转折，下令撤退到车队后面。他原本有可能被杀或被俘——他亲自进行掩护和撤退，多亏他那敏捷的战马，这位最英勇的骑士才得以从迅速包围他的纷乱中闯出危险，身处安全。

阿提拉为了应对最坏情况的发生而依赖的盟友——黑夜，终于以朋友的身份出现了。她用自己黑色的斗篷将阿提拉和其他一些随从遮住，护送他们到了车队。直到夜空已经透黑之前，战斗还在零零星星地进行着。夜是那么黑，以致在昏暗中索利斯蒙德带着军队一头撞进了匈奴人沟堑防卫的营地，陷入了极大的危险之中。令其吃惊的是，在这里，他发现了埃提乌斯。

根据埃提乌斯自己的说法，他与自己阵营的人走散了，迷了路。作为一名杰出的政治家和军事家，埃提乌斯的人格总是被蒙上狡诈善变、好使诡计、背信弃义的污点。他独自一人秘密地骑马来到阿提拉的营地，与后者进行会谈，商讨匈奴人从高卢撤军的问题。对于他的盟友来说，这些都是背叛性的行为。

埃提乌斯精通匈奴语，并由于曾经在匈奴营地中待过很长时间，与很多匈奴官员保持着私人关系，很轻易就能够穿过哨兵线，见到阿提拉。埃提乌斯的士兵们表现最差，伤亡最严重。只有西哥特人是胜利者。他们的势力已经对罗马构成了威胁。他害怕阿提拉会彻底失败，除非罗马已经为西哥特人找到了一位主人，或者无论如何的话，能给统一起来的日耳曼民族找到罗马必须屈服的敌人，同时他也必须卸下西帝国摄政王的职位。如果匈奴人不再留在欧洲，众多日耳曼民族之流就将汇聚起来，彻底淹没曾经的罗马帝国的破壁残垣。带着这些想法，埃提乌斯与阿提拉在刚刚入夜之时就开始了会谈。因为更有利于他的目标，匈奴王比西哥特人索利斯蒙德显得更加可爱。

西哥特人打着火把寻找他们英雄国王的身体，并在战场上堆积如山的尸体中找到了。从不远处匈奴人的沟壕中，武装冲突和打斗之声此起彼伏，西哥特人则点着葬礼火炬，将他们那陨落于胜利中的英雄国王运出了战场。同时，传统的挽歌回响在整个平原上，声音辽远却清晰。

夜里，西哥特人将索利斯蒙德高举在盾牌上，奉为新王，并向其致敬。新君主要求埃提乌斯允许其攻打阿提拉的营地；他的哥特人坚持要这么做。但就像匈奴人的营地附近的一个孤独的流浪者一样。然而，这位匈奴营地附近的孤独游荡者此前就已经说服了索利斯蒙德，让其相信自己只是在黑暗中迷了路；现在，他又一次愚弄了索利斯蒙德，让他相信自己的后方正存在着隐患；他必须赶回图卢兹的家中捍卫自己的宝座，不能再有任何延误，否则他那留在家中、野心勃勃的兄弟就将毁了他。早晨，索利斯蒙德和西哥特人出发了，并不是去袭击阿提拉的营地，而是回家，向西班牙的山区进发。在他们离开之后，其他日耳曼盟军也都逐渐回家。于是，在没有受到任何攻击的情况下，阿提拉井然有序地撤离了自己的大军。除了无数的马鞍和木盾之外，没有留下任何东西。

由于在阿提拉身上人们看到的只是普通的匈奴人，而不是在罗马人和哥特人中受过教育的将军，便产生了一种误解，进而又导致了这样一个故事:“阿提拉搭起了火葬柴堆。如果他的车队遭到袭击，他就会一头扎进去。他宁愿死在火焰中，宁愿将自己所有的财物付之一炬，也不愿死在敌人手上。”

对萨尔丹纳阿帕勒斯之死的回忆，让同时代和直到当下的后继作家们的心智都感到困惑。阿提拉不是萨尔丹纳阿帕勒斯，而是一名伟大的军人。他知道胜利中的西哥特人可能会在夜晚突袭他的营地。在一次夜间袭击的可能情况下，他可能会点燃盾牌和马鞍。对营地中的所有同胞来说，这是照明；对突袭者来说，则是毁灭。借着这支巨大火把的光亮，他可以召集自己的部下，指挥营区防御，向那些受到威胁的地点调集大量人马，以使突击者不得不屈服。

已死或垂死者堆积成山，覆盖着辽阔的平原；对双方来说，宗教和民族仇恨收获了可怕的果实。同时代对死亡人数的估计是不值得相信的；对于死伤数量，最低的估计是总共16.2万，最高的则是30万。如果我们注意到这场秋日之战所持续的短暂时间，那么即使是最低的估算，也是不可能的。后来又有一个故事被编造出来，并流行于中世纪：在马恩河战役结束后的第二天晚上，被杀者的灵魂从战场上升了起来，在空中又持续打斗了三天。没有什么能比这个诗意的故事更能表达彼此间的仇恨了。

阿提拉率领他的全部军队从高卢撤退，没有受到任何干扰，也没有任何一支敏捷的侦查部队尾随他；他就这样从自己选择的地方越过了莱茵河。毫无疑问，这次平安无事的撤退与阿提拉和埃提乌斯之间所达成的某种秘密协定有关。下一年伊始，阿提拉即以一种坚定的语气催促与霍诺丽亚办理婚事，仿佛是在要求他的某种权利。这也许就是因为埃提乌斯在关于阿提拉从高卢撤退的私下谈判中，向他许诺了曾经一直拒绝的帝国公主之手。

阿提拉和他的大军留在了莱茵河和潘诺尼亚领土之间，也就是日耳曼中部和现在的奥地利之间，就像待在了很好的冬季营地；只有一部分继续前行到了潘诺尼亚。与他的约定没有得到遵守。为了惩罚罗马宫廷的背信弃义，阿提拉从他的冬营动身出发，穿过阿尔卑斯山进入了意大利。他所选择的道路穿过了尤利安阿尔卑斯山，即穿过卡尔尼奥拉，以及从特格鲁到阜姆的山脉，它们构成阿尔卑斯山系的南部链条，将卡尔尼奥拉分离出意大利。它们之所以被叫作尤利安阿尔卑斯山，是因为尤利乌斯和奥古斯都。这两人首先在这片山脉中开辟道路以扩展罗马帝国。现在，阿提拉带着那些臣服于自己的日耳曼国王们，正是通过这些道路进军意大利的。而他们的目的则是推翻罗马帝国。

在这种情况下，上帝的鞭子正处在公开的愤怒中，为的是对抗一个充满罪恶、不守诺言的朝廷；如果我们责怪这位文明人类和城市的亲切统治者，责怪他展示自己的钢铁战士，并沉重地打击上意大利的各城市，而不是拉文那的朝廷，并且如果我们在这个基础上谴责他的正义，那么我们也就只是忘记了这样的事实，即当一名有罪的君王将要受到惩罚时，百姓会受苦；如果罗马驻军与敌人妥协并维持和平，而非刺激敌人的愤怒，阿提拉所占领的意大利城市本可以得到温和的对待。

经过长时间的围城，他突袭了帝国最强大的堡垒，意大利的钥匙阿奎莱亚，将这座高贵的城市夷为平地。那些在这座城市被封锁前没有逃亡的居民，以及那些在突袭中得以幸存的居民，除了一条命之外，什么也不剩了。从阿奎莱亚出来了成千上万逃亡者。与此同时，长期居住在亚得里亚海西北海岸的维尼蒂人部落，也在阿提拉面前选择了逃亡，他们也有成千上万人。所有难民都聚集在了亚得里亚海的潟湖地区。在低沼泽地里寻求避难，大海在那里形成了群岛或水渠，从伊松佐河河口到波河三角洲。从沼泽提供的这些免费、自由的地区中，威尼斯自由城逐渐发展起来。

阿提亚还占领了米兰，西罗马帝国的第二大城市，也是主要的文化中心；它被洗劫一空，但阿提拉并没有下令摧毁它。基于这些案例，帕维亚和上意大利的其他城市，主动地打开了大门；埃提乌斯无法维持战场，西哥特人拒绝行军。阿提拉的军队陶醉在意大利的战利品中；这个国家本身拯救了罗马；除此之外，还必须加上气候因素。由于浪费补给所产生的饥荒和生活的奢靡放纵，疾病降临在匈奴大军头上。可供服役的士兵减少了，阿提拉除了将上意大利留给罗马，或者在夏天的炎热对他来说变得更加致命之前离开这个国家之外，别无他法。

阿提拉冷静地看着意大利的葡萄酒、水果和气候对他的战士们所产生的影响，这些东哥特人、格庇德人、日耳曼人，更不用说匈奴人了。疾病和死亡每天都在增加；在炎热的季节，他不能再前进了，只能放弃，等待凉爽的天气再向罗马进军。在前一年，高卢的奢靡和气候就已经使他的军队变得虚弱不堪。

当阿提拉想到这些问题的时候，他已经来到了敏西奥河和波河的交汇处。通往罗马的道路无人保护。罗马军队被分成两拨，一支前去包围拉文那，一支为意大利中部提供增援。埃提乌斯已经去西哥特人甚至法兰克人那里征募军队了。

无论他多么渴望罗马沦丧可以进行的巨大劫掠，多么渴望罗马沦丧所能为他增加的荣耀，他也不能继续向这个世界的首府进军了。他每往南走一步，就会到达一个更热的地区。天气会一天比一天灼热，疾病会一天比一天致命，死亡对他的军队将造成更大的破坏。正当他准备下令撤退时，一个幸运的机会出现了，他巧妙地利用这个机会，将明明是时势所逼的行为转变成了一件慷慨的举动。意大利中部和南部出于恐慌，向阿提拉派出了一个使节团，以教皇利奥一世为首。德高望重的罗马主教和其他使节来到阿提拉的营地，恳求他放过罗马，不要再继续侵略一个已经自愿投降的国家。他们知道，只要在阿提拉面前你是个顺从的恳求者，这位匈奴国王就是友好和蔼的。阿提拉听从了他们的祈祷。他承诺撤退，放过罗马。但他同时表示，皇帝扣留霍诺丽亚的行为是违背其未婚妻的意志的，现在如果不将她交出并同时拿出一笔像样的嫁妆，他就还会回来。

罗马教会把这则故事写成了一个富有诗意的传说：“当罗马在上帝的鞭子下深陷无助时，大教皇利奥穿着他的袍子去见阿提拉；他用炽烈的雄辩向异教国王的良知发出呼吁，并以阿拉里克的命运威胁他。基督徒的上帝因阿拉里克亵渎罗马而惩罚了他。如果阿提拉不停止反对罗马的计划，也会有同样的下场。圣彼得本人拿着威慑力十足的剑就站在他的继承人旁边。异教徒国王的眼睛看到了他，吓了一跳，于是他带着军队撤退了。”

教皇利奥不仅因为他的白发而受人尊敬，而且也因为他是一位王子，是教会的医生，是政治家，是他那个时代最重要的人物之一。利奥的话在拉文那和君士坦丁堡的朝廷上就是法律。我们清楚地知道，阿提拉很熟悉这两个朝廷的关系，尤其是欧洲的那个；利奥也同样熟悉阿提拉这个角色。他肯定没有威胁；利奥知道，无论是那个时间，还是那个人，都不容许威胁和警告，这只是激怒和挑衅。但阿提拉临别时的话语确是带有威胁性的，教皇利奥的回应则是承诺用尽一切力量促成阿提拉与霍诺丽亚的婚事，让阿提拉成为皇帝的小叔。

就这样，伟大的异教国王撤出了他的军队，并因其对罗马的这一仁慈举动而被荣耀的光环包围。事实上，他是将自己的军队从疾病中，从敏西奥及波河流域被榨干的土地上抽离出来。这两个地方的沼泽加剧了传染病的流行。不过罗马人很早前在这里建立的坚固要塞却提供了一个支撑点，以防他不幸遭到来自北方的罗马附属部队的攻击。要说东部皇帝马尔西安派出保卫意大利的军队，以及埃提乌斯和索利斯蒙德领导下的西哥特人、法兰克人和其他的日耳曼人军队，已经强大到阿提拉不得不害怕会遭受血腥失败的程度，肯定是不符合事实的。或者说索利斯蒙德让阿提拉在高卢蒙受了任何损失，也是完全错误的。就这样，没有一兵一卒的对抗，阿提拉带着匈奴人和日耳曼人，满载战利品，穿过了他曾经进军时所走的那些相同的、戒备良好的道路。

与此同时，他从托卡伊的军营中向东部皇帝马尔西安发出了威胁，索要狄奥多西所许诺的贡品。阿提拉没有忘记450年马尔西安的演讲，准备惩罚他；与此同时，他为胜利之师中的日耳曼人和其他君王们举办了一系列盛大的宫廷庆典，以庆祝他迎娶了一位新妻。他也许是在庆祝自己的第100次结婚。就对女人的激情而言，他显然突破了自己节制的极限。然而，阿提拉死在了婚礼的当晚。第二天早上，仆人们一直等着自己的主人在新婚后出现。最后，他们闯进新娘的闺房，发现阿提拉的尸体。霍诺丽亚则悲伤地在面纱后哭泣。一根血管的爆裂夺走了阿提拉的生命。一直以来为阿提拉格外器重的那些匈奴、日耳曼士兵们高声哀悼。尸体被放在一间丝绸帐篷内，位于整个营地的中央。王子们骑在马上，围绕着帐篷。他们以古老的日耳曼方式歌颂着英雄的家族、行迹、突然死亡以及他光荣的人民。他宫廷中的日耳曼歌手唱着纪念他的歌谣。他的尸体最终被放进一口金棺材中，后又套了一口银棺材，最外层又套了铁棺材。最终在黑夜里，被埋进了深深的墓穴中。昂贵的战利品和他生前最爱的武器作为陪葬也被放入了墓穴。没有人知道匈奴王被葬在何处。掘墓的所有奴隶都被匈奴人杀死了。

阿提拉在庆典的声色中离开了人间。一个世纪接一个世纪，他都活在多瑙河流域日耳曼诸部落人民的回忆中。尽管那些从未见过他的人所给出的充满敌意的记载歪曲了他的人格，人民的内心，尤其是日耳曼人民的内心对他则是公正的。没有任何黑云将其掩蔽，阿提拉进入了日耳曼人的传奇和民谣中。其形象并非残忍粗暴的野蛮人，而是善良的，爱其人民的。研究历史源头的学者可以毫无疑问地确信，这位亚洲人被转变成了欧洲人，并幸存于尼伯龙根之歌以及其他中世纪日耳曼诗歌中，也幸存于罗马侍臣和僧侣的叙事中。

453年，当阿提拉被死神突然带走时，他正值盛年，没有留下任何继任者来实施他的计划。他当然留下了很多儿子，但都太小，在天分上也远不及他。他也留下了很多老婆，但没有一个的性格是那种能为儿子抓住统治的缰绳的。从阿提拉那个伟大的匈奴王国中，仿佛一夜之间，生发出了100个匈奴王国。统一性在从欧洲消散之前就溶解了。而且它很容易就能够被日耳曼人所吹散，因为这些碎片是没有一个大脑的。阿提拉的长子叫艾拉克，是他最宠爱的儿子。母亲是柯蕾卡，阿提拉众多老婆中唯一的皇后。艾拉克努力试图让自己众多弟兄们保持服从，却徒劳无功。这些兄弟们有100多人，不同的母亲所生。他们拒不服从，各自集结了一批随从，成为一部分地区的主人。这预示了帝国的迅速衰亡。对强大的埃策尔，他们和善、宽宏的君主，日耳曼国王和王子们自愿给出他们的忠心。然而，他那些纷争的儿子们所表现出的道德、心智上的无能，却让这些日耳曼人感到震惊。对他们，日耳曼英雄们不可能再服从。艾拉克在兄弟间分割伟大的民族集合体，并将领导权留给自己的尝试很快就引起了它的瓦解。像牲口一样被区隔开来并不符合日耳曼君王和战士们的胃口，他们构成了阿提拉军队的力量，是死去英雄的白发老兵。阿提拉多年

的密友，著名的格庇德人国王阿尔达瑞克以及东哥特人瓦拉米尔退出了匈奴帝国，宣称不再承认匈奴人的至高权力，并会在将来带领日耳曼人回到他们先前的独立状态。

454年，在潘诺尼亚，一条被哥特作家约南德斯称为内泰德河的岸边，阿提拉的儿子们和离开匈奴王国的日耳曼人间爆发了一场大战。艾拉克被杀，随行的三万匈奴人也葬身战场。所有不愿臣服于日耳曼征服者的匈奴人迁往东方，跟着败军到达多瑙河下游。在那里，在黑海的边界上，艾拉克的兄弟邓吉士契带着剩下的匈奴人生活了15年。他死在了与东罗马帝国的战争中。一部分匈奴人留了下来，又葬身于保加利亚人胜利的洪流中，剩余的人则回到了亚洲。过了700年，出现了一支类似的亚洲游牧部落混合体，其核心是匈奴人后裔，以蒙古人的名字再次出现在欧洲。

由于匈奴人退回了亚洲，亚洲的元素——修饰过的专制主义和野蛮主义，从欧洲被剔除了。日耳曼人有了自由发展的力量，古代世界的文明得以在意大利和东部帝国延续下去。人们普遍认为，从亚洲爆发的匈奴人风暴只留下了任何祈福都不能缓解的荒凉痕迹；但这场风暴实际上给欧洲带来了永久的人口变化，这些变化既有益又伟大。它净化了欧洲的氛围，把年轻的日耳曼血液推进了衰弱、陈旧的罗马世界，通过这种鲜活的日耳曼血液，西方民族获得了新生；这些民族在与被匈奴人挤进来的日耳曼人一起瓜分土地时，把至高无上的权力留给了日耳曼人，并被迫和他们混居在一起。

意大利和不列颠，高卢和西班牙，甚至地中海的岛屿和非洲，都在日耳曼人占领那里的领土后，接收了新的力量和新的生命；在懒散、古老的人口下变得荒芜的土地，如今在新移民的勤劳治理下也得到了更新。阿提拉这支上帝的鞭子，不仅斥责，也在改进。他扫除了那些过时的东西，或者仅仅是野草；他把那些会阻碍新一代和新文明的东西连根拔起。他，这位天生的伟大将军，首先教导东方的日耳曼部落团结一致作战。那之前，他们无论在哪里都没有学会协同作战，在东、西帝国的边境和腹地的各个极其分散的地方分散地进行攻击；但阿提拉的铁手把他们和匈奴人焊接在一起，并以这些团结在一起的力量给了西罗马帝国有力的冲击，使它的根基开始摇晃。

他没有推翻它；但在他的最后一击之后，它随时就要倒下了。要把它推倒在地，并不需要一个民族之力，仅仅一个雇佣军首领的轻轻一碰就能完成。事实上，阿提拉死后不久，瓦伦提尼安三世被杀，盖瑟里奇洗劫了罗马，日耳曼诸民族在伊利里亚、阿勒曼尼亚、高卢和西班牙宣告独立，西罗马帝国也就灭亡了。

第三十一章

潘诺尼亚的东哥特人——盖瑟里奇在罗马——作为意大利主人的日耳曼雇佣军领袖——西罗马帝国的灭绝

阿提拉完成了他的任务。当他那些远远比不上自己的儿子们，带着自己的部落被日耳曼人赶回亚洲后，胜利的日耳曼人很快占领了迅速瓦解的匈奴帝国所剩下的土地。这一占领行动就发生在内泰德战役后不久。东哥特人和他们的国王瓦拉米尔占领了以前他们和日耳曼人共同居住的多瑙河右岸地区，从贝尔格莱德一直向上延伸到维也纳；阿尔达瑞克率领的格庇德人占领了上匈牙利、特兰西瓦尼亚、摩尔达维亚和瓦拉几亚。那些长期在东南部服役的雇佣军的首领们接收了匈奴人空出来的剩下地区。这些人起初是领君士坦丁堡朝廷的工资，后来加入了阿提拉的强大军队，包括赫鲁力人、拉吉依人、斯基里人。图林根人和法兰克人曾作为匈奴王的臣民被迫追随阿提拉的军队。如今，他们继续自由地占领着自己的领土。图林根人在阿提拉的远征中操练了战争的艺术，征服了他们在日耳曼的邻居，建立了图林根王国。

图林根人的核心是老赫门杜里人的后裔。法兰克人的士兵团伙加入了他们。这个新联盟的名字是杜林卡，包含着赫门杜里这一名字的最后一个音节。他们是托勒密所说的图洛纳斯人，斯特拉博所说的图里盖特人，在四世纪末期，作为图林根人出现在罗恩和萨勒之间，紧沿上美因右岸，哈茨山脉的南部。他们是一个英勇的骑兵民族，连马匹都具有超强耐力。

在多瑙河中上游地区，新的民族联盟也在新的名字下形成了。在分割匈奴人遗产的过程中，作为这样一个新的联盟，巴伐利亚人出现了。

军队的分部由先前去往东部，后来又随着阿提拉回到西部的上日耳曼部落组成，包括夸迪人、马可曼尼人、格庇德人、绥威人、阿勒曼尼人以及在二世纪就已经住在南部多瑙河地区（今天的奥地利）和因河流域的阿兰人，另外还有定居在现在巴伐利亚格隆地区的格罗尼人。这些分队又回到了他们的祖先曾经出发的原初居所，并且在大多数情况下都只是留在那里，只是无须再作为雇佣军出去为罗马服役。这些是从上多瑙河出来的日耳曼部落：斯基里人，在当代沿多瑙河上斯瓦比亚地区的托尔西林人，马可曼尼人的残余，布劳以及乌尔姆附近的拉吉依人以及在上多瑙河和伊勒河的斯基里人，他们东部旅程之前原本定居在施尔高。

从阿提拉解散军队里这些真正的日耳曼分遣队中，诞生了巴伐利亚联盟。这个伟大的日耳曼民族，直到现在，在其基本特征上，在形式上、生活方式上、风俗和习惯上，仍然保留着旧日耳曼的印记。他们不是波伊人的后裔，尽管部分凯尔特波伊人仍然留在这里，就像在格庇德人中，更老的斯拉夫人口继续留在了特兰西瓦尼亚，匈牙利和瓦拉几亚。不仅仅包括最原初的部落，后来那些以巴伐利亚为名的联盟，也都是真正的日耳曼人。

在多瑙河左岸，由阿提拉引起的大规模人口迁移将阿勒曼尼人和绥威人融合在一起，绥威人（斯瓦威人，斯瓦比亚人）这一名字开始成为绥威人和阿勒曼尼人联合势力的主要名字，并很快成为政治上的称谓。孚日山脉和莱西山脉之间的部落长久以来就在演变成为一个种族，而斯瓦比亚人和阿勒曼尼人这两个名字对于这个整体来说是可以互换使用的。在匈牙利人和南斯拉夫人中，斯瓦比亚人这个名字仍然被用来指代日耳曼人，而法国和其他西方罗曼民族则借用阿勒曼尼和阿勒曼尼亚来指代日耳曼人和日耳曼。

曾作为阿提拉诸侯的日耳曼各君王和人民间的统一状态，在瓜分完遗产之后并没有持续多久。日耳曼人的天性以及罗马宫廷的阴谋，很快就引发了内战的战火。

东部帝国的生活比西部帝国更加艰难。它不由异质性的、相互冲突的成分组成，使财政和军队保持着良好状态，通过将异邦人才引入政府而完成了新陈代谢，通过金钱在日耳曼人和斯拉夫人中找到了边界的保卫者，使用传统的罗马政策让具有潜在危险的日耳曼部落陷入相互冲突之中。运气发挥了巨大作用，而阿提拉的死是一个巨大的好运。

当东哥特人希望得到日耳曼民族的领导权，把他们团结起来成为一个强大的国家时，他们遭到了日耳曼民族和部落的坚决反对，因为他们一直都珍爱着自己民族和部落的独立。尽管正是这些部落曾经心甘情愿听命于一位外族人、亚洲人，可现在要他们服从于另一个日耳曼血统，服从于东哥特人，对这些人民和君王来说则是不可能的。他们能够忍受，甚至尊重那位外国主人，但要屈从于勇敢、有才华的东哥特国王瓦拉米尔人，对他们来说则是一种耻辱。事实上，东哥特人不仅人数众多，而且是文明程度最高的日耳曼人；虽然他们是君主制，但拥有最自由的政体，因而，不仅能够给每一个进入联盟的部落提供一个强大的实力保障，还能让他们在合乎法律的形式下享受完美的自由。

反对力量来源于这些东部日耳曼部落的君王，也源于贵族们的自尊，而且，格庇德国王阿尔达瑞克比瓦拉米尔更加年长而驰名（尽管格庇德人数量赶不上东哥特人）。格庇德人和阿尔达瑞克也正在为获得领导权而斗争，不仅致力于将其他日耳曼雇佣军和部落，尤其是绥威族部落争取到自己这一边来，同时也致力于将萨尔马提亚人也争取过来。

瓦拉米尔曾是所有日耳曼人在君士坦丁堡宫廷的代表。他要求皇帝承诺，将曾经支付给匈奴人的年资支付给东哥特人，而东哥特人的地位，参照君士坦丁堡宫廷的标准，应该与曾经匈奴人所占的地位相同。因此，实际上，朝廷以东哥特国王作为统一的东部日耳曼人的首领，而瓦拉米尔实际上代表他们以他们联盟的核心身份而行事。朝廷每年的补助都发放给他。然而，皇帝表面上与东哥特人关系最好，但私下里却鼓动日耳曼部落相互斗争，于是爆发了一场血腥的冲突。东哥特人占据了上风，成功地令其对手屈从。

下面这些部落的君王与格庇德人联合起来，包括：赫鲁力人、布劳塔尔的拉吉依人（在本世纪初发现了拉格要塞的一些碎片）、斯基里人、马可曼尼人残余和其他绥威人或与绥威人有亲缘关系的部落。所有上述的部落，即使混合在一起，也主要是绥威族人；就格庇德人也可以说是哥特人的亲戚，因为哥特人本身就是原始的绥威血统之根上的一个粗壮繁茂的分支，而格庇德人则自认是南绥威的一部分。他们是多瑙河上游绥威人的一支，在军事冒险中迁徙到了东部。同代历史学家约南德斯明确表示，绥威部落最强烈地反对东哥特人提出的领导主张。同时他还给出了这些绥威部落大本营所在地的名字。那片地区在东与巴伐利亚人为邻，在西与法兰克人为邻，在南与勃艮第人为邻，在北与图林根人为邻。他称其中一位首领楚尼蒙德为这些东绥威人的君王。

这个哥特人以西的小日耳曼部落联盟由格庇德人领导。他们和东哥特人之间在上匈牙利的斯波里河附近发生了一场血战。东哥特人获胜。胜利的结果是，尽管格庇德人在他们所处的原匈奴帝国土地上保持了独立，而同样获得阿提拉帝国瓦解后的破碎土地的赫鲁力人、拉吉依人、斯基里人，则被迫承认了东哥特人的主权，并向后者效忠。楚尼蒙德、阿拉里奇和弗拉齐赛乌斯攻击了瓦拉米尔，突袭并杀死了他，逼退了哥特士兵。这三人中，第一位是一名小绥威君王，第二位是一名小阿勒曼尼君王，第三位是拉吉依人首领，其名字表明他曾是雇佣军的领袖，是拿罗马工资的佣兵头子。在撤退过程中，瓦拉米尔的兄弟狄奥多米尔追上了他们，在匈牙利西部突袭并击败了他们，俘虏了楚尼蒙德和他的一些追随者。但楚尼蒙德赢得了他的征服者的好感，被释放，并缔结了和平。为了避免打破自己的诺言，他保持沉默，但却鼓动斯基里人的三位首领对东哥特人展开敌对行动。

斯基里人的君王埃提科曾与阿提拉一起渡过莱茵河，是阿提拉的一名大将，小日耳曼部落分遣队和君王们的指挥官。斯基里人，正如他们的名字所表明的那样（在斯瓦比亚语中，斯卡尔、斯加尔、斯基尔都是服务的意思），一直以来为罗马服务，保卫其边境。在大迁徙的洪流中，为向多瑙河下游挺进的军队做出了巨大的贡献。在埃提科之后，他的三个儿子成为斯基里人的君王。他们是伍尔夫、奥多瓦卡（奥多亚塞）和埃提科。狄奥多米尔在冬天穿过冰封的多瑙河，来到楚尼蒙德的领地，惩罚了他的族人，从那里出发，他拜访了楚尼蒙德的阿勒曼尼盟友阿拉里奇，以及斯基里人和拉吉依人。

英勇的奥多瓦卡（奥多亚塞）此时不在自己的祖国，而是正处在与西帝国的交锋中，率领着一支由拉吉依人、赫鲁力人、斯基里人组成的庞大雇佣军，向意大利挺进。临行前，奥多亚塞在拉吉依君王家举行了一场庄严的审判。首领的儿子法巴（费雷赛乌斯），弗拉齐赛乌斯的儿子，杀害并抢劫了他的叔叔。被害人曾经也是通过抢劫而获得自己的财产的。凭借在罗马服役的同胞们的军队，他曾野蛮地压迫和掠夺邻近的罗马人，甚至连教堂也不放过。然后又让自己手下的掠夺者跨过多瑙河，进入他大哥法巴的领土。

奥多亚塞率领着一群雇佣军，一部分是富有经验的士兵，一部分是新兵，闯进会晤场地，听取了受虐待的罗马人的抱怨，并把法巴和他的妻子盖萨(吉塞拉)作为囚犯带到了意大利。许多拉吉依人加入了热爱正义的奥多亚塞，并在他的指挥下为拉文那帝国朝廷效劳。

对这个朝廷来说，阿提拉死后，日耳曼人的内部冲突就是它的续命手段。皇帝瓦伦提尼安三世已经厌烦于埃提乌斯。后者在阿提拉撤退后回到了帝国，却总是摆出一副帝国拯救者的姿态。454年，他在恐惧中亲手杀死了大臣埃提乌斯，以此作为对他的功绩的感谢和报答。瓦伦提尼安三世担心埃提乌斯会夺去他的皇冠，戴在自己的头上。也许埃提乌斯确实形成了这样一种想法，要把这样一个皇帝和这样一个宫廷清除出意大利，摆脱掉如此可怜、堕落的拉文那宫廷。皇帝用埃提乌斯追随者的鲜血深深地染红了他的双手。但在455年，埃提乌斯的两个朋友，两名日耳曼军官，格庇德人，杀死了这位帝国杀人犯和强奸犯。元老马克西姆斯为这一行动提供了支持，因为皇帝曾玷污了他的妻子。拉文那的日耳曼雇佣兵把马克西姆斯推上了王位；他强迫皇帝的遗孀尤多霞向他伸出双手。不到两个月，455年3月17日，马克西姆斯就被人们用石头砸死。

事实上，西罗马帝国在455年就这样结束了。

从此以后，意大利的权力掌握在了日耳曼雇佣军的指挥官手中。那些最碌碌无为的人被他们推上了王位，日耳曼领袖则亲手握着帝国的缰绳，以影子皇帝的名义统治着国家。皇后尤多霞从非洲召来了可怕的海王盖瑟里奇，希望能把她从与其丈夫凶手的可憎结合中解救出来。盖瑟里奇带着舰队登陆欧洲，发现罗马毫无防备。

今天，根据我们的权威知识和对事实的了解，“像汪达尔人一样去破坏”这一习惯用语，以及在谈到艺术品时经常提及的“汪达尔主义（恣意破坏文物罪）”，都是非常荒谬的，尤其当这些用语被用于汪达尔人占领罗马这一事件上时。当迦太基被占领时，该城并未遭到汪达尔人的野蛮对待，所有建筑和艺术品都完好无损，既未被毁，也没被破坏。如果古迦太基城的千分之一在古罗马人手下也能得到如此

好的待遇，她就将非常开心了。

盖瑟里奇和他的军队在罗马城内或附近地区停留了14天，在整个城中，连一块石头被从其原来的位置上移开。格里哥罗维乌斯不久前指出，赋予汪达尔人的那种对毁灭的激情纯粹是一种虚构，一个谎言和一个诽谤。事实上，当汪达尔人撤军之后，古典建筑宏伟的纪念物被保留得完好如初。除了一些寺庙之外，大小建筑一律未被染指。即便是这些寺庙，盖瑟里奇也只是拿走了铜门，作为稀有、著名的艺术品带回了迦太基；另外被带走的，就只是一些教堂的黄金覆盖物件。因为当罗马帝国用沉重的税收压榨世界，以至于意大利也极其贫穷的时候，罗马的一些教堂还在用黄金盘子之类的东西覆盖房顶。盖瑟里奇作为一名阿里乌派信徒，则将这些东西铸成了钱币。

当康斯坦丁将帝国从罗马搬到君士坦丁堡时，他开启了对罗马艺术宝藏的劫掠，其中很多艺术品都被他移植到了君士坦丁堡。盖瑟里奇则非常节制地使用了这一征服者的权利，此权利被世人认可，并总是被罗马使用。盖瑟里奇只是带走了很大一部分可移动的艺术品，将它们带回非洲，放在王国的首都。其中有耶路撒冷圣殿里的神圣器皿和餐具，是提图斯在摧毁圣城后，带回罗马的。一些载着这些艺术品的船只被风暴击沉，然而，大部分到达了迦太基，使汪达尔人的都城更加辉煌。这些艺术品只是在下一个世纪才消失的。具体说，即533年，贝利撒留斯掠夺了汪达尔城。而又一个世纪后，迦太基也消失了，被阿拉伯人于647年征服。

尤多霞皇后和两个女儿与一大群贵族夫人和孩子，被带到了迦太基。或许是为了让罗马能够履行某些规定而被扣押为人质；然而，他们很可能是出于安全考虑而心甘情愿地跟随盖瑟里奇的，因为有一种说法认为，正是尤多霞和她的党羽将“海王”召来的。坎帕尼亚、卡普阿、诺拉等城镇由于抵抗，遭到撤离的汪达尔人和毛里塔尼亚人在回到船上前的严厉惩罚。

盖瑟里奇退出后，罗马朝廷的军团成为意大利唯一的权力。它们几乎全由日耳曼雇佣兵组成。在马克西姆斯被杀后，狄奥多里奇二世，这位西哥特人的国王，借着军团之力，把他的朋友，曾在加利诺斯手下担任长官的阿维图斯推上了王位。但是，18个月后，在意大利的帝国军队的指挥官绥威人李希梅尔（李希马尔）迫使他放弃了头衔和王冠。16年来，李希梅尔随意玩弄着西帝国的王座。连续四次，他在完全不征求其他人同意的情况下就把王座赐予了出去。

李希梅尔是西绥威人，来自西班牙的绥威皇室家族，他的外祖父是西哥特人瓦利亚，由于联姻与沃姆斯的勃艮第国王贡迪奥克是亲戚。他很早就随埃提乌斯来到意大利，在他手下服役，获得很高的地位。在埃提乌斯死后，他被任命为整个帝国军队的首席指挥官。

日耳曼人在罗马的军事系统中发挥着主导作用；他们不仅努力地让自己在军队中担任了所有的高级职务，而且日耳曼人的朝气和活力从身体和灵魂都很虚弱的堕落罗马贵族手上夺走了罗马女人的爱和尊敬。老的罗马贵族比不上日耳曼的军事贵族，因为后者拥有更高和最高的职位。不仅日耳曼人自身，日耳曼的服装和武器装备也成为罗马宫廷的时尚。霍诺里乌斯甚至颁布了一项法令，命令所有罗马臣民在城里都要穿哥特式服装。所有这一切都有助于把罗马的日耳曼战士提升到人们心目中较高的地位；帝国军队，在那个战争不断的时代，大部分是日耳曼战士；他们在军事上所具有的优势，其重要性远远超过了罗马人在和平时期的行政管理上所具有的优势。在这样的情势下，一个源于意大利的日耳曼新军事贵族阶层出现了，赢得了贵胄阶层的地位，并强势进入了元老院。

埃提乌斯，身为一名哥特领袖的儿子，所依赖的正是这个基础。而李希梅尔也牢牢地站在了这一方。他有权力，因此也有决定性的声音。与元老院和他所制造的皇帝相比，他才是真正的主人。

和这些罗马人相比，李希梅尔是一个有魄力的人，却没有阿拉里奇那样的天才，甚至没有想过要把一个日耳曼国王，一个日耳曼帝国放在罗马帝国所处的空间里。民族性这一概念对他来说是陌生的。他满足于，也将自己局限于成为西部帝国最显赫的人，成为统治它的第一长官。同时，他将王位留给他所制造的木偶，除了头衔，什么实权也不给他们。元老院和皇帝只能做出他所选择的决议。他曾处死了两名自己任命的皇帝，因为他们拒绝再做影子皇帝。他让王位空了整整一年，自己代替皇帝施行统治。472年，他自然死亡。他幸运地找到了自己所处的地位，这比他的能力还重要。

贡多巴尔德成为罗马军队的统帅。他是李希梅尔的侄子，勃艮第国王贡迪奥克的儿子。他失去了在勃艮第的继承权，将其留给了自己的兄弟。而他延续了叔叔制造皇帝的系统；他把格利凯里乌斯推上了王位。然而，一段时间以来，君士坦丁堡朝廷都对罗马行使着至高无上的权力。要由它来宣布承认或接纳拉文那选出的皇帝，甚至它也直接任命西罗马皇帝。现在它所任命的皇帝是尤利乌斯·内波斯，并拒绝承认贡多巴尔德的影子皇帝。派往意大利的军队迫使格利凯里乌斯在14个月的时间里放弃他的王位。

然而，尤利乌斯·内波斯只在拉文那当了一年的皇帝。俄瑞斯忒斯赢得了尤利乌斯的好感，被任命为总司令。他曾是阿提拉的私人秘书，当时是罗马军队的一名高级军官，任萨尔马提亚雇佣军的首领。升为总司令后，他驱逐了尤利乌斯·内波斯，后者逃到了达尔马提亚，并在萨洛纳挥舞着他的影子权杖。然而，俄瑞斯忒斯却像埃提乌斯和李希梅尔一样，没有让自己成为皇帝。但他却通过军队的帮助，让自己的儿子，一个15岁的青年，当上了皇帝。这个年轻人的名字叫罗慕路斯·奥古斯都。罗马人嘲笑他，称他为奥古斯图鲁斯。由于罗马军队不仅由日耳曼军官组成，而且由日耳曼士兵组成，这些士兵，首先是日耳曼老兵，规定在人口锐减的意大利，他们能得到三分之一的土地，以作为选择他们指挥官的儿子的回报，以及他们收入的保障。俄瑞斯忒斯没有遵守这一规定。于是在斯基里君王奥多亚塞的领导下，军队起义反抗他。

正是在李希梅尔的邀请下，奥多亚塞才带着他招募的士兵来到了意大利；在军队中，他一直是他的战友；在李希梅尔的领导下，奥多亚塞在罗马军事体系中获得了地位和荣誉。现在，面对俄瑞斯忒斯的背叛，军队选择他作为领导。新的士兵队伍，如赫鲁力人、拉吉依人、斯基里人、图林根人，加入了这支军队。他们在帕维亚包围了俄瑞斯忒斯和他的皇帝儿子。后者是在城墙下的战斗中失败后，才退到了帕维亚城内的。公元476年8月23日， 联合起来的日耳曼士兵宣布斯基里人奥多亚塞为他们的国王。

日耳曼人有着强壮的手臂和光明的内心，却在日耳曼大地上没有自己的空间。更恰当地说，由于长期的营地和堡垒生活，他们没有家。而正是奥多亚塞，向自己的日耳曼同胞们提出了以下建议：通过与罗马朝廷达成协议的方式，确保能够在人口锐减的地区牢靠地占有土地。他们现在是意大利唯一的防御力量。保卫者同时也是所有者这一要求不仅是公正的，而且是必要的，因为由于皇帝们的频繁变更，他们总是处于被拖欠工资的状态。奥多亚塞对日耳曼人说，相比于罗马的懦夫们以及俄瑞斯忒斯和他的萨尔马提亚雇员们，他们更值得成为意大利的主人。

476年的8月27日，被选为“意大利的日耳曼人国王”的奥多亚塞突袭了帕维亚。在战斗中，俄瑞斯忒斯被捕，以违反条约的罪名被处死。与此同时，他的儿子——天真美丽的小皇帝奥古斯图鲁斯——也被囚禁起来，免于一死。奥多亚塞要求他放弃王位，给了他6000块金币作为补贴，并在坎帕尼亚为其提供了一处住宅。罗慕路斯·奥古斯都过完余生的住宅曾是古罗马将军卢库鲁斯的别墅。他不明白是如何成为皇帝的，但他很容易就能退出皇位。

根据传说，在罗马建立之时，罗慕路斯曾看见12只鹰在他头上飞翔。因此，有人推测，罗马将持续12个世纪。罗马在精神和身体上的堕落，以及外来民族云集罗马，使诗人克劳迪安在五世纪初就已经惊呼：“第12只鹰已经完成了它的飞翔。罗马，想想你的命运吧！”

西罗马帝国已经走完了自己的道路；罗马的政治帝国毫无荣耀地终结了。的确，尤利乌斯·内波斯在达尔马提亚的萨罗那仍挂着罗马皇帝的称谓，但在那个地区以外，没有人服从他。意大利和西罗马帝国其余地区的统治者是奥多亚塞。罗马，世界的大都会，承认了日耳曼武士和征服者为其主人，尽管奥多亚塞是阿里乌派信徒，一个和汪达尔人盖瑟里奇一样的十足的异教徒。然而，奥多亚塞，虽然是罗马和意大利的统治者，也是帝国军队的统帅——一支效忠于他的军队的统帅，却从来不称自己为“意大利国王”，只是沿用了自己当选时的称谓，“意大利的日耳曼民族的国王”。

人们曾说，著名的布吕歇尔将军把勇敢和精明结合到了一个特殊的程度。最近发现的罗马帝国最后时期的硬币，是在奥多亚塞的统治下铸造的，上面有他的肖像，显示了与布吕歇尔的头部和容貌惊人的相似。奥多亚塞狡猾而睿智，他了解罗马的命运和自己的地位，做出了自己的算计，采取了自己的措施。奥多亚塞清楚地意识到，在一个日耳曼种族的国王与一支雇佣军队伍的首领之间，存在着很大的区别。前者意味着在他统治下的一个整体种族及其附带的各种关系，后者只是从他同胞们所属的各个种族和各种异邦人中收集出来的集合体，缺乏任何鲜明的日耳曼印记。军队中选他当国王的大多数人是日耳曼人；但这些日耳曼人是一个混杂的群体。他所属的绥威族并没有和他一起来到意大利。来的只是绥威族的雇佣兵，以及其他许多不同部族的雇佣兵和非日耳曼人。

因此，一方面，他没有东哥特国王和西哥特国王所拥有的整个自己民族的基础。另一方面，他也知道，看到一个日耳曼的野蛮人自称为他们的国王，罗马人和意大利人天生的骄傲是多么令人厌恶，而天主教的狂热对一个现世的国王又是多么敌视。他小心谨慎，拒绝了王冠和帝位，满足于拥有统治西帝国的实际权力，努力让自己的政府在意大利人眼里呈现出合法的形式。头衔则使用了当时整个罗马帝国的最高统治者东罗马皇帝所给出的头衔。他说服罗马元老院向君士坦丁堡派出了一个使节团，提议统一东、西帝国，并请求将意大利的省政府以及贵胄阶级的地位（康斯坦丁至高荣誉统治下的尊严）授予奥多亚塞。芝诺皇帝早就有了恢复统一帝国的思想。然而，尤利乌斯·内波斯此时仍然活在萨罗纳，而他是前任东罗马帝国皇帝利奥所任命的西罗马皇帝。因此，芝诺回答说，能否答应奥多亚塞的请求，完全取决于尤利乌斯·内波斯。

答案早在预料之中，奥多亚塞也注意到，君士坦丁堡宫廷在私底下把他看作一个造反者，即使现在对他的要求表示同意，也只是为了争取时间，为他的垮台织一张网。因此，他利用谈判的时间，极力为自己和他的日耳曼士兵捍卫他们在意大利所取得的地位，抵抗君士坦丁堡的阴谋。为了提高自己在意大利眼中的地位，他与老海王谈判。盖瑟里希已经将撒丁岛、科西嘉岛、西西里岛并入了汪达尔王国，以恢复西西里岛来补偿其余。另外，奥多亚塞也通过贿赂精明的使节得知，东罗马皇帝想利用哥特人来推翻他，而且他已经赢得了东哥特人的支持。于是他赶紧与西哥特人结盟。作为日耳曼人在意大利的国王，以及通过征服权和元老院的承认而作为罗马的主人，他可以处理西部领土；他将阿尔卑斯山以外从莱茵河到大西洋的所有罗马领土割让给了西哥特国王。

与此同时，他向意大利人展示了他的宗教宽容，尽管他和他的军人大多是阿里乌派教徒；却从不染指天主教会。虽然他自己生活简单，但在拉文那的宫廷仪式和官员事务上没有做任何改变。甚至在他的士兵中划分意大利所有耕地的三分之一，也很快被当地居民视为一种福利行为。

由于一个多世纪以来的战争，意大利人口锐减。再加上瘟疫和流放，这个平原国家严重缺乏人手，尤其是能耕种土地的人手。不时的稀缺升级到了饥荒，意大利人本性懒散，已被多事之秋折磨得绝望了。南日耳曼的强大军队重新耕种起长期无主的荒地，他们耕种土地时的精力比得上征服这些土地时的精力。即使在那些战争和瘟疫没有使人口减少太多的地区，也有大片土地荒芜着，因为大庄园制度已经盛行，富有的地主无法耕种他所有的全部土地。当奥多亚塞将三分之一的土地分给军队后，大地产的所有者被迫割让土地，这样割让的土地被分割成许多小地产。一个直接可见的后果就是，这些土地得到了积极的耕种，再次呈现肥沃和生机勃勃的景象。

割让这些土地对那些受其影响的人来说，并不是特别有害。因为他们本来就留下了大部分土地不被耕耘；他们和所有意大利人都从变革中获得了很多好处。奥多亚塞承诺免除服兵役的制度，停止了对军队的补贴和维护。到那时为止，士兵的工资都是通过重税来筹集的，而军队驻扎于地主的房产，也对后者构成了沉重的负担。意大利人从此以后不需要再履行军事义务，或者提供军费和军粮，但在奥多亚塞的日耳曼人保护下，他们比以往任何时候都更安全，更不用担心外来敌人。前者注定是国土的保卫者。审慎的奥多亚塞很容易就使各阶层的意大利人相信，土地的分割乍一看似乎是灾难性的，其实是一种好处；而且很容易就获得了人民对这一政策和他本人的好评。

旧的罗马法律和制度没有受到影响；市民生活得以顺利延续，不仅和以前一样好，而且更好。在他统治的最初阶段，意大利在煎熬了很长一段时间后，再次经历了安全的和平，以及一个强大但温和且不压迫人民的政府。此外，奥多亚塞本人也很受意大利人的喜爱。他不仅拥有罗马文化，而且在他作为李希梅尔的战友在意大利服役的那些年里，还把握了意大利的时尚。

君士坦丁堡朝廷见他如此强大，便下令给达尔马提亚的挂名皇帝，让他以住在萨罗纳的皇帝之名授予奥多亚塞意大利政府以及达尔马提亚之外的西帝国其余部分，并附以贵胄阶层的地位。内波斯非常爽快地同意了这一要求，因为一旦拒绝，奥多亚塞很可能在毫无抵抗的情况下就能够拿下达尔马提亚、萨罗纳和他自己。奥多亚塞让内波斯在亚得里亚海东岸，在萨罗纳，戴着王冠和帝位平静地统治下去，直到他在480年去世。无论是奥多亚塞，还是他的日耳曼人和意大利人，都没有参与谋杀这位西罗马帝国的最后一任皇帝。

奥多亚塞，作为公认的西帝国摄政王，尽管事实上已经成为意大利国王，却并未自封此名。他也没有将任何人推上皇位。在他眼里，西罗马帝国永远消失了。他把西罗马帝国的王冠交与了君士坦丁堡，表明自己只是希望成为重新统一的神圣罗马帝国的一员，除了是日耳曼军队在意大利和西部帝国其余部分的国王之外，除了是唯一不可分割的罗马帝国下的最高官员和治理者之外，并不具有其他身份。

然而，尽管奥多亚塞包裹着一件罗马帝国成员的外衣，皇帝芝诺还是识破了他。内波斯死后不久，奥多亚塞立即占领了达尔马提亚，将其并入意大利，并像一名独立君主一样独立地下达命令、施行统治。他的倒台成为芝诺朝廷的首要目标。然而，奥多亚塞坚持了12年。推翻这位杰出君王的，不是希腊人，也不是意大利人，也不是斯拉夫人，而是日耳曼人，拜占庭朝廷的诡计利用他们摧毁了日耳曼人的奥多亚塞。

几个世纪以来，意大利人在各个方面都没有像在奥多亚塞统治下那样开心过。他甚至赢得了天主教会的支持，尽管他和他的军队仍然是阿里乌派。就像在政治领

域一样，在宗教领域中，奥多亚塞也知道如何穿着恰当的外衣。

流传于意大利的故事发挥了重要作用，这个故事是这样的：在奥多亚塞与其同伴进军穿过阿尔卑斯山，前往罗马服役的路上，年轻的英雄停在了隐士塞维林的小屋外，就在今天的萨尔茨堡附近。他乞求圣人的祝福，圣人赐予他祝福，并预言了他未来地位的提升。

塞维林是当时四方闻名的圣人，受到多瑙河沿岸的日耳曼人和罗马人的尊敬，致力于得到西罗马帝国的支持。482年，这位简朴的隐士，他小屋周围人民的老师，离开了人世。生活在多瑙河沿岸地区的那些充满感激的罗马本地人并没有将其埋葬，而是放入了帕绍的教堂，因为正是由于征服者的国王对塞维林的宽宏、高贵品格非常敬重，他已经尽其所能地缓解了紧随匈奴移民后的突袭战给当地居民所带来的不幸和痛苦。当罗马人被返回意大利的入侵部落团团围住时，他们随身带来了圣人的身体。

根据这个广为流传的故事，奥多亚塞就这样得到了塞维林的祝福，并被预言为意大利的统治者。一天又一天，一年又一年，他成为意大利土地和人民的福祉。在他的领导下，意大利人在国外享受着和平，国内享受着安定和安全——这三样东西对他们来说已经陌生了很长时间了。

意大利人终于有人治理了。奥多亚塞和他的日耳曼人只是意大利土地上的少数群体，当地人口才占绝对多数。奥多亚塞政府特有的自由精神向意大利人展示了与罗马专制的迥然差异。尤其是在国内行政方面，奥多亚塞给每个人空间、空气以及某种独立感。他让本土居民看到，在他领导下，比在任何其他领导下，他们生活得更好；受他领导是一件好事。

一些作家们试图贬低奥多亚塞作为统治者的卓越之处，他们说："在帝国那样的政府已经存在了几个世纪之后，人们发现奥多亚塞的统治与那样的专制相比很轻松惬意，就不足为奇了。"如果这些怀疑者能想想，在哈布斯堡王朝多年的可怕专制后，皇帝约瑟夫二世在其任期内的所作所为，奥多亚塞的精神，他政治家般的性格和睿智，在他们眼里就会显得更加卓越。

奥多亚塞在意大利统治了17年，并且为他的自由改革开辟了道路，其间没有任何人起来反抗他，因此，他一定是一个具有非凡统治才能和高尚品格的人。

他的统治被罗马人铭记。这是一段在仁慈主人的管理下度过的快乐时光。在他的领导下，意大利从长期的疲惫中恢复了过来。他不仅保证了国家的安宁，而且其政府审慎、健全的原则治愈了这个国家巨大、深刻的创伤。当奥多亚塞失去生命和权力的时候，它已经开始了一种全新的生活。

第三十二章

狄奥多里奇大帝——奥多亚塞的终结

无论意大利人民对奥多亚塞多么满意，君士坦丁堡朝廷对他的举动却感到不满。它警觉地看到，这个日耳曼陌生人，这个“篡夺者”，如何让意大利忘记了罗马帝国和他自己的外族血统，而且在本地人心中创造了对他的独立统治的新支持。这个王国与拜占庭虚伪的基督教专制主义毫无关系，也与教会以及芝诺及其前任所统治的国家所奉行的绝对原则毫无关系。在他们眼里，奥多亚塞不仅是一个篡位者，而且是一个革命者。他的执政方式，以及他的统治者和被统治者间的关系，自日耳曼国王成为半岛主人后就那样存在着，这在君士坦丁堡眼里就像是对他们自己及其目标都极其危险的派系。在东罗马帝国，以基督徒的上帝之名，一切都被从异教带入基督教的无神伪造所奴役。拜占庭皇帝是某种人间的上帝，就像亚洲的暴君和后来的俄国沙皇。根据他们的观点，这应该是所有基督教世界的状态。拜占庭的朝臣们因此而憎恨、攻击的，与其说是作为要素的奥多亚塞本人，不如说是他在统治意大利的方式中所表现出来的自由原则。这与他们的绝对主义相反。

接下来要叙述的事情是令人痛心的。那就是，撇开贯彻拜占庭奴役人民的计划不谈，个人献身于推翻奥多亚塞的，不仅是一个日耳曼人，而且是历史上最伟大的一位。

这名日耳曼人就是东哥特人的国王狄奥多里奇（迪特里奇）。

他是东哥特国王狄奥多米尔的儿子。狄奥多米尔在其兄弟瓦拉米尔和威迪米尔死后，统一了所有东哥特人。狄奥多里奇的母亲不是贵族，而是狄奥多米尔的正室妻子，那时他还是阿提拉军队里的一位王子。他的儿子生于454年年底，距阿提拉去世还不到两年。他的出生地位于匈牙利新希德勒湖边的魏恩伯格山的山脚。当拜占庭朝廷与东哥特人签订和平条约后，双方交换了人质，狄奥多米尔的儿子狄奥多里奇作为活物抵押被送到了君士坦丁堡，那时他才八岁。他在朝廷里住了十年。父亲特别注意不让这位年轻的日耳曼王子因皇帝的特殊对待和宫廷生活而被宠坏。他严格的阿里乌主义和日耳曼传统拒绝向这位青年提供太多懈怠的东方基督教和朝廷风气所允许提供的东西，避免它们伤害其身体和灵魂；当希腊年轻人由于过早的享乐生活，而毁掉了自己青春少壮的鲜活原动力时，他却在军事纪律和身体练习中强化着自己的神经和意志，就像他同胞们的习惯性所为一样。通过每日观摩古代艺术品，他从君士坦丁堡那里只是获取了罗马和希腊世界美好的古典文化的优点；而通过研究哲学，则对思想文化和作为其代表的艺术家和科学家抱以高度的尊敬。当他成为西罗马帝国的统治者后，我们便可以清楚地看到，艺术和科学对这个野蛮人公正、敏感的灵魂究竟产生了多么深刻的影响。我们必须小心，不要用我们这个堕落种族的标准来衡量当时日耳曼人的早熟。在这个世上活了18个夏天的东哥特人已经足够成熟。他懂得如何看、如何听、如何比较、如何学习。因此，当他年满18，离开帝国宫廷和君士坦丁堡时，对于人类和世界已经获得了广泛的知识，对于治理的艺术也已经拥有了深刻的洞见。

472年，他回到家乡，发现自己的父亲成为所有东哥特人的国王，而他的兄弟已经死了。东罗马帝国在遵守和平条约方面表现差劲：它没有提供每年的补贴，甚至怂恿一部分东日耳曼人和萨尔马提亚人与东哥特人保持敌对状态。对于狄奥多米尔来说，只要他的长子还在背信弃义的君士坦丁堡宫廷里当人质，他的双手就是被绑起来的。而当儿子恢复自由后，父亲和其同志们立即入侵东帝国，以惩罚他们所有的不义举动。年轻的狄奥多里奇表现出他配得上父亲和家族的名誉。在对奈苏斯的突击战中，他是父亲的主要副手；在与站在君士坦丁堡一边的斯拉夫人的战斗中，他表现得非常出色，引起同志们的钦佩和爱戴。他率领6000名哥特人，从萨尔马提亚君王巴拜手中夺取了辛吉杜努姆要塞，也就是现在的贝尔格莱德，并惩罚了那些入侵东哥特人土地、进行掠夺的斯拉夫人。无信的皇帝利奥一世被迫割让了他在多瑙河南部的大量土地，以换取深受伤害的哥特人的和平。和平缔结后不久，利奥就在474年去世了；紧接着，在同一年，狄奥多米尔也去世了。芝诺成为皇帝。狄奥多里奇在父亲临终前被推荐给了自己的臣民，并被顺利选举为王，时年20岁。

新皇帝芝诺和他的朝臣们既惊讶又恼火。他们一直在努力运作，期待着让狄奥多米尔的小儿子，在父母两边都是贵族的特乌德蒙成为国王。他们在君士坦丁堡和之后的战争中已经了解了狄奥多里奇，这位贵贱联姻后代的性格和才能。他并不是他们心目中的东哥特国王。他的当选引起了朝廷的担忧。

起初，年轻的国王受到极力奉承，被赐予各种礼物、崇高的荣誉和显赫的地位。芝诺授予他贵胄阶层和执政官头衔，任命他为皇家近卫军总司令；甚至叫他“儿子”，意味着皇帝承认他为皇室成员，并承诺许给他一位富裕的妻子。还为他建了一座骑马的雕像，并送给他数千磅的黄金。芝诺之所以这么做，是因为帝国内的起义、叛乱让他苦不堪言；而他相信，日耳曼人的感激会在他有需要的时候解救他。他也并没有被骗。东罗马帝国因宗教纷争而四分五裂，到了自己最为虚弱的时刻。476年，芝诺皇帝被一名来自君士坦丁堡的叛乱分子赶下了台。这时，东哥特人的国王赶来了，将他重新置于王位之上。然而，通过这次经历，狄奥多里奇的人民重新燃起了对国外战争的兴趣，不再安于国内农业。的确，他们的前几任国王已经努力使他们习惯于和平事业，习惯于农耕和商贸。而这场远征及时地打断了他们。此外，这是一段漫长的远征，东哥特人在君士坦丁堡及其周边地区感到了愉快。在他们最后的回家之旅中，不仅在对芝诺充满敌意的地区，而且在忠诚于他的地区，他们都有了存在感。回家后，他们并没有都回到自己的田里去耕种；外出作战时对耕种的荒废，加上回来后对耕种的嫌弃，导致在原来的国家中，许多地区出现了明显的物资匮乏。狄奥多里奇尽管怀有世上最好的意愿，一个建立在对其人民未来的敏锐洞察基础上的意愿，也无法将定居在东部帝国边境沿线的哥特人限定在他们的边疆以内。每当食物短缺时，他们不顾和平，越境进入东帝国耕耘良好的居民点，通过掠夺，带回赖以生存的必需品。起初，芝诺想用古罗马的方法，在这个民族的内部挑起不和和争斗，从而把这些麻烦的守卫者和狄奥多里奇从自己手中摆脱掉。在他的宫廷里有一个哥特官员也叫狄奥多里奇，与东哥特人的年轻国王同名。他是一个哥特王子，但并非来自阿玛尔人家族，而是与他们敌对的家族。为皇帝效劳了40年，在朝廷和军队中担任要职。在那个时候，他正指挥着一支哥特人雇佣军，并被承认为他们的战争君王。这些东哥特人住在现在构成塞尔维亚和保加利亚的地区，他们不承认狄奥多里奇国王，尽管他们曾跟随他父亲的旗帜。事实上，整个东哥特人都快乐地将他父亲颂扬为王，因其而自豪。由于这种民族内的私斗，他们站在了君士坦丁堡一边。老狄奥多里奇在君士坦丁堡朝臣中被熟知为“斜眼狄奥多里奇”，因为他的一只眼睛有缺陷。此人早已对其年轻的同名者心怀嫉妒，如今，当后者成为国王后，嫉妒更甚。看来他自己希望能够当上国王，而那些哥特脱离者都是他的追随者。狄奥多米尔之死和他儿子的当选出乎意料，而且在宫廷和老狄奥多里奇的派系发动阴谋之前就已经完成了。斜眼狄奥多里奇必须拥有大量拜占庭的黄金，才能通过不断的敌对行动，以及不断增长的由斯拉夫人和他所召集的日耳曼人所组成的军力，将年轻的东哥特国王逼入绝境。这个计划是用日耳曼人来摧毁和削弱日耳曼人的老计划。但拜占庭的谋划者并不希望摧毁年轻的狄奥多里奇。据说，软弱而狡猾的皇帝芝诺，遭到那些不属于哥特王国的哥特人反对。他们参与了那场叛变。皇帝命令年轻的狄奥多里奇对他们的行为实施惩罚；而当他们被激怒之后，又对他们提供了金钱和其他手段，用以报复东哥特年轻国王对他们造成的伤害。

无须进一步审判，死神带走了那位白发苍苍的人民叛徒，斜眼狄奥多里奇。一则记载告诉我们，这位叛徒在感到死期临近时，吐露了拜占庭朝廷的手段、诡计和狡猾政策，将整个情况都告诉了东哥特国王。然而，敌对的状态一直持续到朝廷从狄奥多里奇那里购买了和平为止，因为，东哥特国王现在比芝诺和他的希腊人都更强大，尽管保加利亚人和其他野蛮的斯拉夫人以及从亚洲边界受雇而来的匈奴人都在支持后者。狄奥多里奇的势力越是增长，帝国朝廷越有必要将其除掉；同时，奥多亚塞越是让自己在意大利独立自主，对于芝诺来说，处理问题的办法就越是简单，只需要通过狄奥多里奇来推翻奥多亚塞，就可以一箭双雕地对付这两个共同的敌人。芝诺向东哥特国王提议，他应该在帝国的委托下，维护皇帝对意大利的主权，自己则被任命为贵胄和长官，取代奥多亚塞的地位。如果东哥特人接受，他将在很长一段时间远离君士坦丁堡，无论与奥多亚塞的斗争是短是长；如果奥多亚塞胜利，芝诺就将摆脱狄奥多里奇；如果狄奥多里奇胜利，他就清除了奥多亚塞。无论如何，一场漫长的战争都将削弱日耳曼人的力量，即便最终没有哪个将对方彻底摧毁。所有这些都不会对拜占庭朝廷产生任何一点额外费用，因为在和平时期，东哥特人每年都要从帝国朝廷获得300磅黄金，而当帝国的权利受到威胁时，他们有义务为其进行斗争。毫无疑问，胆小的芝诺支付了大笔金钱来强化他的论点。于是，东哥特国王在他37岁的时候，也许也是出于其他原因，开始着手于实现拜占庭皇帝的欲求。

在日耳曼种族的自然史上，他们向南和向西迁徙，成为一个非常根深蒂固的特征。其他民族喜欢回到他们种族的发源地，在几个世纪之后，仍然会有一些东西促使他们踏上朝圣之旅，回到他们的故乡——东、北、南或西。但日耳曼血统的民族却不是这样。这样的民族从来没有主动地回到它在亚洲的摇篮，也没有回到它在北方的第二故乡。没有一个部落，更不用说整个种族，曾经从南方回到北方。甚至在今天，当人们可以如此轻松和迅速地穿越世界的时候，也很少有人——仅仅是例外——回到日耳曼北部，或者波罗的海以外的斯堪的纳维亚国家。在早期，一种比人类力量更强大的、不可抗拒的力量推动着日耳曼人向南挺进，现在仍然推动着他们向西穿越大洋。

西哥特人先往南去，接着往西去，然后建立起来一个强大的王国。对于生活在多瑙河下游的东哥特人，意大利长期以来就像一个有待征服的远方天堂。与罗马本土人口相比，哥特人的数量不成比例地增长。当他们得知，皇帝芝诺封其国王为贵胄，并委托他召集一支大军，远征意大利时，东哥特人欢欣鼓舞地参与到这一运动中来。

然而，不像人们通常所认为的那样，并非所有东哥特人都离开了他们旧的居所，而是只限于从他们中筹集出来的一支军队。许多人希望能在意大利赢得新的住所，并带上了自己的妻儿。这不是一次移民迁徙，不像早期西哥特人的举动。狄奥多里奇并没有放弃他在多瑙河下游地区的权力，更不用说现在构成了奥地利的那些地区。他把大部分人民留在了这个地方，作为东哥特国王和人民权利的保护者。然而，还是有二三十万人，其中包括妇女、儿童和老人，在这位东哥特国王、帝国总司令、罗马贵胄的带领下，开始远征被废黜的贵胄奥多亚塞。

军队的集结和准备推迟到了488年的秋天；士兵的行进受到随行移民的干扰，也受到来自奥多亚塞的同盟和同族部落的敌对态度的干扰。数不清的四轮车，还有随行的牛羊群本身也推迟了行军速度。车上满载战士的粮食和军事物品，还载着移民所携带的妻子、孩子和家庭用品。奥多亚塞在前面，周围都是斯瓦比亚人，他的同族人，以及他们的邻居，曾经定居在北海沿岸的赫鲁力人和拉吉依人。后者不应该被混同于格里松斯和符腾堡的拉吉依人，而是与他们杂居一处的拉吉依人，就像波罗的海的斯基里人与那支绥威部落杂居，形成了中世纪斯瓦比亚地区的“施雅拉高人”。来自多瑙河最下游部分的敌对日耳曼人，如格庇德人，以及斯拉夫人已经扰乱了军队的集结。长期的战争和大规模的迁徙在这些曾经是城镇的地方留下了废墟，让曾经耕种良好和富饶的土地上形成了沙漠。但是在早期，东哥特人离东方和君士坦丁堡更近，他们希望移民到南部和西部去改善自己的生活。因此，对他们来说，通往意大利的路是最长的，而且常常穿过荒芜土地，甚至连修筑良好的罗马公路都已失修。然而，狄奥多里奇已经与大批东哥特人会合，在其领导下，尽管总是处于食物匮乏和道路恶劣的情况，他们还是挣扎着一直到了乌尔卡河。在那里，在极其饥饿的状态下，他们发现主要道路被格庇德人堵住了。东哥特人怀着绝望地扑向与他们为敌的同胞，最终取得了胜利。这场胜利几乎灭绝了对手，并为胜利者打开了失败者的仓库。恢复精力后，他们来到了潘诺尼亚。这是他们同族部落的主要领地，也是其军队的集合之地。

直到夏末，军队才到达亚得里亚海沿岸附近地区。虽然他们只是人口中过剩的部分，再加上一些雇佣兵，远远不是东哥特人的全部，但还是无法获得足够的船只来运送这么多人。尽管东哥特人很容易就制服了本地人，奥多亚塞还是小心翼翼地确保了不被他们发现。狄奥多里奇被迫离开他的西南方向，转向威尼斯的领土；他被谋杀了自己叔叔弗里德里希（弗雷德里克）的拉吉依逃亡王子引上了歧途，并在海岸人民的倾向问题上受到了欺骗。

在阿奎莱亚的不远处，伊松佐河发起于尤利安阿尔卑斯山脉，流入里雅斯特湾。在这条河的桥上，奥多亚塞的军队等待着他。两支日耳曼军队间的第一次战斗发生在489年8月28日。这不是决定性的一次战斗，但东哥特人占据了优势。奥多亚塞撤退到他在阿迪杰河流域的第二支军队。胜利的东哥特人通过弗留尔和威尼斯的领土到达维罗纳。在这里，阿迪杰河上，离城不远的地方，奥多亚塞率领他的全部军队，进发迎接他们。在奥多亚塞统治下，意大利享受了长期的和平时期，日耳曼人对武器已经有些不习惯了；而他们的敌人，东哥特人，在同样的11年时间里，却是在武器、战斗和胜利中度过的。此外，奥多亚塞已在变老；狄奥多里奇则处在完全的年轻气盛中。年轻的指挥官在9月30日赢得了第二次战役。这场冲突比第一次更加激烈，也更加血腥。奥多亚塞顽强地防御到最后一步，最终还是放弃了抵抗。维罗纳失守，狄奥多里奇占领了它。贯穿其此后的整个人生，这座城市一直是他最喜爱的城市和首府。因此，在日耳曼的歌曲和传奇中，他被称为“迪特里奇·冯·伯尔尼”。不久之后，米兰为东哥特人打开了大门，然后是帕维亚。

奥多亚塞回到了拉文那。那里比以往任何时候都更强大，并且作为一个像威尼斯样的潟湖城，也有海洋的保卫。对于维持自己在意大利的权力，奥多亚塞表现得尤为积极。他成功地与勃艮第人结盟，获得了他们的武装支持。在490年春天，勃艮第人的辅助部队加入了他的军队。在他的军队里有一个名叫图法的军官，他要么是意大利本地人，要么是罗马化的高卢人、斯拉夫人或日耳曼人。在奥多亚塞的军队里，他指挥着一支非日耳曼人兵种。他致力于深入狄奥多里奇的宫廷和军营，想从内部打垮他。他公开地离开了奥多亚塞。东哥特人亲切地欢迎这个叛徒；他的地位和随他而来的武装力量激起了一种希望，即全意大利很快都会效仿他的做法。当获得了东哥特人的信任后，他背叛性地掌控了狄奥多里奇的几位将军。对那些欢迎叛国者的人，他恰如其分地给予了回报，即剥夺了狄奥多里奇最好的将军，把他们交给了奥多亚塞。

图法还进一步与狄奥多里奇军队里的绥威人密谋。多达四万名绥威人与东哥特人一起进军，他们有些是自愿的，有些则是在多瑙河上游的征兵举动中被迫参加的。图法的对象就是后者，将他们交给了奥多亚塞国王。

这些人的加入使奥多亚塞强大到足以把狄奥多里奇赶回到帕维亚，并在那里将其包围。然而，勃艮第人和西哥特人之间的宿怨并没有完全消除，反而被最近的无数次挑衅所激发。当勃艮第人被召集来帮助奥多亚塞时，西哥特人似乎突然忘记了奥多亚塞的宽宏，忘记了他们与他订立的和平条约；他们对勃艮第人的仇恨被狄奥多里奇派往位于图卢兹的西哥特宫廷的信使和使节所激起。他们和他联合起来，决定对抗奥多亚塞和勃艮第人。他们的军队是如此庞大，以至于帕维亚在夏天就得到了解救，而奥多亚塞的军队则在阿达战役中被击败。这次交战发生在490年8月11日，不久之后奥多亚塞被封锁在了拉文那。

来自西哥特人的增援力量不断增强，使得东哥特国王现在占领了除拉文那以外的整个意大利，并获得了大量金钱。这些钱由富裕城市提供，为的是购买东哥特人的通道。为了安抚意大利人，奥多亚塞曾与汪达尔人国王盖瑟里奇进行协商，目的是恢复西西里。奥多亚塞种下的果实，现在都成熟地落在了狄奥多里奇手中。因为迦太基的使臣们发现，统治意大利的是东哥特人，而不是绥威王子。意大利人，尤其是先于所有城市的罗马元老院和人民，已经忘记了他们曾自愿宣誓效忠奥多亚塞，以及在其统治下生活得有多么快乐。如今，他们没有任何挣扎地接受了眼前的事实，谁实际占有意大利，他们就认谁为主人。

意大利几个世纪以来最温和、最不自私、最富有活力的统治者奥多亚塞，尽管领导着一个多年来都对国家有益的政府，还是在短短的三年内就发现自己被意大利上上下下所有阶层抛弃了。

这个得天独厚的民族和国家正遭受着一种可以侵袭一个民族的最严重的疾病，即个性的丧失。

狄奥多里奇占有了意大利，但没占有首府拉文那；而且尽管他占有意大利，仍存在着与他对抗的合法统治者，奥多亚塞。后者自我防卫了三年，抵挡着东哥特国王，尽管他被剥夺了所有来自意大利的财政收入，而狄奥多里奇则得到了拜占庭的黄金供应。东哥特人的记述见证了这位绥威人拥有令人惊叹的防御艺术和英雄灵魂。当城里的补给开始短缺时，奥多亚塞多次发起进攻，冲破包围的军队，从外部获得了新的供应。勃艮第人并没有提供救济，也没有通过海路提供增援，双方都认为意大利的情况已经改变了，奥多亚塞再也付不起钱了，而日耳曼雇佣兵无论在哪都只为金钱和战利品效力。城中的物资短缺在被围困的第三年达到了可怕的高度。在491年7月的一次试图突破围攻者的尝试中，奥多亚塞遭受了惨重的失败，以至于他不敢再冒险尝试第二次了，因为他的兵力无法再保护辽阔的城市的所有据点。493年2月，饥荒摧毁了拉文那的日耳曼守军的勇气和希望，而市民们很久以前就已陷入了绝望。拉文那的主教在奥多亚塞和狄奥多里奇之间进行斡旋，促成了一项条约。493年2月27日，两个国王同意并宣誓遵守该条约。狄奥多里奇和奥多亚塞发誓从今以后达成友好，共同率领他们的日耳曼军队，各自成为自己族群的军事国王。

从偏向于东哥特国王的暧昧、粉饰的描述中，以上那些内容至少是清楚的。

3月5日，奥多亚塞为狄奥多里奇打开了城市的大门，那是西罗马帝国最后几位皇帝安置朝廷的地方，是当时统治意大利的日耳曼人的首府。东哥特国王则带着大批随从者进入了城市。他占领了加拉·普拉西迪亚建造的皇宫。奥多亚塞和绥威人则占领了城堡。根据条约，狄奥多里奇邀请他和他的将军们参加了一场代表友谊与和平的宴会。就在宴会的欢声笑语中，所有的人似乎都毫无例外地沉浸其中，东哥特国王狄奥多里奇突然亲手刺杀了斯基里人奥多亚塞，东哥特人的将军们也像刺客一样刺杀了奥多亚塞的忠诚官员。结果表明，与此同时，奥多亚塞城堡的守军也遭到突袭，不得不在死亡和加入东哥特人之间做出选择。

于是，在493年3月5日，东哥特人年轻的国王狄奥多里奇凭借一次血腥行为破坏了各个民族都奉为神圣的热情好客的权利。这一行为无论出于什么视角下观看都是非常可怕的。宴会的提供者居然杀害了受邀者。日耳曼人杀害了另一个日耳曼人。国王杀害了另一名国王，况且他们不久前才庄严地宣誓要保持和平、友谊，共同维持一个兄弟般的政府。最后，这也是一名阿里乌派信徒对另一名信徒的杀害。

在这血腥的一天，3月5日，狄奥多里奇将自己打造成了意大利唯一的君王，并建立了自己的东哥特王国。然而，它并没有牢固的基础。它建立在背信弃义、破坏好客、谋杀、刺杀的基础上，全都是最为恶劣的行径。无论新旧，揭示天命的圣书宣告了他们的下场，这些不知悔改的人将被惩罚，一直到三四代人之后。天命的威胁在东哥特王国中得到了可怕的验证。

狄奥多里奇的奉承者，从他那个时代开始一直到我们今天，都在以各种方式为他的一系列罪行寻求辩解。他们谎称是奥多亚塞在密谋夺取他的生命，因而他的行为完全是合理的自卫。由于这一虚构过于粗糙，又有人说是奥多亚塞正在准备于意大利恢复唯一的君主权力。更加坦率的辩解方式则是将狄奥多里奇的行为解释为出于“政治必要性”。由于奥多亚塞仍然是赫鲁力人和斯基里人的首领，仍然能够确保自己得到不远处的阿勒曼尼人和绥威人的支持，而勃艮第人的分支部队也随时能为其提供支援，本土意大利人的内心也非常容易发生转变从而转向他们的老统治者，因此，狄奥多里奇不得不那样做，他被使命召唤着要去夺取意大利的统治权。进而，辩解者们也断言，狄奥多里奇不能忍受屈居英雄、政治家奥多亚塞之下。他认为两个国王分割意大利的权力对于国家和人民来说都是不利的，加上他的自尊，驱使他做出了那样的行为。

这些对罪行的辩护借口不仅在异教罗马能够找到，而且在罗马和君士坦丁堡的基督教朝廷上也能找到。在那个时候，正如在后面的历史进程中一样，上帝的戒律只有在不与人类利益冲突的情况下才会被尊重。无论外交家还是历史学家，就像付给他们钱的国王和大臣一样，从古至今都只将“政治利益”视为唯一的衡量标准。这里所谓的“政治利益”并非人民和国家的真正利益，而是个人、统治者的利益，是他们的权力野心和热望的满足。人民和国家的真正利益只有通过神所指引的道路才能实现。基督教学说已公然被违背，以至于基督的律令被视为野心和权力争夺的障碍；真理被扭曲，谎言被培植，权利被踩在脚下；伸长的双手攫取着刀剑，互相残杀；誓言被废弃，协定被破坏；民意被侮辱，宗教被亵渎。一切都是为了获取和扩张政治权力，满足人的权力欲和虚荣心。然而，即便任意放纵的赤裸私利是人们唯一的关注，嘴上还是要大话连篇，充斥着各种神圣准则，好像所作所为是为了一些高贵的民族利益。人类所有时期的政治行为都是这副模样，很少有例外。

如果我们从狄奥多里奇统治意大利33年所展现出的性格特征来评判他的行为，他实际上要好于其歌颂者的吹捧，并没有冷酷谋划的谋杀，也没有无信政治家的精明诡计。像马其顿的亚历山大一样，他拥有高贵伟大的灵魂，匆忙消逝于毫无防备的时刻，消逝于自己性格的鲁莽和激情的暴烈之中。在这位东南部哥特人的灵魂中，依然保留着早期狂暴战士的怒火。在这件事情上，也在其生命的后期，这种怒火破坏了希腊教育给他施加的约束性枷锁，尤其当它还被浇上了意大利烈酒的时候。

第三十三章

狄奥多里奇大帝领导下的东哥特王国

通过这些手段，狄奥多里奇清除了联合统治者，成为意大利唯一的统治者。随着自己的领袖在宴会上被谋杀，已故国王奥多亚塞的赫鲁力人、斯基里人、绥威人加入征服者的行列，进入了狄奥多里奇的军队。他早已被元老院和罗马人民承认为意大利的统治者，而即使是其他和平温顺的日耳曼人，如今也承认了这位国王，将其视为他们在半岛上的军队国王。

在君士坦丁堡，芝诺死了。阿纳斯塔修斯一世成为皇帝。他曾是芝诺的大臣。在意大利，事情发展得与君士坦丁堡王朝的诡计所盘算的状况大不相同。狄奥多里奇是在这个朝廷的狡诈政策下被派往意大利的，并得到了金钱支持以抵抗奥多亚塞。然而，对君士坦丁堡来说，如今他太成功，权力太大了。阿纳斯塔修斯拒绝承认他的身份。

狄奥多里奇非常谨慎，即便处在胜利中，也向君士坦丁堡宫廷表现出所有外表上应有的尊重。事实上，他是西帝国的主人，甚至可以说比前几任皇帝都更有主人的样子。他们所拥有的一切权力都掌握在他一个人手中。尽管他享有征服者的权利，但考虑到君士坦丁堡，他并不采用西帝国皇帝的名号和徽章，而是以芝诺皇帝所认可的意大利贵胄的身份行使其在意大利的统治。即便手握巨大的实权，他也还是依据自己这个法律上的头衔行事，并在信中承认拜占庭皇帝的主权。以熟练的拜占庭帝国官话，他致信阿纳斯塔修斯："我们的王国只是您的王国的一个影像。您的王国才是唯一的。我们的荣耀追随着您的荣耀。您就是帝国的荣耀和世界的保卫者。"

朝廷清楚地看到了当前情况的不同。现在，不仅仅是来自所有日耳曼族群的雇佣军的军队国王，在不带任何民族印记的状态下统治着意大利，而是一个真正的族群——伟大的东哥特人，占领着意大利。他们的国王狄奥多里奇并不想回家，而是要建立一个伟大的东哥特王国，从多瑙河下游一直到西西里南部海角。因此，阿纳斯塔修斯拒绝承认他。他的承认是在已经无法再拒绝的情况下才给出的，不然就将给东帝国的边境带来伤害和危险。然而，东哥特国王对此非常重视，抱以极高的期待：他知道罗马帝国的古老魔法仍然吸引着土生土长的意大利人；他也知道，甚至是他的哥特人，从小也习惯于对身处君士坦丁堡的"罗马帝国的陛下"致以敬意。这是一种对皇帝的宗教崇拜，是基督教世界中最为崇高的，高于一切王子和国王。这种魔力，还未被打破，他也不能去打破。它使得皇帝的承认是重要的。更重要的是，通过与帝国朝廷保持友好关系，能使他要在意大利完成的任务更加容易。

为了促成这一承认，他不仅迅速地在意大利建立了自己的牢固势力，而且还扩展了疆域。他延续了奥多亚塞在意大利所开启的事业；他的军队只有日耳曼人。他说："哥特人为了共同的福祉不得不承担起战争的重任，罗马人则只须在安全中繁衍生息。"他比前任走得更远；他只招募日耳曼人参军，不招其他人，即便他们自愿为其服务。原因在于，相比于斯拉夫人、高卢人和罗马人，他更信任日耳曼人的精力和忠诚。另一个原因则是他那哥特人的骄傲，他们那古老的日耳曼观念；作为征服者，他们觉得自己属于军事阶级，比被征服者优越；在每一个日耳曼人眼里，佩戴武装的权利是一种特权，一种极大的荣耀，军事责任是不能转交给罗马人的，尽管后者实际上也并不愿意承担这些责任。在他们看来，罗马人与他们并不平等，并非享有同等权利。他也为自己的东哥特人拿到了三分之一的土地，就像奥多亚塞为他的日耳曼人所做的那样，并拥有与本土人因出生而拥有的相同特权。现在，在意大利，存在着20万日耳曼战士。狄奥多里奇从中组成了一支十万人的陆军。他们从四面八方保卫着意大利的边境，以及狄奥多里奇以前当过国王的那些地区和主动屈从于他的那些地区。接着，他以盖瑟里奇在非洲的做法为榜样，进而组建了一支海军部队。几年之内，他就拥有了1000艘快艇来保卫自己王国的海岸。他为哥特人建立了14个营地，把他们召集起来进行训练，以免他们在和平年代失去纪律和服役的能力。

在通过这些军事手段巩固了自己的新地位后，狄奥多里奇又通过与日耳曼友邻的结盟来增强自己的力量。在这方面，他非常成功，他很快就见到了四个日耳曼国王，都是他的女婿，以及法兰克人强大的国王，他的小叔，克洛德维克（克洛德维希、克洛维斯、路易或路德维希）。495年，丧偶的狄奥多里奇在自己41岁时娶了克洛德维希的妹妹兰西尔德，而不是经常错误传言的那位妹妹奥多芙蕾达，后者是至死未出嫁的。通过这些联谊，他与日耳曼君王们保持了非常友好的关系。他的权力和地位、他的性格和过人的天赋使他受到西部日耳曼君王和人民的高度尊敬。他经常扮演他们内部纷争的调解人，并主动被邀请为仲裁者。他的努力在于建立和平，尽其所能在欧洲确立持久的和平。他最初以一名从事于征战的战争君王身份出现，如今却把一切都押在了要做一名和平君王上。从此以后，他不再进行征服战争，只是为了保护他所拥有的东西，或者保护遭受暴力的被压迫人民。

他自己的王国足够宽广，可以展示他的统治能力，也可以为他赢得名声。它包括西西里岛和意大利，阿尔卑斯山以外的如今的格里松斯地区，上、下奥地利，施弟里尔、卡林西亚、提洛尔、巴伐利亚、萨尔茨堡、弗留尔、达尔马提亚、匈牙利和特兰西瓦尼亚。这是他统治意大利第一年时的王国。509年之后的几年中，他的疆域向西延伸，越过普罗旺斯南部，并最终在523年后，越过了阿尔卑斯山和罗纳河之间的大片区域。不仅如此，在西哥特国王、他的女婿阿拉里克二世死后，作为其孙子阿马瑞奇的监护人，狄奥多里奇还统治着西哥特王国，并用他的军队保护着它的权利。在他现身意大利之初，上述日耳曼领土上的人口并非都臣服于他，甚至也还没有成为东哥特人的同盟者。事实上，他们中许多人都长期抱有尖锐的敌意，然而，当他们认识到这位东哥特人作为一名战士和政治家究竟是怎样一个人和君王时，认识到他是怎样使日耳曼之名在世界上取得荣耀时，他们便心甘情愿地站在伟大的迪特里希国王麾下了。

对于新哥特王国的日耳曼人，对于他统治下的罗马人，以及对于他自己来说，最重要的一点在于作为君士坦丁堡人质所得到的教育。有一件事令人惊讶，这位伟大的东哥特国王还没有学会写字。正如后来的历史中，卡尔大帝（查理曼大帝）在其青年时代也没有学习写字一样。我们或许可以确定，是政治和宗教让这名阿里乌派东哥特人远离了任何学习这门技艺的机会，让他只是体面地处于被囚禁的状态中。但在那里，通过看和听，他还是学到了很多东西。在那里，他学会了对学问和科学的高度重视，并将在东方学到的东西，在西方付诸了实践。他将最有才华和教养的罗马人召集到他的议事会中，甚至他的第一大臣，卡西奥多鲁斯，在他看来，正是罗马的化身，正如在他的著作中所能看到的。这位伟大的政治家大约于468年出生在卡拉布里亚。不幸的是，他的《哥特人史》失传了，只存在于约南德斯的一份价值不菲的摘要中。他的另外两卷作品则完整地流传了下来。他非凡的天赋和学识使他在青年时代就进入了重要的政治职位，担任奥多亚塞的私人秘书，而东哥特国王则从前者那里将他接管下来。狄奥多里奇对当时年仅25岁的卡西奥多鲁斯给予完全的信任。狄奥多里奇死后，他成为这位国王的历史学家。而卡西奥多鲁斯去世时，则有100岁，甚至100多岁。

东哥特人，作为阿里乌派，拥有反对他们的意大利本地人所有拥有的宗教信仰。卡西奥多鲁斯，作为土生土长的意大利天主教徒，同样也分有其君主的宗教观点；和他一样，他的宗教思想和政治思想都是自由主义的，两者都是天才政治家。因此，在宗教事务上，卡西奥多鲁斯致力于在其天主教同胞、国王和日耳曼人间进行调停。

宗教事务在当时是非常重要的。在东哥特和西哥特两大帝国界限之外的整个欧洲基督教世界，呈现出不同基督教派别间的宗教仇恨，进而爆发为激烈的迫害。狄奥多里奇完美地将“信仰自由”确立为其王国的一项原则；将信仰和文化统一于自身，所有的宗教狂热和不宽容都是可恨的。他越是这样对人类充满仁爱，就越是一个真正的基督徒。不宽容在哥特人和意大利人中都是不被允许的；卡西奥多鲁斯以他的名义写信给热那亚：“在信仰上，我们不发号施令。因为没有人能够违背自己的确信去相信什么。”他不仅自己没有参与当时关于信仰的意义的神学争论，也不容忍这种争论在其王国中产生。在他看来，它们不仅徒劳无益，而且有害。他不允许神职人员干涉法律的领域和他世俗权力的安排。在每一次对主教的竞逐选举中，作为国王的他，都投出了决定性的一票。如果教会的集会是必要的，那就应当由他来召集和指挥。他努力制止意大利人的不道德行为，无论他们是神职人员还是俗人。这些人习惯于无视和践踏妇女荣誉而毫无悔意。他因此而颁布了一条严格的法律，明确规定是“为了维护女性荣誉”。他试图用这条法律无区别地约束所有人，让他们都过上真正的基督徒生活，从而遭到来自宗教和世俗贵族的双重嫉恨。

狄奥多里奇本人非常看重女性的美和优雅；他把拥有高贵、有教养女性的社会看得比什么都重要；在他青年时期，在最易受外部影响的年纪，尽管身处君士坦丁堡轻浮的宫廷和腐败的都会，他还是保持贞洁和纯净，没有沾染那里的恶习，只接受那里的艺术和科学中所体现的壮阔、美丽的影响。因此，在作为国王和意大利的主人之后，他并没有随意滥用自己的皇室自由，而是在哥特人和意大利人面前明显表现出了自己对女性的尊重。他把从一天的工作中挤出来的几个小时，用来陪伴朋友和有教养的高贵女士。晚上，在私人圈子里，他是开心轻松的。晚餐非常简单，却因吟游诗人和戏剧表演而生动活泼，一切约束都被驱逐。

当奥多亚塞在拉文那与其对抗时，狄奥多里奇将居所从维罗纳移到了罗马。而为了征服下意大利，他又从罗马回到拉文那居住，将那里作为意大利统治者的所在地。为了不违背罗马人的利益和虚荣心，他保留了由罗马皇帝们建立，并由奥多亚塞延续的各项宫廷安排。对宫廷的官职和头衔，都没有做出任何改变。宫廷本身也仍由之前的住户所占有。事实上，在这之后，宫廷和行政部门的职位大部分由意大利人担任。这既是在迁就民族属性，也因为他只从功绩、教育、知识、勤勉和履行公务的能力来对待所有这些任命。上述品质是哥特人所不具备的，因此，他必须首先教育他们。他是那么伟大，在挑选官员时，无论是行政职务还是宫廷职务，都将优先权赋予受过教育的罗马人而非自己的哥特人。

然而，尽管他延续了西方皇帝宫廷的堂皇气派，而且作为西方国王，手握维持欧洲平衡的力量，但他却彻头彻尾地过着一个平凡公民的家庭生活。他的阿里乌主义禁止他过一种宫廷生活，这种生活被正统围绕。这种宫廷生活，这种基督教文化，与专制纠缠在一起，在异教徒和阿里乌派哥特人眼中，这是可憎的。事实上，在后者眼中，那与反基督和撒旦有关。然而，狄奥多里奇富有人性，而且是高于常人的人性。从一开始，他就偏向于对规则的爱，憎恶一个专制的政府形式，因为他是一个真正基督徒、有道德的人。也因为他看到了绝对专制主义政府在意大利本土居民的深深堕落中，以及在基督教东方人民的道义和物质悲剧中所产生的可咒后果。然而，对于他保留当时存在的宫廷头衔和官职并迁就罗马人的举动，并非没有哥特人起来反对。宫廷的头衔对于哥特人的简单感官来说，无疑是麻烦的绊脚石，他们不能忍受“尊贵的”“体面的”“优秀的”这些形容词，也不能忍受“殿下”“贵人”“大人”“阁下”“陛下”“圣座”之类的称呼方式。他们认为使用这些表达方式的人以及那些允许使用这些表达方式的人既荒唐又可鄙。所有这些都更加促使狄奥多里奇相信，在这方面防止任何怀疑的产生是必要的。他并不想建立一种亚洲的专制主义，如在东、西部帝国所盛行的那种，一个民族的人民爬行在一个拥有专断权力的个体的脚边，只有这个人是自由的，是主人，其他所有人都是奴隶。因此，国王的家只是一个普通公民的家。哥特人由此得到证明，他们的迪特里希并没有因为好运气而改变，在习惯于专制的意大利臣民中，他仍是一样的，尽管他已经成为他们的主人。

因为，就罗马人而言，征服者狄奥多里奇，是国家的君王，是拥有无限权力的君主；而就哥特人而言，他是东哥特人的拥有有限权力的领袖，是他们选举产生的国王和军队王子。

哥特人中的军事阶层身怀嫉妒地坚称，事情就应该是这样的，而不应是别的样子。当狄奥多里奇想要把新建立的东哥特王国中的日耳曼人和罗马人联合在一起，并沿着某些方向扩张王权时，这种嫉妒总是要被考虑在内的。

他必须把最不相似的性格和时代结合起来，即日耳曼人和罗马人，新世界和旧世界。一方面是他自己的淳朴人民，以及他们神圣的习俗、习惯和法律；另一方面则是古代文明的制度和形式。他提出将帝国的各个部分平等化的想法，即我们现在所说的自由君主立宪制。狄奥多里奇是最早提出并贯彻这一思想的人物。让罗马人适应那种自由是必需的，因为这对现存的日耳曼状态来说是最有用的。一个无法无天的君主要完成这一任务要比他容易得多，因为他的王位和生命会被企图实行绝对政府的怀疑所危害。

在经历了所有移民运动后，幸存下来的那个原始哥特政治体制是共和制。它非常自由，基础是“人民的主权”。虽然在战争时期，这个制度隐退到了历史的背景之后，然而在胜利后的和平时期，这种古老的哥特式人民主权至上的体制再次出现，且更加醒目。由于所有的东哥特人都是自由的，而且作为一个军事阶层形成了对这片领土的防卫——军队——狄奥多里奇必须在他的新政体计划中完整地保留旧的“民族自治”；保留东哥特人的旧权利和旧风尚；尤其要保留的是最近被称为议会的那种东西，这是一项原始的哥特权利，即未经长老、市议会长老、人民议会委员会的同意，未经东哥特人民代表的同意，不得废除任何旧法律，也不得引进任何新法律。他让古老的日耳曼陪审审判的法律权利得以继续存在；允许当地人保留了他们的罗马法，只要它与新制度兼容；为了在哥特人与哥特人，或哥特人与罗马人之间的争论中做出判决，他从哥特议员中任命了一位被称为“哥特人伯爵”的法官，由他来进行调查和裁决。而在涉及哥特人和罗马人之间的争议时，必须有一位罗马法律专家作为评估员参与裁决。罗马人和日耳曼人，在他的统治下，享受着平等的司法，尽管是基于不同的法律。两个民族越是敏感，他就越温和小心地处理他们的差异，他们的民族特性以及他们的宗教制度。

作为新政体的基础，他需要一个常规的财政体系。他已被公认为意大利的罗马统治者的继承人；他还成功地继承了在他们统治之下流入国库的财政收入。在新诞生的国家中，他继续施行税收，但对其做出了崭新的管理：土地税、人头税、贸易许可、垄断许可、买卖税、进出口税都是本地人知道的。然而，当他正确地召集哥特人为他们新获得的财产支付土地税时，这些人觉得自己受到了伤害。他们完全忽略了一点，那就是其他的税收和款项只涉及罗马人，而土地税是唯一落在日耳曼人头上的。然而，按照哥特人的习惯，在他们眼里，任何形式的税收都是一种发明，是对他们权利的破坏，对他们自由的践踏。自由人的一项原始权利就是免除加在个人或财产上的任何税款。只有被征服者才需要缴税，而自由日耳曼人每年向其君王提供津贴和资助，用于满足武装征兵的一般需要。在意大利，哥特人第一次开始过上了恰当的公民生活，状态的转变必然导致需求的转变。对于征收土地税，狄奥多里奇最终成功地获得了东哥特人代表的大多数同意。他驱散了他们的焦虑，以免后者认为当前军队国王的统治将会摆脱共和形式而采取君主制，尽管后者确实成为现实。因为，在意大利所处的状态下，不可能有其他情况发生。

在人民长老和罗马议员的建议和同意下，狄奥多里奇建立起了地税和地租，以满足国家紧急状态的需要。哥特人也不得不分三期来支付这笔款项，部分通过金

钱，部分通过产品。支付前总是以书面形式做出陈述，支付后则给与收据。然而，这项税收经常激怒哥特人。和其他行政部门一样，罗马人由于拥有必要的商业知识，财政部里几乎全是罗马人。许多罗马人并没有一下子抛弃以前那种压迫性的体制；许多人还是展现出旧时的专断行为，在新的事务中，在测量、评估土地的过程中，在征税的新模式中谋求私利；起初，东哥特人很多都因此而付出了血的代价。事态的改善需要狄奥多里奇的介入，需要发挥他的个人影响力、正义和智慧，才能防止那些虽然开始缴税，却非常不情愿的东哥特人爆发起义。这些人即便在税务方面也不愿意看到罗马人与他们平起平坐，就像狄奥多里奇通过法律的形式禁止罗马人进入军队一样，东哥特人即使在税收这一个点上也不希望与他们眼中的懦夫实现平等。

然而，整个世界给他们“伟大”的国王所致以的敬意，满足了他们的民族自豪感。狄奥多里奇很快赢得了所有日耳曼族群保护者的身份。同时代历史学家约南德斯说：“在整个西方，没有一个民族不向他致以敬意的，要么通过与其建立友谊，要么臣服于他。”从遥远的北方，从爱沙尼亚和利沃尼亚，从斯堪的纳维亚，成群结队的使节来到拉文那的宫廷，给东哥特人的伟大国王带来了数不清的礼物。

对待外部民族的这一态度影响深远，以至于狄奥多里奇能够终止日耳曼领土内外部落间的内战，能够促成部落间的和平和友好交往。他决定并计划将“所有日耳曼基督徒联合成为一个和平联盟”。也就是说，要建立一个跨越整个欧洲的日耳曼联邦，日耳曼人所到、所居之处就是这个联邦的延伸之处。接下来我们要讲述的，就是狄奥多里奇的这个理念是如何破灭的。

国外对他的尊重和敬意是建立在他在国内的所作所为基础上的。他每天都在辛勤工作，致力于在正义的原则上将其帝国的所有部分整合成为一个共同体，一个国家，一个全基督教世界和罗马世界的模范国家。在国家的所有部门，他都鼓励辛勤劳作。他减免进出口关税，通过热情地欢迎外国人而赋予对外贸易强健的生命力。同时，他确保了公路网的安全和完善，统一了度量和货币，推进了之前仅仅局限于政府事务的邮政系统，让商人们能够更快地将货物分发出去，这些举措大大促进了国内贸易的发展。农业以及所有畜牧业部门在之前异教帝国的统治下破败不堪，在罗马皇帝治下依然破败不堪。狄奥多里奇在意大利的所有领土上复兴了农业，复兴了国民经济的这一重要部门。之前因为皇帝的压迫而被榨干，因为战争而沦为废弃的地区，如今都恢复到了繁荣的状态。通过释放囚犯，越来越多的人参加到农业耕种当中。

由于意识到土地和人民的福祉，国家各部门的健康和发展都依赖于教育，狄奥多里奇对那些有学问的人以及大众教育报以自由宽容的态度。在君士坦丁堡，他看到了科学如何能够通过培育人类的理解力和理性，从而能够有力地维持着东帝国这具道德尸体，并成为支配它的头颅；而在西帝国，金钱全被用在了舞者和歌者，而非学者身上；对科学和学术没有做出任何投入，帝国也就变得虚弱无力。尽管意大利在狄奥多里奇的统治下并没有产出多么伟大的学术成果，但这并非他个人及其对待学术的自由主义态度的错，而是那个时代的问题。

意大利的这位“伟大的野蛮人”同时还忙于艺术，其投入程度远胜过之前的几任皇帝。法国、德国、英国、意大利的艺术史学家一致地认为：“在狄奥多里奇大帝的统治下，意大利开启了一个更有利于艺术的时代，一个光彩夺目的新时期，艺术之花在拉文那绽放的第二季。”在他这里，“沉默已久的两个新要素公开现身于拉文那的艺术发展中，它们是哥特要素和阿里乌要素。哥特要素带来了鲜活的精神和健康的能量。阿里乌要素则产生了对新的教会建筑的需求”。这些是里格尔在其论拉文那及其建筑的文章中所说的话。狄奥多里奇让天主教会拥有它们的全部建筑。甚至在拉文那，他的首府，他也没有从天主教的事务中拿走任何一个教堂。在所有地方，他都是通过建立新的教堂来满足哥特人的阿里乌崇拜。其中，有六所阿里乌大教堂最为著名。尤其是他在拉文那的教堂和圣维塔莱教堂，前者如今依然屹立，后者建于狄奥多里奇生命的最后一年。分割这一大教堂中殿和走廊的24根宏伟的灰色希腊大理石立柱，以及柱头和柱上楣构，都是狄奥多里奇从拜占庭订购的。这些部分依然以它们所具有的古典形式的纯粹性而令人惊叹。

就在宫廷教堂的附近，狄奥多里奇建了一座皇家宫殿。它被视为哥特国王最宏伟的设计，而如今却只残留了一小部分。这部分是“砖块建筑，其构成部分和安排方式让人想起位于斯巴拉特罗的戴克里先宫殿的大门”。在占领拉文那之前，狄奥多里奇一直住在罗马，住在恺撒的宫殿或巴拉汀的宫殿；在君士坦丁堡，他也看到了许多宏伟的建筑。通过模仿亲眼所见的罗马、君士坦丁堡和斯巴拉特罗的皇家宫殿，他建造了自己的哥特宫殿。在当时的记述中，到处都是关于这座哥特式宫殿宏伟壮观的报道。在之后的时代里，宫殿的大前院中竖起了狄奥多里奇的骑马塑像，镀金青铜闪闪发光：他左臂举着盾牌，右臂挥舞着长矛。这尊雕像是皇帝芝诺让人在君士坦丁堡建造的，为的是感谢这位年轻的哥特王子帮助他夺回了王位。在狄奥多里奇去世多年后，这尊雕像才被送到了拉文那。在其一生中，狄奥多里奇从未允许在他的宫殿里竖立自己的镀金青铜雕像。伟人让历史竖立他的纪念碑，而不是自己建造一个。

狄奥多里奇从罗马带了一些建筑物碎片到拉文那，但只是品奇欧山丘上那个毁坏了的宫殿。当法兰克人卡尔大帝于公元800年来到拉文那时，他发现狄奥多里奇的宫殿并没有受到损害。他被它高雅的富丽堂皇弄得眼花缭乱，将其亵渎之手伸向了这座庄严的建筑，拆掉了柱子和其他建筑上的装饰，带回了日耳曼，用来装饰他在亚琛（埃克斯拉沙佩勒）的宫殿。他甚至还偷走了伟大的东哥特人的骑马雕像，将之放在了埃克斯的宫廷里。当第一位日耳曼皇帝如此滥用拉文那的日耳曼宫廷时，它便开始腐烂了，直至腐烂成碎片，也就是今天人们所说的狄奥多里克宫。

狄奥多里奇生前修建的陵墓，则相对更加幸运。无论是法兰克人卡尔，还是中世纪的敌人或劫掠者，都无人敢对其下手。直到近代的基督教时期，陵墓的内部装饰才被剥夺一空，上层的建筑和雕刻装饰也遭到劫掠。“强盗是法国人。自1780年以来，狄奥多里奇这个陵墓的低层已经被水淹没。它被改建成一个教堂，用于罗马天主教崇拜，以圣玛丽圆形大教堂为名。”在拉文那的城门前，城市北角的对面，就坐落着英雄的坟墓。今天，当一个德国人拜访拉文那时，这座非凡的城市对他的第一问候就是狄奥多里奇的坟墓，因为铁路正是从城墙与坟墓之间穿过的。沿着一条宽阔的、长满草的小路，穿过两旁的白杨树和洋槐，我们走到带有十个角的建筑前，看见纪念碑寂静、庄严地站在那里，构思宏伟，建造大胆。它古老的辉煌遭到时间和人手的侵蚀。但它在艺术史上是独一无二的。它的特点在于独立的日耳曼精神从罗马帝国的闪亮时期中吸取艺术的理念。狄奥多里奇的伟大灵魂肯定对位于罗马的奥古斯都、哈德良陵墓，对阿庇安大道上数不清的纪念碑，充满敬仰，同时又对自己人民的古老传统怀有生动的回忆。这位哥特人珍视和保护罗马文化、教育和艺术，但他也希望尽一切所能地保卫自身的活力和正直。这个哥特心灵的这一特点在这座不朽的作品上找到了一种艺术性的鲜明表达。他从罗马借来总的理念和形式，而未陷入对规模毫无意义的夸大；然而在装饰上，他独树一帜。他的屋顶不是拱形，而是坚固的圆形，赋予整个建筑鲜明的个性。这种尝试在500吨的重量下也不畏缩，非常令人吃惊。古日耳曼大胆的巨人精神在这里贯穿了罗马文化的方方面面；同时，日耳曼艺术后来的发展轨迹也清晰地呈现出来，那就是借助纯粹的古风形式，以典型的中世纪风格来处理装饰方面的各种罗马动机。狄奥多里奇坟墓是最古老的纪念性建筑物，也是日耳曼或哥特式建筑的杰出开端之作。在这里，我们可以清楚地看到这一族群的原始力量和健全人性，也能见证其踏实精神的严肃庄严，极其轻易、迅速地获取教育、文化的能力。

就这样，建筑——基督教建筑，在狄奥多里奇这里得到了第一位日耳曼老师。他的建筑展现出中世纪后期发展起来的风格特征。狄奥多里奇的这些建筑，在罗马鉴赏家看来，是新鲜而独特的："细细的柱子以及似乎是支撑在矛柄上的抬高的层面。"卡西奥多鲁斯的这一评论，就是此种观感的明证。从这些文字中，我们可以看到和感受到中世纪后期的建筑风格。当代艺术评论家正确地将意大利的哥特统治时期称为"拉文那建筑"的辉煌时期，即五世纪初到六世纪中的那一个半世纪。此后，在艺术中能够看到的，只有灵魂的缺失和死气沉沉的守旧。

然而，我们绝不能断言哥特人天生是建造这些作品的大师。只是哥特精神，以及渗入哥特精神中的阿里乌主义，将其自身印在了艺术的发展中。狄奥多里奇雇佣意大利人来充当艺人和工匠。尽管哥特人在以前的居所中就已经有了自己的建筑师和雕刻家，但他们并没有把他们带到意大利来。况且他们在艺术上也没有取得足够的进步，使得狄奥多里奇能够将执行其设计的重任托付给他们。对于虚弱的罗马人，这位东哥特人带来了他的日耳曼力量；对于衰败的意大利人，带来了纯洁的道德和高贵的情感；对于那些在宗教上已经毫无想法，一切仅仅停留于表面的罗马人，哥特人展现了阿里乌信仰的严肃性和自由思想。缺乏教育的日耳曼人利用了罗马人的科学和艺术、他们的建筑师和工匠，而罗马人则利用了日耳曼人的勇气和防卫力量。从四世纪末开始，意大利的罗马人和日耳曼人之间开始保持交流，而在过去，这样的交流发生于定居在日耳曼土地上的罗马人和日耳曼本地人之间。从这个时候开始，意大利的两个民族开始相互融合；尽管在东哥特人的支配下，日耳曼成分对罗马成分的渗透在深度和广度上还不及伦巴第人的支配所达到的程度，但它依然是可被追溯的，依然给意大利人带来了健全的血液和健全的心灵。种族交融是历史的必然。和其余的罗马世界一样，如果没有来自欧洲北部的盐，罗马意大利也会腐烂。东哥特人以及哥特人之前奥多亚塞领导下的 日耳曼人，给意大利注入了新鲜的血液，促成了意大利的复兴和重生，其中的许多要素当伦巴第人在意大利建立他们的王国时依然存在着。

狄奥多里奇同时还保护了许多艺术作品，免遭腐坏和滥用，其中不少是从古代世界流传下来的。在狄奥多里奇的和平统治下，意大利人民的生活水平被提升到繁荣的程度；同时，哥特政府的宽容态度又给了每个宗教派别以完全的自由，结果就是，连天主教会也建起了新的建筑。在如此统治下，这个可爱的国家日益增长的人口得以平静地操练起和平的艺术。在狄奥多里奇治下，这种安全持续了33年，以至于城市的大门日日夜夜都敞开着。当时流行着一句谚语：一个人可以毫无畏惧地在地上留下一袋金子。长期以来，日耳曼人一直被视为破坏性的入侵者而令人畏惧；狄奥多里奇既不破坏，也不骚扰。在他的带领和亲力亲为下，意大利似乎苏醒过来，开始了新的生活。长期荒废的矿藏重新投入开采，侵蚀肥沃土地的沼泽被排干，早已废弃的港口又挤满了船只，意大利上上下下的道路再次忙碌起来，人们交往频繁，贸易兴隆。

当狄奥多里奇看到，50多年的战争给不幸的意大利人民造成的创伤，被他的政治智慧和当时的有利条件治愈后，他转而满足已经接受他统治的意大利人民的民族偏好。他满足他们对炫耀的喜爱和对快乐的渴望。重新建立和美化了公共浴池。用新的水渠和公共大厅使城市焕然一新。重新开放了剧院。宽容的东哥特国王甚至不反对他们观看野兽和角斗士搏斗，这种乐趣是帝国的遗产。他为意大利人提供便宜的粮食，对因疾病或自然灾害而陷入困境的人们给予空前慷慨的援助。为了减轻意大利人的负担，尽管这种负担比罗马皇帝时期已经要小得多了，他还是不顾许多哥特人的抱怨，违背旧有习俗，将土地税加在他们头上。通过这一举措，他向罗马臣民们提供了最明显的证据，证明他对国家内所有子民都怀有同样的爱和关怀，有一颗不分国籍的心。当时的天主教会但凡在其拥有权力之处无不对阿里乌主义者施行最残酷迫害的时候，然而，同样身为阿利乌主义者的狄奥多里奇，却在东哥特信仰与罗马信仰之间制定下完全的平等原则，并保护天主教会所有的一切权利，还经常对其施以慷慨的捐赠。他确信，意大利人民在他这样的领导下可以获得幸福。他们处在顺境中，感觉良好，就会忘记给他们带来繁荣的国王首先是一个异邦人，一个日耳曼人，其次还是个阿里乌主义者。30年来，他已经向意大利本土的罗马天主教徒表明，两个宗教派系共存于一个正义统治者的领导下，是一件多么幸福、愉快的事情。意大利人民确实也感觉到了。如果这些代表国王的公爵和伯爵是阿里乌-哥特人，他们的地位如同他们的头衔一样，也纯粹是军事上的；除了国防，他们没有其他任何责任，与司法、政府、教会和学校没有任何关系。狄奥多里奇的宗教敌人从来没有报道过，在他统治下发生过任何虐待和荒淫事件，就像我们今天在基督教国家所读到的那样。事态发生改变，并不是因为东哥特首领和行政长官们压迫当地人，而是罗马天主教首领和行政长官们，先是在意大利之外，接着在意大利内部，煽动心满意足的罗马人民的情绪，教唆他们起来反对阿里乌主义异教徒。

有一点是狄奥多里奇没有计算到的，那就是天主教神职人员。他天真地以为可以用平等来抚慰他们，没想到的是，在未得到唯一权力之前，他们是无法平息的。国王未能成功地将日耳曼人和罗马人融合进一个国家，是罗马天主教神职人员的错。这一群体遍布整个意大利。在这里，狄奥多里奇的命数和运气都失败了。他没法再进一步让意大利人与日耳曼成分和王国和解，并与之一起成长。要建立一个纯粹基于日耳曼原则之上的新国家，就不可能不采取那种会激起当地人普遍敌意的措施，不可能不根除天主教贵族和神职人员以及旧有人口中的更大部分。狄奥多里奇很高兴地看到哥特人越来越接受意大利人的社会习俗和风尚，甚至接受意大利人的民族服饰。在君士坦丁堡，哥特式装束是时尚，而在意大利，哥特人穿的是罗马服装。一直以来，日耳曼人和斯拉夫人一样，很容易地就能掌握一门外语，因此，哥特人很快也就掌握了罗马语的知识。但他们仍然虔诚地坚守着自己的母语，捍卫它的神圣性，就像捍卫他们的民族信仰阿里乌主义信条一样。人们经常轻易下判断说：“为了让日耳曼精神和情感渗入意大利，也为了将两个民族整合进一个持久的政治实体，狄奥多里奇和哥特人或许对意大利人而言牺牲了自己的语言和习俗，而通过这种方式，抹除了一切将日耳曼人和罗马人分离开来的特征。”这种观点实际上是在要求狄奥多里奇做一些政治上、道德上都不可能的事情。他可以宽容，可以平等地对待被征服民族的民族特性，但要强迫征服者和胜利者，强迫哥特人牺牲自己的民族性，牺牲他们的神圣信仰。只是为了新王国的政治和宗教统一，就要让哥特人放弃他们所珍视的东西，这是狄奥多里奇不可能做到的，即使他比现在强大无穷倍，也有这样的愿望，也不可能做到。但是他不可能有这样的愿望，他自己也是日耳曼人，一个真诚的思维清晰的基督徒。

意大利人心怀感激地承认了他给意大利带来的福祉。他在罗马人中很受欢迎。他没有把两个民族分开，他的哥特人没有在他们自己和罗马人之间竖起一堵墙，罗马人也没有。因为在狄奥多里奇的统治下，哥特人和罗马人的实际生活质量要比他们之前在各自本土统治者统治下的几百年都要好。宗教信条的差异本身并没有妨碍日耳曼和罗马人的共同发展。尽管存在这种差异，不同信仰的人们无论处在什么年纪，都能在共和政体和君主政体中幸福地生活在一起，也能在他们的家庭、共同体和国家中共同生活在一起，只要一个狂热的、野心勃勃的祭司阶层不要故意毒害这种共同生活。正是这一祭司群体在长期的秘密工作后，于狄奥多里奇统治的末期，开始公开工作。神职人员阻止了意大利的复兴，并有意无意地给这个当时正走向繁荣的国家带来了难以形容的灾难。

教宗制还不是后来的样子。但“真正的信徒”已经从基督教世界的各个地方聚集在了罗马主教的周围，就像在天主教堂的中心。由于所有的日耳曼王国，只要不是异教徒，都奉行阿里乌派的信条，加之最后几任希腊皇帝也并非罗马意义上的正统，正统的罗马派系及其领导人，只能在几个他们占据上风的点上，执行其清除阿里乌派信徒和其他异端并强制信仰统一的计划。实际上，他们成功地使法兰克人的国王克洛德维希（克洛维斯）的信仰转变为罗马信仰。他与其他法兰克人一样，直到那时还是异教徒。然而，这位桀骜不驯的法兰克人并不允许别人利用他来对付其小叔狄奥多里奇。后者对他来说实在太伟大，太强有力了。

要对抗法兰克人，狄奥多里奇这边不仅有他自己的武装力量，也有所有日耳曼民族的武装力量。一直到波罗的海、北海以及更远的群岛，狄奥多里奇都被那里的人们自愿承认为所有日耳曼部落和国家的保护者。对每一个受到威胁的部落，他将自己表现为一个避难所，向他们提供支持，以父亲和法官的声音介入他们的纷争，争端从而得以平息。西部的阿勒曼尼人受到法兰克人挤轧，向狄奥多里奇寻求保护；他用强壮的臂膀护卫他们，命令法兰克人回到自己的边界内。东法兰克人和勃艮第人之间的冲突和争吵得以平息，是因为他写信给他们渴望战争的君王："你们都能证明我的善意。你们是年轻的英雄；我应该给你们提出建议。你们的混乱使我感到不安。你们放任自己被激情左右，这对我来说不是一件无关紧要的事。君王的嫉妒和激情能导致民族的毁灭。他们的友谊和团结则像血管，人民的愿望能够在其中相互传递。"

狄奥多里奇在一些斯拉夫部落的地位也很牢固，这些部落尊其为保护者。他保护了阿提拉的一个后裔以对抗希腊皇帝阿纳斯塔修斯。由于拜占庭帝国朝廷并不听从调解，他派出了军队，这支哥特军队在摩尔达维亚的马戈要塞几乎完全摧毁了数量远胜的帝国军队。为了报仇雪恨，君士坦丁堡的舰队在卡拉布里亚和阿普利亚海岸进行了掠夺和毁坏。然而狄奥多里奇的千帆舰队清洗了帝国主义者的土地，从朝廷那里争取到了极为有利的和平条件。

在这种情况下，罗马天主教的牧师团体推迟了执行对东哥特国王的企图。然而，由于克洛德维希对征服和追逐私利所具有的强烈欲望正好与天主教的利益不谋而合，很容易就能怂恿法兰克国王对信奉阿里乌主义的西哥特人发动战争。通过这一举动，既希望能够建立天主教的信仰统一；同时作为奖励，法兰克人也希望能够将富裕的西哥特人土地并入自己的领地。结果，克洛德维希和牧师党人在战场上虽然取得了短暂的胜利，但他们的计划却彻底破灭了。因为西哥特国王被杀了，而他的儿子还未成年。于是并非由他的母亲，而是父亲狄奥多里奇对小孩实施监护，统治着西哥特王国。

这一打击使牧师党人颇为无奈。罗马主教和他的派别——大部分老罗马贵族都是其成员——表面上对狄奥多里奇很友好，私下却为宗教的统一和天主教会的霸权而辛勤操作，也就是致力于打倒狄奥多里奇以及他所保护的阿里乌主义。罗马主教和君士坦丁堡牧首之间长期存在着强烈的嫉恨；每个人都希望成为基督教世界的第一人。查士丁尼于518年在君士坦丁堡登基。他的前任们不是罗马天主教会的成员，而在某些方面是异端。查士丁尼还是其叔父的法定继承人时，就得到了所有真正信徒的支持，保证助其收复曾由罗马皇帝统治的欧洲和非洲的所有帝国土地，只要他作为信仰的战士，能够根除异端。查士丁尼根本没成为英雄，却成了一个严格的天主教徒；在他坐上王位后，他承诺在整个帝国强制实行信仰的统一；承诺通过实现东部神职人员和西部教会间的完全和解，消除罗马和君士坦丁堡之间的分裂。

当上皇帝后，查士丁尼遵守了诺言。他公布了一项严厉的法令，严禁阿里乌教派在其领土上存在。一场沉重的迫害开始于523年，覆盖东罗马帝国的所有地区。其程度非常猛烈，以至于长期处于神职人员暗中怂恿下的意大利天主教人口，也被刺激得异常兴奋，仿佛教会胜利之日已经到来。然而，教皇和皇帝的同谋还不敢直接触碰意大利的阿里乌派，而是转而攻击意大利各城中众多的犹太教徒，他们的人数在狄奥多里奇维护的宗教自由下正不断增长。于是，意大利的天主教派开始了对犹太人的迫害：首先是为了搞清楚狄奥多里奇统治下的人民能够被宗教狂热影响到多深的程度；其次，重新判断自己可得的力量，以便之后能用来对抗阿里乌派哥特人；最后，让东哥特国王在所有天主教徒眼中成为犹太人的朋友。

犹太人没有做过任何邪恶的事去激起人民的仇恨；犹太人所犯的每一项罪行都会受到狄奥多里奇的严厉惩罚；是人为煽动的宗教狂热在攻击和毁坏犹太商人的财产。狄奥多里奇谴责天主教群体，让他们赔偿受伤者。一部分人以宗教顾虑为借口，拒绝为犹太人提供补偿。国王公开惩罚了这些人。在这次惩罚之后，他们被认为是“信仰的殉道者”，这件事则被描述成国王在迫害天主教会，而他实际上什么也没做，只是用法律和正义来对付那些践踏这两者的人。

狄奥多里奇并不怀疑这些事件之间存在着关联。他认为它们只是狂热分子教唆下孤立的群众暴行，丝毫没有预感到君士坦丁堡朝廷和罗马教会之间的秘密联盟。

尽管拜占庭朝廷正忙于阴谋敌对他的国家，尽管罗马的诡计正滋养着真信徒的狂热，并怂恿狄奥多里奇整个王国中的罗马人对抗日耳曼人，对抗王国的政体和法律，因而也就是对抗国王本身，这位国王却还是毫无疑心，以至于为了保护东部的阿里乌派弟兄们免遭迫害，他竟派出教皇约翰和四名元老院议员作为使臣前往君士坦丁堡的帝国朝廷。

罗马主教在皇帝的宫廷受到极其隆重的接待；他被荣誉包裹，受到特别的关注以表明被尊敬的程度。其身份不仅被视为西方天主教的首领，而且是一位朋友。狄奥多里奇代表西方阿里乌派所提出的请求则被查士丁尼断然拒绝。狄奥多里奇诉诸在其国家中的天主教徒所享有的完美自由，并要求在东部的同胞们也能享有同样的自由。罗马主教竭力劝说皇帝，向他说明意大利的天主教徒所享有的优越地位，以及拒绝他皇家主人的要求可能带来的不利。

由于迫害东方阿里乌教派的敕令没有被收回，迫害变得越来越厉害，狄奥多里奇意识到，其中涉及比礼仪问题更深的原因。帝国朝廷谎称这主要是受狄奥多里奇在选择皇位继承人时的行为的影响。后者擅自决定让女儿阿玛拉松塔的丈夫尤萨里奇作为继承人，并未咨询或向皇帝提出申请。而皇帝仍然具有对意大利的最高主权，对西部王冠继承人的选择具有决定权。就在狄奥多里奇的请求被皇帝拒绝的时候，他也知道了天主教大众日益增长的激昂情绪，他的眼睛终于打开了，一场反对他、反对他的宗教和王国的阴谋猛地出现在眼前。而阴谋的主角就是意大利民族主义派系的宗教和贵族领袖以及帝国朝廷。

要公正、平和地判断意大利人的行为，我们必须准确地找准事情的定位。如果各民族的君主是独自来到这个国家的，如果人民在他统治下过得幸福，那么各民族很快就会忘记这个最高主权是个外国人，他个人也可以公开奉行一种不同于这个民族的信仰。但是，如果他是带着一个作为征服者的民族而来，尽管采取了各种平等的法令，依然觉得自己是统治民族，不仅在政治地位上有区别，也在宗教信仰上有区别，那情况就截然不同了。外国人及其同胞的统治侮辱了当地人的民族感情，也使宗教的狂热仆役很容易通过唤起本地人的民族荣誉和信仰来反抗政府。不管这个政府有多好，它仍然会被呈现为一副枷锁，民族和宗教的责任要求人们抛弃它。长期以来，意大利人民对所有的民族主义思想都不感兴趣，对他们的爱国主义呼吁在很长一段时间内没有产生任何效果；只有当天主教派触及宗教之泉时，爱国运动才有了成效。贵族和教会显贵仍然有爱国主义的感情，除了少数例外，他们最初形成了反对狄奥多里奇这位外国人和异端的集体力量。

我们不能否认，在这个派系中，宗教狂热是真诚的，他们确实认为民族尊严受到了侮辱。对于这些意大利人来说，除非他们信奉的教义成为这个国家具有统治性的唯一教义，他们就会抱怨受到了宗教压迫。爱国主义为他们试图从异族统治下解放自己的行为提供了辩护，尤其是阿里乌主义正在西部扩张。天主教的狂热将反对异端捍卫者和领袖的战争视为一场为了生命的战争，一场为了天主教会的存在而展开的战争。于是，为了人们所珍视的自由、独立和信仰，这场斗争找到了正当的理由。

狄奥多里奇国王当时已年过六旬，他在意大利的光荣统治也即将结束。看着为之付出那么多心血的人民竟然允许自己被神职人员和贵族地主煽动起来反对他，狄奥多里奇心里很不是滋味。同样让他难以接受的是，这些人民是那么的任性无常。尽管从东帝国皇帝那里没有得到任何好处，却如此轻易就被收买；尽管常常尊奉他为受爱戴的国王，却又如此轻易地对其叛离。然而，最让他感到痛心的是，那些他特别信任的人，那些多年来热切地效忠于他的人，现在却成了叛徒。

他的司法部部长塞普利阿努斯并非哥特人，而是罗马人。和卡西奥多鲁斯一样，他是东哥特国王和意大利新政治发展的忠诚仆人，因此也就是天主教民族主义者，或者换句话说，贵族是牧师阴谋的主要敌人。他长期以来都与狄奥多里奇站在一起，抵抗着这些势力。他建议在教皇约翰和元老阿尔比努斯从君士坦丁堡回来后逮捕他们。这一建议的基础是被截获的后者与东罗马皇帝间的信件。这些信件包含了罗马贵族和拜占庭宫廷之间所达成的叛国协议；皇帝受到召唤，求其将意大利从外国人的枷锁中解放出来。阿尔比努斯因此被捕。波埃修长期担任国王顾问，是一位杰出的政治家和哲学家。在接到阿尔比努斯被捕的消息后，他急忙赶到王宫，为朋友求情。塞普利阿努斯也在那里。

在为自己被指控的朋友热情洋溢的辩护中，以下的话脱口而出："如果阿尔比努斯有罪，我也有罪，整个罗马元老院都犯了叛国罪。”塞普利阿努斯随即宣布他认罪。他立刻控告了他及其岳父——年迈的元老辛玛库斯。两人都被关进了监狱，教皇回来后也被关进了监狱。关于波埃修，信件已提交给了国王，上面有他的签名。塞普利阿努斯正是据此控告他叛国通信，并计划将意大利交与东罗马皇帝之手。波埃修和阿尔比努斯宣称签名是伪造的。毫无疑问，波埃修作为罗马本地人，与所有著名的罗马人一样，看到了自己的国家从外国人手中解放出来的希望，看到了意大利与东罗马帝国实现统一的希望，或者复兴西罗马帝国的希望，而且都在内心深处珍藏着这些希望。但这些信件的真假是否被伪造，却是不能确定的。国王相信它们是真的。波埃修被剥夺了所有地位，财产被查封，自己则被放逐。在判决中，懦弱的罗马元老院给出了死刑，狄奥多里奇却将其改成放逐。

对其他囚犯的审判仍在继续。罗马天主教徒的兴奋情绪依旧高涨，有报道说国王打算从天主教徒手中夺取所有的教堂，并交给阿里乌派；信仰处于危险之中。出于对狂热的当地人爆发普遍起义的正当恐惧，狄奥多里奇决定对罗马人实行全面裁军。宗教热情和拜占庭阴谋持续刺激着意大利人，让他们充满更多的仇恨，而不断增加的骚乱和天主教徒公开表达的仇恨也转而使狄奥多里奇充满愤怒和仇恨。波埃修的敌人控告他是促成这些骚乱的帮凶。狄奥多里奇相信了这一指控，并允许元老院的判决在波埃修身上得以执行，时间为524年。几个月后，525年，他的岳父辛玛库斯也被执行了同样的判决。在国王的愤怒面前，元老院瑟瑟发抖。为了自救，它表现出顺从的忠诚，直接宣告了波埃修和辛玛库斯的死刑，而没有举行听证，也就是没有允许他们为自己辩护，也就是没有遵守法律的一般形式。公元526年，教皇约翰死在了监狱里。

即便国王真的相信被指控者确实有罪，毫无疑问他是相信的。即便波埃修确实罪大恶极，但当狄奥多里奇冷静下来时，悔恨还是苏醒于他的良心中。因为他自己所规定的东西，法律和正义，都被践踏在了脚下——被践踏在他自己的脚下。在这次审判中，人们——其中还有他的大臣、密友波埃修——在没有依据合法程序的情况下，就被判刑并被处决。由于他被承认为意大利国王，他的人生和统治一尘不染地呈现在他自己和世界的面前。他一直是那么正直，从未因一时的激情而针对过任何人，而如今他不得不对自己说，强权而非法律已使人流血。然而，信奉阿里乌主义的东哥特人并没有将这一行为变成一连串暴力的第一环节。狄奥多里奇终究陷入了深深的悔恨，因为他破坏了自己制定的法律，哪怕就这一次，哪怕是为了反对他视为有罪的人。

天主教会给予波埃修殉道者冠冕。为了将自己的故土从外国人手中解放出来，他赌上了自由和生命。对他来说，这是一项爱国主义举动；而对现存权力来说，则是严重的罪过。30多年来，狄奥多里奇以日耳曼民族性为代价，致力于促进意大利人的福利以及意大利的复兴，得到的回报却只是仇恨。对此，他感到悲痛，正当而自然的悲痛。在生命的最后日子里，面对死亡，狄奥多里奇由于破坏了法律而满心哀痛，这更凸显了他的光辉和高贵。他指定女儿阿玛拉松塔（阿玛拉斯温德）在其死后担任摄政王。她十岁的儿子则是他的继承人。狄奥多里奇在临终时叮嘱二人：“永远要遵守法律。决不能忘记必须不仅要履行君王的职责，也要履行人和公民的职责。”

教皇约翰去世后三个月，526年8月26日或30日，国王也去世了，在他生命的第

62年，统治意大利的第34年。

狄奥多里奇死后，爱国者中流传着一则逸闻，讲述了他最终的病因：国王坐在桌旁，受到身边大鱼的惊吓；鱼张着嘴，样子让他想到被杀害的辛玛库斯。他突然病倒，三天后就离世了。然而，牧师们却断定，这一突然的死亡是上帝对异端的审判。因为就在他被带走的那天，他已经计划好要推翻整个教会，并以没收他们的礼拜场所作为开端。他在绝望中下了地狱，而此前，良心已让他在世上尝到了自己厄运的滋味。

国王得到的回报是忘恩负义，但神的正义审判很快为他报仇雪恨。在意大利人的记忆中，他再次享有了最高荣誉。当爱国者实现了自己的目标，意大利被纳入东罗马帝国后，他们怀念“伟大的蛮族人治下的幸福时光”的日子很快来临，并开始谴责自己对他为国付出的不知感激。

狄奥多里奇是日耳曼民族产生的第一位伟大国王。“伟大”一词应从最崇高、最高贵的意义上得到理解。既是一个伟大的人，也是一个伟大的君王，直到卡尔大帝的时代，天主教世界拿不出任何一个人能够与这位阿里乌派国王相提并论。然而，狄奥多里奇也是第一个，通过个人经历明白了，想要通过宽宏、温和、友好来与罗马教会维持永久和平纯属幻想。在友谊的面具下，罗马教会不可调和地谋划着一切，让他人生的最后时日异常痛苦。我们或许应该将这一案例视为一次警告，它足以让之后的国王和共和政体擦亮双眼。

第三十四章

梅尔文人克洛德维希（梅尔文的克洛维斯）的法兰克王国的创立

高卢的土著居民是罗马天主教徒；法兰克人将其征服的步伐推进到了这一地区的更深处。直到五世纪末，他们都热衷于自己远古的自然宗教，保持着异教徒身份。在与阿提拉的战争中，在加泰罗尼亚平原上，他们的一位王子参与了其中。他就是梅尔维伊或梅洛维奇，在晚期拉丁语中则是梅洛维乌斯。他幸存了下来，而本族人的很多领袖却都牺牲了，加上他的英勇事迹，使他被认同为萨利安法兰克人的唯一首领，而这一地位似乎也正是他在战争中所享有的。

但他的名字并不是梅尔维伊；他曾经是，也被称为梅尔维王子。梅尔维是一片位于马斯河流域的土地，起始于它与瓦尔河的交汇处，而萨利安法兰克人这一分支正是从这个地区得到了梅尔文人这一名字的。在这个分支中，有一个贵族家庭，一个世界上最古老的贵族家庭，多年来一直在产生英勇的领导者。法兰克列王就是从这个家族中诞生，形成了梅尔文皇室。与阿提拉作战的英雄是第一任法兰克国王克洛德维希或克洛维斯的祖父。梅尔文人的老君王死于456年。由于大家都还激烈地忙碌于战争和征服，死去的君王的战友们就在盾牌上举起了他唯一的儿子，柴德里奇；这是一场选举，但不是选国王，而是战争君王。这位21岁的君王玷污了法兰克领袖的荣誉，被迫逃亡。他的英雄父亲原本已经组建的统一民族又一次分裂为处于一系列独立统治下的独立小部落。柴德里奇在图灵根君王那里避难。但在六年的逗留期间，他是那么令其宿主的妻子着迷，以至于当柴德里奇的朋友召唤其回家时，她选择离开自己的丈夫，跟着他回到了在法兰克的家。在那里，当着萨利安法兰克人的面，她宣称自己之所以追随柴德里奇，是因为她找不到比他更聪明、更强壮、更英俊的人了。

在柴德里奇朋友们的准备下，大部分萨利安法兰克人立刻加入了他的阵营。另一部分则仍然效忠于埃吉迪乌斯，他是罗马在高卢统治的最后残余势力的统治者。公元464年，在科隆附近，柴德里奇打败了这位罗马人及其派系，占领了特里尔和科隆，更换了旗帜，并与罗马人结交友好，支持他们反对他自己的日耳曼兄弟，那些定居在高卢的勃艮第人和阿勒曼尼人。就这样，他对罗马人来说变得很重要。然而，在积极维护他们的利益、保卫仍隶属于罗马的城市和领土的盟友面具下，他成功地将自己和自己的人牢固地安插在他们中间，从未被驱逐。这样，他就拥有了巴黎和尤利乌斯·恺撒所建立的伟大而坚固的城市昂热。他至死都保留着这些，并将之传给了他的继承者。他与定居在高卢土地上的其他日耳曼人开战，目的在于为自己和他的法兰克人赢得高卢，首先驱逐日耳曼人，然后是罗马人。

公元481年，也就是梅尔文人柴德里奇一世45岁那年，他与其父辈们长眠。萨利安法兰克人将他的儿子克洛德维希或克洛维斯高举在盾牌上，奉为他们的军队亲王。

克洛维斯当时15岁。他的血管里流淌着父母的血液，因为他是柴德里奇和图灵根王妃的后代，后者因为前者离开了自己当时的丈夫。在最早的岁月里，法兰克人并不像绥威人部落那样严格地遵守婚姻义务，至少完全不用遵守男人的婚姻义务。他们长期居住在罗马营地附近，并与罗马化的高卢人交往频繁，这些都使法兰克人在婚姻事务上发展出了轻浮的作风。柴德里奇之前遭到过放逐，但并非因为行为放纵，而是因为对贵族的妻子们行为放纵。

克洛维斯在理解力以及思想和意志的勇敢上超越了他的同时代人，当然也超越了他的萨利安法兰克人，后一品质显然源自他的母亲。毫无疑问，他也生得非常英俊，毕竟其父母就都因美而为人称赞。他拥有高超的军事技艺，能熟练地使用刀剑和战斧，以致在十四五岁的时候，他就已经让自己获得了出类拔萃的名声。他赢得了许多萨利安小亲王的支持。这些人保持着独立，占领着康布雷和布伦附近地区。克洛维斯让他们和他们的追随者们相信，与他联盟，并一起进攻罗马的残余领地，将会带来名声和战利品。战利品吸引了这些亲王，而克洛维斯则满心希望能扩大自己的权力。他决心做他父亲已经开启的事业。当他和他的盟友进攻罗马总督赛阿格利乌斯时，他只有20岁。

苏瓦松这座当代小镇构成了当时依然由高卢的罗马人所占领的一小部分领土的中心。因此，北方的领土虽然名义上是罗马的，实际上却处于罗马人的法兰克盟友的掌控中，即柴德里奇和克洛维斯。塞阿格利乌斯突然就遭到了袭击，被克洛维斯打了个措手不及，以至于他根本没有时间来筹集和购买一支雇佣兵。这支雇佣军原本将来自敌视法兰克联盟的日耳曼部落。甚至西哥特人，尽管他们最靠近罗马人并且还是法兰克人的宿敌，也被克洛维斯的阴谋所吸引，加入了他的事业。486年，在苏瓦松附近，克洛维斯非常轻松地让塞阿格利乌斯尝到了彻底的败绩，后者完全处在孤立和惊恐中。这个罗马人带着一些随从逃向了西哥特国王阿拉里奇二世。然而，西哥特人是克洛维斯的盟友，他们将塞阿格利乌斯交给了他，条件是与法兰克人分享罗马的领土。克洛维斯秘密地在监狱里处死了罗马权力在这片土地上的最后代表，但他并没有与哥特人划分土地，而是夺取了西帝国留下的一切。他花了三年时间才将最后一座仍在罗马人手中的城市夺为己有。

西方的罗马人，如果有可能的话，在高卢就会比在其他地方变得更加衰弱，因为罗马化的人口，并不管基督教的精神，公开地生活在无节制的不道德状态中。在这里的城市中，罗马人和日耳曼人的血液混合了几百年，而健全的日耳曼元素被罗马人的轻浮心态完全吞噬。这使得克洛维斯的父亲很容易就能拿下科隆、特里尔、美奄斯（美因茨）这些强大的城镇。所有这些地方的居民和卫戍部队继续着他们的奢侈饮宴，而法兰克人就在此时冲击着他们的城门。这种轻浮就好像幻想着世界即将毁灭，他们马上就会因此而丧失此世的所有享乐一样。在克洛维斯所占领的城镇中，这种状态非常显著。就在他带着火与剑冲进这些地方的时候，不止一处的居民竟请求法兰克人允许公共游戏和公共宴会照常进行下去。

克洛维斯住在巴黎的宏伟皇宫中。从四世纪开始，罗马皇帝偶尔也住在这里。

在轻而易举地推翻了罗马的残余势力之后，他可以将这个地方称之为自己的领地，如果以英里数来衡量，它并不算很大的战利品，但这是高卢的心脏，伟大的罗马行省的中心，塞纳河和卢瓦尔河中下游之间的土地。这片土地开垦良好，人口稠密，有一系列富裕、防卫坚固的城市，罗马文明在此仍然被保持着，而在周围地区则被排斥。巴黎几个世纪以来都是高卢中部和北部地区的中心。当克洛维斯定居巴黎的帝国皇宫后，他在罗马高卢人眼中就是皇权的继承者，在法兰克人眼中也拥有了崇高的地位。

法兰克人作为一个整体仍然是异教徒，尽管他们和罗马基督徒的交往已经持续了两个世纪之久。越在北方的日耳曼部落，其中越少基督徒。在大迁徙中，法兰克人大部分都留在相同地区的民族圣所附近，即下日耳曼的神圣森林“海嫩”附近。他们仍然坚定信奉自己父辈的信仰，就像斯堪的纳维亚的哥特人一样。后者仍然是古老传说中的“雷肯人”，未经开化，粗野不堪，而他们的同胞，最先在黑海，之后在西罗马帝国，每天都与另一种宗教和文明频繁接触。法兰克人仍然具有古老的英雄精神，热爱战斗，对自己的男子气概充满信心，甚至有些过度。在这些具有异教思想、欲求征服和冲突的法兰克战士眼中，基督和他的使徒以及基督教僧侣们只不过是些“懦弱的家伙”。然而，正如基督教已经出现于当时其他日耳曼人中一样，它也来到了法兰克人中间。这源自日耳曼人所具有的另一特征，一种普世的日耳曼习惯，即允许其他神灵与本民族神灵一起得到崇拜。当一名信奉基督教的客人来到异教徒日耳曼人中时，后者允许前者崇拜他自己的神灵，认为这是正当的行为。这导致的结果就是，每当日耳曼人作为征服者出现时，他并不将自己的神灵强加在任何民族或个人头上。

日耳曼民族的另一个高贵特点是他们对妇女和婚姻神圣性的原始尊重，而正是这一点更加积极地促进了基督教信仰的进入。即使西法兰克斯人宽恕了柴德里奇所犯的错误，但大部分异教徒日耳曼人，怀着他们纯洁的自然感情，在这一点上是严肃而庄重的。理想主义倾向在日耳曼人的天性中非常强烈，在日耳曼妇女中则尤其强烈。在基督教传播的第一个世纪结束后不久，教会开始崇敬“主之母”，把一个理想的女性形象置于虔诚的灵魂面前。根据教会的学说，“圣母玛利亚”诞生了圣子。作为一个母亲，她怀抱着自己渴求的救世主。从五世纪开始，她的地位上升，高于所有天使或圣人，一个新的天堂女王，也是地上基督教会的女王。一切神圣，一切纯洁都可以在“圣母玛利亚”像中找到表达。教会通过她将母性神圣化，妇女在这种学说和信仰下，获得了世上更高的地位和更强的神圣性。

受基督教深邃真理的吸引，即使是它阿里乌信仰的形式，许多乐于深思的少女和主妇们成为基督徒，像克洛维斯的姐妹兰特尔达和奥多芙蕾达，就在她们父亲柴德里奇的宫廷里皈依了基督教。因为在那些日子里，阿里乌信仰作为显赫的日耳曼信仰，其代表人物比天主教主教拥有更大的势力。天主教学说一开始就能很强地影响女性，这几乎是必然的，因为在这种天性中感情支配着理性！阿里乌主义更多地影响男性，是因为神圣著作经乌菲拉斯翻译后能够被他们读到。而女人的自然倾向则指向吸引想象力和惊奇感的东西，因而更容易被天主教的仪式和教会中重要的奇迹表演所迷惑，它们是那么的富丽堂皇、色彩斑斓。从五世纪初开始，勃艮第人从异教皈依罗马信仰，但还不到四分之一个世纪，他们就改信了阿里乌主义，而在当前这个时期，勃艮第人中一些著名的女性又改信了天主教。

罗马共和国垮台后，女性在宫廷和国家事务中发挥着重要作用。基督教会很早就利用女性来实现其目的。教会首先转化日耳曼女性，尤其是首领的女儿们，然后安排她们与异教徒首领联姻，为的是通过妻子的力量来赢取这些人的信仰。如果公爵或国王改信了基督教，就能通过他们来转化整个部落或种族。

罗马教会在五世纪末期赢得了一位日耳曼公主的天主教信仰，她嫁给了勃艮第国王希尔佩里奇二世。希尔佩里奇和他的三个兄弟，冈多巴尔德、戈德吉塞尔以及戈多玛共享勃艮第的统治权。470年，冈德里奇国王把王国留给了他的四个儿子。

四位国王在各自的首都独立统治着老国王的遗产；冈多巴尔德在里昂，戈德吉塞尔在贝桑松，戈多玛在维耶纳，位于里昂以南八里格，希尔佩里奇在日内瓦。阿里乌派勃艮第人通过自己的经验得知，每当罗马神职人员出现的时候，自由就消失了，专断就出现了。他们在东哥特王国中看到了自由和繁荣。他们对希尔佩里奇的天主教妻子和希尔佩里奇本人感到不满，对主教们在皇室中所编织的阴谋感到不满；因为他们一直以来的重要目标就是让整个勃艮第民族改变信仰，而为了达到这个目的，他们要剥夺三个兄弟国王的权力份额，让希尔佩里希成为这个王国的唯一国王。皇后对希尔佩里奇所施加的影响力，唯一统治权的吸引力，以及天主教主教们在宫廷上所许下的援助，促使希尔佩里奇试图杀死冈多巴尔德及其追随者。一场兄弟间的战争随之而来。支持希尔佩里奇的戈多玛以及希尔佩里奇本人都沦为冈多巴尔德俘虏。戈多玛在狱中自杀，而希尔佩里奇和他的两个儿子则被冈多巴尔德身首异处。作为战争的起因，希尔佩里奇的妻子被淹死于罗纳河。只有希尔佩里奇的两个女儿，克罗娜和克罗希尔德，得到了赦免。他把她们及其父亲的财宝一起带到里昂。克罗娜被软禁在一个修道院里，克罗希尔德则被关在一座城堡里。

就这样，冈多巴尔德成为唯一的统治者。他把日内瓦地区仅仅作为一个附属公国留给了他的兄弟戈德吉塞尔。

在巴黎克洛维斯宫廷中的天主教主教们察觉到克罗希尔德能够成为促进教会及其权力的工具。这位小姐美丽非凡、性情刚烈。他们向克洛维斯提起她，她的美丽，她父亲的财宝。这些财宝尽管已被冈多巴尔德抢走，但根据法律，则是留给女儿的遗产和嫁妆。主教们知道，仅凭他们自身，绝不可能把这个聪明而又善于算计的不折不扣的异教徒转化为天主教徒。他的姐姐兰特尔达和奥多芙蕾达已经皈依了阿里乌主义。策略本身也建议克洛维斯采取同样的举动，如果他要成为基督徒，最好就是加入这个大部分日耳曼基督教徒所加入的基督教形式。一些追随他姐姐的法兰克贵族也是阿里乌派教徒，可以推测，其他决心拥抱基督教的法兰克人也会像其他日耳曼部落一样成为阿里乌派基督徒，正如那位即便是法兰克人也非常令人尊敬的国王——东哥特人狄奥多里奇。因此，天主教的主教们没有任何希望能够劝诱克洛维斯在所有日耳曼基督教徒中成为唯一一个天主教徒。克洛蒂尔达必须实现这一目标。克洛维斯向克洛蒂尔达提亲。叔叔冈多巴尔德根本不敢拒绝法兰克国王的请求。他惊恐万分，赶紧把她及其父亲的财物一起送给了克洛维斯。

从监禁中解放出来后，克洛蒂尔达与婚姻的协调人一起前往克洛维斯的住所和宫廷。当勃艮第的边界已经位于她身后，当她的双脚已经踩在克洛维斯的土壤和领地上时，她说出的第一句话就是表达对上天的感谢，让她有希望能够对杀害其父母兄弟的叔叔冈多巴尔德实施复仇，同时她也发誓要把她未来的丈夫转变为天主教徒。和母亲一样，她也是一名狂热的天主教徒。然而此时占有她的，并不是基督精神，也不仅仅是古老的血债血偿的异教感情，而是可怕的复仇精神。众多使节驾驶着长长的车队护卫着克洛蒂尔达。出于上述复仇精神，她恳求随行使节们将留在身后的勃艮第村庄全部焚毁，夷为平地。这些贵族早已被她的魅力所折服，只能乖乖地听从未来的女王。在一片平和中，他们将火把扔向了这些平和的勃艮第人住宅。克洛蒂尔达回头凝视着燃烧的风景，凝视着自己对同胞、对无辜者的房屋农场所点燃的烈火，她感恩上帝，感恩他成全了她的复仇。

克洛维斯看到克洛蒂尔达是那么的美丽，并拥有那么炽热的灵魂，与自己可谓惺惺相惜，他完全为爱情而神魂颠倒。克洛蒂尔达马上开始施展自己的魅力，诱导克洛维斯接受基督教，或者用她的话说，“向她的神基督祈祷，那唯一的真神”。然而，克洛维斯总是诉诸那主要的答复：日耳曼人对罗马人的胜利表明，罗马人的神，基督徒的神是无能为力的。一日，他对克洛蒂尔达说：“我们的神创造了一切，让一切变得伟大。然而，很明显，你的神，基督，是那么的无能，因为他甚至不能遏制自己帝国的公然衰落。因此，这确切地证明了，他并不属于神族。”

然而，克洛维斯还是为对其美丽妻子日益增长的忠诚和爱所说服，允许他们的第一个孩子英格玛受洗。小孩不幸死在了施洗袍中。克洛维斯说：“如果将他献给我们民族的神明，他就不会死了。”克洛蒂尔达又给他生了个儿子，名叫克洛多玛。出于对她的爱，他第二次答应了她的要求。这个儿子也受洗了，却也病倒了。克洛维斯非常愤怒。他看着自己的儿子仿佛已经成为死神的猎物。克洛蒂尔达那时正站在克洛维斯身边，她跪了下来，为病中的婴儿祈祷。小孩逐渐恢复了健康。克洛维斯从中看到了证据，似乎证明了他妻子的神基督也并非那么无能。然而，克洛蒂尔达始终无法让克洛维斯本人受洗，尽管她已经为此努力了三年。起初，他甚至不会受到刺激要去对其叔父勃艮第国王报以血仇，尽管与勃艮第人开战向他的征服欲提供了赢取肥沃土地的憧憬。由于他的姐夫狄奥多里奇并没有忘记勃艮第人对奥多亚塞提供的援助，因而即便他们都是阿里乌主义者，倘若克洛维斯向勃艮第人宣战，狄奥多里奇也不会实施阻挠。克洛维斯首先得帮助他的同族人，利普利安法兰克人西格贝特，继而终结与阿勒曼尼人的争斗。

阿勒曼尼人在继承罗马遗产方面是法兰克人的宿敌。由于勃艮第人向西迁徙，阿勒曼尼人已经占领了美因河与莱茵河沿岸留出来的空地，并继续向莱茵河下游推进，以损害法兰克人的利益为代价，扩张自己的势力。他们进入了莱茵河流域的法兰克人国王西格贝特的领土，进军侵略其首府科隆。受到威胁的利普利安国王需要大部分萨利安法兰克人的国王克洛维斯的援助。如果阿勒曼尼人取得胜利，占领科隆，他们将成为克洛维斯及其计划的危险邻人。阿勒曼尼人是所有日耳曼种族中生儿育女最为兴旺的一支，当时无论在人口数量还是在拥有的财产上都得到了空前增长，因为匈奴人残暴血腥的战争式移民并没有触及他们在北方的领地，而是掠过他们前往了东部和西部。并非在上莱茵地区，而是在曲尔皮希附近，下莱茵的克雷弗与尤利希之间，挺进的阿勒曼尼人和联合在一起的利普利安、萨利安法兰克人在公元496年爆发了一场关键性战争。在可怕、顽强的斗争之后，阿勒曼尼人赢得了胜利。克洛维斯看着法兰克人停止战斗，犹豫不前，最终放弃。阿勒曼尼人发出胜利的呼号，在克洛维斯及其同伴周围左右奔突，克洛维斯面临死亡或俘虏的危险。在绝望和愤恨中，他昔日所信奉的神明抛弃了他，见死不救。克洛维斯想到了克洛蒂尔达所信之神，在一群异教徒面前高声祈祷："哦，主啊！我的克洛蒂尔达的神啊，我的神明们已经忘记了我；如果你能赐我以胜利，我将信奉你，将接受洗礼，只有你，我现在所呼吁的神，总是能够将我从敌人的手中拯救出来。"如此宣誓提升了勇气，他重新投入战斗。法兰克人也因自己国王的勇气而重新振作起来，追随他继续战斗。新的冲击击退了阿勒曼尼人的进攻，他们的君王也身受重伤而亡。阿勒曼尼国王的陨落改变了战场的命运。看见国王倒下的阿勒曼尼人开始四处逃亡，互相推挤，恐惧高呼："国王死了！"当那部分坚守战地的阿勒曼人的酋长、君王们确定了国王之死后，他们向克洛维斯派出了代表。“杀戮可以停止了，”他们说，“我们将顺从你。”克洛维斯接受了请求，战争就此结束。

这些前往克洛维斯处的阿勒曼尼亲王们定居在莱茵河中游和美因河流域。克洛维斯行军穿越了他们的领土，收获了他们的效忠。阿勒曼尼人的其他分部则退回到了他们的旧居，准备重新开启战斗。阿勒曼尼人的绝大部分甚至撤离了莱茵河中游和美因河地区，因为他们无法忍受臣服于法兰克国王。他们加入了自己的兄弟部落，居住在侏罗山脉和上莱茵河到格里松斯东界之间，以及从雅克斯特和内卡河到现今的意大利瑞士之间。法兰克人占据了他们留下的土地。从此以后，这片长期以来属于阿勒曼尼人的美丽地区拥有了上法兰克尼亚的名字。尽管不到一个世纪，阿勒曼尼人的大部分人还是回到了这片他们早期的居住地，这个名字还是保留了下来。

克洛维斯继续推进他的胜利。他不仅穿过了所有已经投靠他的阿勒曼尼亲王们的领地，而且向南进发到了内卡河畔的劳芬，朝向现代符腾堡的心脏地带，甚至到达了纳戈尔德谷底，各酋长们似乎都已屈从于入侵的法兰克人。然而，就在这里，在如今浪漫美丽的黑森林边缘，一个有力的声音突然喝止了胜利中的克洛维斯。这声音来自他的姐夫，东哥特人狄奥多里奇。

受到威胁的南部阿勒曼尼人将自己置于他的保护之下。这位势力深远、广受尊敬的和平君王足够强大，他的言辞对克洛维斯来说就是法律。情形就此突然发生了转变。

从狄奥多里奇的行为和克洛维斯的惯常做法中，我们可以得出以下结论，法兰克国王已经开始将北阿勒曼尼地区处理为被征服领土，要求他们承认其唯一的主权，并将以同样的方式威胁其他地区。东哥特人写信给他的法兰克妹夫:“如果克洛维斯不能接受他的请求，善待被征服的阿勒曼尼人，他，狄奥多里奇，就会站出来，以武装的方式保护他们。”狄奥多里奇就是这样保护了留在自己家里的北阿勒曼尼人；那些为了躲避法兰克人选择移民的北阿勒曼尼人，以及整个南阿勒曼尼人，则都被置于强大的东哥特王国的保护之下。于是，克洛维斯只敢把被征服土地的一小部分留给自己和法兰克人，大部分则还给了在那里定居的阿勒曼尼人，并给予他们完全的自由。他只被允许让他们成为朝贡国。然而，这种朝贡以及侵略者的傲慢，还是刺激了大部分阿勒曼尼人，他们最终选择移民。早在曲尔皮希战役中，散落各处的阿勒曼尼分支就在勃艮第人那里寻求到了避难。

那些生活在莱茵河中游和美因河流域，既不能忍受成为胜利的法兰克人附属，又不能在他们南部兄弟那里得到一席之地的阿勒曼尼人，被狄奥多里奇安置在了雷蒂娅阿尔卑斯山区，位于福拉尔贝格，莱西河和美因河河谷。然而，在九年的时间里，大多数人放弃了他们的新家，最可能是因为这些地区维持生存的手段实在是难以提升。即便现在也还是如此，与其规模成正比，这些狭小区域和它们的天然野生状态只能维持少数居民，无法支撑一大群移民的突然涌入。另外，原因或许也在于，与莱茵河中游和美因河流域那些美丽地区相比，这些无法开垦、覆盖着原始丛林的山地导致的对比过于强烈，使他们对所离开的地方重新产生了渴望。他们离开那些魅力无穷的土地，那些由罗马人美化了一切的土地，或许只是希望有一天能够在南部弟兄和其他日耳曼部落，特别是东哥特人的帮助下，从法兰克人手中重新夺回它们。狄奥多里奇并未通过武力，而是通过友好协商的方式让克洛维斯为阿勒曼尼人的归来敞开了道路。现在，他们定居在自己的土地上，处于克洛维斯的主权下，缴纳贡赋，但享有自己的法律。他们所在行政区的治理者没有一个法兰克官员，全是他们自己的本土亲王。

阿尔萨斯，以及施派尔周边、越过萨尔河直到孚日山脉的地区，当时不仅处于法兰克人的统治下，而且其人口也与法兰克人高度融合。同样的情况也发生在科赫尔河、雅克斯特河、陶伯河附近的丘陵、河谷地区。只是在上述最后一处，阿勒曼尼人的数量要远多于法兰克人，而从内卡河中游开始的地区，则全是独立的阿勒曼尼人。

当克洛维斯踏上归途时，克洛蒂尔达在圣雷米吉乌斯和一队主教的陪同下匆匆赶到尚帕涅，准备迎接胜利者。当克洛维斯看到她时，他高呼:“克洛维斯征服了阿勒曼尼人，而你征服了克洛维斯。”“双重征服的荣耀应归于万军之主。”克洛蒂尔达回答。

针对朝臣和其他法兰克酋长们的皈依工作，现在由克洛维斯本人督促开展起来，当然克洛蒂尔达和其他主教们也积极参与其中。他们向法兰克贵族们表示，曲尔皮希战斗态势的突然转变是基督制造的奇迹，是对国王的祈祷、誓言的回应；当他得到了大量同伴后，克洛维斯同意受洗。在曲尔皮希战役的同一年（496年），在圣诞节的庆典上，受洗行列穿过装饰得花花绿绿的兰斯街道，来到圣母教堂；克洛维斯穿着一件白色的洗礼长袍，跟随他的所有皈依者都穿着白色长袍。教堂装饰一新，准备就绪，异教的新信徒们认为自己进入了一个充满魔法和奇迹的新世界。同代历史学家图尔的格列高利写道："上帝赐予在场的人如此恩惠，以至于他们相信自己正置身于天堂的芬芳中。"

香炉散发着香气，香气如云，冉冉上升。战争和流浪，打斗和征服，制造了这些异教徒的铁石心肠。这时的他们却充满敬畏，敬畏于庄严的音乐，也敬畏于面容神圣的牧师，他们的姿态、动作充满了优雅和尊严、自豪和温柔，穿着华丽、奇异、昂贵的服装，一会儿举起闪闪发光、盛着隐蔽东西的容器，一会儿发出神秘的、异教徒无法理解的单词和祈祷，一会儿又用同样奇异的语言吟诵庄严的赞美诗。与此同时，建筑的强大力量也迫使他们肃然起敬。大教堂的拱顶笼罩在他们头上，上面挂着无数盏明灯，光彩夺目；鲜艳的挂毯和旗帜，光耀照人。的确，他们的祖先也从他们的祭司和女智者那里听到过充满魔力的语词和歌曲，但并不是这些，他们的子孙，住在远离他们原始家园的圣地之外的地方。然而，这里却有一种截然不同的、更加伟大的东西，压倒了他们的感官，使他们肃然起敬。洗礼池装满水后，香薰蜡烛燃烧出更大的光亮和香气，四处都洒上了香膏。国王走上前来，主教说："低下你的头，尊敬、自豪的锡加布里人。崇拜你烧过的东西，烧掉你崇拜的东西。"前者指的是十字架，后者则是克洛维斯的旧神明和神圣橡树。之后，主教要求国王同意他所背诵的信经，并表达他对三位一体神的信仰。克洛维斯接受了洗礼，被涂以圣油，画了十字。

国王之后，克洛维斯的第三个妹妹受洗，然后是364位贵族，还有3000名普通法兰克人，而不是我们通常看到的3000名贵族。

这就是所谓的"法国第一位基督教陛下"的洗礼，之后的外交风格就是这么称呼克洛维斯的。由于所有其他日耳曼血统的国王都是阿里乌主义者，就连东方的皇帝阿纳斯塔修斯也卷入了阿里乌异端之中，而克洛维斯作为第一个受洗的异教徒，现在是基督教世界唯一的天主教国王，教皇因而赐给了他“最是基督徒的国王”这一荣耀称号。此后，所有登上法国王座的人都承载着这一称号。

相对于君主政体，为了使教会在法兰克人眼中显得更加神圣，克洛维斯的洗礼在诗歌中得到了天国的补充。据报道，由于人群拥挤，拿着圣油的侍从无法到达指定地点。于是，在圣雷米吉乌斯的祈祷下，一只白鸽从天而降，带来了盛有圣油的长颈瓶。从那时起，法国的历任国王们都被施以圣油，但正如他们的生活和行为所显示的那样，他们并没有从中受到任何特殊的道德圣化或圣灵力量。然而，受膏国王和法国人民，长期以来都相信这个圣瓶奇迹。直到晚近，油和瓶才归于消亡。法国大革命在1794年摧毁了它们。

克洛维斯受洗是为了取悦克洛蒂尔达，但也是因为他那敏锐的眼光已经察觉到天主教主教们在罗马化的高卢所拥有的权力是多么根深蒂固，多么波及广远，尤其是在他最初确立了权力，并希望吞并的那些地区。天主教神职人员如果能作为盟友，在属于他的地区以及不属于他的天主教人口占多数的地区，都将为其提供的巨大优势，这一点得到了这位精明的法兰克人的充分认识。他曾高兴地听说，教会对他的要求只是举行表面的洗礼仪式，此后除了向教会捐款和提供帮助，以回报她为其确保的巨大利益外，不需要做其他任何虔诚之事。 克洛维斯的皈依是双方暂时的利益交易。他向教会保证了更多的特权和专权，更多的财产，在国家中的影响力，以及一个很快就会成为主导性的地位。作为回报，教会向他确保了一个新的、崇高的权力的神圣化，专制主义的神圣化，以上帝之名的权力无限性的神圣化，并将这种权力的完全性和国王的神圣性灌输给所有成为基督徒的法兰克人，教育贵族和平民毫无保留地服从于神圣国王的圣化人格。与此同时，教会为了克洛维斯和天主教信仰，积极诱使所有罗马化的、天主教的人口放弃自己的阿里乌派君王，为克洛维斯打开他们城市的大门和山脉的关口。

仪式结束后不久，主教就向克洛维斯展示了洗礼所带来的和平果实，高卢北部海岸，当代布列塔尼地区，以及诺曼底的一部分地区，马上承认了他的国王身份。在那之前，只要法兰克人还是异教徒，这些地区就一直勇敢地维护着独立，反抗着他们。如今，既然克洛维斯和3000法兰克人都已成为天主教徒，就像这些地区的人们早已所属那样，他们便自愿通过条约加入了法兰克王国，很快与法兰克人联合为一个民族。和这些阿莫利卡人一样，在北海岸保卫边界的其他罗马人口也都是罗马天主教徒。所有罗马驻军以及与其连接在一起的罗马居民都效仿了阿莫利卡人的榜样。城市、城堡、平原和他们自己勇敢的双臂，这一带所有罗马的一切，都归顺了受洗的巴黎国王。这些北方罗马人口的残余保留了他们的罗马习俗和法律，罗马旗帜和服饰。这些都被移交给了他们最新的后裔，面对法兰克人的日耳曼习俗，它们得以幸存并征服了前者。

大多数法兰克人并不接受洗礼；他们极其执着于自己的旧神，以至于基督信仰在他们这里进展缓慢。一个世纪后，在王国的西部，从斯凯尔特河口到卢瓦尔河，还有大量的萨利安法兰克人仍然保持着异教徒身份。直到七世纪，洗礼才普及开来。而且，许多士兵无法接受克洛维斯的皈依。他们离开了他，将他的叔叔拉格那查(雷尼埃)承认为国王。此人在康布雷有一个朝廷，是一名独立的梅尔文君主。这位法兰克人很不情愿看到主教们如此富有，如此野心勃勃，在天主教人口中如此具有影响力；更不愿看到在克洛维斯的宫廷中，在各城市中，他们拥有着世俗领主的全部实际权力。老辈的、真正的北部“雷肯人”，刀剑和战争的儿子们，非常悲痛地看到衣着华丽的天主教神职人员，没有刀剑或勇气，却凌驾于他们选出来的国王克洛维斯之上。

“无论何时何地，你在战场上取得征服，教会与你一起取得征服。你的信念就是我们的胜利。你的命运波及我们。”维耶纳主教、阿里乌勃艮第所有天主教徒的领袖阿维图斯这样写给新受洗的克洛维斯。他告诉他，首先解放勃艮第的真正教会，一方面铲除异端邪说，另一方面铲除异教崇拜，完全是上帝的旨意。天主教徒克洛蒂尔达，凭借她的复仇渴望，加上天主教神职人员的工作，煽动了勃艮第王国的天主教人口；这些恰与左右克洛维斯的征服欲望形成呼应。500年，他向勃艮第国王冈多巴尔德宣战。

鉴于由勃艮第王国内外的天主教徒发起的反阿里乌派运动，冈多巴尔德于499年9月召集各领地天主教神职人员的首脑与阿里乌主义民族教会的首脑举行了会谈。他希望能够把两种信条联合起来；他甚至私下表示愿意支持天主信仰，只要他们能抑制克洛维斯的敌意。勃艮第的天主教神职人员回答说：“他们并不知道法兰克国王的想法；但他们从经文中得知，哪里的人将他们的神树为敌人，神就在那里为他们兴起敌人。冈多巴尔德及其人民必须回到真正的信仰上，神会给这片土地带来和平与安全。”从这个回复中，勃艮第国王察觉到了天主教主教和克洛维斯结成了背叛联盟以反对他的王国；很快，他也就经历了他们所策划的叛国举动。克洛维斯入侵了他的国家；在古老的罗马城市第戎附近，爆发了战争。冈多巴尔德的兄弟戈德吉塞尔带着他的军队投奔了法兰克人，而此人占领着王国三分之一的份额。天主教主教们成功地对其兄弟和国家谋划了这一叛国行为。它决定了冈多巴尔德的倒台；当他看到自己的一部分军队在亲兄弟的引导下被移交给了敌人后，他谁也不再相信。冈多巴尔德赶紧撤离战场，在极端的慌乱中奔向了阿维尼翁。在这里，他被克洛维斯封锁在城中，被迫与其签订了一项条约。根据该条约，他必须每年向克洛维斯进贡并服兵役。同时，不得因戈德吉塞尔投靠法兰克人的举动而对其实施报复。

克洛维斯留下了一小部分法兰克军队保护戈德吉塞尔。然而，在他几乎还没回到巴黎时，冈多巴尔德就突袭了他在维耶纳的不忠兄弟。他猛攻要塞，俘虏法兰克人，通过立即处决其兄弟及其追随者的方式惩罚了他们在第戎的叛变。对于冈多巴尔德这一违背诺言的行为，克洛维斯并不敢冒险加以惩罚。他满足于能够从前者那里收到每年的贡奉，当然，这些贡奉现在来源于冈多巴尔德从他的兄弟及其追随者那里所没收的货物和土地。这位法兰克人不敢惩罚勃艮第国王，是因为形势已经发生了巨大变化。冈多巴尔德现在是勃艮第唯一的国王，东哥特国王狄奥多里奇又摆出了威胁性的姿态，表明支持他的阿里乌派弟兄。天主教会，特别是勃艮第的天主教人口，现在突然都站在了冈多巴尔德一边，与克洛维斯保持敌对状态；因为他们得到冈多巴尔德的承诺，允许儿子皈依天主教信仰，同时保证天主教和阿里乌派信徒间的完全平等，即原住罗马人和征服者勃艮第人间的平等，最后还许诺自己也将加入天主教会。

克洛维斯受洗后不久，在勃艮第和西哥特王国，天主教主教们立即开始了公开宣传，以促进法兰克王的利益。全国上下，在比利牛斯和卢瓦尔河之间的地区，他们鼓动罗马天主教徒反对西哥特人的阿里乌政府。这是高卢最美的地区。然而，无论主教们多么积极地向克洛维斯展示了他在天主教会中能够得到多么强大的盟友，也无论克洛维斯本人对这些地区有多么渴望，他还是被迫放弃了所有企图。因为东哥特王狄奥多里奇，对他女儿的丈夫更感兴趣，即西哥特国王阿拉里奇二世。同时，他也将日耳曼民族中所有信奉阿里乌主义的国王联合成了一个强大的武装同盟，威胁着他妹夫克洛维斯的征服欲，扰乱了他所有的计划。不仅如此，大概在498年，狄奥多里奇还劝服克洛维斯在离安博瓦兹不远、卢瓦尔河的一个岛上与阿拉里奇见面。在宴会上，他用满杯的酒为彼此的友谊祝福。此外，狄奥多里奇还迫使勃艮第国王冈多巴尔德把在维耶纳俘获的法兰克人交给图卢兹的阿拉里奇。也就是说，从这些人中，西哥特人得到了克洛维斯的人质。

多年过去了。为了获得天主教主教和人口的支持，阿拉里奇像他在意大利的岳父一样，在宗教上做出了大量的让步；506年9月，在他王国中所有天主教显贵的集会上，他们向他表示了感谢，但同时，在这个面具后面，他们与克洛维斯秘密谈妥了叛国阴谋。主教和他们的下属们在回程中，就开始大肆宣扬法兰克国王是上天派来的真信仰和真信徒的拯救者，并再次煽动罗马人反对异教徒政府和人民。在西哥特王国的许多地区，甚至在西班牙，比利牛斯山脉两侧，罗马人被神职人员巧妙地刺激起来，公开爆发起义。如今的法国边境省份，比利牛斯山低地部分的贝阿恩主教加拉克托利乌斯亲自拿起武器，担当起自己邻近地区天主教反抗运动的首领。他们的计划是让西哥特国王在西班牙边界忙得脱不开身，以便在他的后方，在东方兴起大众起义，并为法兰克国王的入侵预备出空间。

然而，当叛乱分子惊讶于一支西哥特军队后，便很少再有什么同谋者加入这位好战主教的行列了。该主教在一场斗争中被杀，叛乱者部分被俘，部分被驱散。四名天主教主教因鼓动叛乱而被定罪；阿拉里奇废黜了他们的职位，并将他们逐出王国。其他一些主教，内心意识到犯了同样的罪，生怕会被罢免或流放，只能继续暗中鼓动天主教徒，把那些被惩罚的人和被杀害的贝阿恩主教树立成天主教信仰的殉道者，为他们索求荣誉和复仇。与此同时，主教们在贝阿恩起义被镇压后，借助克洛蒂尔达的力量，每天都在督促克洛维斯采取行动；因为他们看到克洛维斯总是犹犹豫豫，迟迟不肯履行其铲除异端的职责。克洛维斯和他的军队突然开始进军。由于主教们提供的丰厚报酬和对战利品的向往，利普利安法兰克人的国王被引诱参加了这次远征。就这样，克洛维斯带着自己的全部军队，以及莱茵河流域依然是异教徒的法兰克人辅助军队，渡过了卢瓦尔河。然而，勃艮第人并没有提供任何分遣部队参与其中。教皇和主教们如此谋划，非常巧妙，正值伟大的东哥特国王狄奥多里奇在自己的王国中受到东帝国皇帝阿纳斯塔修斯的威胁。就在狄奥多里奇受阻于东部，无法派遣军队帮助他的女婿和阿里乌派兄弟的时刻，克洛维斯和为其谋利的罗马教会抓住了机会。507年，通过突袭，克洛维斯占领了图尔地区。那里的天主教徒们受其神职人员长期唆使，他们把法兰克军队的胜利看作上帝和他们自己事业的胜利；对最是基督徒的外国国王的任何叛国性支持都被视为宗教义务；而对自己国家和国王的一切义务都被抛在脑后。只有奥弗涅的本地人对阿拉里奇仍保持虔诚，尽管他们也是天主教徒。由于天主教人口在神职人员的影响下，接受并支持国王克洛维斯，他的挺进在所有地方都很容易。天主教徒对克洛维斯从科隆地区给他们带来了仍是异教徒的法兰克人并不恼火；他们的牧师教导他们，阿里乌派比异教徒更糟。克洛维斯已逼近普瓦捷，这是位于普瓦图的老罗马要塞，大西洋上的一个省；这里阿拉里奇二世将他的军队集结在一个坚固的营地中，耐心等待着东哥特人的辅助部队。但在克洛维斯逼近的过程中，西哥特人变得不耐烦了，他们渴望战斗，谴责国王的不作为，阿拉里奇的判断受其左右，不再听从岳父的建议。他放弃了自己的坚固阵地，冲出普瓦捷的城墙，在离普瓦捷四法里远的维耶纳河上的武格勒，迎战法兰克君主。

人数上的优势很快决定了这场战斗的结果。西哥特国王阿拉里奇就在克洛维斯面临被俘或被杀的危险关头倒下了。克洛维斯用自己的手结束了西哥特国王的生命。奥弗涅人仍然忠于他们被杀的君王，继续战斗，掩护西哥特人撤退，直到最后一个人，就像英雄和仍受迷信控制的人一样，这种迷信还没有消除他们内心情感中对所宣誓忠贞的在意，对荣誉和忠诚义务的在意。

在阿拉里奇之死和战争的进程中，天主教徒们看到了上帝的审判。由于国王之死及其儿子阿马里奇的幼小，西哥特人的力量极度衰落。与这种衰落程度恰成反比的，则是本地天主教徒在迎接自己信仰的捍卫者时所释放的欢愉，这是一位光荣加身、上天派来的拯救者。他穿越阿基坦（比利牛斯山、卢瓦河、大西洋间的地区）的行军是不流血的胜利。当他到达加伦河后，波尔多的强大城市自愿打开了大门，让其度过了冬天。春天一到来，昂吉莱姆要塞，甚至首府图卢兹都落入他的版图。和波尔多一样，昂吉莱姆与图卢兹的大部分人口都是天主教徒和罗马人。本地人制服了西哥特卫戍部队，为法兰克人打开了大门。图尔的格列高利将这些叛国行为比作杰力科城墙的崩塌："神向克洛维斯展示了恩惠，在他面前，墙就倒了。"克洛维斯之子狄奥多里奇进攻奥弗涅。尽管那里的人民拥有英雄般的勇气，还是因孤立无援而被征服。

它被孤立。血腥冲突导致西哥特势力间的分裂。阿拉里奇的私生子戈萨里奇筹集了一支强大的追随者势力，取代了阿马里奇。根据西哥特的继承法，后者才是正当的国王。戈萨里奇轻松攫取了王位，因为五岁的阿马里奇无法做出任何抵抗。儿童国王被其党羽带到了王国的西班牙地区。

克洛维斯回到了图尔。在那里的圣马丁教堂中，主教们已经为这位信奉天主教的蛮族人准备好了高于一切的无上荣耀。他们授予他高卢贵族阶级的认可。这是君士坦丁堡的天主教帝国朝廷送给"阿里乌派异端的征服者"的。这一承认实际上只是使他成为一个从属国王，一个由皇帝分封的统治者；但它给了他王冠和紫袍，这两件东西又与贵族阶级的尊严相结合，主教们还为其加了一顶金王冠。克洛维斯知道这对他在古老的高卢—罗马人口中有多大的好处：如今在他们眼中，他是皇帝授权的合法国王。即使在他忠诚的法兰克人眼中，现在的他似乎接收到了更大的神圣性。他穿着紫色长袍，戴着宝石闪耀的王冠和主教们赠予的金冠出现在圣坛边，周围全是他值得信赖的贵族和主教，每人都身着礼服；他从教堂出来，走向拥挤的人群，骑着马进入城市，在民众中散发金银钱币。这一切行动都散发着神圣。

欢宴之后，克洛维斯回到巴黎。他的儿子狄奥多里奇和西格贝特的儿子克洛德里奇，穿过罗纳河和卢瓦尔河之间的地区，继续完成征服任务。后者率领的是其父亲手下依然归属异教的法兰克人。法兰克军队所产生的毁坏对天主教徒和阿里乌教徒造成了同样的极大伤害，没有区别；他们并不过问所攻击对象所持有的宗教信条，就连纳博讷也屈服于他们。王位篡夺者戈萨里奇，在所有地方都被打败，只能将位于高卢的所有西哥特领地全都割让给了克洛维斯，而后者则把王国的西班牙部分留给了他，并承诺帮助他对抗阿马里奇。这个私生子的可怜行径使所有爱国的西哥特人弃他而去，复仇即将来临。

同年，即508年，东哥特国王阻止了法兰克人，无论是基督徒还是异教徒，所施行的破坏行为，也阻止了各地本土居民的叛国行为。只剩罗纳河左岸的阿尔勒凭借其罗马防御工事，继续抵抗着克洛维斯的儿子。哥特人图鲁特坚守城池，直到东哥特将军依巴斯越过科欣阿尔卑斯山到达罗纳河。当他接近阿尔勒时，法兰克人提高了围攻态势。依巴斯向撤退的敌人施压，以决定性的胜利击败了他们及其勃艮第附属军，这一次胜利使他们失去了大部分掠夺的战利品。依巴斯恢复了哥特人对罗纳河到比利牛斯山之间的统治，越过山脉进入了西班牙，于509年打败了私生子戈萨里奇，将西哥特王国置于他的主人东哥特国王的保护之下，使后者成为他孙子阿马里奇的监护人。戈萨里奇逃到了非洲，投靠汪达尔人国王特拉萨蒙。在汪达尔人提供的资金和一支法兰克人附庸军的帮助下，他回到西班牙，试图在那里恢复西哥特王国，然而依巴斯在巴塞罗那的城墙下再次击败了他，又将其驱赶回了非洲。克洛维斯第二次围攻阿尔勒，凭借的是一支由法兰克人和勃艮第人组成的军队，后者是冈多巴尔德根据条约所提供的资助。然而，东哥特国王从意大利派遣了一支新的军队，对围攻者进行了猛烈打击，克洛维斯被迫撤退，终于意识到与其伟大的姐夫较量实力是一件多么冒险的事情。

狄奥多里奇大帝将罗讷河和科欣阿尔卑斯山之间的所有西哥特地区通通并入东哥特王国。这并不是出于对征服的热爱，而是因为他能够在意大利一侧保护它们，抵挡法兰克人；但在西班牙一侧无法实现同样的目标，那里是西哥特王国的薄弱环节。因为，尽管克洛维斯只保留住了他对阿基坦征服的一小部分成果，即加伦河、大海和卢瓦尔河之间的地区，加伦河的南北沿岸地区，以及图卢兹，然而这意味着法兰克人已经把自己推进到了西哥特帝国的东、西部分之间了。西哥特人仍然保留着从罗纳河到比利牛斯山之间的海岸，由于图卢兹已经失守，从此纳博讷成为西哥特人王国的首府。

就这样，克洛维斯在国外遭受了挫败，他开始转向国内，为自己的血腥野心寻找猎物。

西格贝特是莱茵河流域法兰克人的国王，驻扎科隆。他及其手下的异教法兰克人是最信奉基督教的国王的忠实盟友和近亲。西格贝特统治着一片美丽的地区，那是法兰克人在马斯河、斯凯尔特河和莱茵河下游的古老家园。在与阿勒曼尼人的曲尔皮希战役中，他膝盖受伤，成了瘸子。在上一次战争中，他的儿子柴德里奇身处萨利安法兰克人的阵线，在武格勒和阿尔勒之前，忠诚地与西哥特人英勇作战。克洛维斯利用起这位年轻人对权力的渴望。他从巴黎秘密写信给他："你的父亲老了，又瘸又弱，需要一个新的、精力充沛的统治者。如果他死了，我的友谊和你父亲的权力就都会归你。"克洛维斯狡黠的言辞在渴求权力的柴德里奇看来，似乎包含着某种建议。他回信表示会听从这个建议。当时，在一次狩猎活动中，国王西格贝特正在科隆附近的山毛榉林中睡觉。他的儿子就在睡梦中谋杀了他。柴德里奇立即通过派往巴黎的信使将此事告知克洛维斯；后者通过机密办事员向他表示恭喜和良好祝愿。然而，克洛维斯为承认柴德里奇为王定下了价格，这些办事员就是来收款的，即被谋杀者的一部分财宝；此外，他们还有一项秘密任务，那就是以克洛维斯作为死者近亲的名义，对弑亲者施以"血仇"报复。柴德里奇领着萨利安使者进入其父亲的宝库，当他弯腰打开一盒金币时，一位巴黎法兰克人的战斧击碎了他的头骨，他因此而成为最后一个利普利安法兰克人的王族后裔。

得知这一喜讯后，这位“最是基督徒的国王”赶忙来到科隆，召集莱茵河法兰克人、贵族和自由民参加大会。他曾唆使儿子谋害父亲，后来又暗杀了凶手。但在集会上克洛维斯却宣称，他对这一恶行是无辜的，并提议莱茵河的法兰克人，鉴于事情已经发生了，无法改变，干脆选举他为首领，活在他的保护之下。作为死去国王最近的血亲，克洛维斯是这个已灭绝家族财富的继承人。从西格贝特的宝库中拿出来的黄金，早已收买了那些最具影响力的贵族。其他人也因恐惧而纷纷顺从。最是基督徒的国王结束演说后，欢呼声马上响起。贵族在盾上将他举起，承认他为所选之王。

克洛维斯几乎还没有以这种方式吞并莱茵河法兰克人的土地，就进攻了另一个独立的小法兰克国王卡拉里奇。卡拉里奇和他的法兰克人统治着从布伦到斯凯尔特河道上的莫里尼的老高卢部落。克洛维斯指控他们在24年前的一次战役中没有帮助萨利安法兰克人，于是背叛性地抓了他和他的儿子，把他们关了起来。当国王那象征皇家血统的长发被剪去的时候，老君主满脸泪水，哀悼自己的衰落。儿子努力安慰着父亲：“树叶很快就会再生，而做出这种事的人，但愿他很快就会毁灭。”因为这句话，克洛维斯杀了这对父子，吞并了他们的土地和钱财。

克洛维斯的叔叔拉格那查仍然统治着康布雷，是一支古老的梅尔文皇族。克洛维斯并没有忘记，许多杰出的法兰克人及其追随者已经承认了拉格那查的首领身份。这里说的便是那些在克洛维斯受洗后选择离开他的朝廷和王国的贵族们，他们更愿意生活在自己列祖的路径上，没有僧侣阶层，自由地生活在自由的异教徒中。克洛维斯贪婪的野心也渴望着弗兰德斯和阿图瓦的美丽土地，那是拉格那查独立统治的地方。异教徒拉格那查，作风奢侈、放荡；淫欲不受约束，到处寻求满足，不放过贵族妇人和少女，也不放过联姻关系和自己的血亲。他深受当地人和法兰克人的鄙视和憎恨，体现着某种亚洲的道德状态，却也是拜占庭和信仰基督教的罗马皇帝所熟知的。

克洛维斯与在这位君王的朝廷和公职中利益受损的首领和法兰克贵族秘密取得联系，煽动他们反抗有着如此行径的君主。他给最杰出的人颁发荣誉勋章、金手镯和斜背肩带，就像他在巴黎的议会和军队里的官员所佩戴的那样。然而，送到阿图瓦和弗兰德斯的手镯不是金的，而是镀金黄铜。克洛维斯的贪婪、狡诈、恶毒嘲弄，必然会让他做出这样的行为。收到礼物的人开始造反，并召唤克洛维斯前来解放他们的国家。对于自己宫廷中正在酝酿的叛国举动，拉格那查没有半点疑心。他率军抵御入侵的敌人，却在第一次交战中，就因身边人的背叛而失败，被自己的侍从俘虏。这些异教徒的忠诚已经荡然无存。尽管他们的习俗把对首领的忠诚奉为最神圣的义务，如今他们却如此轻易地背叛了他们的君主，将其双手绑在背后，连同他的弟弟李查尔一起交给了克洛维斯。

当克洛维斯看到戴着脚镣的叔叔时，他对拉格那查说："作为拥有我们皇室血统的一员，你怎么能忍受佩戴脚镣辱没我们的种族呢？还不如去死吧！"说完，他就用战斧砍倒了叔叔。当这名身戴枷锁的受害者倒下后，他转而对李查尔厉声喝道："如果你像一个男人那样帮助了你的兄弟，他就不会被铐住了。"说完，击碎了他的头骨。拉格那查的第三个兄弟李格诺美尔还活着。克洛维斯通过暗杀解决了他，随后夺取了三名受害者的土地、封臣和珍宝。

克洛维斯就这样毫无敬畏和羞耻地从他死去的亲属们的尸体上踩过，没有受到主教们的任何反对。之后，他开始镇压更加疏远的、仍然保持独立的小国王和酋长。通过暗杀和公开杀戮，他将他们全部清除，这样就不会有"血仇"报复，不用为自己的王位担心。当他所有的梅尔文邻居和亲属都被铲除后，他假装为他们的丧命而哀哭。在大型的人民集会上，他哀悼说："我是多么的不幸啊。作为一个异邦人，当我有任何需要时，不再有亲人能够为我提供庇护。"然而，一旦族人中还有幸存者，这种虚伪面孔就会被脱掉，他将被引诱出来，把此人赶出自己的势力范围。

所有这些事迹都是克洛维斯的致颂者讲的，即图尔的格列高利。他赤裸、清晰地描述了这些暴行，并以这样的话结尾："就这样，上帝每天都在打击克洛维斯的敌人，并扩大他的王国，因为克洛维斯一心一意地效忠于上帝，做着在他眼里是好的事情。"格列高利先是叙述克洛维斯在扩张边界、掠夺受害者财富的过程中所犯的种种罪行，然后紧接着给出了上述评论。这些话出自当时最伟大的主教之口，简直令人难以置信。

受害者都是异教徒，在反对异教徒的过程中，任何有利于教会的事情都是允许的。克洛维斯权力的增长就是真信徒权力的增长。克洛维斯放任征服欲，牧师们将之称赞为对信仰的热情；而当他只从政治考虑而行事时，他们将之视为铲除异端邪说，为真正的教会准备土壤。

对克洛维斯有利的是，基督教神职人员支持并加强了他的王权，及其个人权力的绝对性。基于此，他尊敬这些主教们，并服从所有基督徒崇拜的外在表现形式，参与主教所要求的那些事务，并慷慨地对教会做出捐赠，尽管这与他的性格格格不入，尽管他清楚地知道教士们的贪婪。当牧师在图尔给他佩戴紫袍、王冠和金冠时，他们告诉他，一个得到教会如此支持的国王必须对教会所有事务都慷慨大方，特别是对他的主保圣人，图尔的圣马丁。就连他最爱的坐骑也要捐出来。然而，他有权从圣马丁那里买回这匹宝马。克洛维斯为其出价100枚金币。但徒劳无益，宝马岿然不动。直到国王把金币数量加倍，才解除了咒语。"真的，"好反讽的克洛维斯说，"有需要最好找马丁，做买卖更要找他。"

克洛维斯在受洗后仍然保持着受洗前的样子。他丝毫没有改变，丝毫没有软化。他重新训练了北方雷肯人，这些古老传说中的英雄们，所具有的那种狂放不羁的天性。他自己就天性如此，他的法兰克人也如此。在没有神职人员的任何阻挠下，他和他们作为基督徒，做出了一切异教徒在异教习俗和宗教的约束下所不可能做的事情。由于引入法兰克人中的基督教完全只是徒有外表，也不存在任何力量能够引导受膏的、最是基督徒的国王遵守福音书的宗教和道德要求，西法兰克人的王国和王权因而拥有一个非常糟糕的开端，梅尔文人的发展进程和终结也就不可能有别的可能性。王国中统一的观念不再与克洛维斯的罪行有关，正如同样的观念与康斯坦丁大帝对其亲人的谋杀无关一样。

康斯坦丁和克洛维斯都被恐惧和权力欲所驱使。康斯坦丁在他有生之年，将统一的罗马帝国打得粉碎，通过把它分给自己的儿子们，破坏了它的统一性；克洛维斯活着的时候，也将其家族权力和财产划分为四个王国，拥有四个统治席位，每个席位由一个儿子占据。流淌着那天赋的鲜血，他没有团结的想法，也没有集合一切法兰克人力量的想法，一心只想着确立自己唯一统治者的地位，不受任何限制，不惧怕任何对手或篡夺者。

后来，有一种观念被发明出来，认为克洛维斯是在刻意确立法兰克人的统一性，目的是为他的人民能够在世上完成使命打开路径。这种观念就像幻影，在文件和事实的光芒前，立马消散于云端。牧师将他们所选定的国王引向拜占庭主权的视野和原则，国王也欣然走上了这条道路。一个东帝国式的、权力不受约束的君主政体在牧师们的描述下是依凭着神圣权利而属于法兰克人的。然而，就在克洛维斯成功建立起这种政体前，他被死神带走了。

被谋杀者的血液依然新鲜地流淌在内室的地板和墙壁上；在人们的记忆中，当他倒下时，只是一个可怜垂死的凡人在接受上帝的惩罚。511年11月27日，45岁的克洛维斯离开了人间，还没来得及享受自己付出那么多恶行而换来的成果。

上帝的审判执行于克洛维斯的血腥府邸，正如当初执行于康斯坦丁大帝的血腥府邸中一样。那些被耻辱杀害的复仇精魂一直住在这里。克洛维斯的梅尔文族人很快被罗马化，同时也染上了罗马人的恶习。精神和道德的堕落很快进入了这所府邸，并在短时间内变为身体的堕落。

巴黎的使徒教堂由克洛维斯和克洛蒂尔达建立。在克洛维斯被埋葬于此之前，他就把自己的庞大遗产分给了四个儿子，分别是狄奥多里奇、希尔德贝尔特、克洛多米尔和克洛塔尔（洛泰尔）。后三个儿子是他与克洛蒂尔达的第二次婚姻所生，狄奥多里奇是他的第一次婚姻所生。在牧师的支持下，克罗蒂尔达原本非常希望将克洛维斯第一段婚姻所生之子宣告为私生子，并把他排除在遗产继承之外，因为他是未经牧师祝福的异教婚姻的产物。然而，克洛维斯尽管受洗，也深爱克洛蒂尔达，并没有接受他的宫廷神学家们的这个主张。法兰克贵族则更不接受它，尤其因为当时大多数法兰克人仍是异教徒。

然而，克洛蒂尔达为儿子们的谋划是如此之好，以至于能生产最好的葡萄酒、橄榄和其他水果的南方都给了他们，狄奥多里奇分到手的则是东北部的森林。卢瓦尔河、塞纳河和大西洋的沿岸地区，连同它们的首府城市巴黎被分给了克洛蒂尔达的长子希尔德贝尔特。王国的这一部分被称为纽斯特利亚，很快即将囊括王国中罗马化的部分。因为其他两个兄弟在这一部分仍然拥有各自的份额：克洛多米尔占领着卢瓦尔河与加伦河之间的领土，以奥尔良为首府；克洛塔尔占领着塞纳河和马斯河之间的领土，以苏瓦松为大本营。

在克洛蒂尔达的三个儿子中，长子希尔德贝尔特17岁，其他两个还不到能够荷枪实弹的年纪。他们同父异母的兄弟狄奥多里奇在西哥特战争中已经作为一支军队的首领而崭露头角。他是法兰克贵族们所偏爱之人。他们选他为王，将其高举于盾上。因为法兰克人的国王只能继承其家族的皇室财产，而不能继承皇室尊严。法兰克人坚守着普选的古老权利。

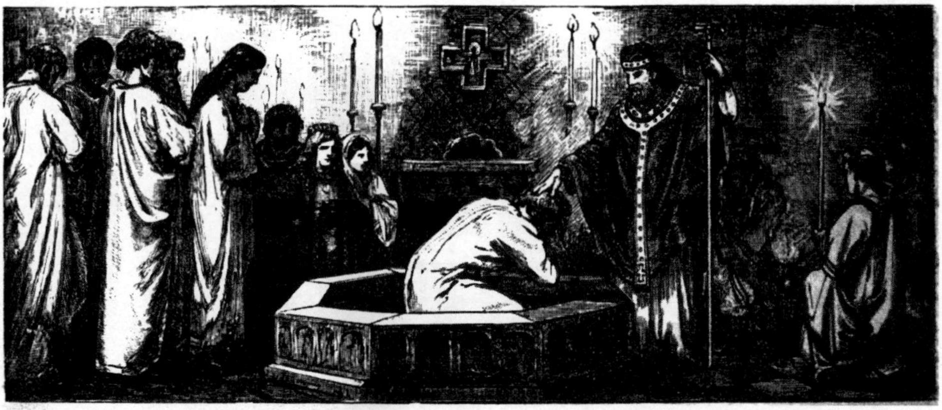

因此，尽管存在着皇室领地上的分割，法兰克人依然是一个国王下的统一民族。相对于所有的部落和领地，狄奥多里奇都拥有绝对的优势，而这些部落和领地

已被其父亲结合成了一个军事联盟。在克洛维斯的领导下，法兰克人已经知道，从一个所有法兰克力量的联盟中能够聚集出多大的优势，能够为本民族的荣耀、利益、安全提供多大的支撑。对所有的非法兰克成分来说，也就是对所有异族来说，法兰克人依旧是一个统一的力量。法兰克军事力量的核心存在于那些部落和地区，在其中狄奥多里奇一世将其居所安置在梅茨。他所继承的遗产份额将他分配到了这里，周围全是各部落的好战之子，有的来自萨利安、利普利安的最初根据地，有的来自合并于法兰克王国的阿勒曼尼人。他的三个同父异母兄弟在其统治下居住在耕种良好、风景优美的地区，但人口构成主要是罗马人和罗马化的高卢人，战斗力十分微弱。

第三十五章

勃艮第和图林根王国的衰落

克洛蒂尔达——克洛维斯的遗孀，以其虔诚而四方闻名。主教和牧师都称赞她的基督教精神和热情，但她依旧未曾学会原谅她的敌人，爱她的敌人，或为她的敌人而祈祷。半个世纪以前，她父亲的兄弟、如今的勃艮第国王冈多巴尔德夺去了她父亲的王座和生命，将她母亲投入罗纳河，并杀死了她的两个兄弟，在勃艮第人中建立了统一的权力。报血仇是她当初嫁给克洛维斯时的主要想法。这么多年过去了，血仇仍在她血管里沸腾，尽管她也建造基督教堂，并履行宗教仪式。当她成为一名寡妇女王后，她所听到的第一个声音就是复仇，时间似乎也正好。尽管导致她家庭悲剧的罪魁祸首冈多巴尔德早已长眠墓中，尽管整整50年已经过去，即便是最荒野的猛兽似乎也会因此变得驯服，但这些事实都不能减轻，更不用说消除克洛蒂尔达胸中对复仇的渴望。在对鲜血的渴求中，她的手已经举了起来，但一想到强大的东哥特国王狄奥多里奇，就又放了下去。狄奥多里奇对勃艮第的保卫既出于政治原因(如上文所述)，也有家庭原因，因为他的一个女儿奥斯特罗歌萨嫁给了冈多巴尔德的儿子齐格蒙德。

奥斯特罗歌萨死后，齐格蒙德娶了已故妻子宫廷里的一位小姐，并在她的怂恿下于公元522年谋杀了齐格李希——他第一段婚姻的无辜儿子。克洛蒂尔达清楚地知道，依旧健在的祖父将会惩罚杀害他外孙的凶手，而她作为一桩古老血债的复仇者，则带着她的儿子们的全部军队等着他的到来。在东哥特人进入齐格蒙德的领地之前，他就已经被法兰克人打败了，他和他的凶手妻子以及孩子们处于克洛蒂尔达的儿子克洛多米尔的掌控之下。他的邪恶良心遭受着冲突；杀戮的罪行长期折磨着他，他曾想在自己建的圣莫瑞斯修道院隐居下来，清楚内心的愧疚，但他的灵魂却得不到安息。公元523年战败后，他和家人们逃进了一个荒漠地带，但由于自己人的背叛，敌人被引到了他的藏身之所。

克洛多米尔正带着囚犯行进，也许是打算交给母亲以满足其急切的复仇渴望。这时，消息传来，齐格蒙德的弟弟戈多玛已与东哥特老国王达成了谅解，将阿尔卑斯山和罗纳河之间的一个地区割让给了后者。狄奥多里奇正得知意大利本土贵族和教皇间的阴谋，在他自己领土上所出现的危险症状令其脱不开身。因此，他非常乐意接受戈多玛的提议，撤离了勃艮第，尤其是因为齐格蒙德已被法兰克人捕获，从他们那里接受惩罚也是一样的。

在免除了侧翼和后方的危险后，戈多玛向克洛多米尔的两个兄弟指挥下的法兰克军队发起进攻，并击败了他们，进而准备攻击克洛多米尔本人。对此，克洛多米尔于524年5月1日处死了勃艮第国王齐格蒙德，及其王后和两个孩子，将他们活埋于一口深井里。

然而，戈多玛为其遭到处决的兄弟报了血仇；同年，他在罗纳河沿岸的维耶纳附近征服并杀死了克洛多米尔。十年来，法兰克人没有再进攻勃艮第及其国王戈多玛。

在他同父异母的兄弟们与勃艮第人展开斗争的同时，法兰克王国的首领狄奥多里奇则对图林根人发动了战争。

图林根人仍然坚持着古老的日耳曼习惯和信仰，其中只有少数的基督徒。到了五世纪中叶，这个好战的民族从匈奴人的统治下解放出来，他们的君主也利用这个机会开始扩大自己的统治范围。尽管其他被迫承认匈奴主权的日耳曼血统部落在解放之后向南面和西面迁徙，进入了罗马领土，图林根人则仍然留在他们原来的生活区域，并把他们过剩的人口推进日耳曼地区留出的空位中。异教的图林根人忠于他们祖先的简单信条，以及与之相联系的信仰和生活方式，他们最初把统治范围扩大到日耳曼中部，后来又扩展到日耳曼北部、西部以及南部。在六世纪初，图林根王国从他们最初的活动领域已延伸到现在的汉诺威和勃兰登堡；西面与利普利安法兰克人接壤；北面与撒克逊人接壤；南面到达多瑙河中部的岸边。维尔兹堡地区，班贝格和雷根斯堡主教辖区的一部分，在这个时期已经属于图林根王国。多瑙河把该王国和东哥特人分隔开来。那里是原始日耳曼生活和制度的主要保存地。

在这种原始生活中，宗教和风俗中异端性是其核心，所有具有类似心志的日耳曼人围绕着该核心联合起来，这种宗教力量本身就是一种政治力量；然而，由于图林根人没有紧紧地将王国统一于一个领袖之下，而是将其分割成三个实力相当的王室，他们的力量逐渐被削弱，并最终丧失。

如果不是因为图林根人三分王权中的长子赫尔曼弗里德娶了东哥特人狄奥多里奇的侄女阿玛拉贝尔加，野心勃勃的法兰克首任国王克洛维斯早就利用了图林根人的上述弱点。分有图林根王权的另外两个弟弟分别叫伯塔里奇和巴达里奇。

阿玛拉贝尔加是一个贪图荣耀和权力的女人，她不断鼓动自己的丈夫赫尔曼弗里德争做图林根王国的唯一君主。通过暗杀，她除掉了弟弟伯塔里奇。赫尔曼弗里德和巴达里奇因而瓜分了他的土地。巴达里奇对嫂子怀有警惕；她的圈套没有得逞，使她怒不可遏。一天，赫尔曼弗里德发现自己的桌子只打开了一半。他问妻子:“这是什么意思?”阿玛拉贝尔加回答说:“满足于半个王国的人，只配拥有半张桌子。”轻蔑的回答深深地刺痛了赫尔曼弗里德之心。然而，他的兄弟对暗杀采取了预防措施。要用自己的力量推翻他，就得冒战争的风险。他的计划也不可能指望得到正直的叔叔狄奥多里奇的支持。在这种情况下，狡猾的女人建议与法兰克国王狄奥多里奇一世结盟，欺骗后者在胜利后将半个王国割让给他。

法兰克领土东半部分，即奥斯特拉西亚的君主和所有法兰克人的国王，将自己的军队并入了赫尔曼弗里德的军队。在521年的一场战役中，赫尔曼弗里德凭借将法兰克人引入图林根，成功地使自己成为整个王国的君主。在这场战斗中，他夺去了弟弟巴达里奇的生命和王位，并不惜代价地骗取了法兰克国王的结盟；他没有割让半点领土。由于害怕伟大的东哥特国王的权力，法兰克小国王不敢入侵这个国家并夺取他的战利品。法兰克人的王后，虔诚的克洛蒂尔达在同一年里，重新获得了东哥特人的合作，以报复勃艮第人。

伟大的东哥特国王去世后不久，与他同名的法兰克国王狄奥多里奇迫不及待地向赫尔曼弗里德和阿玛拉贝尔加实施报复，因为他们用诡计夺走了他应得的图林根战利品的份额。公元528年，他和他的弟弟克洛塔尔(洛泰尔)与图林根人的邻居撒克逊人结成联盟。

自从法兰克人拥有国王以来，撒克逊人在种族嫉妒之外，就滋生了某种政治仇恨和政治目标，既不允许自己有国王，也不允许别人有王国，然而现在他们却成了法兰克国王的盟友。图林根王国离撒克逊人太近，他们希望借助赫尔曼弗里德的倒台来铲除图林根皇室。他们计划先让法兰克人和图林根人战斗，然后再用自己完好无损的军队展开进攻，给出决定性一击。他们的计划在离汉诺威不远的隆内伯格附近得以实施。狄奥多里奇得到其同父异母弟弟克洛塔尔军队的助力，与赫尔曼弗里德持续战斗了三天。图林根人撤退，法兰克人从两条路径进入了图林根：狄奥多里奇从北方进入图林根森林，而克洛塔尔则于528年从美因河下游进入图林根。第二场战斗发生在温斯特鲁特河流域的沙依敦根，战斗非常血腥，双方几乎都无法再继续战斗。在夸大的传说中，光是图林根人的尸体就填塞了水流，而法兰克人则通过这座尸体之桥到达了对岸。然而，尽管现在有9000名撒克逊人向前挺进，而且在他们的帮助下，法兰克人收获了强大的沙依敦根要塞的投降，但法兰克国王并没有冒险继续战争，而是撤退到莱茵河下游。狄奥多里奇现在不得不求助于通常的梅尔文手段来铲除赫尔曼弗里德。他邀请图林根国王到位于美丽的莱茵兰的曲尔皮希，即当代的科隆周边地区，以友好解决他们之间的冲突，一路上给予他安全通行。赫尔曼弗里德受到热情隆重的接待，两位国王连续宴饮多日。一天，他们在城墙上散步，谈天说地，眺望着眼前的土地。法兰克国王突然发出信号，一名侍从猛地将图林根国王推下了城墙，当场死亡。

赫尔曼弗里德的独子阿玛拉弗里德是图林根王室的最后一位男性成员，他试图保护自己的国家，抵御入侵的法兰克人和撒克逊人。经过短暂挣扎，他被击败，与母亲阿玛拉贝尔加一起逃往意大利，投奔东哥特王国。在图林根所发生的一系列家庭谋杀只留下了一名女性幸存者，贝塔里奇的女儿拉德贡妲。在520年，她被克洛塔尔俘获的时候，年仅八岁。她拥有罕见的美貌，名声广为流传。几年后，克洛塔尔娶了她。然而在538年，她逃脱了这可恶的结合，成为一名修女，保持修女身份长达37年，直到去世。她被尊为人民的圣人。法兰克人和撒克逊人瓜分了图林根王国。撒克逊人占领了北部，易北河、萨尔河和波德河之间的土地；这片地区以南的所有领土则归法兰克人。

图林根人并没有表现出为其野心勃勃的王室而牺牲自己的意愿，他们的王室浑身散发着肮脏的家族残杀的血腥味；他们在没有国王的撒克逊人中找到了完美的自由。他们完全融入了撒克逊部落的联盟中，并自由地保留了自己的习俗，就像作为征服者的撒克逊人一样自由。唯一的例外是，他们只能和撒克逊人一起参加战斗，而不能有别的选择。

在法兰克人所吞并的南图林根，人们的命运则大不相同。法兰克军事贵族让这些图林根地区的贵族和自由人都感受到了他们是多么地受到鄙视。国王甚至向他们征税，这是一件在这片领土完全不为人知的事情，无论处于谁的统治下都是如此。法兰克国王确实在所有占领区都是这样做的，但在以前的兼并中，税收只涉及古老的高卢人和罗马人，而没有触及一直统治着他们的自由日耳曼人。然而在图林根，并没有这样的从属人口，法兰克人作为皇家官员，在这片土地上所实施的税收、所体现的傲慢，同时压迫着贵族和自由民。这里面存在着对法兰克统治最大的不满。20年后，敌意转变为了反抗，反抗加在他们身上的重税：猪头税。553年，南部图林根人与他们加入撒克逊联盟的图林根同胞以及撒克逊人本身结成联盟，将住在他们领土上的法兰克人及其税收官赶了出去。555年，没有国王的撒克逊、图林根联盟与拥有国王的法兰克人之间爆发了首次战争。这场战争和接下来一年的战役并不具有决定性，法兰克人与撒克逊人达成和平，并同意只从自由图林根人中筹集一支分遣部队而不再施加其他要求。

在勃艮第王国于544年衰亡之后，法兰克人明智地只对他们中的罗马人口征税。勃艮第的军事贵族因而很快就抛弃了当地的小皇室而投靠了法兰克大皇室。最后一名勃艮第国王戈多玛在十年和平期后遭到法兰克联军攻击，势力不复存在，此后勃艮第军事阶层的权利和自由依赖虔诚的克洛蒂尔达剩下的两个儿子得以维护。戈多玛的结局无法确定，不知是死在那场失败的战争中，还是狱中，抑或是在成功逃离后最终死在了隐蔽的藏身之处。

第三十六章

非洲汪达尔王国的终结——西部东哥特人的最后日子——他们的英勇奋战和衰亡

在罗马势力的非洲废墟上，汪达尔王国已经持续存在了一个多世纪了。伟大的英雄和政治家盖瑟里奇，这名君士坦丁堡的罗马敌人口中的海王，在477年离世时没有能够为他的王国留下任何与其心智能力相仿的继承者。在这个王国中，人口因他而复兴，繁荣因他而增长，信仰因他而得到净化，几个世纪公共生活和私人生活中的不道德也因他强有力的正义双手而扫除殆尽。

阿里乌主义者盖瑟里奇一生的任务就是延续日耳曼民族性对抗拜占庭衰败的罗马民族性的斗争，与之相伴随的则是一种更加纯洁的道德对抗一种基督教形态的斗争，后者按照同时代见证者萨尔维安的话来说“让罗马人放纵和不知畏神”。

然而，罗马神职人员的策略稳扎稳打、隐秘精巧地摧毁了东哥特和汪达尔王国所站立的根基。

在盖瑟里奇的统治下，和平和繁荣是主旋律。他没有为王国内主教辖区的阴谋者提供任何空间和氛围。然而，就在他的儿子胡内里奇于477年刚刚登上王位后不久，被放逐的主教们便成群结队地涌回王国，以至于到了480年，不止475名天主教主教踏上了汪达尔领土，教宗授权的阴谋活动也随之再度复兴。对占据统治地位的民族和王室的阴谋动乱刺激了国家权力。在那个时期，只要一个国家的主人是拥有罗马信仰的牧师，野蛮刑罚的对象便是阿里乌主义者以及与天主教持异议的其他基督徒。经过几年的忍耐，胡内里奇决定用其人之道还治其人之身，将自己的刑法指向了天主教派系。在他的国度里，胡内里奇只希望能够实现和平，铲除毒种、宗教仇恨和与外国人的密谋。他的王权和宗教遭到来自内外各方、可见和不可见的无数敌人的逼迫。作为一种防御措施，他对天主教的王公和教士们做出了他们在没有任何必要的情况下对他的同宗教弟兄们所做之事。就因为这样，牧师历史学家们纷纷谴责胡内里奇是宗教迫害的始作俑者，仿佛只有他对另一种信仰的人做过残忍之事一样。

他所信宗教的祭司本应当警告他不要以恶报恶。然而，恰恰相反，他们与天主教徒一样狂热，不是制止，而是怂恿他采取行动。484年，胡内里奇开始放逐那些被证明是叛徒的天主教主教；但他非常深地误入了歧途，进而对王国内所有天主教徒，无论平民还是牧师，均采取了暴力手段；他给他们提供了两个选择：要么接受占统治地位的人民的信仰，要么离开这个国家。通过清洗国土以引进和平与劳动、繁荣所必需的安宁，这是一种违背基督教精神的野蛮行为；但这种非基督教的野蛮措施并非汪达尔人的发明，而是拜占庭和罗马曾经所采用的方式，现在却被反过来施加在了自己的身上。

一部分主教逃脱于法官之手，一部分被放逐。他们在整个欧洲大声疾呼，抗议胡内里奇的残忍。罗马、拜占庭和法兰克朝廷将他们视为烈士。

公元523年，柴德里奇登上汪达尔人的王位。他是胡内里奇的第三位继承人，缺乏前任们的政治智慧和精力。前任们的政策已经证明是正确的，因为这片土地上有了和平。即便天主教徒们感受到压迫，他们也只是秘密地酝酿自己的愤怒。国王特拉萨蒙在临死前曾让柴德里奇发誓，不可恢复天主教徒的教堂或特权，并且在他的统治期间不可允许任何天主教主教进入王国。特拉萨蒙之所以要求柴德里奇发下这个誓言，是因为他了解后者的为人，也了解那些作为国家不安因素的主教们，特别是他们已经赢得了柴德里奇的支持，对他施加着明显可见的影响。可能是女性的影响，比他尊重良心自由的信念更加强大。在特拉萨蒙死后的第一个小时里，主教们对他的影响有多深就已经展现了出来。

他发过誓，在统治期内不可恢复天主教徒的教堂和主教。然而，在他庄严的继承仪式开始之前，他就急忙召回了被放逐的主教。又在上任国王去世与自己加冕间的这段时间准备好了一项皇家法令，为天主教徒重开了教堂，并亲自指导选举出了新的迦太基主教。最低程度的理解或许会将此视为履行王权的国王开始了自己的统治。然而，柴德里奇并不认为自己打破了庄严的誓言，因为他认为这一切都是在他加冕前所做的。

在他庄严登基后不久，这些指令就都完成了。与此同时，拜占庭的政客们也在积极密谋，企图将新汪达尔国王柴德里奇与他以前的盟友们隔离开来。汪达尔人的阿里乌王国一个多世纪以来一直是阿里乌东哥特王国的盟友；日耳曼人是日耳曼人的盟友和同宗教信仰者；意大利的东哥特人、非洲的汪达尔人和地中海岛屿形成了一个政策、民族、信仰和相同利益的自然联盟。柴德里奇非常愚蠢地放弃了与东哥特人的联盟，而与汪达尔人的世仇希腊帝国朝廷结成了联盟。野心勃勃的查士丁尼皇帝一直以来孜孜不倦地想要将曾经属于帝国的领土重新合并进来，而被称为汪达尔王国的地方原来正是罗马帝国的一部分。

汪达尔人并非如他们被指控的那样是一支不宽容的民族。这一点可以从他们忍耐了六年柴德里奇这样的国王得到证明。尽管阿里乌派狂热信徒谴责国王是发假誓的叛教者，他还是将所有的旧权和特权都还给了天主教徒。直到天主教主教们的傲慢极度膨胀，以至于不满足于天主教徒所享有的平等，而要进一步使他们的信仰成为唯一的主宰信仰；直到国王与君士坦丁堡朝廷的秘密谈判被泄露；直到汪达尔人看到，天主教主教和牧师，以及他们与拜占庭朝廷和罗马教皇的阴谋，正在破坏着汪达尔王国的根基，同时也鼓动着全体天主教人口爆发起义；直到这一切都发生了，汪达尔人的联盟代表们才走到一起，宣布他们已经受够了柴德里奇的任意妄为。柴德里奇的堂兄格里梅尔英勇善战、声名远扬，不像他那样疏于战事，软弱无力；格里梅尔同时还有一种浪漫气质，他是诗人和吟游歌手，熟悉那个世纪的所有文化。他才是汪达尔人想要的特拉萨蒙的直接继承人。

格里梅尔被民族派奉为领袖，他抓捕了堂兄柴德里奇。柴德里奇被俘后，格里梅尔召集了汪达尔人的民族大会。当时，在整个领土上，总共有160000汪达尔战士。他们的代表指控柴德里奇“懈怠履行义务”；公元530年，格里梅尔批准了对柴德里奇的囚禁，下令罢免了他的国王身份，自己当选为国王。尽管柴德里奇为天主教徒们做了很多事情，他们对其并不心存感激，对他的遭遇无动于衷，既没有试图把他从格里梅尔手中解救出来，也没有试图把他从囚禁中解救出来。

君士坦丁堡宫廷对他非常感兴趣，它希望他复辟，或者至少得到赦免。君士坦丁堡认为，汪达尔皇室和人民间的裂缝很大，很容易干涉。汪达尔人的新国王对皇帝说，作为一个日耳曼民族，人民有权惩罚忘记职责的国王。格里梅尔自豪而有力地击退了外国势力的干涉。当并不善战的专制君主查士丁尼意识到汪达尔人并非如他所想的那样分裂时，他顿感惊恐。无论在君士坦丁堡的朝廷上还是军队中，与汪达尔人开战的提议都遭到了强烈反对，因为汪达尔人在海外，这场战争绝大可能将是一场海战。由于格里梅尔继续对抗天主教主教，神职人员们开始在朝廷的良心上下功夫。一天，一位来自西方的主教受上帝的委托来到皇帝面前。上帝向该主教显现，并告诉他，他一定会惩罚皇帝，因为他没有将非洲的天主教徒从暴君手中解救出来。上帝向他启示:“我要站在他身边，让他成为非洲的主人。”

这一来自西方主教口中的天启像电流一般刺激了皇帝、宫廷和军队。为天主教信仰而反对“异端”的“圣战”就此达成决议。这个决定最初是秘密制定的，其施行被推迟，一切都在汪达尔王国中天主教徒的配合下低调地被策划和安排。他们逐渐得到武器供应。与此同时，匈奴军队接受了帝国的雇佣。

然而，帝国和天主教朝廷对抗非洲日耳曼人的主要辅助力量是意大利和多瑙河流域的日耳曼人。帝国军队的主力是阿里乌派伦巴第人以及赫鲁力人，也就是现代奥地利帝国多瑙河流域的日耳曼人，他们定居于摩拉维亚至匈牙利格兰河之间的地区。东哥特女王阿玛拉松塔则给予了最有力的支持。

在马可曼尼大战中，伦巴第人最后一次以此名字出现于历史舞台，之后，他们消失在大迁徙的洪流中，消失在匈奴人的军队和王国中。直到这个王国灭亡，并分解为无数的组成部分后，伦巴第人才再次以此旧名出现于五世纪中期的摩拉维亚。作为一个向赫鲁力人纳贡的部落，他们依附于这个从所有日耳曼部族中接收成员的军事冒险家集合体，因为赫鲁力人并不是一个种族或部落，而是一个士兵团体。到本世纪末，伦巴第人摆脱了纳贡负担，而且显然击败了这些年迈的职业老兵，他们的祖辈、父辈、儿子、孙子一个世纪以来唯一从事的就是这一职业。依靠从属部落的贡品生活，他们已经失去了力量，而从事农业的附属部落不仅保持着强大，而且由于需要纳贡，他们被剥夺了许多享乐资源，因而变得更加强大。

由于这些原因，赫鲁力人轻易地就被伦巴第人摧毁了；前者成了朝贡国，后者成了这片土地上的主人。罗马宫廷与伦巴第人建立了友好关系。通过割让仍属于帝国的、位于匈牙利和奥地利的领土，以及每年支付补贴，皇帝将他们变为了盟友。他们的价值不仅在于提供了一支辅助部队，而且在于他们在东哥特人和格庇德人之间的位置。因此，希腊政府可以利用伦巴第人来对付任何一方。皇帝给伦巴第人的补助金原本在阿提拉死后一直是给格庇德人的，如今已被撤回。格庇德人因而对伦巴第人产生了敌意，并在公元527年爆发了流血冲突。格庇德人是东帝国的直接邻居，长期以来都是后者的一大负担，但在伦巴第人的进攻下，他们的势力越来越弱。

这支强大而善战的部落现在被君士坦丁堡朝廷利用为其对抗汪达尔人的军队核心，尽管他们也是日耳曼人，不仅是汪达尔人的近亲，而且也信奉阿里乌主义。

同样的信仰和血统也未能阻止东哥特朝廷允许希腊朝廷进攻汪达尔人。

狄奥多里奇大帝的女儿阿玛拉松塔，为她儿子阿塔拉里克执掌东哥特政权已经长达13年之久。阿塔拉里克在幼年时失去了父亲，在祖父去世时也只有八岁。当阿玛拉松塔担任摄政王时，她28岁，身边辅佐她的是其父亲那些经验丰富的顾问，以卡西奥多鲁斯为首。她既聪明又美丽。她的美是一种天赐，为她赢得了哥特人和意大利人的青睐。在那个时代，她算是受过相当高的教育，因此，即使在君士坦丁堡，就学识而言，她也被视为一位非凡人物。她能说、能写拉丁文和希腊文；她与外国大使交谈时，不需要这两种语言的翻译在场。她知道且崇敬希腊、罗马的历史学家。尽管她和哥特人说母语，但她并没有从本土元素中吸取真正的日耳曼精神。她内心深处是疏离的，更倾向于希腊和意大利的风俗习惯和生活方式。

哥特人能够容忍一个女人作为他们的摄政王，完全是出于他们对其父亲的敬重。女人摄政对于哥特人的眼睛和耳朵来说，对于这支征服者组成的善战民族来说，都是极不寻常的。她那些值得信赖的大臣们并不是哥特人。她对意大利文的偏好伤害了哥特人的自尊心，因为她把这种偏好表现得太过显眼。卡西奥多鲁斯是哥特王室忠诚的老仆人，他曾建议阿玛拉松塔用麻醉的方法来瓦解当地天主教徒的阴谋。她颁布了有利于天主教会的法令，减少了税收。通过自己的性格和外表，她赢得了很多意大利的心和同情，却也因此失去了很多哥特人的心。而他们才是她的自己人，是她自己的根基，她的王座建立在他们之上。

哥特人的情感通过言语和行为表达出来；一个敌视她的派系得以成立，哥特民族中兴起了暴力运动。她通过暂时让步，使这一切归于平静。为了防止暴力运动卷土重来，她开始犯罪；她暗杀了三个党首，并立即请求东方皇帝的保护。查士丁尼已经和她有所来往。两人进行了秘密谈判。这些谈判所涉及的，正是让东哥特王国屈从于帝国；不仅如此，还要将意大利割让给拜占庭朝廷。于是，谋杀和叛国结合在了一起。事已至此，皇帝轻而易举地就劝服了她去协助摧毁汪达尔人。她得到了她的东哥特议员们的支持，因为他们已经对汪达尔人感到愤怒。

进攻汪达尔人最困难的一步是登陆非洲，因为汪达尔人的舰队是地中海的主人。西西里岛无疑是最佳的军事行动基地。它属于东哥特人。阿玛拉松塔在西西里的港口接收了皇帝的军队和舰艇，并供养着他们，直到通达非洲的任务能够在一个有利的时机得以完成。对于同属一个民族、一个宗教的东哥特人的这种敌意和民族背叛，格里梅尔始料未及。

经过两年的阴谋计划，准备工作终于完成。帝国舰队由600艘船只组成，军队仅有10000名步兵和5000名骑兵。他们开始向汪达尔王国发起进攻。将军贝利撒留知道，一旦登陆，整个天主教人口都会和他联手。他向西航行到西西里。在那里，哥特人对其舰队和士兵的帮助和服务超出了他所有的预期。从那里，他完成了本来不可能的非洲登陆。到了非洲，迎接他的是准备就绪的天主教徒，个个将他视为救星。军队得到了充足的给养；在每个城市中，人民是他的向导。对外来日耳曼征服者的民族敌视和对异教徒的宗教嫉恨所未能准备好的东西，拜占庭的黄金代为准备。贝利撒留发现，人民都放下武器、打开城门欢迎他们。他的军队力量在得到如此加强后，向首府迦太基进发。

汪达尔人已不再纯洁、单纯和强壮，不再是奋勇成为非洲北海岸主人的蛮人。在繁荣中度过的三代人削弱了这个曾经强大的民族。非洲炎热的气候和这个地区的习惯风俗共同发挥着作用；他们失去了自己的特征，迷失在从被征服者罗马人那里借来的生活模式中。汪达尔人的子孙们穿着宽宽大大的黄金刺绣长袍，沐浴受膏于罗马浴场。他们享受着与罗马人相同的豪华生活，举行各种奢侈饮宴。尽管他们仍然喜欢狩猎和身体训练，但他们在物质享受、感官刺激中能获得更多的快乐，于是身体衰弱、灵魂扭曲。他们现在面对的是匈奴、赫鲁力骑兵以及伦巴第步兵，他们仍然保留着自己祖辈的所有美德。同时，汪达尔人还要面对狂热的天主教徒，他们被敌人武装起来，人数众多，情绪激愤。汪达尔人的军事力量只由水手和格里梅尔的卫队组成。因为当东哥特人帮助拜占庭人贝利撒留从西西里登陆非洲时，汪达尔舰队已经远在海外。

在离迦太基十英里的地方，格里梅尔率领他匆忙召集的军队，迎战了贝利撒留的匈奴人和日耳曼人、拜占庭的军队以及他自己的被武装起来的狂热臣民。汪达尔人输掉了第一场战争。格里梅尔转向努米底亚沙漠，准备集结所有汪达尔人兵力，因为迦太基的天主教徒已经叛变，引领着拜占庭舰队进入了港口，并打开了首府的城门。贝利撒留取得胜利和进入首府的消息传遍了整个王国，使每一个天主教徒都成了势不两立的敌人。汪达尔人，如敌军所述，人数非常之少。这只能用这样一种假设来解释，即分散在全国各地的驻军和从第一场战斗中逃出来的人，都被当地的天主教徒杀死或俘虏了。第一次战役的三个月之后，即公元533年11月，在贝利撒留的麾下，日耳曼的伦巴第人、赫鲁力人在巴拉和特里卡梅隆之间的地区击败了北非的日耳曼国王。格里梅尔损失惨重，逃入了努米底亚的山区要塞。

贝利撒留派他的日耳曼辅助部队去围攻逃往那里的日耳曼君主，并向皇帝宣告："三个月内我就征服了非洲。"尽管他的军事才能证明了他的伟大，但实际上征服非洲的并不是他，而是当地人、环境和形势。对于东哥特人来说，也就是对于阿玛拉松塔和她的大臣来说，这件事将永远成为一个污点，没有什么比他们的帮助更能促成贝利撒留的胜利和汪达尔王国的衰落，他们能够而且也确实是这样向君士坦丁堡宫廷进行夸耀的。

衰落非常迅速，就在眼前。但汪达尔人末代国王离开了这一场景的方式如此特别，以至于像拜占庭这样道德败坏的朝廷也对其产生了崇敬。这名异教徒仍然作为一个历史人物，以浪漫的壮丽色彩结束了自己人民的历史。

这三个月里，汪达尔人在大陆外的领地——撒丁岛、科西嘉岛、巴利阿里群岛——被腐败、贿赂、突袭征服或收买。英勇的格里梅尔环顾四周，他及其人民的王国已支离破碎。他知道自己将是汪达尔的最后一位国王。

法拉斯是赫鲁力人围攻军队的指挥官。尽管他有个希腊名字，但他很可能是日耳曼人。当赫鲁力人和伦巴第人的首领召唤国王格里梅尔投降时，这位汪达尔人回答说:"我不会投降，但我乞求三样东西：一片面包、一块海绵和一架竖琴；我要用面包缓和饥饿，用海绵擦拭眼睛，用竖琴为我和我人民的衰亡而哀悼。凭借它的音调，我要为我的悲惨之歌伴奏。"

格里梅尔坚持到了12月。被与自己拥有相同信仰的部落和民族抛弃和背叛，他最终向赫鲁力人有条件投降，也就是向贝利撒留的日耳曼战士们投降。在投降前，围攻军指挥请求总指挥贝利撒留给出承诺，保全这位日耳曼国王的生命，并给与体面的对待。

当格里梅尔见到贝利撒留时，他爆发出一阵绝望的笑声。被带到君士坦丁堡后，身戴银镣的他被强迫颂扬它的伟大和贝利撒留的胜利，但他以国王的姿态骄傲地走向前，嘴里重复着圣经上的话“虚空的虚空，一切都是虚空”。他是想表达自己命运的转变，还是想抱怨君士坦丁堡并没有对他守信呢，因为如果是要给与他体面的对待，就不该让他身处镣铐，参加胜利游行。又或者说，他是想要警告贝利撒留和皇帝，他们的命运同样也可能会发生转变。

由于贝利撒留发过誓，保证汪达尔国王将受到皇帝的体面对待，查士丁尼不能无耻地收回他的保证；他在加拉提亚为格里梅尔及其家人分配了一个大而富裕的地区作为住所。就这样，汪达尔人的最后一位国王在那里度过了余生。

有战斗能力的汪达尔人开始为皇帝效力。后者把他们送到帝国位于亚洲的东部边境。在那里，他们逐渐丧命于与波斯人的冲突中。

那些留在非洲的汪达尔人遗失在了该地区的其他民族中。汪达尔王国的巨大宝藏，包括盖瑟里奇所收集的艺术品，被带到了君士坦丁堡。这个独立的王国成为希腊的一个行省，整个隶属于希腊政府。曾经的汪达尔王国中的天主教徒们欣喜地看到，阿里乌崇拜和信仰不仅遭到镇压，而且被彻底铲除，他们的主教和牧师与帝国军队和行政部门的官员合作施行着统治；然而，与其他改变了日耳曼统治的人一样，他们很快就要忍受不止两倍，而是十倍于他们在日耳曼王权的简单经济和管理下所要忍受的东西。

汪达尔人从西班牙来到非洲已有100年，伟大的汪达尔王国建立也有95年。这个日耳曼种族和国家就此终结。无论就体力而言，还是就脑力而言，它曾经都是一股强大的力量。如今，它就此终结，不仅是因为其他与东罗马帝国结盟的日耳曼人为前者所提供的援助，也因为纯粹信仰之火在他们灵魂中的熄灭。由于他们所属教派里野心勃勃、心胸狭隘的神学家日益增多，他们跌落进敌对势力的恶习之中。他们错误地认为，基督教不在生活和行动中，而在文字中；不在宗教自由中，而在那个时代神学的强制性表述中。因此，这个国家很快就停止了精神上的进步，如此而堕落下去。然而，比起他们所统治的当地人，他们还是要好一些。在一个世纪多一点的时间里，迦太基及其领土遭到了惩罚。当阿拉伯人攻击她时，她怀念汪达尔人的武器和剑。迦太基被夷为平地。如今，只有少数遗迹能显示出她曾经站立的地点，整个非洲北部海岸都成了伊斯兰教的势力范围。这就是天主教会所得到的结果。出于对阿里乌信条的仇恨，它摧毁了原本是基督教及其文明的天然捍卫者，摧毁了能够对抗亚洲游牧势力的国家和人民。

很快，对不爱国政策的惩罚立刻就落到了阿玛拉松塔和东哥特人身上。

阿玛拉松塔徒然做了刺客；徒然做了对自己人民背叛的叛徒。这两项罪行都未能确保她的权力。她唯一的儿子阿塔拉里克未满18岁就死于醉酒，正是在她帮助推翻汪达尔人王国的同一年。这种放纵的生活方式在拜占庭宫廷的不道德氛围中司空见惯。做母亲的背离了日耳曼人的风俗习惯，对外国的生活方式热爱有加，这就是报应。直到那时，她所拥有的权力完全依赖于她作为其儿子监护人的身份。哥特人出于对他们临终时的国王迪特里希的爱将他奉为国王。如今，她儿子死了，她的统治权力也就随之丧失。然而，这位名父之女想要统治，想要继续不惜代价地统治。为了保证自己的地位在任何情况下都不受哥特人反感情绪的影响，她降低身份，甘愿成为君士坦丁堡皇帝的女门徒。她为希腊舰队敞开了西西里港口，让他们去攻击汪达尔王国；然而，这种做法等于为她的世仇打开了大门。他们进入了哥特王国的心脏地带，让东哥特人极端愤怒。起初只是那些拥有远见，保有日耳曼灵魂的哥特人受到了刺激，并预见到了这种政策的必然结果。在汪达尔人衰亡后，所有东哥特人的眼睛都打开了。他们清楚地看到，在阿玛拉松塔的命令下向希腊舰队敞开西西里港口，对他们的信仰和位于意大利的王国都是严重的威胁。

在东哥特王国灭亡之前，有一点值得评论。那就是，依旧深受爱戴的传说中的阿玛尔家族只剩下了一名男丁。他是狄奥多里奇大帝妹妹的儿子，也就是阿玛拉松塔的堂兄，狄奥达哈德。他不再年轻，对于阿玛拉松塔对丈夫的要求来说，他太老了；和他结婚能使她战胜对手，确立她的实际权力。但她并没有嫁给他。

狡猾的查士丁尼的政策就是在各处制造君主和人民间的不和。在与阿玛拉松塔交涉的同时，他还秘密地与狄奥达哈德进行着谈判。他与盲目的阿玛拉松塔交涉，为了获得整个意大利的服从；同时，又要求狄奥达哈德把意大利的一部分——托斯卡纳地区割让给他，以助他登上王位，并向他提供庇护。令拜占庭朝廷厌恶的是，这两人的哥特议员们决定，阿玛拉松塔应该将阿玛尔家族的最后一位成员承认为共摄政王。狄奥达哈德向她发誓保证，他仅仅满足于拥有国王的名号，而她独自行使了八年的权力还是归她所有。这位最后的阿玛尔人在他的种族中属于蜕化分子，没有力量和勇气，没有武装技能和战争经验；相反，他很乐意扮演一名学者；他擅长罗马人的每一个邪恶理论或实践，和他们一样，没有勇气，没有尊严，没有真理。

协议刚达成不久，而且阿玛拉松塔仍然相信，凭借共摄政王狄奥达哈德，她平息了东哥特人对女人统治的反对，而狄奥达哈德就已经通过暗杀铲除了她的许多朋友，并进而在她孤立无援的情况下对她发起了攻击，于534年4月30日将其俘虏，关进了托斯卡纳的一个坚固城堡中。最终在那里的浴室里把她勒死了。

王后被俘后，东方的皇帝立即宣布，她已将自己置于他的保护之下；不仅如此，在此之前拜占庭的政客们并没有对他们与阿玛拉松塔的谈判保密，目的是为了激起东哥特人各派系之间的相互斗争，并在王国中制造混乱。狄奥达哈德及其党羽正是以她的这一叛国罪为借口，为对她的监禁和死刑提供了辩护。帝国朝廷以囚禁和谋杀其女门徒阿玛拉松塔为由，介入了东哥特王国的内部事务，目的是为了执行其长久以来针对意大利的谋划。皇帝突然站了出来，要充当阿玛拉松塔的复仇者；这次宣战，不仅针对背叛的国王狄奥达哈德，更是针对东哥特王国。一支帝国军队进入了东哥特的达尔马提亚省，推翻汪达尔人的贝利撒留则进入了东哥特王国的南部。他带着舰队和军队登陆在西西里岛的港口，那里是阿玛拉松塔向他开放以攻击汪达尔人的跳板。进入东哥特王国东部的陆地远征军以及进入西部的舰队，都在君士坦丁堡得到了隆重的装备，耗资全都来自汪达尔人的财宝。

在阿玛拉松塔向她的宗教和民族的敌人开放西西里岛的港口后，后者妥善利用了它们，并结交了当地的天主教居民。贝利撒留在没有任何麻烦的情况下就占领了整个西西里，并把它作为进攻意大利南部的基地。当他出现在意大利南部后，神职人员早已心领神会，准备好了民众起义；天主教徒们愉快地打开了他们的城门。只是在那不勒斯，东哥特人的战斗人员进行了抵抗。但在围城的第20天，这里的叛国者也向围攻者透露了一个可以突袭卫戍部队的地方。那不勒斯因而也失守了。

在达尔马提亚，经过各城短暂的抵抗，希腊人在日耳曼雇佣兵的帮助下取得了胜利。在敌人进军期间，东哥特人罢免了可怜的狄奥达哈德。一位哥特英雄抓住并杀死了这个邪恶的叛徒。新当选的国王维提吉斯虽然并不出自显赫门第，却是一名英雄，他尽其所能在政策和军事上保护了东哥特人。查士丁尼与萨利安法兰克人结盟，邀请他们加入对东哥特人的进攻；为了支援希腊在达尔马提亚的军事活动，阿拉曼尼人中隶属于法兰克的那一部分入侵了与东哥特王国毗邻的边境地带，并渗透到现代威尼西亚。维提吉斯果断做出了明智的决定，与法兰克人达成了谅解，瓦解了后者与皇帝的联盟，并转而与东哥特人结为盟友。为此，东哥特人把自狄奥多里奇大帝时起就属于东哥特的那部分阿勒曼尼土地割让给了法兰克人，并向梅尔文人支付了2000磅黄金来换取他们的辅助。维提吉斯的手终于松了开来。他可以筹集并利用原本用于抵御梅尔文人的贪婪、保卫法国的东哥特地区（现在的普罗旺斯）的军队来迎战希腊人了。不久之后，10000名法兰克人加入了他的军队，把希腊人赶出了达尔马提亚。于是，他得以进军罗马，那里已向贝利撒留投降。然而，在对罗马的围攻中，他突然接到了远方传来的召唤。原来，帝国朝廷的阴谋借助于意大利北部和梅茨法兰克朝廷中的天主教神职人员，已经把东哥特王国的最北端变成了主战场。

狄奥多伯特一世，克洛维斯真正的孙子，他长子的儿子，原本与维提吉斯缔结了攻防联盟。如今，他被自己的宫廷牧师说服，违背了承诺。根据双方的条约，维提吉斯要求他提供更多兵力，他的答复却是将亲自率领部队前往意大利。539年，一支强大的法兰克军队翻越了阿尔卑斯山。就在希腊人从东部向意大利北部挺进的同时，这支军队成了米兰的主人。哥特人对法兰克人的援助感到非常高兴，但他们刚过了波河，就开始进攻哥特人了。维提吉斯把法兰克人击退，又扑向希腊人，把他们赶走。背信弃义的法兰克人认为，他们可以把东哥特人和拜占庭人通通赶出意大利，自己成为这美丽土地的主人。上帝的审判回应了这一政策；大自然完成了哥特人无法完成的事情。在短暂的胜利之后，痢疾和腹泻夺走了三分之一的法兰克士兵。在仓促的撤退中，又有三分之一的士兵丧命。剩下的人回到家后，都已筋疲力尽，完全被掏空了。

然而，那之后不久，梅尔文人向东哥特人表示，可以提供一支50000人的辅助部队，前提是他们愿意一起瓜分意大利。由于波斯人入侵东罗马帝国，皇帝召回了身在意大利北部的英勇的希腊将军纳尔西斯；通过与维提吉斯争取到的勃艮第雇佣军所达成的协议，哥特人重新夺回了米兰。如果法兰克人和哥特人这时能团结起来，贝利撒留很快就会被赶出意大利南部。然而，狄奥多伯特的背叛在哥特人的记忆中还是近在眼前的事，因此他们拒绝法兰克人的帮助。或许也是因为他们正交好运，未能想到战争局势是风云突变的。

意大利中、南部的当地人长久渴望着与罗马帝国实现统一，希腊人贝利撒留满足了他们的愿望。天主教牧师和平民们在每一所教堂里都举行了隆重的感恩庆典。然而，民众的欢欣雀跃是短暂的。天主教的神职人员对意大利的天主教徒们隐瞒了东部罗马帝国的实际情况：它已成为一个系统的、常规的专制政体，带有强烈的亚洲色彩；宫廷开支铺张浪费，官员弄虚作假，挪用公款；这些自然导致了日益增长的财政需求以及武断的征税模式，榨干了国家的精髓。神职人员只从教义正统、天主教统一性、信仰上的兄弟情谊方面描绘东部帝国。最初几年的经验告诉人们，与东帝国统一意味着两件事：第一，同样的政府形式；第二，同样的税收。然而，政府形式是一个纯粹的军事政府，因为帝国是一个军事专制国家。赋税由军官管理，人民的自由和力量被践踏在脚下，除了贵族和神职人员，这种压迫所产生的恐惧落在所有人的头上。

贝利撒留并没有立刻为东罗马的幸运新臣民送上统一所带来的所有祝福。但他们很快就开始感到，为此将付出非常沉重的代价。贝利撒留带走了他们中所有能服役的年轻人，强迫他们参军。他把他在任何地方所能找到的钱都用于继续战争。当一切都以拜占庭的方式来做，当他们不得不像帝国其他臣民一样忍受整个税收的重负，当粗鲁的军事政府敌视所有自由观念，压得他们喘不过气来之时，意大利人的想法迅速产生了转变，尤其是在城市中。他们必须为每一项财产、每一次贸易或每一件手工艺品，向位于君士坦丁堡的皇帝的国库交纳沉重的税款，而征收这些税款的军事化方式更加重了这种负担。因为帝国的税务员都是纯粹的拜占庭人，他们专横地对待意大利人，就像陌生人对待陌生人一样。

人们开始认为，在东哥特人统治下度过的日子才是自由的，是在一个温和、轻松的政府下度过的。那时，所有意大利人在一切公共和私人关系上都享有最大的自由，缴纳很少的税款，并被免除了兵役。他们只须承认东哥特国王至高无上的地位，以及狄奥多里奇所规定的天主教和阿里乌派教会的平等地位。如今想到狄奥多里奇，他们既羞愧，又渴望。与东帝国的同宗教者对他们的自由、私人关系和钱包所施加的实际压迫相比，信仰上的差异现在对他们来说就显得微不足道了。因此，当贝利撒留拿着他们的钱去征服北部意大利时，南意大利人民的感情和理智是偏向东哥特人的。借着这些意大利黄金，贝利撒留可以招募那些长期以来为高价而接受雇佣的日耳曼部落加入他的军队，即赫鲁力人和伦巴第人。

在这些日耳曼军队的帮助下，哥特人和及其君王陷入了极其恶劣的处境。维提吉斯直接与皇帝开启了谈判，签订了条约。皇帝向维提吉斯承诺了波河流域的土地，以换取意大利的其余部分。基于条约和和平，皇帝下令从意大利北部撤军。指令传到贝利撒留时，哥特国王正被封锁在首府拉文那，忍受着各种艰难困苦。贝利撒留瞒着他的军事议会，不顾撤军的命令，继续加紧包围；由于贝利撒留截获了皇帝批准的条约，被围困在拉文那的哥特人在极度窘迫的情况下，征得其国王同意，向贝利撒留提议：如果他有意建立一个独立的西帝国，他们将承认其至上主权。贝利撒留拥有他同时代希腊人和亚洲式拜占庭朝廷的奴隶所拥有的狡诈，他同意了他们的提议，承诺给予哥特人和罗马人完全的法律自由，并郑重宣誓遵守条约。

对哥特人来说，所有誓言都是神圣的。他们不会想到正统教会发明了一系列原则和理由来破坏或解除每一个誓言，尤其是在为了教会利益的时候。他们头脑简单、单纯地打开了这座坚不可摧的哥特城的大门。贝利撒留带着整支大军，刚进城，就抓捕了哥特国王本人，以及狄奥多里奇所积累的皇家财宝。贝利撒留的历史学家、后来担任君士坦丁堡高官的普罗科匹厄斯对此评论道：“当我看到罗马军队进入拉文那时，我心里想，并不是人数的力量决定着事件，而是更高明的谋划者引领着事件。因为哥特人在人数、力量和个人能力上都远远胜过他们的征服者。因此，他们的妻子朝他们脸上吐口水，以显示他们投降给了多么虚弱的征服者。”

贝利撒留抓捕了他所能找到的所有哥特贵族。他把充当拉文那哥特士兵核心的青年人送去为皇帝效劳，其余的人则被转移到了意大利南部。然而，波河北部的哥特人仍未屈服。在与他们的斗争开始之前，皇帝出于嫉妒，将他召回。540年，贝利撒留带着哥特国王、贵族和哥特人的财富回到了君士坦丁堡。查士丁尼用罗马元老和贵胄的头衔来补偿维提吉斯失去的皇室尊严。当国王接受这个头衔后，对哥特人来说，他就不再存在了。一派人选举伊尔迪巴德尔为国王。而他死于派系冲突中。于是，拉吉依人推举他们的首领埃拉里奇担任东哥特人的国王。这刺激了哥特人的自尊和骄傲。

哥特人的英雄时代再次重生。他们选举托提拉为国王。他已经证明了自己是一位英雄和极具才能的将军。在对帝国总督所犯错误的明智利用中，他展现了自己的政治能力。这位总督每天都将各式各样的压迫和屈辱堆积在意大利人和被迁往南部的哥特人的民族感情上，并最终由于对教皇下手而彻底转变了当地人的情绪。

托提拉是一名老派哥特人，未受外来恶习影响，生活举止纯洁严格，受过良好教育，就像切鲁西人阿米尼乌斯，也像迪特里希大帝一样仁慈。541年，他升任北部意大利国王。在五年的时间里，他将从皇帝手中征服整个意大利，并将其统一为自己的王国。

起初，他只有1000多名战士。对于这支意志坚定的队伍，他不仅在军事战术上加以训练，而且还教导他们节制饮酒，对被征服者仁慈对待，在生活中严守道德。就这样，他让手下的士兵们生机勃勃，并以此为基础建立了他胜利的希望。在他初次获得一系列成功之后，被帝国官兵占领的北部意大利城市相继投降。通过将帝国的俘虏、逃兵和奴隶征召入伍，他的军队人数大大增加。他庄严宣告：无论在什么情况下，都不会放弃他们。这产生了重大的后果；大批的自由民将帝国的旗帜换成了哥特英雄的旗帜；大批的奴隶在哥特军队中，尤其从他们的领主那里获得了自由。这些人大部分是日耳曼和萨尔马提亚战俘，来自四面八方。托提拉从他们这里获得了训练有素的武装和坚定的心。他们必定只会选择在战场中倒下，而不是落入以前主人的手中。

对于拜占庭朝廷，意大利人已经醒悟。如今在他们看来，臣服于一个能够保持军队良好秩序的人，要比把他们自己、他们的自由、财产和荣誉作为猎物交给帝国的副官及其毫无约束的下属们要好得多。对于意大利人来说，狄奥多里奇国王在托提拉身上重生了。由于意大利古老的土著人口对他的好感和帮助，托提拉冒险做了否则不可能做的事情。他把上意大利留在后方，向南进发，在所有地方都得到当地居民的帮助和增援，继续越过拉文那和佛罗伦萨城，两处都有坚固的防御工事和帝国驻军的保护，又进而越过罗马，一路来到了南部意大利。

托提拉的密使告诉他，南部意大利人和定居于其中的哥特人正等着他的到来。民族和宗教感情受到侮辱的罗马人和南意大利人因各种原因处于愤怒中，在收到教皇死讯的消息后，更是极端激愤。拜占庭统治者指控教皇西尔维里乌斯与哥特人达成谅解，并把他作为叛徒关进监狱。依据皇帝的命令，他在539年被废黜，并被送

往君士坦丁堡。根据流传于意大利的报告记载，他被遗弃在一座荒岛上饿死了。维提吉斯被送往罗马担任其继承者。他花了200磅黄金买到了这一尊贵身份。他唯一的保护就是在罗马的拜占庭卫戍部队。

然而，托提拉向南意大利的进军是一项伟大而勇敢的举动。在帝国分散的军力还没有集中起来之前，托提拉就与中部和南部意大利怀不满情绪的人民，以及被安置在那里的东哥特人结成了联盟，后者一直在为他做着准备工作。那不勒斯和库马向国王投降后，他的部队扩充为一支真正意义上的军队；他将东罗马皇帝的部队赶出了卢卡尼亚、阿普利亚和卡拉布里亚。通过展示他、他的哥特人和他的统治是怎样的，托提拉对这些地区实现了道德上的征服。他的军队，以及将军们的军事才能都远远优于敌对的帝国军队，尤其是在战争中表现出来的仁慈。

在此紧要关头下，君士坦丁堡朝廷再次将贝利撒留派往意大利。除了少数几个城市，整个意大利在明智而勇敢的托提拉统治下，再次享有了自由和哥特统治。贝利撒留来了，托提拉打败了他，甚至在546年拿下了罗马。于是，罗马人看到了哥特国王和东帝国官员所代表的皇帝之间的区别；看到了哥特统治方式和拜占庭当局军事政府之间的区别。当托提拉在意大利南部全力击败登陆的增援部队时，贝利撒留成功地收复了罗马。托提拉调转方向，将贝利撒留赶出了意大利，再次占领了罗马。被承认为全意大利的国王后，托提拉跨海登上西西里岛，征服了该岛以及科西嘉和撒丁岛，又带着300艘大桡船来到希腊海岸，骚扰当地贸易。最后，在成功中适可而止，他向皇帝提出和平建议。

然而，皇帝宁愿牺牲他的财富也不愿放弃意大利。他把最高权力交给了财务主管纳尔西斯，并且根据他的要求，为远征动用了更多资金。纳尔西斯用它征募了匈奴人和波斯人，以及上万名日耳曼人。根据最低的估计，一共征募了5000伦巴第人和3000赫鲁力人。当他看到军力足够强大后，纳尔西斯挺进意大利北部，进军罗马，准备决战。552年7月，在亚平宁山脉脚下，伊特鲁里亚的塔吉纳附近，他遇到了托提拉。纳尔西斯表示，如果哥特国王愿意屈服，他将得到皇帝的青睐。而托提拉答道："我心意已决，要么征服，要么死。"

敌人战线的中心力量由伦巴第人、赫鲁力人、格庇德人和其他日耳曼人组成，为了突破这一核心，托提拉带领着身后的哥特人发起了猛烈冲击。然而，日耳曼雇佣军岿然不动。当日耳曼人在中心互相屠杀时，纳尔西斯突然在侧翼发起进攻，包围了托提拉，把他与其侧翼切断开来。血腥的斗争一直持续到黑夜。6000名哥特人以生命为国王扫清了道路。五个战友在黑夜的掩护下，把伤痕累累、鲜血直流的国王从战场上护送了出去。一位日耳曼追赶者，一位格庇德人，拦住了逃亡者。一名哥特人大喊："饶了意大利国王！"话音刚落，长矛便刺穿了受伤的英雄。忠诚的五个人仍然把他护送到了山区，在离战场五英里的地方，国王死在了他们的怀里。

纳尔西斯带着他的日耳曼军队，他的匈奴人和波斯人，进军罗马，再次夺回了它。罗马在希腊的正教旗帜下忍受着可怕的痛苦。然而，在意大利北部和南部，哥特人凭借对希腊人充满愤恨的意大利人的帮助维持了自己的局势。塔吉纳战役失利之后，泰阿斯带领哥特军队的两翼有序撤退，召集了四散的逃亡者，在波河以北的地区找到了根据地。在收到托提拉的死讯后，哥特人一致同意将泰阿斯高举在盾上，作为他们新的国王。泰阿斯留下一支哥特部队镇守北意大利后，急忙赶往南部，援助他的兄弟阿里戈恩，后者正被纳尔西斯逼迫得紧。泰阿斯的速度、勇气和睿智几乎达到了令人惊异的程度，他率军躲过了敌人的察觉，蜿蜒曲折地来到了位于坎帕尼亚的库玛，在离那不勒斯不远处加入了他兄弟的部队。他随行带着国王托提拉的遗体，庄严地将他埋在了卡普亚，就在萨尔诺的小河上。在光荣交锋之后，泰阿斯在维苏威火山和大海之间的地区立起了自己的营地。在那里，他抵御着纳尔西斯强大的军力，坚持了两个月的时间。当希腊舰队切断了泰阿斯的海上补给，并威胁发起攻击后，他撤退到了不可及的拉克塔里山脉地区。直到军队中饥荒泛滥，四下敌人围攻之时，泰阿斯才从山上下来展开了殊死搏斗。

国王拿着盾和矛冲在前面，哥特人步行跟在后面。几百支敌人的长矛刺向国王。他则用盾接住了它们，稳稳地站在盾后，一连好几个小时不知疲倦地将敌人送上的矛又强有力地扔向敌人，奋力击杀。随后，他冲向前方，逼退了面前的敌人，更换了布满飞镖的盾牌。一天的三分之一就这样过去了，他的盾牌又被拦截的矛压得举不起来，他要求换一个新的，但就在他换盾牌的一瞬间，他被刺穿心脏，倒地身亡。敌人抢先夺去了他的身体，把头从躯干上砍了下来，高举在长矛上作为胜利的标志。然而，哥特人战斗得更加凶猛，势必要夺回国王遗体并为他的死复仇。他们一直打到晚上，第二天又打了一整天。虽然哥特士兵中最勇敢的人紧握着他们血腥的武器倒在了战场上，但他们并没有被征服，幸存者在第三天早上向纳尔西斯传话说:“上帝要与哥特人作战，但他们宁愿死也不愿被俘投降。如果能保证他们自由撤退，允许他们在帝国至高主权下按照自己的法律生活，他们将停止战斗。”纳尔西斯尊重这些异教徒的勇气，向他们确保了以上两条诉求。一方面得到了他们不再拿起武器反抗皇帝的承诺，一方面又害怕将他们逼入绝境所会产生的后果，纳尔西斯准许他们带着武器和财物自由撤离，回到他们在意大利北部的居所。并不是所有哥特人都接受这个条约：军队中最勇敢的那些人在条约签署前的一刻突然爆发，他们冲破敌军，一路突围到了帕维亚。拉克塔里山战役发生在553年3月，发生的一切让人想起荷马时代的战争。

泰阿斯所指望的阿勒曼尼人的援助来得太晚；直到这年秋天，才有75000名阿勒曼尼人和勃艮第人从阿尔卑斯山上下来。托提拉和泰阿斯曾邀请法兰克国王与其结盟对抗希腊人，但未成功。只有阿勒曼尼人的两位君主，留萨里斯和布提林兄弟，响应了哥特人的求助，召集了一支军队。这支军队的成员一部分来自兄弟俩自己的人民。在法兰克国王狄奥德贝特一世的赞许下，他们担任这些人的公爵。另一部分则来自美因河流域法兰克人和勃艮第人中的志愿者。事实上，布提林向哥特人保证，他的目标是复兴意大利的哥特王国，但真正吸引这些冒险者在他们旗帜下进军的动力，是在意大利夺取战利品的希望。

当东哥特人的最后一位国王泰阿斯倒下后，波河流域的哥特人向阿勒曼尼公爵布提林展现了一幅美好的愿景：如果他能将希腊人赶出意大利，他就能成为意大利的国王。这非常能够打动这位阿勒曼尼君王之心。然而，他的哥哥留萨里斯非常愤怒。当哥特人把他们的军队置于布提林的领导之下，并向南进发迎战纳尔西斯时，留萨里斯和他的部队却向四周扩散开来，像强盗一样，在意大利各城市和村庄进行掠夺、破坏，做出了许多非常无耻的举动，辱没了日耳曼人的声誉。留萨里斯就这样慢慢抢劫着意大利，尾随而至，在古老的撒姆尼地区与哥特人和他兄弟的军队会合。然而，留萨里斯并没有与他们联合攻打帝国军队。尽管其军力拥有无可比拟的优势，却在决战开始前，抛下了弟弟布提林和哥特人，带着他的强盗部队急于将掠夺来的战利品安全送回日耳曼老家。

然而，尽管他们撤离的速度很快，其残暴行为并没有逃脱上帝的惩罚。这是他们背叛自己的兄弟而应得的惩罚。这群人已经到达了波河平原，也就是日耳曼北意大利的中心地带，离其本土已经不远。夏日的炎热和无节制的放纵导致疾病蔓延，将这些意大利和日耳曼声名的玷污者从他们所侵犯的国家土地上带走。在留萨里斯的强盗部队中，只有很少的人得以再次见到自己的家园。大多数人死在了意大利的土壤上，包括留萨里斯本人，也因突发的精神错乱死在了维罗纳和特伦特之间的加尔达湖附近。

意大利北部的哥特人已经将他们的利益与这些日耳曼强盗及其暴行分割开来。他们与纳尔西斯达成了有利的和平协议，条件是放弃帕维亚和卢卡。此外，传染病在意大利南部爆发，对布提林军队产生了严重的影响。导致疾病的一个主要原因是葡萄的过度食用。只有18000人的纳尔西斯雇佣军比布提林的30000阿勒曼尼人和勃艮第人还要强大。纳尔西斯发起进攻，阿勒曼尼人被打败。布提林在战斗中倒下。公元554年秋天，疾病和刀剑彻底制服了他的军队。意大利南部哥特人的最后残余仍有7000名战士，在匈奴人拉格纳利斯的指挥下，他们躲进了位于山区的孔查镇的坚固城堡中，一直坚守到555年春天。据说，在一次和平谈判之后，该匈奴人向纳尔西斯射了一箭，之后纳尔西斯也向他射了一箭，两天后他就死在了山区城堡里。

领袖死后，孔查的哥特人投降。他们被允许要么作为自由民继续留在该地，要么加入君士坦丁堡的皇帝卫队，要么随意去他们想去之地。有些人选择了第一条，有些人选择了第二条，但更多的人则进入了莱蒂亚和诺里克阿尔卑斯山区。已有大批东哥特人选择在那里避难，即因河、阿达河、阿迪杰河上游河谷地区，以及多瑙河与德拉瓦河间的平原地区。那些留在意大利的人混居在了意大利人和伦巴第人中，后者在此之后很快就将取得胜利。移民则混居在了其他许多日耳曼部落中，它们定居于现在的格劳宾登、提洛尔山区、福拉尔贝格和上巴伐利亚，以及南奥地利、萨尔茨堡、施弟里尔和卡林西亚。逝去的不仅有东哥特王国，也有东哥特人，这支所有日耳曼人中最高贵、强大、聪明的部落。公元493年，他们的力量开始展现；555年，他们衰亡为一片废墟。也就是说，由迪特里希大帝建立的王国持续了仅仅62年。在他的统治下，这个王国拥有当时世界上最广阔的领土，享有最高的荣誉。

意大利成为帝国的一个省；纳尔西斯成为帝国的总督；东哥特首府拉文那成为总督的府邸。

东哥特王国和帝国之间的战争持续了20年，15年的和平给意大利带来了安宁和修养。然而，对哥特王国及其治下繁荣的沉痛怀念一直折磨着身处拜占庭压迫下的意大利人民的心。

希腊皇帝利用伦巴第人和其他日耳曼人摧毁了他们的同胞东哥特人。然而，那些见过意大利的伦巴第人，以及那些从他们回国朋友嘴里听说了意大利的人，对这片富饶美丽的土地产生了强烈的渴望。伦巴第人以超越东帝国想象的速度，很快就全体上路迁往意大利了。他们向意大利进发，并在那里实现征服。这将成为“民族迁移”的最后一幕。

第三十七章

意大利的伦巴第王国——阿尔博因——罗莎蒙达——特乌德琳达——奥萨里——阿吉洛夫——艾斯图尔夫——教宗席位——伦巴第国的第一个半世纪——国王流特普兰德以及一个实现以罗马为首府的统一的意大利的方案

当希腊皇帝的附属军队从意大利返回他们位于奥地利和匈牙利的家乡时，等待他们的是即将来临的内部冲突。格庇德人和伦巴第人之间爆发了战争。两者都是日耳曼人，也是近邻，前者定居在东部匈牙利和特兰西瓦尼亚。由于伦巴第人现在享受着帝国朝廷原本拨给格庇德人的津贴，两者间产生了敌意；敌意带来了战争，并最终演变为致命的仇恨。一方面，伦巴第人在与格庇德人斗争的过程中在兵力和金钱方面都得到了君士坦丁堡的支助；另一方面，伦巴第人还与阿瓦尔人结成了联盟，而后者是格庇德人的死敌。

在这一时期，格庇德人一直是日耳曼人抵挡彻底蛮荒的阿瓦尔人的边境护卫者。阿瓦尔人是另一个民族，其蛮荒不同于同时代某些日耳曼部落所处的蛮荒状态，而是类似于匈奴人，粗鲁、野蛮。和匈奴人一样，他们是从亚洲高原进入欧洲，或许是由于突厥人的扩张对他们所造成的压迫。他们击败了亚速海流域的匈奴人残余，并与他们合并，一直进逼到多瑙河流域。对于该地区东南部的斯拉夫人来说，他们是噩梦；对日耳曼人来说，他们是危险。

格庇德国王图里森德与伦巴第国王奥多因是传统日耳曼式的世仇。在两个部落人民激烈交战的同时，格庇德国王之子图里斯莫德被奥多因之子、年轻的伦巴第人阿尔博因斩杀于一对一的决斗中。国王儿子的陨落决定了格庇德人的失利。奥多因死后，伦巴第人选举阿尔博因为国王。图里森德死后，格庇德人选举楚尼蒙德为国王。帮助希腊攻打东哥特人的正是这位阿尔博因。他还与野蛮的阿瓦尔人缔结条约，对抗其日耳曼兄弟格庇德人，承诺将格庇德人的整个土地和一半的可移动财产全部让与阿瓦尔人。就这样，格庇德人受到前后夹击，终于在566年的一场决定性战役中溃败。他们最好的战士在战斗中丧生，楚尼蒙德也被阿尔博因亲手杀死。格庇德王国终结在了阿尔博因手上。甚至连他们的名字也从此消失于历史中。这个日耳曼部落的残余一部分臣服于伦巴第人，混合在他们之中；另一部分则和他们的土地一样进入到野蛮的阿瓦尔人的支配下。这些人如今向外扩展，越过匈牙利和特兰西瓦尼亚，很快又越过摩拉维亚、波西米亚和卢萨蒂亚进而向北，向南则到了恩加丁和弗留尔。

因此，阿瓦尔人占领了以前日耳曼人居住的地区；几个世纪以来，对欧洲的许多国家，尤其是德国来说，他们都是伤害的制造者。伦巴第人不仅把格庇德人的土地让给了这些亚洲游牧部落，而且还把自己的土地也给了他们。在最后一次民族大迁徙中，伦巴第人自愿离开多瑙河流域的家园，定居到意大利，做了那里的主人。

现已年过九旬的纳尔西斯鼓动他们发起了这一运动。

565年，皇帝查士丁尼一世去世。他那半白痴侄子查士丁二世成为皇帝；他妻子索菲娅统治着宫廷和帝国。她一直讨厌纳尔西斯。意大利本地人向朝廷抱怨说，哥特人的统治让他们更加容易忍受，而帝国朝廷副官纳尔西斯的政府却专断不堪。他像所有的希腊人，尤其是贪得无厌的希腊朝廷一样，贪婪专制。尽管这位老将军功勋卓著，索菲娅极力劝说皇帝剥夺他对意大利的统治权，把它交给一位朝臣。皇后的憎恨添加了侮辱。为了暗讽这位大将军是个太监，她寄给纳尔西斯一根纺锤和卷线棒，建议他回去教她宫里的女仆纺织。纳尔西斯回答说，他会给她纺一根绳子，让她用来了结性命。从那一刻起，在他执政十五年后不得不离开意大利时，纳尔西斯邀请阿尔博因来占领意大利。他仍然没有离职。被召唤的伦巴第人知道，他们的上意大利之旅不会遭到帝国总督的反对。哥特人的征服者邀请了他们。这是受侮辱的希腊人所实施的报复。

在整个北方，阿尔博因在日耳曼民族中享有盛名，英勇无敌。他派出使者到日耳曼的每一个省份，邀请了那些喜欢漫游和冒险的人加入他对意大利的远征和殖民。不仅许多格庇德人和伦巴第人积极响应，大批巴伐利亚人、斯瓦比亚人和阿勒曼尼人也离开他们美丽富饶的家乡蜂拥而至。甚至在萨尔河流入易北河的地区，20000撒克逊人带着他们的妻子、孩子也加入了伦巴第大军。这样一支军队，散发着某种成功的希望，就连许多斯拉夫部落的人也带着妻子、孩子和动产追随上去；他们宁愿去陌生的国家，也不愿留在野蛮的阿瓦尔人的枷锁中。

就这样，最后一批“民族迁徙”指向了意大利。它被称为伦巴第人的远征。因为他们构成了移民的核心。运动的英雄和征服者是阿尔博因，伦巴第人的国王。而实际上其中的大多数人则来自非伦巴第族的其他日耳曼部落和斯拉夫部落。

最后这个事实解释了这次远征的一个显著特点。阿尔博因沿着他先前率领军队帮助希腊人攻击东哥特人的同一条道路进发，也就是途经卡尔尼奥拉、伊斯特利亚和弗留尔，翻越尤利安阿尔卑斯山脉，从那里到达威尼斯的边界。在弗留尔，他留下侄子吉苏尔夫，作为边境公爵。在任何情况下，他都得守卫出入意大利的关口。年轻的吉苏尔夫承担这一责任和身份是有明确条件的，即只有那些他亲自选择的“法伦”才能与他留在边境上。“法伦”的意思是伦巴第贵族的“家庭”。他坚持要把这项重要任务掌控在自己人手里，没有赫鲁力人，没有格庇德人，没有阿勒曼尼人，没有斯拉夫人，只有纯粹的伦巴第人。

568年，伦巴第人到达意大利。阿尔博因发现所有的关口都敞开着；维琴察、维罗纳、威尼西亚的大部分城市、布雷西亚都向他投降。许多因素共同促成了这一结果：意大利人厌恶自己所属的东罗马帝国；随着东哥特帝国的灭亡，上意大利的人口开始锐减。565年，又爆发了可怕的瘟疫，使这些曾经人口稠密的地区变得人烟稀少；另外就是声名远扬的伦巴第大军和国王阿尔博因所产生的巨大威慑力。意大利人对这些勇士的勇气和被激怒时的愤怒都有清晰的记忆。当纳尔西斯的继任者到来后，他在行政和军事事务上都表现得一窍不通。带到战场对抗伦巴第人的军队数量不足，在战争中毫无用处。于是，在570年，阿尔博因就占领了人口稠密、坚固的米兰城。在三年的时间里，他便占有了意大利北部和中部的大部分地区。只有一个城市比米兰坚持得更久，即帕维亚。

这座城市以其坚固的防御工事和充足的供应，抵抗侵略者长达三年之久。569年9月，米兰投降，阿尔博因成为除帕维亚之外周围整个地区的君主；愤怒之时，他发誓说，一旦夺取了这座城，他将用剑杀死所有居民；受到威胁的城市反而更加顽强地进行着防御。围城持续到第四年，饥荒迫使帕维亚投降。尽管他发出过上面的誓言，城里的人实际上毫发无损。

阿尔博因很容易被打动，心灵柔软，就像他在一时的激动中容易表现出暴烈的激情一样。他的政治家品性使他无法接受将一座建设良好的城市变成一座死人的坟墓。作为一名英雄，他情不自禁地会敬佩守城者的英雄气魄。他对自己的草率誓言感到悔恨。当他正要进入圣约翰教堂的大门时，他的马倒下了，一名伦巴第人说:“这是来自上天的警告，提醒他不要履行誓言，并向城市施恩。”听到这句话，阿尔博因感到很高兴。他以完美的仁慈对待这个城市，并把它作为伦巴第王国的首府和自己的居所。帕维亚靠近提契诺河和波河，几乎位于上意大利的中心位置，是最重要的城市之一，也是防御工事最坚固的城市之一。对帕维亚的仁慈处理，绝大部分是出于政策考虑；温和的性情也发挥了很大作用；宗教信仰的影响最小。因为伦巴第人即使在他们征服意大利之后也是受基督教影响最小的种族。在伦巴第入侵者中，大部分人是异教徒。另一部分人只是外表上的基督徒，内心还是异教徒。他们中的基督徒都是阿里乌主义者，包括阿尔博因。但阿里乌派的基督教并没有像触及东哥特人那样触及伦巴第人的心灵。这些营地的孩子是最后离开日耳曼北方的。他们是希腊将军和政治家们的“原材料”。从最早的伦巴第人迁移到日耳曼南部，再到这些最后的北方“刀刃”的迁徙，已经过去了整整好几个世纪了。他们仍然保留着原始的、日耳曼人的记忆和习俗。

可以肯定的是，“伦巴第”这个名字并不是来自他们的“长胡子”；但同样可以肯定的是，伦巴第人在日耳曼部落中是以长胡子著称的。那时候在日耳曼，只有他们留长胡子。他们的神奥丁被称为朗巴德尔（见格林《日耳曼神话》，第305页）。在伦巴第人中流行的传奇故事拥有丰富的家族古老记忆和高超的诗歌价值。它们将伦巴第人的名字溯源于“长胡子”。实际上，他们最初叫“温尼勒人”，来自斯堪的纳维亚半岛，移民到斯科林捷兰（沙伊埃尔恩）。因此，他们是汪达尔人的邻居，并与后者发生了冲突。汪达尔人向奥丁祈求胜利。奥丁承诺，胜利属于他在日出时首先见到的人。然而，温尼勒部落两个年轻酋长的母亲冈芭拉向奥丁的妻子弗莱娅祈祷，为温尼勒人祈求胜利。女神给她提出建议，让温尼勒人的妻子们松开头发，围着脸庞布置发缕，好像她们长着胡子；然后在破晓时分，与丈夫站在奥丁透过东向窗户一定能看见他们的位置。她们照做了。“这些长胡子是谁?”当太阳升起时，奥丁问道。“你给了他们这个名字，也把胜利给他们吧。”弗莱娅回道。就这样，温尼勒人赢得了对汪达尔人的胜利，从此也得到了伦巴第人这个名字。

然而，这个传说讲述了一个确定的历史事实:“在他们漫长的游荡生涯中，长胡子将自由带给了许多原本没有自由的人。”

这解释了伦巴第人数量的快速增加。他们最初并不是一个种族，甚至也不是一个种族的分支，而只是一个分支的派生。他们在前进的过程中将被征服的日耳曼和半日耳曼势力吸收进了自己的队伍，并在向意大利进军的过程中吸收了斯拉夫人。

他们对俘虏非常仁慈、和善。虽然举止粗鲁，但本性良好，只是在喝醉酒时，情绪容易激动，大发雷霆。比起其他日耳曼部落，他们对美酒的爱更加强烈。在酒宴的欢乐中，他们很快就忘掉了自己。在意大利人眼中，这些温和的特征以及良好的本性中和了他们外表的恐怖。他们显得是那样的古怪，长长的胡子，脑后的头发修剪得很短，前额到眼睛却覆盖着头发；穿着宽松的亚麻外套，宽松的多色条纹长裤，脚踩凉鞋，刀挂身边。

阿尔博因和他的族人一样，完全没有宗教狂热。每个人，无论是天主教徒还是异教徒，都可以自由地处理信仰问题。他除了用剑征服，也进行道德征服，他要把整个意大利置于伦巴第人的统治之下。与此同时，希腊帝国受到波斯人和阿瓦尔人的侵扰，向意大利派遣的军队力量薄弱。其核心力量和主力正是伦巴第人和其他结盟的日耳曼人。如今他们都合起伙来对抗帝国。另外，帝国总督也很无能。阿尔博因把他对意大利的征服分成许多小的君主领地，让军队中最优秀的领袖们加以管理。自他入侵意大利以来，三年六个月过去了，命运给他的生命画上了边界。

在摧毁格庇德王国的战争之后，阿尔博因以胜利者的野蛮傲慢姿态带走了敌人的头骨，也就是他亲手所杀的楚尼蒙德的头骨。他把它做成一个铸银酒杯，一个用来在胜利宴会上助兴的杯子。

格庇德国王的女儿罗莎蒙德，一个以美貌而著称的少女，和宫廷里的其他人一起落入阿尔博因之手。克洛雯达是法兰克国王克洛塔尔一世的女儿，也是阿尔博因的妻子，当时已经去世。阿尔博因深深地爱上了罗莎蒙德，并把她奉为自己的妻子和意大利的王后。征服者向被征服者的女儿求婚是很平常的事。然而，尽管多年来罗莎蒙德都与阿尔博因同床共寝，共登王座，她的心并没有给他。在一次庆祝胜利的宴会上，阿尔博因给他的勇士们准备了丰盛的晚宴；庆典举行于维罗纳的城堡中。

饮宴的过程放纵、迷醉。在烂醉的傲慢中，阿尔博因忘记了自己，做出了酒后蠢事。他拿出用楚尼蒙德头骨所制的胜利之杯，将它递给王后，请她斟酒，为他干杯，并让她与其父亲一起欢乐庆祝。罗莎蒙德将酒杯痛苦地握在自己美丽的手中，那是她亲爱的父亲的遗体。她为阿尔博因斟满了酒。她的眼神、她的沉默所透露出的信息，是大醉的国王所未能察觉的。一股难以形容的痛苦反复折磨着她的心，让她记起了复仇的责任。她默默发誓要报复自己贵为国王的配偶对其家族所做的一切。在意识到自己的无助之后，罗莎蒙德开始寻找帮手。她的美貌早已深深吸引了赫尔米奇，阿尔博因的义兄。罗莎蒙德开始对他设计圈套，亲近他，以王位来引诱他。赫尔米奇建议将佩雷迪奥也纳入他们的密谋，后者是一位英勇无比，力量无敌的伦巴第人。通过大量的黄金和礼物，罗莎蒙德成功地收买了他。

故事还叙述了罗莎蒙德为此所实施的策略，即通过牺牲作为妻子的荣誉，将佩

雷迪奥牢牢地转变为自己的工具。然而，这一传统过于荒谬而不可信。万能的黄金就能解释他的行为。在接收到佩雷迪奥愿意刺杀狮子般的国王的誓言之后，罗莎蒙德在日常欢愉的面具背后耐心地隐藏着自己的秘密计划。直到一天晚餐之后，阿尔博因酒足饭饱，处于沉睡之中。罗莎蒙德事先移除了房间里的所有武器，并将国王的剑紧紧绑在了床柱上，既拿不起，也拔不出鞘外。于是，她将刺杀者佩雷迪奥和赫尔米奇带了进来。阿尔博因被吵醒，抓住自己的剑，就在他试图解开它时，合谋者已经扑向了他。他拿起一把脚凳保卫自己，像一头狮子，直到被刺死。

阿尔博因就这样死了，很可能在571年最后的3个月中。

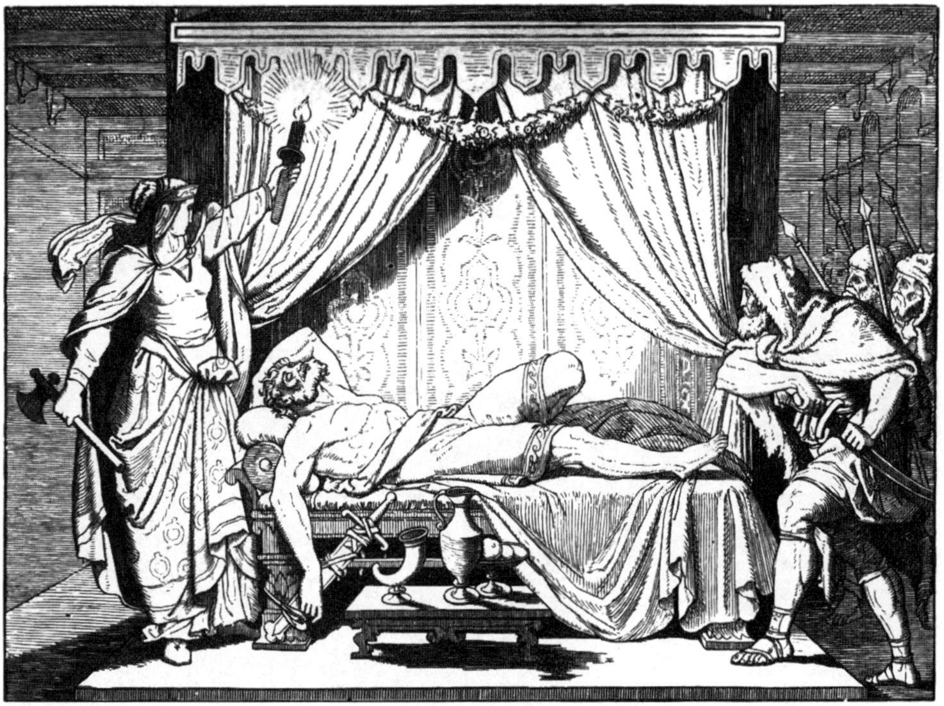

罗莎蒙德靠贿赂赢得了军队中一部分人的支持。格庇德人自然站在她这一边。她嫁给了赫尔米奇，试图保住统治权。然而，大多数伦巴第人带着深深的悲痛埋葬了他们敬爱的国王，并表达了对此罪行的极端痛恨以及报仇的决心。王后和两名刺杀者以及拥护他们的军队只能逃亡。他们一起逃到了拉文那，罗莎蒙德还带着女儿和伦巴第的皇家财物，置身于帝国总督朗吉努斯的保护之下。因为拉文那和意大利中部的其他地区，博洛尼亚、罗马涅、乌尔比诺、安科纳以及罗马是近郊，仍然属于帝国。

帝国总督对阿尔博因的宝藏充满渴望，对罗莎蒙德充满激情。后者已经对她刺杀行动的同犯感到了厌倦。她的野心渴望通过向她伸出求爱之手的朗吉努斯再次获得王权。她欣然听从了朗吉努斯的恳求，决定杀死赫尔米奇，转做他的妻子。一天，赫尔米奇从澡堂回来，罗莎蒙德递给了他一杯毒酒。他刚尝了一口，就察觉到了饮品的实情。赫尔米奇的血管里已经流淌着死亡，但他迅速拔出剑来，对准罗莎蒙德的胸膛，强迫她喝干杯里的毒酒。就这样，两人双双死去。他们借助于彼此，在彼此的陪伴下，找到了他们的所作所为应有的回报。经过长时间的流浪，佩雷迪奥来到了君士坦丁堡，并在马戏团里展示了自己的伟力，战胜了一头狮子。皇帝多疑而胆怯，唯恐这位弑君者的巨大力量会反施加在他身上。于是设法弄瞎了他的双眼，又进而令两个亲信将他杀死。因此，佩雷迪奥应得的死亡最终也降临在他头上。这是对他叛国的审判。

国王被杀，王室财产被转移，投靠帝国引起的军队规模缩减，这些因素中止了伦巴第人的征服脚步。

伦巴第人推选贝内文图姆的征服者克雷夫担任国王。此人被阿尔博因封为贝内文图姆公爵，是他最勇敢的战士。然而，继续征战的克雷夫在统治了18个月后，于573年被他自己的人民谋杀。

作为所有日耳曼人敬仰的英雄和领袖，阿尔博因凭借其统治精神和铁腕曾将不同部族整合在一起。如今，阿尔博因既已离世，以伦巴第人为一方，其他日耳曼军队为另一方——构成移民一部分的撒克逊人和阿勒曼尼人——相互嫉恨导致伦巴第势力开始瓦解。这些人被英雄的荣耀所吸引，从遥远的北方赶来加入他的队伍，完全是因为这位被众多歌谣所吟诵的领袖。他们心甘情愿地臣服于他，认他为国王，但只臣服于他，而非另一个人，或者一批没有君主统治的伦巴第将军。克雷夫被杀后的12年里，伦巴第人征服的地区都没有国王统治。众多的公爵和他们的追随者对国王的选择意见不一。每个人都在自己的土地上称霸。

由于伦巴第人之间的内部分裂，以及在这个没有国王的时期中，每个公爵及其派系暴涨的权力欲，非伦巴第族日耳曼人遭受了很大的痛苦。他们的自尊和对自己生活方式的热爱使其无法长久地忍受下去。20000名英勇的撒克逊战士，曾以一种特殊的方式为征服和胜利作出了巨大贡献。他们觉得自己受到了伦巴第人的轻视，不仅来自他们的首领，也来自一般平民。他们以同盟者和平等者的身份进入战场，而现在伦巴第人却想扮演他们主人的身份。斯拉夫人或许能够容忍这种不平等，因为他们享受着这片崭新而美丽的土地给他们带来的好处，但生而自由的撒克逊人是不能容忍的。撒克逊人拥有很强的自尊心，不愿意生活在伦巴第公爵的统治之下。他们宁愿放弃自己帮助实现的征服和胜利所带来的各种利益，也不愿屈服于伦巴第人在政治上和公民生活中所占有的居高临下的地位。后者对他们以及其他日耳曼人也不如对意大利人那么友好。

从意大利提洛尔山区到意大利的最南端，36名伦巴第首领分割了王权。我们从这36人名单中可以看到，阿尔博因曾严守提洛尔阿尔卑斯山脉的所有隘口，不仅是为了防止在意大利发生事变，也是为了防止其他日耳曼或非日耳曼部落进一步进入意大利。除了他自己所带领的那些人外，阿尔博因不希望更多的人进入意大利。因此他将一个公爵安置在弗留尔，另一个在布里克森，另一个在特伦特，还有一个在贝加莫。现在，处于没有国王的时期，一个伦巴第首领居住在帕维亚，统治着这座城市和它周边区域，同样的安排存在于每一个重要的城市和地区。然而，尽管阿勒曼尼人和撒克逊人的首领享有同盟者的权利，伦巴第人却没有授予他们任何公爵身份。在这一点上，伦巴第人是高度一致的。

厌倦了忘恩负义和多头政治的撒克逊人于575年与伦巴第人分道扬镳。这些北方的孩子属于那些不会被意大利蛊惑和改造的日耳曼人。对他们来说，自由和民族性比意大利所能提供的一切享乐更加珍贵。在他们返回日耳曼北部老家的过程中，他们寻求并再次找到了它们。

回家后的撒克逊人发现自己的故土有一部分被别人占领了。梅茨的法兰克国王西格贝特邀请长期遭受人口过剩之苦的斯瓦比亚人前来占领萨尔河与易北河交汇处的荒芜地区。斯瓦比亚人的勤劳和熟练手艺被应用于这片土壤，而辛勤耕作和农业手艺正是这一地区长久以来所需要的东西。577年，撒克逊人回到老家。斯瓦比亚人还给了他们三分之二的土地，而撒克逊人要求得到全部，并威胁说：“如果不将全部领土归还，他们将诉诸武力。”然而，斯瓦比亚人不仅带来了勤劳，以及农业和其他生产部门的技术，也带来了他们的剑和为人熟知的勇猛。他们击退了撒克逊人，保有了那三分之一的领土。哈尔贝施塔特附近的施瓦本高在其名字中还保留着斯瓦比亚人移民到北方的记忆，尽管这里的斯瓦比亚人很自然地与撒克逊人已经融为一体。

拜占庭朝廷利用起伦巴第人和其他日耳曼人间的不和。毫无疑问，它也尝试过用拜占庭黄金收买撒克逊的首领们；但没有成功，正如他们的撤退所显示的那样。这一时期的北日耳曼异教徒比最初的日耳曼异教徒好，更比基督徒和他们的异教同胞好。这些日耳曼人在去往南方和东方的旅途中，被他们看到的非日耳曼习俗所污染。伦巴第军队中有阿勒曼尼人，他们及其首领接受了皇帝的贿赂，背弃了伦巴第人，转而为帝国服役，在意大利帮助敌人和自己的兄弟开战。

由于在行动上没法达成一致，36位首领缺乏一个总指挥，伦巴第人遭受了一次又一次的失败；帝国在意大利的军力由于日耳曼人的加入变得更加强大。这些日耳曼人因忍受不了36个伦巴第小王的傲慢排挤，加入了帝国阵营。另外，意大利北部的一些公爵掠夺性地偷袭了法国南部地区，大大激怒了强大的法兰克国王。尤其在面临这两方面状况后，伦巴第人更加难以招架。罗马和那不勒斯仍然没有被征服；撒丁岛、科西嘉岛和西西里岛仍然承认东方的皇帝；因此，他们进攻法国实在是在浪费兵力。这次进攻的失败使他们不得不把苏萨和奥斯塔割让给法兰克人，以换来和平。当拜占庭朝廷看到法兰克人受到伦巴第人的挑衅后，果断选择支持法兰克人；当伦巴第人不得不与法兰克人媾和时，就更加支持法兰克人。整体而言，意大利人感到，即使在这个没有国王的时代，伦巴第人的统治比起东帝国的统治来说，也更加让他们开心；因为伦巴第人让他们更好地保留了自己的习俗，比东哥特人做得还好。然而意大利的神职人员对此并不满意。伦巴第人一部分是阿里乌主义者，一部分是异教徒。教皇一直在与君士坦丁堡合计着宗教统一。由于宗教原因，法兰克人和伦巴第人之间的和平未能得到维持。583年，牧师阴谋家们终于在法兰克国王希尔德贝尔特二世与帝国朝廷间促成了一项条约。他们希望通过一次联合进攻把伦巴第人赶出意大利。

眼前的危险让伦巴第人团结起来。584年夏天，他们集会选举国王。克雷夫的儿子奥萨里当选。他以强力手腕把伦巴第人丢失的力量再次集中起来，从而在与皇帝和法兰克人的斗争中占了上风。没等后者联合起来，奥萨里就向他们发起进攻，分别将其击败。通过明智地选择妻子，他赢得了东法兰克人的支持，而与此同时，梅尔文王室内部的混乱正在加剧。

巴伐利亚人定居在莱西河流域和恩加丁河谷之间的地区，由阿提拉军队中的马可曼尼人残余和其他日耳曼小部落的残余组成，这些部落的名字已经淹没在了民族大迁徙的潮流之中。巴伐利亚人依然保持着他们的原始战力，向北扩张，越过了多瑙河；向南深入到提洛尔的阿尔卑斯山区，生活在斯瓦比亚人的东部。当法兰克人向东推进时，巴伐利亚人发现自己被法兰克人的领地三面包围。因此，他们或许自愿地和法兰克人建立起关系，就像阿勒曼尼人那样。他们承认法兰克国王的至高权力，但保留了自己流行的法律，由自己的君主统治。他们从最具声望的贵族家族——阿吉洛芬家族——选出君主。君主拥有公爵头衔，需要效忠法兰克国王，并提供一支分遣队，但却像法兰克国王统治法兰克人一样独立地管理着自己的巴伐利亚人。

历史上第一位可信的巴伐利亚公爵是加里博得一世。他也是从阿吉洛芬家族中通过普选担任公爵的。加里博得很快通过婚姻与法兰克皇室成为朋友。他娶了瓦尔德拉达，梅茨的东法兰克国王狄奥多博得的遗孀。狄奥多博得死于553年。这桩联姻的一个结果便是：554年，法兰克朝廷颁布法令，从此以后公爵身份由加里博得家族世袭。

在加里博德公爵的宫廷里，有一位年轻少女。人们谈论并歌唱她的美丽和聪明，她的勇气、胆识和技艺，甚至在骑士式的体格训练中她也拥有高超技艺。她叫作特乌德琳达 (狄奥多琳达)。她不是加里博德的女儿，也没有巴伐利亚血统，并非如人们一直以来所说和所信的那样。正如加里博德也并非如普拉滕所歌唱的那样是一位“戴着王冠，统治着博扬平原的国王”。狄奥多琳达不是巴伐利亚的少女，而是梅茨的东法兰克人的孩子，她的母亲是瓦尔德拉达，父亲是法兰克国王狄奥多博德。国王的遗孀在女儿刚满一岁的时候将其交给了自己的新任丈夫加里博得。从此狄奥多琳达生长于加里博得的宫廷中，被视为“加里博得自己的孩子”。

根据一个或许基于历史事实的浪漫的伦巴第故事，国王奥萨里决定用自己的眼睛和耳朵去证实他所听到的关于狄奥多琳达的传闻。他要在不暴露身份的情况下见到她的美貌、听到她的声音。广受追求的美少女已经拒绝过很多君王的求爱。年轻的伦巴第君主从帕维亚来到巴伐利亚，乔装成一位被派来协商婚事的大使。加里博德对伦巴第国王的提亲感到非常高兴。这时，一位伦巴第使节走上前说道：“奥萨里国王派我来的目的，是给他、我的主人描述一下将来的王后狄奥多琳达。”加里博德领着她走向前，奥萨里长久地、默默地盯着那个少女。然后，他恳求公爵允许狄奥多琳达以日耳曼的方式向使节们献上欢迎之酒。狄奥多琳达先把高脚杯给了年纪最大的使节，然后又给了年轻的使节奥萨里。他喝了一口，偷偷地轻轻碰了碰少女的手指和脸庞。狄奥多琳达一下子红了脸，但没有说话，她意

识到那一定是奥萨里国王本人，以奥萨里之名，在向自己求爱。事后，她将此事告诉了自己的闺密，闺密对她说："如果他不是伦巴第国王，他绝不敢冒险碰你。他确实配做你的丈夫。"巴伐利亚贵族按照通常的做法护送伦巴第使团回程。当他们在巴伐利亚和伦巴第领土边界分手时，国王奥萨里突然站上了马镫，并将自己的战斧掷向最近的树干。战斧深深嵌入到枫树里。"这就是奥萨里国王的冲击力。"他向巴伐利亚人喊道。传奇故事的结尾便是，随从的巴伐利亚人因此而知道了他就是伦巴第国王。

从历史上看，由于那个时代的礼节受到君士坦丁堡潜移默化的影响，狄奥多琳达和奥萨里的婚姻应该事先就在加里博德和奥萨里之间安排好了。不仅如此，狄奥多琳达本人也同意了这位英勇君主的多次书面求婚，因为她已经拒绝了可怕的布伦希尔德的儿子、法兰克的国王希尔德贝尔特的求婚提议。当狄奥多琳达成为伦巴第王后之后，巴伐利亚公爵本人在与法兰克人的关系上感到更加独立。狄奥多琳达既聪明又美丽，而伦巴第人是一个极其容易被这种美好品质的结合者而打动的民族。我们不要忘记，这些征服意大利的伦巴第人是从北方来的最后一批人，他们带来了古老的日耳曼人对女人的尊敬，因此不像哥特人那样会觉得女人统治对他们的男性尊严来说是难以忍受的。

狄奥多琳达为伦巴第人的荣耀做出了很大贡献。在她与奥萨里生活在一起的六年中，以及奥萨里死后，当她独自一人时，她都在为伦巴第人的荣誉而努力。奥萨里和狄奥多琳达不仅扩展了伦巴第王国，而且牢牢稳固了它的实力，以至于得以持存200年之久。这对皇室夫妇的幸运合作被敌人的诡计终止了，他们下毒夺走了奥萨里的生命。谁送来的毒药，还不确定；可以肯定的，奥萨里确实收到并服下了毒药。是出于宗教狂热，还是出于对手希尔德贝尔特的复仇呢？如果投毒者是希尔德贝尔特，那么狂热和复仇这两种激情都在发挥作用。590年，年轻的奥萨里就这样因服毒而生命枯萎，死于9月5日。

教皇一直期待着奥萨里改变信仰；也期待着在他与狄奥多琳达结合之后，天主教会的胜利会随之而来。因为狄奥多琳达是法兰克人的女儿，克洛维斯的孙女，是天主教徒。奥萨里则是阿里乌派信徒。然而，奥萨里非常坚定地持有宗教自由的观念，教廷的使者们并不能征服他。狄奥多琳达深深地爱着、尊敬着奥萨里，她完全为他而活，根本不顾教皇的要求。因此，在教皇眼里，奥萨里是非常可恨的，尤其是他还对牧师们的行动加以限制，控制他们转变一般伦巴第大众信仰的宗教热情。

当时，天主教会以盛大、浮华的仪式庆祝基督教的节日，并以很多源于异教的精美把戏，吸引着伦巴第的自然之子们，令他们耳目沉醉、兴奋。这导致一些阿里乌主义者改信了天主教，也导致一些异教徒接受了洗礼。和我们这个时代一样，最隆重豪华的仪式总是出现在复活节。为了抵消这种华丽盛况所造成的影响，奥萨里颁布了一项法令，禁止伦巴第人在复活节受洗皈依天主教。

奥萨里的法令刚一发出，教皇格里高利一世就给意大利的所有主教发了封公告，其中称这位伦巴第人的意大利国王为“最无耻的国王”。而在奥萨里颁布法令、教皇格里高利发送公告后不久，前者便死于中毒。教皇随即宣布“奥萨里之死是对他冒犯罪行的神圣惩罚。”然而，狄奥多琳达继续稳固、明智、正义地统治着王国。事态并非如她的敌人所预料的那样，王国并未回到以前的混乱、虚弱的状态。

伦巴第人的心里对他们美丽、聪明、勇敢的王后充满了爱戴和热情。在奥萨里死后，他们宣称愿意让狄奥多琳达做他们的王后兼最高统治者；另外，如果她从伦巴第贵族中选择了一位新的丈夫，他们将承认他为国王。年末，她从奥萨里唯一健在的亲戚中为自己选择了一位丈夫，即都灵的阿吉洛夫公爵。婚礼得到了祝福，并且于591年5月，在米兰的一次大集会上，阿吉洛夫被推选为伦巴第国王。

阿吉洛夫继续从事由奥萨里开启的斗争，反抗意大利的帝国势力。他没有首先将注意力放在西西里岛和科西嘉岛，而是先集中精力处理意大利中部海岸和威尼西亚。这些地区，像拉文那一样，都落入了皇帝之手。至于罗马，该地主教已经成为真正的统治者。而590年起担任教皇的格里高利一世也用尽一切办法要让自己成为世界旧首都的君主，无论在世俗层面还是精神层面。然而，即便如此，还是有一位驻扎罗马的帝国官员，扮演着世俗统治者的角色。因此，伦巴第国王必须将拜占庭外来者赶出罗马和罗马涅大区。然而，这个关于罗马的威胁激起了教皇格里高利基于世俗立场的坚决反对。因为格里高利一世决心成为，并且实际上已经是一个独立的世俗权力的建立者，以统治罗马城和公国。因此，教皇和神职人员再次成为拜占庭朝廷对抗伦巴第人最积极的盟友。

为了格里高利一世和所有意大利高级教士的利益，伦巴第人的势力必须被削弱而不是增强。格里高利通过在音乐和仪式上的创新，给教会的礼拜增添了一种神秘的庄严和神圣；他关于炼狱之火的学说和神职人员的代祷职责赋予牧师们一种超自然的能力，使他们能够控制人的想象和心灵。格里高利一心只想着建立和扩张教皇的世俗和精神统治领域。此外，他还是一个坚韧不拔、精力充沛的人，凭借对意大利人的控制，他挫败了阿吉洛夫对罗马城和周围领土的一切尝试。意大利人为了帮助他抵抗伦巴第人，不惜牺牲人力和金钱。伦巴第王国向整个意大利的扩张是被这位教皇而不是皇帝阻挠的。然而，阿吉洛夫是一位充满能量和胆识的君主，成为伦巴第人的最高统治者时才25岁。

这位精明睿智、不屈不挠、意志坚定的教皇，借助于狄奥多琳达的影响，终于取得了对阿吉洛夫的第一个胜利。那就是，他们的儿子阿达卢阿德接受了一位天主教牧师的洗礼；不仅如此，通过书信和个人访问，教皇不间断地致力于对狄奥多琳达施加影响。后者始终深深忠诚于天主教信仰和崇拜。最终，阿吉洛夫决定皈依天主教，以取悦他深爱的妻子。或许他也认为，教皇会让帝国势力成为天主教国王的猎物，而把中、北部意大利让给伦巴第人。伦巴第宫廷的贵族们逐渐开始效仿他们的国王，因为即使在处理公爵身份方面，狄奥多琳达的影响力也是巨大的。奥萨里任命的特伦特公爵埃文死后，在那一边境继任爵位的是一位天主教徒，名叫盖多阿德。而当贝内文图姆公爵领地空出来后，填补者也是一位天主教徒。然而，尽管教皇努力使整个意大利成为天主教的，伦巴第朝廷也为教皇采取了所有这些措施，阿吉洛夫所僭取的“统一的意大利之王”的头衔仍然只是一个头衔。

然而，伦巴第王国已经占据了半岛的绝大部分领土。它的建立不仅依靠武力，而且依靠一套明智而公正的法律体系。它由奥萨里颁布给这里的人民，其中也有狄奥多琳达和许多博学议员的帮助。但这些法律的原则和形式并不是意大利的伦巴第征服者发明的，而是伟大的东哥特国王迪特里希的遗产，也是拜占庭专制统治所遏制的对象。因此，奥萨里和他的议会只是恢复了已经存在过的东西。然而，伦巴第人统治下的法律体系从来没有达到基于人道原则的哥特政体所具有的那种完美自由的程度。对日耳曼人及其自由发展具有致命影响的采邑制度，在伦巴第人占领意大利之初，就已经传播得过于广远了。

伦巴第人建立了一个日耳曼王国，而且是一个在意大利持续了2个世纪的日耳曼国家。他们用新的元素丰富了被征服的土地和人民，使之成为一个独立的民族。但他们只是在东哥特人已经开垦的土地上进行劳作。东哥特人比伦巴第人更文明、更理智、更自由。后者只是在一个更大的规模上继续了前者所开创的事业。这是日耳曼人的使命。他们要通过转变被征服的土地和人民成为新时代的引领者。而他们要改造的对象，是所有罗马人以他们的文明形式所统治的地方。罗马人是旧时代的代表。西班牙的西哥特人怀有这个使命；高卢的法兰克人怀有这个使命；意大利的东哥特人和他们的继承者伦巴第人也怀有这个使命。伦巴第人通过杂居改良了民族，但是采邑制度，也就是贵族制度，连同教皇权力和天主教，很快毁灭了狄奥多里奇大帝在半岛上所奠定的公民和精神自由。仍然留在意大利的受过教育的东哥特人曾亲眼见过自由的宪政生活，或从传统和成文法中获得了关于那段早期日子的信息。直到今天，他们都是意大利自由精神的传承者和持有者。是他们，而不是伦巴第人。后者在意大利很快变成了奴隶，起初是祭坛的奴隶，此后很快，又成为王权的奴隶。

教皇格里高利一世所代表的基督教对公民自由和精神自由满怀敌意。狄奥多里奇曾在各地提倡古代世界的古典教育，把日耳曼人和意大利人团结起来。教皇格里高利却想烧毁人类科学宝藏的收藏所，几个世纪以来在罗马逐渐形成的图书馆。尽管事实上他并没有烧毁它，但他鄙视一切世俗知识，除了那些能给教会带来金钱的知识。由于伦巴第人只是表面的基督徒，内心的异教徒，他们很容易违反道德律法。他们思想轻浮，在军营或行军中度过的一个世纪让他们产生了军事倾向，没有日耳曼人的深邃，因此，他们很容易欣然接受来自罗马的、却曾被东哥特人崇高而宏伟地反对的东西——精神上的和公民生活上的奴役。他们轻信，迷信，无条件地服从教权和国王的王权。前者支持后者对绝对权力的声张，将此视为王权效忠于罗马教廷的奖赏。

轻信、轻浮的伦巴第人不可能播下能够生成自由思想的种子。自由思想是在之后的伦巴第共和国中出现并成长起来的；然而，东哥特人虔诚、认真、能干；即使在他们的国家衰落之后，仍然是一个强大有效的、永久的道德要素。伦巴第人是一个具有诗意气质的民族，但自由并不建立在诗歌和音乐上，正如它并不建立在轻信和迷信上一样。凭着这种性格，伦巴第人很快就接受了意大利人的生活方式。尽管他们的日耳曼血液和日耳曼生活使罗马人恢复了活力，他们自己却被罗马化了。伦巴第人逐渐放弃了自己的语言，自己的习俗和信仰，与罗马人融合在一起，成为一个新的罗马民族。这个民族本身具有丰富发展的能力和独立的民族性。在整个历史进程中，伦巴第是一个与半岛上其他人口迥然不同的民族和国家。然而，伦巴第人在成为天主教徒之前，早就已经罗马化了。

他们确实从阿吉洛夫时期开始就只选举天主教徒担任国王。但直到格里莫德国王统治时期，也就是奥萨里死了差不多60年后，天主教会才在伦巴第占据主导地位。而只是在王国建立一个多世纪之后，整个人口才转变为天主教徒。

伦巴第人复活了旧的意大利式生活，并使之成为现代的意大利式生活。同样，由于引入了日耳曼语词和表达，并受到强大健全的日耳曼精神的启发，意大利的语言也获得了新生。当大多数伦巴第人成为天主教徒后，教会从这个民族的国王和个人那里得到了丰富的土地捐赠和特权；然而，在某种意义上，伦巴第人仍是不折不扣的阿里乌主义者，或者也可以说是不折不扣的异教徒，是天主教会的坏孩子；在其他由日耳曼人建立的天主教国家中，特别是在法国，主教们占据高位，拥有很大影响力。但在伦巴第，主教们几乎完全遭到排挤。直到王国垮台的那一天，主教们从未被允许在立法机构中拥有席位或发言权。这是为了预防野心勃勃的神职人员的贪婪倾向。伦巴第王国持续了一个半世纪，相应的，神职人员就被排挤了一个半世纪。

格里高利一世的政策仍然是教权的政策。他和他的继任者们认为，教权的任务就是让天主教会成为国家的中心，让罗马成为教权世俗和精神统治的大本营。因此，谁追求另一种形式的意大利民族统一性，教皇均视其为危险和天敌。尤其是伦巴第人，他们希望将所有意大利人都统一进伦巴第王国。伦巴第人并没有放弃成为罗马统治者的想法，也没有放弃以罗马为据点统治一个统一的意大利的想法。因此，伦巴第人的目标和教皇的目标是敌对的。一任又一任的教皇都在竭力阻止伦巴第人取得进展，削弱他们的权力，即便他们已经成为天主教徒。因为，如果伦巴第人实现了他们的目标，教皇的世俗权力就落空了；而如果教皇实现了目标，伦巴第人就必须将势力范围局限于上意大利，只能默认现状或服从教皇。

伦巴第人继续从阿吉洛夫和狄奥多琳达家族中选择国王，直到它于702年彻底灭绝。在整个时段中，这条王权脉络只有一次被打断，那就是贝内文图姆公爵格里莫德统治的那九年。他使天主教成为国教。在他之前，罗萨里国王将以前只存在于口头传统和实践中，或散落于决策或法律注解中的伦巴第法律书写记录了下来，并以法典的形式出版。这部法典发布于643年11月22日，不是用日耳曼语写成的，而是拉丁语。后来的国王们对它进行了修订、扩展和补充；它在伦巴第王国灭亡后继续留存了好几个世纪，并成为中世纪法律研究和法学科学发展的起点。

在狄奥多琳达家族灭绝之后，伦巴第王国陷入十年的混乱期；于是，人民选择了一位强力国王作为领导者，他就是流特普兰德。从712年到743年，他统治了31年。

流特普兰德头脑清晰，充满能量和进取心，开始继续完成在意大利建立一个单一政权的事业。当意大利人民看到像流特普兰德这样的国王时，他们比以往任何时候都更加厌恶拜占庭朝廷那令人崩溃的财政和军事制度。此时，罗马和君士坦丁堡之间爆发了“图像之战”。

726年，伊索里亚人利奥皇帝下令，从教堂撤走圣像。四年后，进而下令摧毁圣像。这些圣像被认为是“奇迹之作”“由使徒所画”“非用手制成”，早已成为崇拜的对象。僧侣们非常愤怒，因为他们的修道院是制作和出售圣像的作坊。他们煽动人民，罗马主教也肯定了圣象崇拜者们的行为。意大利人是忠实的图像崇拜者；表面信奉基督教的伦巴第人，凭着他们的天主教信仰和诗意的性格，也站在同一立场上。皇帝向流特普兰德提议联合起来对付教皇，遭到他的拒绝；流特普兰德希望利用意大利人的宗教和政治不满将拜占庭人赶出意大利，然后成为罗马和教皇的主人。

流特普兰德很轻松地就占领了意大利中部的平坦乡村和城市，因为当地人更喜欢伦巴第人而非拜占庭人。自伦巴第人皈依天主教后，许多意大利人就形成了这样的想法和愿望：政治统一或许会伴随着宗教统一而来，所有意大利土地和居民都将处于同一个最高主权之下。格里高利一世认为，精神领袖应当是民族统一的核心。这种想法使意大利老贵族感到不满。他们不愿成为牧师的封臣或附庸。流特普兰德时期的伦巴第人在统治意大利160年后，在信仰上与当地人同一，通过婚姻和职业与当地人融合，语言上只存在方言的不同。他们已不是外来人，也不是刚到意大利时的野蛮人。流特普兰德通过胜利和实力赢得了意大利人的偏爱。因此，他很容易就做了拉文那的主人。而该城原本是拜占庭帝国政府坚不可摧的据点。流特普兰德在727年进军罗马。

那时，格里高利二世继任教皇。他忠实地坚持格里高利一世的准则，认为教皇权力的扩张就是天国的扩张。格里高利二世牺牲意大利的福祉来满足教权的利益。他无所不为，竭尽一切所能地阻碍流特普兰德致力于实现的意大利统一。他变得毫无良心，毫无诚意。

他谄媚地恳求胜利的伦巴第国王放过罗马。流特普兰德宽容地从罗马周边撤军，并在728年把他占领的离罗马24英里远的小镇苏特里交给了教皇。

这座苏特里镇是罗马城外最早的教会国家的微小起点。

对于这两项宽宏举动，教皇是通过煽动上、下意大利反抗流特普兰德来加以报答的。

在上意大利，威尼斯已经成为一个小共和国，并在当时的有利条件下很快繁荣起来，成为一个强大的力量。这个沿海国家的船只如此之多，使共和国富有而受人尊敬。在教皇的建议下，729年，威尼斯舰队停在了拉文那，迫使伦巴第驻军撤离了这座城市。当时，流特普兰德国王正在意大利中部地区。因为教皇同时也煽动了意大利中部和南部的封臣，斯波莱托和贝内文图姆公爵，起义反抗流特普兰德。

特拉萨蒙德和罗穆阿尔德二世这两位公爵的叛变，对事态的发展非常重要，以至于流特普兰德很快与帝国缔结了和平。当他征服斯波莱托和贝内文图姆时，拜占庭总督已与他并肩作战。729年，流特普兰德第二次向罗马进军。罗马唯一的军事力量来自帝国政府，而主教必须用教会财产来支持它。因此，罗马没有任何防御手段来抵抗伦巴第人。因为帝国势力现在是流特普兰德的盟友。在这个困境中，教皇没有盟友，他的好友法兰克人正在西班牙对付阿拉伯人。教皇只好凭借自己的狡诈和雄辩，以及教会对世俗人民的控制力。他们足以让伦巴第国王不进城而放过罗马。教皇对流特普兰德谈到君士坦丁堡皇帝时说："他是罗马的拥有者，是罗马主教的世俗领袖。"流特普兰德难道要占领他盟友的城市吗?

流特普兰德第二次出现在罗马城前是一个持续了十年的教训。格里高利二世、格里高利三世都知道，流特普兰德的行为并非出于任何宗教敬畏或个人自卑。他更不会相信教皇真的认为自己附属于拜占庭皇帝，后者是他的世俗领导者。导致流特普兰德撤退的原因在于，他清楚地知道在罗马和意大利南部，神职人员的权力已变得非常之大。现在无论谁希望实现意大利的政治统一，都必须考虑意大利中部和南部教会的感受。

教皇的政策就像间谍一样对付着伦巴第人，并在739年煽动斯波莱托人和贝内文图姆人起义反抗伦巴第驻军。两地都位于罗马附近。对此，流特普兰德剥夺了教皇在罗马外的一些财产。它们是他供养教廷以及实施计划的资金保障。伦巴第国王还占领了罗马附近的四座城市。他知道它们只是名义上属于帝国，而实际上属于教皇。与此同时，流特普兰德还夺取了教皇在各处所拥有的一系列地产。为了防止罗马也落入流特普兰德之手，教皇派出一个接一个的使团，前往法兰克当权者那里请求迅速支援。然而，流特普兰德在几个月前就已经向当时的法兰克摄政王提供了援助，而且是应后者自己的请求。在738年和739年，他协助法兰克摄政王处理了外部敌人、平定了内部叛乱。他亲自率军给他英勇的兄弟、法兰克王国的统治者查理·马特送去了援助，镇压了南法诸公爵的叛乱，从而让查理·马特得以将撒克逊人赶出西部边境。

查理·马特对教皇的第三批使团说：出于荣誉和良心，他不能为了取悦教皇而反抗他在战场上的伙伴。因为流特普兰德曾坚定地协助他对抗基督教界最危险的敌人、穆罕默德的追随者；并帮助他平定自己国土内的叛乱。接着又传来了教皇的第四个口信。这次，他试图引诱查理·马特，话语中充满了虚情假意，并向他许诺了巨大的世俗利益，让他抛开荣誉和良心的顾虑。然而伟大的法兰克英雄牢牢地坚持着自己的立场。他没有给教皇派去任何增援，而是派了两名精神领袖来充当教皇和流特普兰德之间的和平调解人。

第三十八章

墨洛温人的堕落以及此家族的影子国王们——“女魔头”布伦希尔德和弗蕾德贡德——宫廷事务长——贵族对国王的胜利——克洛塔尔（洛泰尔）二世的宪章——加林人（加洛林人）的祖先——作为法兰克人摄政官的加洛林人——内战——特斯特里斯战争

由于法兰克人的数量和英勇，法兰克王国的实力日益增长。正是通过法兰克人的这些品质，而不是当时法兰克国王的才能，王国的边界才得以不断扩张。尽管祖辈们的好战精神、肆无忌惮的贪婪、大胆仍然保留在克洛维斯的子孙身上，他们的好品质却没有任何人拥有，坏品质却继承了不少。

对于这些过度的邪恶、不贞、不信，以及血腥、疯狂的犯罪行为，教会不得不承担主要的责任。在当时的墨洛温国王家族中，这些现象已经成为常态。主教们并没有将道德教育传授给克洛维斯的子孙、后继者们所组成的宫廷。相反，主教们常常对这些恶行不以为意，甚至常常是这些恶行的顾问、辩护人和共犯。在主教辖区，那些罗马化的城市，每个主教都成了一个小国王，拥有精神和世俗的混合权力。衰败的罗马异教世界的腐败道德重新找到了新家和温床。在这些主教城市中，新皈依的法兰克人和宫廷赠予主教们丰富的礼物。而如果他们对一切点头，对法兰克国王们在一时冲动中所欲望的一切都给予祝福，这些礼物就将成比例地增加。他们欲望的对象却无一不是邪恶：在国内外背信弃义；谋杀兄弟、配偶、孩子、父亲、朋友；简直包括所有种类的谋杀。法兰克传教士受到天主教会、新教牧师和历史学家的高度赞扬，但可以确切证明的是，他们对这些罪恶保持沉默，甚至提供建议、表示赞同和给予协助。

在6世纪的前半段，除了一些南方地区仍然属于西哥特人以外，法兰克王国的领土覆盖了整个当代法国，同时拥有日耳曼中部一大块地区，日耳曼南部一大块地区，以及日耳曼阿尔卑斯山和多瑙河流域地区，包括当代瑞士的一大块地区。克洛维斯的儿子们人人都有足够的领地。长子狄奥多里奇首先开始试图谋杀自己的一个亲戚，目的是为了把他兄弟克洛塔尔(洛泰尔)的土地纳入自己的土地；此后，谋杀兄弟、盗窃土地、进而谋杀兄弟的孩子，便成为惯例。这一谋杀体系持续了几十年，直到克洛塔尔一世（洛泰尔）——克洛维斯最小和最勇猛的儿子——和德高望重的克洛蒂尔达获得了统治整个法兰克王国的君主权。这之前则是兄弟间可怕的战争；父亲和儿子间的血腥战争，他的第一个儿子克兰努斯被叔叔煽动起来反抗自己的父亲。此后，儿子又一次起来反抗父亲。而这位父亲，在四周都是基督教主教的情况下，下达了明确的指令，将儿子的嘴堵上，绑在了一户穷人小屋的栅栏上。他、他的妻子和孩子都在那里避难。父亲却放火活活烧死了自己的儿子、儿子的妻子和女儿。这一罪行发生在560年。

洛泰尔就这样通过这条血路成为法兰克人的君主；基督教主教们将他作为一个特别虔诚的人加以埋葬。

当他的兄弟克洛多玛在与勃艮第人的战斗中阵亡后，洛泰尔和他的另一个兄弟希尔德贝尔特杀死了克洛多玛的两个仍未成年的儿子。第三个儿子为了逃难，加入了圣职。然而洛泰尔和希尔德贝尔特瓜分了他的遗产。不久后，前者用武力剥夺了希尔德贝尔特的那部分遗产以及哥哥狄奥多里奇一世的遗产。588年12月23日，希尔德贝尔特无子而终。然后，在三年的时间里，洛泰尔自豪地觉得自己成为所有法兰克人的君主。在他活活烧死自己的长子和长子的妻子及孩子后不到一年，死神于561年也带走了他。

为了拉拢这位虚荣而轻信的君王，牧师们在他头脑中植入了一种令其兴奋不已的观念，即他个人是多么伟大。法兰克的君主们已经觉得自己高高在上，凌驾于人与人所拥有一切品质，而对于上帝的责任，除了少数例外，他们则想得很少，就像我们这个时代的法国国王一样。他们重复了他首次展现的场景。只有当死神站在他们的躺椅边时，他们才开始颤抖地、恐惧地意识到看不见的力量高于人类之子，那是上帝的力量、永恒之一的力量。他握着“正义的天平称量着死者的灵魂，在他可怕的冲突中，只有血和悲惨的号叫。”在洛泰尔临死之时，他首先第一次表现出了一种真诚的基督徒精神。此外所展现的，只是一个虚弱的、垂死的人对这个正在杀死他的隐形力量的敬畏。这位君主的临终遗言是:“这位天堂之主该是多么强大有力啊，竟然能杀死像我这样伟大的世上国王们。”

无论是当时还是现在，如果国王的生命和行动均处于那样的错觉中，并最终像洛泰尔那样死去，那么只有教会应该承担责任。我们可以做出推断，教会并没有说真话，也没有使这个戴王冠的罪犯的良心变得更加清醒，他的良心深深地浸在被谋杀亲属的鲜血中。相反，教会只是通过许诺给他一个进入天堂的保证，来减轻他对站在死亡背后的永恒的法官的恐惧。

按照所有仪式，这位背信弃义的血腥的父亲被埋葬。四个幸存儿子中的小儿子希尔佩里奇立马试图成为法兰克人的君主。他失败了。法兰克人勉强统一起来的王国被洛泰尔的四个儿子瓜分：查理伯特、冈特兰、西格贝特和希尔佩里希。他们把这片土地四分五裂，仿佛是他们的私人财产，而他们自己则是每块土地上的主人。每个人都已经组成了一个派系；他们有钱有武器。世俗和精神上的显贵们得到了土地和金钱，作为回报，他们允许王子们把法兰克领土当作没有继承人的财产来处理，进行分割。查理伯特在六年的时间里无子而死。每一位兄弟都在自己的领地内被选为国王，并得到教会的承认。三个活着的兄弟又把查理伯特的遗产给分了。唯有巴黎城没有分配给任何人，每个人都嫉妒别人对它的拥有。因此，巴黎仍然是三个人的共同财产，他们谁也不许进入巴黎，除非得到另外两个人的同意。

就这样，法兰克再次形成了三个王国，由三个国王统治，但没有之前其他兄弟从属于一个最高的权力的状况。西格贝特一世得到了日耳曼部分的所有省份和部落，不仅包括法兰克人的老巢——老萨利安人和利普利安人的领地，而且支配着阿勒曼人、图林根人和巴伐利亚人所在的区域。另外，还有以摩泽尔河中游为界的高卢地区、马斯河中游地区、从康布雷往下的北斯凯尔特河地区以及尚帕涅的一部分。他定居梅茨。在法兰克帝国的这一部分，日耳曼习俗和生活方式并没有受到罗马化的影响。在国家文件所用的拉丁语中，这个王国被称为奥斯达拉西亚，或东法兰克人的土地。在当地居民日耳曼语中，这个国家被称为奥斯特兰。冈特兰所分到的领土最初包括加伦河与卢瓦尔河之间的地区，以奥尔良为首府，以及勃艮第老王国的领土。后来又得到了查理伯特的一部分遗产，即卢瓦尔河、塞纳河和大西洋之间的地区，以及大片东哥特人清空并从西哥特人那里征服来的土地。这个王国被称为勃艮第。此名曾被废弃，现在又重新出现。希尔佩里奇的份额在西方，在官方的称谓中叫纽斯特利亚。塞纳河与马斯河之间的这片西法兰克地区是被彻底罗马化的地区。

三兄弟的眉宇上都写着谋杀、野心和贪婪；他们的生活方式和宫廷样式以放荡、奢侈为特征，而且毫无羞耻地展现在众人面前。由于接受过罗马式的教育，这些王子们凌驾于法兰克人之上。他们甚至在青年时期就养成了罗马人的放荡生活习惯，结婚前就已经后宫佳丽三千。希尔佩里奇最年轻，在兄弟中最有才华，喜欢扮演才子的角色，经常写些蹩脚诗，该用短音节的地方用长音节，该用长音节的地方却用短音节，就连他的罗马臣民们也嘲讽他的劣质作品。566年，他的兄弟西格贝特最终娶了布伦希尔德（布吕纳奥），西哥特国王的女儿。布伦希尔德虽然年轻，但美丽已完全绽放，让所有人着迷，她的丈夫只为她而活。希尔佩里奇娶了安多维拉，并生下两个儿子和一个女儿，分别是梅尔维奇、克洛德维希和巴西娜。希尔佩里奇抛弃了第一任妻子，在他哥哥和西哥特公主结婚后，开始向布伦希尔德的姐姐盖勒斯温德（盖斯温德）求爱。但在西哥特宫廷中，阿里乌派的道德原则仍然发挥着影响。早早毁了查理贝特的后宫生活继续由冈特兰实践着，尽管他还是一名天主教徒。而这种生活在希尔佩里奇的宫廷中被发挥到了极致，比其他几个兄弟都有过之而无不及。这一点让西哥特人感到反感，尤其令希尔佩里奇想要追求的少女感到反感。

布伦希尔德带给西格贝特国王的不仅是她惊人的美貌和有教养的心灵，还有一笔丰厚的嫁妆。当盖斯温德宣布接受希尔佩里奇的求婚后，她的唯一条件是后者能够郑重承诺摒弃后宫，只与她生活在一起。希尔佩里奇正式、庄重地给出了承诺，但只是为了得到嫁妆，从而得到金钱支持，以满足他想要支配其兄弟、在法兰克称霸的欲望。他遣散了所有妃子，结婚，并接受了盖斯温德在567年带来的财宝。年轻的国王专写糟糕的爱情诗，自认为天赋异禀，也被追随者吹捧得似乎天赋异禀。他在得到了嫁妆后，就撕毁了自己许下的诺言。坚守真理和信仰，不是血腥的墨洛温家族的习惯，而且在非常轻易就能得到主教赦免的情况下，他们也没必要这样做。

在希尔佩里奇国王的后宫里，有一个迷人的姑娘，比宫廷里的其他女人都有影响力。她的名字叫弗蕾德贡德。这个名字证明她是日耳曼人，而不是罗马人。我们明确地知道，她来自法兰克人的“最低等级”，但正如事件所显示的那样，她属于自由民阶级。在他美丽的妻子身边，希尔佩里奇怀念着自己的后宫和被逐出宫廷的、迷人而聪明的弗蕾德贡德。他被她的花言巧语弄得神魂颠倒，他违背了自己的誓言，把她召回宫来。在宫中见到了这位情妇，以及她对国王的支配力，希尔佩里奇的合法配偶要求返回西哥特老家，并提出放弃嫁妆以求得允许。希尔佩里奇拒绝了这个请求。一天早上，王后被发现死在床上，是在睡梦中被勒死的。几天后，希尔佩里奇把他的情妇弗蕾德贡德升为妻子和王后，朝廷的神职人员为他们操办了婚礼仪式，杀妻者和通奸者就这样顺利娶了谋杀行为的煽动者和共犯。教会亲自对婚姻神圣和宗教仪式加以亵渎，只会加剧道德的败坏。

谋杀和谋杀者的婚姻发生在568年。布伦希尔德发誓要为被谋杀的姐姐报仇。她的丈夫西格贝特非常愿意听取她的意见，因为在其与阿瓦尔人作战的过程中，他的领地遭到希尔佩里奇的攻击，兰斯和其他几个城市也被强占。兄弟冈特兰发誓会站在西格贝特和布伦希尔德一边，为他们所遭受的侵略和谋杀报仇。他们一起夺回了被希尔佩里奇占领的城市。然而，冈特兰国王在女人和牧师面前的软弱是他们没有寻求进一步补偿的原因。美丽而工于心计的弗蕾德贡德凭借自己的魅力和主教们的影响，深深吸引了冈特兰。他马上忘记了对西格贝特和布伦希尔德的承诺，抛弃了西格贝特，转而站在弗蕾德贡德一边。

情形就这样发展成了一场战争，一场兄弟间的战争，一场法兰克人间的内战。西格贝特打败了发伪誓的冈特兰；日耳曼的法兰克人的道德情操与罗马化的法兰克人截然不同。在西格贝特统治下，仍然是异教徒和阿里乌主义者的东日耳曼人对荣誉和道德的感觉肯定如此。这些异教部落最容易被布伦希尔德和西格贝特所打动，因为他们对邪恶能够感觉到天然的厌恶，在他们心中，真理和信仰、荣誉和纯洁还没有泯灭。对于丈夫谋杀妻子，并且杀人犯之间的婚姻还能够得到牧师的祝福，他们天然地感到强烈的憎恶。

被西格贝特的日耳曼人打败后，冈特兰再次加入了布伦希尔德和西格贝特的阵营。于是三兄弟达成了和解，布伦希尔德的复仇计划只能推后。然而，弗蕾德贡德决心摧毁复仇心重的王后和大哥。于是，希尔佩里奇打破了和平。这次，西格贝特召集了手下所有的日耳曼人、阿勒曼人和图林根人，彻底击败了希尔佩里奇手下罗马化的法兰克人。希尔佩里奇遭受了沉重打击，许多封臣投靠了西格贝特，并在575年承认他为他们的国王。西格贝特决定进一步挺进苏瓦松，也就是他弟弟的首府，以求在他弟弟的领地上成为加冕国王。布伦希尔德和她的孩子们陪伴着西格贝特准备开始加冕庆典。然而，就在这个过程中，国王却遭到了谋杀。弗蕾德贡德雇了两名杀手前往行刺。就在加冕仪式开始之前，西格贝特便死在了这两名罗马人的短刀之下。布伦希尔德在巴黎遭到希尔佩里奇的突袭，并落入后者的掌控之中。被杀国王唯一的5岁儿子得以逃脱。奥斯达拉西亚的一名贵族贡多巴尔德将他藏在一条猎袋中，从窗户递给了外面的侍从，后者将王子送到了梅茨。贡多巴尔德又将奥斯达拉西亚的贵族大公们召集起来；他们选举小孩继承父亲的王位，并让贡多巴尔德做他的监护人。

谋杀案发生后不久，在东法兰克人对国王之死陷入恐慌之时，希尔佩里奇立马侵占了哥哥王国的许多领土。他带着大量金钱和贵重珠宝到巴黎举行加冕，在那里，他得到了西法兰克人的敬重。这些金银珍宝自然落入了希尔佩里奇之手。布伦希尔德和她的两个女儿，被希尔佩里奇绑架到了鲁昂，却被他第一段婚姻所生的儿子梅尔维奇救了出来，幸免于弗蕾德贡德的复仇。梅尔维奇对他的婶婶既抱有同情，又为她的美而着迷。布伦希尔德的魅力依然不减当年，甚至似乎也触及了希尔佩里奇。而对于梅尔维奇年轻的心来说，这种力量更是如此强大，以至于他很快就娶了这位诱人的婶婶。

于是，梅尔维奇对继母弗蕾德贡德之恨，与复仇者布伦希尔德之恨，合二为一。然而，在牧师的帮助下，弗蕾德贡德战胜了他们。在她的情人和密友中，最著名的是兰斯主教埃吉迪乌斯。一方面，这位高级教士引诱儿子表达心意；另一方面，又使父亲产生了怀疑。希尔佩里奇因而认为，自己的儿子想要夺取王位和他的性命。他抓捕了梅尔维奇，使他丧失权力，接受剃发，进了修道院。梅尔维奇逃了出来，像个逃犯似的到处游荡。预见到自己终将再次被捕，并被父亲和继母的刽子手处死，梅尔维奇恳求他最亲密的朋友在577年结束了自己的生命，作为后者对他所能提供的最后服务。

在三年的时间里，由于一场席卷欧洲的瘟疫，这位可怕的继母失去了自己的三个儿子。在希尔佩里奇的所有儿子中，只有她的继子克洛德维希（克洛维斯）活了下来。恶魔般的弗蕾德贡德劝说希尔佩里奇把他这最后的儿子送去一个宫殿处理事务，因为那里的瘟疫是最致命的。然而，他逃过了瘟疫。为了把他除掉，就不得不采用其他手段。弗蕾德贡德指控他害死了自己的亲生儿子。年轻的克洛维斯有一位情妇，是弗蕾德贡德的侍从。弗蕾德贡德断言，这个女孩的母亲是一个女巫，而克洛维斯正是在这个女巫的帮助下，凭借她的魔法，杀死了她的儿子们。父亲希尔佩里奇相信了这个故事。为了摧毁她的继子，弗蕾德贡德通过最残暴的折磨，严刑逼供，从那个被认定的女巫嘴里得到了她想要的招供。希尔佩里奇逮捕了自己的儿子，并把他交给了他的继母。后者已经残忍地杀死了他的情妇，几天后又将克洛维斯处死，并向国王宣布他是自杀的。但她的仇恨并没有从这个受害者身上得到满足。被杀的克洛维斯的全家都得死。弗蕾德贡德的诡计是把希尔佩里奇的第一任夫人、克洛维斯的生母安多维拉、他的妹妹巴西娜全都作为共犯卷入指控之中。母亲在野蛮的折磨中死去。遵照弗蕾德贡德的命令，国王的女儿巴西娜被王后的侍从玷污了名誉，之后被关进了修道院。弗蕾德贡德占有了母亲和女儿的财产。希尔佩里奇这个残忍的魔鬼、弗蕾德贡德的奴隶，允许了所有这一切的发生。弗蕾德贡德尽管肆无忌惮地放纵，却也能掩藏自己的偷欢之事，但终究也未能藏住。她最宠爱的情人叫兰德里奇（兰德里），是一位朝廷高官。国王已经生疑。而王后一时兴起泄露的话语让国王确定了她的不忠。她知道，如果不预先做好准备，她和她的情人都将完蛋。她知道，尽管自己凭魅力让国王神魂颠倒，但通奸败露无疑将瓦解这种魅力，而国王的愤怒和残暴将让他们不得好死。两个月前，她为国王生了个儿子——克洛塔尔二世，但国王似乎怀疑他是否是自己亲生的。为了保住自己的性命，弗蕾德贡德出于自卫举起了自己的手臂。这是已经多次深深地浸泡过鲜血的手臂。584年，就在国王的怀疑已经显而易见的那一天，在狩猎的归程中，他被刺客暗杀了。刺客是弗蕾德贡德雇用的。为了脱离干系，她假装自己也受到了刺客的威胁，带着自己的小儿子克洛塔尔逃到巴黎寻求避难，并召唤无子的冈特兰提供帮助和保护。勃艮第国王冈特兰对她提供了保护。弗蕾德贡德联合她在西法兰克人中所赢得的派系，成功地压制了各种怀疑，让克洛塔尔的合法身份得到了承认，并被选举为国王，以冈特兰为监护者。实际上，弗蕾德贡德本人既是监护者又是统治者。

就这样，两个充满激情、可爱而又坏心肠的寡妇统治着东、西法兰克。

梅尔维奇死后，东法兰克的贵族高官们要求释放他们的王后布伦希尔德。希尔佩里奇并不敢拒绝。使团在胜利中将布伦希尔德带到了梅茨。西哥特公主的心灵和人格魅力长久以来依然保持如初。在这里，她以儿子希尔德贝特二世的名义施行统治，后者在她回去时才六岁。布伦希尔德看到，冈特兰已被美丽的女巫弗蕾德贡德彻底蛊惑。她决定对付这位轻信的勃艮第人，这样她或许能够断了她致命敌人的一只手臂。勃艮第贵族们看到国王臣服于弗蕾德贡德，感到悲哀。日耳曼血统在勃艮第占主导地位。国王任由血腥的弗蕾德贡德，以及作为她机密顾问的主教们所支配，这种行为伤害了日耳曼人的感情。他们叛变了。布伦希尔德支持勃艮第人的共谋，阻止无子嗣且心智软弱的冈特兰让弗蕾德贡德的儿子克洛塔二世成为他的继承人。面对这一危险，冈特兰于586年委任布伦希尔德的儿子希尔德贝特二世作为他所有领土的继承人。东法兰克贵族和勃艮第贵族在安德尔特会面。被选为东法兰克国王的希尔德贝特被勃艮第贵族承认为他们未来的国王，也就是奥斯达拉西亚和勃艮第联合王国的国王。593年，冈特兰去世。在希尔德贝特的统治下，勃艮第和奥

斯达拉西亚联合成了一个统一的王国。希尔德贝特虽已成年，但只有18岁；事实上，在他成年前后，真正的权力都掌握在他母亲，布伦希尔德的手中。

从这时开始，就是墨洛温家族疯狂犯罪的一段时期。邪恶和血腥已经过度，所有人都诅咒、憎恨王国的王后。而国王则懒惰、软弱、怯懦、放荡。弗蕾德贡德已经失去了人类的全部感情；布伦希尔德很快就变得和她一样。这两个死对头身上都沾满了暗杀和谋杀的罪名，沾满了各种类型的邪恶。现在，两人面对面地站在了世界面前。传奇故事和流行歌谣称她们为“女魔头”。

冈特兰已经死了。勃艮第和奥斯达拉西亚联合王国实际上又落入了布伦希尔德的手中，而不是她儿子手中，她便可以随心所欲地支配最高的权力。布伦希尔德已不再仅仅是为其家庭之血报仇的复仇者，而成为一个恶魔。现在，她可以决心让弗蕾德贡德和她的家人为其所做的一切恶习付出代价。另外，弗蕾德贡德同样决心要摧毁布伦希尔德和她的家庭。弗蕾德贡德的政治视野比较狭窄，她喜欢借助于匕首和酒杯。

有两次，她派去行刺的人都是牧师。根据图尔的格里高利的证词，另有一次，她派了整整12个人去行刺。他们的尝试都失败了。囚犯们被严刑拷打致死。很长一段时间，弗蕾德贡德都找不到人愿意去尝试谋杀，因为大家都被之前杀手的可怕命运给吓坏了。前面提到的三次暗杀尝试都是弗蕾德贡德在冈特兰去世前做出的，都被布伦希尔德挫败，事件均发生于590年。冈特兰死后，布伦希尔德得以在战场上使用她的强大军事力量来对付敌人。两个女人的仇恨引发了一场内战。布伦希尔德和她放纵的儿子希尔德贝特二世拥有更多的士兵；而弗蕾德贡德则拥有一个更好的将军——兰德里奇，她的情人。他击退了布伦希尔德的军队。停战三年之后，弗蕾德贡德又开启了内战。希尔德贝特二世于596年去世，留下两个儿子：狄奥多贝特二世和狄奥多里奇二世。两人都未成年。布伦希尔德是他俩的监护者。她首先统治着奥斯达拉西亚，其次统治着勃艮第。布伦希尔德一开始所处的复杂局面被弗蕾德贡德加以利用。后者没有宣战，就入侵了前者的领土，占领了巴黎及附近的城市和地区。由勃艮第人和东法兰克人组成的救济军被击败，弗蕾德贡德在596年的第二次内战中获胜。她胜利了，但她的胜利是短暂的。597年，死神将她从胜利的高处拉下，将她置于永恒审判的面前。这位血腥的女人最终并非死于暴力，而是疾病。

尽管弗蕾德贡德才华横溢，但她只是名义上的西法兰克统治者；真正的摄政王是她宫廷的最高长官，她的宠幸兰德里奇。他是和平时期和战争时期真正独立的统治者。这些年轻的寡妇是她们儿子和孙子的监护人，甚至像布伦希尔德一样是她们的曾孙的监护人。这些摄政的时代正是宫廷事务长职位自然兴起的时代。也就是说，在政府和宫廷中，家族和军队中的大臣们，那些有权有势的男人们，做了皇室寡妇由于性别的原因不能做或没有做的事。我们时代基于权威的批评，从所有女王和皇后的头上夺走了光环，无论她们是好是坏。谄媚奉承曾称赞她们是绝对独立的统治者。在全欧洲，没有一个例外，女君主如果有大臣的引导，其统治就会好；而如果她听从于一个坏的谋士，或找一个臣服于自己意志的人，其统治就坏。我们可以理解，当这两位死敌“女魔头”弗蕾德贡德和布伦希尔德一心只想着搞裙带关系和报复时，被纠缠于这一系列女人事务中的法兰克人，作为一个民族，觉得有必要让一个男人来领导国家事务。在这些王后管理国家的50年里，法兰克人习惯了对国王听之任之，任其为非作歹，而让那些有脑子、有精力、值得尊敬的人来管理他们。

甚至在此之前，“宫廷事务长”也存在于法兰克宫廷中。即使在梅茨、勃艮第、苏瓦松的国王领导下，也存在一个“家庭事务长”。他是皇室的高级官员，宫内大臣，负责监督国王收入，管理他的财产、地产和宫廷官员。后者指的是所有那些接受“俸禄”，即采邑，依赖国王恩典的人；所有的“领主”，任职于军事或政府部分的国王的人。墨洛温宫廷的整个层级结构在一定程度上受制于他，一定程度上与他密切关联，依赖于他，甚至在国王统治时期，也是如此：这个皇室事务大臣在所有情况下都代表着国王，为国王审视所有职责的履行状况。在他的建议下，土地被作为封地给出去，或者已有的封地又被撤销；如果王国发出了诸侯召集令，他就会统帅朝廷官员和各大封臣及其追随者，随时准备投身战场。

这个大臣职务在国王手下已然很高；而在王后手下，其权力更是得到空前提升。弗蕾德贡德在西法兰克摄政36年；西班牙的西哥特人布伦希尔德在东法兰克摄政52年。在半个世纪的女性摄政时期，宫内大臣成为所有大臣中的头等大臣。他是皇家的副官，不仅是我们现在意义上的王国总理，而是实际的摄政王。作为一名贵族，他自然更看重高级贵族权利的延伸而不是王权。宫廷事务长是联盟贵族的首领，墨洛温国王的权威和权力的下降多少，宫廷事务长的权威和权力就上升多少。在这两位无人性的女王去世后，所有的一切都要咨询这位高官。因为她们留下的后继者在道德上更糟糕，也缺乏统治所需的智力。法国的王权受到了双重伤害：一是来自皇室的罪恶；二是贵族的派系利益和私人野心。

弗蕾德贡德死后，儿子克洛塔尔二世没了母亲的支持，也就没了大脑。布伦希尔德觉得自己成了当下局势的女主人。

她试图瓦解大贵族的权力。贵族统治已凌驾于王冠之上，尤其是宫廷事务长和大封臣首领的权力。她的野心和她的放纵一样毫无节制。她为加强王权所做的努力，本来可以是合理的，只要她的行为是基于某种规划或者着眼于法兰克人民的利益。但这些努力实际上只是基于她对不受约束的大胆妄为的渴望。在墨洛温诸王长期自相残杀的战争中，三个王国的人民也变得野蛮不堪。两个王后间的强烈仇恨也蔓延到了人民身上。西法兰克人和东法兰克人开始互相仇恨。正因此，布伦希尔德才能够轻松地煽动奥斯达拉西亚的贵族大公和她的两个孙子对克洛塔尔二世发动了一场新的战争。由于弗蕾德贡德逃脱了自己应得的报复，她的儿子必须成为牺牲者。奥斯达拉西亚和勃艮第的军队一起对克洛塔尔二世施压。他不得不放弃一座又一座的城市。最后的战斗在多梅勒斯附近展开，克洛塔尔遭受了决定性的失败，付出了最为沉重的代价。从596年以来，兰德里奇和弗蕾德贡德断断续续地夺取了奥斯达拉西亚和勃艮第二个王国的许多土地。如今，克洛塔尔必须将它们悉数归还，同时还得割让自己西法兰克王国的绝大部分领土。他没有更多的选择，要么在600年以这些苛刻的条件换取和平，要么灭亡。布伦希尔德当然想要他灭亡，但奥斯达拉西亚和勃艮第的贵族们不同意她的主张。

奥斯达拉西亚和勃艮第联军的胜利——布伦希尔德将之称为她的胜利——使这位王后第一次蒙羞：这些胜利使她更加傲慢无礼，甚至在和平缔结之前就使贵族们对她所持有的憎恨终于爆发出来。她并不想要什么和平，只想毁灭她死敌的儿子。但奥斯达拉西亚的贵族们并不希望毁灭克洛维斯家族的男性后裔。所有法兰克人对克洛维斯的敬重依然不减当年，这种敬重使法兰克人对王国缔造者的家族保持忠诚。

希望与克洛塔尔实现和平的派别战胜了希望以摧毁弗蕾德贡德家族来结束战争的布伦希尔德。

一段时间以来，布伦希尔德一直对宫廷贵族狂暴不已。谁反对她，谁就会在接受简短的审判后被铲除，或被秘密地毒死。她甚至贬低那些在内战中为其家族居功至伟的贵族，并且像个放荡女人一样在宫廷中安置自己的宠幸，而不考虑荣誉和能力。这种处事方式最终导致奥斯达拉西亚贵族们在599年的和平协商过程中做出了决议。他们来到年轻的国王面前，坚持要把他的祖母赶走。许多贵族在战争中做出了牺牲，通过分得采邑而得到了奖赏。布伦希尔德的裙带关系和对贵族特权的攻击，导致了一些小的密谋和叛变，但都遭到了她的镇压和残酷惩罚。人们对她的憎恨达到了极点，以至于在599年，贵族们向梅茨的狄奥多贝特二世抱怨时，布伦希尔德逃离了她的大孙子，躲到了勃艮第的小孙子那里，从梅茨到了奥尔良。

她现在不仅想要对弗蕾德贡德的家族报仇，她还想在自己的家族里对她的大孙子报仇。她悄悄对小孙子——勃艮第的国王说，他的哥哥——奥斯达拉西亚国王，是个私生子，是一个园丁的儿子，而他——勃艮第的国王，才是两个王国唯一合法的国王。两年以来，狄奥多里奇二世一直拒绝祖母的建议。然而当他19岁的时候，在605年，他入侵了哥哥狄奥多贝特的领土，并把他作为私生子驱逐了出去。在两军交战之前，勃艮第贵族介入进来，迫使他们的国王和哥哥讲和。祖母对贵族们更加愤怒不已。

为了完全掌控这个年轻的孙子，布伦希尔德将他卷入所有可能的邪恶中。她把自己挑选和教导的情妇带给他，用她们的手段来支配他。她阻止他结婚，以免她被一位妻子夺去权力。她把宫廷和国家里最重要的官职分配给自己的心腹和情人，用解职和服毒为他们提供充足的生存空间。她任命的那些人属于勃艮第王国中最放纵的人。他们的贪婪促使他们在职务上中饱私囊，并滥用职权羞辱贵族；布伦希尔德憎恨王国里的那些大人物，当他们抱怨自己如何受到她所任命的那些官员的骚扰时，她感到非常高兴。

许多年过去了。命运眷顾年老的复仇者。在没有她谋划的情况下，一场新的战争爆发了，随之而来的是一个新的机会，可以借此报复她被赶出梅茨而蒙受的耻辱。阿尔萨斯(埃尔萨斯)曾经是奥斯达拉西亚的一部分。在瓜分希尔德贝尔特二世的过程中，它被并入勃艮第王国。这些美丽的地区是奥斯达拉西亚的贵族所渴望的，国王西狄奥多贝特也加入他们，试图从他兄弟手中夺回阿尔萨斯。这是在610年。就在他们将要开战前，两国贵族一致同意，把阿尔萨斯的归属权问题交给两个王国共同挑选的仲裁者来解决，而他们必须来自法兰克人。

双方指定选举仲裁者的地方是塞尔特，位于莱茵河流域的下阿尔萨斯地区，斯特拉斯堡以南六英里的城市。按照约定，两个国王都要到场，并各自带领1万法兰克人。狄奥多里奇带了10000人。狄奥多贝特却带来了整个奥斯达拉西亚的军队。凭借着这种背信弃义的行为，他迫使弟弟割让了阿尔萨斯和其他一些地区。611年，布伦希尔德促使自己的孙子狄奥多里奇做好了准备对其兄弟实施报复。通过割让领土，他和堂兄克洛塔尔二世结成了联盟。根据规定，西法兰克人将保持中立。于是，在确保了一边安全的情况下，勃艮第人在612年春天，攻进了奥斯达拉西亚。两兄弟间的第一次战斗于5月在图尔附近爆发。勃艮第人是胜利者；在曲尔皮希的第二次战斗中，他们也取得了胜利。在这两场战斗中，同族人怀着可怕的深仇大恨互相残杀，场面非常惨烈。在许多地方，战斗结束后，整群尸体“像活人一样直立着，因为在被杀的人群中，已经没有空间让他们倒下了。”狄奥多贝特国王在溃败中被俘。当他落入弟弟的支配中后，后者让他接受了剃发。然而，祖母的复仇之心并没有得到满足。她要让他孙子死。当哥哥的血洒出来后，胜利的弟弟完成了布伦希尔德所开启的行为模式：作为胜利的完满果实，他灭绝了哥哥的家族。612年夏天，在自己叔叔的命令下，狄奥多贝特的幼子被摔下悬崖；年幼的女儿被杀。奥斯达拉西亚人现在认他为国王。

当上两个王国的君主后，狄奥多里奇就渴望成为第三个王国的君主。同时，布伦希尔德也还没有满足于已有的复仇成果。她鼓动狄奥多里奇攻击弗蕾德贡德的儿子克洛塔尔，因为后者依然健在。以克洛塔尔没有遵守条约为借口，狄奥多里奇要求收回割让的地区，并狡辩说，割让这些地区的条件并不是要克洛塔尔保持中立，而是要他提供军队来帮助他对抗奥斯达拉西亚人。克洛塔尔试图诉诸条约，但条约实际上并没有写成文字，只是口头上达成的一致。狄奥多里奇因胜利而充满信心，他准备凭借自己远远占优的军队铲除这位侄子，就像他铲除自己兄弟一样。他入侵了他的领土。但他并没有亲自上战场。他和他被谋杀的兄弟一样，都不是战士。墨洛温人的精神已经在后宫佳丽中，在母亲或祖母的监护下消失殆尽。实际发动战争的是布伦希尔德，她的情人是军队的将军和指挥官。他们年事已高，布伦希尔德很快就转变了他们。直到我们这个世纪，想要成为绝对君主、不受人民自由和权利限制的德国君王，就会选择非自己同族的人来担任大臣，这些人甚至不是德国人，而是彻底的外国人，如西班牙人、法国人、意大利人。当布伦希尔德看到自己逐渐与所有法兰克人不和后，她也是这样做的。她行为的动因是政治上的算计，而不是爱情上的弱点。她在勃艮第所任命的宫廷事务长，最终都是罗马人：一个叫普罗塔迪乌斯；他的继任者叫克拉迪乌斯。

很早以前，日耳曼民族就开始通过阴谋废除民族权利、民族习俗和民族自由，并以暴力的方式、通过赋予非日耳曼人以权力将它们践踏在脚下。

有那样一位孙子，布伦希尔德成功地罢免了任何不顺她意的宫廷事务长，任命那些顺她意的人担任此职。然而，她实施罢免和任命的方式深深刺激了贵族们的意识，让他们知道必须遏制事态正在发展的方向，不能让布伦希尔德独占任命宫廷事务长的皇家特权。

613年，当她的孙子狄奥多里奇因病在几天后去世之后，布伦希尔德和弗蕾德贡德一样，相信自己已经达到了胜利的顶峰。在精神上，她看到了死敌的家族遭到灭绝，她的复仇也已完成。她现在不是祖母，而是宫廷里的曾祖母。她的后代有四个儿子，都未成年，都不是婚生子，是狄奥多里奇与妾所生。而这些妾正是布伦希尔德给他的。就这样，布伦希尔德反对孙子婚姻所产生的恶果最终落在了自己头上。她现在孤独一人，身边只有四个私生子。这四个私生子是她家族的最后残余。她孤独地站在已经被她破坏的土地上，而且是最严格意义上的那种孤独。因为她的情人和亲信在宫中做事务长的时代已经过去。在如今这些老女王被孤立的时期，无论在勃艮第，还是在奥斯达拉西亚，宫廷事务长这一官职都不是由她所选择的人来担任，而是由贵族挑选出来让国王批准。国王却从不敢拒绝。在这个关键时期，勃艮第的宫廷事务长是瓦纳查。贵族们深信会得到所有法兰克人的同意，因此任命了他，以反对可怕的布伦希尔德和她对孙子的干预，并强制狄奥多里奇批准了这一任命。

长期以来，勃艮第和奥斯达拉西亚的大公贵族之间形成了一种反对被普遍憎恨的布伦希尔德的相互理解。现在需要把反对她的密谋扩展到法兰克人的各个阶层，以便在一个有利的时机结束这种令人厌恶的事态，奠定一个新的基础，同时也为贵族争取更多的利益。这个共识的头目就是瓦纳查，被任命以反对布伦希尔德的宫廷事务长。

作为她曾孙监护人的布伦比尔德和西法兰克国王克洛塔尔之间，决定是容易的，尽管法兰克人在其他情况下会忽略合法性问题，如果一位王子适合做国王的话。

人们对克洛维斯仍然怀抱着美好的记忆。在他的后裔中，上帝的战争审判只留下了克洛塔尔二世，还有布伦希尔德和她的私生曾孙们。

在她孙子死后不久，布伦希尔德以强有力的手段接管了婴儿的监护权。勃艮第和奥斯达拉西亚的联盟贵族们聚集起来，宣布克洛塔尔二世——弗蕾德贡德的儿子为联合王国的国王。高层贵族和整个贵族阶层已经秘密地和他签订了条约，而西法兰克国王也已经和他们达成了谅解，对贵族做出了重要的让步。这些让步确立了贵族的权力，与王权相对立。法兰克人，也就是自由民，以及高卢和其他地区的老人，都没有被征求意见，尽管王国的政体已经被这种安排改变了。

联盟贵族为了自己的利益，利用机会压制王权和人民。在具体执行计划的过程中，最显眼的便是神职高官。

这种精神贵族和世俗贵族的合谋完全只是基于贵族的利益，但它在全体人民对布伦希尔德的仇恨中找到了实现目标的可靠手段。当克洛塔尔根据秘密条约，率军进发以夺取奥斯达拉西亚和勃艮第的统治权时，他发现布伦希尔德已经准备好了。西班牙公主打开了她的金银箱。她在身边已经召集好了一支由外国人和本地部队组成的强大军队。然而，根据官职而担当所有这些军力总指挥的人正是瓦纳查。两支军队在马恩河流域的查隆斯交锋。布伦希尔德对于长期存在的抵制她的阴谋没有丝毫意识，她欢欣地期待着胜利的到来。战斗几乎还没怎么打起来——只是实战演练——她就看到自己的整个军队投靠了敌人。她和她的四个曾孙落入克洛塔尔——弗蕾德贡德儿子的手中。两个孩子被克洛塔尔当场亲手杀死。他放过了第三个，因为他是后者受洗时的教父。然而，这个孩子最终也在几年后死于囚禁。最后一个孩子逃脱了，消失了，关于他的所有踪迹都没了。在逃亡中被捕的布伦希尔德如今落入了她死敌的儿子手中。

一个由选自所有三个王国的成员所组成的法庭，立在了布伦希尔德的头上，对她做出了死刑判决。她被指控犯了10起皇室谋杀罪。克洛塔尔让他的这位亲戚，墨洛温王朝的女祖先遭受了整整3天的可怕酷刑。然后在她四肢断裂的状态下，将她置于骆驼背上，作为一个景观游行展示于整个法兰克人营地。这个营地由西法兰克人、东法兰克的叛变者和勃艮第人组成。“被马拖死”是法庭的判决。法官们都是布伦希尔德的死敌，是宫廷和军队中的贵族。她曾对他们的亲属施行过侮辱、监禁、处决，或用毒药、匕首将他们谋杀。贵族们无法平息的仇恨决定了年迈女王所承受的可怕折磨和残忍的死亡方式；作为她亲戚的克洛塔尔国王也没有半点怜悯，甚至没有试图减轻她的处决方式。法兰克国王不仅执行了贵族们对拥有皇室血统的公主，一位墨洛温国王的遗孀，多位墨洛温国王的母亲、祖母、曾祖母，几十年来担任监护者和摄政王的公主，所做出的判决，而且欣然允许和批准了残暴的惩罚方式。他就这样给法兰克军队和人民上演了一场壮观的好戏。对王室人物的处决令人震惊。克洛塔尔用事实告诉人们，根据法拉克的习俗和法律，贵族和法兰克人民有权审判国王和王后，对他们判处死刑，并在残酷地折磨和嘲弄后处死他们。

白发布伦希尔德的手脚被绑在野马的尾巴上，就这样被撕成了碎片；剩下的残余随后被烧毁。

尽管布伦希尔德是一个罪犯，弗蕾德贡德却更加罪孽深重，但后者得以死在自己的床上。

于是，所有法兰克人被联合到克洛塔尔二世的统治之下。他是克洛维斯的曾孙、弗蕾德贡德的儿子。和平维持了15年。王公和百姓的血汇成了溪流，形成了这个结构的黏合剂。然而，统一是由贵族的阴谋、起义和他们命令下的军队叛变而产生的。这预示着王权的未来不妙。

从表面上看，克洛塔尔胜利了。他现在统治着单一王权下的三个王国。但事实上，贵族战胜了王权。由于战场上的内讧以及墨洛温家族国王间的谋杀，王权被削弱，贵族的权力高于王权。615年10月18日，国王的“领主们”，即精神上和世俗上的封臣们，让法兰克联合王国的国王感到，是他们创造了他——事实上，他是他们的产物。在那一天，他必须通过签订特权证明的方式向他们确认其自由和特权。由克洛塔尔二世授予的贵族特权是日耳曼国王提供的最古老的此类文件。通过这个特权证明，精神显贵和封建领主感受到了一部分他们的旧有自由，也得到了一部分新的自由：确认了整个神职系统独立于世俗管辖，由牧师和人民自由选举主教而不需要国王提名，以及其他一切能够让教会在法兰克王国如同在罗马一样享受独立身份的方案。

所有这一切，克洛达尔国王都已通过立宪的方式，向精神贵族们做出了保证，以报答他们为反对布伦希尔德所作的贡献：首先是奥斯达拉西亚和勃艮第的贵族，然后是他自己的西法兰克王国的贵族。

同时，克洛塔尔必须向世俗和精神的封臣们保证，他们能够享受自己所有的一切的封地和特权。这些特权是他的前任们所给予的，或从他们那里勒索来的。最重要的，也是对皇室权力最危险的是，在10月18日这天，国王被迫向勃艮第宫廷事务长、阴谋头目瓦纳查做出了承诺：作为对他功劳的奖赏，他将终身担任此职。这是一个非常重要的转变，从此以后宫廷事务长不再由国王任命，而是由各大领主选举产生。

起初，这个有影响力的职位——国王财政和封地的首席管理者、封臣的首席指挥官、首席法官和政府的首席大臣，在整个法兰克王国中并不集中于一人身上。有三个这样的官员，一个在勃艮第的奥尔良，一个在奥斯达拉西亚的梅茨，还有一个在苏瓦松的罗马化西法兰克。他们名义上都是国王的代表，实际上是国王的摄政官。在皇室的混乱时期，封建贵族已经摆脱了对国王大量的服从义务；然而，将宫廷事务长这一职务通过终身摄政的方式提高到如此强大的地位，实际上掩藏了贵族们一个野心，即让此生的贵族身份转变为世袭的贵族身份，或从名义和实际上篡夺王权。

最后在法国所发生的一切，仅仅是因为按照国王们的所作所为，事情已经不可能再继续下去了。王国的缔造者克洛维斯所犯下的罪孽回到了他的孩子以及孩子的孩子身上。这些孩子比他更坏，绝不比他更好。克洛维斯并不忠诚于人民的神圣习俗和法律。他使自己成为一个绝对的君主。牧师们把他变成了高卢的罗马皇帝的继承人，宣布他是一个和他们一样拥有无限权力的统治者，并对他施以“圣油”。专制主义传到了克洛维斯的后继者那里，在精神和世俗贵族的帮助下，君主专制继续延续着，直到它的可怕退化导致了民众情绪的爆发，一场革命的爆发。贵族们曾协助国王将法兰克人排除在政府之外，但他们很快就无法忍受绝对的君主统治。阴谋来自贵族；等到军队和人民的兴起和加入，便产生了革命。借此，人民收获的只是安宁，而不是自由。贵族是唯一的赢家。

贵族们并不满足于在615年对国王的敲诈，他们在接下来的一年里，从国王那里榨取了更多的让步。国王必须废除前几任国王所颁布的让世俗和精神贵族们感到约束的所有法令，并通过立宪确认他们的自由和特权。然而，谋求私利的贵族们越发过分。主教和军事贵族们之前就为墨洛温家族制定了一项法律，即一个王族的儿子在年满12岁后就算成年了。这项荒谬法律的意图在于，如果相应的情况发生，摄政权将在很长一段时间内掌握在贵族手中。因为他们可以错误引导、错误教育和削弱一个12岁的孩子，使他永远丧失统治的能力。然而，当克洛塔尔二世的长子达戈贝于622年即将过完他的12岁时，贵族们的贪婪和权力欲提出上述那条法律，并以一种前所未有且不符合制定初衷的方式对其加以解释。在此之前，这项法律意指：如果一个国王死了，他12岁的儿子将被视为成年。但现在贵族们的解释是：在国王生前，只要他12岁的儿子被某个王国中的法兰克人选为国王，他就必须把三个王国中的这一个交给这位王子。奥斯达拉西亚人将达戈贝选为国王。虽然还不存在父子共同统治的例子，但贵族们强迫克洛塔尔二世将奥斯达拉西亚割让给他的儿子。贵族们围绕着12岁的国王，后者有国王的名号，前者有国王的实权。然而，克洛塔尔保留了部分奥斯达拉西亚领土，借口它们并不属于这个王国。贵族们任命了一个12人委员会来进行仲裁。

无论情愿与否，克洛塔尔都答应了他们的决定，把他保留的领土交了出来。三年后，也就是628年，他去世了，达戈贝成为所有法兰克人的国王。年轻的王子早熟，表现出的力量和意志威胁着贵族的领地。于是，大封臣的策略使他陷入淫欲的海洋，通过激起他对女人的激情而削弱了他的身体和灵魂。主教们很高兴看到他像所罗门一样，同时拥有三个合法的妻子，三个王后，而在这三个婚内配偶旁，还有许多小妾。

就在国王这样沉溺于享乐中时，宫廷事务长把权力拉得更紧了。贵族们已经开始后悔给这个职位赋予了如此大的权力。瓦纳查死后，勃艮第的封建领主们使他的职位保持了空缺。他们更喜欢直接与国王交涉，这是他们对达戈贝的宣言。但在他死后，638年，他们为勃艮第选出了一个宫廷事务长，不过先让他发誓必须遵守某些条件，其中明确地指出要保证他们永远拥有他们的封土和财产。至于当选的这位弗劳查特是否具有什么特别之处，我们不得而知。

然而在奥斯达拉西亚，出现了拥有强权的宫廷事务长。一个是阿努尔夫，另一个是兰登的皮平。

除了个人能力之外，他们还有另外两个支柱：高贵的血统和财富。他们家族的发源地离墨洛温家族的发源地不远，位于马斯河、摩泽尔河和莱茵河之间。二者在奥斯达拉西亚首府梅茨周边都有大量的财产，尤其是阿努尔夫。后来，阿努尔夫被列入圣徒之列；但在他活着的时候，他绝不是基督教意义上的圣人，而是一个成功的朝臣、活跃的军人和政治家，雄心勃勃，富有魅力，忠诚于老法兰克的光荣习俗。妻子死后，阿努尔夫于611年卸任了宫廷事务长的繁重职务，换为在梅茨的教会工作。由于他的影响力，奥斯达拉西亚人选举他的亲家，兰登的皮平继任他的职务。他俩是老友，友谊又经联谊而更加牢靠：阿努尔夫的儿子安瑟吉瑟尔娶了皮平的女儿贝佳。

阿努尔夫和皮平是加洛林人的祖先。

许多读者乐于知道名人的出生地。阿努尔夫出生在莱的城堡，现在的莱—圣克利斯朵夫，位于洛林的默尔特河流域，离南锡不远。皮平家族的发源地就是爱国英雄西菲利斯与罗马帝国的强大势力进行英勇斗争的地区。他的家族所在地兰登位于列日附近，也就是现在的比利时。其家族私有财产包括在阿登高地，吉尔德斯，列日公国，克利夫和贝格的大量产业。尼维尔也被指为皮平家族的原始所在地。尼维尔和兰登这两个地方都位于布拉班特的瓦隆地区。皮平家族的女祖先来自尼伯龙家族。伟大的加洛林人、希尔德布兰德的儿子查理马特的一位侄子就叫尼伯龙。奥斯达拉西亚的事务长皮平和梅茨主教阿努尔夫，曾是策划和执行反对布伦希尔德的阴谋、革命起义和限制王权的主要推动者。

兰登的皮平比达戈贝国王多活了一年。在他去世后，儿子格里莫德于639年当选为奥斯达拉西亚的事务长。格里莫德以这个身份统治了15年后，试图剥夺墨洛温家族的国王头衔，把它转移到他自己名下。格里莫德是一个勇敢而有野心的人，一位成功的将军。他打败了图林根王朝的公爵拉瑟夫。当巴伐利亚人试图脱离联邦时，他又打败了他们，使他们重新效忠。655年，当达戈贝的儿子、赝品国王西格贝特二世去世时，格里莫德带着大量的财产、胜利的荣耀和忠诚的军队，认为是时候让他的家族享有王室的统治地位了。他将西格贝特二世的儿子达戈贝特二世遣送并监禁在爱尔兰的一所修道院中，并安排自己的儿子希尔德贝尔特通过其派系的选举登上了王位。然而，大多数奥斯达拉西亚贵族都反对他。他们已经从经验中了解到皮平和格里莫德的手腕是多么强硬。他们的自私和对放肆的热爱并不希望出现强大的国王。在柔弱的墨洛温国王统治下，他们在这两方面都能得到更好的满足。此外，法兰克人对克洛维斯一世的崇敬依然存在于歌谣和传奇中；对他家族的某种忠诚继续深深影响着法兰克人。我们从历史中了解到，总是要等到统治家族犯下无数的罪孽，才会失去臣民的忠诚。

一场战争爆发了，格里莫德被打败。他和他的儿子都在656年为夺取王位的企图而付出了生命的代价。第一次夺取王位的尝试失败了，因为时机还不成熟。这个大胆的尝试在一段时间内使这个家族丧失了它的支配地位。宫廷事务长的职位转入他人之手。奥斯达拉西亚人选举西法兰克和勃艮第国王西格贝特的弟弟克洛维斯一世为他们的国王。法兰克领土上再一次出现了一位国王。在不止一代人的时间里，位于梅茨的奥斯达拉西亚事务长行使着实际的霸主地位，在所有事务上拥有优先决定权，并影响着整个法兰克人，权力和影响力远远大于其他两个王国的事务长。这并不是各方协商一致的结果，而只是赤裸的现实。现在，西法兰克的宫廷事务长埃布罗因将这一优越地位转给了自己的王国；不久后，他又想把三个事务长的权力统一到自己身上。从外在而言，存在一个宫廷事务长和一个统治所有法兰克人的国王，这种局面是有用的。他的国王站在他一边。但勃艮第和奥斯达拉西亚的贵族选出了自己的事务长，反对他的自命行为。内战持续了23年。在最后的两年里，又一次为皮平家族敞开了一条通往权力的道路。

680年，在对抗埃布罗因的战争中，奥斯达拉西亚贵族选举马丁——阿努尔夫的孙子，以及赫斯塔尔的皮平——在父亲的一边是阿努尔夫的孙子，在母亲一边是兰登的皮平的孙子，以"公爵"之名担任他们的指挥官，并将奥斯达拉西亚政府交给他们管理。

马丁在离拉昂不远的地方被埃布罗因打败，然后退到了该城的城墙后面。当时的两位圣人——美因茨主教里奥尔和巴黎主教阿吉尔贝特来到城堡，并在埃布罗因的建议下邀请马丁和他举行一次会谈，以结束长期的冲突，实现和平。两位主教在一个圣人遗骸盒上庄严发誓：马丁没什么可怕的。

人们普遍相信，在圣人遗骨上宣誓的人，如果违背誓言，将会受到圣人的惩罚。在两位主教的誓言下，马丁公爵离开了他的堡垒，却被埃布罗因下令杀死。当法兰克人高声谴责主教作伪证时，后者冷冷地回答说，他们在宣誓之前就把圣骨从棺材里取出来了，他们只是对空盒子宣誓，没有对圣物宣誓，因此算不上作伪证。这两个神职人员后来被教皇封为圣徒，在天堂中进行调解的圣徒有益于信徒。

在马丁的堂兄弟皮平着手向埃布罗因复仇之前，上帝惩罚了后者的罪行，但用的是一个西法兰克人的不洁之手。这位上等贵族得知了埃布罗因打算叛变的意图。尽管是后者自己对马丁犯下了可怕的背叛罪，但他却惩罚了这位西法兰克人，没收了他的财产，并威胁他如果再犯罪就将被处死。这个法兰克人在681年谋杀了埃布罗因，一个叛徒惩罚了另一个叛徒。然而，奥斯达拉西亚事务长皮平却对谋杀犯授予了荣誉，并与新当选的西法兰克事务长瓦拉托缔结了和平。然而，和平并没有取悦所有西法兰克贵族：当皮平想实行大赦并召回所有在长期内战中被流放的人时，瓦拉托被废黜，贝塔尔被任命为宫廷事务长；而瓦拉托已经同意了这些条件。687年，在佩罗内和圣昆汀之间、索姆河流域的特斯特里爆发了一场战争。在激烈和血腥的冲突之后，这场新点燃的内战终于结束了。贝塔尔被击败，并在逃亡中被自己人谋杀。西法兰克国王狄奥多里奇（狄厄里）三世落入奥斯达拉西亚公爵皮平之手，沦为囚犯。

这一决定性胜利对于皮平、对于法兰克王国以及对于日耳曼成分在整个世界的影响力而言，都产生了重大的后果。三个王国的统治权都掌握在了皮平之手。他恢复了法兰克王国的统一性，让日耳曼人有力量抵抗来自突厥—芬兰游牧部落的进攻，后者以阿瓦尔人为名从东方进军而来。

第三十九章

赫斯塔尔的皮平，法兰克人的首位公爵和王子，恢复了王国的统一——位于波西米亚和摩拉维亚的萨摩统治下的斯拉夫王国——从奥得河到雷肯尼茨河的波罗的海流域的斯拉夫人——在斯拉夫人影响下皮平保住了日耳曼民族——查理·马特

勃艮第和西法兰克的贵族们臣服于皮平，并授予他两个王国事务长的职位。于是，皮平成为法兰克所有三部分地区的唯一统治者。西法兰克和勃艮第的影子国王狄奥多里奇（狄厄里）承认皮平是三个王国唯一的、永久的事务长；作为回报，皮平给了他自由，并允许他在勃艮第国王和西法兰克国王这两个毫无意义的头衔外，再加上奥斯达拉西亚国王的头衔。从此，皮平在文件中自称为法兰克人的公爵和王子。由于他独揽军权、财政权和任命国家官职的权力，这位法兰克人的公爵和王子，在他卑微的头衔下，实际上成为法兰克人的强权统治者。而墨洛温血统的国王，虽然有着显赫的头衔，却只是个名头，一场表演，一个无所事事的人，就像罗马人民的诙谐将他们的国王称为“无所事事的国王”一样。数量占优的罗马化人口对日

耳曼人拥有至高无上的权力感到不满，尽管他们有幸拥有名义上的国王。在比以前更精确的意义上来说，国王是受到监护的。他们没有权力做任何事，在体力、精神和道德上都没有能力参与国家的治理。

特斯特里的胜利给法兰克王国带来了30年内战后的和平与内部安宁；而且就在帝国边界遭到攻击，整个王国分裂成三个敌对部分，整个法兰克势力似乎要分崩离析之际，又重新让它统一起来。因为在南方，也就是克洛维斯一世从西哥特人那里夺取的罗马化地区，土著首领们，即比利牛斯山地区的公爵们，以纳尔博纳与图卢兹城为据点，早已与法兰克王国没什么联系了，而且就在特斯特里战争前，正努力确保着自己的完全独立。在图林根以及阿勒曼尼人和巴伐利亚人中，旧的分裂精神又复活了。这三个部落均由当地土著君王统治，没有法兰克官员介入其中，只是承认法兰克主权。至少莱茵河右岸的阿勒曼尼人，在过去三十年法兰克人与法兰克人的战争中，实际上已经失去了与王国的所有联系。

因此，在法兰克王国似乎将要粉碎的时候，一个充满能量、积极有才的人，凭借自己拥有的领导天赋能成为他们的统治者，是一件万幸之事。他将碎片又整合成为一个庞大的整体，创造了内部的秩序，筹集了强大军事力量以对抗威胁要压倒日耳曼民族性的危险，并抵制了斯拉夫和阿瓦尔异教徒对基督教世界所带来的危害。阿瓦尔人的入侵已经席卷了图林根人、巴伐利亚人和阿勒曼尼人，像纸一样把他们包裹起来。这三个民族世代为敌，已经处于相互冲突的状态，又脱离了法兰克人的伟大王国。这时遭到了匈奴人的继承者、野蛮的、强大的阿瓦尔人骑兵和游牧部落的突袭。他们的处境只会比日耳曼东北部和东南部的日耳曼民族和部落更差。这些部落都已脱离了法兰克王国这一强大的日耳曼势力，独自生活着，享受着各自的微小独立。

这些日耳曼人，处在当地一系列君主的统治下，在一群没有相互联系的社区生活，和法兰克人也没有联系。在7世纪的第一个25年中，他们被斯拉夫人征服。斯拉夫人在波西米亚和摩拉维亚建立了自己的统治，处在法兰克人萨摩的统治下。

萨摩之所以来到斯拉夫，也许是作为一名逃犯，在法兰克人的内战中，带着自己的财宝逃到了斯拉夫。作为一名富人，他通过发展贸易，继续增加了自己的财富。在斯拉夫人反抗压迫他们的阿瓦尔人的斗争中，萨摩凭借自己的金钱、头脑和品性，趁着阿瓦尔人与君士坦丁堡作战的时机，实现了斯拉夫人的解放。斯拉夫人选举他为国王。在他35年的执政时期，萨摩大大扩展了斯拉夫王国的领土，推进到以前属于日耳曼的领土，以至于南、北斯拉夫人形成了一个统一的斯拉夫王国，东部到达了喀尔巴阡山，南部到达了施蒂利亚阿尔卑斯山，北部到达了施普雷河和哈弗尔河。因此，法兰克人萨摩吞并了现在奥地利帝国的所有日耳曼人，而他在662年去世时，已把他的斯拉夫帝国扩展到了美因河和雷德尼茨河。虽然在他统治的最后几年里没有再进行过征服，但是直到斯拉夫分支部落的最后一次袭击，都给法兰克边境带来了恐怖和破坏。而萨摩之死则是东日耳曼人的复活。他们的生活区域从北部的施普雷河起，直到萨尔河和易北河流域，再到南部的多瑙河和施蒂利亚阿尔卑斯山地区。

由萨摩匆忙建立起来的大斯拉夫帝国，在萨摩不复存在后就分崩离析了。因为他的将军们把它瓜分了，每个人都尽可能多地强占领土，并让自己成为那一地区的君王。于是出现了一群小斯拉夫公国。由于这些斯拉夫部落对联邦的概念感到陌生，于是当把他们团结在一起的手变冷时，一切联系都停止了，首领们开始互相斗争。随着斯拉夫帝国的解体，它的权力和日耳曼人的危险就都终结了。然而，在斯拉夫人后面出场的是野蛮的阿瓦尔人。

萨摩满足于自己领土的界限。也许作为一名日耳曼人，而且是一名拥有高智商、受过高等教育的日耳曼人（没有这些品质，他不可能成为斯拉夫人的君主和崇拜对象），他从未想到要完全征服日耳曼，或让自己的同胞成为斯拉夫部落的奴隶。萨摩的大斯拉夫帝国最终成为日耳曼和罗马的西方与来自亚洲内陆高原的亚细亚游牧部落之间的壁垒，它就像在后来的几个世纪里，几乎一直到我们的时代的波兰人。后者也是一个伟大的斯拉夫王国，与日耳曼民族保持着友好的关系。它正是日耳曼民族对抗东方未开化游牧民族，对抗现代世界的亚洲野蛮人的堡垒。

萨摩死后，他的王国瓦解了，这个对抗阿瓦人的堡垒也就不复存在了。幸运的是，这时的法兰克王国再次掌握在了一个强大的手中。甚至基督教也因此受益。因为斯拉夫人和阿瓦尔人，无论在北方还是南方，仍然是残忍的异教徒。这种异教与古日耳曼的自然宗教完全不同。原始的日耳曼信仰富有精神性，它关于众神的传奇具有明显的诗性。然而，这些斯拉夫人的宗教是一种黑暗、残忍、野蛮的异教。这种异教属于闯入波希米亚、摩拉维亚、易北河、奥得河流域的人；属于位于波罗的海流域的人；属于那些从匈牙利出发扩张到现在德国奥地利的人，或那些追随伦巴第人进入意大利的人，后者被日耳曼人称为文德人。了解了斯拉夫人“奇怪、可憎、制造恐怖的宗教”，我们就可以理解当时所有的历史学家都赋予斯拉夫人的 那些特征：极端的野蛮、残忍和粗暴的破坏欲。这些特征不仅可怕地体现在行为上，而且也体现在他们在自身中所造成的东西以及他们对别的信仰和民族性所造成的东西。

在历史上，一个民族的道德价值总是可以通过该民族赋予女性的价值、家庭和社会生活以及女性的道德价值来衡量的。今天，不止一个民族见证了这一点。

在日耳曼人的宗教中，女性受到男性的尊敬；斯拉夫人的妻子则被贬低，她们的女儿毫无价值。妻子受到的待遇并不比奴隶好多少，而女儿从一出生就被视为负担。按照惯例，如果家里已经有女儿的话，斯拉夫母亲就可以在自己的土地上勒死新出生的女儿，这是合法的。对待家里的奴隶也是这样。当斯拉夫人渗透到伊斯特利亚和达尔马提亚并占领了这片土地后，他们便开始施行非人的残忍行径。每一个粗鲁和愚蠢的人都具有这样一个特点：在他家里无论什么人反对他的愿望、观点和行为，都要被打倒或赶走；因此，今天的斯拉夫贵族和国家的一个基本特点和理念便是在总体上使一切都斯拉夫化，征服或消灭所有挡道的事物。无论我们是考察俄国、普鲁士、梅克伦堡还是奥地利，我们都会发现，只有很小一部分人，他们所具有的斯拉夫人的可怕特征能够被基督教、日耳曼文化、日耳曼文学缓和或改善。

当斯拉夫人移民到拉吉依人留下的波罗的海地区时，他们消灭了当地人和制度中的所有日耳曼特征，以至于“日耳曼民族特征或日耳曼原始宗教的一丝痕迹几乎都找不到了”。从中世纪后期开始，斯拉夫人不再是统治民族，我们听到了对斯拉夫在日耳曼人手中受到残酷对待的悲叹；然而，这种待遇即使在其他方面是得不到辩护的，至少也是对斯拉夫人在从奥得河到梅克伦堡的雷德尼茨河的两个世纪统治期间所做之事的民族报应。

在伦巴第人离开南方，前去征服意大利之后，斯拉夫人占领了现在奥地利帝国的海岸地区，也就是日耳曼人长期占领的海岸。品性的残酷、粗鲁和毁灭性的破坏冲动在这些南部斯拉夫人身上表现得最为明显了。即使是最顽固的亲斯拉夫学者也不否认这一点，因为它已经由敦姆勒在维也纳科学院的会议上给出了无可置疑的证明。当斯拉夫人是伊斯特里亚和达尔马提亚的统治民族时，有好几千土著不愿充当奴隶，不愿放弃所有的民族特征，不愿放弃自己的信仰去崇拜斯拉夫人的雕刻偶像；换句话说，他们不愿成为斯拉夫人。于是，他们全都被最残忍的酷刑处死，不仅仅是被杀死，而是被“刺穿、钉死、活活烤死、用慢火活活烧死”。

如果斯拉夫人或阿瓦尔人游牧部落能够或者以联盟的方式或者分别渗透进欧洲的文明国家并在那里建立自己的统治，上述情形就将是日耳曼的命运，就将是意大利和所有远至大西洋的基督教民族的命运。

斯拉夫人中没有自由民，只有领袖和奴隶。当斯拉夫人有时候被统一为一个王国时，各酋长头上将出现一个首领。然而，只有这个人是唯一的主人，其他的人都是奴隶。就像在俄国，沙皇是唯一的主人，其他所有人都是奴隶。直到亚历山大二世拥有了开明的思想，才在这方面做了些改变，但在斯拉夫民族的其他关系上依然没有任何变化。

首先，所有的日耳曼领土都会被斯拉夫化，也就是说，他们会像蝗虫一样在这些地区蔓延，吞噬自由、基督教和文明。他们是一个野蛮的民族，亚洲式的野蛮。他们是偶像崇拜者，同时在农业收成欠缺或失败的时候，在战争时期或恶劣季节，实行活人祭祀，尤其是献上基督徒作为牺牲。这种崇拜钝化大脑、贬低所有人类情感。这是一种令人厌恶的奴役。在其中，人的尊严是毫无意义的字眼，从上到下都印着各种程度的残暴。

如果斯拉夫人有文明的话，斯拉夫文明一方面来自日耳曼文化和日耳曼精神，另一方面来自基督教。只有在欺诈和狡猾，超强的记忆力天赋方面，斯拉夫人才胜过日耳曼人。后一种能力能够让他们很容易从外国老师那里学到语言、习俗、惯例和法律，只要这种学习对他们是有用的。一般来说，日耳曼人则是一个开放和诚实的民族。在斯拉夫人存在于欧洲的1000多年的历史中，他们从未在智力产出上表现出任何创造力，无论是在任何一种艺术或科学，还是在纯粹物理学中，都是如此；在所有这些方面，他们都受到了日耳曼精神的启发。

为了反抗这一亚洲势力，赫斯塔尔的皮平重新树立了一个强大、统一的日耳曼王国。法兰克王国的内部比以前强大得多，比任何时候都更强大，因为它再次是日耳曼人的国家。一个世纪以来，由于墨洛温家族的过失，罗马化的生活观念不仅压倒了日耳曼观念和日耳曼人，而且毒害了定居在罗马化国家的日耳曼人的民族感情、道德和力量。被皮平再次提升为法兰克王国的主人，掌权的日耳曼人，奥斯达拉西亚人，日耳曼的道德和爱国主义对王国的罗马省份、西法兰克和勃艮人发挥了保护者的影响。后者对罗马人的不道德行为感到厌恶，要求通过日耳曼人和日耳曼原则使家庭生活、法律和道德恢复健康。通过皮平，这些部分被归还给王国，并有

了道德净化和身体振奋的可能性。通过他和在盾牌上高举他的奥斯达拉西亚日耳曼人，王国的血管里注入了新的生命。这种生命本身是健全的，因而具有在各种关系中传播健全生命的性质。

将所有日耳曼人统一为一个大帝国的观念并非首先由查理大帝持有，而是他的祖先皮平。他用强力手腕压制了想要继续部族间旧怨冲突的那些日耳曼部落。这些部落意识不到所有日耳曼人联合的必要，也不希望这样，继而采取了抵制王国的态度。在这些敌人中，最糟糕者是法兰克人的近邻，撒克逊人和弗里西亚人。689年，四处政府掠夺的弗里西亚人已经入侵到法兰克人的领土。在维克·德·多斯特德战争后，弗里西亚人被迫保持和平，并承认法兰克人的主权，每年上交供奉。皮平并不想要征服撒克逊人和弗里西亚人，也不想征服阿勒曼人、图林根人和巴伐利亚人。他是要在日耳曼土地上实现和平。他允许他们独立生活，但需要与王国保持民族联系和依附。他在法兰克人中制造了秩序，压制了贵族的傲慢，保护了自由民的权益。

由于王国的长期疏忽，国家内部出现了无政府状态：国王的臣民不再效忠；强大的领主不再臣服；司法或行政官员不再履行职责；小业主遭受大业主的权力压榨；各城市的人口遭受着官员的压迫。这些成倍增加的罪恶在皮平的努力下消失了。他是第一个再次依靠法兰克人、自由民和小封臣的人。他向他们保证了一个世纪的君主专制所削弱并最终被剥夺的权利，即法兰克人民的自由；虽然最后国王和宫廷事务长已经作为唯一的和绝对的君主施行着完美的统治，排除了任何其他人参与权力，皮平却为自己的权力设置了界限，给予人民古老的日耳曼权利和成为“议会和行动合作伙伴”的日耳曼习俗。

在第一位墨洛温国王克洛维斯被天主教神职人员高举为专制君主后，在他镇压了人民在公共事务中的话语权后，在他摆脱与人民的联系后，他给他的王室带来了诅咒：因为如果人民的声音还被保留着，那些专制国王和王后的激情就不会暴怒到足以毁掉他的家族和人民的程度。奥地利的现实状况仍然如此：帝国在几个世纪前就不再依靠人民，无视人民的代表，使自己成为绝对专制，让牧师和贵族不受控制地施行着统治。

七世纪末，法兰克人只在传闻中听说过他们拥有的旧权利。凭借这些权利，国家的一切重要事务，特别是战争与和平问题，都要提交人民大会进行决断，人民可以允许或拒绝将要采取的措施。就像一个旧时故事一样，人民只能回忆之前的生活：曾经，在每年初春，法兰克人的代表会举行国民大会；对于不应该发生的事情，人民有权发表意见；也有权利决定将要做的事情，尤其是涉及国家的军事行为；如果他们决定发动战争，人民有权协商规定需要在金钱、物资，和人力上做出多少贡献。

早在689年，也就是说，在他获得了唯一的权力后不久，皮平就复活了这个国民集会的传统，被称为“三月之野”。在那里，被同辈授权的诸侯和自由民聚集在一起，讨论国家事务。

墨洛温人用贵族和官员的强力成为拜占庭意义上的绝对国王。在长达一个世纪的时期中，国王们剥夺了自由法兰克人讨论国家事务、积极参与政府的古老权利，却因此而成为其帮凶们的玩物；尽管拥有绝对权力，却导致自己和国家的毁灭。相反，赫斯托尔的皮平通过在全国范围内恢复人民集会，并在王国层面上恢复全国人民总集会，使自己比任何绝对国王或事务长都更有权力。相对于精神和世俗贵族，自由民的数量在王国中占据着压倒性的比例，借助他们的力量，皮平拥有了反对贵族的力量，可以摆脱他们给国王和事务长施加的镣铐，并且能够执行真正民族性的方案。由于王国的统一、内部的秩序和安宁，全都符合于法兰克自由民和小封臣的利益，他们在地方和国家政策上选择与皮平站在一起。

在三月之野这些集会恢复后50年，皮平统治了法兰克王国。他有幸拥有一位比自己更加伟大的儿子作为继承者，延续了自己的工作。尽管在皮平于714年12月16日离世之后，一位女人再次威胁将打乱原已安排妥当的一切。

皮平娶了巴伐利亚公主布里特鲁德，即僧侣编年史家笔下的普雷克特鲁迪斯。她给他生了两个儿子：德罗戈和格里莫德。第一个死于708年；格里莫德在714年4月，也就是他父亲死前3个月时，被一个弗里西亚人杀死。布里特鲁德的暴烈性格和对权力的热爱使她配不上皮平的爱。后者，三个法兰克王国人民的公爵和王子，在她之外，还娶了第二个妻子，一个“高贵、优雅、美丽的少女”，名叫阿尔菲德（阿尔贝达）。她是查理·马特(卡尔·马特)的母亲。

她不是皮平的情妇，而是他的妻子，由教会庄严地嫁给了他。教会对待皮平就像对待墨洛温国王一样仁慈，允许他同时娶两个妻子。后来，神职历史学家为了教会的利益否认这个事实，并无视当时的权威，使查理·马特成为一个私生子，他美丽的母亲成为他父亲的小妾。这是因为，查理限制了神职人员的贪婪，尤其是主教和教皇，将他们限制在神职人员的职责范围内。查理大帝(查理曼大帝)女先祖的坟墓在1618年被打开，拉丁碑文写着:“阿尔菲德伯爵夫人，皮平公爵的正室妻子。”

布里特鲁德诱使皮平瓜分事务长职位，任命她的儿子格里莫德为西法兰克事务长。出于政治原因，皮平让儿子格里莫德娶了弗里西亚战争君王拉斯博德的女儿，希望维系这个日耳曼部落与法兰克人的联系。布里特鲁德或许已退隐于自己儿子的住处，让皮平和阿尔菲德独自生活在一起。

然而当皮平病重将死的时候，主教们占了上风，阿尔菲德被赶走，布里特鲁德则被召回。皮平没有安排这些，也没有给她写信。这完全是由布里特鲁德或其附庸一手操办的。根据她的品性，我们可以合理地做出推断：在一听到皮平奄奄一息的消息后，她便急忙赶了回去，夺取了宫殿的统治权，赶走了阿尔菲德。她甚至在皮平死前就夺取了统治权，干涉了国家事务，并准备好了文件，迫使皮平在其中声明说：“由于我们生病不能写信，我们为我们的配偶祈祷，并赋予她全权以代替我们发布这些文件。”

因此，很可能是布里特鲁德自己准备的这份文件。根据这份文件，她的孙子狄乌多德（狄乌巴德）被任命接替他已故的父亲格里莫德担任西法兰克事务长一职。与这一职务联合起来的是生活于西法兰克人中的墨洛温国王达戈伯三世的监护权。这个国王还是个孩子。由布里特鲁德及其神职人员和世俗追随者任命的监护人是一个6岁的孩子。真正的摄政王是她本人，打着自己唯一的孙子狄乌多德监护人的名号实行统治。

然而，布里特鲁德并不仅仅想拥有西法兰克的摄政权，而想获得整个王国的摄政权。在皮平的葬礼上，她发起了突袭，俘虏了阿尔菲德所生的高贵儿子查理，先把他送到科隆，然后送到埃克斯拉沙佩勒（亚琛），并把他紧紧囚禁起来。查理逃脱了多次谋杀。他的人格、身体和精神上的天赋，可以解释为什么没有匕首能够伤害他。此外，奥斯达拉西亚法兰克人对皮平家族和他高贵的儿子的偏爱也帮助了他逃脱劫难。一个伟大的命运摆在他面前。

西法兰克人拒绝接受布里特鲁德和一个6岁的事务长的统治。他们选举了一位高尚的西法兰克人拉根弗里德担任事务长。布里特鲁德率领奥斯达拉西亚军队对抗他，但在离康佩涅不远的科欣森林里，拉根弗里德于715年击败了布里特鲁德。好战的祖母和不好战的孙子狄乌多德逃离战场，后者在逃亡中丧生。就在那段时间，在经历了4个月的监禁后，查理从埃克斯拉沙佩勒的监狱中逃了出来，编年史家称他是“受了上帝的允许”。利普利安法兰克人在他周围组建了一支军队。一位同时代人评论说：“因为他有其父亲那种干练、果断的精神，必定能赢得人民的支持。”大多数的奥斯达拉西亚人拥立他为公爵和王子。

布里特鲁德在奥斯达拉西亚的派系逐渐缩小，尽管她能够利用皮平的宝藏四处收买支持者。她以前需要承受来自西法兰克贵族的骄傲和罗马人的嫉妒对她及其孙子的反抗。后者长期以来艰难地忍受着奥斯达拉西亚人的统治，即日耳曼人的统治。而现在，在她自己的国家，她的对手是绝大部分的人口：小封臣、自由民，以及许多大贵族。

这些反对者现在将她的死敌阿尔菲德的儿子选为他们的领袖，作为他们庄严选择的“公爵和王子”。他已不在她的控制之下。就像墨洛温王朝的女王们毫不犹豫一样，她这位巴伐利亚公主对权力的狂热和对仪式的虔诚不亚于她们中的任何一位。她认为，为了达到目的不择手段是正确的，甚至极端到挑起内战，嫁给那个把她和她外孙耻辱地赶出西法兰克首府，并使她在科欣森林遭受惨痛失败的男人。西法兰克人拉根弗里德和皮平的遗孀布里特鲁德结婚了。

布里特鲁德招来了弗里西亚人的君王拉斯博德，让他带着军队进入法兰克人的领地，站在他外孙的祖母一方发起了内战。然而，弗里西亚公主狄奥多琳娜的孩子狄乌多德早就死了。她掌握着法兰克王国的财富，不仅能很好地支付弗里西亚人，还能很好地支付所有非法兰克人，为她拿起内战的火炬。拉斯博德的帮助，与拉根弗里德的扭曲婚姻，以及她所筹集的雇佣军，使她在716年战胜了继子查理，这位被选出的法兰克人的公爵和王子。但在同一年，查理在列日地区的安布勒夫附近，突袭并击败了西法兰克人。地点离奥斯达拉西亚国王西格贝特657年建造的斯特拉布洛修道院不远。717年春天，他于3月21日在斯凯尔特河右岸的康布雷(当时的康梅里奇)附近的文希又一次取得了胜利。

这座古老的罗马城市，即使已成为二等要塞，在当时也还是一座设防城镇，为占据该城的人提供了坚固的据点。文希的失守对拉根弗里德和布里特鲁德的打击非常之大，以至于他们把皮平从卢瓦尔河以南的高卢—罗马地区的当地君王手中夺走的所有土地都放弃了。通过无耻地宣布这些地区独立于法兰克王国，他们向图卢兹公爵尤多购买到了武装支援。这些是日耳曼人赢得的土地，东、西哥特人为此付出了鲜血。日耳曼人的双手又在世界历史的新时期为这些地区创造了肥沃的土壤。女人的野心、对她高贵继子的仇恨扔掉了这些作为王国财政收入主要来源的富裕地区。西法兰克的彻底罗马化的大贵族们，出于对纯粹日耳曼血统的奥斯达拉西亚人所拥有的优势地位的民族仇恨，同意了王国领土的缩减。

然而，尽管有罗马公爵尤多的帮助，布里特鲁德和拉根弗里德于717年在苏瓦松附近被彻底击败了。为了迅速结束内战，查理明智地确认了尤多作为一个处于法兰克王国主权下的独立公爵身份。

于是，尤多解除了与西法兰克人的联盟，查理进而任命拉根弗里德为安茹伯爵，从而把他和布里特鲁德分离开来。被孤立和背弃的布里特鲁德只能屈服。查理占领了科隆。在那里，布里特鲁德进行了最后的抵抗。这位丧失所有力量的继母不得不把父亲的财产交还给了儿子。720年，查理战胜了所有敌人，被所有法兰克人承认为法兰克联合王国的摄政王。

在所有这些斗争和混乱中，人们对墨洛温王朝诸王的叙述比对查理统治的最后20年历史的叙述都要少。皮平和查理·马特利用过他们，“就像人们利用封印来封存什么一样”。墨洛温家族已变得过于邪恶，因此，自然赶紧结束了他们的命运。精神贵族和世俗贵族，特别是精神贵族，由于自私，使墨洛温皇室在肉体和灵魂上双重堕落。然而，它理应堕落到那样的腐化程度，以至于在其中灭亡。这种腐化程度是墨洛温人自己和他们的罪恶生活方式所造成的。

他们不再住在各城市的宫殿里，而是住在乡下偏僻的庄园里。由于极度荒蛮的贪婪和淫欲，这一种族在身体上已经非常退化，一代比一代虚弱。最后，他们成了半个白痴，对社会十分反感。他们通常早婚，也早逝。仅当出现以下情形，他们才会从乡下的朝廷来到首府：宫廷事务长认为应当把他的影子国王介绍给聚集在三月之野广场上的人们；或者当一个国王死后，事务长从那些长发的白痴王子中挑选一个出来，将他介绍给人民大会，让他成为封臣和自由民所选举的国王。选举完成后，他会给影子国王拨一笔固定的收入，然后将他又送回朝廷。他们在乡间的居所是由宫廷事务长安排的，在他担任了国家摄政王并占领了他们的宫殿后所下达的指令。这些头脑虚弱的国王往往也身体畸形，他们自愿服从命令，被打发到孤独的农庄上生活。当他们被展现在公众面前时，他们心灵孱弱、怯懦而无助，真心希望与带他们出来的牛群赶紧离去，回到自己乡下的畜群和农场中。他们满足于国王的头衔以及提供给他们的金钱数量。

当皇室的这些长发孩子变成这般模样后，他们便不再是历史的主体；甚至连这些戴着皇冠的无用之人的名字也不再值得传承下去。

当查理确认尤多的独立并任命拉根弗里德为安茹伯爵时，他的政策着眼于西南边境的局势以及国内的和平。他任命勇敢的尤多为这一地区的保护者，以抵御来自西班牙的威胁，此时他们的势力已经接近边境地区。尤多和拉根弗里德成为西部边界的守卫者。结果表明，查理对尤多及其追随者的选择是非常明智的。

在后方得到如此保护之后，查理就可以在王国内部以及北部和东部边境继续执行他父亲开启的事业。他多次镇压了强大贵族的反对。查理依靠自由公民和小封臣；他不允许他们受到压迫，并且严厉地对付那些一直恶劣对待自由民和小封臣的贵族。查理的这种行为在野蛮跋扈的贵族看来是暴政。“我们有了一个暴君，凌驾于我们头上，”他们想，“他是个叛徒，他的崇高地位是靠我们的臂膀支撑的。”事实上，在查理越狱之后，法兰克人非常支持他，并把他们的武器借给他用以征服，所以贵族们不可能在言语或行动上反对他。

在穷人的压迫者中，精神贵族是最糟糕的。他们知道如何享受，如何为各种昂贵的享受获取金钱。他们比世俗贵族更能榨干人民的血液，后者大多住在城外的城堡里。

查理以他的远见卓识，意识到精神贵族的生活不仅牺牲了老罗马人的利益，也牺牲了法兰克人的利益，他决定阻止这种现象的发生，这对人民、王国和他自己都有利。

查理·马特的政治家品质在此展露无遗。在他的年龄，作为一个贵族身份仅次于墨洛温家族的古老家族的后代，他正确地意识到，王国不可能一直保持统一、继续存在下去，除非依靠所有自由民的古老习俗权利的原则，也就是说，一个统一的法兰克民族的原则。

因此，神职人员和贵族非法获得的特权和权力至少应该被限制；而他们的财富是国家财政的负担、是国家的危险，应该被大幅度削减。查理的这些观念在贵族中引起了仇恨和反对，因此在整个任期中，他都得应对来自贵族的抵制。对于实现此目的来说，有幸的是爆发了与撒克逊人的战争，兴起了讨伐起义的阿勒曼人、巴伐利亚人的远征，最后又爆发了与萨拉森人的战争。通过这些事件，法兰克贵族数量大大减少，因而反对势力也就大大减少。

仍然是异教徒的撒克逊人于718年、720年、722年跨过了王国的边界。驱使他们向法兰克人发起攻击的原因包括：两族间的旧仇以及撒克逊人对掠夺性袭击的热爱；但并不包括宗教仇恨以及撒克逊人对自己独立性的恐慌。查理在处理完内政后马上前往迎战。是他继母的阴谋将敌对民族引进了王国。722年，查理给撒克逊人上了一课，导致他们安静了六年。788年，查理又狠狠惩罚了他们，以至于之后十年他们都未能忘记他对他们的打击。阿勒曼人和巴伐利亚人想要脱离王国，查理又将他们拉了回来，尽管不是永久性的。

查理一生主要的使命是保卫欧洲和基督教世界，抵制穆罕默德的学说和追随者，将他们击退回到比利牛斯山后的辽远西方。当这一任务落在他头上时，他已经成为自己所有反对者的主人了。

第四十章

西班牙的西哥特王国的衰退——萨拉森人入侵法国——查理·马特的胜利——基督教日耳曼骑士精神的发端

当惊讶和恐惧笼罩着欧洲基督教朝廷之时，当日耳曼民族在战争中浪费掉他们的力量之时，当基督教和基督教界已经成为非精神性的，而且在很大程度上沦为不道德之时，阿拉伯半岛的部落由于长期以来一直处于事件的进程之外，因而并未堕落；穆罕默德突然将他们的历史地位提高，具有了普遍的重要性。他们要完成更高的使命，高于匈奴人和阿瓦尔人。他们在征服的同时也产生文明。战争风暴过去后，他们成为来自亚洲的开化者。他们是当时世界西南地区的开化者。他们作为胜利者定居在古老文明曾经存在过的领土上，而日耳曼人正是这一文明的最后接受者。这些领土位于非洲北部海岸的西部和西班牙。热血，但道德上纯洁、高度文明、精神上热情的阿拉伯人与西班牙的日耳曼人以及当地混合人口的融合，产生了所谓的摩尔文明，萨拉森人的诗性精神，体现在歌曲、建筑、骑士精神、高贵好客、对同时代所有不同信条的宽容上，而基督教会的牧师和人民却因残暴的不宽容使自己蒙羞。阿拉伯人（摩尔人、萨拉森人）在征服西班牙后就是这样；当他们冲进半岛，当他们为穆罕默德的教诲而满腔热情，试图让全世界都臣服于他们的上帝而越过法国边境时，他们就不是这样了。

在他们的胜利生涯中，他们在世界的三块土地上建立了伊斯兰帝国。西哥特人很快就被征服了。如果没有查理·马特，他们可能会从那里，从西部推翻新近建立的日耳曼统治。没有查理通过铁腕统一起来的法兰克王国，当日耳曼国家在西部遭到阿拉伯人进攻，在东部遭到斯拉夫人进攻的时候，他们就会旧病复发，陷入分裂、孤立和各自独立。

当西哥特国王们放弃了阿里乌信仰，道德、力量以及上帝的祝福便离开了他们。他们投入神职人员的怀抱，以获得神职人员的支持，反对世俗贵族的傲慢和专权。国王们停止了统治，把国家事务交给了神职人员，他们只想把选举君主制转变为家族世袭制。当教士在政府中站稳脚跟后，他们便与世俗贵族联合起来，阻止国王的世袭计划。世俗和精神上的显贵们都试图提升自己的权力，削弱国王的权力。每一次皇室选举都被用来增加他们的特权。西哥特王国被贵族，尤其是主教们摧毁了。

各种反对国王的阴谋，谋杀企图，叛国，与异教徒摩尔人结盟，这些都是西哥特王国大主教统治的标志。神职人员对淫乱和犯罪却又非常宽容，以至于杰出的平信徒的道德准则，乃至整个人民的道德准则，都被毒害了。贪婪吸干了大地的精髓。贫穷和道德败坏总是成对出现。神职人员的贪婪在基督教狂热的外衣下得到了满足。他们强迫半岛上的众多犹太人要么接受洗礼，要么屈服于使生活无法再过下去的种种待遇。许多人仍然忠于他们祖先的信仰；许多人则假装成为基督徒，但在内心深处却是强加的信仰和日耳曼人的更强烈的敌人。

在海峡另一边的非洲海岸，他们的犹太兄弟们在摩尔人统治下过得很快乐。因此，西班牙人热切盼望着萨拉森人征服半岛的那一刻。他们邀请后者前来，把他们从压迫者——基督教徒和日耳曼人手中解放出来。许多犹太人带着他们的财富逃往非洲，向伊斯兰教徒出卖了西哥特王国的软肋和不受保护的地区。

一些西哥特贵族的背叛与犹太人的密谋一起发挥着作用。前者尤其包括托莱多大主教奥帕斯以及被废黜的国王维蒂扎的儿子们。后者出于报复，招来了摩尔人。受到国王罗德里克严重伤害的尤利安伯爵是西哥特休达要塞的指挥官。他也选择了背叛，将西班牙的这一关键据点让与了哈里发的副官穆萨，并为萨拉森人提供了渡海所需的船只。711年春天，摩尔将军带着17000名伊斯兰教徒登陆西班牙，在安达卢西亚的海角隆起上支起了自己的第一个军营。这个地方依然以其为名，被称为塔里克山丘。权力欲、贪婪、宗教仇恨所操控的这个国家一部分人的暴怒带来了可怕的复仇。

带着闪特人强烈的复仇渴望，成千上万的犹太人加入了塔里克的军队，成为他的护卫队和间谍。他们背叛了自己曾经居住过的城市。这些城市是他们被命令要保卫的城市，或他们作为表面的基督徒、内心的犹太徒主动请求保卫的城市。随着西哥特叛国者的加入，伊斯兰军队增加到25000人，其中有主教、城市的总督、甚至有要塞的指挥官。他们是犹太人的儿子和孙子。这些犹太人被迫改变了信仰，却将他们对基督徒和日耳曼人的憎恨传递给了出生时受洗但在旧的摩西律法中被带大的孩子。受到不公正迫害的民族和宗教现在兴起了，包围着迫害他们的人，或者尾随着他们的脚步。

如果一个民族和一种信仰因非人道的压迫而陷入绝望，那么，他们的反抗或求助于异国势力的帮助以获得自由，在上帝和世界面前就是可以得到辩护的。占据基督教高位的秘密犹太人为萨拉森人打开了大门，就像是为拯救者打开了门。萨拉森人将这些城市留给犹太人和当地叛徒守卫，他们离开要塞，带着整个军队加速前进。在加迪斯附近的塞雷斯德拉夫龙特拉城，西哥特人和摩尔人之间的最后战争持续了7天之久。国王罗德里克集结了一支40000人的军队，数量超过了摩尔人。717年7月19日战斗开始，26日结束。战争第一天是星期天，最后一天也是星期天。背叛决定了战争的命运。贵族的一部分，也许是罗马人，也许是本地人，出于对日耳曼人的仇恨带着士兵投靠了摩尔人，加入他们的队伍以攻击自己的同宗教信仰者。

罗德里克是西哥特人最后的国王。他和他忠实的哥特人光荣地战斗到灭亡，就像东哥特人在意大利所做的一样。但在这里，不仅仅是王国的维系危在旦夕；在这长达七天的战斗中，日耳曼人不仅为自己的生命而战，而且为半岛上日耳曼民族的存在而战。他们因为对西班牙犹太人的虐待和罗马人的背叛而失败了。在它永远沉没之前，哥特人的恒星在最遥远的西方闪耀着英勇的奇迹。他们的最后一位国王表现得和第一位国王一样令人钦佩。他的王国拥有一个诗意的结局。战斗结束后，国王不见了。根据人们的普遍看法，他消失了——被带走了。有可能，但未被证实的是，瓜达莱特河的河流把骑在马上的活人带入了邻近的海洋，或者把无头尸体扔了

进去。可以肯定的是西哥特日耳曼人和他们的国王整整战斗了七天。他们战斗的地方是西班牙最好的葡萄酒生产之地；是经过1000多年专制独裁之后公民自由又一次复活的地方。国王逃离了战场，有记录提到他藏了起来，在哥特王国衰亡后得以幸存。人民对他的观感是如此之好，以至于他活在了民间歌谣和传奇故事中。他并没有死，而是被带走了。在神所设定的美好时期，他将从隐匿处再次现身，并为人民再次带来一段新的光彩时光。阿斯图里亚山区的祖孙们嘴里所吟唱的歌谣就是这样叙说他们的国王的。只有在这个地区，日耳曼人坚守了下来，而在所有别处他们都被击退了。

死在塞雷斯战场上的是西班牙日耳曼势力的力量，是西哥特人和贵族的精华。在战败及国王死后，西哥特各城的大门为征服者敞开。当王国的中心、首府托莱多陷落后，整个半岛也就随之陷落，日耳曼人的残余退到了国家的北海岸，进入了盛产果实的阿斯图里亚山谷。该地山顶光秃，积雪覆盖，直到盛夏才会融化。在这里，日耳曼人选择与世隔绝，不与犹太人和摩尔人融合，保留了纯粹的日耳曼民族性和信仰。也有许多哥特人在加利西亚和比斯开的山区寻求避难，而更多的人则被当作奴隶带到了非洲。

满怀征服精神以及使穆罕默德的学说成为世界信仰的热情，摩尔人进逼到比利牛斯山，并在721年一支萨拉森人军队通过山脉隘口挤了进去，在尤多公爵所辖的美丽原野上进行掠夺。这第一波冲击破坏了图卢兹的坚固堡垒。查理在西南边境的守护者尤多进军打败了入侵者。他们的领袖扎玛和大批萨拉森人被留在了战场上，其他的人则在721年5月被赶回到比利牛斯山之外。四年后，他们以更大的兵力发起了进攻，打败了尤多公爵，迫使他加入他们，并沿着罗纳河和索恩河进入勃艮第地区，摧毁了罗马古城奥坦。于是，他们带着错觉回到家乡，以为他们蹂躏的地区已经被征服了。然而在这些地区，以公爵尤多为首，在他们认为可能的时候就马上退出与伊斯兰人的联盟，因为并不是因为对形势缺乏了解，也不是因为对王国和他的信仰缺乏忠诚，才使尤多与萨拉森的勇士们结盟的，只是因为没办法，完全出于不可抗拒的必要性。

为了让他和其他人服从，萨拉森人在联盟后的第七年，即732年8月又一次越过比利牛斯山，并在一场又一场的战斗中取得胜利，进逼到加伦河。被打败的尤多，从一个战场撤退到另一个战场，试图召集位于他后方的基督教军队以获得力量来发起联合反击。然而他的同胞们并没有按照他们所应该做的那样前来支援。萨拉森人猛攻波尔多，给了尤多一次巨大的打击，使他放弃了全部土地，逃到了查理的宫廷。但并不是像通常所写的那样，查理现在便召集了基督教军队以对抗萨拉森人。基督教法兰克王国和日耳曼边境地区并没有什么宗教热情，不会“突然就被点燃”。查理在政治上的睿智早就预见到了危险，在王国中安排好了各项事务，准备好了充分的防御措施，为决定性的打击准备了一切必要的手段，甚至等到必要时迫使那些其政策无法说服的人也与王国联合起来。

萨拉森军队从其数量和狂热程度上来说都是可怕的。查理对这两方面都考虑到了，当尤多和其他逃亡者请求援助时，他已做好了武装对付他们的准备。不仅是为了自己，为了法兰克王国，也是为了整个基督教的欧洲，查理带着他召集的大军强有力地出现在摩尔人进军的道路上。那是在732年10月，地处图尔与普瓦捷之间。查理的大军中包括向基督祈祷的法兰克人，向沃坦神祈祷的法兰克人；也包括混杂的阿勒曼人、图林根人、巴伐利亚人，他们一部分是异教徒，一部分是基督徒；最后还包括彻底的异教徒弗里西亚人和撒克逊人。查理的第一个目标是解决图尔。那里正遭威胁，居民和所有西法兰克人一样颤抖于在新月旗下挺进的大军。

萨拉森指挥官阿布德拉曼从他的间谍那里知道，在他面前的并不是柔弱退化的西哥特人和罗马人，而是远从北方而来的勇士以及东南部强大的日耳曼人。他们有着巨大的四肢，在他身材矮小的伊斯兰教徒面前，他们似乎是巨人。

因此，他希望凭借自己的军事技巧和日耳曼人对萨拉森人战斗模式的陌生，立即发动决定性战斗。查理谨慎地拒绝一上来便爆发激战，而是打了六七天的小仗。战士们因此可以习惯于这些来自东方和非洲沙漠的孩子们的奇怪战斗模式；习惯于见到杂色的、速度敏捷的战马，它们将萨拉森骑兵快速地带来又带走，像鬼魂一样嘲笑所有的追赶。查理的军队虽然庞大，但萨拉森人的军队即使在越过了比利牛斯山后，其人数上也远远超过了查理的军队。阿布德拉曼在行军过程中，把所经过的基督教地区的所有军事力量都集合起来，强迫将他们编入了自己的军队。此外，在各地流传着谣言，说摩尔人的数量得到了成倍的增加。查理希望首先让他的日耳曼人知道，穆斯林在人数上并不占优势，而日耳曼人在装备上，无论是人还是马，都比他们占更大的优势。

其次，拥有他这样的将军以及日耳曼和罗马的战术体系，这个陌生的萨拉森体系就没什么可怕的。在两个阵营之间的广阔平原上，查理与他军队的各个分遣队在整条战线上进行了多次试验性战争，结果证实了自己军队的英勇。他们看到，在日耳曼装甲骑兵和他们强大的战马紧锁的战线上，数量占优的穆斯林要么被击成碎片，要么被反弹回去。日耳曼人的长臂和长剑使手持弯刀的短臂萨拉森人敬而远之。

阿布德拉曼看到，这些小冲突对他军队的不利影响与日俱增。他决定迫使法兰克将军与他展开全面交战。那是10月份的一个星期六。在普瓦捷和瑟农村庄之间辽阔的平原上，查理在制订了作战计划后接受了全面战斗。

甚至在战斗开始前就已经执行了计划的一部分。老法兰克人查理在这一天所做的事情让人想起了新法国皇帝拿破仑一世在意大利和德国的两次战争。查理冒险地将人数上处于劣势军队分割开来，一部分由尤多公爵率领，准备绕到萨拉森人的后方；自己的部队则进行防守掩护，直到按照他的计算尤多的部队已经到达目的地之时，再开始进攻。

对萨拉森人后方的进攻所造成的混乱并不是给查理从防守转为进攻的信号。他已经成功地开战了。萨拉森人的轻骑兵队已经陷入混乱了，因为他们对日耳曼骑兵的铁墙毫无办法。他们看见许多战友在他们的长剑和大矛下受伤或死亡。在那些勇敢而瘦小的阿拉伯人看来，甚至许多东法兰克人所携带的铁钉头锤也和他们的剑、矛一样，是前所未见的东西。萨拉森人拿着小弯刀冲锋，刚注意到日耳曼人的棍棒，头颅就被打碎了。查理本人在战斗中也偏爱使用这种武器，符合他的伟大的体格和力量；他手里拿着可怕的锤子，这就完成了他的军事技能所安排的第一件事。他的姓或绰号便是“铁锤”，在墨洛温的拉丁语中是马特鲁斯（Martellus）。这并非来自日耳曼人，而是来自阿拉伯人。幸存下来的人们永远记得他在战斗中砸向他们的那把铁棍，从此法兰克人和萨拉森人就把查理称为“铁锤”。

萨拉森大军前后陷入混乱，无可奈何地溃散了。阿布德拉曼在试图集结他的部队时也倒下了。领袖已死的消息使仍然顽强抵抗的穆斯林小分队灰心丧气。他们的

队伍被攻破了，在日耳曼人的紧逼下，全都慌乱逃回了营地。追赶者紧逼逃亡者。在这里，绝望以及对屠杀的恐惧将战争拖进了夜晚。

第二天早晨，当查理率领日耳曼联军向他们的营地进发，准备再次开战时，营地空无一人。

整个敌军在夜间仓皇逃往西班牙；一定是非常的匆忙，他们的帐篷还立着，战利品也没拿。轻骑兵对日耳曼重装兵有很大的优势；日耳曼人追了他们好几天，但在前者接近山脉之前，摩尔人已经越过比利牛斯山脉了。

这是发生在普瓦捷的“世界的重大战役”；尽管它很重要，但我们并不确定这一产生了基督教骑士精神的日期。基督教的记载只给出了月份是十月，而日子是个星期六。根据阿拉伯的记载，10月11日是战争的日子；另一个阿拉伯的记载则说是该月的最后一周。

在这场日耳曼人对阿拉伯人和伊斯兰教的胜利中，日耳曼内陆的各民族所做出

的贡献并不比法兰克人少，却比法兰克王国的罗马人口多。但最主要的贡献来自铁锤查理，一位伟大的政治家和将军。正是他统一了日耳曼各部族，发动了一场民族战争，也正是他把法兰克和罗马的基督徒拉到了一起，为自己的宗教而战。没有查理就没有统一，没有统一就没有胜利。

第四十一章

查理·马特抵抗内部反对者的斗争——远征弗里西亚人和撒克逊人——萨拉森人以及与他们联盟的叛徒们——没收教会财产

每个日耳曼部落的心中都藏有一种分离的精神以及对法兰克人的嫉恨。让他们相信穆斯林所带来的巨大威胁并诱使他们联合起来，需要一个伟大而有力的人物。在他获得了胜利和经验以后，查理·马特强烈渴望能够留住所有帮助他避免了信仰和国家危机的民族，无论是日耳曼人还是罗马人，使他们与王国的联系比以前松散的关系更加亲密。查理并非教会的忠诚儿子，他的这些政治观点被教会领袖们加以利用，让他在国外忙得不可开交，为他们在国内抢夺利益争取了充足的空间。

早在733年，西法兰克贵族就寻求脱离查理和奥斯达拉西亚人的统治，勃艮第的精神和世俗贵族也爆发了起义。查理重新让西法兰克人循规蹈矩，但当他致力于恢复勃艮第的秩序时，他听到了弗里西亚人发起叛乱的消息。

勃艮第的叛变者无疑参与了这次叛乱。历史已经充分表明，神职人员们非常擅长通过书信、使节和黄金来煽动远方人民的叛乱，正如现在所发生的情况一样。

然而，查理继续留在勃艮第，直到舰队能够将他及其大军送到弗里斯兰。凭借他的能量，这支舰队很快便准备就绪了。在一场血腥的胜利后，他惩罚了弗里西亚人试图改变与王国关系的反抗行为。他们一直处于王国的最高主权之下，一直希望恢复完全的独立。查理将他们并入了王国，但并不改变其风俗、习惯和法律。根据同时代作家的表述，为了确保他们臣服，查理毫无疑问地在弗里西亚领土上安置了法兰克官员和法兰克军队来支持他们。只要他活着，弗里斯兰就是顺从的。

与此同时，撒克逊人扰乱了他的边境地区。他们是条约的破坏者，完全没有民族精神，根本不能理解查理为保卫日耳曼、抵抗萨拉森人入侵所做的一切，也不知道只有统一才能保证国外的安全和国内的繁荣。查理平定了这些撒克逊君王们的造反，速度和镇压弗里西亚人的叛乱一样快。两件事都发生在734年。其速度之快让神职人员们感到惊讶。他们在王国最远的边界地区甚至边界外的地区为他准备了这些军事活动。他返回的时候，勃艮第贵族们又一次兴起了叛乱。因为他们认为查理正在远方忙得不可开交，而自己又赢得了尤多公爵儿子们的支持。

为了统一，查理在帮助尤多回到自己的公爵领地后，拒绝了他的独立请求。在萨拉森人的征服欲望产生了如此威胁性的地方，一个独立的公国是不可能被允许存在的。尤多感激查理恢复了他的公国，也认识到统一的必要性，于是成为王国的一员。但在他死后，735年，他的儿子们在勃艮第和南方贵族的鼓动下，拒绝宣誓效忠王国。从撒克逊人那里回来后，查尔斯发现自己和整个王国都被勃艮第贵族出卖了。734年年底，他们已与萨拉森人结盟。为了在反抗查理的斗争中获得援助，他们把阿尔勒城、坚固的阿维尼翁城以及其他一些城镇都割让给了异教徒。叛徒的头目是毛罗图斯公爵，他被查理任命为法兰克王国在这一地区的守卫者。在外国人和叛徒的协同工作下，伊斯兰教徒很轻松地就在735年到736年之间夺取了其他南方城市，如里昂和瓦朗斯；并肆意蹂躏、掠夺、毁坏勃艮第和现在的多芬纳。查理急忙从勃艮第前往迎战位于图卢兹的尤多的儿子们；他打败了他们，并给予他们非常有利的投降条件，使他们从此保持忠诚和真心，并在查理于737年春天起兵攻打其他南方贵族及其摩尔人同盟时提供了协助。他像一场暴风雨，在勃艮第的叛徒和摩尔人还没来得及加固脆弱的防御工事之前，就袭击了里昂和多芬纳的城市。他们在查理逼近时逃跑，躲在阿维尼翁的城墙和高塔后面，以及裸露的陡峭岩石后面。查理从四面八方包围了这座满是岩石的城市，经过长时间的围攻，以风暴般的猛烈攻下了它。城中的萨拉森人都被杀死。叛国者——那些领主及其追随者，以及支持他们叛乱事业，把坚固的南方要塞交给伊斯兰教徒的罗马居民们，被与其余的基督教人口区分开来；他们被杀，他们的房屋也被夷为平地。镇上的大多数人都受到了这种惩罚。从那以后，南部起义城市中的摩尔人和罗马叛徒更加绝望地保卫起自己来。尤其是纳尔博纳，凭借由罗马人和西哥特人建造的坚固城墙、高塔，负隅顽抗。

叛徒毛罗图斯让查理后悔把保护边境的任务交给了当地基督徒。这些罗马居民对统治着的法兰克人怀有背叛倾向，就像罗马的意大利人对东哥特人怀有背叛一样。毛罗图斯开始煽动这些地区的罗马居民反抗法兰克王国。这些正统基督教徒和犹太人一样，更偏爱穆罕默德的旗帜而非法兰克的皇家旗帜，这既是出于小王公君主和教士权贵的自私，也是出于纯粹日尔曼人的民族仇恨，即东部领土上的法兰克人——奥斯达拉西亚人。

查理无法通过围城攻取纳尔博纳。在离海半里的贝尔河流域，他遇到并击败了登陆来解救这座城市的穆斯林军队。他几乎彻底消灭了这支军队。然而，小镇坚持了下来。他留下一支观察兵队伍，攻下了贝济耶、马奎隆内以及其他一些背叛王国、自愿为萨拉森人打开大门的罗马城市。他们的行为并非被迫，而是源于罗马成分对日耳曼成分的仇恨，以及他们的精神牧师们对铁锤查理的仇恨。他用铁腕压制了他们精神上的自负，而且还剥夺了他们富余的生活手段，把他们用于国家事务。他惩罚了那些叛国的共同体，将整条街道、市民的房屋、贵族的宫殿化为灰烬，或者摧毁整座城市。当他忙于这些事务时，兰斯和奥尔良的主教们又一次教唆起了撒克逊人，从而迫使查理转向北方边境与这一敌人交战。然而，当他进军抵制异教徒撒克逊人的入侵时，这些穿着僧侣长袍的叛徒们却关上了他们城市的大门，抵制这位保卫基督教免受伊斯兰教侵害的拯救者，保卫基督教世界免受萨拉森人侵害的护卫者。这些基督教大祭司们既是不属于王国的异教日耳曼人的盟友，也是伊斯兰教的盟友。前者在北部骚扰王国的边界；后者则在南部和西南部构成基督十字架的敌人。同时，他们还是反对联合王国的世俗贵族的盟友。事实上，神职人员是阴谋集团的灵魂，不是王国中的所有部分，但也是很多部分。738年，当铁锤查理与撒克逊人作战时，萨拉森人与毛罗图斯公爵及其他基督教和罗马叛徒联盟，返回并占领了阿维尼翁和罗纳河畔的一系列城市。

十年来，罗马教皇一直注视着，并且满意地注视着这个由罗马贵族、主教、世俗叛徒贵族与穆斯林形成的联盟。教皇看着大主教和主教为了教会利益而反对查理·马特，直到温弗里德（威尼弗雷德）或博尼费修斯（他的拉丁化名字）逐渐让罗马教廷醒悟过来，并让教皇清楚地看到：首先，大主教和主教们在法兰克王国的生活方式极其可怕；他们的放纵、无节制使基督教的道德征服成为不可能的事业；其次，这些浪荡者们很少穿戴宗教礼服，通常只是穿着世俗服装。他们的敌意直接指向查理，但并不是为了促进教会利益，而完全是为了满足他们的私利。威尼弗雷德让教廷相信，法兰克王国的主教们的所作所为直接阻碍基督教和教皇权力的扩张；另外，仍然是异教徒的阿勒曼人、巴伐利亚人、图林根人、黑森人、弗里西亚人只有在查理的帮助下才能成功改信基督教。于是，教皇与查理建立了友好关系。对教皇来说，将等级制度扩展到覆盖所有日耳曼国家比法兰克主教们的私人利益更重要。查理热情而认真地推进威尼弗雷德及其同僚们的努力，积极转化那些仍然保持异教信仰的日耳曼人。他从这些日耳曼人的宗教转化中看到了一条能够赢取他们承认法兰克的至上主权、教育他们并使他们习惯于这个主权的途径。尽管查理爱基督教本身，因而在他抵抗伊斯兰教徒的战役中，存在着一定程度的对基督信仰的热情；然而政治算计才是主导他清晰、睿智头脑的决定因素。这尤其体现在他给与威尼弗雷德“保护的专权”，为他在日耳曼异教徒中的传教工作提供了来自既令人敬重又令人害怕的法兰克统治者的保护。同时，查理也向他承诺，只要有必要，就会为他传播基督教的辛勤工作提供“武装支持”。

带着对基督教的政治热情，带着对宗教的爱以及他所能感受到的这份爱所具有的道德力量，查理对法兰克高级神职人员的看法和行动高度一致。他讨厌他们所展现的奢侈、无知、野蛮、自私，对于王国的福祉感觉愚钝以及对压迫的热爱——他因他们背叛王国和基督教而感到厌恶——这种憎恨和讨厌并不需要非得假设是来自他记得这些精神贵族是如何错误地将纳妾和私生的污点贴在他母亲和自己身上的情形。

当查理从撒克逊人那里返回，并发现很多牧师贵族与伊斯兰教徒结成联盟后，他决定与伟大的伦巴第国王流特普兰德结盟。后者正致力于将意大利划归为一个王国。因此，自认为不仅是意大利的主人而且是全世界主人的教皇强烈反对流特普兰德。流特普兰德亲自带着一支强大的部队，赶赴法国南部地区，镇压起义的贵族，把他们彻底打败，使他们逃亡到岩石包围的海岸附近的一个难以接近的洞穴里。这样，查理从摩尔人手中夺回了阿维尼翁城和他们最近在那一地区所征服的领土，并在739年联合伦巴第人的军队，将萨拉森人从各地驱逐出去。摩尔人不再敢发起战斗，从法兰克领土上撤退了。从此以后，他们没有再进犯。

就这样，罗马贵族的阴谋被粉碎，基督教贵族与十字架敌人的联盟被毁灭。他惩罚了逃亡的叛乱者，将他们的城市和财产给了那些对他忠诚的人。对卖国牧师也不例外，他剥夺了他们的主教资格，把没有选择逃亡的人驱逐出了领地。由于这些人并不关心忠诚于他们的人民，人民所得到的那点精神食粮也并非来自他们而是其他人，查理将这些教职空缺着并不会产生什么伤害。他进而把主教们的收入用来奖励自己的指挥官和军队，将主教和修道院院长所有的大量地产作为封底赐予军队中最忠诚的将领。逃亡者也因此而丧失了继续发动叛乱的手段和物质来源。他知道，能够帮助他平定叛乱的，并不是各种宗教神职人员之手，而是这些战士的手。

早在查理最初准备对付西班牙的萨拉森人时，他就已经迫使那些一直免于上税的神职人员们为战争的成本做出贡献。这确实是一场拯救基督教人民和信仰的圣战，但教会的显贵们都很愤怒，因为他剥夺了他们的富余之物，尽管是用来维持战争以拯救教会和这些教会显贵们自己的性命。法律的文字与主教和修道院院长站在一起，克洛塔尔二世的宪章明确规定，牧师的不动产和收入都是免税的。然而，基督教精神，以及他们自己对教会和王国所处的立场，应当能告诉这些高级教士，他们有责任自愿地在这种特殊情况下承担责任。可是，即使在基督教世界最需要的时候，也没有人去做这件事。查理从各种可能的地方收集金钱，但他使用它并不是为了扩大权力，也不是为了骄傲，而是为了保护一切事物中最神圣的东西：民族性和宗教。

在那个时期，查理向所有主教辖区和修道院管区收税。在击退了王国所面临的最后危险，即由伊斯兰教徒和他们的盟友——基督教主教和修道院院长所构成的威胁后，他并没有强迫为了国家的目的而对所有神职人员的财产征税。甚至今天的很多作者依然还在对他做出这种谴责。实际上，他只是对大叛徒的大地产征税。他没有将精神贵族转变为世俗贵族，也没有使世俗将军转变为主教和院长。但有一段时间，即王国处于危险中时，他挪用了那些被证明是王国和神的叛徒之人的财产收入，以此作为惩罚，同时也确保了王国的安全。在那些被证明存在叛国行为的地区和主教辖区，他任命了忠诚的将军，并向叛国者的领地征税，以支持他们的军队。

查理在兰斯、特里夫(特里尔)和奥尔良的主教辖区部署了强大的卫戍军，由骁勇善战的米洛指挥。查理的外甥乌戈，也带着同样的目的，得到了巴黎、鲁昂、巴约主教辖区以及位于诺曼底塞纳河流域的丰特内勒和瑞米耶日修道院的收入。高级神职人员对这些由王国形势决定的措施怒不可遏。但查理根本不在乎他们的怒火。他的权力和荣誉已经深深扎根于法兰克人民之心，以至于他根本不需要一个墨洛温傀儡国王就能施行统治。737年，国王狄奥多里奇（狄厄里）四世去世。生前，他从未有过任何政治生活。查理并没有从他的家族中再次选出一个长发蠢王子，把他作为傀儡立在王位上。就连西班牙的基督徒也对这个征服了穆斯林的人既敬畏又惊讶，并希望他也能拯救他们。甚至连教皇也不再听取法兰克王国高级神职人员的抱怨。因为格里高利三世自己的处境让他于739年到740年间，不得不向法兰克的查理求助。

伟大的伦巴第国王流特普兰德向教皇施压，因为就在法兰克王国中的罗马主教们阴谋反对摄政王查理的同时，他正以相同的方式煽动叛乱以反抗意大利国王。教皇接连派出三个大使团前往查理的宫廷，每次都比之前更紧迫，每次都比之前提供了更强的诱惑、做出了更大的承诺。他把使徒彼得坟墓的钥匙送到了法兰克。这是顺服的象征，所配的文字更增添了它的吸引力。然而这种象征对查理却没有奇效。他曾体验过自己国家中高级神职人员的忠诚度，知道圣徒的话多大程度上值得信赖。他也曾体验过流特普兰德的忠贞。因此，查理拒绝了教皇的第一次和第二次恳求。作为对他第三个请求的回应，查理给教皇的不是50000名法兰克战士，而是一项承诺，答应派遣两名他所信任的牧师，在教皇和伦巴第国王间进行调和。

这之后不久，查理就生病了。据一种说法，他死于741年10月15日；据另一种说法，则是10月21日。神职人员出于仇恨，在他死后的报告中说：他已下地狱，这是上帝和圣徒对他的审判，要让他遭受永远的痛苦和折磨，因为他把手伸向了教会的财产。

第四十二章

卡洛曼和矮子皮平——废除阿勒曼人中的公爵等级——皮平与天主教会的关系——他的大使博尼菲斯（维尼弗雷德）——末代墨洛温国王的革职——转移给卡林人或加洛林人的王权——皮平对天主教会的捐赠——他与维萨尔的冲突——撒西罗和皮平

预期到自己寿命将至，查理安排好了法兰克王国的继承问题。他把王国一分为二，并确保妻子罗瑟劳选举他的两个儿子在其中担任摄政王：年长的卡洛曼（卡尔曼）被分到日耳曼各省，奥斯达拉西亚、阿勒曼尼亚、图林根州；年轻的皮平被分到罗马族人口占主导地位的西法兰克以及勃艮第和普罗旺斯。

然而，他还有第三个儿子格里索，是他与第二任妻子斯旺希尔达（施旺希尔德）所生。斯旺希尔达是巴伐利亚公爵欧迪罗的侄女。查理把王国两部分之间的很多土地作为遗产给了格里索。查理死后，斯旺希尔达和格里索想要得到王国更大的份额，他们与欧迪罗与胡诺尔德结成联盟，后者是西南部的一位公爵，尤多的儿子。施旺希尔德也赢得了阿勒曼人和撒克逊人的支持，加入了对她继子的战争。

查理默默地将古老的墨洛温王室边缘化，独自统治了4年，不留任何一个傀儡国王在身边，并最终改变了法兰克人对王位的看法。这一切完成之后，他离开了人世。事实上，他已经把王权转移给了自己的家族，而法兰克人民也已经习惯于视查理为他们的最高统治者；他们已经忘记了墨洛温人，当然，他们也从未怀念过他们。查理满怀信心地离开了，相信自己的家族依靠他所建立的权威可以在很短的时间内拥有国王的威名和实权。法兰克人的王权将会从墨洛温人传给加洛林人（卡林人），事实也确实如此。然而，一个母亲的虚荣和一个儿子的愚蠢妨碍了这一必然进程。斯旺希尔达记得这片土地上并没有国王，只有墨洛温国王可以要求她和她的儿子臣服。她想让墨洛温家族的某个人做国王，并以他的名义统治国家。卡洛曼和皮平预料到她将要采取的举动后，从墨洛温家族中再次挑选出了一位长发小王子，并于743年3月选举他为西法兰克的国王，即柴德里奇三世。奥斯达拉西亚人并不承认他，也不任命任何影子国王。然而，卡洛曼和皮平与斯旺希尔达和她盟友间的斗争却持续了六年。

在战争的第六年，巴伐利亚公爵欧迪罗去世，斯旺希尔达的阴谋终于完成：她这位巴伐利亚公主的儿子格里索越过了欧迪罗的儿子撒西罗，成为巴伐利亚贵族公认的公爵。欧迪罗的遗孀，撒西罗的母亲，是希尔特鲁德，皮平的妹妹，查理·马特的女儿。皮平征服了巴伐利亚，格里索被迫投降，并将公爵爵位让给了撒西罗，而希尔特鲁德仍然是后者的监护人。查理之前已经废除了图林根的公爵权力，并把它分给了他的将军们。在与撒克逊人和弗里西亚人持续不断的边境战争中，这个边境地区在法兰克人和法兰克军队的保护下会更加安全。外部不断发动战争，内部经常爆发起义和叛乱，是查理统治下军事政府盛行的主要原因，军事体系为防御提供了必要条件。在阿勒曼人中获得经验的皮平废除了阿勒曼尼亚本地的公爵制度和公爵权力，并在和平时期和战争时期对这个国家实行政治统治。王国西南部的胡诺尔德公爵战败，被迫投降。北部的撒克逊人在屡战屡败后，被迫每年向王国进贡。同父异母的格里索受到了善待，皮平给了他比他父亲所遗赠下来的还要多的一大片西法兰克土地。然而，格里索却在753年又让自己卷入了一场新的叛乱，并在战斗中阵亡。

从747年开始，所有的一切都是皮平一人完成的。那一年，他的哥哥卡洛曼进了一所修道院。

在漫长的防御战争中，查理·马特的缺席使得他的儿子们有可能被培养成与他所希望的完全不同的人。他们俩都不是像他那样的军人。卡洛曼是一个宗教狂热分子，他宁愿与神职人员交往，而不愿与军人交往。神职人员通过他们所挑选的教师，预先打破了向教会征税或挪用教会财产的世袭倾向，使他仅仅成为教会的狂热分子；自然倾向也起了一部分作用。他的弟弟皮平则拥有完全不同的性格。

他和他父亲一样，对教会的利益缺乏热情；但皮平不是一个战士，也就是说，他没有法兰克人所认为的那种必不可少的形象。对于法兰克贵族中那些粗野的同伴来说，皮平从他的身材来看，又小又矮。他们称他为“小子”“矮子”。他跟他父亲的魁梧身材，甚至跟卡洛曼的魁梧身材，都形成了鲜明的对比。但他身体强壮，这是矮人们常有的特征。圣加尔的修道士写道：大封臣们私下里嘲笑皮平，说他太矮，不配做法兰克人的公爵和王子。皮平听到这些话，以及他们经常贬低他的话后，便下令把一头非常凶猛的大公牛和一只狮子放在竞技场里，周围坐着西法兰克王国的显贵、日耳曼人和当地人，以及他们的贵妇。狮子向公牛猛扑过去，一跃而起，把它拖倒在地。“把狮子从公牛身上拉开!”皮平对他的贵族们喊道：“把狮子从公牛身上拉下来，或者杀了它!”他们面面相觑，浑身发抖；一个土著结结巴巴地说:“大人，天下没有人有勇气去做那件事。”矮子皮平从座位上站起来，走近那头公牛和狮子，拔出剑来，砍断狮子的脊骨直到那头公牛的脊骨，又砍断了这头狮子的前半部分和后半部分。他坐回座位，把剑插进鞘里，问道:“你们现在认为我够格当公爵了吗？”“谁会如此疯狂而不听从您的命令呢？”困惑的贵族们答道。这一传统，带有传奇色彩的夸张，但无疑是有事实根据的，非常具有典型性。

因此，皮平虽然不是铁锤，但至少他是强壮的，并且勇敢而又技艺非凡。此外，他在政治上的精明超过了父亲。他在政治谈判、内部管理、指挥和执行方面都有很高的才能，并且具有挑选合适人才的慧眼。为了指挥战争，他父亲把经验丰富的军官留给了他，而他也知道如何尊敬和运用这些军官。在卡洛曼和皮平的政治教育和指示方面，驻查理·马特宫廷的教皇使节博尼菲斯的影响显然是最大的。这些罗马使节并没有让皮平和卡洛曼对教会充满狂热。他们在处理与皮平的关系上到目前为止是成功的。为了满足他自己的野心和权力计划，也为了权宜之计，他与罗马教皇建立了友好关系。皮平确信他需要教会，一方面能够协助他抵制法兰克王国中那些充满敌意的主教；另一方面也能促使他的家族得到王位。

在与教皇结盟的状况下，查理·马特可以轻易地将法兰克国王的名字转让给自己。但他对教廷在日耳曼领土上扩张权力的努力并不同情。他认为与其放弃土地和收入来建立新的主教辖区，不如不以国王的名义进行统治。他对高卢罗马各省的主教有足够的了解，知道他们怎样滥用他们的巨额收入，也受够了主教宫廷令人精疲力竭的贪婪。他意识到，对传播信仰的热情掩盖了教皇的主要目标——通过教会来统治日耳曼王公和人民，建立起教皇的最高统治权和基督教的等级制度。

后者使查理感到厌恶。他不希望在日耳曼民族身上加更重的负担，他们已经受到战争的沉重压力。因此他长时间以来都拒绝允许教皇使节博尼菲斯在日耳曼领土上建立新的主教辖区。教皇已提名博尼菲斯为日耳曼大主教。直到这位基督教世界的拯救者濒临死亡的时候，博尼菲斯才敲诈到他在以下地方建立主教辖区的许可：维尔兹堡、埃尔福特、弗里茨拉尔附近的布拉伯格和埃西施塔特，并为他们的捐赠提供了手段。741年10月，他在萨尔河畔诺伊施塔特附近的萨尔茨堡国王宫廷，为维尔兹堡，布拉伯格、和埃西施塔特为三名主教祝圣。完成教会的统一，让法兰克王国的所有主教都服从教皇，是教皇分配给博尼菲斯的任务之一。这些法兰克主教们反对教皇公使是有理由的。骄傲的法兰克主教们现在高兴地叫他罗马主教。他希望他们接受大主教的羊毛礼服，他们至今还从教皇手中自己购买的披肩，并能支付大笔资金到教皇的金库。甚至在那时就多达数千元，而在中世纪上升到30000元。使者本人是一个严格遵守道德的人，他带来了改革方案和教会纪律，这些是王国里大小主教的日常生活并不赞同的。因此，这些高级神职人员希望保持他们对罗马主教的独立性，既不寄钱给罗马，也不让自己被博尼菲斯强迫加入他的道德教会体系。博尼菲斯知道，要想对付这些无视教皇命令的高级教士，他需要国家的权力。国家的权力是可以对精神领主发号施令的。

于是，精神和世俗的权力达成了谅解；教皇和使节向世俗权力承诺他们在教会财产问题上的支持；作为回报，虔诚的卡洛曼和精明的皮平将用世俗的臂膀推动改革和传教事业，以及确保王国主教们服从教皇。

742年4月1日，查理死后六个月，卡洛曼在日耳曼领土上召开了教会大会，即第一次日耳曼国民议会。是他，奥斯达拉西亚的统治者，而不是教皇，召集了这次会议。罗马教廷既没有公开地积极召集会议，也没有积极地发布法令。教皇的名字甚至没有在召集令中被提及；奥斯达拉西亚的统治者独自负责召集大会、宣告法令并使其生效，同时还主持了会议。即使是博尼菲斯也只是受邀出席，只有咨询权力，就像被邀请的世俗贵族一样。从现存的关于第一次日耳曼会议的记载中可以清楚地看出，根据法兰克人当时的观念和习惯，教会政府和世俗政府都属于摄政王。

然而，博尼菲斯的使命就是逐步把教会政府抽出来，置于教皇手中，并使法兰克的摄政王成为他的忠诚儿子。带着这种目的，博尼菲斯首先努力使卡洛曼和皮平

对教皇承担义务。主教和修道院院长的部分财产被查理没收，为国家使用。现在他们强烈要求归还教会。在公使的建议下，皮平遵循两年前卡洛曼所树立的榜样，于744年3月在他的西法兰克领土上、在苏瓦松，召集了一场宗教会议。22位主教出席并集合商议。会议的灵魂是使节博尼菲斯，虽然他在这里也只有咨询权。

在这次会议上，使节和皮平通过了许多法规以改革神职人员和俗人的生活，恢复主教们对教皇的服从，确保教会的职务能够常规性地由遵守教会法要求的人来担任，移除闲散或不受法律的主教，创建新的大主教和主教。这些法令使得被查理征税或没收的教会财产在皮平皮平手上保持原样，与博尼菲斯在奥斯达拉西亚前一次会议中为卡洛曼所做的安排类似。这就是教皇和使节——在这里是一个人，为法兰克王国的世俗统治者所做的；作为回报，这两个加洛林人要做的，便是在日耳曼和混合地区，恢复或新建教皇的影响力和权力，以及在这些广大地区建立教皇的等级制度。

卡洛曼太过狂热，无法理解这些让步的重要性。皮平太过富有野心勃勃，不愿屈从于旨在促进他野心的教皇的引诱。

“王座与祭坛”一词在这里首次出现于日耳曼民族中。

在自然倾向上忠诚于等级制度的卡洛曼和精明算计其野心的皮平，宣布将两次会议的法令制定为国家法律，前者在742年，后者在745年。那个狡猾的盎格鲁—撒克逊人博尼菲斯，对法兰克王国两部分土地所做的安排，以及王国的两个摄政王于第二年在东、西部所做的安排，都被使臣狡猾的程序制成了王国的一般法律。两兄弟对统治法兰克有共同的见解。二人宣布，东部和西部颁布的法令，即东部的国家法律和西部的国家法律，应当成为法兰克王国的一般通法。

这次全体大会于745年3月在雷斯廷斯(现在的埃斯丁内斯)的海诺举行。为了表示感谢，公使签署了确认教会财产的法令。兄弟俩只归还了其中一小部分；其余那些迄今被转用以满足其他目的的财产，如支付军队，奖励杰出指挥官，维护军队运作，补偿他们所做出牺牲，在应对无数敌人的沉重战争时期，仍被用作这些目的。只需收取一小部分费用，供教会财产的用益权享有者支付教会和修道院。但在所有人死后，财产将归还给教会，附带条件是在王国面临危险和必要的时候，摄政王有权将这些财产用于国家的临时开支。只有当教会和修院陷入贫困时，教堂财产才得以完全恢复。然而，由于神职人员的巧计和俗人的虔诚信仰给这些机构带来了过多的财富，这最后一种偶然事件发生的可能性实际上是十分渺茫的。

教皇公使就这样帮助法兰克的两位摄政王解决了教会财产的难题，也就是确保了在他们需要的时候，可以用充足的教会收入，像他们的父亲所需要的那样，来奖励其忠诚的人民。然而，教皇和他的使节在这件事上有更深的利益诉求。如果摄政王有钱阻止仍是异教徒的日耳曼人入侵新建立的主教辖区，并用武力支持传教工作，在仍属异教的弗里西亚和撒克逊建立主教辖区，这对双方都有利。

卡洛曼帮助热心的博尼菲斯在卡蒂人（黑塞选举团）的土地上建立了富尔达修道院，他在那里成功地宣扬了基督教。卡洛曼以私人方式捐赠了大量的金钱和土地给这个机构。与此同时，他劝诱附近的大小业主效仿他向修道院捐款的做法。这些捐赠带来了巨大的成果；从这座修道院开始，日耳曼人的道德和精神教育全面展开：成百上千的传教士在它的围墙内为斯拉夫部落和日耳曼人带去了基督教及其产生的公民生活，而他们之前对基督教一无所知。

卡洛曼和皮平热忱地恳求教皇将科隆的空缺主教辖区提升为大主教辖区。教皇照做了。对法兰克王国来说，让博尼菲斯掌管科隆是很重要的。在王国的边界上，仍有一些完全是异教徒的地区，对这些地区来说，科隆，尤其是对弗里斯兰来说，是最近的传教活动的发源地。但是科隆周围的主教和神职人员非常激动，以至于卡洛曼放弃了提名使节博尼菲斯，也放弃了自己就职科隆大主教辖区。甚至当美因茨（美因斯）取代了科隆而成为奥斯达拉西亚的大主教领地后，主教们仍然顽固不化。像博尼菲斯这样道德上严格的监督员，他们是无法容忍的。但是卡洛曼和皮平与教皇结盟，成功地将博尼菲斯任命为日耳曼的首席主教，他在美因茨拥有主教席位。皮平亲自将他护送到这个莱茵河畔的城市。从此以后，这里就是日耳曼民族的教会首府。这些难以驯服的主教们威胁说，宁愿与罗马决裂也不会服从于博尼菲斯，然而皮平对此并没有感到不安。

敌对主教们——并非都是如此——属于莱茵河各省。科隆、通根、施派尔、乌得勒支、沃姆斯、维尔茨堡、埃尔福特、布拉伯格以及埃西施塔特主教辖区现在处于美因茨大主教的直接监督之下，但摩泽尔河流域地区、阿勒曼尼亚、巴伐利亚的主教辖区则并非如此。这也证明这些地区在法兰克王国的主权下要么是保持独立的，或者更可能的是，定居在这些仍然大部分属于异教地区的阿里乌派基督徒并不承认天主教的博尼菲斯。

皮平降服了那些不希望博尼菲斯出现在美因茨的主教们，并成功地让他在那里就职。卡洛曼在一年前，即747年，放弃了自己的职权，允许皮平统治分配给自己

的那一半王国领土。然后他去罗马朝圣，并在罗马附近的索拉科特山上建了一座修道院。即使在这里，他的孤寂也被打破了，他以修士的身份进入了位于那不勒斯地区特拉迪拉沃罗的卡西诺山的本笃会修道院，并于754年死在那里，这是他职业的第七年。他的孩子们，和他自己那一半王国的统治权，都交给了皮平。皮平负责在他们未成年的时候保护和教育他们。他把侄子们安置在一个修道院。由于他们的修士习惯，皮平成为唯一真正的加洛林人，整个法兰克王国处于一人统治之下。皮平甚至在他哥哥还在世的时候，就加紧策划，要从墨洛温人手中将王权转移给加洛林家族。

这件事以闪电般的速度完成了。愿望、要求、答案、许可紧密地前后跟随。很明显，引线已经布置好了，方法和手段已经被使臣博尼菲斯找到了。博尼菲斯毫无疑问地对于自己的基督教和教会观念充满热情。在他关于罗马教权的启发人心的想法面前，其他一切都烟消云散了，尤其因为他拥有伟大的外交才能和政治家天赋，对未来和遥远的事态具有远见，精于计算，能够运用和准确把握当下发生的最微小的事件。

墨洛温人王国的终结和加洛林人王国的开始，是显而易见的情节。它的编织者是博尼菲斯。他首先和皮平达成了关于王国统一和王权的相互理解。当卡洛曼在征服了起义的阿勒曼尼人并对他们实施报复之后，博尼菲斯刺痛了他的良心，为他种下了悔恨，并诱导这位容易被宗教顾虑而感化的王子做出了三个盎格鲁—撒克逊国王和伦巴第国王拉齐斯在那段时间所做之事，即将宫殿换成了单人房。之后，博尼菲斯说服卡洛曼执行苦修，这是当时人们眼中最值得称赞之事。他并没有将他送往弗兰哥尼阶山脉里的孤寂修道院中，而是送到了罗马的教皇处。在他赢得了法兰克王子的灵魂后，他为他在罗马附近安排了一个住宅，充当教皇、博尼菲斯、皮平间的传话筒，并致力于将王权转移到查理的家族。就在他的弟弟皮平成为法兰克国王后，仍处于精神牧师博尼菲斯指导下的卡洛曼退隐到卡西诺山上的修道院中。对于法兰克人王冠的买卖，教会和法兰克摄政王相互支付了代价。

法兰克人没有任何怀疑，他们喜欢真正的国王，而不喜欢表面上的国王。人民健全的感官希望有一个积极有为的人，成为并被称为他们的国王。羞愧和混乱一定掩护了法兰克自由民将一个软弱的人，一个身心无能的人奉为国王的事实。一部分法兰克贵族，较好的那一部分世俗和精神显贵也是这样想的。必须将另一部分也争取过来。他们争取了许多人，并且是大多数人，以支持皮平当选为国王。这时，那些血脉中流淌着日耳曼而不是罗马之血，并且曾从皮平那里得到过许多恩惠的神职贵族们大声说道："国王（法兰克语是"楚尼克"）必须是一个异常英勇之人；谁不会对最后那批墨洛温国王感到羞愧啊！"主教们的话影响了大众。随着时间的流逝和种族堕落的程度日益加剧，人们对克洛维斯家族的最后一丝依恋已经消失殆尽；他们看清了墨洛温国王的无能，听清了主教们为皮平说的好话，却听不进敌对主教不希望加洛林人登上王位的话。

这几年来，王国西南部和东部公爵以及各种贵族们的反抗和叛乱，使各阶层的人对他们的处境有了更好的了解。这个王国的摄政王也像那些叛乱贵族一样，仅仅被称为王子和公爵。这就是后者的傲慢逐渐膨胀到反叛并破坏王国和平的主要原因。叛乱中的贵族并不觉得自己反叛的对象是国王，而是他们的同级，是在反抗国王官员的暴政。

皇位并没有像人们所描述的那样遭到了抢劫；国民议会选举尼伯龙人皮平代替梅尔文人成为国王。在任何时期，日耳曼各民族都有一项公认的权利，即如果他们选出的国王证明是不称职的，他们有权罢黜国王，并且可以从他们喜欢的任何家族中选出一个新的国王。墨洛温人无权继承王位。在萨利族的律法中不存在王权世袭。根据法兰克古老的，且在这一时期仍保留着观念，王权与人民的关系是建立在一种社会契约之上的。神赐王权的观念与他们的理念和风俗习惯格格不入。萨利族的法律中也没有提到任何王权、叛国罪或君主世袭权。甚至很长时间之后，查理大帝也无法将世袭君主制的观念植入法兰克人心中。当他漫长而辉煌的统治结束之后，从他孙子秃头查理的处境中我们也能看到，法兰克人从未想过要放弃选举的权利，或者说只有通过普选才会承认一个国王。

皮平，查理·马特之子，已经拿到了国王的主要特权，即军队的最高指挥权和司法行政权。在他的国家文件中，他采用了按"他统治的年代"来确定日期的方式，他称日耳曼和高卢为"他的王国"，称墨洛温人的房产和宫殿为"他的财产"，称他自己为"遵循上帝意志的统治者"。

因此，通过一次全民选举把国王头衔从无能的墨洛温人头上转移到皮平手中就是一件非常轻松的事情。那么为什么皮平要邀请教皇干预进来呢？他希望通过教皇的决定，平息那些心怀不满的主教的反对，并让他的王权在法兰克宗教民众眼中具有更高的神圣性。为此，他还与教皇进行协商，希望教皇亲自举行皇家"受膏"仪式。

扎迦利教皇知道如何利用这种情况为教权服务；他用它使自己从伦巴第人的魔掌中解放出来，使自己在基督教世界的眼中以一个王权和王座的法官形象出现，他是基督的牧师，拥有创造和推翻国王的权力。

当教皇和皮平谈妥一切事务之后，后者公开派出一支庄严的大使团前往教皇处，由维尔茨堡主教布克哈德以及圣丹尼斯修道院院长福尔拉得为首。他们问教皇："谁应该被称为国王？哪个坐在家里无所事事的人，还是承担整个治理重担的人？"教皇扎迦利回答说："在他看来，真正拥有王国权力的人被称为国王、实际上担任国王，比那些被错误地称为国王的人更好，更有用。"皮平并不满意这个意见。他请求罗马教廷颁布法令。因此教皇以教皇诏书的形式颁布了法令，其中说到：他"凭借教皇的充足权力"指定拥有国王权力的皮平被称为国王，并被置于国王宝座之上。

虽然皮平登基的日子和月份不为人所知，但具体年份是确定的，即752年。庄严的大使团从罗马回来后不久，法兰克人国民大会在苏瓦松召开。这是长久间断后的第一次集会。不仅像以前一样，精神和世俗贵族都出席了集会；此外还有许多坚定支持皮平的平民也都出现在议会中，都来行使他们古老的权利。

这次国民大会宣布柴德里奇三世不配做国王。他们剪掉了他长长的头发，这是皇室成员的特权；也剪掉了他的胡子，因为胡子有它的特殊尊严——人们以它起誓。被废黜的国王，墨洛温家族的最后一个成员，被安置在修道院里，做了一名僧侣。同样的命运降临在他儿子狄奥多里奇身上。皮平被一致选举为国王。根据古老的法兰克传统，他被举在盾牌上，庄严地绕大会三圈，最后坐上了王座。

之后，法兰克人在皮平身上建立了王室的尊严。教会来为他和他的妻子贝特拉达举行了受膏礼。起初，不是教皇，而是大主教博尼菲斯在教会许多显贵的支持下，为他加冕。两年后，教皇斯蒂芬三世进入法兰克王国，在皮平和他的王后贝特拉达身上再次施行涂油礼。他为他们的两个儿子也举行了受膏礼。然而，教皇以排除在基督教团体之外作为威胁来约束法兰克的贵族和平民，让他们永远不能从另一个家族中选举国王，只能从目前是法兰克合法皇室的家族中进行选举，这个家族的地位经神的恩典而被提高，得到了人民的选举和确认，也接受了教会的受膏礼。教皇确认了教会的膏油给了新王室一种特殊的、有约束力的认可，它比之前的国王们拥有更高、更神圣的认可。

教皇的麻烦来自伦巴第国王艾斯图尔夫(阿斯托尔弗斯)。教皇扎迦利——格里高利三世的继任者，凭借查理·马特的一支大使团从流特普兰德那里得到了有利的和平条件。只要他废除其前任与斯波莱托和贝内文托叛乱公爵所缔结的联盟，他就能收回伦巴第人所占领的所有地区以及罗马公爵领地的4个城市。根据这个条约，伦巴第人承认教皇为这个地区的领主，并宣布拜占庭皇帝“不再是这个地区的领主”。然而流特普兰德的第二继承人艾斯图尔夫再次萌生了终结意大利的拜占庭和教皇双重权力的想法，并将罗马建立为伦巴第王国的首都。

他迅速占领了仍然由拜占庭皇帝控制的地区，进而进军罗马。教皇扎迦利去世，斯蒂芬三世继位。在恳求和重金支付下，他于752年3月26日从艾斯图尔夫那里获得了长达四十年的和平承诺。但在此后的六月里，这位伦巴第人要求被承认拥有对罗马城和罗马公国的至尊地位，以及每年征收一枚金苏勒德斯人头税以作为顺服的象征。斯蒂芬教皇亲自请求减轻这些要求。但可怕的伦巴第人毫不留情，威胁说：如果再拖延下去，他就要攻破这座城市，屠杀居民。但是他最终也只是止于威胁。斯蒂芬教皇于是有时间争取皮平国王的帮助。艾斯图尔夫的威胁正是在皮平要求尊重法兰克王冠的同时发出的。教皇请求法兰克人的支持。皮平保护他不受伦巴第国王的侵犯——一开始只是通过外交干预并与教皇签订了条约。教皇当时已进入法兰克王国，条约规定他必须亲自再次对皮平施膏。

皮平对他本人和他的家族得到他的认可感到高兴，因为在法兰克人看来，他是一个卓越的人，是世间的上帝。皮平许诺了许多，但他也许很快就下定决心不把这些许诺全部兑现。瓦兹河是塞纳河的一条支流，位于法国北部。在其流域的基尔希城堡中，皮平向教皇承诺，他将征服伦巴第人从君士坦丁堡皇帝手中所夺得的所有意大利地区，并将它们赠与天主教会，包括科西嘉岛、威尼斯、斯波莱托和贝内文托。

这个捐赠起初只是口头上的，是在754年当皮平的皇袍还很新的时候由他做出的，而不是人们通常认为的那样，是他的儿子查理大帝。这笔捐赠的内容不少于半个意大利。教皇除了第二次为皮平施膏，确认其国王身份之外，还给他和他的儿子们罗马贵胄的空头衔。然而，他因此便凭借自己的魔法语言确立了加洛林家族的皇室尊严，因为在信徒的理解中，这就是教会的祝福和诅咒。

非罗马贵族——法兰克人和其他日耳曼人，并不希望为了教皇而与他们的亲属民族开战，也不希望为了教皇而征服意大利。因此，皮平一开始只能支付给伦巴第国王大量金钱以满足他的所有要求。直到艾斯图尔夫对皮平使节的无限傲慢和可耻待遇刺激了法兰克人的骄傲和愤怒，他们才追随皮平国王开始了征讨了。他们击败了艾斯图尔夫，将他关在了首府帕维亚。通过丰厚的贿赂，艾斯图尔夫成功地腐化了法兰克贵族。他们中的一些人威胁说，如果皮平不与伦巴第人讲和，他们就会立即带着自己的追随者返回家园。皮平因而与艾斯图尔夫缔结和平。后者被迫放弃了之前所征服的意大利中部一部分地区，归还了属于天主教会的土地，并支付了战争费用，总计30000金苏勒德斯，此外还需每年进攻5000金苏勒德斯。

伦巴第国王毫无顾忌地撕毁了他发誓遵守的条约。在754年12月，当他得知法兰克人再次翻越了阿尔卑斯山时，他立即率领所有军队进军罗马，包围了这座城市，发动了突袭，破坏了教皇和罗马人的圣诞之夜。围逼持续了几个月。皮平回来帮助教皇打败了伦巴第军队，迫使他们向教皇再次让出前一年条约中提到的所有城市和地区，并且还要割让更多的领土。艾斯图尔夫被迫按照法兰克贵族们的裁决，立即将在帕维亚收集到的伦巴第财富的三分之一交付了出去，并宣布自己是法兰克人的忠实盟友，并重申每年向他们进贡的承诺。

艾斯图尔夫为了和平而必须遵守的耻辱条约，流特普兰德及其前任工作成果的毁坏，以及他自己在罗马建立一个处于伦巴第日耳曼统治下的统一意大利的宏伟计划的破灭，使他的心碎了。艾斯图尔夫死于756年1月，也就是和平结束后不久。

他的死为教权带来了新的有益条件。伦巴第诸侯之间爆发了对王位的争夺。德西德里乌斯公爵在选举中取得了成功，他秘密地向教皇许下了重大的承诺，割让了许多贵族城市和大片土地，从而获得了教皇和教士的支持，以争取到更多的选民。但他一当上国王就忘记了自己的诺言。法兰克国王在随后的几年里加入到日耳曼北部的斗争中。他向教皇确保了秘密条约的有效性。然而，德西德里乌斯并没有做出进一步的割让，反而从教皇手中夺取了先前割让的领土。

由于皮平还在日耳曼领土上忙于应付敌人，他不能马上帮助教皇。但是，当他这样做的时候，当他帮助教皇的时候，他损害了日耳曼伦巴第人的利益，意大利许多地区的土地和权力几个世纪以来一直都是日耳曼人的。

皮平在意大利外的艰苦斗争中忙碌了十年。他从旧罗马帝国借来的原则引发了这场战争；王国边境的君王和部落并没有发动这场战争，是皮平的政策迫使他们进行自卫。他的目标是在日耳曼领土上废除所有部落或王公的独立性，把王公变成法兰克的官员和国王的封臣，把人民变成法兰克的臣民。而这是撒克逊人所不能忍受的。迫于法兰克君主制的统治，他们很快又在758年摆脱了枷锁，发起了民族战争。这场战争的结果对他们有利，而对皮平不利。因为法兰克人在王国的西南部一直进行着激烈的战争。

其中只有一件事是正义的，那就是对付萨拉森人。通过一场从752到759年持续了七年的战争，皮平将他们彻底赶出了王国。围攻纳尔博纳这座伊斯兰教徒的军事大本营就花了三年时间。最终是通过贿赂城内的基督徒，并非出自他们的无私协助，才拿下了这座城市。

同样，也是借助于叛变，皮平才最终征服了维瑟尔，这位位于法兰克王国与西班牙之间的阿基坦地方的公爵。

皮平早就决定了要推翻这位公爵。当他成功地俘获了勇敢而自由的阿勒曼尼人公爵兰特弗里德，一笔取消了他们的公爵领地权，并将法兰克的行省制度加在他们头上之后，皮平自然会想：为什么不致力于在西南部那些日耳曼人、罗马族人混居的地方执行相同的计划和方案呢？这些人确实付出了很大的牺牲，帮助法兰克王国免受萨拉森人的危害。但这些都已经是陈年功绩了，早被现在加洛林人的政策所遗忘和忽略。后者如今希望在王国的所有地方实现我们称之为集权化的东西，这是一种源自古罗马的政治体系。他们要镇压或铲除所有独立的小民族，抹掉国家内部的分化，统一政体、习俗，并通过引入法兰克的各种机制融合王国内所有的非法兰克部分，以及非法兰克的邻居，最后转变为一个完整的法兰克统一体。

但在那个时代，“法兰克”远远不是纯日耳曼的意思。纯日耳曼各部落反对成为法兰克人，也是正当的、自然的，正如也是必要和有益的一样。否则，整个日耳曼民族和它的民族性就会像法兰克人一样，被罗马化，也就是说，变成法国和法国人。皮平在教会和国家层面，不仅被罗马化，而且是拜占庭化。

因此，自然而然地，从巴伐利亚以及阿基坦，从巴伐利亚公爵撒西罗以及同时从维瑟尔公爵，兴起了一种反对试图吸收各民族性的政策的运动，一个从莱西河到大西洋的秘密联盟也因此而成立。

撒西罗，巴伐利亚公爵，皮平姐姐的儿子，在他母亲死后，被带到法兰克宫廷。皮平国王说，他希望给他一种适合于王子的教育，让他在自己的两个儿子查理和卡洛曼的陪伴下成长。他的目的是消除他身上一切巴伐利亚人的性格特征，把法兰克的一切都移植到他的身上。在法兰克的宫廷和营地里，使他意识到他是法兰克家族的一员，并对它表示忠诚。757年，在他15岁的时候，他被要求在孔佩涅的议会上向他的叔叔皮平表示敬意。然而，对他提出的要求实际上比以前任何一位巴伐利亚公爵都要高。他需要宣誓效忠，承认绝对附属于法兰克人的王冠。后来，当年轻的公爵已经成年，并回到他的巴伐利亚人中间时，他们每天都在试图刺激他的尊严感，以抵制法兰克国王强加给他的附属地位：“他，古老的阿吉洛芬亲王家族的后裔，根据巴伐利亚人古老权利，公爵总是从他们家族中进行挑选。他，新法兰克王室的近亲，现在却沦为奴隶，并从国王的恩惠中获得公爵爵位。授予爵位的国王也能收回他的尊严。迄今为止，除巴伐利亚人民外，谁也无权罢免公爵。现在，这一权力却掌握在法兰克国王手里。”巴伐利亚贵族和平民的尊严不会忍受这种对他们原有权利的掠夺，也不会屈从于法兰克人。他们自己也对公爵说，他的伯父在接受封臣效忠宣誓时利用了他的年轻，他作为公爵不必遵守在他年轻时缺乏经验的情况下所做的诺言。

加在巴伐利亚公爵及其人民头上的损失同样威胁到撒克逊人和维瑟尔公爵。因此，罗马化的日耳曼人维瑟尔自然会与撒克逊人以及年轻的巴伐利亚公爵组成联盟，对法兰克国王试图废除所有独立民族性的野心实施三重打击。

事实上，763年，当皮平在南部试图征服维瑟尔时，他发现自己同时在北部被撒克逊人攻击，在东部被巴伐利亚人攻击。

在巴伐利亚人中，撒西罗消除了自己对法兰克国王的一切恐惧，他对他的舅父的仇恨也与日俱增。当撒西罗和他的巴伐利亚人奉命率军队进攻维瑟尔时，他们先是出发，但是在行军中，就在要加入法兰克的军队的时候，他借口生病而撤军。皮平一定忘记了维瑟尔的父亲胡诺尔德和撒西罗的父亲欧迪罗曾经就是盟友。撒西罗回家后发誓，永远不再看他国王舅舅的脸色而行事。

根据撒西罗在孔佩涅宣誓的条款，背弃法兰克军队是对他的封建领主犯下的罪行，领主可以因此惩罚他，处死他，剥夺他公爵的尊严和自由。在沃尔姆斯举行的王国会议上，对撒西罗的惩罚被决定了下来。巴伐利亚公爵扮演了伪君子的角色。他给舅舅写了封悔过的信，皮平没有执行他的决定，凡是能使他外甥顺从的事，他都会做。于是，双方进行和解。但公爵和巴伐利亚人仍然保持着他们的愤怒，因为形式仍然没有改变。和解的举动只不过掩饰了巴伐利亚人和法兰克人之间敌意。然而，皮平满足于巴伐利亚人的安稳，使其能够动用他的主要力量对抗维瑟尔。

西部罗马族人和日耳曼人反抗法兰克人征服的斗争，也就是反抗成为二等法兰克人的斗争，因他们为独立所做的牺牲而是光荣的。整整八年的时间里，维瑟尔凭借各种力量，捍卫了他及其人民的独立，抵制了法兰克王国的整全力量。他的人民并没有被征服，直到背叛夺走了他们伟大的将军，而不是法兰克的军队。

皮平已经绝望于通过武力来征服维瑟尔。他依靠贿赂，买通了他的几个密友。他们在维瑟尔睡觉时突然对其发起攻击，并杀死了他。就这样，维瑟尔领导下的这些地区便并入了法兰克王国。

维瑟尔被杀害的日子是768年7月2号。在此之后的第4个月，皮平带着这一邪恶行为对其所造成的污点，面对了永恒法官的审判。他死于同年的9月28日。